CLASSES DE TERMINALES

Lire les Philosophes

Gérard CHOMIENNE
Agrégé de philosophie

HACHETTE
Éducation

Crédits photographiques :

Couverture René Magritte, *L'Éclat du jour*, ADAGP 1998 ; p. 6 © G. Dagli Orti ; p. 10 © Musée archéologique national, Alinari-Giraudon/Naples ; p. 26 © Anderson-Viollet ; p. 54 © Anderson-Viollet ; p. 76 © Paris, musée du Louvre/Alinari-Giraudon ; p. 82 © portrait présumé de Lucrèce, dessiné par L. L. Grateloup d'après la photographie d'un moulage d'une intaille en sardoine noire, portant l'inscription LVCR dont l'original est aujourd'hui perdu (cf. Marcel Conche, *Lucrèce*, éd. de Mégare, 1981) ; p. 98 © Coll. Viollet ; p. 118 © Alinari-Viollet ; p. 132 © Paris, Bibliothèque nationale/Photo Hachette ; p. 148 © Paris, musée du Louvre/Photo AKG ; p. 158 © Artephot/Nimatallah ; p. 162 © Photo AKG ; p. 174 © Chantilly, musée Condé/Photo Josse ; p. 186 © Londres, National Portrait Gallery/Photo AKG ; p. 196 © Paris, musée du Louvre/Photo Josse ; p. 220 © Versailles, musée du Château/Photo Josse ; p. 228 © Paris, Bibliothèque nationale/Photo Josse ; p. 236 © Berlin, Slg. Archiv f. Kunst1 Geschichte/Photo AKG ; p. 246 © Paris, Bibliothèque nationale/Photo Josse ; p. 254 © Photo Hachette ; p. 270 © Edinburgh, Scottish Nat. Portrait Gallery/AKG Photo ; p. 284 © Photo Josse ; p. 318 © Paris, Bibliothèque nationale/Photo Hachette ; p. 334 © AKG Paris ; p. 338 © Berlin, SMPK, Nationalgalerie/AKG Paris ; p. 360 © Paris, Bibliothèque nationale/ AKG Paris ; p. 370 © Photo Larousse ; p. 384 © Coll. Kharbine-Tapabor ; p. 392 © Coll. Kharbine-Tapabor ; p. 404 © Coll. Kharbine-Tapabor ; p. 418 © Photo AKG ; p. 428 © Photo AKG ; p. 440 © Photo AKG ; p. 458 © Photo Hachette ; p. 472 © Photo E. Boubat/Agence Top ; p. 490 © Photo AKG ; p. 500 © Édimédia.

Maquette intérieure : GRAPHIR
Mise en pages : Christine LIGONIE
Iconographie : Nicole LAGUIGNÉ
Couverture : GRAPHIR

ISBN 2-01-135088-3

Avant-propos

Lire les philosophes est un recueil d'œuvres philosophiques à l'usage des élèves des classes terminales et des classes préparatoires. Il permet l'étude des notions et des auteurs inscrits au programme du baccalauréat, fondée sur la lecture suivie de textes relativement courts, mais donnés, aussi souvent que possible, dans leur intégralité.

Notre choix s'est porté en priorité sur des textes destinés par les auteurs à mettre leur pensée à la portée d'un vaste public : des textes à vocation pédagogique, des conférences, des préfaces, des articles, etc.

Parfois, à défaut d'opuscules, nous proposons une partie extraite d'une œuvre plus ample, quand cette partie se suffit à elle-même.

Ce livre se prête à deux approches.

1. L'approche historique

Les textes sont proposés dans l'ordre chronologique des auteurs au programme.

Chacun de ces textes est précédé d'une courte notice qui présente l'auteur et l'œuvre choisie.

Des notes de bas de page expliquent les difficultés lexicales.

Chaque opuscule est suivi d'un texte d'un autre philosophe qui lui fait contrepoint.

2. L'approche notionnelle

Des intertitres balisent les articulations des textes et permettent d'en étudier séparément un extrait. On trouvera, en regard de chaque extrait, la notion du programme qui s'y rapporte.

Grâce à un index raisonné, ce livre constitue donc, à propos de chacune des notions du programme, une anthologie d'extraits significatifs des différents auteurs.

Nous espérons que cet ouvrage — utilisé comme petite bibliothèque de base à laquelle le professeur pourra renvoyer les élèves pour des lectures d'approfondissement, mais aussi comme anthologie thématique et enfin comme recueil de textes étudiés en vue de l'épreuve orale du baccalauréat — encouragera à la lecture des philosophes.

Gérard CHOMIENNE

Sommaire

I. La philosophie antique et médiévale

II. La philosophie du monde moderne

III. La philosophie du monde contemporain

Index raisonné des notions

Art romain. Relief du IVe siècle. L'enseignement en classe. Rome, Palais des conservateurs.

I. La philosophie antique et médiévale

La philosophie commence quand quelqu'un pose une question d'ordre général. La science aussi. Les premiers hommes à manifester ce genre de curiosité furent les Grecs. La philosophie et la science, telles que nous les connaissons maintenant, sont des inventions grecques. L'essor de la civilisation grecque, qui produisit cette éruption d'activité intellectuelle, est l'un des événements les plus spectaculaires de l'histoire. Rien de pareil ne s'est jamais produit avant ni depuis. Dans le court espace de deux siècles, les Grecs déversèrent dans les arts, les lettres, les sciences et la philosophie un flot étonnant de chefs-d'œuvre, qui se sont imposés comme les modèles généraux que la civilisation occidentale devait suivre. [...]

Sur le plan politique, la Grèce post-dorienne subit une succession régulière de changements, à partir de la royauté. Le pouvoir tomba petit à petit entre les mains de l'aristocratie, à laquelle succédèrent, pendant un certain temps, des monarques ou tyrans non héréditaires. Enfin, le pouvoir politique revint aux citoyens, et c'est là le sens véritable du mot *démocratie.* Dès ce moment, tyrannie et démocratie alternèrent. Une démocratie pure peut fonctionner aussi longtemps que l'on peut rassembler tous les citoyens sur la place du marché. [...]

La civilisation de l'Occident, qui a jailli de sources grecques, est fondée sur une tradition philosophique et scientifique qui commença à Milet il y a deux mille cinq cents ans. Par ce côté, elle diffère des autres grandes civilisations du monde. L'idée dominante qui anime la philosophie grecque est celle du logos. C'est un terme qui signifie, entre autres choses, *parole* et *mesure.* Ainsi, le discours philosophique et la recherche scientifique sont-ils étroitement unis. La doctrine éthique qui naît de cette relation voit le bien dans la connaissance, résultat de la recherche désintéressée. [...]

Par le biais des activités auxquelles participent les groupes en commun, se développe le moyen de communication que nous appelons le langage. L'objet fondamental est de permettre aux hommes qu'ils se donnent à une même tâche. La notion de base est donc ici l'accord, qui pourrait bien être pris aussi comme point de départ de la logique, car, en communiquant, les hommes arrivent finalement à se mettre d'accord, même s'ils ne font pas plus qu'être d'accord sur leur désaccord. Quand on en arrivait à une telle impasse, nos ancêtres réglaient sans doute l'affaire par une épreuve de force. Une fois que vous avez expédié votre adversaire dans l'autre monde, il ne vous contredit plus. La solution que l'on adopte quelquefois consiste — pour autant que l'on poursuit l'affaire — à la poursuivre en discutant. C'est la façon de procéder de la science et de la philosophie.

BERTRAND RUSSEL
Histoire de la philosophie occidentale, 1947.
Traduction de Hélène Kern, Gallimard, 1952.

I. La philosophie antique et médiévale

Les premiers penseurs grecs et l'étude rationnelle de la nature

C'est en Grèce que la pensée humaine effectue le passage du mythe à la raison. Les mythes étaient des récits d'inspiration religieuse. Ils racontaient l'origine des choses et la généalogie qui rattache chaque peuple à ses dieux protecteurs. Ils constituaient certes la première tentative pour introduire de l'ordre dans l'expérience humaine. Mais en recourant au surnaturel, ils produisaient sur l'esprit un effet de stupeur et de respect craintif qui clôt l'interrogation.

C'est une forme de pensée toute différente qui apparaît en Grèce près de six cents ans av. J.-C. : la pensée rationnelle. Des savants, qui ne s'appellent pas encore philosophes, cherchent à expliquer la nature sans faire appel à des puissances supérieures. Leurs théories ne sont pas réservées à un cercle d'initiés, mais s'exposent en public et s'offrent au débat, comme toutes les choses importantes dans les cités grecques depuis l'invention toute récente de la démocratie.

Les sophistes et le pouvoir de la parole

Au ve siècle av. J.-C., une deuxième génération de penseurs anime la vie intellectuelle d'Athènes : les sophistes. Rompus aux débats publics, habiles à argumenter, ils mettent en évidence le pouvoir de la parole. Ils n'hésitent pas à faire commerce de leur habileté rhétorique. On leur doit l'idée des premiers établissements d'éducation ouverts à tous. Allant d'une cité à l'autre pour donner des cours de rhétorique, ils constatent la diversité des mœurs et des valeurs. Ils sont les premiers à affirmer la pluralité des opinions humaines. C'est grâce à leur sens critique qu'on commencera à distinguer ce qui relève de la nature, qui est partout et toujours la même, et ce qui relève de la convention, qui varie avec chaque société. Ainsi, le sophiste Antiphon est le premier à se demander si l'esclavage n'est pas l'effet d'une simple convention plutôt que la conséquence d'une inégalité naturelle entre les hommes. On doit enfin et surtout aux sophistes d'avoir suscité la réaction vigoureuse de Socrate. En effet, c'est dans l'affrontement avec ces redoutables adversaires qu'il allait inventer la philosophie.

Socrate et la philosophie comme exigence morale

Socrate n'a rien écrit lui-même, et c'est son disciple **Platon** qui nous rapporte ses propos. À un ami qui s'étonnait de ne l'avoir jamais vu se promener hors les murs d'Athènes, il fit cette

N.B. : Les auteurs dont le nom apparaît en gras sont les auteurs du programme.

réponse : « Sois indulgent pour moi, mon bon ami : j'aime à apprendre. Mais, vois-tu, la campagne et les arbres ne consentent pas à rien m'apprendre, tandis que les hommes de la ville, oui. » En effet, pour Socrate, la philosophie n'est pas une recherche portant sur les mystères de l'univers, encore moins un combat verbal pour la réussite sociale. C'est un choix de vie fondé sur une exigence morale. Voilà pourquoi Socrate a passé toute son existence non à enseigner un savoir, qu'il a d'ailleurs conscience de ne pas posséder, mais à inciter les autres, et au péril de sa vie, à se soucier de leur âme.

Les quatre écoles d'Athènes

Au IVe siècle av. J.-C., apparaissent les premières écoles philosophiques. Les quatre principales sont : l'Académie de Platon, le Lycée d'**Aristote**, le Jardin d'**Épicure**, prolongé plus tard par son disciple **Lucrèce**, et le Portique des stoïciens, qui devait inspirer trois siècles après la pensée de Sénèque, d'**Épictète** et de **Marc Aurèle**.

Sous des formes différentes, ces quatre écoles ont fixé pour longtemps les grands domaines de l'interrogation philosophique : 1) Quels principes régissent la nature, et au-delà quelles sont l'origine, la destination finale et l'essence de toutes choses ? Ceci est l'objet de la *métaphysique.* 2) Comment l'homme doit-il vivre, dans sa vie personnelle et dans ses rapports avec les autres ? Ceci est l'objet de l'*éthique* et de la *politique.* 3) Quelles sont les règles d'une pensée vraie ? Ceci est l'objet de la *logique.*

Les philosophes grecs ont inventé les catégories fondamentales de la pensée : *apparence* et *réalité, particulier* et *général, relatif* et *absolu, théorique* et *pratique, principe* et *conséquence,* etc., c'est-à-dire les oppositions essentielles sans lesquelles aucune question philosophique ne pourrait être formulée.

La source biblique : philosophie et religion

Une particularité essentielle de la philosophie occidentale est d'avoir vu confluer, outre la source grecque, la source biblique. Entre les deux courants de pensée, Athènes et Jérusalem, les relations furent complexes, faites tantôt d'opposition, tantôt de tentative de synthèse. Deux des principaux philosophes chrétiens se sont efforcés de concilier la foi et la raison, les dogmes de la religion et l'héritage intellectuel des philosophes grecs. Celui de Platon par **saint Augustin** à l'époque de la chute de Rome. Plus tard par **saint Thomas d'Aquin** celui d'Aristote, transmis à l'Europe médiévale par les philosophes arabes.

La philosophie allait s'ouvrir ainsi aux thèmes élaborés par le monothéisme juif : la valeur de la personne humaine, la dimension temporelle de la réalité et la question du sens de l'aventure historique de l'humanité.

Platon

Criton

Socrate, 470-399 av. J.-C.

De la vie du plus célèbre des philosophes, Socrate, on ne sait presque rien. On ne connaît avec précision que les raisons et les circonstances de sa mort. Quant à sa pensée, dont il ne nous a laissé aucune trace écrite, on sait qu'il aimait la résumer par cette formule : « Je sais que je ne sais rien. » Mais il a tellement marqué ses contemporains que plusieurs auteurs, et d'abord Platon, le plus doué de ses disciples, nous ont laissé un témoignage vivant de son enseignement.

Durant sa vie, il n'a guère quitté Athènes où l'on pouvait rencontrer les meilleurs esprits de ce ve siècle av. J.-C. Un oracle rendu à Delphes ayant déclaré qu'il était le plus sage des hommes, Socrate entreprit d'enquêter autour de lui sur la sagesse. Il découvrit que, si personne plus que lui ne possédait cette sagesse, il était bien le seul à ne pas se faire d'illusion sur ce sujet. Cette enquête le conduisit à interroger inlassablement tous ses concitoyens sur ce que signifiaient des mots aussi simples en apparence que « courage », « piété », « justice », non pas que Socrate ait prétendu jouer le donneur de leçon, mais parce que son but était d'éveiller l'esprit de ses interlocuteurs. On voyait ainsi, au coin d'une rue, des gens importants et respectables, imbus de leurs convictions religieuses ou politiques, perdre vite leur belle assurance face aux questions de Socrate. On imagine que par cette inlassable activité Socrate finit par en irriter plus d'un. Une plainte fut déposée contre lui, l'accusant de dénigrer les dieux de la cité et de corrompre la jeunesse.

Devant le tribunal, Socrate refusa de présenter un plaidoyer dans les règles. Son incessant dialogue avec sa ville avait été pour lui une mission sacrée. De quoi fallait-il donc qu'il se sente coupable ? Pour seule sanction il proposa que son entretien soit assuré aux frais de la cité ! La provocation fit pencher la balance en faveur d'une condamnation à mort. Bien qu'il fût convaincu que ce jugement était injuste, il se garda de le récuser, car le procès s'était déroulé en conformité avec les lois de la cité. Il ne lui restait qu'à prendre congé de ses juges. Ils avaient jugé en conscience et d'ailleurs qui donc, d'eux qui restaient en vie, ou de lui qui allait mourir, était le plus à plaindre ? Bien malin qui pourrait le dire !

Au cours des semaines qui précédèrent l'exécution de la sentence, son ami Criton tenta en vain de le convaincre de prendre la fuite. La décision de Socrate était irrévocable. L'idée qu'il se faisait de la justice lui interdisait de prendre la fuite. C'est cet entretien que Platon nous rapporte dans le dialogue qui porte son nom.

Platon

Criton

Traduction
de Léon Robin,
Gallimard, 1950.

(texte intégral)

1
Criton annonce à Socrate que son exécution est imminente

SOCRATE. – Qu'est-ce que tu viens faire ici à cette heure, n'est-on pas encore très matin ?
CRITON. – Hé oui ! c'est vrai.
SOCRATE. – Quelle heure à peu près ?
CRITON. – Le tout petit jour !
SOCRATE. – Je suis surpris que le gardien de la prison ait consenti à répondre à ton appel…
CRITON. – Nous sommes déjà bien ensemble, Socrate ; en raison de mes fréquentes visites ici, et aussi parce qu'il a reçu de moi quelques politesses…
SOCRATE. – Arrives-tu à l'instant, ou es-tu depuis longtemps ici ?
CRITON. – Depuis assez longtemps.
SOCRATE. – Comment, alors, ne m'as-tu pas réveillé tout de suite, au lieu de t'asseoir en silence contre mon lit ?
CRITON. – Non, par Zeus ! je n'aurais pas accepté pour mon compte, Socrate, de rester si longtemps éveillé avec un pareil chagrin, si je n'avais été, depuis longtemps, le témoin émerveillé de ton sommeil tellement paisible ! Et c'est avec intention que je ne t'éveillais pas, pour te permettre de continuer à en goûter toute la paix ! Maintes fois, certes, même auparavant dans tout le cours de ton existence, j'ai admiré ton heureuse humeur ! Mais, dans le malheur qui actuellement se présente pour toi, c'est bien un comble, que tu en supportes le poids avec une telle aisance et une telle douceur !
SOCRATE. – Le fait est que, à l'âge où je suis, ce serait commettre une faute de mesure que de s'irriter parce qu'il faut déjà mourir !
CRITON. – Il y en a d'autres, Socrate, qui, en butte, au même âge, à de semblables malheurs, n'y résistent pas, et leur âge ne les dispense nullement de s'irriter contre l'infortune qui alors se présente à eux.

SOCRATE. – C'est exact… Mais enfin, qu'es-tu venu faire ici de si grand matin ?

CRITON. – T'apporter, Socrate, une pénible nouvelle, une nouvelle accablante, non pas pour toi, je le vois bien, mais pour moi et pour tous ceux qui sont tes fidèles : oui, pénible et accablante, et il n'y aurait personne, si je m'en crois, pour la supporter avec plus d'accablement que moi-même !

SOCRATE. – Quelle est cette nouvelle ? Est-il arrivé de Délos, le navire à l'arrivée duquel il faut que je meure[1] ?

CRITON. – Non, certes, il n'est pas arrivé ! Mais il sera là aujourd'hui, je pense, d'après ce qu'annoncent des gens qui viennent de Sounion et qui l'y ont laissé. De leur rapport il résulte clairement qu'aujourd'hui il sera là ; et, alors, c'est forcément le lendemain, Socrate, que tu termineras ta vie !

SOCRATE. – Eh bien, Criton ! bonne chance alors ! et, si c'est ainsi qu'il plaît aux dieux, ainsi en soit-il ! Je ne crois pas pourtant qu'il soit là aujourd'hui…

CRITON. – Et sur quoi te fondes-tu ?

SOCRATE. – Je m'en vais te le dire. C'est en effet, je pense, le lendemain du jour où le navire sera arrivé qu'il faudra que je meure…

CRITON. – Telle est au moins, sûrement, la déclaration de ceux qui ont autorité en l'espèce.

SOCRATE. – Aussi bien ne crois-je pas qu'il sera là ce jour qui vient, mais l'autre, et, pour le dire, je me fonde sur un songe dont, au cours de cette nuit même, j'ai eu un peu auparavant la vision. Il y a même chance que, assez opportunément, tu ne m'aies pas réveillé !

CRITON. – Mais qu'était-ce donc que ce songe ?

SOCRATE. – J'eus l'impression de voir venir à moi une femme, belle et pleine de grâce, portant des vêtements blancs, qui m'appela par mon nom et me dit : « Socrate, *trois jours après, tu peux arriver dans la Phthie fertile…*[2] »

CRITON. – L'étrange songe, Socrate !

SOCRATE. – Bien plutôt parfaitement clair, Criton, à ce qu'il me semble.

CRITON. – Trop clair, apparemment !

2

Force et faiblesse de l'opinion de la foule

LE JUGEMENT

« Allons ! Socrate, diable d'homme, à présent même, une fois encore, écoute mes avis, et te mets en sûreté ! Dis-toi bien que, si tu meurs, unique ne sera pas pour moi ce malheur ; mais, sans compter que je serais privé d'une amitié telle que jamais je ne trouverais la pareille, de plus je me ferais encore, auprès de bien des gens qui ne nous connaissent pas assez bien, ni toi, ni moi, cette réputation, que, étant à même de te sauver si j'avais consenti à y dépenser mon argent, j'ai négligé de le faire ! Y aurait-il pourtant plus déshonorante réputation que celle-là ! que la réputation d'être un homme qui fait plus de cas de son argent que de ses amis ! Car la plupart

1. Chaque année, les Athéniens envoyaient un vaisseau à Délos pour célébrer la victoire de Thésée sur le Minotaure. Les exécutions étaient suspendues jusqu'à son retour.
2. Allusion à *L'Iliade*.

ne se persuaderont pas que c'est toi, toi seul, qui as refusé de t'en aller d'ici, alors que nous y mettions, nous, tout notre zèle !

SOCRATE. – Mais pourquoi nous soucier à ce point, bienheureux Criton, de l'opinion du plus grand nombre ? Les meilleurs en effet, desquels il vaut bien mieux se préoccuper, jugeront que l'affaire a été réglée exactement comme elle pouvait se régler !

CRITON. – Tu vois bien cependant, Socrate, qu'il est nécessaire d'avoir souci, même de l'opinion du plus grand nombre ! Ta situation présente fait, à elle seule, clairement voir que ce plus grand nombre est à même de produire des effets qui ne sont pas les moindres des maux, mais presque les plus graves, quand auprès de lui on a été calomnié !

SOCRATE. – Ah ! Criton, si seulement ce plus grand nombre était capable de produire les maux les plus graves, en sorte qu'il fût capable aussi de produire les plus considérables des biens ! Ce serait l'idéal. En fait, il n'a la capacité ni de l'un, ni de l'autre ; car il est impuissant à rendre quelqu'un raisonnable ou déraisonnable ; mais, s'il le fait, c'est à l'aventure !

3

Les arguments de Criton en faveur de la fuite

CRITON. – Mettons donc qu'il en soit ainsi ! Or, dis-le-moi, Socrate, n'est-ce pas en vérité ta sollicitude, à mon égard comme à l'égard du reste de tes fidèles, qui t'empêche de t'en aller d'ici ? Tu crains que, dans ce cas, les sycophantes[1] ne nous suscitent des tracas, pour t'avoir enlevé furtivement de la prison, et que nous ne soyons dans la nécessité, soit de perdre tout notre bien, soit de verser de grosses sommes d'argent, ou même d'avoir en outre quelque peine à subir.

LE JUGEMENT

Si en effet c'est de quelque chose de semblable que tu as peur, envoie promener cette crainte ! C'est en effet notre droit, je pense, une fois ton salut assuré, de courir ce risque, et même, s'il le faut, un risque plus grand que celui-là !

SOCRATE. – Cette sollicitude est réelle, Criton. Il y a beaucoup d'autres choses encore auxquelles je pense…

CRITON. – De cela aussi n'aie donc pas peur ! En fait, ce n'est même pas pour beaucoup d'argent que certains acceptent de te mettre en sûreté et de te tirer d'ici : et les sycophantes, ne vois-tu pas qu'ils sont bon marché, et qu'avec eux on n'aurait pas du tout besoin de beaucoup d'argent ! Or ma fortune est à ta disposition et serait, à ce que je crois, bien suffisante. D'ailleurs, si, par égard pour moi, tu penses que je ne dois pas dépenser ce que je possède, il y a ici les étrangers que tu sais, tout prêts à cette dépense : l'un d'eux a même apporté avec lui la somme suffisante, dans cette intention justement : c'est Simmias de Thèbes ; Cébès y est tout prêt aussi, sans parler d'un bon nombre d'autres. Ainsi, là non plus, il n'y a rien à craindre qui doive te décourager de faire toi-même ton salut.

« Pas davantage ne dois-tu craindre d'avoir ces difficultés dont tu parlais devant le tribunal : tu ne saurais, disais-tu, une fois ce pays quitté, que faire de toi. Partout, en effet, où ailleurs tu pourras bien

1. Les dénonciateurs.

te rendre, on te fera bon accueil. Si tu veux aller en Thessalie, j'ai dans ce pays-là des hôtes qui auront pour toi beaucoup d'égards et qui t'assureront une sécurité capable de t'éviter des désagréments de la part de quiconque en Thessalie. Mais en outre, Socrate, il n'y a même pas de justice à toi, me semble-t-il, dans ton dessein de te livrer ainsi toi-même, alors que le salut est possible pour toi ; et tu mets tous tes soins à faire que t'arrive ce genre de choses à quoi justement tes ennemis auraient donné tous leurs soins, ont donné en effet tous leurs soins, dans l'intention de te perdre ! Sans compter que ce sont tes fils aussi que, me semble-t-il bien, tu livres aussi, tes fils que tu te presseras de laisser derrière toi, quand il t'était possible de les élever jusqu'au bout, de faire jusqu'au bout leur éducation ; et, pour ce qui te concerne, tu ne t'inquiètes pas de savoir quel sort ils pourront bien avoir ! Ce sort, vraisemblablement, ce sera d'être exposés à ce genre de malheurs auquel, d'habitude, la situation d'orphelin expose les orphelins : ou bien, en effet, il ne faut pas faire d'enfants, ou bien il faut prendre ensemble la peine de les élever et de faire leur éducation ! Or, tu m'as l'air, toi, de prendre le parti qui présente le moins de difficulté, alors que celui qu'il faut prendre, c'est le parti que prendrait un homme de bien et un vaillant ! Et tu proclames qu'une conduite méritoire est le souci de toute ta vie !

4

Deux points de vue opposés sur l'opinion de la foule

LE JUGEMENT

« Quelle honte, pour ma part, je ressens, aussi bien en ce qui te concerne qu'en ce qui nous concerne, nous, tes fidèles, à la pensée qu'on puisse, eu égard à toi, imputer à un manque de virilité de notre part, la conduite de l'affaire en toutes ses parties : la venue du procès devant le tribunal dans les conditions où elle y est venue, alors qu'il était possible qu'elle n'y vînt pas ; la façon dont se sont déroulés les débats mêmes du procès ; et, pour finir je pense ce dénouement dérisoire si je puis dire, de l'action ! Oui, qu'on puisse imputer à une certaine indignité de notre part, à un manque de virilité, d'avoir laissé échapper l'occasion ; de n'avoir pas été plus capables de te sauver que tu ne te sauvais toi-même, quand il y avait moyen et possibilité de le faire, si nous avions été bons à quelque chose, si peu que ce fût ! Ainsi tout cela, Socrate, en même temps que c'est mal, prends garde que ce ne soit déshonorant, pour toi comme pour nous ! Allons, consulte-toi ! Mais l'heure n'est-elle passée, plutôt, de prendre conseil de toi-même ? c'est l'heure d'avoir pris conseil ! Il n'y a qu'un parti : la nuit prochaine, il faut en effet que tout cela soit une affaire faite ; si nous devons tarder encore, la chose alors est impossible, il n'y aura plus moyen ! Allons, Socrate ! en tout état de cause, écoute mes avis et ne fais pas de résistance !

SOCRATE. – Mon cher Criton, si ton zèle est accompagné de rectitude, il vaut beaucoup ; sinon, il est d'autant plus regrettable qu'il est plus grand. En conséquence, il nous faut examiner si, oui ou non, nous devons nous conduire ainsi. Je suis homme, vois-tu (et non pas seulement aujourd'hui, mais en tout temps), à ne donner mon assentiment à aucun autre de mes motifs, sinon au motif qui, après supputation, se sera révélé à moi être le meilleur. Or, les motifs que j'ai allégués auparavant, je suis, à l'heure qu'il est, impuissant à les jeter par-dessus bord, sous prétexte qu'est survenu pour moi le présent événement ! Peu s'en faut, au contraire, qu'ils ne se montrent tout pareils à mes yeux ; et ce sont les mêmes, exactement comme avant, que je vénère et que j'honore ! Si je n'en ai pas de meilleurs à alléguer présentement, sache bien que je ne te céderai pas, quand bien même la puissance de la multitude ferait, plus encore qu'à présent, le croquemitaine à notre égard, comme envers des enfants, en produisant à nos yeux incarcérations et morts et confiscations de fortune !

5

Tout principe général est établi par la méthode inductive

La logique

« Mais comment pourrions-nous examiner tout cela de la façon la plus convenable ? Si, pour commencer, nous reprenions ce motif que tu allègues, relatif aux opinions ? Avait-on raison, ou non, de dire en toute circonstance, qu'il y en a, parmi ces opinions, auxquelles on doit avoir égard, et d'autres non ? Avait-on raison de le dire avant que je dusse mourir ? ou bien, alors, est-il devenu manifeste que c'était pour rien qu'on le disait, pour le plaisir de parler, et que, en toute vérité, ce n'était qu'amusement et vain bavardage ? Or, j'ai envie quant à moi, Criton, d'examiner en commun avec toi si ce motif m'apparaîtra, du fait que je suis dans la situation que voici, par trop altéré, ou bien identique ; et si nous lui souhaiterons le bonsoir ou si nous lui donnerons notre assentiment. On disait donc à peu près, si je ne me trompe (c'était en toute circonstance le langage des gens qui pensent ne pas parler pour ne rien dire !), que, entre les opinions que se font les hommes, il y a des opinions dont il faut faire très grand cas, et d'autres, non : cela, Criton, au nom des dieux, a-t-on eu raison de le dire ? C'est que toi, vois-tu (en tout cas à parler humainement), tu es, pour ce qui est d'avoir à mourir demain, hors de cause et l'imminence de ce malheur ne saurait taper sur ton jugement ! Donc examine : à ton avis, n'est-ce pas parler comme il convient, que de dire qu'il ne faut pas, à l'égard des opinions humaines, les honorer toutes, mais honorer les unes et non les autres ? pas davantage celles de tous les hommes, mais celles des uns, et non celles des autres ? Qu'en dis-tu ? a-t-on raison de parler ainsi ?

CRITON. – On a raison.

SOCRATE. – Or ce sont les bonnes, n'est-ce pas, que l'on honore, et non les opinions perverses ?

CRITON. – Oui.

SOCRATE. – D'autre part, les bonnes opinions sont celles des gens raisonnables, les opinions perverses, celles des gens déraisonnables ?

CRITON. – Comment le nier ?

SOCRATE. – Poursuivons donc ! En quel sens, maintenant, le disait-on ? Un homme qui fait de la gymnastique, a-t-il égard, tandis qu'il pratique cet exercice, aux éloges, aux blâmes, aux opinions de n'importe qui ? ou bien d'un seul et unique homme, de celui-là, précisément, qui sera médecin ou maître de gymnastique ?

CRITON. – D'un seul et unique homme !

SOCRATE. – Ainsi les blâmes qu'il doit redouter, les éloges qu'il doit accueillir avec empressement, ce sont ceux de cet unique homme, mais non pas ceux du plus grand nombre.
CRITON. – C'est bien clair !
SOCRATE. – Ce sera donc de cette façon qu'il pratiquera ses exercices, qu'il fera sa gymnastique, qu'il mangera, oui, et qu'il boira, de la façon, dis-je, qu'en aura jugé cet unique homme, celui qui a la direction et qui s'y connaît ; bien plutôt que de la façon dont en jugent tous les autres, en bloc.
CRITON. – C'est exact.
SOCRATE. – Eh bien ! s'il désobéit d'autre part à cet unique homme, s'il dédaigne son opinion et ses éloges, s'il honore au contraire les éloges du grand nombre et de ceux qui n'y connaissent rien, est-ce qu'il n'en éprouvera aucun mal ?
CRITON. – Comment en effet n'en éprouverait-il pas ?
SOCRATE. – Or, qu'est-ce que ce mal ? où tend-il et à laquelle des parties constituantes du désobéissant ?
CRITON. – À son corps, c'est clair ! voilà ce qu'il ruine en effet.
SOCRATE. – Bien dit. Et, touchant le reste aussi, disons qu'il en est comme cela, pour n'avoir pas à en parcourir tout le détail. Naturellement aussi pour ce qui est juste et injuste, laid et beau, pour ce sur quoi nous avons maintenant à prendre parti : est-ce l'opinion du grand nombre que nous devons suivre et dont nous devons avoir peur ? ou bien est-ce celle d'un unique homme, s'il y en a un qui s'y connaisse, en face duquel, plus que face à tous les autres en bloc, il nous faut avoir, et honte, et peur ? Faute de nous faire les compagnons de celui-là, nous corromprons, nous abîmerons ce qui, tu le sais bien, s'améliorait par l'effet de la justice, se ruinait par l'effet de l'injustice[1]. Cela est-il sans importance ?
CRITON. – Cela n'est pas sans importance : je le crois comme toi.

6

Le souci de l'âme, ou comment bien vivre

LE DEVOIR

SOCRATE. – Poursuivons donc ! Si ce qui est amélioré par un régime sain, corrompu par un régime malsain, nous l'avons ruiné quand nous donnons notre assentiment, mais pas à l'opinion de ceux qui s'y connaissent, est-ce que, une fois cela corrompu, il vaut pour nous la peine de vivre ? Or cela, c'est le corps, n'est-ce pas ?
CRITON. – Oui.
SOCRATE. – Mais nous vaut-il la peine de vivre avec un corps perverti et qui a été corrompu ?
CRITON. – Nullement !
SOCRATE. – Mais, nous vaut-il alors la peine de vivre, quand ce qui a été corrompu en nous, c'est ce que l'injustice abîme, ce à quoi la justice est profitable ? Ou bien donnons-nous une valeur moindre que celle du corps à cette chose-là, à cette chose qui, de toutes celles qui sont nôtres, a chance d'être celle qu'intéressent l'injustice et la justice ?
CRITON. – Nullement !

1. C'est-à-dire notre âme.

SOCRATE. – N'est-elle pas au contraire plus précieuse ?
CRITON. – Oui, de beaucoup !
SOCRATE. – En conséquence, ô le meilleur des hommes, il ne nous faut absolument pas prendre tellement en considération ce que dira le grand nombre, mais ce que diront, et celui qui, l'unique, s'y connaît en matière de justice et d'injustice, et la Vérité elle-même ! Aussi pour commencer, n'est-ce pas de ta part une proposition justifiée, de nous proposer, comme une obligation pour nous, de prendre en considération l'opinion du grand nombre sur le juste, le beau, le bien, et sur leurs contraires. « Il n'en est pas moins vrai, dira-t-on sans doute, que le grand nombre est à même de nous faire périr ! »
CRITON. – C'est bien clair, cela aussi ; sans doute, Socrate, le dira-t-on en effet, tu as raison !
SOCRATE. – Et pourtant, homme admirable, il est encore, à mon avis du moins, tout pareil à ce qu'il était auparavant, le motif que nous avons exposé ! En outre, le motif que voici, examine si, oui ou non, il subsiste aussi : à savoir que ce dont il faut faire le plus de cas, ce n'est pas de vivre, mais de vivre bien.
CRITON. – Mais oui, il subsiste !
SOCRATE. – Or l'identité entre vivre et bien vivre d'une façon belle et juste, subsiste-t-elle aussi, oui ou non ?
CRITON. – Elle subsiste.

7

Est-il juste de vouloir vivre à tout prix ?

LE DEVOIR

SOCRATE. – Ainsi, c'est en conséquence de ces deux points, sur lesquels nous nous accorderons, qu'il faut examiner celui-ci : est-il juste pour moi, ou n'est-il pas juste, d'essayer, sans que les Athéniens m'aient donné mon congé, de m'en aller d'ici ? Dans le cas où cela m'apparaîtra juste, essayons-le ; sinon, renonçons-y. Quant aux considérations alléguées par toi : dépenses d'argent, réputation compromise, enfants non élevés, j'ai bien peur, Criton, que ce ne soient là des considérations bonnes pour ceux qui, à la légère, font périr des gens, et qui, sans le moindre grain de raison, oui, les feraient revivre, s'ils étaient à même de le faire, c'est-à-dire pour ce grand nombre ! Quant à nous, puisque, tout bien compté, notre motif est valable, nous n'avons rien d'autre à considérer que cela même, dont nous parlions tout à l'heure : nous conduirons-nous d'une façon juste en versant de l'argent à ceux qui me feront sortir d'ici, en leur ayant de la reconnaissance, aussi bien toi en m'en faisant sortir, que moi en me sortant ? ou bien, en toute vérité, ne serons-nous pas injustes en faisant tout cela ? et, s'il nous apparaît avec évidence qu'en cela nous accomplissons des choses injustes, ne devons-nous pas renoncer à mettre en ligne de compte, la question, ni de savoir si, en demeurant ici sans bouger, il me faudra mourir, ni de savoir si, plutôt que de commettre l'injustice, il ne me faut pas subir n'importe quelle autre peine ?
CRITON. – Voilà qui est bien parler, Socrate ; mais vois comment il faut que nous agissions !

SOCRATE. – Ensemble examinons-le, mon bon, et, si tu as quelque objection à faire à ce que je dis, fais ton objection, et je m'y rendrai. Mais, si tu n'en as pas, finis désormais, bienheureux Criton, de me tenir, tant de fois, ce même langage, que, contre le gré des Athéniens, je dois m'en aller d'ici ! Car il est pour moi d'un grand prix de me conduire ainsi après t'avoir convaincu, au lieu de le faire contre ton gré.
« Considère donc, d'autre part, en ce qui concerne le point de départ de notre examen, s'il t'a donné satisfaction, et essaie de répondre conformément à ta pensée aux questions que je te pose.
CRITON. – J'essaierai.

8

Il n'est jamais juste de rendre le mal pour le mal

LA VIOLENCE

SOCRATE. – Nions-nous qu'il y ait lieu d'aucune manière de commettre volontairement l'injustice ? Ou bien disons-nous qu'il y a lieu de la commettre d'une certaine manière, mais non d'une autre ? ou bien que d'aucune manière, il n'est ni bon, ni beau de commettre l'injustice, ainsi que nous en sommes maintes fois tombés d'accord antérieurement ? A-t-il suffi de ce peu de jours pour que nous aient coulé de l'esprit nos bons accords antérieurs, accords qui datent de loin, Criton (à preuve les vieillards chenus que nous sommes !), et qui résultaient des entretiens sérieux que nous avions ensemble ? étions-nous donc, sans nous en apercevoir, tout pareils à des enfants, quand nous nous accordions là-dessus ? N'est-il pas vrai, bien plutôt, qu'il en est de cela comme nous le disions alors, quoi que puisse dire, soit pour, soit contre, la multitude ? Et, que la façon dont on nous traite doive encore être plus dure que ne l'est celle-ci, qu'elle doive être plus clémente, n'en sera-t-il pas moins vrai que, de toute manière, c'est au mal et au déshonneur de celui qui commet l'injustice, que tourne l'injustice qu'il commet ? Est-ce par un oui ou par un non qu'il faut répondre ?
CRITON. – C'est par un oui.
SOCRATE. – D'aucune façon, donc, on ne doit commettre l'injustice.
CRITON. – Non, bien sûr !
SOCRATE. – Pas davantage, donc, à l'injustice commise on ne doit répondre en commettant une injustice, ainsi que se l'imagine la multitude, puisque, et même d'aucune façon, on ne doit commettre l'injustice.
CRITON. – On ne doit pas le faire, c'est évident !
SOCRATE. – Autre question : faire du tort à quelqu'un, Criton, le doit-on aussi, ou ne le doit-on pas ?
CRITON. – Sans doute ne le doit-on pas, Socrate !
SOCRATE. – Mais quoi ? Répondre, en faisant du tort, au tort que l'on a subi, ainsi que le prétend la multitude, est-ce juste ou n'est-ce pas juste !
CRITON. – Ça ne l'est en aucune façon !
SOCRATE. – Effectivement, entre faire du mal à autrui et commettre l'injustice, il n'y a probablement pas de différence.
CRITON. – C'est la vérité !

SOCRATE. – Donc, on ne doit, ni par l'injustice répondre à l'injustice, ni faire en retour du mal à aucun de ses semblables, et quelle que soit même la façon dont ils nous ont traité. Prends bien garde en outre, Criton, en m'accordant cela, à ne pas me l'accorder contrairement à ta pensée, car il y a, je le sais fort bien, il y aura toujours, fort peu de gens à penser ainsi ! Cela étant, ceux qui pensent et ceux qui ne pensent pas de cette façon, le parti auquel ils s'arrêtent ne leur est pas commun ; ils ont au contraire forcément du dédain les uns pour les autres, en constatant le résultat de leurs mutuelles délibérations. Examine donc maintenant, avec grande attention même, si, toi aussi, tu es en communauté de vues avec moi, si tu penses ce que je pense, et si, dans notre délibération, nous devons partir de ce principe, que jamais il n'y a de rectitude, ni à commettre l'injustice, ni à répondre par l'injustice à l'injustice, ni, par un mauvais traitement dont on est victime, à rendre un pareil mauvais traitement ; ou bien si, au contraire, tu t'écartes, toi aussi, de ce principe et ne l'as pas en communauté avec moi. Car tel est mon sentiment à moi, depuis longtemps comme à présent encore. Mais, si le tien est autre en quoi que ce soit, parle, explique-toi ! Si au contraire tu y persistes, écoute alors ce qui s'ensuit de ce principe.

CRITON. – Parbleu oui ! j'y persiste, et je pense ce que tu penses. Tu n'as qu'à parler !

9

Peut-on, si on le croit juste, s'opposer à la chose jugée ?

SOCRATE. – C'est donc ce qui s'ensuit du principe que je pose maintenant ; ou plutôt j'interroge : ce dont on a accordé à quelqu'un que c'est un acte juste, doit-on le faire ? ou faut-il décevoir ce quelqu'un par notre conduite ?

CRITON. – On doit le faire !

L'ÉTAT

SOCRATE. – Ceci posé, fais bien attention à ce qui en découle. En nous en allant d'ici sans avoir eu l'assentiment de la Cité, nous conduirons-nous mal, ou non, envers quelqu'un, et cela envers quelqu'un à l'égard de qui une telle conduite devrait le plus être évitée ? Persistons-nous en outre, ou non, par cette conduite, dans ce que nous lui avons accordé être un acte juste ?

CRITON. – Socrate, je suis hors d'état de répondre à ta question, faute de la comprendre.

SOCRATE. – Eh bien ! examine-la sous le jour que voici. Suppose que, au moment où nous nous proposons de nous enfuir clandestinement d'ici (peu importe le nom qu'il faille donner à cela), viennent se dresser devant nous les Lois et la République d'Athènes, et qu'elles nous demandent[1]: « Dis-nous, Socrate qu'as-tu en tête de faire ? L'œuvre à laquelle tu te mets comporte-t-elle de ta part un autre dessein que, pour ce qui est de toi, de nous ruiner, nous les Lois, et, avec nous, l'État tout entier ? Ou bien te semble-t-il qu'il soit possible à cet État de continuer à exister et de n'être pas de fond en comble renversé, si les jugements qui y sont rendus sont sans

1. Le passage qui suit est célèbre sous le nom de « prosopopée des Lois ». La prosopopée est une figure de style consistant à personnifier une idée abstraite.

aucune force, et que, au contraire, par la volonté de simples particuliers, ils perdent toute autorité et soient ruinés ? » A cela, et à d'autres propos du même genre, que répondrons-nous, Criton ? Il y aurait, vois-tu, bien des choses qu'on pourrait dire (et surtout un orateur) pour plaider contre la ruine de cette loi qui prescrit que la chose jugée, le jugement rendu, aient une autorité souveraine ! Leur répondrons-nous plutôt : « C'est un fait que la Cité a commis envers nous une injustice et que la décision de justice est contraire au bon droit » ? Est-ce là ce que nous répondrons ? ou bien quoi ?

CRITON. – Non, par Zeus ! c'est cela même, Socrate !

10

Notre dette et nos obligations vis-à-vis des lois

LE DROIT

SOCRATE. – Mais que répondrions-nous, si cette réponse nous était faite par les Lois : « Socrate, est-ce de cela aussi que nous étions convenus, toi et nous ? ou bien est-ce de ta promesse de respecter les jugements qui auront été rendus par la justice de l'État ? » Et si nous montrions de la surprise en entendant ainsi parler les Lois, probablement nous diraient-elles : « Socrate, que nos paroles ne te surprennent pas ! Mais plutôt réponds-nous, puisque aussi bien c'est ton habitude de procéder par questions et réponses. Voyons en effet : qu'as-tu à nous reprocher, à nous et à l'État, que tu entreprends ainsi notre perte ? N'est-ce pas nous, en premier lieu, qui t'avons engendré ? n'est-ce pas par nous que ton père s'est marié à ta mère et qu'il t'a donné le jour ? Cela étant, expose-nous si tu blâmes en quelque chose, comme mal faites, ces lois en vertu desquelles nous réglons les mariages ? » Je n'ai rien à y blâmer ! dirai-je. « Mais alors, celles que tu blâmes, sont-ce celles en vertu desquelles, une fois né, l'enfant est élevé, reçoit une éducation, qui fut ton éducation, à toi aussi ? Celles d'entre nous qui ordonnent ces questions n'avaient-elles pas raison de le prescrire, quand elles enjoignaient à ton père de faire de la musique et de la gymnastique le fond de ton éducation ? » Elles avaient raison ! dirais-je. « Eh bien ! une fois que tu as été ainsi mis au monde, que tu as été complètement élevé, complètement éduqué, tu serais à même de prétendre, pour commencer, que tu n'étais pas à nous, à la fois notre rejeton et notre esclave, aussi bien toi personnellement que tes aïeux ! Et, s'il en est ainsi, te figures-tu qu'il y ait, entre toi et nous, égalité du droit ? que ce que, nous, nous pouvons nous mettre en devoir de te faire, toi, tu aies le droit de nous le retourner ? Tu ne te figures pas, pensons-nous, qu'envers ton père il y ait eu pour toi égalité du droit, ou envers ton maître, s'il se trouvait que tu eusses eu un maître, au point de retourner contre eux le traitement même qu'ils auraient pu te faire subir ? au point, ni de retourner contre ton père le mal que tu lui entendrais dire de toi, ni de rendre à ton maître les coups qu'il t'aurait donnés, ni de faire encore quantité de choses du même genre ? Tandis qu'envers ta patrie et ses lois, nous devrons penser que cela t'est permis ? permis au point que, si nous, nous entreprenons ta perte parce que nous l'estimons de droit, toi, de ton côté, tu entreprennes, dans la mesure de tes moyens, de nous perdre en retour, et nous les Lois, et ta patrie ? et que, ce faisant, tu prétendes faire ce qui est ton droit, sous prétexte que tu es l'homme qui a de la vertu un souci véritable ?

« Serais-tu sage au point de ne pas te rendre compte que, en comparaison d'une mère comme d'un père ainsi que du reste entier de tous tes aïeux, la patrie est chose plus auguste, plus sainte, de plus haute classe, tant auprès des dieux que des hommes raisonnables ? qu'elle doit être pieusement honorée et que, plus qu'à l'égard d'un père, il faut, quand la patrie se fâche contre vous, lui céder, lui donner des marques de soumission ? qu'on doit, ou bien la convaincre, ou bien alors faire ce qu'elle aura ordonné et subir, sans tergiverser, tel traitement qu'elle a prescrit de subir, que ce soit d'être frappé de verges ou chargé de chaînes, que ce soit d'aller à la guerre pour y trouver blessures ou mort ? Oui, tout cela on doit le faire, et c'est en une telle conduite que réside le droit : ne pas céder le terrain, ne pas reculer non plus, pas davantage lâcher son rang, mais, à la guerre comme au tribunal, comme partout, faire ce qu'auront ordonné la Cité, la patrie ; sinon, la convaincre de la nature véritable du droit ! N'est-ce pas une impiété de faire violence, ou à son père, ou à sa mère : serait-elle moindre, quand c'est la patrie qui en est la victime ? » À ce langage des Lois, que répliquerons-nous, Criton ? Ont-elles, ou non, dit la vérité ?

CRITON. – C'est bien mon avis !

11

L'autorité des lois découle d'un libre engagement du citoyen

LA LIBERTÉ

SOCRATE. – Sans doute les Lois continueraient-elles en ces termes : « Eh bien donc, Socrate ! si nous disons la vérité, considère l'injustice qu'il y a à entreprendre d'agir à notre égard comme tu entreprends de le faire. Nous en effet, nous qui t'avons engendré, qui t'avons complètement élevé, complètement éduqué, nous qui t'avons fait part, à toi comme à tout le reste des citoyens, de l'ensemble des biens dont nous étions à même de vous faire part, nous donnons ensuite avis, par voie de proclamation, que tout Athénien est libre, s'il le souhaite, une fois admis au rang de citoyen, expérience faite du régime en vigueur dans la Cité et de ce que nous sommes, nous les Lois ; libre, si nous ne lui plaisons pas, de s'en aller où il le voudra, en emportant ce qui lui appartient. Aucune de nous, les Lois, ne met obstacle à la volonté de tel d'entre vous, de s'en aller dans une de nos colonies, ne le lui interdit non plus, si nous, ni la Cité, ne lui plaisons ; à sa volonté de se rendre, en emportant ce qui lui appartient, quelque part ailleurs, pour aller y établir sa nouvelle résidence. Mais en revanche, celui d'entre vous qui sera resté ici, expérience faite de la façon dont sont rendus les jugements de notre justice et dont, par ailleurs, est administré l'État, de celui-là désormais nous affirmons qu'il s'est en fait mis d'accord avec nous pour faire ce que nous pourrions lui ordonner ; et celui qui n'obéit pas, nous affirmons qu'il est trois fois coupable de ne pas nous obéir, et puisque c'est nous qui l'avons engendré, et puisque c'est nous qui l'avons nourri puisque enfin, ayant convenu qu'il nous obéirait, il ne se laisse pas convaincre par nos avis et ne nous convainc pas non plus, à supposer que nous soyons en quelque point fautives : lui à

12

Le consentement tacite[1] et l'idée de convention mutuelle

LE DROIT

qui nous proposons cette alternative, au lieu de lui prescrire brutalement de faire ce que nous pouvons avoir à lui ordonner, lui à qui nous la concédons, ou bien de nous convaincre, ou bien de se conformer, et qui ne fait ni l'un, ni l'autre ! Voilà donc à quels griefs, nous l'affirmons, tu vas t'exposer, Socrate, si toutefois tu dois réaliser le projet que tu as en tête ; et ce n'est pas toi qui, entre les Athéniens, y seras le moins exposé, mais le plus au contraire ! » Or, si, moi, je leur demandais : « Pour quelle raison, enfin ? », sans doute me gronderaient-elles en me disant qu'entre les Athéniens c'est moi précisément qui, au plus haut point, ai conclu avec elles ladite convention. « Socrate, me diraient-elles en effet, il y a des preuves sérieuses que nous te plaisions, nous comme la Cité : jamais tu n'y serais demeuré, à un degré exceptionnel en comparaison du reste, en bloc, des Athéniens, si elle ne t'avait pas plu à un exceptionnel degré ! Jamais tu n'es sorti de la ville, ni pour être spectateur aux Jeux, sinon une seule fois, à l'Isthme, ni pour aller nulle part ailleurs, sinon ici ou là, pour prendre part à une expédition militaire ; ni jamais tu n'as fait, comme les autres, de voyage au-dehors ; l'envie ne t'a pas pris davantage de connaître une autre ville, non plus que d'autres lois ; mais nous te suffisons, nous et notre Cité. Tant était forte ta prédilection à notre égard, tant était fort ton consentement à avoir une vie civique en conformité avec nous ; et notamment tu as procréé tes enfants dans cette Cité, prouvant ainsi qu'elle te plaît ! Ce n'est pas tout encore : dans ton procès il t'était permis de t'assigner l'exil pour peine, si tu l'avais voulu, et de faire alors, avec l'assentiment de la Cité, cela même que maintenant tu projettes de faire contre son assentiment. Mais, alors, tu paradais, en assurant que, s'il te fallait mourir, tu n'en concevrais point d'irritation ; qu'à l'exil (c'étaient tes propres paroles) tu préférais la mort ! tandis que, aujourd'hui, le souvenir de ces propos-là ne te fait point rougir, la honte ne t'inspire pas de t'inquiéter de nous, des Lois ; et tu projettes notre perte ! Ta conduite est exactement ce que serait la conduite du plus détestable esclave, puisque tu projettes de t'enfuir clandestinement, en violant des engagements, des accords conformément auxquels tu t'es engagé envers nous pour accomplir ta vie civique ! Cela posé, réponds-nous sur ce premier point : en déclarant que c'est de fait, et non point en paroles, que tu t'es mis d'accord avec nous pour avoir une vie civique qui nous fût conforme, disons-nous la vérité, ou ne la disons-nous pas ? » Que répliquerons-nous à ce langage, Criton ? Pouvons-nous faire autrement que d'en tomber d'accord ?

CRITON. – Forcément, Socrate !

SOCRATE. – Sur ce, elles nous diraient : « Dans ces conditions, fais-tu autre chose que de transgresser tes engagements envers nous personnellement et nos accords mutuels ? accords que tu n'as pas conclus de force, ni non plus trompé, ni forcé d'en délibérer en peu de temps, mais au cours de ces soixante-dix années, pendant les-

1. Consentement implicite, sous-entendu.

quelles il t'était permis de t'en aller, si nous ne te plaisions pas et que la légitimité de nos accords n'eût pas été évidente à tes yeux ? Or, tu n'as donné la préférence, ni à Lacédémone, ni à la Crète, dont à tout bout de champ, certes, tu proclames l'excellente législation, ni à aucun autre des États helléniques, non plus que barbares ; tout au contraire, tu as encore moins quitté la Cité pour des voyages que ne font les boiteux, les aveugles et le reste des infirmes ! Tant était exceptionnel, en comparaison des autres Athéniens, le degré auquel te plaisaient, à toi, et cette Cité et, c'est bien clair, nous les Lois ! A qui en effet une Cité pourrait-elle plaire, sans que lui plussent ses lois ? Mais, à présent, tu vas ne pas respecter les clauses de notre accord ! En vérité, Socrate, tu les respecteras si tu nous en crois, et tu ne te rendras pas ridicule en sortant de cette ville !

13

Les conséquences pour Socrate d'une rupture de contrat

Le droit

« Considère en effet maintenant quel bien, une fois que tu auras transgressé ces engagements et que tu te seras mis en faute sur telle de leurs clauses, tu te seras ainsi fait à toi-même ou à ceux qui sont tes fidèles. Que ces gens, qui sont tes fidèles, courent effectivement le risque d'être exilés et privés, eux aussi, de leur cité, ou celui de perdre leur bien, la chose est assez claire ! Supposons, tout d'abord, que, pour ton compte, tu ailles dans une de ces villes qui sont le plus près d'ici, soit à Thèbes, soit à Mégare, deux villes qui ont en effet une bonne législation ; tu y arriveras, Socrate, en ennemi de leur constitution, et tous ceux qui y sont des patriotes vigilants te regarderont en dessous, comme un corrupteur des lois. Quant à tes juges, tu les confirmeras à ce point dans leur opinion, qu'ils estimeront conforme au bon droit le jugement par lequel ils t'ont condamné ; car quiconque est un corrupteur des lois doit avoir, semble-t-il, de fortes chances de passer pour un corrupteur, et de la jeunesse, et des gens irréfléchis ! Cela étant, éviteras-tu les cités qui ont une bonne législation et les hommes les plus attachés au bon ordre ? Est-ce qu'une telle conduite vaut la peine que l'on vive ? Peut-être les approcheras-tu cependant et auras-tu l'effronterie de leur tenir des propos… Lesquels, Socrate ? Ceux-là mêmes que tu tenais ici ? que ce qui pour les hommes a le plus de valeur, c'est la vertu, c'est la justice, c'est la règle, ce sont les lois ? Et l'inconvenance d'une telle attitude de la part de Socrate, tu crois qu'elle ne sautera pas aux yeux ? En vérité, il faut que tu le croies !

« Mais non ! De ces lieux tu t'éloigneras ; tu te rendras en Thessalie auprès des hôtes de Criton ! C'est dans ce pays-là, en effet, que le désordre et le dérèglement sont à leur comble, et sans doute y prendrait-on plaisir à t'entendre conter de quelle façon risible tu t'es enfui clandestinement de la prison, revêtu d'un déguisement, soit portant une veste de cuir, soit tel autre déguisement habituel à qui s'enfuit ainsi en cachette, bref ayant changé l'aspect qu'on te connaît ! Que d'autre part, vieux comme tu es, alors que vraisemblablement il te reste peu de temps à vivre, tu as eu l'audace de te coller avec une pareille avidité à l'existence, après avoir transgressé les lois les plus considérables, n'y aura-t-il personne pour le dire ? Non peut-être, si tu ne gênes personne ; mais, dans le cas contraire, Socrate, que d'indignités tu entendras dire sur ton compte ! Ta vie, dès lors, consistera à t'insinuer auprès de tous les gens, de te faire leur esclave, et de quelle façon, sinon dans tes bombances thessaliennes ? comme si tu avais fait le voyage de Thessalie pour prendre part à un souper ! Où seront-ils alors, tes magnifiques propos sur la justice et les autres vertus ? Mais, diras-tu, c'est pour mes enfants que je veux vivre, pour achever de les élever, et faire leur éducation ! Eh quoi ! est-ce en allant en Thessalie que tu les élèveras, que tu feras leur éducation ? après avoir, pour qu'ils te doivent encore ce bel avantage, fait d'eux des étrangers ! Ou bien tu ne les y emmèneras pas : élevés ici sans que tu sois avec eux, seront-ils mieux élevés et mieux éduqués parce que tu seras en vie ? Tes fidèles, vois-tu, pour toi prendront soin d'eux : Est-ce qu'ils en prendront soin si c'est pour la Thessalie que tu pars en voyage, tandis que, si c'est vers les demeures d'Hadès que tu fais ton voyage, ils n'en auront pas soin ? Impossible, s'ils sont du moins bons à quelque chose, ces gens qui déclarent être tes fidèles ! Oui, il faut croire qu'ils le feront.

14

La justice et les hommes

LA JUSTICE

« Allons, Socrate, écoute-nous, nous qui t'avons nourri ! Ne mets, ni tes enfants, ni ta vie, ni quoi que ce soit d'autre, à plus haut prix que la justice, au-dessus d'elle, afin de pouvoir, une fois arrivé chez Hadès, dire tout cela, pour te défendre, à ceux qui là-bas ont l'autorité. Car ni ce n'est en ce monde-ci que de ta part une telle conduite se révélera meilleure, ni plus juste, ni plus pieuse, pas davantage pour toi que pour aucun des tiens ; ni elle ne vaudra mieux, quand tu auras été rendu là-bas ! Mais, dans l'état donné des choses, si tu t'en vas, tu t'en iras victime d'une injustice, non par notre faute à nous, les Lois, mais par la faute des hommes ; au contraire, si tu t'évades, après avoir, avec une telle vilenie, répondu à l'injustice par l'injustice, au mal par le mal, après avoir transgressé ces accords et ces engagements que personnellement tu avais pris envers nous, après avoir fait du tort par ta conduite à ceux à qui tu devais le moins en faire : à toi-même, à tes amis, à ta patrie, à nous-mêmes ; c'est nous alors qui nous fâcherons contre toi, tant que tu seras en vie, et là-bas ce sera sans bienveillance qu'elles t'accueilleront, nos sœurs qui sont chez Hadès, quand elles sauront que tu as été, autant que cela était en toi, jusqu'à projeter notre perte. Allons, Socrate ! évite que, de préférence à nous, ce soit Criton qui te persuade de suivre les conseils qu'il te donne ! » Voilà, mon cher Criton, ce que, sache-le bien, je crois entendre, comme les corybantes, dans leur délire, croient entendre des flûtes ; et c'est le bruit de ces paroles, qui, grondant en moi, fait que je suis impuissant à en écouter d'autres ! Sache-le bien toutefois : pour autant que j'en juge à présent, tout ce que tu pourras y répliquer, tu le diras pour rien ! Ce n'est pas, bien sûr, que tu ne doives parler si tu as quelque chose de plus à dire…

CRITON. – Mais non, Socrate, je n'ai rien à dire !

SOCRATE. – Alors laisse cela tranquille, Criton ! et faisons comme je dis, puisque c'est de ce côté-là que le dieu nous montre le chemin !

CONTREPOINT

Comment comprendre le plaidoyer de Socrate pour le respect absolu des jugements quels qu'ils soient, pour le respect absolu des lois, quelles qu'elles soient ? On est loin, semble-t-il, du Socrate ironique et critique qui a dû enthousiasmer le jeune Platon. Qu'en est-il ? Insoumis ou conformiste ? Quel est le vrai Socrate ? Merleau-Ponty nous propose une interprétation au-delà de ces catégories trop simples.

Maurice Merleau-Ponty, *Éloge de la philosophie*, Gallimard, 1953.

Chacun sait à part soi que le monde comme il va est inacceptable ; on aime bien que cela soit écrit, pour l'honneur de l'humanité, quitte à l'oublier quand on retourne aux affaires. La révolte donc ne déplaît pas. Avec Socrate, c'est autre chose. Il enseigne que la religion est vraie, et on l'a vu offrir des sacrifices aux dieux. Il enseigne qu'on doit obéir à la Cité, et lui obéit le premier jusqu'au bout. Ce qu'on lui reproche n'est pas tant ce qu'il fait, mais la manière, mais le motif. Il y a dans l'*Apologie* un mot qui explique tout, quand Socrate dit à ses juges : *Athéniens, je crois comme aucun de ceux qui m'accusent.* Parole d'oracle : il croit *plus* qu'eux, mais aussi il croit *autrement* qu'eux et dans un autre sens. […]

La philosophie

La religion est donc vraie, mais d'une vérité qu'elle ne sait pas elle-même, vraie comme Socrate la pense et non comme elle se pense. Et de même, quand il justifie la Cité, c'est pour des raisons siennes et non par les raisons d'État. Il ne fuit pas, il paraît devant le tribunal. Mais il y a peu de respect dans les explications qu'il en donne. D'abord, dit-il, à mon âge, la fureur de vivre n'est pas de mise ; au surplus, on ne me supporterait pas mieux ailleurs ; enfin, j'ai toujours vécu ici. Reste le célèbre argument de l'autorité des lois. Mais il faudrait le regarder de près. Xénophon fait dire à Socrate : on peut obéir aux lois en souhaitant qu'elles changent, comme on sert à la guerre en souhaitant la paix. Ce n'est donc pas que les lois soient bonnes, mais c'est qu'elles sont l'ordre et qu'on a besoin de l'ordre pour le changer. Quand Socrate refuse de fuir, ce n'est pas qu'il reconnaisse le tribunal, c'est pour mieux le récuser. En fuyant, il deviendrait un ennemi d'Athènes, il rendrait la sentence vraie. En restant, il a gagné, qu'on l'acquitte ou qu'on le condamne, soit qu'il prouve sa philosophie en la faisant accepter par les juges, soit qu'il la prouve encore en acceptant la sentence.

Platon

La République

Platon

427-437 av. J.-C.

La République est l'œuvre d'un philosophe qui fut tenté par la politique. Né en 427 av. J.-C. dans l'aristocratie athénienne, Platon s'initie très tôt aux arts, aux lettres et aux sciences. Il fréquente philosophes et sophistes. Ces derniers enseignaient l'art de persuader ses auditeurs dans les débats publics. Mais une rencontre va tout changer.

Socrate lui apprend à se défier de la virtuosité des sophistes et à mettre au premier plan les préoccupations morales. Le procès et la condamnation de son maître posent une question au jeune Platon : la philosophie a-t-elle encore sa place à Athènes, cité naguère florissante, mais entrée en décadence depuis le déclenchement des guerres qui déchirent alors la Grèce ?

Platon veut trouver une réponse philosophique à cette crise. Il crée une école à Athènes, l'Académie, dans laquelle il enseignera jusqu'à sa mort en 347 av. J.-C. Il effectue plusieurs voyages en Sicile auprès du tyran de Syracuse qu'il espère gagner à ses idées. Mais bientôt il abandonne l'espoir de voir réalisé son projet d'une société juste, harmonieuse et préservée de la décadence. L'épure de cette société, le principe de sa constitution — ce que traduit le mot « république » — font l'objet de son plus célèbre dialogue.

Au début du texte, Socrate et ses interlocuteurs sont en quête d'une définition de la justice. Le sophiste Thrasymaque propose d'abord la sienne avec une rude franchise : la justice, c'est ce qui est avantageux pour le plus fort. D'ordinaire, face à un interlocuteur de bonne volonté, Socrate tente par la discussion d'« accoucher les esprits ». Mais ici, comment discuter avec un contradicteur pour qui la force est la seule loi ?

Cette impasse dans le dialogue en rappelle une autre dans la vie publique : comment ramener à la raison des citoyens égarés par la démagogie ? Socrate lui-même, le meilleur des hommes, n'a pas su convaincre les Athéniens. Il faut donc prendre le problème à la base. Seule une cité juste peut éduquer les hommes dans le respect de la justice.

C'est pourquoi *La République* est à la fois une réflexion politique sur la meilleure constitution et un traité d'éducation. Ce dialogue entre Socrate et deux interlocuteurs imaginaires, Adimante et Glaucon, est aussi une recherche philosophique. Dans les livres VI et VII, séparés artificiellement par ses premiers éditeurs, Platon traite de l'éducation des dirigeants de la cité juste. Il décrit le long chemin qu'ils devront parcourir pour se libérer des illusions de l'opinion commune et pour accéder à la réalité vraie au-delà des apparences. Et cela, non pour se réfugier dans la pure contemplation de la vérité, mais pour revenir dans notre monde et y faire régner la justice autant qu'il est possible.

Platon

Traduction
de Victor Cousin
édition revue par Yvon Brès,
Classiques Hachette.

La République

Livres VI et VII

LIVRE VI

1
Un détour nécessaire

SOCRATE. – (504 a) Tu te souviens sans doute qu'après avoir distingué trois parties dans l'âme, nous nous sommes servis de cette distinction pour expliquer la nature de la justice, de la tempérance, du courage et de la prudence[1].

ADIMANTE. – Si je ne m'en souvenais pas, je ne mériterais pas d'entendre ce qui te reste à dire.

SOCRATE. – Te rappelles-tu aussi ce que nous avons dit auparavant ?

ADIMANTE. – Quoi ? (b)

SOCRATE. – Que pour qu'on puisse en acquérir une connaissance approfondie, il y avait une autre route, plus longue, et qu'en prenant ce détour on arriverait à cette connaissance ; mais qu'il y avait aussi moyen de rattacher la démonstration à ce qui avait été dit précédemment. Vous me dites que cela suffisait, et je fis une démonstration bien imparfaite, selon moi, sous le rapport de l'exactitude. Mais peut-être vous en êtes-vous contentés ; c'est à vous de le dire.

ADIMANTE. – Mais assez, quant à moi, et il m'a semblé qu'il en était de même des autres.

SOCRATE. – (c) Mon cher ami, dans des sujets de cette importance, dès qu'il manque quelque chose, ce n'est point assez : rien d'imparfait n'est la juste mesure de quoi que ce soit ; cependant il est des personnes qui s'imaginent qu'il y en a bientôt assez, et qu'il n'est pas besoin de pousser plus loin les recherches.

ADIMANTE. – C'est un défaut que la paresse rend commun à bien des gens.

SOCRATE. – Mais aussi, s'il est quelqu'un qui doive être exempt de ce défaut, c'est le gardien de l'État et des lois.

ADIMANTE. – Oui, certes.

1. Ayant affirmé au début du livre VI que l'État devait être gouverné par les philosophes, Socrate en vient à la formation intellectuelle qu'ils doivent recevoir.

SOCRATE. – Il faut donc, mon cher ami, (d) qu'il fasse le long détour et qu'il s'applique autant à exercer son esprit que son corps, ou jamais il ne parviendra au terme de cette science sublime qui lui convient particulièrement.

2

La nécessité de la connaissance du Bien

LA CONNAISSANCE

ADIMANTE. – Quoi donc? Ce dont nous parlons n'est pas ce qu'il y a de plus important, et il y a quelque connaissance au-dessus de celle de la justice et des autres vertus que nous avons parcourues?

SOCRATE. – Sans doute : j'ajoute que même à l'égard de ces vertus, une légère esquisse, comme celle que nous avons tracée, ne lui suffit pas, et qu'il en doit vouloir le tableau le plus achevé. Ne serait-il pas ridicule qu'il mît tout en œuvre pour avoir la notion la plus nette et la plus exacte de choses (e) de peu de conséquence, et qu'il ne comprît pas que les plus grands objets veulent aussi la plus grande application?

ADIMANTE. – Cette réflexion est très sensée; mais crois-tu qu'on te laissera passer outre, sans te demander quelle est cette science supérieure à toutes les autres, et quel est son objet?

SOCRATE. – Non, sans contredit : eh bien, interroge-moi. Au surplus tu m'as entendu plus d'une fois parler de cette science; et maintenant, ou tu manques de mémoire, ou tu veux me mettre en défaut et m'embarrasser (505 a) par de nouvelles objections, et c'est là ce que je suppose. Tu m'as souvent entendu dire que l'idée du bien est l'objet de connaissance le plus sublime; que la justice et les autres vertus qui réalisent cette idée empruntent d'elle leur utilité et tous leurs avantages. C'est là, tu le sais bien, je crois, tout ce que j'ai à te dire maintenant, en ajoutant que nous ne connaissons pas suffisamment cette idée, et que, si nous ne la connaissons pas, il ne nous servira de rien de savoir tout le reste; (b) de même que sans la possession du bien celle de tout autre chose nous est inutile. Crois-tu, en effet, qu'il soit avantageux de posséder quelque chose que ce soit si elle n'est bonne, ou de connaître tout à l'exception du bien, et de ne connaître ni le beau ni le bon?

ADIMANTE. – Certainement, non; je ne le crois pas.

3

Deux thèses opposées sur le Bien

LA CONNAISSANCE

SOCRATE. – Tu n'ignores pas non plus que la plupart font consister le bien dans le plaisir, et d'autres, plus raffinés, dans l'intelligence?

ADIMANTE. – Je le sais.

SOCRATE. – Tu sais aussi, mon cher ami, que ceux qui partagent ce dernier sentiment ne peuvent expliquer ce que c'est que l'intelligence, et qu'à la fin ils sont réduits à dire qu'elle se rapporte au bien.

ADIMANTE. – Oui; et cela est fort plaisant.

SOCRATE. – Et comment ne serait-il pas plaisant de leur part (c) de nous reprocher notre ignorance à l'égard du bien, et de nous en parler ensuite comme si nous le connaissions? Ils disent que c'est la pensée du bien, comme si nous devions les entendre, dès qu'ils auront prononcé le mot de bien.

ADIMANTE. – Cela est vrai.

SOCRATE. – Mais ceux qui définissent l'idée du bien par celle du plaisir sont-ils dans une moindre erreur que les autres ? Ne sont-ils pas contraints d'avouer qu'il y a des plaisirs mauvais ?
ADIMANTE. – Oui.
SOCRATE. – (d) Et par conséquent d'avouer que les mêmes choses sont bonnes et mauvaises.
ADIMANTE. – Oui.
SOCRATE. – Il est donc évident qu'il s'élève ici des difficultés graves et nombreuses.
ADIMANTE. – J'en conviens.
SOCRATE. – N'est-il pas évident aussi qu'à l'égard du juste et de l'honnête, bien des gens se contenteront de faire et de posséder, et de paraître faire et posséder, des choses qui, sans être justes ni honnêtes, en ont l'apparence ; mais que lorsqu'il s'agit du bien, les apparences ne satisfont personne, et qu'on s'attache à trouver quelque chose de réel sans se soucier de l'apparence ?
ADIMANTE. – Cela est certain.
SOCRATE. – Or, ce bien que toute âme poursuit, (e) en vue duquel elle fait tout, ce bien dont elle soupçonne l'existence, mais avec beaucoup d'incertitudes, et dans l'impuissance de comprendre nettement ce qu'il est et d'y croire de cette foi inébranlable qu'elle a en d'autres choses, d'où il résulte que toutes ces autres choses qui pourraient lui servir sont comme perdues pour elle ; (506 a) ce bien si grand et si précieux doit-il rester couvert des mêmes ténèbres pour la meilleure partie de l'État, celle à qui nous devons tout confier ?
ADIMANTE. – Point du tout.
SOCRATE. – Je pense en effet que le juste et l'honnête ne trouveront pas un digne gardien dans celui qui ignorera leur rapport avec le bien ; et j'oserais prédire que nul n'aura de l'honnête et du juste une connaissance exacte sans la connaissance antérieure du bien.
ADIMANTE. – Ta prédiction serait fondée.
SOCRATE. – Notre État sera donc parfaitement (b) ordonné, s'il a pour chef un homme qui possède cette double connaissance.

4

La nature du Bien peut être connue directement

ADIMANTE. – Nécessairement. Mais toi, Socrate, en quoi fais-tu consister le bien, dans la science ou dans le plaisir, ou dans quelque autre chose ?
SOCRATE. – Tu es charmant en vérité : je te voyais venir et me doutais depuis longtemps que tu ne voudrais pas t'en tenir à ce qu'ont dit les autres là-dessus.

ADIMANTE. – C'est qu'aussi il ne me paraît pas raisonnable, mon cher Socrate, qu'un homme qui agite cette question depuis si longtemps dise quelle est l'opinion des autres et ne dise pas la sienne.
SOCRATE. – (c) Te paraît-il plus raisonnable qu'un homme parle de ce qu'il ne sait pas, comme s'il le savait ?
ADIMANTE. – Non ; mais il peut proposer comme une conjecture ce qu'il croit probable.

SOCRATE. – Hé quoi ! ne vois-tu pas quelle triste figure fait une opinion qui ne repose pas sur la science ? La meilleure de cette sorte n'est-elle pas sans lumière ? Ceux qui, dans leurs opinions, rencontrent le vrai sans le comprendre, ne ressemblent-ils pas à des aveugles qui marchent dans le droit chemin ?

ADIMANTE. – Oui.

SOCRATE. – Veux-tu donc arrêter tes yeux sur quelque chose d'informe, d'aveugle, de boiteux, (d) tandis que tu peux voir de belles, de brillantes images ?

Glaucon dit alors à Socrate :

GLAUCON. – Au nom des dieux, Socrate, ne t'arrête pas comme si tu étais déjà arrivé au terme : nous serons satisfaits si tu nous expliques la nature du bien comme tu as expliqué celle de la justice, de la tempérance et des autres vertus.

Socrate lui dit :

SOCRATE. – Et moi aussi, mon cher, j'en serais satisfait ; mais je crains bien que cela ne passe mes forces, et qu'avec toute ma bonne volonté, ma maladresse ne m'attire vos railleries. Non croyez-moi, mes amis, laissons là, quant à présent, la recherche du bien tel qu'il est en lui-même. (e) En effet, cela m'apparaît trop loin pour que notre élan actuel atteigne l'idée que maintenant je m'en fais ; mais je veux vous entretenir de ce qui me paraît le rejeton du bien, sa représentation exacte : sinon, passons à d'autres choses, si cela vous est agréable.

GLAUCON. – Non, parle-nous du fils ; une autre fois tu t'acquitteras en nous parlant du père.

SOCRATE. – Je voudrais bien pouvoir m'en acquitter à votre entière satisfaction, (507 a) au lieu de ne vous offrir que l'intérêt de ma dette, comme je vais le faire : recevez toutefois ce simple intérêt, cette production du bien ; mais prenez garde que je ne vous trompe involontairement, et ne vous paie en fausse monnaie.

GLAUCON. – Nous y prendrons garde le plus que nous pourrons : explique-toi seulement.

5

L'idée est l'unité d'une multiplicité

L'IDÉE

SOCRATE. – Reconnaissons d'abord la vérité de ce qui a été dit précédemment et en plusieurs autres rencontres : je vais vous le rappeler.

GLAUCON. – (b) Quoi ?

SOCRATE. – Il y a plusieurs choses que nous appelons belles, et plusieurs choses, bonnes : c'est ainsi que nous désignons chacune d'elles.

GLAUCON. – Oui.

SOCRATE. – Et nous affirmons l'existence du beau en soi et du bien en soi ; et nous faisons de même de toutes les choses que nous avons considérées tout à l'heure dans leur variété, en les considérant sous un autre point de vue, dans l'unité de l'idée générale à laquelle chacune d'elles se rapporte.

GLAUCON. – Soit.

6

Le cas particulier du sens de la vue

LA CONNAISSANCE

SOCRATE. – Et nous disons des choses particulières qu'elles sont l'objet des sens et non de l'esprit, (c) et des idées qu'elles sont l'objet de l'esprit et non des sens.

GLAUCON. – Cela est incontestable.

SOCRATE. – Par quel sens apercevons-nous les choses visibles ?

GLAUCON. – Par la vue.

SOCRATE. – Nous saisissons les sons par l'ouïe, et par les autres sens toutes les autres choses sensibles. N'est-ce pas ?

GLAUCON. – Sans doute.

SOCRATE. – As-tu remarqué quelle dépense particulière l'ouvrier de nos sens a faite pour la vue ?

GLAUCON. – Pas précisément.

SOCRATE. – Eh bien, remarque ceci. L'ouïe et la voix ont-elles besoin d'une troisième chose, l'une pour entendre, l'autre pour être entendue ; de sorte que, si cette chose (d) vient à manquer, l'ouïe n'entendra point, la voix ne sera point entendue ?

GLAUCON. – Nullement.

SOCRATE. – Je crois que la plupart des autres sens, pour ne pas dire tous, n'ont besoin de rien de semblable. Vois-tu quelque exception ?

GLAUCON. – Non.

SOCRATE. – Mais à l'égard de la vue, outre l'objet visible, ne conçois-tu pas qu'une troisième chose est nécessaire ?

GLAUCON. – Que veux-tu dire ?

SOCRATE. – Suppose des yeux doués de la faculté de voir, appliqués à leur usage et en présence des objets colorés ; s'il n'intervient une troisième chose (e) destinée à concourir au phénomène de la vision, les yeux ne verront rien, et les couleurs ne seront pas visibles.

GLAUCON. – Quelle est cette chose ?

SOCRATE. – C'est ce que tu appelles la lumière.

GLAUCON. – Fort bien.

SOCRATE. – Ainsi le sens de la vue est uni aux objets visibles par un lien incomparablement plus précieux que ceux (508 a) qui unissent les autres sens à leurs objets ; à moins qu'on ne dise que la lumière est quelque chose de méprisable.

GLAUCON. – Il s'en faut de beaucoup qu'elle le soit.

7

Le soleil, image du Bien

LA CONNAISSANCE

SOCRATE. – De tous les dieux qui sont au ciel, quel est celui dont la lumière fait que nos yeux voient mieux et que les objets sont visibles ?

GLAUCON. – Celui que tu connais ainsi que tout le monde ; car évidemment tu veux que je nomme le soleil.

SOCRATE. – Vois si le rapport de la vue à ce dieu n'est pas tel que je vais dire.

GLAUCON. – Comment ?

SOCRATE. – La vue, non plus que la partie où elle se forme et qu'on appelle (b) l'œil, n'est pas le soleil.

GLAUCON. – Non.

SOCRATE. – Mais du moins de tous les organes de nos sens, l'œil est, je crois, celui qui tient le plus du soleil.

GLAUCON. – À la bonne heure.
SOCRATE. – La faculté qu'il a de voir, ne la possède-t-il pas comme une émanation dont le soleil est la source ?
GLAUCON. – Oui.
SOCRATE. – Et le soleil, qui n'est pas la vue, mais qui en est le principe, est aperçu par elle ?
GLAUCON. – Cela est vrai.
SOCRATE. – Eh bien maintenant, apprends-le, c'est le soleil que je veux dire, quand je parle du fils du bien. Le fils a une parfaite analogie (c) avec le père. Ce que le bien est dans la sphère intelligible, par rapport à l'intelligence et à ses objets, le soleil l'est dans la sphère visible, par rapport à la vue et à ses objets.
GLAUCON. – Comment ? explique-moi ta pensée.
SOCRATE. – Tu sais que, lorsque les yeux se tournent vers des objets qui ne sont pas éclairés par le soleil, mais par les astres de la nuit, ils ont peine à les discerner, qu'ils semblent jusqu'à un certain point atteints de cécité, comme s'ils perdaient la netteté de leur vue.
GLAUCON. – La chose est ainsi.
SOCRATE. – Mais que, quand ils regardent des objets (d) éclairés par le soleil, ils les voient distinctement et montrent la faculté de voir dont ils sont doués.
GLAUCON. – Sans doute.

8

Le Bien, principe de la connaissance des êtres

LA CONNAISSANCE

SOCRATE. – Comprends que la même chose se passe à l'égard de l'âme. Quand elle fixe ses regards sur ce qui est éclairé par la vérité et par l'être, elle comprend et connaît ; elle montre qu'elle est douée d'intelligence. Mais lorsqu'elle tourne son regard sur ce qui est mêlé d'obscurité, sur ce qui naît et périt, sa vue se trouble et s'obscurcit, elle n'a plus que des opinions, et passe sans cesse de l'une à l'autre : on dirait qu'elle est sans intelligence.
GLAUCON. – Oui.
SOCRATE. – (e) Tiens donc pour certain que ce qui répand sur les objets de la connaissance la lumière de la vérité, ce qui donne à l'âme qui connaît la faculté de connaître, c'est l'idée du bien. Considère cette idée comme le principe de la science et de la vérité en tant qu'elles tombent sous la connaissance ; et quelque belles que soient la science et la vérité, tu ne te tromperas pas en pensant que l'idée du bien en est distincte et les surpasse en beauté. En effet, comme dans le monde visible, on a raison de penser que la lumière et la vue ont de l'analogie avec le soleil, mais qu'il serait déraisonnable de prétendre qu'elles sont le soleil : de même, dans l'autre sphère, (509 a) on peut regarder la science et la vérité comme ayant de l'analogie avec le bien mais on aurait tort de prendre l'une ou l'autre pour le bien lui-même qui est d'un prix tout autrement relevé.
GLAUCON. – Sa beauté doit être au-dessus de toute expression, puisqu'il produit la science et la vérité, et qu'il est encore plus beau qu'elles. Aussi n'as-tu garde de dire que le bien soit le plaisir.

9

Le Bien, principe de l'existence et de la nature des êtres

LA MÉTAPHYSIQUE

SOCRATE. – Fais attention à ce que tu dis et considère davantage son image de cette manière.

GLAUCON. – (b) Comment ?

SOCRATE. – Tu penses sans doute, comme moi, que le soleil ne rend pas seulement visibles les choses visibles, mais qu'il leur donne encore la vie, l'accroissement et la nourriture, sans être lui-même la vie.

GLAUCON. – Oui.

SOCRATE. – De même tu peux dire que les êtres intelligibles ne tiennent pas seulement du bien ce qui les rend connaissables, mais encore leur être et leur essence, quoique le bien lui-même ne soit point essence, mais quelque chose fort au-dessus de l'essence en dignité et en puissance.

GLAUCON. – (c) Grand Apollon, s'écria Glaucon en plaisantant, voilà du merveilleux !

SOCRATE. – C'est ta faute aussi : pourquoi m'obliger à dire ma pensée sur ce sujet ?

GLAUCON. – N'en demeure pas là, je te prie, mais achève la comparaison du bien avec le soleil, si tu n'as pas tout dit.

SOCRATE. – Vraiment non, je n'ai pas tout dit.

GLAUCON. – N'omets pas le moindre trait.

SOCRATE. – Il m'en échappera beaucoup, je crois ; mais, autant que je le pourrai en cette circonstance, je ne passerai rien volontairement.

GLAUCON. – Fais comme tu dis.

SOCRATE. – (d) Conçois donc qu'ils sont deux, le bien et le soleil : l'un est roi du monde intelligible ; l'autre, du monde visible ; je ne dis pas du ciel, de peur que tu ne croies qu'à cette occasion, je veuille jouer sur les mots. Voilà par conséquent deux espèces d'êtres, les uns visibles, les autres intelligibles.

GLAUCON. – Fort bien.

10

L'image de la ligne : les différents degrés de la connaissance

LA MÉTAPHYSIQUE

SOCRATE. – Soit, par exemple, une ligne[1] coupée en deux parties inégales : coupe encore en deux chacune de ces deux parties, qui représentent l'une le monde visible, l'autre le monde intelligible ; et ces deux sections nouvelles représentant la partie claire et la partie obscure de chacun de ces mondes, tu auras, (e) pour l'une des sections du monde visible, les images. J'entends par images, premièrement

1. La ligne qu'on peut tracer à partir de ces indications donne une représentation imagée des rapports qu'entretiennent, d'une part, les différents objets du savoir et, d'autre part, les formes de connaissance qui leur correspondent. Voir § 25, p. 45.

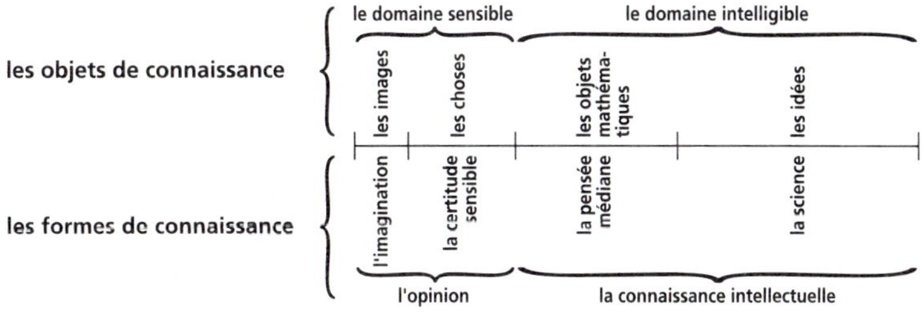

(510 a) les ombres ; ensuite les fantômes représentés dans les eaux et sur la surface des corps opaques, polis et brillants, et toutes les autres représentations du même genre. Tu vois ce que je veux dire.

GLAUCON. – Oui.

SOCRATE. – L'autre section te donnera les objets que ces images représentent ; je veux dire nous les êtres vivants, les plantes et tous les ouvrages de l'art comme de la nature.

GLAUCON. – Je conçois cela.

SOCRATE. – Veux-tu qu'à cette division du monde visible soit substituée celle du vrai et du faux de cette manière : l'opinion est à la connaissance ce que l'image est à l'objet.

GLAUCON. – (b) J'y consens.

SOCRATE. – Voyons à présent comment il faut diviser le monde intelligible.

GLAUCON. – Comment ?

SOCRATE. – En deux parts, dont l'âme n'obtient la première qu'en se servant des données du monde visible que nous venons de diviser, comme d'autant d'images, en partant de certaines hypothèses, non pour remonter au principe, mais pour descendre à la conclusion ; tandis que pour obtenir la seconde, elle va de l'hypothèse jusqu'au principe anhypothétique[1] sans faire aucun usage des images comme dans le premier cas, et en procédant uniquement des idées considérées en elles-mêmes.

GLAUCON. – Je ne comprends pas bien ce que tu dis.

11

Le mathématicien vise des réalités intelligibles

LES MATHÉMATIQUES

SOCRATE. – Patience, tu le comprendras (c) mieux après ce que je vais dire. Tu n'ignores pas, je pense, que les géomètres et les arithméticiens posent comme hypothèses deux sortes de nombres, l'un pair, l'autre impair, les figures, trois espèces d'angles et ainsi du reste, selon la démonstration qu'ils cherchent ; que, ces hypothèses une fois posées, ils les traitent comme des propositions acceptables par tous et ne jugent pas nécessaire de les justifier, ni pour eux-mêmes, ni pour autrui ; qu'enfin, partant de ces hypothèses, (d) ils parcourent toute la démonstration et parviennent chaque fois au but vers lequel s'était élancée leur recherche ?

GLAUCON. – Pour cela, je le sais parfaitement.

SOCRATE. – Par conséquent, tu sais aussi qu'ils se servent de figures visibles et qu'ils raisonnent sur ces figures, quoique ce ne soit point à elles qu'ils pensent, mais à d'autres figures représentées par celles-là. Par exemple, leurs raisonnements ne portent pas sur le carré ni sur la diagonale tels qu'ils les tracent, mais sur le carré en soi, de la diagonale en soi. (e) J'en dis autant de toutes sortes de formes qu'ils représentent, soit en relief, soit par le dessin, et qui ont aussi leurs images, soit par leur ombre, soit par le reflet dans l'eau. Les géomètres les emploient comme autant d'images et sans considérer autre chose que ces réalités-là dont j'ai parlé, qu'on ne peut saisir (511 a) que par la pensée.

1. Platon désigne par là l'objet de la connaissance suprême, par opposition au raisonnement mathématique qui repose sur des hypothèses.

12

La dialectique remonte au principe anhypothétique

LA CONNAISSANCE

GLAUCON. – Tu dis vrai.

SOCRATE. – Eh bien voilà ce que je disais appartenir au genre intelligible, et je disais que, dans la recherche qu'elle en fait, l'âme est contrainte de se servir d'hypothèses, non pour aller jusqu'au premier principe, car elle ne peut remonter au-delà de ces hypothèses ; mais elle emploie les images qui lui sont fournies par les objets terrestres et sensibles, en choisissant toujours parmi ces images celles qui, relativement à d'autres, sont regardées et estimées comme ayant plus de netteté.

GLAUCON. – Je conçois que tu parles de ce (b) qui se fait dans la géométrie et les autres sciences de cette nature.

SOCRATE. – Conçois maintenant ce que j'entends par l'autre division des choses intelligibles. Ce sont celles que l'âme saisit immédiatement par la dialectique, en faisant des hypothèses qu'elle regarde comme telles et non comme des principes, et qui lui servent de degrés et d'impulsions pour atteindre l'anhypothétique qui est le principe de tout. Alors, elle s'y accroche et, ensuite, s'attachant successivement à toutes les conséquences qui en découlent, elle descend de là jusqu'au terme, sans faire usage de rien de sensible, mais seulement d'idées : (c) c'est par des idées qu'on commence, à travers des idées que l'on poursuit, et l'on aboutit à des idées.

GLAUCON. – Je comprends un peu, mais pas encore suffisamment. Il me semble que tu exposes là un point qui abonde en difficultés ; tu veux, ce me semble, prouver que la connaissance que l'on acquiert par la dialectique de l'être et du monde intelligible est plus claire que celle que l'on acquiert par le moyen des arts qui ont pour principe des hypothèses, qui sont bien obligés de se servir du raisonnement et non des sens, mais qui, fondés sur des hypothèses, (d) ne remontant pas jusqu'au principe, ne te paraissent pas maîtriser intellectuellement leur objet, bien que ceux-ci soient vraiment intelligibles si on les rattache au premier principe. Et tu appelles, ce me semble, « pensée médiane » la connaissance que l'on acquiert au moyen de la géométrie et des autres arts semblables, et non pas « intelligence », cette « pensée médiane » étant une sorte d'intermédiaire entre l'opinion et l'« intelligence ».

13

La signification globale de la ligne

LA MÉTAPHYSIQUE

SOCRATE. – Tu as fort bien compris ma pensée. Reprends maintenant les quatre divisions dont nous avons parlé, et applique-leur ces quatre opérations de l'âme : au plus haut degré la « saisie intellectuelle » ; au second, (e) la « pensée médiane » ; au troisième, la « certitude sensible » ; au quatrième, l'« imagination ». Et classe-les de manière à leur attribuer plus ou moins de clarté, selon que leurs objets participent plus ou moins à la vérité.

GLAUCON. – J'entends, je suis d'accord avec toi et j'adopte l'ordre que tu me proposes.

LIVRE VII

14

L'allégorie de la caverne : notre condition première

L'ILLUSION

(514 a) Socrate reprit :
SOCRATE. – Maintenant, pour avoir une idée de la nature de l'homme par rapport à l'éducation et au manque d'éducation, figure-toi la situation que je vais te décrire. Imagine un antre souterrain, très ouvert dans toute sa profondeur du côté de la lumière du jour ; et, dans cet antre, des hommes retenus, depuis leur enfance, par des chaînes qui leur assujettissent tellement les jambes et le cou qu'ils ne peuvent ni changer de place ni tourner la tête, et ne voient (b) que ce qu'ils ont en face. La lumière leur vient d'un feu allumé à une certaine distance en haut derrière eux. Entre ce feu et les captifs s'élève un chemin, le long duquel imagine un petit mur semblable à ces cloisons que les charlatans mettent entre eux et les spectateurs, et au-dessus desquelles apparaissent les merveilles qu'ils montrent.
GLAUCON. – Je vois cela.
SOCRATE. – Figure-toi encore qu'il passe, le long de ce mur, des hommes portant (c) des objets de toute sorte qui paraissent ainsi au-dessus du mur, des figures d'hommes (515 a) et d'animaux en bois ou en pierre, et de mille formes différentes ; et naturellement parmi ceux qui passent, les uns se parlent entre eux, d'autres ne disent rien.
GLAUCON. – Voilà un étrange tableau et d'étranges prisonniers.
SOCRATE. – Voilà pourtant ce que nous sommes. Et d'abord, crois-tu que dans cette situation ils verront autre chose d'eux-mêmes et de ceux qui sont à leurs côtés, que les ombres qui vont se retracer, à la lueur du feu, sur le côté de la caverne exposé à leurs regards ?
GLAUCON. – Non, puisqu'ils sont forcés de rester toute leur vie (b) la tête immobile.
SOCRATE. – Et les objets qui passent derrière eux, de même aussi n'en verront-ils pas seulement l'ombre ?
GLAUCON. – Sans contredit.
SOCRATE. – Or, s'ils pouvaient converser ensemble, ne crois-tu pas qu'ils s'aviseraient de désigner comme les choses mêmes les ombres qu'ils voient passer ?
GLAUCON. – Nécessairement.
SOCRATE. – Et, si la prison avait un écho, toutes les fois qu'un des passants viendrait à parler, ne s'imagineraient-ils pas entendre parler l'ombre même qui passe sous leurs yeux ?
GLAUCON. – Oui.
SOCRATE. – Enfin, ces captifs (c) n'attribueront absolument de réalité qu'aux ombres.
GLAUCON. – Cela est inévitable.

15

Une conversion laborieuse

LA CONNAISSANCE

SOCRATE. – Supposons maintenant qu'on les délivre de leurs chaînes et qu'on les guérisse de leur erreur : vois ce qui résulterait naturellement de la situation nouvelle où nous allons les placer. Qu'on détache un de ces captifs, qu'on le force sur-le-champ de se lever, de tourner la tête, de marcher et de regarder du côté de la lumière : il ne pourra faire tout cela sans souffrir, et l'éblouissement l'empêchera de discerner les objets (d) dont il voyait auparavant les ombres. Je te demande ce qu'il pourra dire, si quelqu'un vient lui déclarer que jusqu'alors il n'a vu que des fantômes ; qu'à présent plus près de la réalité, et tourné vers des objets plus réels, il voit plus juste ; si enfin, lui montrant chaque objet à mesure qu'il passe, on l'oblige, à force de questions, à dire ce que c'est ; ne penses-tu pas qu'il sera fort embarrassé, et que ce qu'il voyait auparavant lui paraîtra plus vrai que ce qu'on lui montre ?

GLAUCON. – Sans doute.

SOCRATE. – Et si on le contraint de regarder (e) le feu, sa vue n'en sera-t-elle pas blessée ? N'en détournera-t-il pas les regards pour les porter sur ces ombres qu'il considère sans effort ? Ne jugera-t-il pas que ces ombres sont réellement plus visibles que les objets qu'on lui montre ?

GLAUCON. – Assurément.

SOCRATE. – Si maintenant on l'arrache de sa caverne malgré lui, et qu'on le traîne, par le sentier rude et escarpé, jusqu'à la clarté du soleil, cette violence n'excitera-t-elle pas ses plaintes et sa colère ? Et lorsqu'il sera parvenu (516 a) au grand jour, accablé de sa splendeur, pourra-t-il distinguer aucun des objets que nous appelons des êtres réels ?

GLAUCON. – Il ne le pourra pas d'abord.

SOCRATE. – Ce n'est que peu à peu que ses yeux pourront s'accoutumer à cette région supérieure. Ce qu'il discernera plus facilement, ce sera d'abord les ombres, puis les images des hommes et des autres objets qui se peignent sur la surface des eaux, ensuite les objets eux-mêmes. De là il portera ses regards vers le ciel, dont il soutiendra plus facilement la vue, quand il contemplera pendant la nuit la lune et les étoiles, (b) qu'il ne pourrait le faire pendant que le soleil éclaire l'horizon.

GLAUCON. – Je le crois.

SOCRATE. – À la fin il pourra, je pense, non seulement voir le soleil dans les eaux et partout où son image se réfléchit, mais le contempler en lui-même à sa véritable place.

GLAUCON. – Certainement.

SOCRATE. – Après cela, se mettant à raisonner, il en viendra à conclure que c'est le soleil qui fait les saisons et les années, qui gouverne tout dans le monde visible, et qui est en quelque sorte (c) le principe de tout ce que nos gens voyaient là-bas dans la caverne.

GLAUCON. – Il est évident que c'est par tous ces degrés qu'il arrivera à cette conclusion.

SOCRATE. – Se rappelant alors sa première demeure et ce qu'on y appelait sagesse et ses compagnons de captivité, ne se trouvera-t-il pas heureux de son changement et ne plaindra-t-il pas les autres ?
GLAUCON. – Tout à fait.
SOCRATE. – Et s'il y avait là-bas des honneurs, des éloges, des récompenses publiques établies entre eux pour celui qui observe le mieux les ombres à leur passage, qui se rappelle le mieux en quel ordre elles ont coutume de précéder, (d) de suivre ou de paraître ensemble, et qui par là est le plus habile à deviner leur apparition ; penses-tu que l'homme dont nous parlons fût encore bien jaloux de ces distinctions, et qu'il portât envie à ceux qui sont les plus honorés et les plus puissants dans ce souterrain ? Ou bien ne sera-t-il pas comme le héros d'Homère, et ne préférera-t-il pas mille fois n'être qu'*un valet de charrue, au service d'un pauvre laboureur,* et souffrir tout au monde plutôt que de revenir à sa première illusion et de vivre comme il vivait ?
GLAUCON. – Je ne doute pas (e) qu'il ne soit disposé à tout souffrir plutôt que de vivre de la sorte.

16

Le retour périlleux dans la caverne

SOCRATE. – Imagine encore que cet homme redescende dans la caverne et qu'il aille s'asseoir à son ancienne place ; dans ce passage subit du grand jour à l'obscurité, ses yeux ne seront-ils pas comme aveuglés ?
GLAUCON. – Oui, vraiment.

LA PHILOSOPHIE

SOCRATE. – Et si tandis que sa vue est encore confuse, et avant (517 a) que ses yeux se soient remis et accoutumés à l'obscurité, ce qui demande un temps assez long, il lui faut donner son avis sur ces ombres et entrer en dispute à ce sujet avec ses compagnons qui n'ont pas quitté leurs chaînes, n'apprêtera-t-il pas à rire à ses dépens ? Ne diront-ils pas que pour être monté là-haut, il a perdu la vue ; que ce n'est pas la peine d'essayer de sortir du lieu où ils sont, et que si quelqu'un s'avise de vouloir les en tirer et les conduire en haut, il faut le saisir et le tuer, s'il est possible.
GLAUCON. – Cela est fort probable.

17

Le sens de l'allégorie

SOCRATE. – Voilà précisément, cher Glaucon, l'image de notre condition. (b) L'antre souterrain, c'est ce monde visible : le feu qui l'éclaire, c'est la lumière du soleil ; ce captif qui monte à la région supérieure et la contemple, c'est l'âme qui s'élève dans l'espace intelligible. Voilà du moins quelle est ma pensée, puisque tu veux la savoir : Dieu sait si elle est vraie. Quant à moi, la chose me paraît telle que je vais dire. Dans le connaissable, l'élément ultime, c'est l'idée du bien qu'on aperçoit avec peine, (c) mais qu'on ne peut apercevoir sans conclure qu'elle est la cause de tout ce qu'il y a de beau et de bon ; que dans le monde visible, elle produit la lumière et l'astre de qui elle vient directement ; que dans le monde invisible, c'est elle qui produit directement la vérité et l'intelligence ; qu'il faut enfin avoir les yeux sur cette idée pour se conduire avec sagesse dans la vie privée ou publique.

LA MÉTAPHYSIQUE

GLAUCON. – J'entre dans cette manière de voir autant qu'il m'appartient.

SOCRATE. – Conçois donc aussi et cesse de t'étonner que ceux qui sont parvenus à cette hauteur dédaignent de prendre en main les affaires humaines, et que leurs âmes aspirent sans cesse à se fixer dans la région supérieure. (d) Cela est bien naturel, s'il y a analogie entre ce dont nous parlons et l'image que nous avons tracée plus haut.

GLAUCON. – Oui, rien de plus naturel.

SOCRATE. – Qu'y a-t-il d'étonnant, dis-moi, qu'un homme, passant des contemplations divines aux misérables objets qui occupent les hommes, ait mauvaise grâce et paraisse ridicule, lorsque dans le premier trouble, et avant d'être familiarisé avec les ténèbres qui l'environnent, il est forcé d'entrer en dispute devant les tribunaux ou ailleurs sur des ombres de justice ou sur les images qui projettent ces ombres, et de s'escrimer contre la manière dont ces images (e) sont prises par des hommes qui n'ont jamais vu la justice elle-même ?

GLAUCON. – Il est impossible de s'en étonner.

SOCRATE. – Un homme sensé (518 a) fera réflexion que la vue peut être troublée de deux manières et par deux causes opposées, par le passage de la lumière à l'obscurité, ou par celui de l'obscurité à la lumière : et comme il en est de même de la vue de l'âme, lorsqu'il verra une âme troublée et embarrassée pour discerner certains objets, il n'ira pas en rire sans raison ; il examinera si c'est que revenant d'un état plus lumineux elle se trouve comme offusquée faute d'habitude, ou si passant des ténèbres de l'ignorance à la lumière, (b) elle est éblouie de son trop vif éclat. Dans le premier cas, il la félicitera de l'embarras qu'elle éprouve et de ce commerce divin ; dans le second, il la plaindra ; ou bien, s'il veut rire à ses dépens, ses railleries seront moins ridicules que si elles s'adressaient à l'âme qui redescend du séjour de la lumière.

GLAUCON. – On ne peut parler plus raisonnablement.

18

L'éducation de l'âme

LA CULTURE

SOCRATE. – Or, si tout cela est vrai, il faut en conclure que l'éducation n'est pas ce que certaines gens prétendent. Ils se vantent de pouvoir faire entrer la science (c) dans l'âme où elle n'est point, à peu près comme on donnerait la vue à des yeux aveugles.

GLAUCON. – Tel est leur langage.

SOCRATE. – Ce que nous avons dit montre au contraire que chacun possède la faculté d'apprendre et un organe à cet usage ; et que, semblable à des yeux qui ne pourraient se tourner des ténèbres vers la lumière qu'avec le corps tout entier, l'organe de l'intelligence doit se tourner, avec l'âme tout entière, de la vue de ce qui naît vers la contemplation de ce qui est et de ce qu'il y a de plus lumineux dans l'être, et cela nous l'avons appelé (d) le bien, n'est-ce pas ?

GLAUCON. – Oui.

SOCRATE. – Tout l'art consiste donc à chercher la manière la plus aisée et la plus avantageuse dont l'âme puisse exécuter l'évolution qu'elle doit faire : il ne s'agit pas de lui donner la faculté de voir ; elle l'a déjà : mais son organe n'est pas dans une bonne direction, il ne regarde point où il faudrait. C'est ce qu'il s'agit de corriger.

GLAUCON. – En effet.
SOCRATE. – Quant à ce qu'on appelle les autres « vertus » de l'âme, il en est un peu comme de celles du corps. L'âme ne les recevant pas de la nature, on les y introduit (e) plus tard par l'éducation et l'exercice ; mais la puissance de connaître semble appartenir à quelque chose de plus divin, qui ne perd jamais de sa force et qui, selon la direction qu'on lui donne, devient utile ou inutile, (519 a) avantageux ou nuisible. N'as-tu point encore remarqué jusqu'où va la sagacité de ces hommes à qui on donne le nom d'habiles malhonnêtes gens ? Avec quelle pénétration leur misérable petite âme démêle tout ce qui les intéresse ? leur âme n'a pas une mauvaise vue ; mais comme elle est forcée de servir d'instrument à leur malice, ils sont d'autant plus malfaisants qu'ils sont plus subtils et clairvoyants.
GLAUCON. – Il n'est que trop vrai.
SOCRATE. – Si, dès l'enfance, on coupait ces penchants nés avec l'être mortel, qui, comme autant de poids de plomb, (b) entraînent l'âme vers les festins avec leurs plaisirs de goinfrerie et abaissent ses regards vers les choses inférieures ; si le principe meilleur dont je viens de parler, dégagé et affranchi, était dirigé vers la vérité, ces hommes l'apercevraient avec la même sagacité qu'ils aperçoivent les choses sur lesquelles se porte maintenant leur attention.
GLAUCON. – Il y a apparence.

19

On forcera les philosophes à gouverner

L'ÉTAT

SOCRATE. – N'est-ce pas une conséquence vraisemblable, nécessaire même, de tout ce que nous avons dit, que le gouvernement des États, s'il ne convient guère à des hommes sans éducation et étrangers à la connaissance de la vérité, ne va pas mieux aux habitudes (c) de ceux auxquels on laisse passer toute leur vie dans l'étude ; les uns, parce qu'ils n'ont dans toute leur conduite aucun but fixe auquel ils rapportent tout ce qu'ils font dans la carrière de la vie publique ou privée ; les autres, parce qu'ils ne consentiront jamais à se charger du fardeau des affaires, eux qui, dès leur vivant, se croient déjà dans les îles fortunées.
GLAUCON. – Tu as raison.
SOCRATE. – C'est donc à nous, fondateurs de l'État, d'obliger les hommes d'élite de se tourner vers cette science, que nous avons reconnue tout à l'heure comme la plus sublime de toutes, de monter le chemin que nous avons dit vers la région supérieure pour y contempler le bien en lui-même ; (d) mais lorsque, parvenus à cette élévation, ils auront contemplé le bien pendant le temps convenable, gardons-nous de leur permettre ce qu'on leur permet aujourd'hui.
GLAUCON. – Quoi ?
SOCRATE. – De se fixer dans cette région supérieure et de ne plus vouloir redescendre auprès des malheureux captifs ni prendre part à leurs travaux, à leurs honneurs mêmes, quel que soit le cas qu'on doive en faire.

Glaucon dit :

GLAUCON. – Eh quoi ! serons-nous si injustes envers eux ? Lorsqu'une vie meilleure leur est offerte, les condamnerons-nous à une vie moins heureuse ?

SOCRATE. – Tu oublies (e) encore une fois, mon cher ami, que le législateur doit se proposer, non pas le bonheur d'un ordre particulier de citoyens à l'exclusion des autres, mais le bonheur de tous, en les unissant entre eux par la persuasion et l'autorité, en les amenant à se faire part les uns aux autres des avantages que chacun peut apporter (520 a) à la société commune ; et que s'il s'applique à former dans l'État de pareils citoyens, ce n'est pas pour les laisser libres de faire de leurs facultés tel emploi qu'ils voudront, mais pour les faire concourir à fortifier le lien de l'État.

GLAUCON. – Tu dis vrai : je l'avais oublié.

SOCRATE. – Au reste, mon cher Glaucon, fais attention que nous ne serons pas coupables d'injustice envers les philosophes qui se formeront chez nous, et qu'en les obligeant à se charger de la conduite et de la garde de leurs concitoyens, nous aurons de bonnes raisons à leur donner. (b)

20

Pourquoi confier le pouvoir aux philosophes ?

LE POUVOIR

[« Dans les autres États, leur dirons-nous, les hommes comme vous sont plus excusables de se dispenser des travaux de la vie publique, car ils se sont formés eux-mêmes, malgré le gouvernement ; or, quand on ne doit qu'à soi seul sa naissance et son accroissement, il est juste qu'on ne soit tenu à la reconnaissance envers personne. Mais vous, nous vous avons formés dans l'intérêt de l'État comme dans le vôtre, pour être ce que sont dans les ruches les mères abeilles et les reines : dans ce dessein, nous vous avons donné une éducation plus parfaite (c) qui vous rendît plus capables que tous les autres hommes d'allier l'étude de la sagesse au maniement des affaires. Consentez donc à descendre chacun, autant qu'il est nécessaire, dans la demeure commune ; accoutumez vos yeux aux ténèbres qui y règnent ; lorsque vous vous serez familiarisés avec elles, vous y verrez mille fois mieux que les habitants de ce séjour ; vous discernerez beaucoup mieux les fantômes du beau, du juste et du bien, parce que vous avez vu ailleurs le beau, le juste et le bien lui-même. Ainsi, pour vous comme pour nous, le gouvernement sera une affaire sérieuse et de gens éveillés, et non pas un rêve, comme dans la plupart des autres États, où les chefs se battent pour des ombres vaines et se disputent avec acharnement l'autorité, comme si c'était un grand bien. (d) Voici là-dessus quelle est la vérité : le bon gouvernement et la concorde se rencontrent nécessairement dans l'État où ceux qui doivent commander ne montrent aucun empressement pour leur élévation ; le contraire arrive dans les États dont les chefs sont ambitieux. »

GLAUCON. – Cela est vrai.

N.B. : Le crochet en début de ligne indique que le paragraphe a été créé par l'auteur du manuel et ne figure donc pas dans le texte original.

21

On ne gouverne bien que si on n'a pas en vue le seul pouvoir

LE POUVOIR

SOCRATE. – Eh bien, crois-tu que nos élèves résisteront à la force de ces raisons ? Refuseront-ils de prendre part tour à tour aux affaires publiques pour aller ensuite passer ensemble la plus grande partie de leur vie dans la région pure ?

GLAUCON. – Il est impossible qu'ils le refusent ; (e) car ils sont justes, et nos demandes le sont aussi. Mais alors chacun d'eux ne prendra le pouvoir que pour acquitter une dette, tout au contraire de ce qui se fait actuellement dans les autres États.

SOCRATE. – Il en est ainsi, mon cher ami ; partout où tu trouveras que la condition des hommes destinés au pouvoir est préférable pour eux au pouvoir lui-même, (521 a) il sera possible d'établir un bon gouvernement ; car, dans cet État, seuls commanderont ceux que rendent vraiment riches, non pas l'or, mais la sagesse et la vertu, les seules richesses de l'homme heureux : mais partout où l'on voit courir aux affaires publiques des mendiants, des gens affamés de biens, qui n'en ont aucun, et qui s'imaginent que c'est là qu'ils doivent en aller prendre, il n'y a pas de bon gouvernement possible. Le pouvoir devient une proie qu'on se dispute ; et cette guerre domestique et intestine finit par perdre et les hommes qui se disputent le gouvernement de l'État, et l'État lui-même.

GLAUCON. – Rien de plus vrai.

SOCRATE. – Mais connais-tu (b) une autre condition que celle du vrai philosophe pour inspirer le mépris du pouvoir ?

GLAUCON. – Je n'en connais point d'autre.

SOCRATE. – D'autre part, le pouvoir doit toujours être confié à ceux qui ne sont pas jaloux de le posséder ; autrement, la rivalité fera naître des disputes entre ceux qui le convoitent.

GLAUCON. – Nous en sommes convenus.

SOCRATE. – Par conséquent, à qui imposeras-tu la garde de l'État, si ce n'est à ceux qui, mieux instruits que tous les autres dans la science de gouverner, ont une vie bien préférable à la vie civile et qui leur offre d'autres honneurs.

GLAUCON. – C'est à ceux-là qu'il faut s'adresser.

22

La valeur éducative des différentes sciences

LA CONNAISSANCE

SOCRATE. – (c) Veux-tu maintenant que nous examinions ensemble de quelle manière nous formerons des hommes de ce caractère, et comment nous les ferons monter des ténèbres à la lumière, comme on dit que quelques-uns sont passés de l'Hadès[1] chez les dieux ?

GLAUCON. – Faut-il demander si je le veux ?

SOCRATE. – Ceci n'est pas chose facile, comme au jeu un tour de palet ; il s'agit d'imprimer à l'âme un mouvement qui, la détournant du jour ténébreux qui l'environne, lui fait prendre le vrai chemin de l'être que nous appellerons pour cela la véritable philosophie.

GLAUCON. – Fort bien.

1. Séjour des morts dans la mythologie grecque.

SOCRATE. – Ainsi il faut chercher quelle est, parmi les sciences, celle qui est propre à produire cet effet. (d)
[...][1]
SOCRATE. – Pour moi, je pense que l'étude de toutes les sciences que nous venons de parcourir, (531 d) si elle portait sur leurs points de contact et sur leurs analogies entre elles, et les comprenait dans leurs rapports généraux, cette étude serait utile à la fin que nous nous proposons et vaudrait la peine qu'on s'y adonnât : sinon, elle n'en vaudrait nullement la peine.
GLAUCON. – J'en augure de même : mais, Socrate, tu nous parles là d'un bien long travail.
SOCRATE. – Quoi, tu veux dire sans doute notre prélude ? Et ne savons-nous pas que toutes ces études ne sont que des espèces de préludes de l'air qu'il nous faut apprendre ? Car assurément les gens qui excellent dans ces sciences (e) ne sont pas dialecticiens, à ton avis ?
GLAUCON. – Non, certes, sauf un très petit nombre que j'ai pu rencontrer.
SOCRATE. – Mais si l'on n'est pas en état de donner ou d'entendre la raison de chaque chose, crois-tu qu'on puisse jamais bien connaître ce que nous avons dit qu'il fallait savoir ?
GLAUCON. – Je ne le crois pas.

23

Par la dialectique la raison atteint la nature des choses

LA MÉTAPHYSIQUE

SOCRATE. – (532 a) Eh bien, Glaucon, voilà enfin après tous les préludes l'air dont je parlais ; c'est la dialectique qui l'exécute. Bien qu'il soit intellectuel, il peut cependant être représenté par l'organe de la vue qui, comme nous l'avons montré, s'essaie d'abord sur les êtres vivants, puis s'élève vers les astres et enfin jusqu'au soleil lui-même. Pareillement, celui qui se livre à la dialectique, qui, sans aucune intervention des sens, s'élève par la raison seule jusqu'à l'essence des choses, et ne s'arrête point avant d'avoir saisi par la pensée l'essence du bien, (b) celui-là est arrivé au sommet de l'ordre intelligible, comme celui qui voit le soleil est arrivé au sommet de l'ordre visible.
GLAUCON. – Cela est vrai.
SOCRATE. – N'est-ce pas là ce que tu appelles la marche dialectique ?
GLAUCON. – Oui.
SOCRATE. – Rappelle-toi l'homme de la caverne : il se dégage de ses chaînes ; il se détourne des ombres vers les figures artificielles et la clarté qui les projette ; il sort de la caverne et monte aux lieux qu'éclaire le soleil ; et là, dans l'impuissance de porter directement les yeux sur les animaux, les plantes et le soleil, (c) il contemple d'abord dans les eaux leurs images divines et les ombres des êtres véritables, au lieu des ombres d'objets artificiels, formées par une lumière que l'on prend pour le soleil. Voilà précisément ce que fait dans le monde intellectuel l'étude des sciences que nous avons parcourues ; elle élève la partie la plus noble de l'âme jusqu'à la

1. Socrate examine ensuite la valeur formatrice des différentes disciplines et sciences : gymnastique, musique, arithmétique, géométrie, astronomie.

contemplation du plus excellent de tous les êtres, comme tout à l'heure nous venons de voir le plus perçant des organes du corps s'élever à la contemplation de ce qu'il y a de plus lumineux dans le monde (d) corporel et visible.

GLAUCON. – J'admets ce que tu dis : ce n'est pas que je n'aie bien de la peine à l'admettre, mais il me serait aussi difficile de le rejeter ; au surplus, comme ce sont des choses que nous n'avons pas à entendre seulement aujourd'hui, mais sur lesquelles il faut revenir plusieurs fois, supposons qu'il en est comme tu dis, venons-en à notre air, et étudions-le avec autant de soin que nous avons fait le prélude. Dis-nous donc (e) en quoi consiste la dialectique, en combien d'espèces elle se divise, et par quels chemins on y parvient ; car il y a apparence que ce sont ces chemins qui conduisent au terme où le voyageur fatigué trouve le repos et la fin de sa course.

24

La fonction propre de la dialectique

LA CONNAISSANCE

SOCRATE. – Je crains fort que tu ne puisses me suivre jusque-là, mon cher Glaucon ; (533 a) car pour moi la bonne volonté ne manquerait pas ; ce que tu aurais à voir, ce n'est plus l'image du bien, mais le bien lui-même, ou du moins ce qui me paraît tel. Que je me trompe ou nous, ce n'est pas encore la question ; mais ce qu'il s'agit de prouver, c'est qu'il existe quelque chose de semblable : n'est-ce pas ?

GLAUCON. – Oui.

SOCRATE. – Et que la dialectique seule peut le découvrir à un esprit exercé dans les sciences que nous avons parcourues ; qu'autrement, cela est impossible.

GLAUCON. – C'est bien là ce qu'il s'agit de prouver.

25

La dialectique diffère de ce qu'on appelle « les sciences »

LA CONNAISSANCE

SOCRATE. – Au moins il est un point que personne (b) ne nous contestera, c'est que la méthode dialectique est la seule qui tente de parvenir régulièrement à l'essence de chaque chose, tandis que la plupart des arts ne s'occupent que des opinions des hommes et de leurs goûts, de production et de fabrication, ou se bornent même à l'entretien des produits naturels et fabriqués. Quant aux autres, tels que la géométrie et les sciences (c) qui l'accompagnent, nous avons dit qu'ils ont quelque relation avec l'être ; mais la connaissance qu'ils en ont ressemble à un songe, et il leur sera impossible de le voir de cette vue nette et sûre qui distingue la veille, tant qu'ils resteront dans le cercle des données matérielles sur lesquelles ils travaillent, faute de pouvoir en rendre raison. En effet, quand les principes sont pris on ne sait d'où, et quand les conclusions et les propositions intermédiaires ne portent que sur de pareils principes, comment un tel tissu d'hypothèses ferait-il jamais une science ?

GLAUCON. – Cela est impossible.

SOCRATE. – Il n'y a donc que la méthode dialectique qui, écartant les hypothèses, va droit au principe pour l'établir solidement ; qui tire peu à peu l'œil de l'âme du bourbier où il est honteusement plongé, (d) et l'élève en haut avec le secours et par le ministère des arts dont nous avons parlé. Nous les avons appelés plusieurs fois du nom de sciences pour nous conformer à l'usage ; mais il faudrait leur donner un autre nom qui tienne le milieu entre l'obscurité de l'opinion et l'évidence de la science : nous nous sommes servis quelque part plus haut du nom de pensée médiane. Au reste il ne s'agit pas de disputer sur les noms, quand nous avons, ce me semble, des choses si importantes (e) à examiner.

GLAUCON. – Tu as raison ; c'est à la pensée à éclairer les termes.

SOCRATE. – Ainsi, nous jugeons à propos, comme auparavant, d'appeler science la première et la plus parfaite manière de connaître ; pensée médiane, la seconde ; (534 a) certitude sensible, la troisième ; imagination, la quatrième, comprenant les deux dernières sous le nom d'opinion, et les deux premières sous celui de connaissance intellectuelle ; de sorte que le rapport qui existe entre ce qui est et ce qui naît se retrouve de la connaissance intellectuelle à l'opinion, de la science à la certitude sensible, de la pensée médiane à l'imagination. Mais laissons là, Glaucon, les rapports de ces deux ordres, à savoir, l'ordre de l'opinion et celui de la connaissance intellectuelle, ainsi que les détails de la subdivision de chacun d'eux, pour ne pas nous jeter dans des discussions plus longues que celles dont nous sommes sortis.

GLAUCON. – (b) Pour ce que tu as dit, Socrate, j'y adhère, autant que je suis capable de te suivre.

SOCRATE. – N'appelles-tu pas dialecticien celui qui rend raison de ce qu'est chaque chose en soi ? Et ne dis-tu pas d'un homme qu'il n'a pas l'intelligence d'une chose, lorsqu'il ne peut en rendre raison ni à lui-même ni aux autres ?

GLAUCON. – Et comment pourrais-je dire qu'il l'a ?

26

La dialectique aboutit à la connaissance du Bien

LA CONNAISSANCE

SOCRATE. – Il en est de même du bien. Qu'un homme ne puisse, séparant l'idée du bien de toutes les autres, en donner une définition précise ; qu'il ne sache pas se frayer un passage à travers toutes les objections, comme un brave dans la mêlée ; (c) que tout en désirant ardemment démontrer cette idée non pas selon l'opinion, mais selon la réalité, il ne puisse surmonter tous les obstacles par un discours infaillible ; ne diras-tu pas de cet homme qu'il ne connaît ni le bien par essence ni aucun autre bien, que s'il saisit quelque fantôme de bien, ce n'est point sur la science mais sur l'apparence qu'il se fonde, que sa vie se passe dans un profond sommeil rempli de vains rêves, dont il ne se réveillera pas probablement en ce monde, (d) avant d'aller dans l'autre dormir d'un sommeil parfait ?

GLAUCON. – Oui, certes, je dirai tout cela.

SOCRATE. – Mais si un jour tu viens à former réellement ces mêmes élèves dont tu ne fais ici l'éducation qu'en paroles, tu ne les mettrais sans doute pas à la tête de l'État et tu ne leur donnerais pas un grand pouvoir, s'ils étaient incapables de rendre raison de leurs pensées, comme ces lignes qu'on appelle irrationnelles[1].

GLAUCON. – Assurément non.

1. Allusion au rapport entre la diagonale et le côté du carré ainsi qu'aux nombres irrationnels, tel que √2.

SOCRATE. – Tu leur prescriras donc de s'appliquer particulièrement à cette science qui doit les rendre capables d'interroger et de répondre de la manière la plus savante possible.
GLAUCON. – Oui, je le leur prescrirai (e) de concert avec toi.
SOCRATE. – Ainsi tu juges que pour nous la dialectique siège pour ainsi dire au faîte des autres sciences, qu'il n'en reste aucune qui puisse être ajoutée par-dessus celle-là, et que nous voilà au bout de nos recherches sur les sciences qu'il importe d'apprendre. (535 a)
GLAUCON. – Oui.

27

Quel critère pour le choix des dirigeants philosophes ?

LE POUVOIR

SOCRATE. – Il te reste à régler quels sont ceux à qui nous ferons part de ces sciences, et comment il faudra les leur enseigner.
GLAUCON. – Voilà bien ce qui nous reste à faire.
SOCRATE. – Tu te rappelles quel était le caractère de ceux que nous avons choisis pour gouverner ?
GLAUCON. – Oui.
SOCRATE. – Toi-même tu pensais que c'étaient des hommes de cette trempe que nous devions choisir, que nous devions préférer les plus fermes, les plus vaillants, et s'il se peut, les plus beaux. (b) Ajoutons qu'il nous faut chercher non seulement de nobles et fortes natures, mais encore des dispositions appropriées à l'éducation que nous voulons leur donner.
GLAUCON. – Quelles sont ces dispositions ?
SOCRATE. – La pénétration d'esprit nécessaire à l'étude des sciences et la facilité à apprendre ; en effet, l'âme est bien plutôt découragée par les difficultés de la science que par celles de la gymnastique ; car ici la peine est pour l'âme seule, et le corps ne la partage point.
GLAUCON. – Cela est vrai.
SOCRATE. – Il faut de plus qu'ils aient de la mémoire, du caractère, qu'ils aiment le travail, (c) et toute espèce de travail sans distinction ; autrement, comment crois-tu qu'ils consentent à allier ensemble tant d'exercices du corps, tant de réflexions et de travaux de l'esprit ?
GLAUCON. – Jamais, s'ils ne sont nés avec le plus heureux naturel.
SOCRATE. – La faute que l'on fait aujourd'hui, et c'est cette faute qui a fait tant de tort à la philosophie vient, comme nous l'avons dit précédemment, de ce qu'on s'adonne à la philosophie sans avoir qualité pour cela ; il ne faudrait point en laisser approcher des talents bâtards, mais seulement de vrais et légitimes talents.
GLAUCON. – Comment l'entends-tu ?
SOCRATE. – D'abord (d) celui qui veut s'y appliquer ne doit pas être boiteux par rapport au travail, c'est-à-dire en partie laborieux et en partie indolent ; ce qui arrive lorsqu'un jeune homme, rempli d'ardeur pour le gymnase, pour la chasse, pour tous les exercices du corps, n'a d'ailleurs aucun goût pour tout ce qui est études, conversations, recherches scientifiques, et qu'il craint le travail de cette sorte. J'en dis autant de celui dont l'amour pour le travail se porte tout entier du côté opposé.
GLAUCON. – Rien n'est plus vrai.

SOCRATE. – Ne considérerons-nous pas encore comme des âmes estropiées par rapport à la vérité celles qui, (e) détestant le mensonge volontaire, et ne pouvant le souffrir sans répugnance dans elles-mêmes ni sans indignation dans les autres, n'ont pas la même horreur pour le mensonge involontaire, et qui, lorsqu'elles sont convaincues d'ignorance, ne s'indignent pas contre elles-mêmes, mais se vautrent dans l'ignorance comme le pourceau dans la fange ?
GLAUCON. – (536 a) Oui, certes.
SOCRATE. – Il ne faut pas mettre moins d'attention à discerner le naturel heureux et bien constitué d'avec celui qui est mal venu, par rapport à la tempérance, le courage, la grandeur d'âme et les autres vertus. Faute de savoir faire de semblables distinctions, les individus et les États commettent, sans s'en apercevoir, leurs intérêts, ceux-ci à des magistrats, ceux-là à des amis, infirmes et incapables.
GLAUCON. – Cela n'est que trop ordinaire.
SOCRATE. – Prenons donc les mesures que doivent nous inspirer ces réflexions : (b) si nous n'appelons à des études et à des exercices de cette importance que des sujets auxquels il ne manque rien ni du côté du corps ni du côté de l'âme, la justice, elle-même n'aura aucun reproche à nous faire ; notre État et nos lois se maintiendront : mais si nous appliquons à ces travaux des sujets indignes, le contraire arrivera, et nous jetterons plus de ridicule encore sur la philosophie.
GLAUCON. – Cela serait honteux pour nous.
SOCRATE. – Sans doute ; mais il me semble que je ne suis pas moi-même exempt de ridicule.
GLAUCON. – En quoi donc ?
SOCRATE. – J'oubliais (c) que nous plaisantions, et j'ai peut-être parlé un peu trop vivement. Mais en parlant, j'ai jeté les yeux sur la philosophie, et la voyant traitée indignement, je me suis laissé emporter trop loin, je crois, en me livrant à l'indignation et presque à la colère contre ceux qui l'outragent.
GLAUCON. – Certes, ce n'est pas l'avis de ton auditeur.

28

Les étapes de leur éducation

LA CULTURE

SOCRATE. – Mais c'est celui de l'orateur. Quoi qu'il en soit, n'oublions pas que notre premier choix tombait sur des vieillards, et qu'ici un pareil choix ne serait pas de saison ; car il n'en faut pas croire Solon, (d) lorsqu'il dit qu'*un homme qui vieillit peut apprendre beaucoup de choses.* Il serait plutôt en état de courir ; non, c'est à la jeunesse que tous les grands travaux appartiennent.
GLAUCON. – Nécessairement.
SOCRATE. – C'est donc dès l'enfance qu'il faut appliquer nos élèves à l'étude de l'arithmétique, de la géométrie, et des autres sciences qui servent de préparation à la dialectique. Mais il ne doit y avoir dans les formes de l'enseignement rien qui les contraigne à apprendre.
GLAUCON. – Pour quelle raison ?
SOCRATE. – Parce que l'homme (e) libre ne doit rien apprendre en esclave. Que les exercices du corps soient forcés, le corps n'en profite pas moins que s'ils étaient volontaires ; mais les leçons qui entrent de force dans l'âme n'y demeurent pas.

GLAUCON. – Il est vrai.
SOCRATE. – Ainsi, mon cher ami, bannis toute violence des études de ces enfants : qu'ils s'instruisent en jouant ; (537 a) par là tu seras plus à portée de connaître leurs dispositions particulières.
GLAUCON. – Ce que tu dis est très sensé.
SOCRATE. – Te souvient-il aussi de ce que nous disions plus haut, qu'il fallait mener les enfants à la guerre sur des chevaux, les rendre spectateurs du combat, les approcher même de la mêlée, lorsqu'on le pourra sans danger, et leur faire en quelque manière goûter le sang, comme on fait aux jeunes chiens de meute ?
GLAUCON. – Je m'en souviens.
SOCRATE. – Tu mettras à part ceux qui auront constamment montré plus de patience dans les travaux, plus de courage dans les dangers, plus d'ardeur pour les sciences.
GLAUCON. – (b) À quel âge ?
SOCRATE. – Lorsqu'ils auront fini leur cours nécessaire d'exercices gymniques ; car ce temps d'exercices, qui sera de deux ou trois ans, n'admet pas d'autres occupations, la fatigue et le sommeil étant ennemis des sciences : et d'ailleurs ce n'est pas une épreuve sans importance de savoir comment chacun d'eux se montrera dans le cours gymnique.
GLAUCON. – Non, certainement.
SOCRATE. – Après ce temps, à partir de leur vingtième année, ceux qu'on aura choisis obtiendront des distinctions plus honorables (c) et on devra leur présenter dans leur ensemble les sciences, que dans l'enfance ils ont étudiées isolément, afin qu'ils saisissent sous un point de vue général et les rapports que ces sciences ont entre elles et la nature de l'être.
GLAUCON. – Cette méthode est la seule qui produise des résultats solides partout où on la suit.
SOCRATE. – Elle offre aussi un moyen excellent de distinguer l'esprit propre à la dialectique de tout autre esprit : celui qui a une vision d'ensemble est dialecticien ; sinon, il ne l'est pas.
GLAUCON. – J'en tombe d'accord.
SOCRATE. – C'est à quoi tu devras faire attention, (d) et quand tu auras bien reconnu les naturels les plus solides et dans les sciences et dans la guerre et dans les autres épreuves prescrites, lorsqu'ils auront atteint l'âge de trente ans, tu devras en former une élite nouvelle pour leur accorder de plus grands honneurs, et tu distingueras, en les éprouvant par la dialectique, ceux qui, sans s'aider de leurs yeux ni des autres sens, pourront s'élever jusqu'à la connaissance de l'être par la seule force de la vérité ; et c'est ici, mon cher Glaucon, qu'il faut apporter les plus grandes précautions.
GLAUCON. – Pourquoi ?

29

Le mal dont souffre l'étude de la dialectique

LA VÉRITÉ

SOCRATE. – As-tu remarqué (e) de quel mal l'étude de la dialectique est de nos jours travaillée ?
GLAUCON. – Quel mal ?
SOCRATE. – Elle est pleine de désordre.
GLAUCON. – Tu as bien raison.
SOCRATE. – Mais crois-tu qu'il y ait en ce désordre rien de surprenant, et n'excuses-tu pas ceux qui s'y laissent aller ?
GLAUCON. – Comment cela ?
SOCRATE. – Ils sont dans le cas d'un enfant supposé qui, élevé dans le sein d'une famille noble, opulente, (538 a) au milieu du faste et des flatteurs, s'apercevrait, étant devenu grand, que ceux qui se disent ses parents ne le sont pas, sans pouvoir retrouver les véritables. Conçois-tu les sentiments qu'il aurait pour ses flatteurs et ses prétendus parents, avant qu'il eût connaissance de sa fausse position et après qu'il en serait instruit ? Ou veux-tu savoir là-dessus ma pensée ?
GLAUCON. – Je le veux bien.
SOCRATE. – Je m'imagine qu'il aurait d'abord plus de respect pour son père, (b) sa mère, et ceux qu'il regarderait comme ses proches, que pour ses flatteurs ; qu'il aurait plus d'empressement à les secourir, s'ils en avaient besoin ; qu'il serait moins disposé à leur manquer en paroles ou en action ; en un mot, que dans les choses essentielles il leur désobéirait moins qu'à ses flatteurs, pendant tout le temps qu'il ignorerait son état.
GLAUCON. – Il y a apparence.
SOCRATE. – Mais à peine aurait-il connu la vérité, il me semble qu'aussitôt son empressement et ses attentions diminueraient à l'égard de ses parents, et augmenteraient pour ses flatteurs ; il s'abandonnerait aux conseils de ceux-ci avec moins de réserve qu'auparavant, (c) et il vivrait avec eux publiquement dans la plus grande intimité, tandis qu'il ne s'embarrasserait guère de son père et de ses parents supposés, à moins qu'il ne fût naturellement très sage.
GLAUCON. – Tout arriverait comme tu dis ; mais comment cette comparaison s'applique-t-elle à ceux qui se livrent à la dialectique ?
SOCRATE. – Voici comment : n'avons-nous pas dès l'enfance sur la justice et l'honnêteté des maximes qui sont pour nous comme des parents au sein desquels nous sommes élevés dans l'habitude de les honorer et de leur obéir ?
GLAUCON. – Oui.
SOCRATE. – Mais n'y a-t-il pas aussi (d) des maximes opposées à celles-là, maximes séduisantes qui obsèdent notre âme comme autant de flatteurs, sans pourtant nous persuader, pour peu que nous ayons de sagesse, et nous détourner de notre culte et de notre obéissance envers les autres maximes vraiment paternelles ?
GLAUCON. – Soit.
SOCRATE. – Eh bien, maintenant, qu'il survienne un sonneur qui demande à un homme ainsi disposé ce que c'est que l'honnête ; après que celui-ci aura fait une réponse conforme à ce qu'il a appris de la bouche du législateur, qu'on le réfute, et, qu'à force de le confondre

en tous sens, on le réduise à douter s'il y a rien (e) qui soit honnête plutôt que déshonnête ; qu'on lui inspire le même doute à l'égard du juste, du bien et des autres choses qu'il révérait le plus ; que deviendront alors, dis-moi, à l'égard de toutes ces choses, ses habitudes de respect et de soumission ?

GLAUCON. – Nécessairement elles ne seront plus les mêmes.

SOCRATE. – Mais lorsqu'il en sera venu à n'avoir plus le même respect pour les maximes qui l'ont élevé, et à ne plus reconnaître comme auparavant la parenté qui l'unit à elles, sans cependant en trouver de plus légitimes, (539 a) se peut-il faire qu'il ne s'abandonne pas au régime qui le flatte ?

GLAUCON. – Non.

SOCRATE. – Auparavant soumis à la loi, il lui deviendra maintenant rebelle.

GLAUCON. – Sans doute.

SOCRATE. – Il n'y a donc rien de surprenant dans ce qui arrive à ceux qui se livrent ainsi à la dialectique, et, comme je viens de le dire, ils méritent qu'on leur pardonne.

GLAUCON. – Et de plus qu'on les plaigne.

30

Le programme éducatif des futurs dirigeants

SOCRATE. – Or, afin que tu n'aies pas aussi à plaindre les élèves que tu as choisis parmi les hommes de trente ans, avant de les appliquer à la dialectique, prenons toutes les précautions possibles.

GLAUCON. – Il le faut.

SOCRATE. – N'est-ce pas déjà une importante précaution (b) de leur interdire la dialectique, quand ils sont trop jeunes ? Tu as dû remarquer que les jeunes gens, lorsqu'ils commencent à étudier la dialectique, en abusent et en font un jeu, contredisant sans cesse, et, à l'exemple de ceux qui les ont confondus dans la dispute, confondant les autres à leur tour ; semblables à de jeunes chiens, ils se plaisent à harceler et à mordre avec le raisonnement tous ceux qui les approchent.

GLAUCON. – On ne peut pas mieux peindre leur travers.

SOCRATE. – Après beaucoup de disputes où ils ont été tantôt vainqueurs, tantôt vaincus, ils finissent bientôt par ne plus rien croire de ce qu'ils croyaient auparavant. (c) Par là ils donnent occasion au public de les décrier eux et la philosophie tout entière.

GLAUCON. – Cela est certain.

SOCRATE. – Arrivé à un âge plus mûr, on ne voudra pas donner dans cette manie. On imitera ceux qui veulent faire sérieusement de la dialectique et découvrir la vérité plutôt que ceux qui ne veulent que s'amuser et contredire. Ainsi on prendra soi-même un caractère plus honorable (d) et on rendra à la profession philosophique décriée la dignité qui lui appartient.

GLAUCON. – Très bien.

SOCRATE. – C'était dans ce même esprit de précaution que nous avions antérieurement insisté pour n'admettre aux exercices de la dialectique que des esprits graves et solides, au lieu d'y admettre, comme on fait de nos jours, le premier venu qui n'y apporte aucune disposition.

GLAUCON. – En effet.
SOCRATE. – Sera-ce assez de donner à la dialectique le double du temps qu'on aura donné à la gymnastique, de s'y appliquer sans relâche et aussi exclusivement qu'on avait fait pour les exercices du corps ?
GLAUCON. – (e) Combien d'années ? Quatre ou six ?
SOCRATE. – Environ ; mets-en cinq. Après quoi, tu les feras descendre de nouveau dans la caverne, et tu les obligeras de remplir les emplois militaires et les autres fonctions propres aux jeunes hommes, afin que du côté de l'expérience ils ne restent pas en arrière des autres. Ce seront encore pour eux de nouvelles épreuves : tu observeras, au milieu des distractions qui les assiègent de tous les côtés, (540 a) s'ils demeurent fermes ou s'ils fléchissent un peu.
GLAUCON. – Combien de temps dureront ces épreuves ?
SOCRATE. – Quinze ans. Il sera temps alors de conduire au terme ceux qui à cinquante ans seront sortis de ces épreuves et se seront distingués dans la vie comme dans les sciences, et de les contraindre à diriger l'œil de l'âme vers l'être qui éclaire toutes choses, afin qu'après avoir contemplé l'essence du bien, s'ils s'en servent désormais comme d'un modèle pour gouverner chacun à leur tour et l'État et les particuliers (b) et leur propre personne, s'occupant presque toujours de l'étude de la philosophie, mais se chargeant, quand leur tour arrivera, du fardeau de l'autorité et de l'administration des affaires dans la seule vue du bien public, et moins comme un honneur que comme un devoir indispensable ; c'est alors qu'après avoir travaillé sans cesse à former des hommes qui leur ressemblent, et laissant de dignes successeurs dans la garde de l'État, ils pourront passer de cette vie dans les îles des bienheureux. L'État leur consacrera des monuments et des sacrifices (c) publics, à tel titre que la Pythie[1] voudra autoriser, soit comme à des génies démoniaques, ou du moins comme à des âmes bienheureuses et divines.
GLAUCON. – Voilà, Socrate, de merveilleux hommes politiques que tu viens de fabriquer, comme un sculpteur habile.
SOCRATE. – Dis aussi des femmes politiques, mon cher Glaucon, car ne crois pas que j'aie voulu parler des hommes plutôt que des femmes, toutes les fois qu'elles seront douées d'une aptitude convenable.
GLAUCON. – Cela doit être, si, comme nous l'avons établi, il faut que tout soit commun entre les deux sexes.

31

Un projet politique réalisable

L'ÉTAT

SOCRATE. – Eh bien, (d) mes amis, admettez-vous maintenant que notre projet d'État et de gouvernement n'est pas un simple souhait, qu'il est difficile sans doute, mais possible, et possible seulement comme il a été dit, à savoir, lorsque de vrais philosophes, soit un seul, soit plusieurs, placés à la tête d'un État, méprisant les honneurs qu'on brigue aujourd'hui, comme de nul prix et indignes d'un homme libre, n'estimant que le devoir et les honneurs qui en sont

1. Prêtresse de Delphes qui rendait des oracles.

la récompense, (e) et regardant la justice comme la chose la plus importante et la plus nécessaire, dévoués à son service et s'appliquant à la faire prévaloir, entreprendront la réforme de l'État.

GLAUCON. – De quelle manière ?

SOCRATE. – Ils relégueront (541 a) à la campagne tous les citoyens qui seront au-dessus de dix ans, et ayant soustrait de cette manière les enfants de ces citoyens à l'influence des mœurs actuelles qui sont aussi celles des parents, ils les élèveront conformément à leurs propres mœurs et à leurs propres principes, qui sont ceux que nous avons exposés. Ce sera là le plus prompt et le plus sûr moyen d'établir le gouvernement dont nous avons parlé, de le rendre prospère et très avantageux au peuple chez lequel il sera formé.

GLAUCON. – Sans contredit. (b) Je crois, Socrate, que tu as heureusement trouvé la manière dont notre projet s'exécutera, s'il s'exécute un jour.

SOCRATE. – N'avons-nous pas assez prolongé cette discussion sur l'État et sur l'homme individuel qui lui ressemble ? Il est aisé de voir quel doit être cet homme selon nos principes.

GLAUCON. – Très aisé ; et, comme tu dis, la matière est épuisée.

CONTREPOINT

Réduit à sa caricature, le platonisme serait l'opposition de deux mondes radicalement étrangers l'un à l'autre : le monde illusoire du sensible et le monde réel des idées. Mais pour Alain tel n'est pas le sens de l'allégorie de la caverne. Sinon, comment comprendre que Platon, après avoir encouragé le prisonnier à se dégager des illusions de la caverne, l'invite à y redescendre pour y apporter aux hommes un peu de lumière ?

Alain, *Idées*, collection « Champs », Flammarion.

La vérité

Étrange condition que la nôtre ! Nous ne connaissons que des apparences, et l'une n'est pas plus vraie que l'autre ; mais, si nous comprenons ce qu'est cette chose qui apparaît, alors par elle, quoiqu'elle n'apparaisse jamais, toutes les apparences sont vraies. Soit un cube de bois. Que je le voie ou que je le touche, on peut dire que j'en prends une vue, ou que je le saisis par un côté. Il y a des milliers d'aspects différents d'un même cube pour les yeux, et aucun n'est cube. Il n'y a point de centre d'où je puisse voir le cube en sa vérité. Mais le discours permet de construire le cube en sa vérité, d'où j'explique ensuite aisément toutes ces apparences, et même je prouve qu'elles devaient apparaître comme elles font. Tout est faux d'abord et j'accuse Dieu ; mais finalement, tout est vrai et Dieu est innocent. Je me permets ces remarques, qui ne sont point dans Platon, mais qu'il nous invite à faire lorsqu'il compare nos connaissances immédiates à des ombres ; car toute ombre est vraie ; mais on ne peut savoir en quoi elle est vraie que si l'on connaît la chose dont elle est l'ombre. Il y a une infinité d'ombres du même cube, toutes vraies. Mais qui, réduit à l'ombre, borné là, pourra comprendre que ces apparences sont apparences d'un même être ? […] Retenons l'exemple facile du cube, de ce cube que nul œil n'a vu et ne verra jamais comme il est, mais par qui seulement l'œil peut voir un cube, c'est-à-dire le reconnaître sous ses diverses apparences. Et disons encore que, si je vois un cube, et si je comprends ce que je vois, il n'y a pas ici deux mondes, ni deux vies ; mais c'est un seul monde et une seule vie. Le vrai cube n'est ni loin ni près ni ailleurs ; mais c'est lui qui a toujours fait que ce monde visible est vrai et fut toujours vrai.

Aristote

Éthique à Nicomaque

384-322 av. J.-C.

Le peintre Raphaël a représenté les grands penseurs de la Grèce dans une fresque intitulée *L'École d'Athènes.* Au centre, Platon et Aristote s'avancent en conversant. Platon pointe un doigt vers le ciel, comme s'il désignait ses fameuses Idées qui demeurent au-delà de notre monde. Aristote, lui, tend vers le sol une main largement ouverte, comme pour saisir une réalité bien terrestre. Deux gestes, deux attitudes intellectuelles. Voyons comment cette différence d'approche se manifeste à propos de la justice. Pour Platon la justice était une Idée, c'est-à-dire un absolu qu'on ne peut viser qu'en se détournant des opinions communes. Pour Aristote c'est une vertu, c'est-à-dire une façon d'agir qu'on peut observer dans la réalité, dans les actions et les paroles humaines. Il y a consacré le livre V de son *Éthique à Nicomaque*, du nom d'un fils auquel l'ouvrage fut dédié.

Dans la langue grecque, jusqu'à Aristote, le mot *justice* avait un sens très général. Il désignait l'observation des lois et des règles morales que la société impose à chacun en vue du bien commun. C'est dans ce même sens très général que la Bible appelle *juste* l'homme qui a le courage de secourir son prochain. Mais ce qu'Aristote veut analyser dans le livre V de son *Éthique,* c'est la justice au sens particulier, c'est-à-dire la vertu dont fait preuve, par exemple, l'arbitre qui sanctionne toutes les fautes avec la même impartialité.

En établissant cette distinction, Aristote est le premier à différencier nettement la vertu en général, qui concerne la morale, et la justice en particulier, qui concerne le droit. La morale incite les individus à se perfectionner et à adopter certains modèles de comportement, dans l'intérêt de la société. Le droit a un objectif plus précis : dans tous les domaines où l'attribution d'un avantage ou d'une charge peut être contestée, le rôle du droit est de mettre un terme au litige en attribuant à chacun la part qui lui revient en toute justice.

Se posent alors plusieurs questions. Au nom de quoi qualifie-t-on de juste ou d'injuste tel partage, tel échange, telle récompense, telle punition ? Selon quel principe universel de tels jugements sont-ils portés ? Lorsqu'il s'agit de désigner un coupable et d'infliger une punition, est-il juste de ne tenir compte que de la gravité de l'infraction ? L'impartialité, qui est essentielle à l'idée de justice, exige-t-elle que les lois soient appliquées à la lettre, aveuglément ? Enfin, puisque les lois adoptées par les différents peuples ne sont pas identiques, l'idée d'un principe universel de justice conserve-t-elle un sens ?

Aristote

Aristote

Traduction
de Jean Voilquin,
Garnier.

Éthique à Nicomaque

Livre V, *La justice*

1

Ce qui distingue la justice complète de la justice partielle, objet de la présente étude

LA JUSTICE

Il faut parler de la justice et de l'injustice qui ne sont que partielles ; il faut en faire autant à propos du juste et de l'injuste[1]. Quant à la justice et à l'injustice qui se confondent avec la vertu et le vice complets, et dont l'une consiste dans la pratique de la vertu totale envers autrui, l'autre dans la pratique du vice total, nous laisserons la question de côté pour l'instant. Pour le juste et l'injuste qui en découlent dans les deux cas, on voit clairement comment il faut les définir. À peu de chose près, la plupart des prescriptions des lois sont imposées par la vertu complète. La loi prescrit, en effet, de vivre conformément à toutes les vertus et interdit de s'abandonner à aucun vice. En outre, les causes efficientes de la vertu complète sont les prescriptions légales instituées en ce qui concerne l'éducation reçue en commun par la jeunesse ; quant à l'éducation individuelle, susceptible de rendre chacun honnête homme, à proprement parler, nous réservons pour plus tard la question de savoir si elle est d'ordre politique ou non. Car ce n'est peut-être pas la même chose pour tous d'être honnête homme et bon citoyen.

1. Dans les chapitres 1 et 2 du livre V, de l'*Éthique à Nicomaque*, Aristote a constaté que la notion de justice était équivoque. Elle est prise tantôt dans un sens large (la justice complète), tantôt dans un sens étroit (la justice partielle). Comme l'explique Chaïm Perelman, c'est dans ce second sens qu'Aristote choisit ici d'analyser la notion de justice.
« Le propos d'Aristote, dans ce cinquième livre consacré à la justice, n'est pas d'examiner celle-ci en tant que vertu en général, mais comme vertu spécifique, distincte des autres vertus et définissable en fonction de l'égalité, d'une certaine rationalité dans l'action. Si donc, en interprétant la notion de "justice" dans un sens large, on peut dire qu'il est juste d'être charitable et injuste d'être cruel, en prenant cette notion dans un sens étroit, on peut concevoir que la justice coïncide avec la cruauté et la charité avec l'injustice. En effet, si l'acte juste est celui qui réserve un traitement égal à tous ceux qui sont égaux, et injuste celui qui favorise ou défavorise l'un de ceux-ci, le comportement d'un directeur d'école qui traite avec la même dureté de cœur tous ses élèves sera juste, mais cruel, par contre le juge qui, par pitié, acquitte un prevenu coupable d'un délit, sera formellement injuste même s'il est charitable. »
Chaïm Perelman, *Droit, Morale et Philosophie,* L.G.D.J., 1968, p. 18.

2

Justice distributive et justice corrective

LE DROIT

En ce qui concerne la justice partielle et le droit qui en découle, elle a un premier aspect, distributif, qui consiste dans la répartition des honneurs, ou des richesses, ou de tous les autres avantages qui peuvent échoir aux membres de la cité. Sur ces points, il est possible qu'il y ait inégalité, et aussi égalité, de citoyen à citoyen. Elle a un second aspect, correctif, qui concerne la justice relative aux contrats. (1131 a) Cette dernière se divise en deux parties : parmi les relations, les unes sont volontaires, les autres involontaires. En ce qui concerne les premières, citons, par exemple, la vente, l'achat, le prêt à intérêts, la caution, la location, le dépôt, le salaire. On les appelle volontaires parce que leur principe est librement consenti. Parmi les relations involontaires, les unes sont clandestines, par exemple le vol, l'adultère, l'empoisonnement, la prostitution, le détournement d'esclave, le meurtre par ruse, le faux témoignage. Les autres sont des actes de violence comme les coups et blessures, l'emprisonnement, le meurtre, le pillage, la mutilation, la diffamation, l'outrage.

Chapitre III

3

La justice distributive, égalité proportionnelle au mérite

LA JUSTICE

Puisque l'injuste ne respecte pas l'égalité et que l'injustice se confond avec l'inégalité, il est évident qu'il y a une juste mesure relativement à l'inégalité. Cette juste moyenne, c'est l'égalité. Dans les actes qui comportent le plus et le moins, il y a place pour une juste moyenne. Si donc l'injuste, c'est l'inégal, le juste est l'égal. Pas besoin de raisonnement pour que tous s'en aperçoivent. Or, puisque l'égal consiste dans une juste moyenne, il pourra en être ainsi du juste. L'égal suppose au moins deux termes. Il faut donc que le juste, qui est à la fois moyenne et égalité, ait rapport à la fois à un objet et à plusieurs personnes. Dans la mesure où il est juste moyenne, il suppose quelques termes : le plus et le moins, — dans la mesure où il est égalité : deux personnes ; dans la mesure où il est juste : des personnes d'un certain genre. Nécessairement, le juste implique au moins quatre éléments. Pour qu'il se réalise, il faut deux personnes et deux objets par rapport auxquels il existe.

Il en sera de même de l'égalité, si l'on examine les personnes et les choses. Le rapport qui existe entre les objets se retrouvera entre les personnes. Si les personnes ne sont pas égales, elles n'obtiendront pas l'égalité dans la façon dont elles seront traitées. De là viennent les disputes et les contestations, quand des personnes sur le pied d'égalité n'obtiennent pas des parts égales, ou quand des personnes, sur le pied d'inégalité, ont et obtiennent un traitement égal. Ajoutons que la chose est claire si l'on envisage l'ordre de mérite des parties prenantes. En ce qui concerne les partages, tout le monde est d'accord qu'ils doivent se faire selon le mérite de chacun ; toutefois, on ne s'accorde pas communément sur la nature de ce mérite,

4

La proportionnalité dont relève la justice distributive

LA JUSTICE

les démocrates le plaçant dans la liberté, les oligarques[1] dans la richesse ou la naissance, les aristocrates dans la vertu.

Ainsi le juste est, en quelque sorte, une proportion. Cette proportion caractérise non seulement le nombre envisagé comme unité, mais encore le nombre envisagé absolument[2]. La proportion est donc l'égalité des rapports entre des termes au nombre de quatre au moins. Que la proportion, quand on la ramène à ses parties composantes soit effectivement constituée par quatre termes, c'est ce qui est évident. — Elle l'est également quand elle est continue. Dans ce dernier cas, au lieu de deux termes, elle se sert d'un terme, comme s'il en constituait deux et elle le répète deux fois. (1131 b) Par exemple, si l'on dit que le rapport de A à B est identique au rapport de B à C. Dans ce cas, le terme B est exprimé deux fois. Si donc nous posons deux fois B, les termes de la proportion seront au nombre de quatre. — De même le juste présente un rapport entre quatre termes au moins et le raisonnement est identique. Le rapport est le même entre les personnes d'un côté et les choses de l'autre. Le rapport qui existe entre A et B se retrouvera identique entre C et D, et inversement le rapport entre A et C existera entre B et D. Ainsi les deux totaux se trouveront dans le même rapport ; on réunit les termes deux à deux et, s'ils sont bien posés, l'addition est juste. De la sorte, la réunion du terme A avec le terme C et celle du terme B avec D constituent le juste, si on l'envisage sous cet aspect distributif et, dans ce cas, le juste est un milieu entre des extrêmes qui, autrement, ne seraient plus en proportion, car la proportion est un milieu et le juste consiste dans cette proportion. Les mathématiciens appellent cette proportion géométrique[3]. C'est qu'en effet dans cette proportion le rapport entre les totaux est comme le rapport entre chacun des deux termes. Toutefois cette proportion n'est pas continue, car on ne trouve pas numériquement, pour la personne et pour l'objet, un terme unique. Le juste est donc ce qui est défini par cette proportion géométrique ; l'injuste, ce qui la contrarie ; en effet, on y distingue du plus et du moins. Et c'est bien ce qui arrive dans les actions de la vie courante. Celui qui commet l'injustice s'attribue plus que son dû ; celui qui subit l'injustice reçoit le mal, qu'il ne devrait avoir. En ce qui concerne le mal, c'est le contraire qui se produit. Le moindre mal fait figure de bien, eu égard à un mal plus grand. Car un moindre mal est préférable à un mal plus grand. Ce qu'on recherche est toujours le bien, et plus ce bien est souhaitable, plus il est grand.

1. Partisans de l'oligarchie (du grec *oligos* : petit et *arché* : commandement). Ce régime politique se caractérise par le fait que la souveraineté est détenue par un petit nombre d'individus qui entendent faire prévaloir leurs privilèges.

2. La proportion se rencontre non seulement en arithmétique, mais en toute chose mesurable.

3. C'est la relation proportionnelle $\frac{A}{B} = \frac{C}{D}$. Elle se traduit mathématiquement, par exemple : $\frac{2}{6} = \frac{4}{12}$. De même supposons que C soit deux fois plus méritant que A. Alors si la part de A est 6, il est conforme à la justice proportionnelle que la part de C soit 12.

5

La justice corrective comme égalité arithmétique

LA JUSTICE

Telle est donc une des deux formes du juste. Il en existe une autre, la justice corrective, qui se montre dans les relations volontaires aussi bien qu'involontaires. Cette seconde forme diffère de la première. La justice distributive, en effet, en ce qui concerne les biens de l'État, doit présenter toujours la proportion que nous avons indiquée. Quand il s'agit de partager les ressources communes, cette distribution se fera proportionnellement à l'apport de chacun, l'injuste, c'est-à-dire l'opposé du juste ainsi conçu, consistant à ne pas tenir compte de cette proportion. Mais le juste dans les contrats consiste en une certaine égalité, l'injuste en une certaine inégalité. Toutefois, il ne saurait être question de la proportion géométrique, mais de la proportion arithmétique. (1132 a) Car peu importe que ce soit un homme distingué qui ait dépouillé un homme de rien, ou réciproquement ; peu importe que l'adultère ait été commis par l'un ou l'autre de ces deux hommes ; la loi n'envisage que la nature de la faute, — sans égard pour les personnes qu'elle met sur un pied d'égalité. Il lui importe peu que ce soit un tel ou un tel qui commette l'injustice ou qui la subisse, un tel ou un tel qui cause le dommage ou en soit victime.

6

La fonction corrective du juge, tiers impartial

LA JUSTICE

En conséquence, cette injustice, qui repose sur l'inégalité, le juge s'efforce de la corriger. En effet, quand une personne reçoit des coups et qu'une autre en donne, quand un individu cause la mort et qu'un autre succombe, le dommage et le délit n'ont entre eux aucun rapport d'égalité ; le juge tâche à remédier à cette inégalité, par la peine qu'il inflige, en réduisant l'avantage obtenu. On emploie communément ces mots et dans un sens général dans les cas de cette nature, bien que l'expression ne semble pas convenir à certains d'entre eux : par exemple, on parle du profit de celui qui frappe et de la perte de celui qui est frappé. Mais quand le juge a évalué le mauvais traitement, l'un devient le perdant, et l'autre le gagnant. Ainsi l'égal est-il le juste milieu entre le plus et le moins ; le gain se confond avec le plus ; la perte, au contraire, avec le moins, le premier étant l'excès par rapport au bien, et le manque par rapport au mal ; la perte étant le contraire. Et puisque l'égal tient le milieu, nous dirons que c'est le juste. En conséquence, la justice corrective serait le juste milieu entre la perte de l'un et le gain de l'autre. Aussi, lorsque quelque différend se produit entre les hommes, ils ont recours au juge. Aller trouver celui-ci, c'est aller devant la justice, car le juge entend être, pour ainsi dire, la justice incarnée. Dans la personne du juge on cherche un tiers impartial et quelques-uns appellent les juges des arbitres ou des médiateurs, voulant signifier par là que, quand on aura trouvé l'homme du juste milieu, on parviendra à obtenir justice.

7

La justice comme juste milieu

LA JUSTICE

La justice est donc un juste milieu, si du moins le juge en est un. Le juge maintient la balance égale entre les deux parties. Prenons une comparaison : une ligne ayant été coupée en deux parties inégales, le juge prend ce qui, dans la partie la plus grande, dépasse la moitié, et cc qui est repris ainsi est ajouté à la partie la plus petite. Quand le tout est partagé également, chacun reconnaît avoir ce qui lui revient ; des deux côtés, les parties sont égales. Or, ce qui est égal est intermédiaire entre le plus et le moins, selon la proportion arithmétique. Aussi le grec se sert-il du mot *dikaion,* parce que le partage est fait en deux parties égales : *dikha* ; c'est comme si l'on disait : partagé en deux : *dikhaion,* et le mot juge : *dikastès* est synonyme de *dikhastès* (qui partage en deux[1]). Si, deux objets étant égaux, on enlève une quantité à l'un et qu'on l'ajoute à l'autre, ce nouvel objet sera plus grand que les deux autres, précédemment envisagés. Car, si on enlevait une quantité à un de ces objets, sans l'ajouter à l'autre, l'un des objets ne sera supérieur à l'autre que de cette différence. (1132 b) Soient deux objets égaux, celui à qui on a ajouté quelque chose surpasse le moyen de cette partie et l'objet moyen dépasse l'autre de la partie qui a été enlevée à ce dernier. Nous reconnaîtrons donc qu'il faut enlever quelque chose à celui qui a davantage pour l'ajouter à celui qui a moins. Il faut ajouter au plus petit objet la partie par laquelle le plus grand dépasse le moyen ; c'est au plus grand qu'il faut enlever la quantité dépassant la moitié. Supposons trois lignes AA', BB', CC', égales entre elles. Enlevons à AA' la partie AE et ajoutons cette fraction, C'D à CC'. Ainsi toute la ligne CC'D surpasse la ligne AE des parties C'D et C'F. Elle surpasse aussi la dimension BB' de la partie C'D[2]. Il en va ainsi des autres arts ; ils disparaîtraient si ce que fait la partie agissante, en quantité et en qualité, n'était supporté par la partie qui subit dans les mêmes conditions. Les noms de perte et de profit, dont nous nous sommes servi, proviennent du langage des échanges volontaires. On dit qu'une personne obtient un profit quand elle a plus que son dû ; qu'elle subit une perte quand elle a moins qu'elle n'avait précédemment, par exemple dans les ventes, les achats et dans tous les échanges où la loi laisse toute liberté. En revanche, quand on n'obtient ni plus ni moins qu'on n'avait et que l'égalité est sauvegardée, on dit que chacun a ce qui lui revient et qu'il n'y a ni perte ni profit. Ainsi le juste se trouve à égale distance du profit et de la perte, en ce qui concerne les transactions non volontaires et il en résulte que chacun a autant après qu'avant.

1. Jeux de mots intraduisibles sur *dikaion* (juste) et *dikha* (deux parts égales).
2.
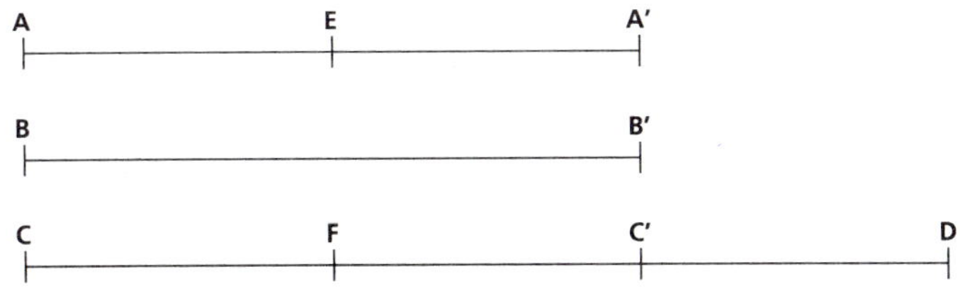

8

La réciprocité convient aux échanges, non à la stricte justice

LA JUSTICE

Quelques personnes s'imaginent que la loi du talion incarne purement et simplement la justice ; les pythagoriciens l'ont affirmé. Car, tout uniment, ils définissaient le juste : ce qu'on fait subir à autrui, après l'avoir subi de lui. Mais cette loi du talion ne s'accorde ni avec la justice distributive ni avec la justice corrective, quoique l'on veuille invoquer ici la justice de Rhadamanthe[1]:

Quand on subit le tort qu'on a fait, c'est pure justice.

Souvent pareille attitude est en désaccord avec le droit : par exemple, si un magistrat vous frappe, vous ne devez pas lui rendre des coups ; par ailleurs, qu'une personne frappe un magistrat, elle mérite de recevoir, je ne dis pas seulement des coups, mais encore une punition supplémentaire[2]. Ajoutons qu'il faut faire une grande différence entre la faute volontaire et involontaire. Mais, dans les relations et les échanges, ce droit de réciprocité maintient la société civile en se basant sur la proportion et non sur l'égalité. Cette réciprocité entre les rapports fait subsister la cité. Car, ou bien on cherche à infliger au coupable le mal causé par lui ; faute de quoi, il apparaît qu'il n'y a qu'un état d'esclavage ; ou bien, on cherche à rendre le bien pour le bien ; sinon, il n'y a plus échange de services ; or c'est par ce genre d'échanges que l'union des citoyens est sauvegardée. (1133 a) Voilà la raison qui fait élever un temple des Charites (Grâces), accessible à tous : on veut inspirer l'idée de reconnaissance, car rendre grâces, n'est-ce pas précisément cela ? En effet, il vous faut payer de retour le gracieux bienfaiteur et vous mettre, à votre tour, à être gracieux envers lui. Or ce qui constitue cet échange proportionnel, c'est l'union en diagonale.

9

Proposition et réciprocité, règles des échanges économiques

LES ÉCHANGES

Prenons, par exemple, un architecte A, un cordonnier B, une maison C, une chaussure D. Il faut que l'architecte reçoive du cordonnier le travail de celui-ci, et qu'il lui donne en échange le sien. Si donc, premièrement, est réalisée cette égalité proportionnelle, si deuxièmement la réciprocité existe, les choses se passeront comme nous venons de le dire. Faute de quoi, l'égalité sera détruite et ces rapports n'existent plus. Car rien n'empêche alors l'œuvre de l'un de l'emporter sur l'œuvre de l'autre. Il faut donc les rendre égales. Ceci existe aussi dans les autres arts ; ils disparaîtraient si ce que fait la partie agissante, en quantité et en qualité, n'était supporté par la partie qui subit dans les mêmes conditions. Il ne peut exister de communauté de rapports entre deux médecins ; en revanche, la chose est possible entre un médecin et un laboureur, et, d'une façon générale, entre gens différents

1. Divinité siégeant dans les Enfers et infligeant des châtiments aux méchants.
2. Aristote a pourtant affirmé plus haut que la justice corrective ne tient pas compte de la qualité des personnes. Toutefois quand un magistrat est frappé c'est, au-delà de sa personne, l'institution judiciaire et, donc, la cité tout entière qui est outragée.

et de situation dissemblable. Toutefois, il est indispensable, auparavant, de les rendre égaux.

10

Le rôle de la monnaie : une mesure commune

LES ÉCHANGES

Aussi faut-il que toutes choses soient en quelque façon comparables, quand on veut les échanger. C'est pourquoi on a recours à la monnaie, qui est, pour ainsi dire, un intermédiaire. Elle mesure tout, la valeur supérieure d'un objet et la valeur inférieure d'un autre, par exemple, combien il faut de chaussures pour équivaloir à une maison ou à l'alimentation d'une personne. Il faut donc, en maintenant le rapport entre l'architecte et le cordonnier, un nombre proportionnel de chaussures pour équivaloir à une maison ou à l'alimentation d'une personne, faute de quoi il n'y aura ni échange ni communauté de rapports. Ce rapport ne serait pas réalisé, s'il n'existait un moyen d'établir l'égalité entre des choses dissemblables. Il est donc nécessaire de se référer pour tout à une mesure commune, comme nous l'avons dit plus haut. Et cette mesure, c'est exactement le besoin que nous avons les uns des autres, lequel sauvegarde la vie sociale ; car, sans besoin, et sans besoins semblables, il n'y aurait pas d'échanges, ou les échanges seraient différents. La monnaie est devenue, en vertu d'une convention, pour ainsi dire, un moyen d'échange pour ce qui nous fait défaut. C'est pourquoi on lui a donné le nom de *nomisma*, parce qu'elle est d'institution, non pas naturelle, mais légale (*nomos* : loi), et qu'il est en notre pouvoir, soit de la changer, soit de décréter qu'elle ne servira plus. En conséquence, ces échanges réciproques auront lieu, quand on aura rendu les objets égaux. Le rapport qui existe entre le paysan et le cordonnier doit se retrouver entre l'ouvrage de l'un et celui de l'autre. (1133 b) Toutefois, ce n'est pas au moment où se fera l'échange qu'il faut adopter ce rapport de proportion ; autrement, l'un des termes extrêmes aurait doublement la supériorité dont nous parlions tout à l'heure — ; c'est au moment où chacun est encore en possession de ses produits. À cette condition, les gens sont égaux et véritablement associés parce que l'égalité en question est en leur pouvoir ; par exemple un paysan A, une certaine quantité de nourriture C, un cordonnier B et le travail de celui-ci D, qu'on estime équivaloir à cette quantité. Si l'on ne pouvait pas établir cette réciprocité, il n'y aurait pas de communauté sociale possible.

11

Les besoins, conditions des échanges sociaux

LES ÉCHANGES

Quant au fait que c'est le besoin qui maintient la société, comme une sorte de lien, en voici la preuve : que deux personnes n'aient pas besoin l'une de l'autre, ou qu'une seule n'ait pas besoin de l'autre, elles n'échangent rien. C'est le contraire si l'on a besoin de ce qui est la propriété d'une autre personne, par exemple du vin, et qu'on donne son blé à emporter. Voilà pourquoi ces produits doivent être évalués. Pour la transaction à venir, la monnaie nous sert, en quelque sorte, de garant et, en admettant qu'aucun échange n'ait lieu sur-le-champ, nous l'aurons à notre disposition en cas de besoin. Il faut donc que celui qui dispose d'argent ait la possibilité de recevoir en échange de la marchandise. Cette monnaie même éprouve des dépréciations, n'ayant pas toujours le même pouvoir d'achat. Toutefois elle tend plutôt à être stable. En conséquence de quoi, il est nécessaire que toutes choses soient évaluées ; dans ces conditions, l'échange sera toujours possible et par suite la vie sociale. Ainsi la monnaie est une sorte d'intermédiaire qui sert à apprécier toutes choses en les ramenant à une commune mesure. Car, s'il n'y avait pas d'échanges, il ne saurait y avoir de vie sociale ; il n'y aurait pas davantage d'échange sans égalité, ni d'égalité sans commune mesure. Notons qu'en soi, il est impossible pour des objets si différents de les rendre commensurables entre eux, mais, pour l'usage courant, on y parvient d'une manière satisfaisante. Il suffit de trouver un étalon, quel qu'il soit — et cela, en vertu d'une convention ; d'où le nom de *nomisma* donné à la monnaie. Elle soumet tout, en effet, à une même mesure ; tout s'évalue en monnaie. Soit une maison A, dix mines que nous désignons par B, un lit C ; supposons que A soit la moitié de B, la maison coûtant cinq mines ou équivalant à cinq mines ; le lit C, étant la dixième partie de B, on voit clairement combien de lits équivalent à une maison, soit cinq lits. Et qu'on fît des échanges avant l'emploi de la monnaie, c'est bien évident ; peu importe que l'échange porte sur cinq lits contre une maison ou contre tout objet correspondant, en valeur, à cinq lits.

12

Le moyen terme entre l'injustice commise et l'injustice subie

LA JUSTICE

En quoi consistent le juste et l'injuste, nous venons de le dire, une fois cette définition donnée, il est évident que l'action juste occupe le milieu entre l'injustice qu'on commet et celle qu'on subit, celle-là consistant à obtenir plus, celle-ci à obtenir moins qu'on ne doit. Aussi la justice est-elle, en quelque sorte, intermédiaire, toutefois d'une façon différente des autres vertus, attendu qu'elle se place au milieu, tandis que l'injustice a sa place aux extrêmes[1]. (1134 a) De plus, la justice est la qualité qui permet de qualifier de juste l'homme susceptible d'exécuter, d'après un choix librement consenti, des actes justes et d'opérer une juste répartition soit entre lui-même et autrui, soit entre deux autres personnes. Bien entendu, il doit se garder de s'attribuer à lui-même plus et d'attribuer à autrui moins, quand la chose est utile, et tout à l'inverse, quand elle est mauvaise ; il doit respecter de lui à autrui cette proportion équitable et tenir la même conduite à l'égard des deux autres parties contractantes. L'injustice est le défaut opposé. C'est un excès et un défaut, contraires à la proportion raisonnable, en ce qui concerne ce qui est avantageux ou nuisible. Elle est excès et défaut, puisqu'elle est sans cesse dans l'excès ou dans le défaut. Elle est un excès à l'avantage de celui qui la commet et qui s'attribue plus qu'il ne convient d'une chose absolue utile ; un défaut, en ce qu'il prend trop peu d'une

1. La justice, comme toutes les vertus, est, selon Aristote, le juste milieu. Mais à la différence des autres vertus qui tiennent le juste milieu entre deux vices opposés (comme par exemple le courage qui se situe entre la lâcheté et la témérité), la justice se situe entre deux formes d'un seul et même vice : l'injustice, soit par excès, soit par défaut.

chose nuisible. Pour le reste, l'injuste se conduit généralement ainsi ; quant au fait qu'il n'observe pas les rapports convenables, sa conduite dépend des circonstances. L'action injuste comporte donc deux extrêmes : l'un d'eux, le moindre, consiste à subir l'injustice ; l'autre, le plus grave, à la commettre.

Chapitre VI

13

On peut commettre une injustice sans être soi-même injuste

LA JUSTICE

Contentons-nous donc de cette détermination de la justice et de l'injustice, ainsi que de notre définition du juste et de l'injuste en général. Toutefois, comme celui qui agit injustement n'est pas, pour autant, injuste, cherchons à quel degré d'injustice il faut se porter pour être injuste dans chaque genre d'injustice, qu'il s'agisse par exemple d'un voleur, d'un adultère, d'un brigand[1]. Ou bien, dans ce cas, n'aurons-nous aucune distinction à faire ? En effet, un homme peut bien avoir des relations coupables avec une femme et savoir à qui il a affaire, sans obéir à une décision déterminée, mais une impulsion passionnée. Sans aucun doute, il agit injustement ; il n'est pas pour autant injuste ; de même, on n'est pas voleur, par le seul fait d'avoir volé ; ni adultère, du fait qu'on a commis l'adultère. Il en va de même pour les autres délits.

14

La loi : condition d'existence de la justice

LA JUSTICE

Nous avons indiqué précédemment les rapports du talion et de la justice. Mais il ne faut pas perdre de vue que ce que nous cherchons à distinguer, c'est le juste en soi et le juste dans la société. Or, celui-ci existe entre gens qui vivent ensemble, afin de maintenir leur indépendance, je veux dire les hommes libres et égaux, soit proportionnellement, soit arithmétiquement. Aussi, quand ces conditions ne sont pas réalisées, n'y a-t-il pas entre les individus de justice sociale, mais une sorte de justice qui ne lui ressemble que vaguement. Car la justice n'existe que quand les hommes sont aussi liés par la loi ; par conséquent, la loi existe également quand l'injustice est possible, puisque la justice est la capacité de discerner le juste et l'injuste. Par conséquent, dans les sociétés où l'injustice est possible, on peut commettre des actes injustes. Mais ceux qui se rendent coupables d'actes injustes ne commettent pas réellement l'injustice envers tous. L'injustice consiste à s'attribuer plus qu'il ne convient des choses qui constituent des biens en soi, et moins qu'il ne convient des choses qui constituent des maux en soi. Aussi refusons-nous de donner le pouvoir à un homme ; ce pouvoir, nous le donnons à la raison. Un homme, en effet, exerce le pouvoir à son avantage et devient un tyran. (1134 b) Or, le magistrat qui exerce le pouvoir est le gardien de la justice, et, s'il l'est de la justice, il l'est aussi de l'égalité. À quoi on peut objecter que celui qui commande,

1. Tout ce paragraphe est en réalité une parenthèse sans lien direct avec le contenu de ce chapitre.

tout au moins s'il est juste, ne paraît s'attribuer à lui-même rien de plus qu'aux autres, — en effet, il ne s'accorde rien de plus de ce qui est en soi un bien, si la loi de proportion ne l'y autorise pas. Un homme de cette sorte va jusqu'à se donner du mal pour autrui, ce qui permet de dire que la justice n'est pas un bien strictement individuel, comme nous l'avons déjà affirmé précédemment.

En conséquence, il faut donner à cet homme une récompense qui consiste en honneurs et en distinctions. Ceux qui ne savent pas s'en contenter sont des tyrans.

15

Justice domestique et justice politique

LE DROIT

Le droit du maître envers ses esclaves et celui du père envers ses enfants ne se confondent pas avec le précédent, mais lui ressemblent. En effet, on ne commet pas l'injustice à l'égard de ce qui vous appartient absolument, comme c'est le cas de l'esclave, qui est votre propriété, et de l'enfant, tout au moins jusqu'à ce qu'il soit d'un certain âge et qu'il ait quitté le domicile paternel.

D'ailleurs personne ne consent à se faire tort à soi-même ; nul ne commet donc l'injustice du point de vue politique. Car nous venons de dire que le juste était traduit par la loi et qu'il concerne ceux qui naturellement doivent obéir à la loi. Or, il s'agissait bien dans notre pensée de ceux qui étaient sur un pied d'égalité en ce qui concerne le commandement et l'obéissance. Aussi les rapports de justice existent-ils davantage entre l'époux et la femme qu'entre le père et les enfants ou le maître et les esclaves. Les rapports entre ces derniers dérivent de la justice domestique, qui est autre que la justice politique.

Chapitre VII

16

Droit naturel et droit conventionnel ou positif

LE DROIT

Une partie du droit politique est d'origine naturelle, l'autre, fondée sur la loi. Ce qui est d'origine naturelle est ce qui, en tous lieux, a le même effet et ne dépend pas de nos diverses opinions ; quant à ce qui est fondé sur la loi — que les origines en aient été telles ou telles — peu importe ; ce qui importe, c'est de le constater, une fois les lois établies, comme lorsqu'il s'agit de payer une rançon d'une mine pour un captif, ou de sacrifier à Zeus une chèvre et non deux brebis ; ajoutons aussi ce que la loi prescrit pour tous les cas particuliers, par exemple de sacrifier à Brasidas[1] et tout ce qui est prescrit par des sortes de décrets. Quelques-uns s'imaginent que, dans le droit politique, tout a ce caractère d'être déterminé par des lois variables[2]. En voici la raison ; ils voient que ce qui est naturel est immuable et a partout le même effet : le feu, par exemple, qui brûle aussi bien ici que dans le pays des Perses ; au contraire, ils constatent que le droit est toujours changeant. Il n'en

1. Général spartiate qui s'est illustré dans la guerre du Péloponèse.
2. C'est le cas des Sophistes, pour qui la force seule est conforme à la nature, tandis que les lois ont le caractère changeant des conventions humaines.

va pas exactement ainsi et ce n'est vrai qu'en partie ; si, pour les dieux, les choses se passent autrement, chez nous, les hommes, il y a des choses naturelles, qui toutes sont susceptibles de changement, ce qui n'empêche pas que certaines soient fondées sur la nature, d'autres non. Il est facile, par conséquent, de discerner ce qui appartient à la nature, parmi ce qui est susceptible de changer et ce qui ne l'est pas et se trouve être fondé sur la loi et les conventions, quand bien même ces deux catégories de choses seraient également changeantes. La même distinction pourra s'appliquer dans les autres cas. Par exemple, bien que, par nature, la main droite soit plus forte que la main gauche, on constate que tout le monde peut devenir adroit des deux mains[1].

Les règles de justice qui sont fondées sur une convention et sur l'utilité ne sont pas sans analogie avec les mesures (1135 a) ; les mesures de capacité pour le vin et le blé ne sont pas identiques en tous lieux : là où l'on achète, elles sont plus grandes ; là où l'on vend, elles sont plus petites[2]. Ainsi les prescriptions de justice qui ne sont pas fondées sur la nature, mais les conventions entre les hommes ne sont pas semblables partout, — non plus que les formes de gouvernement, quoiqu'il n'y en ait qu'une seule qui se montre partout en accord avec la nature, à savoir la meilleure. Toutes ces prescriptions du droit et de la loi présentent, pour ainsi dire, relativement aux affaires humaines, le rapport du général au particulier ; nos actes sont nombreux, mais chacune de ces prescriptions est une, attendu qu'elle a un caractère général.

Il y a une différence entre l'injustice selon la loi et l'injustice en général, entre le juste légal et la justice ; l'injustice est déterminée par la nature ou par les prescriptions légales ; quand elle est réalisée, elle devient une faute aux yeux de la loi ; auparavant, elle était seulement injuste en elle-même. Il en va de même de l'acte juste — on se sert plutôt de l'expression action juste *dikaïôpraguèma* dans un sens général, tandis que le mot *dikaïôma* signifie réparation de l'injustice. Il nous faudra examiner par la suite, sur ces deux points, les cas particuliers, leurs caractères, leur nombre et leur objet.

1. La différence d'habilité entre les deux mains, bien que naturelle, n'est pas absolument immuable.

2. C'est-à-dire plus grandes dans le commerce de gros, plus petites dans le commerce de détail : voilà des cas où la diversité s'explique par la commodité et relève de la convention.

17

Une action involontaire ne peut être injuste

La volonté

Ayant ainsi défini la justice et l'injustice, disons qu'on n'agit injustement ou justement que quand l'action est volontaire ; quand elle est involontaire, on n'agit ni injustement ni justement, mais selon l'événement, qui donne alors aux actes leur caractère juste ou injuste. Ainsi l'action injuste ou juste est définie par le caractère volontaire ou involontaire. Est-elle volontaire ? Elle provoque le blâme ; en même temps, elle devient un méfait. En conséquence, elle ne sera qu'une action injuste, mais non encore un méfait, si elle est dépourvue d'intention volontaire. Or je dis qu'est volontaire, comme je l'ai indiqué précédemment[1], l'action qui dépend de l'agent et que celui-ci accomplit sciemment, c'est-à-dire sans ignorer la personne, les moyens et le but de l'action ; par exemple, si l'on sait qui l'on frappe, pour quelle raison et avec quel instrument. Ajoutons que sur tous ces points, il ne doit pas y avoir hasard ou violence, ce qui serait le cas si une personne, prenant la main de quelqu'un, en frappait un autre personnage ; l'agent, alors, ne fait pas acte de volonté ; son action n'est pas en son pouvoir. Or il peut arriver que la personne frappée soit le père de celui qui frappe et que celui qui a guidé la main, tout en connaissant la qualité d'homme de la victime, sachant aussi qu'il est parmi les gens présents, ignore que c'est le père. Il faut introduire la même distinction en ce qui concerne le but de l'action et, par conséquent, toutes les circonstances. Ainsi toute action que nous faisons sans savoir ce que nous faisons ou même en connaissance de cause, mais dont l'exécution ne dépend pas de nous ou est imposée par la force, est involontaire. En effet, nous sommes amenés à exécuter ou à subir, en toute connaissance de cause, bien des actes imposés par la nature, dont aucun pourtant n'est volontaire, comme le fait de vieillir ou de mourir (1135 b). De même, dans les actes injustes et justes, l'événement a aussi sa place. Supposons qu'une personne rende un dépôt malgré elle, ou poussée par la crainte ; nous ne devons pas dire, pour autant, que son action est juste ni qu'elle pratique la justice, sinon par accident. De même, supposons qu'une personne soit empêchée de rendre un dépôt par la force et malgré elle ; il nous faut dire que c'est par pur hasard qu'elle commet une injustice et fait une action injuste.

18

Les dommages causés par méprise et par irréflexion

La volonté

Parmi les actes volontaires, les uns sont exécutés après un choix délibéré, les autres sans ce choix. Dans le premier cas, nous agissons toujours après réflexion ; n'est pas délibéré tout ce qui n'a pas été précédé d'un choix. Les dommages que nous pouvons causer dans la vie de société sont de trois sortes. Première sorte : ceux qui s'accompagnent d'ignorance sont des *fautes involontaires*, par exemple quand on agit sans se rendre compte de la personne, de l'acte, du

1. Cette analyse figure au livre III de l'*Éthique à Nicomaque*.

moyen, du but — c'est le cas d'un homme qui ne pensait ni frapper, ni avec tel instrument, ni telle personne, ni dans telle intention ; les faits se sont passés contrairement à ce qu'il désirait : par exemple, son intention n'était pas de blesser, mais simplement de piquer ; ce n'était pas telle personne qu'il visait, ni de telle manière. Lorsque le dommage est causé d'une manière imprévue, on parle de *méprise* ; quand il l'est, non pas de manière imprévue, mais sans intention de nuire, il y a faute, puisqu'il y a faute quand le principe de notre ignorance réside en nous et méprise, quand il est hors de nous. Deuxième sorte : quand nous agissons en toute connaissance de cause, mais sans réflexion préalable, nous commettons une injustice, par exemple chaque fois que nous obéissons à la colère et aux autres passions qui ont dans l'homme un caractère nécessaire ou naturel ; en infligeant à autrui des dommages de cette sorte, ou en commettant des fautes semblables, on pratique l'injustice et ces actes sont bien injustes ; toutefois leurs auteurs ne sont pas pour autant injustes ni méchants, car le dommage n'a pas sa source dans la perversité de l'agent. (1136 a).

19

Les dommages causés de propos délibéré

LA VOLONTÉ

Troisième sorte : par contre, si le choix est délibéré, l'auteur de l'acte est injuste et pervers. Aussi fait-on bien de ne pas juger prémédités les actes inspirés par la colère. Car le responsable n'est pas alors celui qui agit par colère, mais celui qui a provoqué la colère. Ajoutons que, dans ce cas, la discussion ne porte pas sur la question de fait, mais sur la question de droit, car ce sont les apparences de l'injustice qui provoquent la colère. On ne discute pas, comme dans les contrats, la question de fait ; dans ce dernier cas, il est inévitable que l'une des parties contractantes soit de mauvaise foi, à moins d'avoir l'excuse de l'oubli. Par contre dans le premier cas, on est d'accord sur le fait, on ne discute que sur la question de droit — cela quand l'auteur de la faute agit en connaissance de cause —, si bien que l'un affirme être victime d'une injustice et que l'autre la nie. Faire tort à quelqu'un de propos délibéré, c'est commettre l'injustice, et du fait même de cette injustice, l'homme qui s'en rend coupable est vraiment injuste, attendu qu'il ne respecte ni la règle de proportion, ni celle d'égalité. Le même raisonnement peut servir pour le juste, s'il pratique la justice de propos délibéré ; or il agit justement, à la seule condition d'agir de son plein gré. Parmi les fautes involontaires, les unes sont pardonnables, les autres non. Toutes celles que nous commettons, je ne dis pas seulement dans notre ignorance, mais par suite de notre ignorance, sont susceptibles de pardon. Quant à celles qui sont imputables, non pas à notre ignorance, mais à l'inconscience où nous plonge un état de passion qui n'est ni naturel, ni humain, elles ne méritent pas le pardon.

Chapitre IX

20

Peut-on subir l'injustice de son plein gré ?

La volonté

On pourrait s'inquiéter de savoir si nos précisions sur l'injustice subie et commise sont suffisantes et, tout d'abord, s'il en est ainsi que dit Euripide[1], lequel s'exprime d'une façon absurde :

J'ai immolé ma mère et, je le dis en deux mots,
Nous étions consentants l'un et l'autre,
Ou plutôt nous ne l'étions ni l'un ni l'autre.

Est-il vraiment possible de subir l'injustice de son plein gré, ou non ? Toute injustice subie ne l'est-elle pas contre notre gré, tout de même que toute injustice commise l'est de notre consentement ? Se peut-il que l'injustice subie le soit indifféremment contre notre gré ou de notre consentement comme il apparaît aussi que toute injustice commise l'est de notre consentement ? Ou faut-il croire que, quand nous subissons l'injustice, tantôt nous sommes consentants, tantôt nous ne le sommes pas ? On peut se poser la même question au sujet de la justice qu'on se fait rendre. Toutes nos actions justes impliquent notre consentement, aussi est-on fondé à opposer de la même manière et terme à terme l'injustice qu'on subit et la justice qu'on obtient et à croire que, dans les deux cas, il y a d'un côté et d'un autre côté il n'y a pas participation de notre volonté. Il serait absurde en effet de soutenir que, dans tous les cas où se prononce la justice, notre consentement intervient, car il est des cas où ce n'est pas volontairement que nous obtenons cette décision de justice. Il est vrai qu'on peut aussi se demander si, dans toutes les circonstances, celui qui a subi un acte injuste supporte vraiment une injustice, ou bien s'il en va de même suivant que l'on commet ou souffre l'injustice. Il peut arriver en effet par hasard que, dans les deux cas, on obtienne ce qui revient de droit et il est évident qu'il n'en est pas autrement en ce qui concerne les actes injustes. Car il y a une grande différence entre commettre des actes injustes et se rendre coupable d'injustice, de même qu'entre subir des actes injustes et être victime d'injustices. On peut faire la même distinction entre pratiquer la justice et en bénéficier passivement. En voici la raison : il est impossible d'être victime de l'injustice s'il n'y a personne pour la commettre et de bénéficier de la justice, s'il n'y a personne pour l'accomplir. Si donc l'injustice consiste purement et simplement dans le tort qu'on cause sciemment à autrui, et si cette condition implique qu'on connaît la personne, le moyen et la manière dont on fait tort, il en résulte que l'intempérant se ferait tort volontairement à lui-même et conséquemment que ce serait volontairement qu'il subirait l'injustice et qu'il lui arriverait de la commettre. C'est une question embarrassante de savoir si l'on peut être coupable envers soi-même[2]. (1136 b) Bien plus, ce serait volon-

1. L'un des trois grands auteurs tragiques grecs.
2. Cette question sera examinée plus loin (§ 25).

tairement et en raison de son intempérance qu'une personne subirait un dommage d'une autre personne qui le lui infligerait volontairement. Mais ne devons-nous pas considérer comme inexacte la définition ci-dessus et ne faut-il pas ajouter aux termes : « causé volontairement, quand on connaît la personne, le moyen et la manière », ces notes : « contre la volonté de celui qui souffre l'injustice » ? Dans ce cas, on peut subir un dommage volontairement et supporter des actes injustes ; mais nul n'est volontairement injuste envers lui-même. Personne n'y consent, pas même l'intempérant ; dans ce cas, il agit contre sa propre volonté. Nul, en effet, ne consent à ce qui n'est pas personnellement avantageux et l'intempérant fait le contraire de ce qu'il croit devoir faire. Quant à celui qui donne ce qui lui appartient, il n'est pas victime d'une injustice, comme on voit chez Homère, quand il rapporte que Glaucus donna à Diomède :

En échange d'armes de bronze, des armes d'or,
En échange de neuf bœufs, la valeur de cent bœufs[1].

Il n'y a pas d'injustice subie. En effet, on est libre de donner et on ne peut pas être victime d'une injustice, s'il n'y a personne pour vous la faire subir.
Ainsi, il est évident qu'on ne peut subir l'injustice qu'involontairement.

21

Le pire : profiter d'une injustice, ou la commettre ?

LA JUSTICE

Parmi les questions que nous nous étions proposées, deux doivent être abordées maintenant. Qui agit injustement ? celui qui attribue à une autre personne plus qu'elle ne mérite, ou celui qui reçoit plus que sa part ? En outre est-il possible de commettre soi-même contre soi-même des actes injustes ? S'il en va ainsi que nous avons dit plus haut et si c'est celui qui fait cette répartition qui commet un acte injuste et non celui qui reçoit plus qu'il ne mérite, dans le cas où on attribue à autrui sciemment et volontairement plus qu'à soi-même, commet-on personnellement et à son propre détriment une injustice ? C'est ce que font, semble-t-il, les gens désintéressés — l'honnête homme étant enclin à prendre moins que son dû. Mais peut-être n'est-ce pas si simple ? Car on a vu des honnêtes gens obtenir leur large part, s'ils reçoivent quelque autre bien, la gloire par exemple ou quelque autre avantage absolument honorable. Objection qui se dissipe, à son tour, par la définition de l'injustice ; car l'honnête homme ne pâtit en rien contre sa propre volonté ; on ne peut donc dire qu'il est par là victime de l'injustice ; le cas échéant, il supporte seulement un dommage. Il est bien visible que l'auteur de l'injustice est celui qui fait une répartition inégale et non celui qui obtient plus qu'il ne doit, l'auteur de l'injustice étant non pas celui qui profite de l'acte injuste, mais celui qui a la possibilité de le commettre de son plein gré, ce qui

1. Épisode de *l'Iliade*.

revient à dire celui de qui procède l'action et c'est bien, dans ce cas, celui qui fait la répartition et non celui qui en profite.

Ajoutons que l'action implique souvent des modalités différentes, qu'il n'est pas impossible que le meurtre soit exécuté au moyen de choses inanimées, par une main guidée par autrui, par un esclave sur l'ordre de son maître ; dans ces circonstances, l'exécutant, tout en ne commettant pas d'injustice, fait une action injuste. Disons encore qu'en rendant un jugement inspiré par l'ignorance, on ne se rend pas coupable d'injustice selon les lois et que le jugement, sans être à proprement parler injuste, a quelque apparence d'injustice — la justice selon la loi différant de la notion de justice morale. Mais, si l'on rend un jugement injuste en toute connaissance de cause, on dépasse la mesure soit dans l'indulgence pour l'une, soit dans la sévérité pour l'autre des parties (1137 a). C'est tout à fait comme si l'on s'associait à un acte injuste ; celui qui est inspiré par ces sentiments, en jugeant injustement, trouve un avantage répréhensible. En effet, il arrive que, dans l'injuste attribution d'un champ, le juge, sans recevoir de la terre, a du moins reçu de l'argent.

22

La justice est une disposition humaine difficile à acquérir

LA JUSTICE

Or les hommes s'imaginent que, du moment qu'il est en leur pouvoir de commettre l'injustice, la pratique de la justice ne comporte pas de difficulté. Mais il en va autrement. Il est facile évidemment, — et il dépend de chacun — d'avoir des relations avec la femme du voisin, de frapper un passant, de corrompre quelqu'un en lui donnant de l'argent de la main à la main. Mais faire ces actes en s'inspirant de sentiments immoraux n'est ni facile, ni en leur pouvoir[1]. De même, on pense communément qu'il n'y a aucune preuve d'habileté dans le discernement des actes justes et injustes, parce qu'il n'est pas difficile de comprendre ce que prescrivent les lois. Mais ce n'est pas là la véritable justice, elle n'apparaît que par accident ; la justice dépend de la manière dont nous la pratiquons et la distribuons, ce qui est plus difficile que de savoir ce qui est utile à notre santé. Sur ce point, il n'y a aucune difficulté à connaître le miel, le vin, l'ellébore, les effets de la cautérisation et des opérations. Mais savoir l'usage de ces différents moyens relativement à la bonne santé, sur quelles personnes et comment les appliquer, voilà une tâche vraiment digne d'un médecin.

Pour cette raison, on pense que le juste, lui aussi, se trouve en mesure de commettre l'injustice, tout autant que l'injuste, parce que, tout autant que ce dernier, et mieux encore, il serait susceptible de se comporter de l'une et l'autre façon ; en effet, il peut lui arriver d'avoir des relations avec la femme d'autrui, de frapper un passant ; le courageux lui-même peut jeter son bouclier et faisant demi-tour, courir à toutes jambes dans n'importe quelle direction.

---

1. Aristote veut dire que commettre à l'occasion une injustice c'est à la portée de tous. Mais non pas de devenir foncièrement injuste. Réciproquement, acquérir la disposition à être juste en toutes occasions, cela n'est pas mince affaire.

Mais la lâcheté et l'injustice ne consistent pas à commettre ce genre d'action, tout au moins par accident, mais bien à les commettre, parce que les actes répondent à nos dispositions habituelles. De même la pratique de la médecine et l'art de guérir ne se limitent pas à pratiquer ou non une opération, à administrer ou non une purgation, mais à le faire à propos. Or la justice n'existe qu'entre les personnes ayant part aux choses qui sont des biens par elles-mêmes et qui peuvent y trouver matière à excès et à défaut. D'aucuns peuvent ne pas tomber dans l'excès, comme c'est vraisemblablement le cas pour les dieux. D'autres, ceux qui sont incurablement mauvais, n'y peuvent trouver la moindre utilité ; tout leur est nuisible. D'autres enfin y trouvent une utilité relative et tel est bien le trait qui convient à l'homme.

Chapitre x

23

L'équitable et le juste

LA JUSTICE

Il nous reste à parler de l'équité et de l'équitable, et à envisager les rapports de l'équité avec la justice et de l'équitable avec le juste. À un examen approfondi, il apparaît que leurs caractères ne sont pas absolument identiques, sans différer toutefois spécifiquement. Parfois nous faisons l'éloge de l'équité et de l'homme doué de cette qualité, au point même que, dans notre approbation, nous employons ce mot pour certains cas, au lieu du mot bon, voulant indiquer par là la supériorité de l'homme équitable (1137 b). Parfois encore, en suivant le même raisonnement, il nous paraît absurde qu'on fasse l'éloge de l'équité opposée en quelque façon à la justice. En effet, ou bien le juste n'est pas désirable, ou ce qui est équitable n'est pas juste, en étant différent. Ou bien, si tous deux sont désirables, c'est donc qu'ils se confondent ? Notre embarras sur la question de l'équité vient à peu de chose près des raisons indiquées. Néanmoins, toutes ces expressions sont en quelque mesure satisfaisantes et il n'y a rien de contradictoire. Car ce qui est équitable, étant supérieur au juste envisagé en particulier, est juste par cela même. Il ne faudrait pas croire cependant que c'est à titre de genre différent qu'il possède cette supériorité. Ainsi le juste et l'équitable sont identiques et, quoique tous deux soient désirables, l'équité est cependant préférable.

24

L'équité et la loi

LE DROIT

Ce qui cause notre embarras, c'est que ce qui est équitable, tout en étant juste, ne l'est pas conformément à la loi ; c'est comme une amélioration de ce qui est juste selon la loi. La raison en est que toute loi est générale et que, sur des cas d'espèce, il n'est pas possible de s'exprimer avec suffisamment de précision quand on parle en général ; lors donc qu'il est indispensable de parler en général et qu'on ne peut le faire avec toute la précision souhaitable, la loi ne retient que les cas ordinaires, sans méconnaître d'ailleurs son insuffisance. La loi n'en est pas moins bien ordonnée. La faute ne lui est pas imputable, non plus qu'au législateur; elle découle de la nature de l'action, telle étant bien exactement la matière des actes. Lorsque la loi s'exprime pour la généralité des cas, et que postérieurement il se produit quelque chose qui contrarie ces dispositions générales, il est normal de combler la lacune laissée par le législateur et de corriger l'omission imputable au fait même qu'il s'exprimait en général. Le législateur lui-même, s'il était présent, y consentirait et, s'il eût prévu la chose, eût introduit des précisions dans la loi. Aussi ce qui est équitable est-il juste, supérieur même en général au juste, non pas au juste en soi, mais au juste qui, en raison de sa généralité, comporte de l'erreur. La nature propre de l'équité consiste à corriger la loi, dans la mesure où celle-ci se montre insuffisante, en raison de son caractère général. Voilà pourquoi tout n'est pas compris dans la loi : sur certains cas, il est impossible de légiférer et il faut avoir recours, pour la préciser, à une décision de l'Assemblée du peuple. En effet, pour tout ce qui est indéterminé, la règle ne peut donner de détermination précise, au contraire de ce qui se passe dans l'architecture à Lesbos, avec la règle de plomb; cette règle qui ne reste pas rigide, peut épouser les formes de la pierre; de même les décrets s'adaptent aux circonstances particulières. Nous avons éclairci la nature de l'équitable et montré en quoi il se confondait avec le juste et était supérieur au juste envisagé d'un point de vue particulier. De ce qui précède se dégage nettement la nature de l'homme équitable (1138 a). C'est l'homme qui de propos délibéré se décide et agit pratiquement; ce n'est pas l'homme d'une justice tatillonne et enclin à adopter la solution la moins favorable pour les autres; il est toujours prêt à céder de son dû, bien qu'il puisse invoquer l'aide de la loi; sa disposition ordinaire est l'équité, qui est une variété de la justice et une disposition qui n'en diffère pas.

Chapitre XI

25

Nul ne subit l'injustice volontairement

LA VOLONTÉ

Peut-il arriver ou non qu'on commette l'injustice à l'égard de soi-même? On le voit clairement d'après ce que nous venons de dire. En effet, on fait rentrer dans le juste tout ce que la loi prescrit en accord avec toute espèce de vertu. Par exemple, la loi ne nous ordonne pas de nous supprimer nous-mêmes, et ce qu'elle n'ordonne pas, elle le défend. Ajoutons que quiconque fait tort à autrui volontairement et contre la loi — sans répondre à un tort à lui causé — commet une injustice; or quand nous disons « volontairement », nous entendons qu'on agit en connaissant la personne atteinte et les moyens employés. Or celui qui, dans un transport de colère, s'égorge de sa propre main, agit volontairement et contre la droite raison, ce que n'autorise pas la loi. Il commet donc une injustice. Mais à l'égard de qui? Est-ce à l'égard de la cité et non à l'égard de lui-même ? Car, si l'on convient que c'est volontairement qu'il souffre, nul ne subit l'injustice volontairement. Aussi la cité elle-même le punit-elle et un certain déshonneur s'attache à quiconque se donne la mort, puisqu'on dit qu'il a commis une injustice contre la cité[1]. Ajoutons que, selon la proposition suivant laquelle celui qui commet l'injustice est simplement injuste, mais non entièrement mauvais, il est impossible de commettre l'injustice à son propre détriment ; ces deux formes d'injustices sont différentes ; l'homme injuste et pervers agit de quelque façon à peu près comme le lâche, mais non point comme un homme totalement vicieux. Si bien qu'en commettant l'injustice, il n'est pas poussé par une perversité totale. De plus, dans le cas où le suicide serait une injustice envers soi-même, le même homme pourrait s'accorder ou se refuser la même chose, ce qui est impossible, vu la nécessité absolue pour le juste et l'injuste de n'exister qu'entre plusieurs personnes. Enfin l'injustice commise doit être volontaire, procéder d'un choix délibéré et être antérieure à toute offense ; en effet, selon l'opinion commune, on ne commet pas d'injustice, quand on a été soi-même victime et qu'on rend le mal pour le mal. En commettant l'injustice sur soi-même, on serait dans la même mesure victime et agent. Par suite, il n'y aurait rien d'impossible à s'imposer à soi-même l'injustice volontairement. À quoi il faut ajouter que nul ne peut commettre l'injustice, en dehors de cas particuliers ; personne ne commet l'adultère avec sa propre femme, personne ne se vole en perçant son propre mur, personne ne commet de vol à son propre détriment. En résumé, cette prétendue injustice à l'égard de soi-même se dissipe, étant donné les précisions que nous venons de donner relativement au fait que nul ne subit l'injustice volontairement.

26

Vaut-il mieux commettre l'injustice ou la subir ?

LA JUSTICE

Il est bien évidemment fâcheux de subir comme de commettre l'injustice ; dans le premier cas, on obtient moins, dans le second cas on obtient plus qu'il n'est convenable, alors qu'on devrait faire comme en médecine et en gymnastique, où l'on recherche la santé et le développement harmonieux du corps. À tout prendre, commettre l'injustice est plus grave que la souffrir ; car l'acte injuste va de pair avec la méchanceté et comporte le blâme, qu'il s'agisse d'une méchanceté totale ou simplement en approchant — car tout acte volontaire d'injustice ne comporte pas de méchanceté foncière. Au contraire, l'injustice subie ne comporte ni méchanceté ni injustice. En soi, l'injustice dont on est victime est moins fâcheuse ; cependant, rien n'empêche que, par accident, elle ne constitue un mal plus grave (1138 b) ; toutefois l'homme de l'art ne s'en préoccupe pas ; au contraire, il affirme qu'une pleurésie est plus redoutable qu'une chute, ce qui n'empêche pas qu'accidentellement la chute peut devenir plus grave qu'une pleurésie,

1. À Athènes, on coupait la main du suicidé et on l'enterrait à part du corps.

si, par exemple, en vous renversant, elle vous fait tomber aux mains de l'ennemi ou cause votre mort. Par métaphore et par analogie, on peut dire que le juste existe, sinon dans un individu relativement à lui-même, du moins entre différentes parties de cet individu ; il ne s'agit pas ici du juste absolu, mais du juste existant entre maître et esclave, ou entre père de famille et enfants. Dans toutes nos explications, on distingue la partie de l'âme douée de raison de celle qui en est privée. Voilà sur quoi on fixe les yeux, et alors on s'imagine que l'injustice s'exerce dans l'homme contre lui-même, parce qu'il peut arriver que telles parties de l'homme subissent quelque tort, contre leurs propres tendances. Ainsi une sorte de relation de justice peut intervenir ici, comme entre celui qui commande et celui qui obéit.

CONTREPOINT

En général les vertus concernent l'individu en lui-même et son perfectionnement moral. La vertu de justice, elle, règle nos rapports avec autrui. Robinson seul sur son île peut être courageux, tempérant, sincère. Mais il faut la présence de Vendredi pour qu'il ait l'occasion de se montrer juste. C'est cette idée d'Aristote que commente saint Thomas d'Aquin.

SAINT THOMAS D'AQUIN, *Somme théologique, IIa IIe*, Question 57, Art. I, « La Justice », tome I, trad. fr. par M. S. Gillet, 1948, Desclée et Cie, éd.

LA JUSTICE

La justice, parmi les autres vertus, a pour fonction propre d'orienter l'homme dans les choses relatives à autrui. En effet, elle implique une certaine égalité, comme son nom lui-même l'indique : ce qui s'égale *s'ajuste,* dit-on vulgairement ; or, l'égalité se définit par rapport à autrui. Les autres vertus, au contraire, ne perfectionnent l'homme que dans les choses qui le concernent personnellement. Il s'ensuit que ce qui est droit dans les œuvres de ces dernières, et à quoi tend l'intention vertueuse comme à son objet propre, ne se définit ainsi que par rapport au sujet vertueux, tandis que le droit, dans les œuvres de justice, est constitué par son rapport avec autrui, même abstraction faite du sujet : nous appelons juste en effet dans nos œuvres ce qui correspond selon une certaine égalité à autre chose, par exemple le paiement du salaire qui est dû en raison d'un service rendu. En conséquence, on donne le nom de juste, avec toute la rectitude de justice qu'il comporte, à ce à quoi l'acte de la vertu de justice aboutit, sans même s'inquiéter de la façon dont le sujet l'accomplit, alors que, pour les autres vertus, c'est au contraire la façon dont le sujet agit qui sert à déterminer la rectitude de ce qu'il fait. De là vient que l'objet de la justice, contrairement à celui des autres vertus, se détermine en lui-même, spécialement, et porte le nom de juste. Et c'est précisément le droit. Celui-ci est donc bien l'objet de la justice.

Épicure

Lettre à Ménécée

341-270 av. J.-C.

Le nom de certains philosophes est passé dans la langue courante. Ainsi l'adjectif « épicurien » est devenu synonyme d'« hédoniste », terme qui qualifie l'homme pour qui le plaisir est la grande affaire de l'existence. L'épicurisme, qu'on a souvent réduit à une recherche effrénée des jouissances faciles, est en fait un art de vivre raffiné et une conception du monde très savante. C'est pour enseigner l'un et l'autre qu'Épicure a créé son école vers la fin du IVe siècle av. J.-C.

Les disciples qui se regroupaient autour du maître, dans un jardin d'Athènes, venaient chercher avant tout un remède contre les angoisses qui les étreignaient : peur de la mort, peur des châtiments divins, peur de la souffrance physique. Pour les en libérer, Épicure leur enseignait la vieille doctrine matérialiste de Démocrite : il est inutile de supposer qu'une intelligence divine a mis en forme la matière ; ce sont les atomes qui, en s'assemblant sans but, donnent naissance à tous les êtres naturels.

On comprend les conséquences morales de cette théorie physique. Puisque la nature n'a pas de maître, les hommes n'ont de compte à rendre qu'à eux-mêmes. Si leur âme est, comme toutes choses, un composé d'atomes, mourir c'est se disloquer et disparaître. Et tant qu'ils sont en vie, l'essentiel pour les hommes est d'habituer leur corps à préférer les satisfactions naturelles, qui sont faciles à obtenir, et d'éviter la douleur, autant que possible.

Tel est le *tétrapharmakos,* ce quadruple remède qu'Épicure administre à son disciple Ménécée dans cette courte lettre. Qu'il s'exerce à en conserver présente à l'esprit la formule condensée s'il veut accéder à l'*ataraxie*, cet état de l'âme exempt de trouble, qui est pour Épicure un autre nom du bonheur.

Certes, on peut trouver un peu fade cette conception prudente du plaisir, qui préfère renoncer à une jouissance dès lors qu'on risque de la payer d'une quelconque souffrance. On peut se sentir insatisfait d'une doctrine qui, ayant tout fait pour libérer l'homme, ne nous propose qu'un si modeste usage de cette liberté. Il reste qu'avec Épicure, pour la première fois, une philosophie proclame l'indépendance de l'homme à l'égard de tout principe supérieur à la nature, ou, comme on dit, de toute *transcendance* et propose à qui veut, ici et maintenant, au sein de petites communautés d'amis fidèles, un bonheur terrestre accessible dans les joies simples et dans l'inégalable plaisir de se sentir exister.

Épicure

Lettre à Ménécée

Traduction
de Maurice Solovine,
éd. Hermann, 1940.

(texte intégral)

Épicure à Ménécée, salut

1

Il faut philosopher

LA PHILOSOPHIE

Quand on est jeune, il ne faut pas hésiter à s'adonner à la philosophie, et quand on est vieux il ne faut pas se lasser d'en poursuivre l'étude. Car personne ne peut soutenir qu'il est trop jeune ou trop vieux pour acquérir la santé de l'âme. Celui qui prétendrait que l'heure de philosopher n'est pas encore venue ou qu'elle est déjà passée, ressemblerait à celui qui dirait que l'heure n'est pas encore arrivée d'être heureux ou qu'elle est déjà passée. Il faut donc que le jeune homme aussi bien que le vieillard cultivent la philosophie : celui-ci pour qu'il se sente rajeunir au souvenir des biens que la fortune lui a accordés dans le passé, celui-là pour être, malgré sa jeunesse, aussi intrépide en face de l'avenir qu'un homme avancé en âge. Il convient ainsi de s'appliquer assidûment à tout ce qui peut nous procurer la félicité, s'il est vrai que quand elle est en notre possession nous avons tout ce que nous pouvons avoir, et que quand elle nous manque nous faisons tout pour l'obtenir. Tâche, par conséquent, de mettre à profit et d'appliquer les enseignements que je n'ai cessé de t'adresser, en te pénétrant de l'idée que ce sont là des principes nécessaires pour vivre comme il faut.

2

Se défaire des idées fausses sur les dieux

LA RELIGION

[En premier lieu, regarde la divinité comme un être immortel et bienheureux, ce qu'indique déjà la façon ordinaire de la concevoir. Ne lui attribue rien qui soit en opposition avec son immortalité ou incompatible avec sa béatitude. Il faut que l'idée que tu te fais d'elle contienne tout ce qui est capable de lui conserver l'immortalité et la félicité. Car les dieux existent et la connaissance qu'on en a est évidente, mais ils n'existent pas de la façon dont la foule se les représente. Celle-ci ne garde jamais à leur sujet la même conception. Ce n'est pas celui qui rejette les dieux de la multitude

N.B. : Le crochet en début de ligne indique que le paragraphe a été créé par l'auteur du manuel et ne figure donc pas dans le texte original.

qui doit être considéré comme impie, mais celui qui leur attribue les fictions de la foule. En effet, les affirmations de cette dernière ne reposent pas sur des notions évidentes, mais sur des conjectures trompeuses. De là vient l'opinion que les dieux causent aux méchants les plus grands maux et qu'ils octroient aux bons les plus grands biens. Toujours prévenus en faveur de leurs propres vertus, les hommes approuvent ceux qui leur ressemblent et considèrent comme étrange ce qui diffère de leur manière d'agir.

3

Se défaire des idées fausses sur la mort

LA MORT

Familiarise-toi avec l'idée que la mort n'est rien pour nous, car tout bien et tout mal résident dans la sensation ; or, la mort est la privation complète de cette dernière. Cette connaissance certaine que la mort n'est rien pour nous a pour conséquence que nous apprécions mieux les joies que nous offre la vie éphémère, parce qu'elle n'y ajoute pas une durée illimitée mais nous ôte au contraire le désir d'immortalité. En effet, il n'y a plus d'effroi dans la vie pour celui qui a réellement compris que la mort n'a rien d'effrayant. Il faut ainsi considérer comme un sot celui qui dit que nous craignons la mort, non pas parce qu'elle nous afflige quand elle arrive, mais parce que nous souffrons déjà à l'idée qu'elle arrivera un jour. Car si une chose ne nous cause aucun trouble par sa présence, l'inquiétude qui est attachée à son attente est sans fondement. Ainsi, celui des maux qui fait le plus frémir n'est rien pour nous puisque tant que nous existons la mort n'est pas, et que quand la mort est là nous ne sommes plus. La mort n'a, par conséquent, aucun rapport ni avec les vivants ni avec les morts, étant donné qu'elle n'est rien pour les premiers et que les derniers ne sont plus.

La foule tantôt fuit la mort comme le plus grand des maux, tantôt la désire comme le terme des misères de la vie. Le sage, par contre, ne fait pas fi de la vie et ne craint pas la mort, car la vie ne lui est pas à charge et il ne considère pas la non-existence comme un mal. En effet, de même qu'il ne choisit certainement pas la nourriture la plus abondante mais celle qui est la plus agréable, pareillement il ne tient pas à jouir de la durée la plus longue mais de la durée la plus agréable. Celui qui proclame qu'il appartient au jeune homme de bien vivre et au vieillard de bien mourir est passablement sot, non seulement parce que la vie est aimée de l'un aussi bien que de l'autre, mais surtout parce que l'application à bien vivre ne se distingue pas de celle à bien mourir. Plus sot est encore celui qui dit que le mieux c'est de ne pas naître, « mais lorsqu'on est né, de franchir au plus vite les portes de l'Hadès ».

S'il parle ainsi par conviction, pourquoi alors ne sort-il pas de la vie ? Car cela lui sera facile si vraiment il a fermement décidé de le faire. Mais s'il le dit par plaisanterie, il montre de la frivolité en un sujet qui n'en comporte point. Il convient de se rappeler que l'avenir n'est ni entièrement en notre pouvoir ni tout à fait hors de nos prises, de sorte que nous ne devons ni compter sur lui, comme s'il devait arriver sûrement, ni nous priver de tout espoir, comme s'il ne devait certainement pas arriver.

4

Classification des différentes espèces de désirs

LE DÉSIR

Il faut se rendre compte que parmi nos désirs les uns sont naturels, les autres vains, et que parmi les premiers il y en a qui sont nécessaires et d'autres qui sont seulement naturels. Parmi les nécessaires, il y en a qui le sont pour le bonheur, d'autres pour la tranquillité continue du corps, d'autres enfin pour la vie même. Une théorie non erronée de ces désirs sait en effet rapporter toute préférence et toute aversion à la santé du corps et à la tranquillité de l'âme puisque c'est là la perfection même de la vie heureuse. Car tous nos actes visent à écarter de nous la souffrance et la peur. Lorsqu'une fois nous y sommes parvenus, la tempête de l'âme s'apaise, l'être vivant n'ayant plus besoin de s'acheminer vers quelque chose qui lui manque, ni de chercher autre chose pour parfaire le bien-être de l'âme et celui du corps. C'est alors en effet que nous éprouvons le besoin du plaisir quand, par suite de son absence, nous éprouvons de la douleur ; mais quand nous ne souffrons pas, nous n'éprouvons plus le besoin du plaisir.

5

Le calcul des plaisirs comme apprentissage de la sagesse

LE BONHEUR

Et c'est pourquoi nous disons que le plaisir est le commencement et la fin de la vie heureuse. C'est lui en effet que nous avons reconnu comme bien principal et conforme à notre nature, c'est de lui que nous partons pour déterminer ce qu'il faut choisir et ce qu'il faut éviter, et c'est à lui que nous avons finalement recours lorsque nous nous servons de la sensation comme d'une règle pour apprécier tout bien qui s'offre. Or, précisément parce que le plaisir est notre bien principal et inné, nous ne cherchons pas tout plaisir ; il y a des cas où nous passons par-dessus beaucoup de plaisirs s'il en résulte pour nous de l'ennui. Et nous jugeons beaucoup de douleurs préférables aux plaisirs lorsque, des souffrances que nous avons endurées pendant longtemps, il résulte pour nous un plaisir plus élevé. Tout plaisir ne doit pas être recherché ; pareillement, toute douleur est un mal, mais toute douleur ne doit pas être évitée à tout prix. En tout cas, il convient de décider de tout cela en comparant et en examinant attentivement ce qui est utile et ce qui est nuisible, car nous en usons parfois avec le bien comme s'il était le mal, et avec le mal comme s'il était le bien.

6

Se suffire à soi-même

LE BONHEUR

C'est un grand bien, à notre sens, de savoir se suffire à soi-même, non pas qu'il faille toujours vivre de peu, mais afin que, si nous ne possédons pas beaucoup, nous sachions nous contenter de peu, bien convaincus que ceux-là jouissent le plus de l'opulence qui ont le moins besoin d'elle. Tout ce qui est naturel est aisé à se procurer mais tout ce qui est vain est difficile à avoir. Les mets simples nous procurent autant de plaisir qu'une table somptueuse si toute souffrance causée par le besoin est supprimée. Le pain d'orge et l'eau nous causent un plaisir extrême si le besoin de les prendre se fait vivement sentir.

L'habitude, par conséquent, de vivre d'une manière simple et peu coûteuse offre la meilleure garantie d'une bonne santé ; elle permet à l'homme d'accomplir aisément les obligations nécessaires de la vie, le rend capable, quand il se trouve de temps en temps devant une table somptueuse, d'en mieux jouir et le met en état de ne pas craindre les coups du sort. Quand donc nous disons que le plaisir est notre but ultime, nous n'entendons pas par là les plaisirs des débauchés ni ceux qui se rattachent à la jouissance matérielle, ainsi que le disent les gens qui ignorent notre doctrine ou qui sont en désaccord avec elle, ou qui l'interprètent dans un mauvais sens. Le plaisir que nous avons en vue est caractérisé par l'absence de souffrances corporelles et de troubles de l'âme.

Ce ne sont pas les beuveries et les orgies continuelles, les jouissances des jeunes garçons et des femmes, les poissons et les autres mets qu'offre une table luxueuse, qui engendrent une vie heureuse, mais la raison vigilante qui recherche minutieusement les motifs de ce qu'il faut choisir et de ce qu'il faut éviter et qui rejette les vaines opinions grâce auxquelles le plus grand trouble s'empare des âmes.

7

La force du sage

De tout cela, la sagesse est le principe et le plus grand des biens. C'est pourquoi elle est même plus précieuse que la philosophie, car elle est la source de toutes les autres vertus puisqu'elle nous enseigne qu'on ne peut pas être heureux sans être sage, honnête et juste sans être heureux. Les vertus, en effet, ne font qu'un avec la vie heureuse et celle-ci est inséparable d'elles.

La liberté

Conçois-tu maintenant que quelqu'un puisse être supérieur au sage qui a sur les dieux des opinions pieuses, qui est toujours sans crainte à la pensée de la mort, qui est arrivé à comprendre quel est le but de la nature, qui sait pertinemment que le souverain bien est à notre portée et facile à se procurer et que le mal extrême, ou bien ne dure pas longtemps, ou bien ne nous cause qu'une peine légère. Quant au destin, que certains regardent comme le maître de tout, le sage en rit. En effet, mieux vaut encore accepter le mythe sur les dieux que de s'asservir au destin des physiciens. Car le mythe nous laisse l'espoir de nous concilier les dieux par les honneurs que nous leur rendons, tandis que le destin a le caractère de nécessité inexorable.

En ce qui concerne le hasard, le sage ne le considère pas, à la manière de la foule, comme un dieu, car rien n'est accompli par un dieu d'une façon désordonnée, ni comme une cause instable. Il ne croit pas que le hasard distribue aux hommes, de manière à leur procurer la vie heureuse, le bien ou le mal, mais qu'il leur fournit les éléments des grands biens ou des grands maux. Il estime qu'il vaut mieux mauvaise chance en raisonnant bien que bonne chance en raisonnant mal. Certes, ce qu'on peut souhaiter de mieux dans nos actions, c'est que la réalisation du jugement sain soit favorisée par le hasard.

Médite, par conséquent, toutes ces choses et celles qui sont de même nature. Médite-les jour et nuit, à part toi et avec ton semblable. Jamais alors, ni en état de veille ni en songe, tu ne seras sérieusement troublé, mais tu vivras comme un dieu parmi les hommes. Car celui qui vit au milieu de biens impérissables ne ressemble en rien à un être mortel.

CONTREPOINT

L'idée d'opposer un remède au malheur suppose qu'il existe, à côté des désirs sains, des désirs pathologiques, artificiellement excités par l'imagination. Mais, selon Jean-Jacques Rousseau, il n'est pas possible de faire un tri entre les bons et les mauvais désirs, parce qu'il est de la nature même du désir de porter sur l'impossible. Et surtout ce n'est pas souhaitable, car, au mieux, le malade mourrait guéri de cette fièvre qui fait tout le prix d'une vie d'homme.

Jean-Jacques ROUSSEAU,
La Nouvelle Héloïse, 1761,
« Bibliothèque de la Pléiade »,
éd. Gallimard, 1964.

LE DÉSIR

Malheur à qui n'a plus rien à désirer ! il perd pour ainsi dire tout ce qu'il possède. On jouit moins de ce qu'on obtient que de ce qu'on espère, et l'on n'est heureux qu'avant d'être heureux. En effet, l'homme avide et borné, fait pour tout vouloir et peu obtenir, a reçu du ciel une force consolante qui rapproche de lui tout ce qu'il désire, qui le soumet à son imagination, qui le lui rend présent et sensible, qui le lui livre en quelque sorte, et pour lui rendre cette imaginaire propriété plus douce, le modifie au gré de sa passion. Mais tout ce prestige disparaît devant l'objet même ; rien n'embellit plus cet objet aux yeux du possesseur ; on ne se figure point ce qu'on voit ; l'imagination ne pare plus rien de ce qu'on possède, l'illusion cesse où commence la jouissance. Le pays des chimères est en ce monde le seul digne d'être habité et tel est le néant des choses humaines, qu'hors l'Être existant par lui-même, il n'y a rien de beau que ce qui n'est pas.

Si cet effet n'a pas toujours lieu sur les objets particuliers de nos passions, il est infaillible dans le sentiment commun qui les comprend toutes. Vivre sans peine n'est pas un état d'homme ; vivre ainsi c'est être mort. Celui qui pourrait tout sans être Dieu, serait une misérable créature ; il serait privé du plaisir de désirer ; toute autre privation serait plus supportable.

Lucrèce

De la nature

99-55 av. J.-C.

« Au temps où, spectacle honteux, la vie humaine traînait à terre les chaînes de la religion qui, des régions du ciel, montrait sa tête aux mortels et les effrayait de son horrible aspect, le premier, un homme de la Grèce, un mortel, osa lever contre le monstre ses regards, le premier il engagea la lutte. » C'est au Grec Épicure que le Romain Lucrèce rend hommage par ces vers au début de son poème *De la nature*. Pour Lucrèce, la lutte contre les superstitions est, en ce Ier siècle av. J.-C., plus urgente que jamais. Par ces temps troublés, les hommes vivent — si l'on peut appeler cela vivre — dans la hantise des châtiments divins. Mais comme cette peur est née de l'ignorance, Lucrèce s'emploie à la faire disparaître par l'étude rationnelle de la nature.

Pour cela, la doctrine épicurienne nous fournit une clé. Comme tous les êtres vivants, nous avons un guide : la sensation. C'est elle qui nous permet de ressentir le plaisir. Or, le plaisir est un bien, car tous les êtres vivants le recherchent. Il ne déçoit que lorsque l'imagination humaine y ajoute ses fantasmes. C'est encore la sensation qui nous fait connaître le vrai. Par elle nous sommes mis au contact direct de la réalité, et si parfois nous nous trompons, c'est que notre esprit ajoute aux sensations, en elles-mêmes véridiques, une interprétation fallacieuse. La nature ne nous a donc privés de rien. C'est nous qui inventons notre malheur, comme les enfants dans le noir. Lucrèce compare notre vie à un vase. Il y a de quoi le remplir, mais il est imprégné d'une odeur infecte qui corrompt tout ce qu'on y verse. Il faut donc décaper le vase. Ainsi la philosophie n'a rien à nous apporter. On attend plutôt qu'elle nous débarrasse de ce qui déforme nos idées et de ce qui gâte nos plaisirs.

Et d'abord de la crainte de la mort, l'exemple parfait du mal imaginaire. Pour s'en délivrer il faut un long détour. C'est l'objet des deux premiers livres du poème. Lucrèce, comme Épicure, y affirme, en matérialiste, que le monde n'a pas été mis en ordre par les dieux ; tout ce qui existe est un assemblage fortuit d'atomes et tout assemblage finit un jour par se dissocier. Le livre III applique ces principes à l'âme humaine. Puisqu'elle aussi est faite d'une combinaison d'atomes, son immortalité n'est pas simplement incertaine, ni improbable, mais physiquement impossible. Le néant, voilà la bonne nouvelle qu'annonce Lucrèce. Pour surmonter la crainte de la mort, il est inutile de se préparer à l'affronter car nous n'aurons jamais à lui faire face. Ou comme on dit d'ordinaire pour atténuer une contrariété, mais cette fois-ci au sens strict du mot : « Ce n'est rien ! »

Lucrèce

Lucrèce

De la nature

Livre III

Traduction d'Alfred Ernont, Les Belles Lettres, 1984-1985.

1

Éloge d'Épicure

Du fond de ténèbres si grandes, toi qui le premier sus faire jaillir une si éclatante lumière, et nous éclairer sur les vrais biens de la vie, je suis tes traces, ô gloire du peuple grec, et je pose aujourd'hui le pied sur l'empreinte même laissée par tes pas ; moins désireux de rivaliser avec toi que guidé par ton amour qui m'engage à t'imiter[1]. Que peut prétendre l'hirondelle contre les cygnes ? Et avec leurs membres tremblants les chevreaux pourraient-ils égaler à la course l'élan du cheval fougueux ? C'est toi, ô père, l'inventeur de la vérité : c'est toi qui nous prodigues les leçons paternelles ; c'est dans tes livres, ô maître glorieux, que semblables aux abeilles qui dans les prés fleuris vont partout butinant, nous allons nous aussi nous repaissant de ces paroles d'or, toutes d'or, les plus dignes qui furent jamais de la vie éternelle.

À peine ta doctrine commence-t-elle de sa voix puissante à proclamer ce système de la nature, issu de ton divin génie, qu'aussitôt se dissipent les terreurs de l'esprit ; les murailles de notre monde s'écartent ; à travers le vide tout entier je vois s'accomplir les choses. À mes yeux apparaissent la puissance des dieux, et leurs paisibles demeures, que n'ébranlent point les vents, que les nuages ne battent point de leurs pluies, que la blanche neige condensée par le froid aigu n'outrage point de sa chute : mais un éther toujours sans nuage les couvre de sa voûte, et leur verse à larges flots sa riante lumière. À tous leurs besoins pourvoit la nature, et rien ne vient jamais effleurer la paix de leurs âmes. Au contraire, nulle part ne m'apparaissent les régions de l'Achéron[2], et la terre ne m'empêche pas de distinguer tout ce qui sous mes pieds s'accomplit dans les profondeurs du vide.

1. Cet hommage s'adresse à Épicure (voir p. 76).
2. Fleuve des Enfers.

2

La vie humaine est empoisonnée par la peur de la mort

La mort

Devant ces choses, je me sens saisi d'une sorte de volupté divine et de frisson, à la pensée que la nature, ainsi découverte par ton génie, a levé tous ses voiles pour se montrer à nous.

Et, après t'avoir fait connaître la nature des éléments constitutifs de l'univers, la variété de leurs formes et le mouvement éternel qui les entraîne et les fait voltiger spontanément dans l'espace et la manière dont ils peuvent créer toutes choses, poursuivant mon objet, c'est, semble-t-il, la nature de l'esprit et de l'âme que je dois maintenant éclaircir dans mes vers ; il faut chasser et culbuter cette crainte de l'Achéron, qui, pénétrant jusqu'au fond de l'homme, jette le trouble dans la vie, la colore tout entière de la noirceur de la mort, et ne laisse subsister aucun plaisir pur et sans ombrage.

Sans doute, souvent les hommes vont proclamant que les maladies, l'infamie sont plus à craindre que le Tartare et la mort ; qu'ils savent bien que la nature de l'âme se compose de sang, ou bien encore de vent, suivant l'opinion où les porte leur fantaisie ; et qu'en conséquence ils n'ont nul besoin de notre enseignement ; mais au trait suivant tu pourras remarquer que ce sont là propos glorieux de fanfarons plutôt que l'expression d'une conviction réelle. Ces mêmes hommes, chassés de leur patrie, bannis loin de la vue de leurs semblables, flétris par un grief infamant, accablés enfin de tous les maux, ils vivent ; et malgré tout, partout où les ont amenés leurs misères, ils sacrifient aux morts, ils immolent des brebis noires, ils adressent aux dieux Mânes des offrandes ; et l'acuité même de leurs maux ne fait qu'exciter davantage leurs esprits à se tourner vers la religion. C'est donc dans les dangers et les épreuves qu'il convient de juger l'homme ; c'est l'adversité qui nous révèle ce qu'il est : alors seulement la voix de la vérité jaillit du fond du cœur ; le masque s'arrache, la réalité demeure.

Enfin l'amour des richesses, l'aveugle désir des honneurs qui poussent les misérables hommes à transgresser les limites du droit, parfois même à se faire les complices et les serviteurs du crime, et nuit et jour s'efforcer par un labeur sans égal d'émerger jusqu'au faîte de la fortune : toutes ces plaies de la vie, c'est pour la plus grande part la crainte de la mort qui les nourrit. En effet, dans l'opinion commune, le mépris infamant et la poignante pauvreté paraissent incompatibles avec une existence douce et stable, et, dans cette vie même, semblent pour ainsi dire séjourner aux portes mêmes de la mort. Aussi les hommes, sous la crainte de leur vaine terreur, veulent fuir loin de ces maux et les écarter loin d'eux : ils versent alors le sang de leurs concitoyens pour enfler leurs richesses ; ils doublent leur fortune avec avidité, accumulant meurtre sur meurtre ; cruellement ils se réjouissent des tristes funérailles d'un frère, et la table de leurs proches leur est un objet de haine et d'effroi.

D'une manière toute semblable, c'est souvent cette même crainte qui fait naître au cœur des hommes la desséchante envie : sous leurs yeux, se plaignent-ils, celui-là a la puissance, celui-là attire tous les regards, il marche dans l'éclat des honneurs, tandis qu'eux-mêmes se roulent dans les ténèbres et dans la fange. Les uns périssent pour des statues, pour la gloire du nom. Et souvent même la crainte de la mort pénètre les humains d'une telle haine de la vie et de la vue de la lumière qu'ils se donnent volontairement la mort dans l'excès de leur détresse, oubliant que la source de leurs peines est cette crainte elle-même, que c'est elle qui persécute la vertu, qui rompt les liens de l'amitié, qui, en un mot, détruit toute piété par ses conseils. Déjà souvent n'a-t-on pas vu des hommes trahir leur patrie et leurs chers parents, pour éviter les demeures de l'Achéron ? Car semblables aux enfants qui tremblent et s'effraient de tout dans les ténèbres aveugles, nous-mêmes en pleine lumière souvent nous craignons des dangers aussi peu terribles que ceux que leur imagination redoute et croit voir s'approcher dans la nuit. Cette terreur et ces ténèbres de l'âme, il faut donc que les dissipent, non les rayons du soleil et les traits lumineux du jour, mais la vue de la nature et son explication.

3

L'âme est localisée dans le corps

LA CONSCIENCE

En premier lieu je dis que l'esprit ou la pensée, comme on l'appelle souvent, dans lequel résident le conseil et le gouvernement de la vie, est partie de l'homme non moins que la main, le pied, et les yeux sont parties de l'ensemble de l'être vivant.

En vain certains prétendent que la sensibilité de l'esprit n'est pas logée dans une certaine partie du corps, mais que c'est une sorte de disposition vitale du corps, une harmonie, disent les Grecs, quelque chose qui nous donne la vie et le sentiment, alors que l'esprit ne réside nulle part ; de même qu'on parle souvent de la bonne santé du corps, sans que pourtant la santé soit un organe du sujet bien portant. Ainsi la sensibilité de l'esprit n'a point pour eux de siège particulier : ce en quoi ils me semblent se fourvoyer grandement et en tout point. Souvent en effet, la partie extérieure et visible de notre corps est malade, tandis que par une autre partie cachée nous sommes en joie ; et d'autre part il arrive souvent que le contraire ait lieu à son tour, et qu'un homme malheureux dans son esprit soit sain et joyeux dans tout son corps : exactement comme un malade peut souffrir du pied, sans avoir cependant aucune douleur dans la tête. En outre, quand le doux sommeil tient nos membres captifs, lorsque étalé, privé de sentiment, notre corps repose appesanti, il y a pourtant en nous autre chose qui à ce moment s'agite de mille manières, et qui est le siège de tous les mouvements de joie, de toutes les vaines inquiétudes du cœur.

Maintenant, voici qui te fera connaître que l'âme, elle aussi, réside dans les membres et que ce n'est point l'harmonie qui donne au corps la sensibilité. Tout d'abord il est fréquent qu'après la perte d'une grande partie de substance, la vie néanmoins se maintienne dans nos membres ; et inversement, il suffit de quelques atomes de chaleur échappés du corps, d'un peu d'air exhalé par la bouche, pour que cette même vie déserte aussitôt nos veines et abandonne nos os : à quoi tu peux reconnaître que tous les éléments n'ont pas un rôle égal, et n'assurent pas également notre sauvegarde ; mais ce sont plutôt les principes du vent et de la chaleur qui ont le soin de maintenir la vie dans nos membres. Il y a donc une chaleur vitale, un souffle vital dans le corps même, qui au moment de la mort se retirent de nos membres.

4

L'esprit est l'âme de l'âme

LA CONSCIENCE

Aussi, puisque la nature de l'esprit et de l'âme s'est révélée à nous comme une partie du corps, renonce à ce terme d'harmonie, qui semble descendu pour les musiciens des hauteurs de l'Hélicon ; — ou peut-être encore l'ont-ils emprunté d'ailleurs pour l'appliquer à leur objet qui n'avait pas encore de nom particulier ; — en tout cas, qu'ils le gardent : pour toi, écoute la suite de mon discours.

Maintenant, je dis que l'esprit et l'âme[1] se tiennent étroitement unis, et ne forment ensemble qu'une seule substance ; mais ce qui est la tête et ce qui domine pour ainsi dire dans tout le corps, c'est ce conseil que nous appelons l'esprit et la pensée. Et celui-ci a son siège fixé au milieu de la poitrine. C'est là en effet que tressautent l'effroi et la peur ; c'est cette région que la joie fait palpiter doucement : c'est donc là que résident l'esprit et la pensée. L'autre partie de l'ensemble, l'âme, disséminée par tout le corps, obéit et se meut à la volonté et sous l'impulsion de l'esprit. L'esprit est capable à lui seul de raisonner par lui-même et pour lui-même, et de se réjouir pour lui-même, alors qu'aucune impression ne vient affecter l'âme et le corps au même moment. Et de même que la tête ou l'œil, sous l'attaque de la douleur, peut souffrir en nous, sans que nous ayons mal également dans tout le corps, de même il arrive que l'esprit soit seul à souffrir ou à être animé par la joie, tandis que le reste de l'âme, épars dans le corps et les membres, n'est ému d'aucune impression nouvelle. Mais lorsqu'une crainte plus violente vient bouleverser l'esprit, nous voyons l'âme entière s'émouvoir de concert dans nos membres ; et sous l'effet de cette sensation les suées et la pâleur se répandre sur tout le corps, la langue bégayer, la voix s'éteindre, la vue s'obscurcir, les oreilles tinter, les membres défaillir ; enfin à cette terreur de l'esprit nous voyons souvent des hommes succomber : à quoi chacun pourra facilement reconnaître que l'âme est en étroite union avec l'esprit, et qu'une fois violemment heurtée par l'esprit, elle frappe à son tour le corps et le met en branle.

5

Démonstration de la matérialité de l'âme et de l'esprit

LA CONSCIENCE

Ce même raisonnement nous enseigne que la substance de l'esprit et de l'âme est matérielle. Car si nous la voyons porter nos membres en avant, arracher notre corps au sommeil, nous faire changer de visage, diriger et gouverner le corps humain tout entier ; comme aucune de ces actions ne peut évidemment se produire sans contact, ni le contact sans matière, ne devons-nous pas reconnaître la nature matérielle de l'esprit et de l'âme ?

De plus, il est également vrai que l'esprit pâtit avec le corps, qu'il partage les sensations du corps, comme il t'est facile de le voir. Si, sans détruire tout à fait la vie, la pointe barbelée d'un trait pénètre en nous et déchire les os et les nerfs, il en résulte néanmoins

1. Pour Lucrèce l'esprit (*animus*) est la partie intelligente de l'âme (*anima*).

une défaillance, un affaissement à terre plein de douceur, puis une fois à terre une confusion qui naît dans l'esprit, et, par moments, une velléité imprécise de nous relever. Donc, c'est de matière qu'il faut que soit formée la substance de l'esprit, puisque des traits et des coups matériels sont capables de la faire souffrir.

6

L'âme est un composé d'atomes

Mais, cet esprit, de quels éléments est-il formé ? Comment est-il constitué ? Continuant mon exposé, je vais maintenant te l'expliquer.

LA CONSCIENCE

En premier lieu, je dis qu'il est tout à fait subtil et composé de corps extrêmement menus. Pour t'en convaincre, tu n'auras qu'à réfléchir à ceci. Il n'est rien, de toute évidence, qui s'accomplisse avec la rapidité que met l'esprit à se proposer un acte, et à en commencer l'exécution. L'esprit est donc plus prompt à se mouvoir qu'aucun des objets placés sous nos yeux et à portée de nos sens. Mais une substance si mobile doit se composer d'éléments à la fois extrêmement ronds et extrêmement menus, pour que l'impulsion du moindre choc puisse les mettre en mouvement. Car si l'eau s'agite et s'écoule sous le plus léger choc, c'est qu'elle est formée d'atomes petits et qui roulent les uns sur les autres. Au contraire, la nature du miel est plus épaisse, sa liqueur plus paresseuse, son écoulement plus lent ; car la cohésion est plus grande dans toute la masse de sa matière, évidemment parce qu'elle est formée d'éléments moins lisses, moins subtils et moins ronds. Vois la graine du pavot : un souffle suspendu et léger suffit pour en faire écrouler et répandre un amas assez haut : mais sur un tas de pierres ou d'épis le même souffle ne peut rien. C'est donc que les corps les plus petits et les plus lisses sont aussi doués de la plus grande vitesse. Au contraire, tous ceux qui se trouvent être plus lourds et plus rugueux sont aussi les plus stables[1]. […]

7

Comment l'âme pourrait-elle exister sans le corps ?

Si l'âme est immortelle, et qu'elle s'insinue dans le corps au moment de la naissance, pourquoi de notre vie passée n'avons-nous aucun souvenir ? Pourquoi ne conservons-nous aucune trace de nos anciennes actions ? Car si les facultés de l'esprit sont altérées au point que tout souvenir du passé soit sorti de sa mémoire, un tel état, à mon sens, n'est pas tellement éloigné de la mort. Ainsi donc il te faut confesser que l'âme d'autrefois est morte, et que celle de notre temps a été créée de notre temps.

LA MÉMOIRE

En outre, si c'est après l'achèvement du corps que les facultés vivantes de l'âme s'introduisent en nous, à l'heure même où nous naissons et franchissons le seuil de la vie, on ne devrait pas, en ce cas, voir l'âme grandir avec le corps et les membres dans le sang même ; mais elle devrait vivre comme dans une cage, toute seule, à part, tout en continuant de répandre par tout le corps la sensibilité. Aussi, encore une fois, faut-il admettre que les âmes ne sont ni exemptes de commencement ni affranchies de la loi du trépas.

1. Lucrèce présente ensuite plusieurs arguments tendant à établir que, puisque l'âme est un composé d'atomes, il est impossible qu'elle soit immortelle.

Peut-on imaginer, du reste, qu'elles auraient pu s'entrelacer si intimement à nos corps si elles s'y étaient glissées du dehors, alors que l'évidence même nous enseigne tout le contraire ? Car l'âme s'entremêle si étroitement aux veines, à la chair, aux nerfs, aux os, que les dents mêmes participent à la sensibilité, comme l'indiquent leurs maux, et l'élancement produit par l'eau glacée, et la rencontre douloureuse d'un gravier mêlé au pain que l'on mâche. Et d'autre part, puisque leur tissu s'enchevêtre si étroitement à celui du corps, il ne semble pas qu'elles puissent s'échapper indemnes et se dégager saines et sauves de tous les nerfs, os et articulations.

Vas-tu t'imaginer qu'introduite du dehors, l'âme se coule comme un fluide à travers nos membres ? Elle n'en périra que davantage, en se répandant à travers le corps pour se mêler à lui. Car tout fluide en s'écoulant se désagrège : donc il périt. Or, l'âme se disperse à travers les pores du corps tout entier. De même que les aliments, en se répandant partout dans les membres et les organes, se décomposent et périssent pour se transformer en une nouvelle substance, de même l'âme et l'esprit, bien qu'intacts à leur entrée dans le corps nouveau-né, se dissolvent néanmoins en s'y répandant ; leurs particules en effet se dispersent, pour ainsi dire, par tous les pores dans les membres, et vont y former cette nouvelle âme, maîtresse actuelle de notre corps, et fille de la première qui a péri tout à l'heure en se distribuant dans l'organisme. Il n'est donc pas possible que l'âme n'ait pas eu son jour de naissance, ni qu'elle soit soustraite à la mort.

8

Comment l'âme pourrait-elle quitter le corps ?

En outre, des éléments de l'âme demeurent-ils ou non dans le corps privé de vie ? S'il en demeure d'enfermés, on n'aura plus le droit de la tenir pour immortelle, puisque c'est appauvrie de la perte de quelques parties qu'elle s'est retirée. Si au contraire elle a pu s'arracher les membres intacts, et s'enfuir sans laisser dans le corps aucune partie d'elle-même, d'où vient que les cadavres dans leurs chairs déjà putrides donnent naissance à des vers ? D'où vient cette multitude d'êtres vivants, privés d'os et de sang, dont les flots grouillent au milieu des membres tuméfiés ? Croirais-tu par hasard que des âmes venues du dehors se glissent dans les vers, et que chacune d'elles peut venir se loger dans un corps, sans te demander comment tant de milliers d'âmes se rassemblent en un lieu d'où une seule s'est retirée ? Il y a pourtant une question qu'il faut poser et mettre en discussion : les âmes, finalement, font-elles la chasse à chaque germe de ces vermisseaux, afin de se bâtir à elles-mêmes leur demeure, ou bien est-ce dans des corps achevés, pour ainsi dire, qu'elles s'introduisent ? Mais pourquoi feraient-elles elles-mêmes leurs corps, pourquoi prendraient-elles cette peine ? On n'en saurait dire la raison. Car, tant qu'elles sont privées de corps, elles voltigent sans être inquiétées par les maladies, par le froid et la faim. Le corps est bien plus exposé à souffrir de ces accidents, et l'âme à son contact est sujette à de nombreux maux. Admettons pourtant qu'elles aient quelque avantage à se faire un corps pour s'y loger : par quelle voie y arriveraient-elles, on ne le voit pas. Donc les âmes ne se construisent pas pour elles un corps et des membres. D'autre part, elles ne peuvent s'introduire dans des corps achevés : car elles ne pourront former avec eux un tissu bien serré, ni réaliser avec eux l'accord de leurs sensations.

9

L'âme est ce qui rend différents les uns des autres les espèces et les individus

LA PERSONNE

Pourquoi enfin la violence courroucée s'attache-t-elle toujours à la race cruelle des lions, la ruse aux renards ; pourquoi chez les cerfs l'instinct de la fuite se transmet-il du père aux enfants ; pourquoi une timidité héréditaire fait-elle trembler leurs membres ? En un mot, pourquoi toutes les qualités de ce genre s'engendrent-elles dès le plus jeune âge dans les membres et dans l'instinct de chacun, sinon parce que, dans chaque germe, dans chaque espèce, réside une âme déterminée qui partage la croissance de chaque corps ? Que si l'âme était immortelle et passait d'un corps dans un autre, les mœurs des animaux se confondraient : souvent un chien de race hyrcanienne fuirait l'attache d'un cerf hautement encorné ; dans les airs l'épervier tout tremblant s'envolerait à l'approche de la colombe ; les hommes seraient sans raison et les animaux raisonnables. Car c'est une erreur de prétendre que l'âme, tout en demeurant immortelle, se modifie en changeant de corps. Tout ce qui se change se décompose : donc il périt. Les parties de l'âme en effet se déplacent et se transposent : aussi doivent-elles pouvoir se décomposer dans l'organisme, pour finalement périr toutes avec le corps. Dira-t-on que les âmes humaines émigrent toujours dans des corps humains, je ne laisserai pas de demander pourquoi de sages elles peuvent devenir sottes, pourquoi l'enfant n'a pas l'expérience de l'homme, ni le poulain l'entraînement du cheval dans toute sa force. Sans doute dira-t-on, pour dernier recours, que dans un corps faible l'âme s'affaiblit. En ce cas, il faut avouer aussi qu'elle est mortelle, puisqu'en changeant de corps elle perd aussi complètement la notion de sa vie et de sa sensibilité d'autrefois. Mais comment pourra-t-elle se fortifier de concert avec le corps, et atteindre avec lui à cette fleur de l'âge tant souhaitée, si elle n'est point liée à lui par une commune origine ? Et pourquoi veut-elle s'échapper de ses membres décrépits ? Craindrait-elle de demeurer enfermée dans un corps en ruines, et de voir sa demeure, délabrée par le long âge, s'écrouler sur elle ? Mais pour un immortel il n'y a rien à craindre.

Enfin, n'est-ce pas le comble du ridicule que les âmes soient postées à surveiller les accouplements chers à Vénus et la délivrance des femelles, et que ces immortelles se pressent en foule innombrable dans l'attente de corps mortels, et luttent entre elles de vitesse à qui s'y introduira la première ? Ou bien peut-être y aurait-il entre elles un traité d'établi, suivant lequel la première arrivée en volant au but y pénétrerait la première, sans violence ni contestation ?

10

L'âme ne peut vivre hors de sa place dans le corps

La conscience

Enfin l'arbre ne peut subsister dans l'air, ni les nuages dans la mer profonde, ni les poissons vivre dans les champs ; le sang ne se trouve pas dans le bois, ni la sève dans les pierres. Un ordre fixe assigne à chaque objet l'endroit où il doit grandir et habiter. Ainsi la substance de l'esprit ne peut naître seule et sans le corps, ni vivre à l'écart des nerfs et du sang. Que si elle en était capable, à plus forte raison pourrait-elle résider dans la tête, dans les épaules, dans les talons, et se former dans n'importe quelle partie du corps, puisqu'en fin de compte elle serait toujours dans le même homme, dans le même vaisseau. Or, puisque dans notre corps lui-même sa place apparaît fixée, qu'il s'y trouve réservé un endroit spécial où l'âme et l'esprit puissent habiter et grandir, nous devons d'autant plus nous refuser à croire qu'ils puissent subsister et naître en dehors du corps tout entier. C'est pourquoi quand le corps meurt, il te faut avouer que l'âme meurt aussi, déchirée dans tout le corps. Car joindre le mortel à l'éternel, et supposer à tous deux des sentiments communs, des réactions réciproques, est pure folie. Que peut-on imaginer de plus contradictoire, de plus disparate, de plus discordant qu'une substance mortelle unie à une substance sans commencement ni fin, et toutes deux supportant conjointement l'assaut des mêmes tempêtes ?

11

L'âme ne remplit aucune des conditions de l'immortalité

La mort

En outre, tous les corps, pour subsister dans l'éternité, doivent ou bien être formés d'une substance pleine et solide qui puisse repousser les chocs, et ne se laisse pénétrer par aucun corps capable de détruire à l'intérieur l'étroite cohésion de ses parties : tels sont ces éléments de la matière dont nous avons précédemment exposé la nature ; ou bien ils peuvent encore subsister pendant toute la durée des temps, parce qu'ils sont à l'abri des coups, comme est le vide qui demeure intangible et n'est atteint par aucun choc ; ou encore parce qu'à l'entour, il n'y a de place pour un lieu où les choses puissent, en quelque sorte, aller se perdre et se dissoudre : telle est l'éternité de cet ensemble des ensembles, en dehors duquel il n'y a ni endroit où puissent s'échapper ses parties, ni corps susceptibles de fondre sur elles et de les désagréger par la violence du choc. Prétendra-t-on qu'il faut plutôt considérer l'âme comme immortelle, parce qu'elle est tenue à l'abri des causes de destruction ; soit que les chocs funestes à son existence ne puissent l'atteindre, soit que ceux qui l'atteignent soient repoussés de quelque façon, avant que nous puissions sentir toute leur force nocive ? Ce serait s'écarter de la vérité. En effet, sans parler des maladies du corps dont l'âme souffre, elle aussi, souvent encore la pensée de l'avenir la tourmente, la ronge de crainte et la consume en soucis, comme au souvenir de ses fautes passées le remords la déchire. Ajoutes-y cette folie qui lui est propre, et la perte de la mémoire ; ajoute ces noires ondes de la léthargie où elle va s'abîmer.

12

La mort n'est rien pour nous

LA MORT

La mort n'est donc rien pour nous et ne nous touche en rien, puisque la substance de l'âme apparaît comme mortelle. Et de même que, dans le passé, nous n'avons point senti de douleur quand pour nous combattre on vit de toutes parts se ruer les Carthaginois, quand le monde, secoué tout entier par le choc effroyable de la guerre, frissonna d'épouvante sous la haute voûte du ciel, et que tous les humains se demandèrent anxieux auquel des deux peuples devait échoir l'empire et sur la terre et sur la mer : de même, quand nous cesserons d'être, après le divorce du corps et de l'âme dont l'union compose notre individu, nous pouvons être sûrs qu'à ce moment où nous ne serons plus, rien absolument ne pourra nous atteindre ni émouvoir nos sens, même si la terre vient à se confondre avec la mer, et la mer avec le ciel.

13

Le sentiment de l'identité personnelle

LA PERSONNE

[À supposer même que, après leur départ du corps, l'esprit et l'âme conservent le sentiment, il n'y a pourtant là rien qui nous touche, nous qui n'existons que par l'union de l'âme et du corps dont l'assemblage constitue notre individu. Et même, si rassemblant toute notre matière, le temps, après notre mort, la remettait dans l'ordre où elle est rangée maintenant, et que de nouveau nous fût donnée la lumière de la vie, nous ne serions néanmoins nullement touchés par un tel événement, puisqu'il y aurait eu rupture dans la chaîne de nos souvenirs. Et de même maintenant il ne nous importe de savoir ce que nous fûmes autrefois, et la pensée de ce moi de jadis ne nous étreint d'aucune angoisse. Car si nous tournons nos regards vers l'immensité du temps écoulé, et que nous songions à la variété infinie des mouvements de la matière, nous arriverons facilement à cette conviction que les mêmes éléments dont nous sommes actuellement formés ont déjà été rangés dans le même ordre qu'ils occupent actuellement ; et pourtant notre mémoire ne peut ressaisir cet état du passé. Dans l'intervalle, en effet, il y a eu cessation de la vie, et tous les mouvements se sont égarés sans but ni cohésion, en dehors de toute sensation. Car il faut, pour que le malheur et la souffrance puissent atteindre un homme, que cet homme soit lui aussi vivant à l'époque où il doit lui arriver malheur. Puisque la mort détruit cette existence et empêche d'être celui que menacerait un tel concert de maux, nous en pouvons conclure qu'il n'y a rien de redoutable dans la mort, que celui qui n'est pas ne peut devenir malheureux, et qu'il n'importe qu'il soit ou non déjà né à quelque époque, puisque cette vie mortelle, la mort immortelle l'a détruite.

14

La raison paradoxale de la peur de la mort

LA MORT

Ainsi, quand tu vois un homme se lamenter sur lui-même à la pensée qu'après la mort il pourrira, une fois son corps abandonné, ou qu'il sera dévoré par les flammes, ou par la mâchoire des bêtes sauvages, tu peux dire que sa voix sonne faux, et que se cache dans son cœur quelque aiguillon secret, malgré son refus affecté de croire

N.B. : Le crochet en début de ligne indique que le paragraphe a été créé par l'auteur du manuel et ne figure donc pas dans le texte original.

qu'aucun sentiment puisse subsister en lui dans la mort. À mon avis, il n'accorde pas ce qu'il annonce, il ne donne pas ses véritables raisons ; ce n'est pas radicalement qu'il s'arrache et se retranche de la vie, mais à son insu même il suppose qu'il survit quelque chose de lui. Le vivant, en effet, qui se représente que son corps, après la mort, sera déchiré par les oiseaux et les bêtes de proie, s'apitoie sur sa propre personne ; c'est qu'il ne se sépare pas de cet objet, il ne se distingue pas assez de ce cadavre étendu, il se confond avec lui, et, debout à ses côtés, il lui prête sa sensibilité. Voilà pourquoi il s'indigne d'avoir été créé mortel, sans voir que, dans la mort véritable, il n'y aura pas d'autre lui-même qui, demeuré vivant, puisse déplorer sa propre perte et, resté debout, gémir de se voir gisant à terre en proie aux bêtes ou aux flammes. Car, si dans l'état de mort c'est un malheur que d'être broyé par les mâchoires et la morsure des bêtes fauves, je ne vois pas pourquoi il n'est pas douloureux de prendre place sur un bûcher pour y rôtir dans les flammes, ou d'être mis dans du miel qui vous étouffe, ou d'être raidi par le froid sur la pierre glacée du tombeau où l'on vous a couché, ou enfin d'être écrasé et broyé sous le poids de la terre qui vous recouvre.

15

La mort efface jusqu'au regret d'avoir vécu

La mort

« Désormais il n'y aura plus de maison joyeuse pour t'accueillir, plus d'épouse excellente, plus d'enfants chéris pour courir à ta rencontre se disputer tes baisers et pénétrer ton cœur d'une douceur secrète. Tu ne pourras plus assurer la prospérité de tes affaires et la sécurité des tiens. Ô malheur ! disent-ils, ô malheureux, tant de joies de la vie, il a suffi d'un seul jour funeste pour te les arracher toutes. » Cependant ils se gardent bien d'ajouter : « Mais le regret de tous ces biens ne te suit pas, et ne pèse plus sur toi dans la mort. » Si l'on avait pleine conscience de cette vérité, si l'on y conformait ses paroles, on libérerait son esprit d'une angoisse et d'une crainte bien grandes. — « Pour toi, tel que tu es endormi dans la mort, tel tu demeureras pour le reste du temps exempt de douleur et de mal. Mais nous, tout près de cet horrible bûcher où tu achèves de te réduire en cendres, inlassablement nous t'avons pleuré, et ce chagrin éternel, nulle journée ne pourra l'arracher de notre cœur. » À qui parle ainsi il faut donc demander ce qu'il peut y avoir de tellement amer, si tout se ramène au sommeil et au repos, qu'on puisse se consumer dans un deuil éternel.

D'autres encore, une fois étendus à table, tenant la coupe en mains, et le front ombragé de couronnes, se plaisent à dire d'un ton convaincu :

« Brève est pour les pauvres hommes la jouissance de ces biens ; bientôt ils auront passé, et jamais nous ne pourrons plus les rappeler. » Comme si dans la mort le premier mal à craindre pour les malheureux devait être d'être brûlés et desséchés par une soif ardente ou de sentir peser sur soi le regret de quelque autre chose. Nul en effet ne se prend à regretter sa personne et la vie, lorsque l'esprit et le corps reposent également assoupis. Or, il ne tient qu'à nous qu'il en soit ainsi du sommeil éternel, et aucun regret de nous-mêmes ne vient nous y affliger. Et pourtant, dans le sommeil proprement dit, les principes répandus dans l'organisme ne vont pas se perdre au loin, en dehors des mouvements sensitifs, puisque l'homme se ressaisit au réveil et recouvre ses facultés. Il faut donc penser que la mort est bien moins encore pour nous, s'il peut y avoir moins que ce qui n'est rien à nos yeux. Plus grande est en effet la dispersion de la matière en désordre à la suite de la mort, et personne ne se réveille et ne se relève, une fois que le froid du trépas est venu le saisir.

16

La fin de la vie n'est un malheur pour personne

LA MORT

Enfin, si, prenant soudain la parole, la Nature en personne adressait à l'un de nous ces reproches : « Qu'est-ce donc qui te tient tant à cœur, ô mortel, pour t'abandonner à cette douleur et à ces plaintes sans mesure ? Pourquoi la mort t'arrache-t-elle ces gémissements et ces pleurs ? Car si tu as pu jouir à ton gré de ta vie passée, si tous ces plaisirs n'ont pas été comme entassés dans un vase percé, s'ils ne se sont pas écoulés et perdus sans profit, pourquoi, tel un convive rassasié, ne point te retirer de la vie ; pourquoi, pauvre sot, ne point prendre de bonne grâce un repos que rien ne troublera ? Si au contraire tout ce dont tu as joui s'est écoulé en pure perte, si la vie t'est à charge, pourquoi vouloir l'allonger d'un temps qui doit à son tour aboutir à une triste fin et se dissiper tout entier sans profit ? Ne vaut-il pas mieux mettre un terme à tes jours et à tes souffrances ? Car imaginer désormais quelque invention nouvelle pour te plaire, je ne le puis : les choses vont toujours de même. Si ton corps n'est plus décrépit par les années, si tes membres ne tombent pas d'épuisement, il te faut néanmoins toujours t'attendre aux mêmes choses, même si la durée de ta vie devait triompher de toutes les générations, et bien plus encore, si tu ne devais jamais mourir. » Que répondre, sinon que la Nature nous intente un juste procès, et qu'elle plaide la cause de la vérité ?

Et si c'est un vieillard tout chargé d'ans qui se plaint et se lamente sans mesure sur le malheur de mourir, n'aurait-elle pas raison d'élever la voix et de le gourmander d'un ton plus sévère ?

« Essuie ces larmes, bélître, et fais taire ces plaintes. Toutes les joies de la vie, tu les as épuisées avant d'en venir à cette décrépitude. Mais à désirer toujours ce que tu n'as pas, à mépriser les biens présents, ta vie s'est écoulée incomplète et sans joie, et soudain tu as vu la mort debout à ton chevet, avant de pouvoir t'en aller le cœur content et rassasié de tout. Mais maintenant quitte tous ces biens qui ne sont plus de ton âge, et, sans regret, allons, cède la place à d'autres : il le faut. »

17

Le néant est nécessaire et rassurant

LA MORT

Juste à mon sens serait ce plaidoyer, justes seraient ces blâmes et ces reproches. Toujours en effet la vieillesse cède la place au jeune âge qui l'expulse ; et les choses se renouvellent les unes aux dépens des autres suivant un ordre nécessaire. Personne ne descend dans le gouffre ténébreux du Tartare ; il faut des matériaux pour que croissent les générations nouvelles ; celles-ci à leur tour, après avoir achevé leur vie, iront toutes te rejoindre. Toutes celles donc qui t'ont précédé ont déjà succombé ; de même succomberont celles qui viendront après toi. Ainsi jamais les êtres ne cesseront de naître les uns des autres, et la vie n'est la propriété de personne, mais l'usufruit de tous. Regarde maintenant en arrière ; et vois quel néant fut pour nous cette vieille période de l'éternité qui a précédé notre naissance. Voilà donc le miroir où la nature nous présente ce que nous réserve l'avenir après la mort. Y voit-on apparaître quelque image horrible, quelque sujet de deuil ? N'est-ce pas un état plus paisible que n'importe quel sommeil ?

18

Les vrais tourments sont dans cette vie

La mort

De même assurément tous les châtiments que la tradition place dans les profondeurs de l'Achéron, tous, quels qu'ils soient, c'est dans notre vie qu'on les trouve. Il n'est point, comme le dit la fable, de malheureux Tantale craignant sans cesse l'énorme rocher suspendu sur sa tête, et paralysé d'une terreur sans objet : mais c'est plutôt la vaine crainte des dieux qui tourmente la vie des mortels, et la peur des coups dont le destin menace chacun de nous. Il n'y a pas non plus de Tityos gisant dans l'Achéron, déchiré par des oiseaux ; et ceux-ci d'ailleurs dans sa vaste poitrine ne sauraient trouver de quoi fouiller pendant l'éternité. Si effroyable que fût la grandeur de son corps étendu, quand même, au lieu de ne couvrir que neuf arpents de ses membres écartelés, il occuperait la terre tout entière, il ne pourrait pourtant endurer jusqu'au bout une douleur éternelle, ni fournir de son propre corps une pâture inépuisable. Mais pour nous Tityos est sur terre : c'est l'homme vautré dans l'amour, que les vautours de la jalousie déchirent, que dévore une angoisse anxieuse, ou dont le cœur se fend dans les peines de quelque autre passion. Sisyphe lui aussi existe dans la vie ; nous l'avons sous nos yeux, qui s'acharne à briguer auprès du peuple les faisceaux et les haches redoutables, et qui toujours se retire vaincu et plein d'affliction. Car solliciter le pouvoir qui n'est qu'illusion et n'est jamais donné, et dans cette recherche supporter sans cesse de dures fatigues, c'est bien pousser avec effort sur la pente d'une montagne un rocher qui, à peine au sommet, retombe et va aussitôt rouler en bas dans la plaine. De même repaître sans cesse les désirs de notre âme ingrate, la combler de biens sans pouvoir la rassasier jamais, à la manière des saisons lorsque, dans leur retour annuel, elles nous apportent leurs produits et leurs attraits divers, sans que jamais pourtant notre faim de jouissances en soit apaisée, c'est là, je pense, ce que symbolisent ces jeunes filles dans la fleur de l'âge, que l'on dit occupées à verser de l'eau dans un vase sans fond, que nul effort ne saurait jamais remplir. Cerbère, et les Furies et l'Enfer privé de lumière, le Tartare dont les gouffres vomissent des flammes terrifiantes, tout cela n'existe nulle part et ne peut exister[1]. Mais il y a dans la vie pour d'insignes méfaits une crainte insigne des châtiments, et pour le crime l'expiation : prison, effroyable chute du haut de la roche, verges, bourreaux, carcan, poix, lame rougie, torches ; et même en l'absence de ces punitions,

1. Cette phrase est empruntée à la traduction d'Henri Clouard, Garnier-Flammarion.

l'âme consciente de ses crimes et prise de terreur à leur pensée s'applique à elle-même l'aiguillon, se donne la brûlure du fouet, sans voir cependant quel peut être le terme de ses maux, quelle serait à jamais la fin de ses peines, et craignant au contraire que les uns et les autres ne s'aggravent dans la mort. Enfin c'est ici-bas que la vie des sots devient un véritable enfer.

19

La mort est le lot commun des hommes

LA MORT

Parfois encore tu pourrais te dire à toi-même : « Le bon Ancus a lui aussi clos ses yeux à la lumière, et pourtant, méchant, il valait bien mieux que toi. Depuis, bien d'autres rois, d'autres puissants du monde sont morts à leur tour, qui commandèrent à de grandes nations. Et celui-là même, qui jadis, à travers la grande mer, construisit une route ; celui qui, ouvrant à ses légions un chemin sur les flots leur apprit à franchir à pied sec les abîmes salés ; qui, foulant l'Hellespont du pas de ses chevaux, insulta à ses grondements : celui-là s'est vu ravir la lumière et exhala son âme de son corps moribond. Scipion, ce foudre de guerre, terreur de Carthage, a rendu ses os à la terre comme le plus bas des esclaves. Ajoutes-y les inventeurs des sciences et des arts, ajoute les compagnons des Muses de l'Hélicon, parmi lesquels Homère, le poète unique, après avoir tenu le sceptre, s'est endormi du même sommeil que les autres. Démocrite enfin, parvenu au terme de la vieillesse, et sentant s'alanguir en son esprit les mouvements de la mémoire, alla de lui-même au-devant de la mort, pour lui offrir sa tête. Épicure lui-même est mort, après avoir parcouru la carrière lumineuse de la vie, lui qui par son génie s'éleva au-dessus de l'humanité, et plongea dans l'ombre tous les autres sages, comme dans les régions de l'éther le soleil levant éteint les autres étoiles. Et toi, tu redouteras, tu t'indigneras de mourir ? Toi qui, jouissant de la vie et de la vue, ne mènes guère qu'une vie morte, qui gaspilles dans le sommeil la majeure partie de ton âge, qui ronfles tout éveillé, sans cesse hanté par des songes, l'esprit tourmenté par une vaine terreur, et sans pouvoir jamais trouver la source de ton mal, alors que, pauvre homme, tu es dans ton ivresse pressé, accablé de mille maux, et que tu flottes et titubes, ballotté au gré des erreurs de ton esprit ?

20

Tout le malheur vient d'un amour illimité de la vie

LE BONHEUR

Si les hommes pouvaient, de même qu'ils semblent sentir au fond du cœur le poids dont la lourdeur les accable, apprendre à connaître d'où vient le mal, et pourquoi ce lourd fardeau de misère séjourne dans leur cœur, ils ne vivraient pas comme nous les voyons pour la plupart, ignorant ce qu'ils veulent l'un et l'autre, et cherchant sans cesse à changer de place, comme s'ils pouvaient ainsi jeter bas leur charge. Souvent l'un s'élance hors de sa riche demeure, par dégoût d'être chez lui, et soudain il y retourne, ne se sentant nullement mieux au-dehors. Il court, poussant ses poneys tête baissée vers sa métairie, comme s'il volait au secours de sa maison en flammes. Il bâille aussitôt qu'il en a touché le seuil, ou bien, la tête lourde, il se réfugie dans le sommeil pour y chercher l'oubli, ou même il se hâte de regagner la ville. C'est ainsi que chacun cherche à se fuir soi-même ; mais le plus souvent incapable, on le voit, d'y échapper, on reste attaché malgré soi à ce moi que l'on déteste, parce que, malade, on ne saisit pas la cause de son mal. Si on la voyait bien, laissant là tout autre objet, chacun s'attacherait avant tout à étudier la nature des choses ; car c'est l'éternité qui en est cause, et non pas une seule heure : cette éternité dans laquelle les mortels auront à passer tout le temps qui reste à courir après la mort.

Enfin, pourquoi trembler tellement dans les dangers et les alarmes ? Quel est ce misérable amour de la vie qui nous y contraint avec tant de force ? La fin de la vie est là toute proche, et fixée pour les mortels ; et personne ne peut éviter de paraître devant la mort. En outre, toujours nous tournons dans le même cercle sans pouvoir en sortir, et la prolongation de la vie ne saurait nous forger de plaisir nouveau. Seulement, tant que demeure éloigné l'objet de nos désirs, il nous semble supérieur à tout le reste ; est-il à nous, que nous désirons autre chose, et la même soif de la vie nous tient toujours en haleine. Puis, nous sommes dans l'incertitude du sort que nous amènera l'avenir, des hasards de la fortune, et de la fin qui nous attend. Et pourtant la durée plus grande de notre vie ne retranche rien du temps réservé à la mort ; de celui-ci nous ne pouvons rien soustraire pour diminuer peut-être le temps de notre anéantissement. Aussi, tu auras beau enterrer durant ta vie autant de générations que tu voudras : toujours néanmoins la mort t'attendra qui est, elle, éternelle ; et tous deux seront aussi longtemps à ne plus être, de celui dont la fin date d'hier, ou de tel autre qui est mort depuis bien des mois et des années.

CONTREPOINT

Il y a dans l'argumentation de Lucrèce contre la peur de la mort une façon désarmante, non de résoudre ce problème, mais de le dissoudre, en montrant qu'il ne se pose pas. Ou bien je vis et la mort n'est pas, ou bien la mort est, et je ne suis pas. Pour Lucrèce, comme pour Épicure, la mort est le type même du problème qui ne nous concerne pas. Certes, la logique trouve ici son compte, mais serons-nous rassurés pour autant ?

P. Bayle, *Dictionnaire historique et critique*, 1697, article « Lucrèce », tome IX. Genève, Slatkine Reprints, 1969.

La mort

Épicure et Lucrèce supposent que la mort est une chose qui ne nous concerne pas, et à laquelle nous n'avons aucun intérêt. Ils concluent cela de ce qu'ils supposent que l'âme est mortelle, et par conséquent que l'homme ne sent plus rien après la séparation du corps et de l'âme.

[…] Ces philosophes […] supposent que l'homme ne craint la mort que parce qu'il se figure qu'elle est suivie d'un grand malheur positif. Ils se trompent, et ils n'apportent aucun remède à ceux qui regardent comme un grand mal la simple perte de la vie. L'amour de la vie est tellement enraciné dans le cœur de l'homme, que c'est un signe qu'elle est considérée comme un très grand bien ; d'où il s'ensuit que de cela seul que la mort enlève ce bien, elle est redoutée comme un très grand mal. À quoi sert de dire contre cette crainte : *vous ne sentirez rien après votre mort ?* Ne vous répondra-t-on pas aussitôt, *c'est bien assez que je sois privé de la vie que j'aime tant ; et si l'union de mon corps et de mon âme est un état qui m'appartient, et que je souhaite ardemment conserver, vous ne pouvez pas prétendre que la mort qui rompt cette union est une chose qui ne me regarde pas.*

Concluons que l'argument d'Épicure et de Lucrèce n'était pas bien arrangé, et qu'il ne pouvait servir que contre la peur des peines de l'autre monde. Il y a une autre sorte de peur qu'ils devaient combattre ; c'est celle de la privation des douceurs de cette vie.

Épictète

Manuel

50-130

Épictète a vécu au Ier siècle. La cité antique et son intense vie civique ont fait place à l'immense Empire romain. En ces temps difficiles où les individus, déracinés, sont laissés à leur solitude, la philosophie stoïcienne, fondée à Athènes quatre siècles auparavant, offre un précieux recours spirituel. C'est elle qu'Épictète, esclave affranchi, choisit de mettre en pratique et d'enseigner. Le *Manuel* est un recueil de pensées du philosophe, prises en note et composées par un de ses disciples.

Pour comprendre la doctrine stoïcienne il faut la comparer à sa rivale épicurienne. Tandis que pour les épicuriens le monde est un agrégat d'atomes, pour les stoïciens la nature forme un tout sagement gouverné par la Providence. Si dans un monde morcelé, le sage épicurien, retranché de la vie sociale, recherche le plaisir individuel, le sage stoïcien au contraire, conscient d'appartenir à un univers harmonieux, vit en accord avec la nature et accepte le sort que le destin lui réserve.

Nietzsche a plaisamment transposé cette opposition morale sur le plan de la diététique : « L'épicurien choisit lui-même la situation, les personnes, voire les événements qui conviennent à son caractère intellectuel, irritable à l'extrême ; il renonce à tout le reste, c'est-à-dire à presque tout, car ce serait pour lui une nourriture trop forte et trop lourde. Le stoïcien, en revanche, s'exerce à avaler pierres et vermines, éclats de verre et scorpions sans faire le dégoûté ; son estomac doit finir par être indifférent à l'égard de tout ce qu'y déverse le hasard de l'existence. »

Loin de prêcher la résignation, Épictète nous invite à distinguer ce qui ne dépend pas de nous, c'est-à-dire les circonstances de notre vie, qui sont incontrôlables, et ce qui dépend de notre volonté, c'est-à-dire l'usage que nous faisons de nos pensées. C'est le sens des exercices spirituels que propose le *Manuel* : nous ne sommes pas directement affectés par les événements qui surviennent, mais indirectement, par l'intermédiaire de l'opinion que nous nous en faisons. Ainsi ce n'est pas le fait même de ne pas posséder une chose qui nous fait souffrir, mais l'idée que nous en serions injustement privés. Il faut donc s'exercer à nous défaire de cette opinion. Ainsi nous atteindrons la sérénité.

À en croire Maurice Leblanc, dans la cellule où fut emprisonné quelque temps Arsène Lupin, on ne retrouva qu'un seul livre : le *Manuel* d'Épictète. Bel hommage du romancier au philosophe que cet attachement de l'insaisissable cambrioleur pour une pensée vieille de vingt siècles, qui enseigne que, même dans les pires circonstances, rien ni personne ne peut nous priver de notre liberté intérieure.

Épictète

Épictète

Traduction d'André Dacier, 1715.

Manuel

(texte intégral)

1

Distinguer ce qui dépend de nous et ce qui n'en dépend pas

LE BONHEUR

I. — De toutes les choses du monde, les unes dépendent de nous, les autres n'en dépendent pas. Celles qui en dépendent sont nos opinions, nos mouvements, nos désirs, nos inclinations, nos aversions; en un mot, toutes nos actions.

Celles qui ne dépendent point de nous sont le corps, les biens, la réputation, les dignités; en un mot, toutes les choses qui ne sont pas du nombre de nos actions.

Les choses qui dépendent de nous sont libres par leur nature, rien ne peut ni les arrêter, ni leur faire obstacle; celles qui n'en dépendent pas sont faibles, esclaves, dépendantes, sujettes à mille obstacles et à mille inconvénients, et entièrement étrangères.

Souviens-toi donc que, si tu crois libres les choses qui de leur nature sont esclaves, et propres à toi celles qui dépendent d'autrui, tu rencontreras à chaque pas des obstacles, tu seras affligé, troublé, et tu te plaindras des dieux et des hommes. Au lieu que si tu crois tien ce qui t'appartient en propre, et étranger ce qui est à autrui, jamais personne ne te forcera à faire ce que tu ne veux point, ni ne t'empêchera de faire ce que tu veux; tu ne te plaindras de personne; tu n'accuseras personne; tu ne feras rien, pas même la plus petite chose, malgré toi; personne ne te fera aucun mal, et tu n'auras point d'ennemi, car il ne t'arrivera rien de nuisible.

N.B. : La structure du *Manuel* est schématiquement la suivante :
I (§ 1 à 11) : les principes de l'éthique stoïcienne.
II (§ 12 à 21) : les conseils à suivre pour progresser dans la voie du détachement.
III (§ 22 à 29) : les épreuves que l'on doit s'attendre à subir si l'on choisit d'être philosophe.
IV (§ 30 à 32) : les conduites convenables.
V (§ 33 à 48) : les préceptes à mettre en pratique.
VI (§ 49 à 53) : récapitulation.

Aspirant donc à de si grands biens, souviens-toi que tu ne dois pas travailler médiocrement pour les acquérir, et que, en ce qui concerne les choses extérieures, tu dois entièrement renoncer aux unes, et remettre les autres à un autre temps. Car si tu cherches à les accorder ensemble, et que tu poursuives et ces véritables biens et les richesses et les dignités, peut-être n'obtiendras-tu même pas ces dernières, pour avoir désiré les autres ; mais certainement tu manqueras d'acquérir les biens qui peuvent seuls faire ta liberté et ton bonheur.

Ainsi, devant toute représentation pénible, sois prêt à dire : « Tu n'es qu'une représentation, et nullement ce que tu parais. » Ensuite, examine-la bien, approfondis-la, et, pour la sonder, sers-toi des règles que tu as apprises, surtout de la première, qui est de savoir si la chose qui te fait de la peine est du nombre de celles qui dépendent de nous, ou de celles qui n'en dépendent pas ; et, si elle est du nombre de celles qui ne sont pas en notre pouvoir, dis-toi sans balancer : « Cela ne me regarde pas. »

2

Se libérer provisoirement du désir

LE DÉSIR

II. — Souviens-toi que la fin de tes désirs, c'est d'obtenir ce que tu désires, et que la fin de tes craintes, c'est d'éviter ce que tu crains. Celui qui n'obtient pas ce qu'il désire est malheureux, et celui qui tombe dans ce qu'il craint est misérable. Si tu n'as donc de l'aversion que pour ce qui est contraire à ton véritable bien, et qui dépend de toi, tu ne tomberas jamais dans ce que tu crains. Mais si tu crains la mort, la maladie ou la pauvreté, tu seras misérable. Transporte donc tes craintes, et fais-les tomber des choses qui ne dépendent point de nous, sur celles qui en dépendent ; et, pour tes désirs, supprime-les entièrement pour le moment. Car, si tu désires quelqu'une des choses qui ne sont pas en notre pouvoir, tu seras nécessairement malheureux ; et, pour les choses qui sont en notre pouvoir, tu n'es pas encore en état de connaître celles qu'il est bon de désirer. En attendant donc que tu le sois, contente-toi de rechercher ou de fuir les choses, mais doucement, toujours avec des réserves, et sans te hâter.

3

Savoir ce que nous désirons

LE BONHEUR

III. — Devant chacune des choses qui te divertissent, qui servent à tes besoins, ou que tu aimes, n'oublie pas de te dire en toi-même ce qu'elle est véritablement. Commence par les plus petites. Si tu aimes un pot de terre, dis-toi que tu aimes un pot de terre ; et, s'il se casse, tu n'en seras point troublé. Si tu aimes ton fils ou ta femme, dis-toi à toi-même que tu aimes un être mortel ; et s'il vient à mourir, tu n'en seras point troublé.

4

Savoir ce que nous choisissons

LA VOLONTÉ

IV. — Quand tu es sur le point d'entreprendre une chose, mets-toi bien dans l'esprit ce qu'est la chose que tu vas faire. Si tu vas te baigner, représente-toi ce qui se passe d'ordinaire dans les bains publics, qu'on s'y jette de l'eau, qu'on s'y pousse, qu'on y dit des injures, qu'on y vole. Tu iras ensuite plus sûrement à ce que tu veux faire, si tu te dis auparavant : « Je veux me baigner, mais je veux aussi conserver ma liberté et mon indépendance, véritable apanage de ma nature. » Et de même sur chaque chose qui arrivera. Car, de cette manière, si quelque obstacle t'empêche de te baigner, tu auras cette réflexion toute prête : « Je ne voulais pas seulement me baigner, mais je voulais aussi conserver ma liberté et mon indépendance ; et je ne les conserverais point, si je me fâchais. »

5

Ce qui nous affecte c'est notre jugement sur les choses

LE JUGEMENT

V. — Ce qui trouble les hommes, ce ne sont pas les choses, mais les opinions qu'ils en ont. Par exemple, la mort n'est point un mal, car, si elle en était un, elle aurait paru telle à Socrate ; mais l'opinion qu'on a que *la mort est un mal,* voilà le mal. Lors donc que nous sommes contrariés, troublés ou tristes ; n'en accusons point d'autres que nous-mêmes, c'est-à-dire nos opinions.

Accuser les autres de ses malheurs, cela est d'un ignorant ; n'en accuser que soi-même, cela est d'un homme qui commence à s'instruire ; et n'en accuser ni soi-même ni les autres, cela est d'un homme déjà instruit.

6

Ce qui nous appartient c'est l'usage de nos représentations

LA VOLONTÉ

VI. — Ne te glorifie jamais d'aucun avantage étranger. Si un cheval disait avec orgueil : « Je suis beau », cela serait supportable ; mais toi, quand tu dis avec fierté : « J'ai un beau cheval », sache que c'est d'avoir un beau cheval que tu te glorifies. Qu'y a-t-il donc là qui soit à toi ? L'usage que tu fais de ta représentation. C'est pourquoi lorsque, dans l'usage que tu feras de ta représentation, tu suivras la nature, alors tu pourras te glorifier, car tu te glorifieras d'un bien qui est à toi.

7, 8

Savoir accepter le destin

LA LIBERTÉ

VII. — Si, dans un voyage sur mer, ton vaisseau entre dans un port, et que l'on t'envoie faire de l'eau, tu peux, chemin faisant, ramasser un coquillage ou cueillir un champignon, mais tu dois avoir toujours ta pensée à ton vaisseau, et tourner souvent la tête, de peur que le pilote ne t'appelle, et, s'il t'appelle, il faut jeter tout et courir, de peur que, si tu fais attendre, on ne te jette dans le vaisseau pieds et poings liés comme une bête. Il en est de même dans le voyage de cette vie : si, au lieu d'un coquillage ou d'un champignon, on te donne une femme ou un enfant, tu peux les prendre ; mais, si le pilote t'appelle, il faut courir au vaisseau et tout quitter, sans regarder derrière toi. Et, si tu es vieux, ne t'éloigne pas trop du navire, de peur que le pilote venant à t'appeler, tu ne sois pas en état de le suivre.

VIII. — Ne demande point que les choses arrivent comme tu les désires, mais désire qu'elles arrivent comme elles arrivent, et tu prospéreras toujours.

9, 10, 11

Le retour sur soi découvre la volonté comme un pouvoir

La volonté

IX. — La maladie est un obstacle pour le corps, mais non pour la volonté, à moins que celle-ci ne faiblisse. « Je suis boiteux. » Voilà un empêchement pour mon pied ; mais pour ma volonté, point du tout. Sur tous les accidents qui t'arriveront, dis-toi la même chose ; et tu trouveras que c'est toujours un empêchement pour quelque autre chose, et non pas pour toi.

X. — À chaque objet qui se présente, souviens-toi de rentrer en toi-même et d'y chercher quelle vertu tu as pour bien user de cet objet. Si tu vois un beau garçon ou une belle fille, tu trouveras contre ces objets une vertu, qui est la continence. Si c'est quelque peine, quelque travail tu trouveras la résignation et la patience. Si tu t'accoutumes ainsi à déployer sur chaque accident la vertu que la nature t'a donnée pour le combattre, tes représentations ne t'emporteront jamais.

XI. — Ne dis jamais, sur quoi que ce soit : « J'ai perdu cela » ; mais : « Je l'ai rendu. » Ton fils est mort ? tu l'as rendu. Ta femme est morte ? tu l'as rendue. On t'a pris ta terre ? voilà encore une restitution que tu as faite. — Mais celui qui me l'a prise est un méchant. — Que t'importe par les mains de qui celui qui te l'a donnée a voulu te la retirer ? Pendant qu'il te la laisse, uses-en comme d'une chose qui ne t'appartient point, comme les voyageurs usent des hôtelleries.

12, 13, 14, 15

S'exercer au détachement et rechercher l'indépendance

La liberté

XII. — Si tu veux avancer dans l'étude de la sagesse, laisse là tous ces raisonnements : « Si je néglige mes affaires, je serai bientôt ruiné et je n'aurai pas de quoi vivre ; si je ne châtie pas mon esclave, il deviendra méchant. » Car il vaut mieux mourir de faim après avoir banni les soucis et les craintes, que de vivre dans l'abondance avec inquiétude et avec chagrin. Il vaut mieux que ton esclave soit méchant, que toi misérable. Commence donc par les petites choses. On a renversé ton huile ? on t'a dérobé ton vin ? Dis-toi : « C'est à ce prix que l'on achète la tranquillité, c'est à ce prix que l'on achète la liberté ; on n'a rien pour rien. » Quand tu appelleras ton esclave, pense qu'il peut ne pas t'entendre, ou que, t'ayant entendu, il peut ne rien faire de ce que tu lui as commandé. « Mais, diras-tu, mon esclave se trouvera fort mal de ma patience et deviendra incorrigible. » — Oui, mais tu t'en trouveras fort bien, puisque, grâce à lui, tu apprendras à te mettre hors d'inquiétude et de trouble.

XIII. — Si tu veux avancer dans l'étude de la sagesse, ne refuse point, sur les choses extérieures, de passer pour imbécile et pour insensé.

Ne cherche point à passer pour savant, et, si tu passes pour un personnage dans l'esprit de quelques-uns, défie-toi de toi-même. Sache qu'il n'est pas facile de conserver à la fois et ta volonté conforme à la nature et les choses du dehors ; mais il faut de toute nécessité qu'en t'attachant à l'un, tu négliges l'autre.

XIV. — Si tu veux que tes enfants et ta femme et tes amis vivent toujours, tu es fou ; car tu veux que les choses qui ne dépendent point de toi en dépendent, et que ce qui est à autrui soit à toi. De même, si tu veux que ton esclave ne fasse jamais de faute, tu es fou ; car tu veux que le vice ne soit plus vice, mais autre chose. Veux-tu n'être pas frustré dans tes désirs ? Tu le peux : ne désire que ce qui dépend de toi.

Le véritable maître de chacun de nous est celui qui a le pouvoir de nous donner ou de nous ôter ce que nous voulons ou ne voulons pas. Que tout homme donc, qui veut être libre, ne veuille et ne fuie rien de tout ce qui dépend des autres, sinon il sera nécessairement esclave.

XV. — Souviens-toi que tu dois te conduire dans la vie comme dans un festin. Un plat est-il venu jusqu'à toi ? étendant ta main avec décence, prends-en modestement. Le retire-t-on ? ne le retiens point. N'est-il point encore venu ? n'étends pas au loin ton désir, mais attends que le plat arrive enfin de ton côté. Uses-en ainsi avec des enfants, avec une femme, avec les charges et les dignités, avec les richesses, et tu seras digne d'être admis à la table même des dieux. Et si tu ne prends pas ce qu'on t'offre, mais le rejettes et le méprises, alors tu ne seras pas seulement le convive des dieux, mais leur égal, et tu régneras avec eux. C'est en agissant ainsi que Diogène, Héraclite et quelques autres ont mérité d'être appelés des hommes divins, comme ils l'étaient en effet.

16

Compatir avec distance

AUTRUI

XVI. — Quand tu vois quelqu'un qui pleure, soit parce qu'il est en deuil soit parce que son fils est au loin, soit parce qu'il a perdu ses biens, prends garde que ton imagination ne t'emporte et ne te séduise en te persuadant que cet homme est effectivement malheureux à cause de ces choses extérieures ; mais fais en toi-même cette distinction, que ce qui l'afflige, ce n'est point l'accident qui lui est arrivé, car un autre n'en est point ému, mais l'opinion qu'il en a. Si pourtant c'est nécessaire, ne refuse point de pleurer avec lui et de compatir à sa douleur par tes discours ; mais prends garde que ta compassion ne passe au-dedans et que tu ne sois affligé véritablement.

17

Bien jouer son rôle mais non le choisir

LA VOLONTÉ

XVII. — Souviens-toi que tu es acteur dans une pièce, longue ou courte, où l'auteur a voulu te faire entrer. S'il veut que tu joues le rôle d'un mendiant, il faut que tu le joues le mieux qu'il te sera possible. De même, s'il veut que tu joues celui d'un boiteux, celui d'un prince, celui d'un plébéien. Car c'est à toi de bien jouer le personnage qui t'a été donné ; mais c'est à un autre de te le choisir.

18

Tirer profit des circonstances

LA VOLONTÉ

XVIII. — Lorsque le corbeau jette un croassement de mauvais augure, que ton imagination ne t'emporte point ; mais aussitôt fais en toi-même une distinction et dis : « Aucun des malheurs présagés par cet augure ne me regarde ; ces malheurs regardent ou mon chétif corps, ou mon petit bien, ou ma petite réputation, ou mes enfants, ou ma femme. Pour moi, il n'y a que d'heureux présages, si je le veux ; car, quoi qu'il arrive, il dépend de moi d'en tirer du bien. »

19

Fuir les choses qui ne dépendent pas de nous

LA LIBERTÉ

XIX. — Tu peux être invincible, si tu n'engages jamais aucun combat où il ne dépende pas absolument de toi de vaincre.

Prends bien garde qu'en voyant quelqu'un comblé d'honneurs, ou élevé à une grande puissance, ou florissant de quelque autre manière, prends bien garde, dis-je, qu'emporté et séduit par ton imagination, tu ne le trouves heureux. Car, si l'essence du véritable bien consiste dans les choses qui dépendent de nous, ni l'envie, ni l'émulation, ni la jalousie n'auront plus de lieu, et toi-même, tu ne voudras être ni général, ni sénateur, ni consul, mais libre ; or, une seule voie y mène : le mépris des choses qui ne dépendent point de nous.

20

Maîtriser ses représentations pour être maître de soi

LA VOLONTÉ

XX. — Souviens-toi que ce n'est ni celui qui te dit des injures, ni celui qui te frappe, qui t'outrage ; mais c'est l'opinion que tu as d'eux, et qui te les fait regarder comme des gens dont tu es outragé. Quand quelqu'un donc te chagrine et t'irrite, sache que ce n'est pas cet homme-là qui t'irrite, mais ton opinion. Efforce-toi donc, avant tout, de ne pas te laisser emporter par ton imagination ; car, si une fois tu gagnes du temps et quelque délai, tu seras plus facilement maître de toi-même.

21

Apprivoiser la mort

LA MORT

XXI. — Que la mort et l'exil et toutes les autres choses qui paraissent terribles soient tous les jours devant tes yeux, surtout la mort, et tu n'auras jamais de pensée basse, et tu ne désireras rien avec trop d'ardeur.

22, 23

La condition du philosophe

LA PHILOSOPHIE

XXII. — Tu veux devenir philosophe. Prépare-toi sur-le-champ à être raillé, et persuade-toi bien que le peuple va te siffler et dire : « Ce philosophe nous est venu en une nuit. D'où lui vient ce sourcil arrogant ? » Pour toi, n'aie point ce sourcil superbe ; mais attache-toi fortement aux maximes qui t'ont paru les meilleures et les plus belles. Et souviens-toi que, si tu y demeures ferme, ceux même qui se sont d'abord moqués de toi t'admireront ensuite ; au lieu que, si tu cèdes à leurs insultes, tu en seras doublement moqué.

XXIII. — Si jamais il t'arrive de te tourner vers les choses du dehors dans le but de plaire à quelqu'un, sache que tu es déchu de ton état. Qu'il te suffise donc, en tout et partout, d'être philosophe. Et si de plus tu veux le paraître, contente-toi de le paraître à tes propres yeux, et cela suffit.

24

Le rôle du citoyen : servir la communauté humaine

LE DEVOIR

XXIV. — Que ces sortes de pensées et de raisonnements ne te troublent point : « Je serai méprisé ; je ne serai rien dans le monde. » Car, si le mépris est un mal, tu ne peux être dans le mal par le moyen d'un autre, non plus que dans le vice. Dépend-il de toi d'avoir les premières charges ? Dépend-il de toi d'être invité à un festin ? Nullement. Comment se peut-il donc que ce soit encore là un mépris et un déshonneur pour toi ? Comment se peut-il que tu ne sois rien dans le monde, toi qui ne dois être quelque chose que dans ce qui dépend de toi, et en quoi tu peux te rendre très considérable ? « Mais mes amis seront sans aucun secours de ma part. » — Qu'est-ce à dire, *sans aucun secours* ? Tu ne leur donneras point d'argent ? Tu ne les feras pas citoyens romains ? Qui donc t'a dit que ces choses sont du nombre de celles qui sont en notre pouvoir, et qu'elles n'appartiennent pas à d'autres qu'à nous ? Et qui peut donner aux autres ce qu'il n'a pas lui-même ? « Amasse du bien, dira quelqu'un, afin que nous en ayons aussi. » — Si je puis en avoir en conservant la pudeur, la modestie, la fidélité, la magnanimité, montrez-moi le chemin qu'il faut prendre pour devenir riche, et je le serai. Mais si vous voulez que je perde mes véritables biens afin que vous en acquériez de faux, voyez vous-mêmes combien vous tenez la balance inégale, et à quel point vous êtes ingrats et inconsidérés. Qu'aimez-vous mieux ? l'argent, ou un ami sage et fidèle ? Ah ! aidez-moi plutôt à acquérir ces vertus, et n'exigez point que je fasse des choses qui me les feraient perdre. — « Mais, dirastu encore, ma patrie ne recevra de moi nuls services. » Quels services ? Elle n'aura pas de toi des portiques ? Elle n'aura pas des bains ? Eh ! qu'est-ce que cela ? Elle n'aura pas non plus des souliers d'un forgeron, ni des armes d'un cordonnier. Or, il suffit que chacun remplisse son état et fasse son ouvrage. Mais si, par ton exemple, tu donnais à ta patrie un autre citoyen sage, modeste et fidèle, ne lui rendrais-tu aucun service ? Certainement tu lui en rendrais un, et un fort grand ; tu ne lui serais donc pas inutile. — « Quel rang aurai-je donc dans la cité ? » — Celui que tu pourras obtenir en te conservant fidèle et modeste. Mais si, voulant la servir, tu perds ces vertus, quels services tirera-t-elle désormais de toi, quand tu seras devenu impudent et perfide ?

25

Le prix de l'indépendance

LA LIBERTÉ

XXV. — Quelqu'un t'a été préféré dans un festin, dans un conseil, dans une visite. Si ce sont là des biens, tu dois te réjouir de ce qu'ils sont arrivés à ton prochain. Et si ce sont des maux, ne t'afflige point de ce que tu en es exempt. Mais souviens-toi que, ne faisant pas, pour obtenir les choses qui ne dépendent point de nous, les démarches que font ceux qui les obtiennent, il est impossible que tu en sois également partagé. Car comment celui qui ne va jamais à la porte d'un grand seigneur en sera-t-il aussi bien traité que celui qui y est tous les jours ? celui qui ne l'accompagne point quand il sort, que celui qui l'accompagne ? celui qui ne le flatte ni ne le loue, que celui qui ne cesse de le flatter et de le louer ? Tu es donc injuste et insatiable, si, ne donnant point les choses avec lesquelles on achète toutes ces faveurs, tu veux les avoir pour rien. Combien vend-on les laitues au marché ? Une obole. Si donc ton voisin donne une obole et emporte sa laitue, et que toi, ne donnant point ton obole, tu t'en retournes sans laitue, ne t'imagine point avoir moins que lui ; car, s'il a sa laitue, toi, tu as ton obole, que tu n'as pas donnée. Il en est de même ici. Tu n'as pas été invité à un festin ? C'est que tu n'as pas payé au maître du festin le prix auquel il le vend. Ce prix, c'est une louange, une visite, une complaisance, une dépendance. Donne donc le prix, si la chose t'accommode. Mais si, sans donner le prix, tu veux avoir la marchandise, tu es insatiable et injuste. N'as-tu donc rien qui puisse tenir la place de ce festin où tu n'as point été ? Tu as certainement quelque chose qui vaut mieux que le festin, c'est de n'avoir pas loué celui que tu n'aurais pas voulu louer, et de n'avoir pas souffert à sa porte son orgueil et son insolence.

26

Faire sienne l'appréciation commune

AUTRUI

XXVI. — Nous pouvons apprendre le dessein de la nature par les choses sur lesquelles nous ne sommes pas en différend entre nous. Par exemple, lorsque l'esclave de ton voisin a cassé une coupe ou quelque autre chose, tu ne manques pas de lui dire, pour le consoler, que c'est un accident très ordinaire. Sache donc que, quand on cassera une coupe qui est à toi, il faut que tu sois aussi tranquille que tu l'étais quand celle de ton voisin a été cassée. Transporte cette maxime aux choses plus importantes. Quand le fils ou la femme d'un autre meurt, il n'y a pas un homme qui ne dise que cela est attaché à la condition humaine. Mais que le fils ou la femme de ce même homme vienne à mourir, aussitôt on n'entend que pleurs, que cris, que gémissements : « Que je suis malheureux ! Je suis perdu ! » Il faudrait cependant se rappeler les sentiments que nous éprouvons en apprenant que les mêmes accidents sont arrivés à d'autres.

27

Le monde est bien fait

LA NATURE

XXVII. — Comme on ne met pas un but pour le manquer, de même la nature du mal n'existe point dans le monde.

28

Ne pas s'affecter des humeurs d'autrui

LA LIBERTÉ

XXVIII. — Si quelqu'un livrait ton corps à la discrétion du premier venu, tu en serais sans doute très fâché ; et lorsque toi-même tu abandonnes ton âme au premier venu, afin que, s'il te dit des injures, elle en soit émue et troublée, tu ne rougis point !

29

Être cohérent avec soi-même dans ses actes

LA PERSONNE

XXIX. — Dans toute affaire, avant que de l'entreprendre, regarde bien ce qui la précède et ce qui la suit, et entreprends-la après cet examen. Si tu n'observes cette conduite, tu auras d'abord du plaisir dans tout ce que tu feras, parce que tu n'en auras pas envisagé les suites ; mais à la fin, la honte venant à paraître, tu seras rempli de confusion.

Tu voudrais bien être couronné aux Jeux olympiques. Et moi aussi, en vérité, car cela est très glorieux. Mais examine bien auparavant ce qui précède et ce qui suit une pareille entreprise. Tu peux l'entreprendre après cet examen. Il te faut observer la discipline, manger de force, t'abstenir de tout ce qui flatte le goût, faire tes exercices aux heures marquées, par le froid, par le chaud ; ne boire ni eau fraîche ni vin que modérément ; en un mot, il faut te livrer sans réserve au maître d'exercices, comme à un médecin, et, après cela, aller combattre aux Jeux. Là, tu peux être blessé, te démettre le pied, avaler beaucoup de poussière, être parfois fouetté, et, après tout cela, être vaincu. Quand tu auras bien pesé tout cela, va, si tu veux, va être athlète. Si tu ne prends pas ces précautions, tu ne feras que niaiser et que badiner comme les enfants, qui tantôt contrefont les lutteurs, tantôt les gladiateurs, qui maintenant jouent de la trompette, et un instant après représentent des tragédies. Il en sera de même de toi : tu seras tantôt athlète, tantôt gladiateur, tantôt rhéteur ; après tout cela philosophe, et, dans le fond de l'âme, tu ne seras rien. Comme un singe, tu imiteras tout ce que tu verras faire, et tous les objets te plairont tour à tour, car tu n'as point examiné ce que tu voulais faire, mais tu t'y es porté témérairement, sans aucune circonspection, guidé par ta seule cupidité et par ton caprice. C'est ainsi que beaucoup de gens, voyant un philosophe, ou entendant dire à quelqu'un qu'Euphratès parle bien (qui est-ce qui peut parler comme lui ?) veulent aussitôt être philosophes.

Mon ami, considère premièrement la nature de l'affaire que tu entreprends, et ensuite examine ta propre nature, pour voir si elle est assez forte pour porter ce fardeau. Tu veux être pentathle, ou gladiateur ? Vois tes bras, considère tes cuisses, examine tes reins, car nous ne sommes pas nés tous pour la même chose. Tu veux être philosophe ? Penses-tu qu'en embrassant cette profession, tu pourras manger comme les autres, boire comme eux, renoncer comme eux à tous les plaisirs ? Il faut veiller, travailler, s'éloigner de ses parents et de ses amis, être le jouet d'un esclave, avoir le dessous partout, dans la poursuite des honneurs, des charges, dans les tribunaux, en un mot dans toutes les affaires. Considère bien tout cela, et vois si tu veux acheter à ce prix la tranquillité, la liberté, la constance. Sinon, applique-toi à toute autre chose, et ne fais pas comme les enfants, ne sois pas aujourd'hui philosophe, demain publicain, ensuite rhéteur, et après cela l'intendant de César. Ces choses ne s'accordent point. Il faut que tu sois un seul homme, et un seul homme bon ou mauvais ; il faut que tu t'appliques à ce qui regarde ton âme, ou à ce qui regarde ton corps ; il faut que tu travailles à acquérir les biens intérieurs, ou les biens extérieurs, c'est-à-dire qu'il faut que tu soutiennes le caractère d'un philosophe ou d'un homme du commun.

30

Respecter les statuts sociaux sans juger les actions d'autrui

Le devoir

XXX. — Les devoirs se mesurent en général aux relations où nous nous trouvons placés. C'est ton père ? Il t'est ordonné d'en avoir soin, de lui obéir en tout, de souffrir ses réprimandes et ses mauvais traitements. — Mais c'est un mauvais père. — Eh quoi ! mon ami, la nature t'a-t-elle lié nécessairement à un bon père ? Non, mais à un père. Ton frère te fait injustice ? Conserve à son égard ton rang de frère, et ne regarde pas ce qu'il fait, mais ce que tu dois faire, et l'état où se trouvera ta liberté, si tu fais ce que la nature veut que tu fasses. Car un autre ne t'offensera, ne te blessera jamais, si tu ne le veux, et tu ne seras blessé que lorsque tu croiras l'être. Par ce moyen donc, tu seras toujours content de ton voisin, de ton concitoyen, de ton général, si tu t'accoutumes à avoir toujours ces relations devant les yeux.

31

La piété religieuse des stoïciens

La religion

XXXI. — Sache que le principe et le fondement de la religion consistent à avoir des dieux des opinions droites et saines, à croire qu'ils sont, qu'ils étendent leur providence sur tout, qu'ils gouvernent le monde avec sagesse et justice ; que tu es ici-bas pour leur obéir, pour prendre en bonne part tout ce qui t'arrive, et pour y acquiescer volontairement et de tout ton cœur, comme à des choses qui viennent d'une providence très bonne et très sage. De cette manière tu ne te plaindras jamais des dieux, et tu ne les accuseras jamais de n'avoir pas soin de toi. Mais tu ne peux avoir ces sentiments qu'en renonçant à tout ce qui ne dépend point de nous, et qu'en faisant consister tes biens et tes maux dans ce qui en dépend. Car, si tu prends pour un bien ou pour un mal quelqu'une de ces choses étrangères, il est de toute nécessité que, lorsque tu seras frustré de ce que tu désires, ou que tu tomberas dans ce que tu crains, tu te plaignes et que tu haïsses ceux qui sont la cause de tes malheurs. Car tout animal est né pour abhorrer et pour fuir ce qui lui paraît mauvais et nuisible et ce qui peut le causer, et pour aimer et rechercher ce qui lui paraît utile et bon et ce qui le cause. Il est donc impossible que celui qui croit être blessé se plaise à ce qu'il croit qui le blesse ; d'où il s'ensuit que personne ne se réjouit et ne se plaît dans son mal. Voilà d'où vient qu'un fils accable de reproches et d'injures son père, quand son père ne lui fait point part de ce qui passe pour des biens ; voilà ce qui rendit ennemis irréconciliables Étéocle et Polynice : ils regardaient le trône comme un grand bien. Voilà ce qui fait que le laboureur, le pilote, le marchand maudissent les dieux, et voilà enfin la cause des murmures de ceux qui perdent leurs femmes et leurs enfants. Car là où est l'utilité, là est aussi la piété. Ainsi tout homme qui a soin de régler ses désirs et ses aversions selon les règles prescrites, a soin de nourrir et d'augmenter sa piété. Dans ses libations, dans ses sacrifices et dans ses offrandes, chacun doit suivre la coutume de son pays, et le faire avec pureté, sans nonchalance aucune, sans négligence, sans irrévérence, sans mesquinerie, et aussi sans une somptuosité au-dessus de ses forces.

32
Considérer les présages divins comme des conseils

LA RELIGION

XXXII. — Quand tu vas consulter le devin, souviens-toi que tu ignores ce qui doit arriver, et que tu vas pour l'apprendre. Mais souviens-toi en même temps, si tu es philosophe, qu'en allant le consulter, tu sais fort bien de quelle nature est ce qui doit arriver. Car, si c'est une des choses qui ne dépendent point de nous, ce ne peut être assurément ni un bien, ni un mal pour toi. N'apporte donc auprès de ton devin ni inclination, ni aversion pour chose au monde, autrement tu trembleras toujours ; mais sois persuadé et convaincu que tout ce qui arrivera est indifférent et ne te regarde point, et que, de quelque nature que cela soit, il dépendra de toi d'en faire un bon usage, personne ne pouvant t'en empêcher. Va donc avec confiance, comme si tu approchais des dieux, qui daignent bien te conseiller. Au reste, quand on t'aura donné quelques conseils, souviens-toi qui sont les conseillers à qui tu as eu recours, et qui sont ceux dont tu mépriseras les ordres si tu désobéis. Mais ne va au devin que comme Socrate voulait qu'on y allât, c'est-à-dire, n'y va que pour les choses qu'on ne peut connaître que par l'événement et qu'on ne peut prévoir ni par la raison, ni par les règles d'aucun autre art. Ainsi, quand il faudra t'exposer à de grands dangers pour un ami ou pour ta patrie, ne va pas consulter le devin pour savoir si tu dois le faire. Car si le devin te déclare que les entrailles de la victime sont mauvaises, il est évident que ce signe te présage ou la mort, ou des blessures, ou l'exil ; mais la droite raison te dit que, malgré toutes ces choses, on doit secourir son ami et s'exposer pour sa patrie. Obéis donc à un devin encore plus grand que celui que tu consultais, obéis à Apollon Pythien, qui chassa de son temple un homme qui n'avait pas secouru son ami qu'on assassinait.

33
La philosophie comme style de vie

LA PHILOSOPHIE

XXXIII. — Prescris-toi désormais un certain caractère, une certaine règle que tu suivras toujours, que tu sois seul ou que tu sois avec les autres.

Garde le silence le plus souvent, ou ne dis que les choses nécessaires, et dis-les en peu de mots. Il pourra arriver, mais rarement, que tu doives parler, quand l'occasion l'exigera ; mais ne parle jamais de choses triviales et communes : ne parle ni des combats de gladiateurs, ni des courses de chevaux, ni des athlètes, ni du boire, ni du manger, qui sont le sujet des conversations ordinaires. Surtout ne parle jamais des hommes, ni pour les blâmer, ni pour les louer, ni pour faire des comparaisons.

Si tu le peux donc, fais tomber par tes discours la conversation de tes amis sur ce qui est décent et convenable ; et si tu te trouves avec des étrangers, garde le silence opiniâtrement.

Ne ris ni longtemps, ni souvent, ni avec excès.

Refuse le serment en tout et partout, si cela est en ton pouvoir ; sinon, autant que l'occasion pourra le permettre.

Évite de manger dehors et fuis tous les festins publics ; mais si quelque occasion extraordinaire te force de te relâcher en cela, redouble alors d'attention sur toi-même, de peur que tu ne te laisses aller aux façons et aux manières de faire du peuple. Sache que, si l'un des conviés est impur, celui qui est assis près de lui, et qui fait comme lui, est nécessairement souillé, quelque pureté qu'il ait par lui-même.

N'use des choses nécessaires au corps qu'autant que le demandent les besoins de l'âme, par exemple de la nourriture, des habits, du logement, des domestiques. Et rejette tout ce qui sent la mollesse ou la vanité.

Abstiens-toi des plaisirs de l'amour, si tu le peux, avant le mariage, et, si tu les goûtes, que ce soit au moins selon la loi. Mais ne sois pas sévère à ceux qui en usent, ne les reprends point avec aigreur, et ne te vante point à tout moment de ta continence.

Si quelqu'un te rapporte qu'un tel a mal parlé de toi, ne t'amuse point à refuser ce qu'on a dit, mais réponds simplement : « Celui qui a dit cela de moi ignorait sans doute mes autres vices, car il ne se serait pas contenté de ne parler que de ceux-là. »

Il n'est nullement nécessaire d'aller souvent au théâtre et aux jeux publics. Et, si tu y vas quelquefois par occasion, ne favorise aucun des partis et réserve tes faveurs et tes empressements pour toi-même, c'est-à-dire contente-toi de tout ce qui arrive, et sois satisfait que la victoire soit à celui qui a vaincu ; ainsi tu ne seras jamais ni fâché, ni troublé. Évite aussi de faire des acclamations, de grands éclats de rire et de grands mouvements. Et quand tu te seras retiré, ne parle pas longuement de tout ce que tu as vu, puisque cela ne peut servir à réformer tes mœurs, ni à te rendre plus honnête homme ; car ces longs entretiens témoignent que c'est le spectacle seul qui a attiré ton admiration.

Ne va ni aux récits, ni aux lectures des ouvrages de certaines gens, ou du moins n'y va pas sans motif. Mais, si tu t'y trouves, conserve la gravité et la retenue, et une douceur qui ne soit mêlée d'aucune marque de chagrin et d'ennui.

Quand tu dois avoir quelque conversation avec quelqu'un, surtout avec quelqu'un des premiers de la ville, demande-toi ce qu'auraient fait en cette rencontre Socrate et Zénon. Par ce moyen, tu ne seras point embarrassé pour faire ce qui est de ton devoir et pour user convenablement de tout ce qui se présentera.

Quand tu vas faire ta cour à quelque homme puissant, représente-toi d'avance que tu ne le trouveras pas chez lui, ou qu'il se sera enfermé, ou qu'on ne daignera pas t'ouvrir sa porte, ou qu'il ne s'occupera pas de toi. Si, malgré cela, ton devoir t'y appelle, supporte tout ce qui arrivera, et ne t'avise jamais de dire ou de penser que « ce n'était pas la peine ». Car c'est là le langage d'un homme vulgaire, d'un homme sur qui les choses extérieures ont trop de pouvoir.

Dans le commerce ordinaire, garde-toi bien de parler mal à propos et trop longuement de tes exploits et des dangers que tu as courus ; car, si tu prends tant de plaisir à les raconter, les autres n'en prennent pas tant à les entendre.

Garde-toi bien encore de jouer le rôle de plaisant. On est induit par là à glisser dans le genre de ceux qui ne sont pas philosophes, et en même temps cela peut diminuer les égards que les autres ont pour toi.

Il est aussi très dangereux de se laisser aller à des discours obscènes, et, quand tu te trouveras à ces sortes de conversations, ne manque pas, si l'occasion le permet, de tancer celui qui tient ces discours ; sinon, garde au moins le silence, et témoigne, par la rougeur de ton front et par la sévérité de ton visage, que ces sortes de conversations ne te plaisent point.

34

Aborder les plaisirs avec prudence

LE JUGEMENT

XXXIV. — Si ton imagination te présente l'image de quelque volupté, alors, comme toujours, veille sur toi, de peur qu'elle ne t'entraîne. Que cette volupté t'attende un peu, et obtiens de toi-même quelque délai. Ensuite compare les deux moments, celui de la jouissance et celui du repentir qui la suivra, et des reproches que tu te feras à toi-même, et oppose-leur la satisfaction que tu goûteras et les louanges que tu te donneras si tu résistes. Si tu trouves qu'il soit temps pour toi de jouir de ce plaisir, prends bien garde que ses amorces et ses attraits ne te désarment et ne te séduisent, et oppose-leur ce plaisir plus grand encore de pouvoir te rendre le témoignage que tu les as vaincus.

35

Faire son devoir sans craindre le jugement des autres

LE DEVOIR

XXXV. — Quand tu fais une chose, après avoir reconnu qu'elle est de ton devoir, n'évite point d'être vu en la faisant, quelque mauvais jugement que le peuple en puisse faire. Si l'action est mauvaise, ne la fais point ; si elle est bonne, pourquoi crains-tu ceux qui te condamneront sans raison et mal à propos ?

36

Sociabilité et modération

AUTRUI

XXXVI. — De même que ces deux propositions : « Il est jour, Il est nuit », sont très raisonnables quand elles sont séparées, qu'on en fait deux parties, et très déraisonnables si on les émet en même temps et que des deux parties on n'en fait qu'une ; ainsi, dans les festins, il n'y a rien de plus déraisonnable que de vouloir tout pour soi, sans aucun égard pour les autres. Quand donc tu seras prié à un repas, souviens-toi de ne penser pas tant à la qualité des mets qu'on servira et qui exciteront ton appétit, qu'à la qualité de celui qui t'a prié, et à conserver les égards et le respect qui lui sont dus.

37

Ne jouer que son rôle

LA VOLONTÉ

XXXVII. — Si tu prends un rôle qui soit au-dessus de tes forces, non seulement tu le joues mal, mais tu abandonnes celui que tu pouvais remplir[1].

1. Voir § 17.

38

Prendre soin de son âme

LE JUGEMENT

XXXVIII. — Comme, en te promenant, tu prends bien garde de ne pas marcher sur un clou, et de ne pas te donner une entorse, prends garde de même de ne pas blesser la partie maîtresse de toi-même, la raison qui te conduit. Si, dans chaque action de notre vie, nous observons ce précepte, nous ferons tout plus sûrement.

39

Le corps fixe la mesure du besoin

LE DÉSIR

XXXIX. — La mesure des richesses pour chacun, c'est le corps, comme le pied est la mesure du soulier. Si tu t'en tiens à cette règle, tu garderas toujours la juste mesure; mais si tu n'en tiens pas compte, tu es perdu : il faudra que tu roules comme dans un précipice où rien ne pourra t'arrêter. De même pour le soulier : si tu passes une fois la mesure de ton pied, tu auras d'abord des souliers dorés, ensuite tu en auras de pourpre, et enfin tu en voudras de brodés. Car il n'y a plus de bornes pour ce qui a une fois passé les bornes.

40

La dignité des femmes

LA PERSONNE

XL. — Les femmes, pendant qu'elles sont jeunes, sont appelées maîtresses par leurs maris. Ces femmes donc, voyant par là que leurs maris ne les considèrent que par le plaisir qu'elles leur donnent, ne songent plus qu'à se parer pour plaire, et mettent toute leur confiance et toutes leurs espérances dans leurs ornements. Rien n'est donc plus utile et plus nécessaire que de s'appliquer à leur faire entendre qu'on ne les honorera et qu'on ne les respectera qu'autant qu'elles auront de sagesse, de pudeur et de modestie.

41

L'âme prime le corps

LA CONSCIENCE

XLI. — Un signe certain d'un esprit lourd, c'est de s'occuper longtemps du soin du corps, comme de s'exercer longtemps, de boire longtemps, de manger longtemps, et de donner beaucoup de temps aux autres nécessités corporelles. Toutes ces choses ne doivent pas être le principal, mais l'accessoire de notre vie, et il ne les faut faire que comme en passant : toute notre application et toute notre attention doivent être pour notre esprit.

42

Nul n'est méchant volontairement

LA VOLONTÉ

XLII. — Quand quelqu'un te fait du tort ou dit du mal de toi, persuade-toi qu'il croit y être obligé. Il n'est donc pas possible qu'il suive tes jugements, mais les siens propres; de sorte que, s'il juge mal, il est seul blessé, comme il est le seul qui se trompe. En effet, si quelqu'un croit faux un syllogisme très juste et très suivi, ce n'est pas le syllogisme qui en souffre, mais celui qui se trompe en jugeant mal. Si tu te sers bien de cette règle, tu supporteras patiemment tous ceux qui parleront mal de toi; car, à chaque injure, tu ne manqueras pas de dire : « Il croit avoir raison. »

43
Choisir le bon point de vue
LE JUGEMENT

XLIII. — Chaque chose a deux anses : l'une, par où on peut la porter, l'autre, par où on ne le peut pas. Si ton frère donc te fait une injustice, ne le prends point par le côté de l'injustice qu'il te fait, car c'est l'anse par où on ne saurait ni le prendre, ni le porter ; mais prends-le par cet autre côté, qu'il est ton frère, un homme qui a été élevé et nourri avec toi, et tu le prendras par le bon côté, qui te le rendra supportable.

44
L'Être et l'Avoir
LE JUGEMENT

XLIV. — Ce n'est pas raisonner avec justesse que de dire : « Je suis plus riche que vous, donc je suis meilleur que vous ; je suis plus éloquent que vous, donc je vaux mieux que vous. » Pour raisonner juste, il faut dire : « Je suis plus riche que vous donc mon bien est plus grand que le vôtre ; je suis plus éloquent que vous, donc mes discours valent mieux que les vôtres. » Mais, toi, tu n'es ni bien, ni discours.

45
Comment juger autrui
LE JUGEMENT

XLV. — Quelqu'un se baigne de bonne heure. Ne dis point qu'il fait mal de se baigner si tôt, mais qu'il se baigne avant l'heure. Quelqu'un boit beaucoup de vin. Ne dis point qu'il fait mal de boire, mais qu'il boit beaucoup. Car, avant de bien connaître ce qui le fait agir, comment sais-tu s'il fait mal ? Ainsi, toutes les fois que tu juges de cette façon, il t'arrive de voir devant tes yeux une chose, et de prononcer sur une autre.

46
Être philosophe dans sa vie
LA PHILOSOPHIE

XLVI. — Ne te dis jamais philosophe, et ne débite point de belles maximes devant les ignorants ; fais plutôt ce que ces maximes prescrivent. Par exemple, dans un festin, ne dis pas comment il faut manger, mais mange comme il faut. Et souviens-toi qu'en tout et partout Socrate a ainsi rejeté toute ostentation et tout faste. Des jeunes gens allaient le prier de les recommander à d'autres philosophes, et il les leur conduisait, souffrant ainsi, sans se plaindre, le peu de cas qu'on faisait de lui.

S'il arrive donc qu'on vienne à parler de quelque belle question devant les ignorants, garde le silence ; car il y a grand danger à rendre aussitôt ce que tu n'as pas digéré. Et lorsque quelqu'un te reprochera que tu ne sais rien, si tu n'es point piqué de ce reproche, sache alors que tu commences à être philosophe. Car les brebis ne vont pas montrer à leurs bergers combien elles ont mangé, mais après avoir bien digéré la pâture qu'elles ont prise, elles produisent de la laine et du lait. Toi aussi, ne débite point aux ignorants de belles maximes ; mais, si tu les as bien digérées, fais-le paraître par tes actions.

47

Se perfectionner sans ostentation

La volonté

XLVII. — Si tu es accoutumé à mener une vie frugale et à traiter durement ton corps, n'en tire pas vanité, et, si tu ne bois que de l'eau, ne dis point à tout propos que tu ne bois que de l'eau. Si tu veux t'exercer à la patience et à la tolérance, fais-le pour toi et non pas pour les autres ; n'embrasse point les statues ; dans la soif la plus ardente, prends de l'eau dans ta bouche, rejette-la, et ne le dis à personne.

48

L'attitude du philosophe

La philosophie

XLVIII. — État de caractère de l'ignorant : il n'attend jamais de lui-même son bien ou son mal, mais toujours des autres. État et caractère du philosophe : il n'attend que de lui-même tout son bien et tout son mal.

Signes certains qu'un homme fait du progrès dans l'étude de la sagesse : il ne blâme personne, il ne loue personne, il ne se plaint de personne, il n'accuse personne, il ne parle point de lui comme s'il était quelque chose ou qu'il sût quelque chose. Quand il trouve quelque obstacle ou quelque empêchement à ce qu'il veut, il ne s'en prend qu'à lui-même. Si quelqu'un le loue, il se moque en secret de ce louangeur, et, si on le reprend, il ne cherche pas à se justifier ; mais, comme les convalescents, il se hâte et s'observe, de peur de troubler et de déranger quelque chose dans ce commencement de guérison, avant que sa santé soit entièrement fortifiée. Il a supprimé en lui tout désir, et il a transporté toutes ses aversions sur les seules choses qui sont contre la nature de ce qui dépend de nous. Il n'a pour toutes choses que des mouvements peu empressés et soumis. Si on le traite de simple et d'ignorant, il ne s'en met pas en peine. En un mot, il est toujours en garde contre lui-même comme contre un homme qui lui tend continuellement des pièges et qui est son plus dangereux ennemi.

49, 50

Mettre la philosophie en pratique

La philosophie

XLIX. — Quand quelqu'un se vante de comprendre et de pouvoir expliquer les écrits de Chrysippe[1], dis en toi-même : si Chrysippe n'avait écrit obscurément, cet homme n'aurait donc rien dont il pût se glorifier. Pour moi, qu'est-ce que je veux ? Connaître la nature et la suivre. Je cherche donc qui est celui qui l'a le mieux expliquée ; on me dit que c'est Chrysippe. Je prends Chrysippe, mais je ne l'entends point ; je cherche donc quelqu'un qui me l'explique. Jusque-là il n'y a rien de bien extraordinaire. Quand j'ai trouvé un bon interprète, il ne reste plus qu'à me servir des préceptes qu'il m'a expliqués et qu'à les mettre en pratique ; et voilà la seule chose qui mérite de l'estime. Car, si je me contente d'expliquer ce philosophe et d'admirer ce qu'il dit, que suis-je ? un pur grammairien et non un philosophe, avec cette différence que, au lieu d'Homère, j'explique Chrysippe. Quand quelqu'un me dira donc : « Explique-moi Chrysippe », j'aurai bien plus de honte et de confusion, si je ne puis montrer des actions conformes à ses préceptes.

1. Un des fondateurs du stoïcisme.

L. — Demeure ferme dans la pratique de toutes ces maximes, et obéis-leur comme à des lois que tu ne peux violer sans impiété. Et ne te mets nullement en peine de ce qu'on dira de toi ; car cela n'est pas du nombre des choses qui sont en ton pouvoir.

51

Appliquer les préceptes sans tarder

LE DEVOIR

LI. — Jusques à quand différeras-tu de te juger digne des plus grandes choses et de te mettre en état de ne jamais blesser la droite raison ? Tu as reçu les préceptes auxquels tu devais donner ton consentement, et tu l'as donné. Quel maître attends-tu donc encore pour remettre ton amendement jusqu'à son arrivée ? Tu n'es plus un enfant, mais un homme fait. Si tu te négliges, si tu t'amuses, si tu fais résolution sur résolution, si tous les jours tu marques un nouveau jour où tu auras soin de toi-même, il arrivera que, sans que tu y aies pris garde, tu n'auras fait aucun progrès, et que tu persévéreras dans ton ignorance, et pendant ta vie et après ta mort. Commence donc dès aujourd'hui à te juger digne de vivre comme un homme, et comme un homme qui a déjà fait quelque progrès dans la sagesse, et que tout ce qui te paraîtra très beau et très bon soit pour toi une loi inviolable. S'il se présente quelque chose de pénible ou d'agréable, de glorieux ou de honteux, souviens-toi que le jour de la lutte est venu, que les Jeux olympiques sont ouverts, qu'il n'est plus temps de différer, et que, d'un moment et d'une seule action de courage ou de lâcheté, dépendent ton avancement ou ta perte. C'est ainsi que Socrate est parvenu à la perfection, en faisant servir toutes choses à son avancement, et en ne suivant jamais que la raison. Pour toi, bien que tu ne sois pas encore Socrate, tu dois pourtant vivre comme quelqu'un qui veut le devenir.

52

La place de la morale dans la philosophie

LA PHILOSOPHIE

LII. — La première et la plus nécessaire partie de la philosophie est celle qui traite de la pratique des préceptes ; par exemple : il ne faut point mentir. La seconde, est celle qui en fait les démonstrations : pourquoi il ne faut point mentir. Et la troisième, celle qui fait la preuve de ces démonstrations, en expliquant en quoi consiste une démonstration, et ce qui en fait la vérité et la certitude ; elle définit ces différents termes : démonstration, conséquence, opposition, vérité, fausseté. Cette troisième partie est nécessaire pour la seconde, et la seconde pour la première ; mais la première est la plus nécessaire de toutes, et celle où il faut s'arrêter et se fixer. D'ordinaire, nous renversons cet ordre ; nous nous arrêtons entièrement à la troisième ; tout notre travail, toute notre étude, est pour la troisième, pour la preuve, et nous négligeons absolument la première, qui est l'usage et la pratique. Il arrive par là que nous mentons ; mais en revanche nous sommes toujours prêts à bien prouver qu'il ne faut pas mentir.

53

Acquiescer au destin

LIII. — Commence toutes tes actions et toutes tes entreprises par cette prière : « Conduis-moi, grand Jupiter, et toi, puissante Destinée, là où vous avez arrêté que je dois aller. Je vous suivrai de tout mon cœur et sans hésitation. Et quand même je voudrais résister à vos ordres, outre que je me rendrais méchant et impie, il me faudrait toujours vous suivre malgré moi[1]. »

Dis-toi ensuite : « Celui qui s'accommode comme il faut à la nécessité, est sage et habile dans la connaissance des choses des dieux[2]. »

En troisième lieu, dis encore : « Criton, passons courageusement par là, puisque c'est par là que les dieux nous conduisent et nous appellent[3]. Anytos et Mélitos peuvent me tuer, ils ne peuvent pas me nuire[4]. »

---

1. Grâce au *Manuel,* chacun a, sous la main, prêtes à servir ces quatre citations. La première est empruntée à Cléanthe, l'un des fondateurs du stoïcisme.

2. Ces vers sont d'Euripide, l'auteur tragique grec.

3. Ces mots sont adressés par Socrate à son ami Criton venu lui annoncer l'imminence de son exécution. Voir le texte de Platon p. 11.

4. C'est ce que Socrate dit de ses accusateurs lors de son procès.

CONTREPOINT

Pascal apprécie chez Montaigne sa peinture de la faiblesse humaine mais lui reproche d'en prendre son parti. À l'inverse, il approuve Épictète quand il fixe à l'homme des devoirs exigeants. Mais il ne lui pardonne pas d'avoir cru l'homme seul, capable de les remplir, sans le secours de Dieu. Telle est pour Pascal la limite de l'humanisme des Anciens : ils n'ont pas perçu la misère de l'homme. Après avoir rappelé ce qui rapproche le stoïcisme d'Épictète du christianisme, il montre ce qui les sépare.

Blaise Pascal
Entretiens avec M. de Saci,
Aubier Montaigne, 1946.

L'HOMME

Voilà, monsieur, dit M. Pascal à M. de Saci, les lumières de ce grand esprit qui a si bien connu le devoir de l'homme. J'ose dire qu'il méritait d'être adoré, s'il avait bien connu son impuissance, puisqu'il fallait être Dieu pour apprendre l'un et l'autre aux hommes. Aussi, comme il était terre et cendre, après avoir si bien compris ce qu'on doit, voici comment il se perd dans la présomption de ce qu'on peut. Il dit que Dieu a donné à l'homme les moyens de s'acquitter de toutes ses obligations ; que ces moyens sont toujours en notre puissance : qu'il faut chercher la félicité par les choses qui sont en notre pouvoir, puisque Dieu nous les a données à cette fin, qu'il faut voir ce qu'il y a en nous de libre ; que les biens, la vie, l'estime ne sont pas en notre puissance et ne mènent donc pas à Dieu ; mais que l'esprit ne peut être forcé de croire ce qu'il sait être faux, ni la volonté d'aimer ce qu'elle sait qui la rend malheureuse ; que ces deux puissances donc sont libres, et que c'est par elles que nous pouvons nous rendre parfaits ; que l'homme peut par ces puissances parfaitement connaître Dieu, et l'aimer, lui obéir, lui plaire, se guérir de tous ses vices, acquérir toutes les vertus, se rendre saint ainsi et compagnon de Dieu. Ces principes d'une superbe diabolique le conduisent à d'autres erreurs comme : que l'âme est une portion de la substance divine ; que la douleur et la mort ne sont pas des maux ; qu'on peut se tuer quand on est si persécuté qu'on peut croire que Dieu appelle, et d'autres encore.

Marc Aurèle

Pensées pour moi-même

121-180

L'empereur romain Marc Aurèle est le dernier philosophe stoïcien. En prenant sur le temps que lui laissaient les affaires de l'État et la conduite de la guerre, il rédigeait ses *Pensées pour moi-même,* non pas en vue de la publication d'un livre, mais comme un exercice spirituel quotidien. On ne trouvera pas dans ces fragments un développement nouveau par rapport aux idées d'Épictète, mais une suite de maximes qu'il notait afin de les garder présentes à l'esprit, et ceci dans le but de les mettre en pratique dans la vie de tous les jours. Ces *Pensées* ne suivent par conséquent aucun plan et celles qu'on trouvera ici ont été choisies et classées en fonction des thèmes favoris de leur auteur.

Les stoïciens aimaient à comparer la philosophie à un verger. La logique c'est la clôture qui le délimite, la physique les racines qui nourrissent les arbres et l'éthique les fruits qu'on en tire. Marc Aurèle est fidèle à cette hiérarchie des domaines du savoir. Que la nature soit chaotique ou harmonieuse, l'essentiel est d'apprendre à contrôler nos représentations en fonction du vrai, à maîtriser nos désirs en fonction du possible et à orienter nos actions en fonction du bien commun.

Ce programme est à la portée de l'homme qui sait se rendre « semblable au promontoire sur lequel se brisent les flots » parce qu'il est gouverné par ce maître intérieur qu'en grec on nomme « hégémonikon » et qui représente notre liberté de jugement. Les événements les plus terrifiants en apparence peuvent être ramenés à des proportions supportables si l'on adopte pour les considérer un angle de vue approprié. Aussi les *Pensées* de Marc Aurèle contiennent toute une gamme d'exercices de perception. Il y a le regard en profondeur qui dépouille les objets de leur prestige superficiel, le regard analytique qui découvre sous la complexité apparente la simplicité élémentaire, le regard plongeant qui ôte aux choses leur dimension quand on les voit de haut, le regard distancié qui nous rend indifférents aux choses quand on les voit de loin, comme au théâtre.

Dès lors il n'est rien qui puisse nous atteindre, ni la maladie ni la mort, pour qui a compris qu'elles font partie de l'ordre naturel des choses ; ni la fuite du temps, pour qui sait qu'on ne vit que dans le présent ; ni les offenses qu'autrui peut nous infliger, si on les ramène à une erreur de jugement de sa part, explicable par des causes, comme tout ce qui arrive dans le monde. « C'est là ce qui fait une citadelle d'une pensée libre de passion ; car l'homme n'a pas de bastion plus solide où se réfugier et rester dorénavant imprenable. »

Marc Aurèle

Marc Aurèle

Pensées pour moi-même

Traduction
de G. Michaut,
E. de Boccard éd., 1923.

1

La philosophie est notre seul guide

LA PHILOSOPHIE

Le temps de la vie de l'homme, un point ; sa substance, un flux ; ses sensations, ténèbres ; tout l'assemblage de son corps, une proie pour la corruption ; son âme, un tourbillon ; son sort, une énigme ; sa réputation, une opinion aveugle ; en un mot, tout, dans son corps, écoulement, dans son âme, songe et fumée ; sa vie, une guerre et l'étape d'un voyageur ; sa gloire posthume, l'oubli. Qu'est-ce donc qui peut nous servir de guide ? Une seule chose, la philosophie.

Et la philosophie, c'est de faire — que son génie intérieur reste à l'abri des outrages, inaltéré, supérieur aux plaisirs et aux douleurs ; — qu'il n'agisse ni au hasard, ni avec fausseté, ni avec fourberie ; — qu'il se soucie peu de ce que les autres font ou ne font pas ; — et encore, qu'il accepte et les accidents et la destinée comme venant de là même d'où lui-même est venu ; — et surtout, qu'il attende la mort avec sérénité, n'y voyant rien que la dissolution des éléments, dont chaque être est constitué : or si, pour les éléments eux-mêmes, il n'y a rien de terrible à se transformer incessamment l'un en l'autre, pourquoi craindrait-on l'universelle transformation et la dissolution universelle ? C'est selon la nature, et rien n'est mal, qui est selon la nature. II. 17.

2

La citadelle intérieure

LA LIBERTÉ

Souviens-toi que ce qui commande en toi devient invincible, lorsque, ramassé en soi-même, il se contente de soi-même, et ne fait pas ce qu'il ne veut pas, même si sa résistance était déraisonnable. Que sera-ce donc lorsqu'il juge un objet avec la raison et après un examen attentif ? C'est là ce qui fait une citadelle d'une pensée libre de passions ; car l'homme n'a pas de fort plus solide où se réfugier et rester dorénavant imprenable. Qui ne l'a pas vu, ignorant ! Qui l'a vu et ne s'y réfugie point, infortuné ! VIII, 48.

3

Nos représentations doivent subir un examen critique

LA PHILOSOPHIE

Aux principes que j'ai dits, en ajouter un autre : se faire toujours une définition ou une description de l'objet qu'on vient à se représenter, afin de voir quel il est en sa substance, nu, analysé tout entier en tous ses éléments ; et se dire à soi-même son nom et le nom de ces éléments dont il est constitué et en lesquels il se dissoudra. Rien en effet n'engendre à ce point la grandeur d'âme, comme de pouvoir examiner avec méthode et vérité chacune des choses qu'on rencontre dans la vie, de les regarder toujours si bien qu'on en puisse conclure à la fois, sachant pour quel monde elle est utile et de quelle utilité : — quelle dignité elle a par rapport au Tout, et quelle par rapport à l'homme, ce citoyen de la Cité suprême dont les autres cités sont comme les maisons ; — quelle est, et de quels éléments est constituée, et combien de temps doit naturellement durer cette chose que je me représente maintenant ; — de quelle vertu j'ai besoin par rapport à elle, douceur, courage, véracité, confiance, simplicité, maîtrise de moi-même, etc. Ainsi il faut, à chaque événement, se dire : « Ceci vient de Dieu… Ceci tient à l'enchaînement des choses, à la connexion fatale des circonstances, à des rencontres ou à des hasards de ce genre… Ceci vient d'un concitoyen, d'un parent, d'un ami, qui ignore ce qui, pour lui, est contraire à la nature ; mais moi, je ne l'ignore pas ; aussi je le traite, selon la loi naturelle de la société, avec bienveillance et justice, tout en m'efforçant, dans les choses indifférentes, de le traiter selon ses mérites. » III, 11.

4

La raison commande l'accès au bonheur

LA RAISON

Toute nature est contente d'elle-même quand elle suit le droit chemin. Or la nature raisonnable suit le droit chemin, lorsque, dans ses représentations, elle n'acquiesce ni au faux ni à l'obscur ; lorsqu'elle dirige ses tendances aux seules actions utiles à la société ; lorsqu'elle forme ses désirs et ses répugnances pour les seules choses qui sont en notre pouvoir ; lorsqu'elle aime tout sort que lui réserve la commune nature. Car elle en est partie, comme la nature de la feuille est partie de la nature de la plante ; si ce n'est que, dans ce cas, la nature de la feuille est partie d'une nature insensible, dénuée de raison et qui peut être entravée, tandis que la nature de l'homme est partie d'une nature qui ne peut être entravée, intelligente et juste : en effet, elle distribue à chacun également et selon son mérite, sa part de temps, de substance, de cause, d'activité, d'événements. Seulement, examine si tu trouveras toujours égales, non point chacune de ces parts, mais la part totale de l'un avec toutes les parts de l'autre. VIII, 7.

5

Bonheur et malheur ne dépendent que de nous

LE BONHEUR

Être semblable au promontoire, contre lequel incessamment se brisent les flots ; et lui se dresse, et autour de lui s'apaise la fureur des vagues. « Quel malheur ! telle chose m'est arrivée ! » — Non pas. Mais : « Quel bonheur ! telle chose m'est arrivée, et je vis sans chagrin, et je ne suis ni blessé par le présent ni effrayé par l'avenir. » En effet, pareille chose pouvait arriver à tout le monde, mais tout le monde n'en serait pas resté sans chagrin. Pourquoi donc tel événement serait-il un malheur, plutôt que tel autre un bonheur ? Appelles-tu donc, en un mot, malheur, pour un homme, ce qui n'est pas une entrave à la nature de l'homme ? Et cela te paraît-il être une entrave à la nature de l'homme, qui n'est point contre la volonté de sa nature ? Eh quoi ! tu la connais, cette volonté : est-ce que cet accident t'empêche d'être juste, magnanime, sage, circonspect, véridique, modeste, libre, d'avoir ces vertus dont la réunion constitue le caractère propre de la nature de l'homme ? Au reste, souviens-toi, à tout événement qui te jetterait dans la tristesse, de recourir à cette vérité : cela n'est point un malheur, mais le supporter courageusement est un bonheur. IV, 49.

Tout ce qui arrive arrive tel, ou bien que ta nature peut le supporter, ou bien qu'elle ne peut pas le supporter. — Si donc il t'arrive ce que ta nature peut supporter, ne te fâche pas ; mais, comme ta nature le supporte, supporte-le. — Et, s'il t'arrive ce que ta nature ne peut pas supporter, ne te fâche pas : car cela cessera en te détruisant. — Souviens-toi pourtant que ta nature supporte tout ce que ton opinion peut rendre supportable et tolérable pour toi, si tu te représentes qu'il est de ton intérêt ou de ton devoir de le faire. X, 3.

6

Nous sommes égaux devant le présent qui seul nous appartient

Le temps

Quand tu devrais vivre trois fois mille années et autant de fois dix mille années, souviens-toi pourtant que nul ne perd une autre vie que celle qu'il vit, ni n'en vit une autre que celle qu'il perd. Dès lors, la vie la plus longue et la plus courte reviennent au même ; le temps présent, en effet, est égal pour tous ; donc le temps qui fuit est égal ; et ainsi, ce qu'on perd apparaît infiniment petit, car nul ne peut perdre ni le passé ni l'avenir : ce qu'on ne possède pas, comment pourrait-on en être dépouillé ?

Il faut donc se souvenir de ces deux choses : l'une, que tout, de toute éternité, est uniforme et roule en cercle, et que peu importe de voir les mêmes objets cents ans, deux cents ans, ou dans l'infini de la durée ; — l'autre, que celui qui a le plus vécu et celui qui est mort le plus tôt perdent autant ; car il n'y a que le présent dont ils doivent être dépouillés, puisqu'ils ne possèdent que lui, et que, ce qu'on ne possède pas, on ne peut pas le perdre. II, 14.

7

La mort est naturelle

La mort

Penser sans cesse combien de médecins sont morts, qui avaient souvent froncé les sourcils à la vue des malades ; combien de mathématiciens, qui avaient prédit comme un grand événement la mort d'autres hommes ; combien de philosophes, qui avaient disserté sans fin sur la mort et l'immortalité ; combien de guerriers, qui avaient tué tant de gens ; combien de tyrans, qui avaient usé du droit de vie et de mort avec une cruauté arrogante, comme s'ils eussent été immortels ; combien de cités sont, pour ainsi dire, mortes tout entières : Hélikè, Pompéi, Herculanum, et d'autres innombrables. Ajoutes-y ceux que tu as vus toi-même mourir l'un après l'autre : celui-ci rendit les derniers devoirs à tel autre et fut ensuite enseveli, et cet autre à son tour, et tout cela en peu de temps. En un mot, considérer toujours les choses humaines comme éphémères et sans valeur : hier, germe ; aujourd'hui, cadavre embaumé ou cendre. Donc, passer cet infime moment de la durée selon la nature, et finir sa vie avec sérénité, comme une olive mûre qui tomberait, bénissant la terre qui l'a nourrie et rendant grâces à l'arbre qui l'a portée. VII, 48.

8

Les détails défectueux concourent à la perfection du tout

LA MÉTAPHYSIQUE

Il faut aussi noter des choses comme celles-ci : ce qu'il y a d'adventice même qui s'ajoute aux choses naturelles offre une sorte de grâce et d'attrait. Ainsi, le pain, quand il cuit, crève par endroits ; et les fentes ainsi produites, qui sont en quelque sorte contraires au but de la boulangerie, ont un certain agrément et excitent particulièrement l'appétit. De même, les figues, quand elles sont tout à fait à point, s'entrouvrent. Dans les olives bien mûres, le fruit, qui va pourrir, y gagne un mérite particulier. Et la tête penchée des épis, la peau plissée sur le mufle du lion, l'écume qui découle de la gueule des sangliers, et bien d'autres choses, — fort loin d'être belles si on les regarde en elles-mêmes, — sont, parce qu'elles résultent des choses naturelles, un agrément de plus et une séduction. En sorte que, pour qui aurait un sentiment et une intelligence plus profonde des choses du Tout, il n'en est presque aucune, — fût-elle conséquence adventice des autres, — qui ne lui paraîtrait [en vérité] s'accorder agréablement avec l'ensemble. Celui-là verra même les véritables gueules béantes des fauves avec autant de plaisir que les imitations qu'en font les peintres et les sculpteurs ; il pourra, de ses regards philosophes, voir chez une vieille femme ou un vieil homme une jeunesse, une beauté, la séduction même de l'enfance. Pareilles choses sont fréquentes, mais non visibles à tous : c'est le privilège de celui-là seul qui s'unit véritablement à la nature et à ses œuvres. III, 2.

Ce concombre est amer ? jette-le. Il y a des ronces dans le chemin ? évite-les. Cela suffit. N'ajoute pas : « Pourquoi cela arrive-t-il dans le monde ? » car tu prêterais à rire à l'homme qui connaît la nature, comme tu ferais rire le menuisier ou le cordonnier à qui tu reprocherais les copeaux et les rognures de leurs travaux qu'on voit dans leurs boutiques. Et encore ont-ils, eux, un endroit où les jeter ; et la nature du Tout n'a rien en dehors d'elle. Mais c'est ce qui est admirable dans son art, que s'étant circonscrite elle-même, elle transforme en elle-même tout ce qui est renfermé en elle, qui semble corrompu, vieilli, inutile, et que, de cela même, elle fait d'autres choses nouvelles : ainsi, elle ne se sert d'aucune substance étrangère et n'a pas besoin d'un endroit pour y jeter les détritus. Il lui suffit du lieu qu'elle a, de la matière qu'elle a, et de l'art qui lui est propre. VIII, 50.

9

Pourquoi il faut aimer le destin

LA MÉTAPHYSIQUE

Comme on dit couramment : « Esculape lui *a ordonné* l'équitation, les bains froids, la marche pieds nus », on dirait de même : « La nature du Tout lui *a ordonné* une maladie, la mutilation d'un membre, la perte des parents et autres épreuves semblables. » En effet « *a ordonné* », dans le premier cas, signifie à peu près : il le lui a prescrit comme approprié à sa santé, et, dans le second cas : ce qui se rencontre dans la vie de chacun lui a été, en quelque sorte, prescrit comme approprié à sa destinée. De même encore, nous disons que ces choses-là « *se rencontrent* » dans notre vie, comme les hommes du métier disent que les pierres carrées des murs et des pyramides « *se rencontrent* », lorsqu'elles s'adaptent l'une à l'autre dans une certaine position. Car en somme, il y a une harmonie une ; et, de même que le monde, ce corps si grand, se compose de tous les corps, de même, la destinée, cette cause si grande, se compose de toutes les causes. Ce que je dis là est aussi ce que pensent les gens absolument ignorants, car ils disent : « La destinée lui *apportait* cela. » Oui, cela lui était « *apporté* », et cela lui était adapté. Recevons donc ce qui nous arrive comme ce qu'Esculape ordonne. Il y a, dans ses prescriptions aussi, bien des choses désagréables ; mais nous les acceptons volontiers dans l'espérance de la santé. Que l'accomplissement et l'achèvement des choses qui ont paru bonnes à la nature commune soient pour toi comme ta santé ; et accueille de même tout ce qui t'arrive, te parût-il trop dur, dans la pensée que tu agis ainsi pour la santé du monde, pour le succès et l'heureuse exécution des vues de Zeus. Car il n'eût « *apporté* » cela à personne, si cela n'eût « *importé* » en même temps au Tout ; et une nature, quelle qu'elle soit, n'apporte rien qui ne soit approprié à l'être soumis à sa loi.

Il faut donc aimer ce qui nous arrive pour deux raisons : — l'une, que cela était fait pour toi, que cela était ordonné pour toi, que cela était adapté à toi, tissé dès le principe dans la trame de ta vie, en vertu des causes les plus antiques ; — l'autre, que même ce qui arrive à chaque être en particulier contribue au succès, à la perfection et, par Zeus ! à la durée même de celui qui régit le Tout. C'est en effet mutiler le Tout que de retrancher rien de son enchaînement et de sa continuité, aussi bien dans ses parties que dans ses causes mêmes ; or tu le mutiles autant qu'il est en toi, toutes les fois que tu boudes contre les choses, et, pour ainsi dire, tu te détruis. V, 8.

10

La dignité de l'homme est de vivre en accord avec sa destination

Ce n'est pas une chose digne d'estime que de transpirer comme les plantes, ni de respirer comme les animaux domestiques et sauvages, ni d'être impressionné par les représentations des choses, ni d'être mis en mouvement par ses impulsions, ni de vivre en société, ni de se nourrir : car tout cela est du même ordre que l'excrétion du résidu de la nourriture. — Qu'y a-t-il donc de digne d'estime ? Soulever des battements de mains ? Non ; ni, par conséquent, de langues : car les éloges de la foule ne sont qu'un battement de langues. Ainsi voilà rejetée à son tour la gloriole. — Que reste-t-il de digne d'estime ? À mon avis, c'est de se mouvoir d'après sa constitution propre et de tendre à ce but où conduisent aussi les études et les arts. Tout art, en effet, se propose de rendre ce qu'il prépare propre au but pour lequel il le prépare : le vigneron cultivant la vigne, le dompteur de chevaux, le dresseur de chiens visent à ce résultat, et l'instruction, l'éducation des enfants tendent aussi à [cette] fin. Voilà donc ce qui est digne d'estime. Et, si tu y réussis, tu ne feras aucun cas du reste.

La liberté

Tu ne cesseras pas d'estimer aussi beaucoup d'autres choses ? — Alors tu ne seras jamais libre, ni autonome, ni maître de tes passions. Car, nécessairement, tu envieras, tu jalouseras, tu soupçonneras ceux qui peuvent t'enlever ces choses, tu t'attaqueras à ceux qui possèdent ce que tu estimes : en un mot, il est nécessairement troublé, celui qui a besoin d'une de ces choses, et, en outre, il murmure souvent contre les dieux mêmes. Au contraire, par le respect et l'estime de ta pensée propre, tu deviendras aimable à toi-même, tu seras facile à vivre pour les autres hommes, tu seras d'accord avec les dieux, c'est-à-dire que tu loueras et la part qu'ils t'ont faite et la destinée qu'ils t'ont décrétée. VI, 16.

11

La seule vraie retraite est intérieure

LA CONSCIENCE

On se cherche des retraites, campagnes, plages, montagnes ; et toi-même, tu t'es habitué à désirer vivement ces asiles. Mais c'est une chose toute déraisonnable, puisque tu peux, à l'heure que tu veux, te retirer en toi-même. Nulle retraite en effet n'est plus tranquille ni moins troublée pour l'homme que celle qu'il trouve en son âme, surtout s'il y porte ces vérités sur lesquelles il lui suffit de se pencher pour acquérir à l'instant une absolue quiétude ; et, par « quiétude », j'entends l'ordre parfait de l'âme.

Sans cesse donc, donne-toi à toi-même cette retraite et t'y renouvelle toi-même. Qu'il y ait là ces maximes brèves et fondamentales qui, dès que tu les auras rencontrées, suffiront à effacer tout chagrin et à te renvoyer exempt d'amertume pour les choses auxquelles tu retournes. Car enfin, contre quoi as-tu de l'amertume ? — Contre la méchanceté des hommes ? Médite cette vérité, que les êtres raisonnables sont nés les uns pour les autres, que se supporter est une partie de la justice, que les fautes sont involontaires, que tous ceux qui se sont jadis querellés, soupçonnés, haïs, frappés de lances, ont été couchés par la mort et réduits en cendres ; et cesse alors d'en souffrir. — Est-ce contre la destinée que t'a départie le Tout que tu as de l'amertume ? Répète-toi le dilemme : Ou une Providence ou des atomes, et tant de preuves que le monde est comme une cité. — Les choses du corps ont-elles encore prise sur toi ? Rappelle-toi que la pensée ne participe plus aux mouvements doux ou rudes du souffle vital, une fois qu'elle s'est saisie elle-même et qu'elle a reconnu sa propre essence, et aussi tous les enseignements que tu as entendus et acceptés sur la douleur et le plaisir. — Est-ce la gloriole qui t'agite ? Considère l'oubli rapide de tout, l'abîme du temps infini en avant et en arrière, la vanité de ce bruit, l'inconstance et l'incompétence de ceux qui semblent te louer, et l'exiguïté du lieu où ta renommée se renferme : car la terre tout entière n'est qu'un point, et quelle infime parcelle en est le coin même que nous habitons, et là, combien d'hommes, et quels hommes, te loueront !

Il te reste donc à n'oublier point la retraite que t'offre ce petit domaine de ton âme. Et, avant tout, ne t'agite point, ne te raidis point : mais sois libre, et regarde les choses en être viril, en être humain, en citoyen, en mortel. Et, parmi les pensées que tu médites le plus habituellement, place ces deux vérités : l'une, que les choses ne touchent pas à notre âme, mais restent immobiles et en dehors d'elle, et que ses troubles naissent seulement de l'opinion intérieure qu'elle s'en fait ; — l'autre, que toutes ces choses que tu vois seront transformées dans un instant et ne seront plus ; songe sans cesse à combien de transformations tu as déjà toi-même assisté : le monde, c'est changement, et la vie, opinion. IV, 3.

12

Les pouvoirs de l'âme

La conscience

Propriétés de l'âme raisonnable : Elle se voit elle-même. — Elle s'organise elle-même. — Elle se fait elle-même telle qu'elle veut. — Elle recueille elle-même le fruit qu'elle porte (les fruits des plantes, les produits des animaux, un autre les recueille). — À quelque moment que la fin de la vie arrive, elle atteint son but propre : il n'en est pas comme d'un ballet, d'une pièce de théâtre, et autres représentations, où l'action tout entière devient défectueuse, si l'on fait une coupure ; au contraire, à tout moment, et en quelque lieu qu'elle soit saisie par la mort, l'âme a toujours rempli et parachevé l'objet qu'elle s'était proposé et elle peut dire : « J'ai ce qui est mien. » — De plus, elle embrasse et le monde entier et le vide qui l'entoure et sa forme ; elle s'étend jusqu'à l'infini de la durée ; elle embrasse les régénérations périodiques du Tout ; elle les conçoit ; elle observe que ceux qui viendront après nous ne verront rien de nouveau, et que ceux qui sont venus avant nous n'ont rien vu de plus que nous, mais que l'homme qui a vécu quarante ans, pour peu qu'il ait d'intelligence, a vu, en quelque façon, tout ce qui a été et tout ce qui sera, puisque c'est toujours la même chose. — Et le propre de l'âme raisonnable, c'est aussi d'aimer le prochain, c'est la vérité, la pudeur, c'est de ne rien honorer plus qu'elle-même, ce qui est aussi le propre de la loi : ainsi, une droite raison ne diffère en rien de la raison de la justice. XI, 1.

13

Se libérer par l'exercice du jugement

Le jugement

Comme on se donne cette idée des plats et des autres aliments : C'est un cadavre de poisson, C'est un cadavre d'oiseau ou de porc ; et aussi, du falerne : C'est un peu de jus de raisin ; et de la pourpre : C'est de la laine de mouton trempée dans le sang d'un coquillage ; et des plaisirs de l'amour : c'est une excitation et un spasme ; et comme ces pensées atteignent les choses mêmes et les pénètrent, et font voir enfin ce qu'elles sont ; — ainsi faut-il faire pendant toute la vie, et, toutes les fois que les choses nous paraissent trop dignes de confiance, les mettre à nu, considérer leur peu de valeur, les dépouiller de cette réputation qui les rend vénérables. L'orgueil, en effet, est un dangereux imposteur, et, quand tu crois le plus te donner à des choses dignes de ton zèle, c'est alors qu'il te dupe le plus. [...] VI, 13.

Tu mépriseras les délices du chant, de la danse, du pancrace, si tu décomposes cette voix harmonieuse en chacun des sons et si tu te demandes, pour chacun d'eux : « Est-ce lui qui me charme ? » car tu auras honte de le dire ; et si tu décomposes de même la danse en chacun des mouvements et en chacune des attitudes ; et si tu fais la même chose pour le pancrace. En toutes choses donc, sauf la vertu et ce qui vient de la vertu, souviens-toi de parcourir les parties une à une, et, en les analysant ainsi, d'arriver à les mépriser. — Transporte cette même règle à ta vie tout entière. XI, 2.

14

Apprendre à maîtriser ses désirs

LE DÉSIR

T'affliges-tu de peser tant de livres et non trois cents ? Fais de même s'il s'agit de vivre tant d'années et non davantage. De même, en effet, que tu te contentes de la quantité de substance qui t'a été départie, contente-toi aussi de ta part du temps. VI, 49.

L'œil sain doit voir tout ce qui est visible, et ne pas dire : « Je veux du vert » ; car c'est le propre d'un œil malade. L'ouïe saine et l'odorat doivent être prêts à tous les sons et à toutes les odeurs. L'estomac sain doit être à tous les aliments ce qu'est la meule à tous les grains qu'on l'a construite pour moudre. Donc une pensée saine doit être prête à tous les événements ; celle qui dit : « Que mes enfants vivent ! » ou : « Que tout le monde loue tout ce que je ferai ! » est un œil qui demande du vert, des dents qui demandent du tendre. X, 35.

15

La sociabilité naturelle de l'homme

LA SOCIÉTÉ

Le matin, commencer par se dire : « Je vais rencontrer un curieux, un ingrat, un brutal, un fripon, un envieux, un insociable. Tout cela est venu à ces hommes de leur ignorance des biens et des maux. Pour moi, ayant contemplé la nature du bien, qui est le beau, et du mal, qui est le laid, et la nature du coupable lui-même, qui est mon parent, par la communauté non du sang ni de la naissance, mais de l'intelligence et de la participation à la divinité ; — je ne puis souffrir d'aucun d'eux aucun dommage : car aucun ne peut me jeter la souillure du laid ; — je ne puis m'irriter contre un parent ni m'en détourner : car nous sommes nés pour coopérer à la même œuvre, comme les pieds, les mains, les paupières, les dents supérieures et celles d'en bas ; l'hostilité réciproque est donc contre la nature ; et c'est de l'hostilité que l'indignation et l'aversion. » II, 1.

Tout ce qui participe à quelque chose de commun avec d'autres, se porte à son semblable. Tout ce qui est terre tend à la terre ; tout ce qui est liquide, à l'humide ; tout ce qui est air, de même ; si bien qu'il faut des obstacles et une force pour les séparer. Le feu monte en haut, à cause du feu élémentaire, et, ici-bas, il est tellement prêt à s'unir en brûlant à un feu quelconque, que toute matière un peu sèche est facile à enflammer, parce qu'elle est moins mêlée de ce qui empêche la combustion.

Donc tout ce qui participe à la nature intelligente commune se porte de même à son semblable, et même davantage. En effet, plus un être est supérieur aux autres, plus il est prêt à s'unir et à se fondre avec son semblable. — Pour ne pas aller plus loin, chez les êtres sans raison, on trouve des essaims, des troupeaux, des éducations de petits et presque des amours ; car il y avait déjà là des âmes ; et l'on y découvrirait, une tendance à la société à un degré supérieur et telle qu'elle n'était ni dans les plantes ni dans les pierres ou le bois. — Chez les êtres raisonnables, il y a des gouvernements, des amitiés, des familles, des assemblées, et, pendant les guerres, des traités et des trêves. — Et chez les êtres encore supérieurs, même séparés il y a une sorte d'unité, par exemple chez les astres. — Ainsi l'ascension à un degré supérieur peut produire une sympathie, même entre des êtres séparés.

Or vois ce qui se passe maintenant. Seuls, maintenant, les êtres intelligents ont perdu cette affection et cette concorde réciproques, et c'est là seulement qu'on ne voit plus ce concours. Pourtant, ils ont beau fuir : ils sont repris ; car la nature l'emporte. Et tu verras ce que je dis si tu y prends garde : il serait plus vite fait de trouver une parcelle de terre séparée de toute terre, qu'un homme isolé de l'homme. IX, 9.

16

Dix préceptes à observer dans nos rapports avec les autres hommes

Le devoir

Premièrement. — Quelle est ma situation à l'égard des hommes ; et que nous sommes nés les uns en vue des autres ; et que, à un autre point de vue, je suis né pour être à leur tête comme le bélier à la tête des moutons, le taureau à la tête des bœufs. — Pars encore de plus haut, de ce principe : Si les atomes ne sont pas, c'est la nature qui régit le Tout ; cela étant, les inférieurs sont faits en vue des supérieurs, et ceux-ci les uns en vue des autres.

Deuxièmement. — Quels ils sont à table, au lit, ailleurs ; et surtout quelles nécessités résultent pour eux de leurs principes ; et, ces choses mêmes, avec quel orgueil ils les font.

Troisièmement. — Que, s'ils ont raison de faire cela, il ne faut pas s'en indigner. — Que, s'ils ont tort, c'est évidemment malgré eux et par ignorance (car toute âme, de même qu'elle se prive malgré elle de la vérité, se prive malgré elle de traiter chaque chose selon sa valeur) ; et c'est pour cela qu'ils ne supportent pas d'être appelés injustes, ingrats, avares, en un mot malfaisants pour le prochain.

Quatrièmement. — Que toi aussi tu commets bien des fautes, et que tu es semblable aux autres ; — et que, si tu t'abstiens de certaines fautes, tu n'en as pas moins la disposition qui les engendre, quoique, par lâcheté, par vanité, par d'autres vices semblables, tu t'abstiennes de pareilles fautes.

Cinquièmement. — Que tu ne sais même pas s'ils commettent des fautes : car beaucoup de leurs actes se font même d'après un plan de conduite ; et, en somme, il faut d'abord connaître une foule de détails, afin de se prononcer en connaissance de cause sur la conduite des autres.

Sixièmement. — (Lorsque tu t'indignes trop ou te chagrines) Que la vie de l'homme est un instant, et que, sous peu, nous serons tous couchés par la mort.

Septièmement. — Que ce ne sont pas leurs actes qui nous tourmentent (car ils restent dans leurs résolutions), mais le jugement que nous en portons. Supprime donc, décide d'anéantir en toi l'opinion que ces actes sont indignes et ta colère est passée. Et comment la supprimer ? en réfléchissant qu'il n'y a rien de honteux à cela : car, s'il y avait autre chose que le mal qui fût honteux, nécessairement tu ferais bien des fautes, tu serais un brigand, tu aurais mille défauts.

Huitièmement. — Combien les colères et les chagrins à propos de ces choses sont plus pénibles que les choses mêmes desquelles nous nous irritons et nous chagrinons !

Neuvièmement. — Que la bienveillance est invincible, si elle est sincère, sans grimace, sans fausseté. Que te fera, en effet, le plus violent des hommes, si tu demeures bienveillant pour lui, si, à l'occasion, tu l'exhortes doucement et, au moment même où il essaye de te faire du mal, lui donnes, sans te fâcher, cette leçon : « Non, mon enfant ; nous sommes nés pour autre chose ; et ce n'est point moi qui en supporterai le dommage, mais toi, ô mon enfant ! » Et lui montrer adroitement, et par des considérations générales, qu'il en est ainsi, et que ni les abeilles ni aucun des animaux dont l'instinct est de vivre en société n'agissent comme lui. Et il faut le faire sans ironie, sans insulte, mais avec une affection vraie et sans rancune dans l'âme, et non comme un maître d'école, ni pour te faire admirer des témoins, mais bien [comme s'il] était seul, quand même il y aurait là d'autres personnes.

Souviens-toi de ces neuf principes comme d'autant de présents des Muses ; et commence enfin à être homme, pendant que tu vis. — Mais, autant que de t'emporter contre eux, il faut éviter de les flatter : les deux sont contraires à la société et aboutissent à nuire.

Et, dans tes colères, aie présente cette idée que l'emportement n'est pas viril, mais que la douceur et la bonté, comme elles sont plus humaines, sont aussi plus viriles ; qu'à celui qui les met en pratique, appartiennent la force, la vigueur, le courage, et non à celui qui s'emporte et s'irrite ; car plus l'attitude se rapproche de l'impassibilité, plus elle se rapproche aussi de la force, et, si le chagrin est un signe de faiblesse, la colère l'est aussi : dans les deux cas, c'est être blessé et capituler.

Et, si tu veux, reçois du Musagète ce dixième présent : Vouloir que les méchants ne fassent point de fautes, c'est folie, car c'est désirer l'impossible ; mais leur permettre d'en faire contre les autres et vouloir qu'ils n'en fassent point contre toi, c'est déraison et tyrannie. XI, 18.

17

L'indépendance d'esprit

LA LIBERTÉ

À ma volonté, la volonté d'autrui est aussi indifférente que son souffle et son corps. En effet, s'il est vrai que nous soyons nés surtout les uns pour les autres, nos âmes n'en ont pas moins chacune leur pouvoir propre. Sinon, le vice d'autrui serait mon mal, ce que Dieu n'a pas voulu, afin qu'il ne fût pas au pouvoir d'autrui de me rendre malheureux. VIII, 56.

Souvent j'ai admiré comment chacun s'aime soi-même plus que tous et, pourtant, tient moins compte de sa propre opinion sur soi que de celle des autres. Si un dieu tutélaire ou un maître sage ordonnait à un homme de ne rien concevoir ni penser à part soi, sans l'exprimer aussitôt, et à haute voix, il ne le supporterait pas même un seul jour : tant nous respectons plus l'opinion des autres sur nous que la nôtre propre ! XII, 4.

18

La signification de la prière

LA RELIGION

Ou les dieux n'ont aucun pouvoir, ou ils en ont. S'ils n'ont aucun pouvoir, pourquoi les pries-tu ? S'ils ont du pouvoir, pourquoi ne les pries-tu pas plutôt de t'accorder de ne plus craindre aucune de ces choses, de n'en désirer aucune, de ne t'affliger pour aucune, que de t'accorder de l'avoir ou de ne l'avoir pas ? car, si les dieux peuvent en toutes choses assister les hommes, ils le peuvent aussi en cela. — Mais peut-être tu diras : « Les dieux ont mis cela en mon pouvoir. » — Eh bien ! ne vaut-il pas mieux user de ce qui est en ton pouvoir avec liberté, que de te porter aux choses qui ne sont pas en ton pouvoir, avec servilité et bassesse ? Et qui t'a dit que les dieux ne nous assistent pas aussi pour les choses qui sont en notre pouvoir ? Commence par les prier pour elles, et tu verras. Celui-ci prie : « Puissé-je jouir de cette femme ! » toi, prie : « Puissé-je ne jamais désirer jouir de cette femme ! » un autre : « Puissé-je me défaire de cet homme ! » toi : « Puissé-je ne pas vouloir m'en défaire ! » un autre : « Puissé-je ne pas perdre mon enfant ! » toi : « Puissé-je ne pas craindre de le perdre ! » Tourne de ce côté toutes tes pensées, et vois ce qui arrive. IX, 40.

19

En quoi consiste vraiment l'impiété ?

LA RELIGION

L'injuste est impie. En effet, la nature du Tout ayant constitué les êtres raisonnables les uns en vue des autres, afin qu'ils s'aident les uns les autres selon leur mérite et qu'ils ne se nuisent jamais, celui qui transgresse sa volonté est évidemment impie envers la plus auguste des divinités.

Le menteur est impie envers la même divinité. En effet, la nature du Tout est la nature des êtres, et les êtres sont parents de tout ce qui est ; de plus, la nature est aussi appelée vérité, et elle est la cause première de toutes les vérités. Donc celui qui ment volontairement est impie, en tant qu'il commet l'injustice de tromper ; et celui qui ment involontairement, en tant qu'il détonne avec la nature du Tout et en tant qu'il y met le désordre, en combattant contre la nature du monde : car il combat contre elle, celui qui se porte, même malgré lui, à ce qui est contraire à la vérité, puisqu'il avait reçu de la nature des ressources pour discerner le faux du vrai, et qu'en les négligeant il en est devenu maintenant incapable.

Celui qui poursuit les plaisirs comme des biens ou qui fuit les douleurs comme des maux est impie. En effet, nécessairement, un tel homme adresse souvent à la nature commune ce reproche qu'elle fait le partage entre les méchants et les vertueux sans tenir compte du mérite, puisque souvent les méchants sont dans les plaisirs et acquièrent ce qui les leur procure, et que les vertueux tombent dans la douleur ou dans ce qui la cause. — De plus, celui qui a peur des douleurs aura aussi peur un jour de quelqu'une des choses qui doivent arriver dans le monde, et c'est déjà une impiété. Et celui qui poursuit les plaisirs ne s'abstiendra pas de l'injustice, et cela est évidemment une impiété. Or il faut dans les choses pour lesquelles la nature commune est indifférente (car elle n'aurait pas fait les deux choses opposées, si elle n'eût été indifférente pour toutes deux), dans ces choses-là, il faut que ceux qui veulent suivre la nature partagent sa pensée et demeurent indifférents. Quiconque donc, pour la douleur et le plaisir, la mort et la vie, la gloire et l'infamie, choses dont la nature use indifféremment, n'est pas lui-même indifférent, celui-là, évidemment, est un impie. Et je dis que la nature commune en use indifféremment pour dire qu'elles arrivent indifféremment aux êtres qui se succèdent et qui surviennent, par un antique dessein de la Providence; laquelle, au commencement, a eu le dessein de cet ordre universel, a conçu certaines raisons des événements à venir, et a déterminé les forces d'où devaient sortir les existences, les transformations et les successions de ce genre. IX, 1.

20

Tout est vanité

LES PASSIONS

Sous peu, de la cendre ou un squelette, un nom ou pas même un nom; et le nom n'est que bruit et écho. — Les choses les plus estimées dans la vie : vanité, pourriture, petitesses, chiens qui se mordent, enfants qui se chamaillent, rient et tout de suite pleurent. — La foi, la pudeur, la justice et la vérité « enfuies vers l'Olympe, loin de la vaste terre[1]. » — Qu'y a-t-il donc encore qui te retienne ici, s'il est vrai que les objets sensibles sont changeants et ne durent point, que les sens sont faibles et faciles à duper, que ta petite âme elle-même n'est qu'une vapeur du sang, que la gloire auprès de tels hommes est vanité? Pourquoi n'attends-tu pas avec sérénité ou de t'éteindre ou de changer de place? Jusqu'à ce que le moment en soit venu, que te faut-il? quelle autre chose que d'honorer et de bénir les dieux, de faire du bien aux hommes, de les supporter, de t'abstenir, et toutes les choses que tu vois, hors de ton corps et de ton esprit, de te souvenir qu'elles ne sont ni à toi ni en ton pouvoir? V, 33.

21

Le jeu de la vie

LE BONHEUR

Homme! tu as été citoyen de cette grande Cité; que t'importe de l'avoir été cinq ans ou trois ans? Ce qui est conforme aux lois est égal pour tous. Qu'y a-t-il donc de terrible à être renvoyé de la ville, non par un tyran ni par un juge inique, mais par la nature qui t'y a fait entrer? C'est comme un acteur que renvoie de la scène le prêteur qui l'a engagé : — « Mais je n'ai pas dit les cinq actes; trois seulement. » — Tu les as bien dits; mais, dans la vie, trois actes font tout le drame. Car celui-là marque le terme, qui, jadis, a réuni les éléments dont tu es formé et, maintenant, les dissout; toi, tu n'es cause ni de l'un ni de l'autre. Va-t'en donc avec sérénité; car celui qui te congédie, te congédie avec sérénité.

1. Hésiode, *Les Travaux et les Jours.*

CONTREPOINT

À la lecture des Pensées *de Marc Aurèle, rien ne montre qu'elles furent écrites par un empereur romain. On y chercherait en vain une méditation sur le pouvoir. On y trouve plutôt une sagesse invitant l'individu à vire en accord avec la nature. Pourtant Alain voit dans la maîtrise stoïcienne du jugement une éternelle leçon politique.*

ALAIN, *Propos sur des philosophes,* PUF.

Les *Entretiens* d'Épictète et les *Pensées* de Marc Aurèle sont deux livres que l'on ne voit pas souvent aux vitrines, d'abord parce que les éditeurs craignent de les garder dans leurs casiers, et ensuite parce que le public les rafle aussitôt. [...]

Livres révolutionnaires, dans le sens le plus profond. Non point, direz-vous, mais plutôt manuels de résignation, bons pour les vieux et les malades. C'est ce que je ne crois point du tout. [...]

LA LIBERTÉ

Il s'y trouve à chaque page le refus de croire et la volonté de Juger. Oui, tout est laissé à César ; ce corps faible et misérable est laissé à César, et presque jeté ; mais la liberté de nier, d'affirmer, d'estimer, de blâmer est sauvée toute. Jamais la résistance d'esprit ne fut plus dépouillée de moyens étrangers ; mais, par une conséquence immédiate, jamais César ne fut mis plus nu. Car sur quoi règne-t-il ? En apparence sur ces corps qu'il tire et pousse ; en réalité sur des esprits faibles, qui ne savent point obéir sans approuver. Aussi César cherche l'approbation ; il ne cherche même que cela ; c'est l'esprit qu'il veut tenir. Mais comment ? Par ses gardes et par ses menaces ? Cela fait rire. Dès que le plus faible des hommes a compris qu'il peut garder son pouvoir de juger, tout pouvoir extérieur tombe devant celui-là. Car il faut que tout pouvoir persuade. Il a des gardes, c'est donc qu'il a persuadé ses gardes. Par un moyen ou par un autre, promesse ou menace ; si les gardes refusent de croire, il n'y a plus de tyran. Mais les hommes croient aisément ? Ils soumettent leur jugement aux promesses et aux menaces ? Nous ne le voyons que trop. Ce n'est pas peu de dissoudre d'abord cette force politique, qui se présente à l'esprit sous les apparences d'une force mécanique. Toute force politique agit par les esprits et sur les esprits. Les armées sont armées par l'opinion. Dès que les citoyens refusent d'approuver et de croire, les canons et les mitrailleuses ne peuvent plus rien.

Saint Augustin

Les Confessions

354-430

Saint Augustin est né en 354 à Thagaste, ville romaine d'Afrique du Nord — aujourd'hui Souk Ahras en Algérie — dans une famille modeste. Il devient professeur de rhétorique et s'en va exercer à Carthage, puis à Rome et à Milan. Il est d'abord séduit par le manichéisme. Cette doctrine explique toutes choses à partir du conflit de deux forces matérielles, la Lumière et les Ténèbres; comme le Bien et le Mal se partagent le monde, il s'agit pour le croyant d'être du bon côté en s'imposant des privations rigoureuses. Mais en 386 Augustin rejette cette doctrine et se convertit au christianisme. Il consacrera désormais sa vie à la religion. Il retourne en Algérie, à Hippone, l'actuelle Annaba, dont il devient l'évêque. Quand il meurt en 430, Rome a subi le saccage des barbares et l'Empire s'achemine vers sa chute.

Tôt dans ses études, en lisant Cicéron, Augustin avait été marqué par la philosophie antique. Certes ce chrétien reconnaît en Dieu un au-delà de la raison, mais il n'a pas pour autant renoncé à l'idéal de rationalité qui anime la pensée grecque depuis Platon. Il entend concilier la raison et la foi. Mieux, il voit dans la première un précieux soutien pour la seconde. « Croire afin de comprendre, comprendre afin de croire », telle sera la maxime de ce croyant philosophe.

Les Confessions, son œuvre la plus célèbre, portent la marque de cette double exigence. Après les neuf premiers livres, qui constituent la première tentative pour un philosophe d'exposer l'histoire personnelle de ses pensées, Augustin se penche sur le récit biblique de la création du monde. Il voit dans le livre de la Genèse non seulement un objet de foi, devant lequel notre raison doit s'incliner, mais aussi une extraordinaire incitation à penser. C'est que, dès les premiers mots, « au commencement, Dieu créa le ciel et la terre... », l'esprit bute sur l'énigme du temps. On sait la fascination de l'homme pour les origines. Mais l'esprit, attiré par cette régression vers le moment premier du monde, ose une question vertigineuse : qu'y avait-il avant le commencement? — Dieu, répond le texte. Il y a donc eu un avant le commencement. Dans ce cas, que faisait Dieu en attendant de créer le monde? — Il préparait un bûcher, répondent certains théologiens irrités par tant d'impertinence, le bûcher sur lequel méritent de finir ceux qui posent de telles questions! Saint Augustin récuse cette façon cavalière de couper court à l'interrogation métaphysique. Il choisit de relever le véritable défi à l'intelligence que représente la question — ou plutôt les questions du Temps. Cette recherche fait l'objet du livre XI des *Confessions,* dont on trouvera ici un important extrait.

Saint Augustin

Saint Augustin

Traduction
d'Arnaud d'Andilly,
1649.

Les Confessions

Livre XI

Chapitre x

De ceux qui demandent ce que Dieu faisait avant qu'il eût créé le ciel et la terre

1

Les problèmes[1] que pose la notion d'éternité

LE TEMPS

Ceux-là ne sont-ils pas encore dans l'aveuglement du vieil homme, qui demandent ce que Dieu faisait avant qu'il eût créé le ciel et la terre[2] ? Car, disent-ils, s'il demeurait sans rien faire, pourquoi n'a-t-il pas toujours continué à demeurer ainsi sans agir, comme il y était toujours demeuré auparavant[3] ? Que s'il y a eu en Dieu quelque nouveau mouvement, et quelque nouvelle volonté qui l'ait porté à donner l'être à une créature qu'il n'avait point encore créée, comment peut-on trouver une véritable éternité, où il se forme une volonté qui n'était point auparavant ? Car la volonté de Dieu n'est pas une créature, mais elle est avant toutes les créatures, puisque rien ne serait créé si la volonté du Créateur ne précédait cette création. Il s'ensuit donc que la volonté de Dieu est sa substance même. Or s'il est arrivé quelque chose dans la substance de Dieu qui ne fût pas auparavant, on ne peut pas dire avec vérité que cette substance soit éternelle. Si donc la volonté de Dieu a éternellement voulu qu'il y eût une créature, pourquoi cette créature n'a-t-elle pas aussi été éternelle[4] ?

N.B. : Dans les neuf premiers chapitres du livre XI, saint Augustin s'interroge sur la première phrase de la genèse : « au commencement, Dieu créa le ciel et la terre. ». À partir du chapitre x, sa réflexion se concentre sur l'aspect temporel de cette phrase.

1. Les problèmes sont au nombre de trois et reçoivent une réponse aux § 3, 4 et 5.
2. Premier problème.
3. Deuxième problème.
4. Troisième problème.

Chapitre XI

Réponse à cette objection :
Que l'éternité de Dieu ne se mesure pas par le temps

2

L'éternité, qui n'est pas un temps sans fin, est immuable

LE TEMPS

Ô sagesse de Dieu et lumière de nos âmes, ceux qui parlent de la sorte ne vous connaissent pas encore, et ne connaissent pas encore en quelle manière se font les choses qui se font par vous et dans vous. Ils s'efforcent de comprendre votre sagesse éternelle : mais en même temps leur esprit roule toujours en soi-même les images de ces mouvements qui font le passé et l'avenir ; et ainsi ils ne peuvent avoir qu'une vaine et fausse idée de ce qui est éternel.

Qui est celui qui arrêtera cet esprit volage, afin qu'il demeure un peu dans un état ferme, et qu'il contemple un peu la splendeur de cette éternité toujours immuable, pour la comparer avec les temps qui ne s'arrêtent jamais, et voir comme il n'y a point du tout de comparaison ; puisqu'au lieu que la durée du temps ne se forme que de plusieurs mouvements passagers, et qui ne sauraient passer tous ensemble, l'éternité au contraire n'a rien en soi qui se passe, mais que tout y est présent ; ce qui ne se rencontre point dans le temps, dont il n'y en a nul où tout soit présent, puisque tout le passé est chassé par l'avenir, et que tout l'avenir succède au passé ; au lieu que tout le passé et tout l'avenir sont formés, et accomplissent leur cours par la puissance de cette éternité qui ne cesse jamais d'être présente.

Qui arrêtera, dis-je, l'esprit de l'homme afin qu'il demeure ferme, et qu'il considère de quelle sorte cette éternité qui n'est ni passée ni future, forme tous les temps passés et futurs en demeurant toujours immobile ? Mais ma plume et ma langue sont-elles capables d'exprimer par mes paroles des choses si grandes et si relevées ?

Chapitre XII

Ce que Dieu faisait avant la création du monde

3

Aucune action divine n'a précédé la création

LE TEMPS

Maintenant je veux répondre à ceux qui demandent ce que Dieu faisait avant que d'avoir créé le monde. Et je ne veux pas employer pour cela la réponse de celui qui se servit d'une raillerie pour éluder une question qui l'embarrassait, en disant qu'il préparait des supplices à ceux qui auraient la curiosité de s'enquérir de ce qui passe leur intelligence. Autre chose est de savoir ce qu'on doit dire dans la vérité et autre chose de railler. C'est pourquoi je ne fais point cette réponse ; et j'aimerais mieux avouer franchement que j'ignore ce que j'ignore, que de donner lieu par une semblable réponse de se moquer de celui qui aurait fait une question trop relevée, et de louer celui qui y aurait très mal répondu.

Je dis donc, mon Dieu, que vous êtes le Créateur de toutes les créatures ; et que si on les comprend toutes sous ces noms du ciel et de la terre, je ne crains point d'assurer, qu'auparavant que vous fissiez le ciel et la terre vous ne faisiez rien. Car si vous eussiez fait quelque chose, qu'eussiez-vous pu faire autre chose que des créatures ? Et je souhaiterais de savoir avec autant de certitude tout ce que je désire de savoir pour en faire un bon usage, comme je sais qu'aucune créature ne se faisait avant qu'elle se fît.

Chapitre XIII

Qu'il n'y a point eu de temps avant la création du monde

4

Dieu a créé ensemble le temps et le monde

Le temps

Que si quelque esprit léger et volage se laissant aller aux imaginations de sa fantaisie, et se figurant une infinité de siècles passés, s'étonne de voir qu'étant comme vous êtes, le Dieu tout-puissant, le Créateur et le Conservateur de toutes choses, et l'admirable ouvrier qui avez formé le ciel et la terre, vous n'ayez point entrepris un si grand ouvrage durant cette innombrable multitude de siècles qui l'ont précédé, qu'il rentre un peu dans lui-même, et qu'il considère combien le sujet de son étonnement est peu raisonnable. Car puisque vous êtes l'auteur et le Créateur de tous les siècles, comment les siècles innombrables qu'il s'imagine auraient-ils pu se passer si vous ne les aviez créés ? ou quel temps aurait-il pu y avoir, s'il n'avait été formé par vous ? ou comment se serait-il passé s'il n'avait jamais été ?

5

Aucun temps n'a précédé le temps

Le temps

Puis donc que vous êtes le Créateur de tous les temps, s'il y en a eu quelqu'un avant que vous eussiez fait le ciel et la terre, comment peut-on dire que vous demeuriez alors sans rien faire, puisqu'au moins vous faisiez ce temps : et ainsi il ne se peut point faire qu'il se soit passé du temps avant que vous fissiez le temps. Que s'il n'y a point eu de temps qui ait précédé le ciel et la terre, pourquoi demande-t-on ce que vous faisiez alors, vu qu'il n'y avait point d'alors où il n'y avait point de temps, et que ce ne peut être par le temps que vous précédez le temps, puisque si cela était, vous ne précéderiez pas tous les temps ? mais vous précédez tous les temps passés par l'éminence de votre éternité toujours présente, et vous êtes élevé au-dessus de tous les temps à venir, parce qu'ils sont à venir, et qu'ils ne seront pas plutôt venus qu'ils seront passés ; au lieu que vous êtes toujours le même, et que vos années ne cesseront jamais d'être.

Vos années ne vont ni ne viennent, ainsi que les nôtres vont et viennent, afin de se pouvoir toutes accomplir. Vos années demeurent toutes ensemble dans une stabilité immuable, parce qu'elles sont stables et permanentes, sans que celles qui passent soient chassées par celles qui leur succèdent, parce qu'elles ne passent point ; mais les nôtres ne seront toutes entièrement accomplies que lorsqu'elles se seront toutes écoulées. Vos années ne sont qu'un jour ; et votre jour n'est pas tous les jours, mais aujourd'hui, parce que votre jour présent ne fait point place à celui du lendemain, et ne succède point à celui d'hier ; et ce jour présent dont je parle est l'éternité. Ainsi vous avez engendré dans une éternité égale à la vôtre celui auquel vous avez dit : « Je vous ai engendré aujourd'hui. » Vous avez donc fait tous les temps par votre puissance ; vous précédez tous les temps par votre éternité ; et il n'y a point eu de temps dans lequel on ait pu dire : « Il n'y avait point de temps. »

Chapitre XIV

Des trois différences qui se rencontrent dans le temps

6

La nature paradoxale du temps

LE TEMPS

Il n'y a donc point eu de temps où vous n'ayez fait quelque chose, puisque vous aviez fait le temps ; et nuls temps ne vous sont coéternels, puisque vous demeurez toujours en même état, au lieu que s'ils y demeuraient, ils cesseraient d'être des temps. Qu'est-ce donc que le temps ? Qui le pourra dire clairement, et en peu de mots ? Et qui sera capable de le bien comprendre lorsqu'il en voudra parler ? Il n'y a rien toutefois qui soit plus connu que le temps, et dont il nous soit plus ordinaire de nous entretenir dans nos discours : et lorsque nous en parlons, nous entendons sans doute ce que nous disons, et entendons aussi ce que les autres en disent quand ils nous en parlent.

Qu'est-ce donc que le temps ? Si personne ne me le demande, je le sais bien ; mais si on me le demande, et que j'entreprenne de l'expliquer, je trouve que je l'ignore. Je puis néanmoins dire hardiment que je sais, que si rien ne se passait, il n'y aurait point de temps passé ; que si rien n'avenait, il n'y aurait point de temps à venir ; et que si rien n'était, il n'y aurait point de temps présent. En quelle manière sont donc ces deux temps, le passé, et l'avenir ; puisque le passé n'est plus, et que l'avenir n'est pas encore ? Et quant au présent, s'il était toujours présent, et qu'en s'écoulant il ne devînt point un temps passé, ce ne serait plus le temps, mais l'éternité. Si donc le présent n'est un temps que parce qu'il s'écoule et devient un temps passé, comment pouvons-nous dire qu'une chose soit, laquelle n'a autre cause de son être, sinon qu'elle ne sera plus ? De sorte que nous ne pouvons dire avec vérité que le temps soit, sinon parce qu'il tend à n'être plus.

Chapitre XV

En quoi consiste la mesure du temps

7

Comment mesurer le temps et en particulier le temps passé ?

LE TEMPS

Nous disons néanmoins qu'un temps est long ou qu'il est court ; et nous ne le disons que du passé ou de l'avenir. Par exemple, nous disons du temps passé, qu'il y a longtemps, lorsqu'il y a plus de cent ans qu'une chose est passée, et du temps à venir, qu'il y a encore longtemps, lorsqu'une chose ne doit arriver que cent ans après ; comme au contraire nous disons du temps passé, qu'il y a peu de temps, lorsqu'il n'y a que dix jours que cela est passé ; ou du temps à venir, que c'est dans peu de temps, lorsque cela doit arriver dans dix jours. Mais comment une chose qui n'est point peut-elle être longue ou courte ? Or le passé n'est plus, et l'avenir n'est pas encore. Ne disons donc pas, lorsque nous parlons du passé : Ce temps-là est bien long ; mais il a été bien long. Et lorsque nous parlons de l'avenir, ne disons pas : ce temps-là est bien long ; mais ce temps-là sera bien long.

Seigneur mon Dieu qui êtes la lumière de mon âme, votre vérité ne se moquera-t-elle pas ici de la simplicité et de la folie des hommes ? Car ce temps passé que nous disons avoir été long, l'a-t-il été lorsqu'il était déjà passé, ou quand il était encore présent ? Il pouvait seulement sans doute être long, lorsqu'il était quelque chose qui pût être long. Or le passé n'étant déjà plus, il ne pouvait plus aussi être long, puisqu'il n'était plus du tout. Ne disons donc pas : « Le passé a été long », puisque nous ne voyons pas qu'il l'ait pu être, d'autant que dès le moment qu'il a été passé, il n'a plus été. Mais disons : « Ce temps présent a été long », parce que lorsqu'il était présent il était long, à cause qu'il n'était pas encore passé au non-être, et qu'ainsi c'était une chose qui pouvait être longue ; au lieu qu'après qu'il a été passé, il a cessé d'être long en cessant d'être.

8

Comment mesurer la durée du temps présent ?

LE TEMPS

Voyons donc, ô mon âme, si le temps présent peut être long ; car tu es capable de connaître et de mesurer son étendue. Que me répondras-tu ? Diras-tu que cent années présentes sont un long temps ? Considère auparavant si ces cent années peuvent être présentes ; car si c'est la première de ces cent années qui fasse son cours, cette année est bien présente, mais les quatre-vingt-dix-neuf sont à venir, et par conséquent ne sont point encore. Que si c'est la seconde année qui s'écoule, il y en a une déjà passée, une présente, et toutes les autres sont à venir ; et si nous choisissons celle qu'il nous plaira de ces cent années entre la première et la dernière, et que nous la considérions comme présente, toutes celles qui la précèdent sont passées, et toutes celles qui la suivent sont à venir : tellement que ces cent années ne sauraient être présentes.

Mais vois, mon âme, si cette année que nous disons qui roule et se passe, peut être elle-même présente. Si elle est dans le premier de ses mois, tous les autres sont encore à venir ; si elle est dans le second, le premier est déjà passé, et les autres ne sont pas encore venus. Ainsi l'année qui fait son cours n'est pas toute présente non plus que les autres ; et si elle n'est pas toute présente, ce n'est pas une année présente, puisque l'année est composée de douze mois, dont celui qui court est présent, et les autres sont passés ou à venir. Ce mois même qui court n'est pas présent, mais seulement un de ses jours, tous les autres étant à venir, si c'est le premier ; et tous les autres étant passés, si c'est le dernier. Que si c'est un jour du milieu du mois, les uns sont déjà passés, et les autres ne sont pas encore venus.

Voilà donc ce temps présent, que nous trouvions être le seul que nous puissions appeler long, réduit à peine dans l'espace d'un seul jour. Mais examinons encore ce jour, et nous trouverons qu'il ne peut être tout présent, puisqu'il ne s'accomplit que par les heures de la nuit et du jour, qui toutes ensemble font le nombre de vingt-quatre, dont la première est suivie de toutes les autres, la dernière les suit, et chacune de celles qui sont entre deux en a qui l'ont précédée, et d'autres qui viennent après elle.

Mais cette même heure n'étant composée que de moments fugitifs, tout ce qui s'est déjà écoulé d'elle est passé, et ce qui en reste est à venir. Si donc on peut concevoir quelque temps qui ne puisse être divisé en aucunes parties, quelque petites qu'elles puissent être, c'est là seulement ce que l'on doit nommer un temps présent : et ce temps présent passe du futur au passé avec une si extrême rapidité, qu'il n'a pas la moindre étendue par le moindre retardement ; car s'il en avait, on le pourrait diviser en passé et en avenir.

9

Comment mesurer la durée d'un temps futur ?

Le présent n'a donc aucune étendue : et ainsi où est le temps que nous puissions appeler long ? Sera-ce le temps à venir ? Non certes. Car nous n'avons garde de le nommer long, puisqu'il n'est pas seulement encore, et que pour être long il faudrait qu'il fût ; mais nous disons : « Il sera long. » Et quand donc le sera-t-il ? ce ne saurait être pendant qu'il sera à venir, puisque n'étant pas encore il ne saurait être long. Que si l'on dit qu'il sera long, lorsque de futur qu'il est il commencera d'être ce qu'il n'est pas, et qu'il deviendra présent, afin qu'ayant l'être il devienne long, nous voyons que le temps présent crie à haute voix par tout ce que j'ai rapporté ci-dessus, qu'il ne saurait être long.

Chapitre XVI

Quel temps se peut et ne se peut pas mesurer

10

L'expérience montre qu'on ne mesure que le temps qui passe

LE TEMPS

Toutefois, Seigneur, nous remarquons bien les intervalles des temps, et en les comparant ensemble nous disons que les uns sont plus longs, et que les autres sont plus courts. Nous savons aussi mesurer de combien un temps est plus long ou plus court que l'autre ; et nous répondons lorsqu'on nous en demande la différence, que l'un est le double de l'autre, ou le triple, ou bien qu'il lui est égal. Mais nous ne mesurons que les temps qui passent, et à mesure que nous les voyons passer. Or comment pourrait-on mesurer les temps passés, puisqu'ils ne sont plus ; ou les temps à venir, puisqu'ils ne sont pas encore, si ce n'est qu'on voulût dire qu'on puisse mesurer ce qui n'est point ? Lors donc que le temps se passe, on peut s'en apercevoir et le mesurer ; mais aussitôt qu'il est passé, on ne saurait plus le mesurer, puisqu'il n'est plus.

Chapitre XVII

Où est le passé et l'avenir

11

Où se cache le temps qui n'est pas présent ?

LE TEMPS

Je n'assure rien, mon Dieu et mon père : ce ne sont que des doutes que je propose. Assistez-moi, s'il vous plaît, et soyez mon guide dans cette recherche. Qui serait celui qui oserait dire qu'il n'y a pas trois temps, le passé, le présent et l'avenir, ainsi que nous l'avons appris étant encore tout petits, et que nous l'enseignons aux enfants, mais qu'il n'y a que le temps présent, à cause que les deux autres ne sont point ? Ou bien dira-t-on qu'ils sont aussi ; mais que le temps, lorsque de futur il devient présent, sort de quelque lieu caché, et se va cacher dans quelque autre, lorsque de présent il devient passé ? Car si les choses futures ne sont pas encore, où peuvent les avoir vues ceux qui les président, puisqu'on ne saurait voir ce qui n'est pas ? Et ceux qui racontent les choses passées ne pourraient pas non plus les raconter, s'ils ne les voyaient des yeux de l'esprit. Or si elles n'étaient point en tout, on ne pourrait du tout les apercevoir. Il faut donc que le passé et l'avenir soient en quelque sorte.

Chapitre XVIII

En quelle sorte le temps passé et l'avenir sont présents

12
Le mode d'existence du passé

LA MÉMOIRE

Seigneur, qui êtes toute mon espérance, permettez-moi je vous prie d'approfondir encore davantage cette difficulté, sans que je sois troublé dans l'attention d'esprit que j'y apporte. Je désire de savoir où sont les choses futures et les passées, si l'on peut dire qu'elles sont. Que si cette connaissance est au-dessus de moi, au moins je suis assuré qu'en quelque lieu qu'elles soient, elles n'y sont ni futures ni passées, mais présentes, puisque si elles y sont futures, elles n'y sont pas encore, et que si elles y sont passées, elles n'y sont plus. En quelque lieu donc qu'elles soient, et quelles qu'elles puissent être, elles n'y sont que présentes. Ainsi lorsqu'on nous raconte des choses passées, si on les rapporte selon la vérité, on les tire de la mémoire, non pas les choses mêmes qui sont passées, mais les paroles qu'on a conçues des images de ces mêmes choses, qui en passant par nos sens ont imprimé dans notre esprit comme leurs traces et leurs vestiges. Car mon enfance, laquelle n'est plus, est dans le temps passé qui n'est plus aussi. Mais lorsque je m'en souviens, et que j'en raconte quelque chose, c'est sans doute dans le temps présent que je considère son image, parce qu'elle est encore dans ma mémoire.

13
Le mode d'existence du futur

L'IMAGINATION

J'avoue, mon Dieu, que j'ignore si c'est de la même sorte qu'on prédit l'avenir, l'image de ce qui n'est point encore étant déjà, et se présentant à notre esprit. Mais je sais bien que nous prévenons souvent par notre pensée nos actions à venir, et que cette préméditation est présente, encore que l'action que nous préméditons ne le soit pas, parce qu'elle n'est pas encore avenue, et qu'elle ne sera que quand nous aurons entrepris, et commencerons de faire cette action que nous avions préméditée, parce qu'alors elle ne sera plus future, mais présente.

En quelque sorte donc qu'arrive ce pressentiment secret des choses futures, on ne saurait voir que ce qui est. Or ce qui est déjà, n'est point à venir, mais présent. Ainsi lorsqu'on dit que l'on voit les choses futures, ce ne saurait être elles-mêmes, puisqu'elles ne sont pas encore ; mais c'est peut-être leur cause ou leur signe que l'on voit lesquels sont déjà. Ainsi ce qui donne moyen de prédire les choses à venir, n'est pas à venir, mais présent à ceux qui le voient, et qui s'en servent pour concevoir l'avenir : comme aussi la pensée dont ils les conçoivent est déjà dans leur esprit, quoique ce qu'ils conçoivent et qu'ils prédisent ne soit pas encore.

Entre un si grand nombre de choses qui m'en peuvent fournir des exemples, je veux ici en rapporter un. Lorsque j'aperçois l'aurore, je prévois aussitôt que le soleil va se lever : ce que j'aperçois est présent, et ce que je prédis est à venir, non pas le soleil qui est déjà, mais son lever qui n'est pas encore ; et je ne pourrais le prédire si je ne l'imaginais dans mon esprit, ainsi que je fais maintenant lorsque j'en parle. Mais cette aurore même laquelle je vois dans le ciel, n'est pas le lever du soleil ; encore qu'elle le précède, ni cette imagination que je conçois dans mon esprit n'est pas non plus ce lever ; mais ce sont ces deux choses lesquelles sont présentes, qui me font prédire le lever du soleil qui est à venir. Par conséquent les choses futures ne sont point encore ; et si elles ne sont point encore, elles ne sont point ; et si elles ne sont point, elles ne peuvent en aucune sorte être vues ; mais elles peuvent être prédites par les choses présentes qui sont déjà, et qui sont vues. [...]

Chapitre XX

Quels noms il faut donner aux différences du temps

14

En quel sens peut-on dire qu'il y a trois moments du temps ?

LE TEMPS

Ce qui me paraît maintenant avec certitude, et que je connais très clairement, c'est que les choses futures et les passées ne sont point, et qu'à proprement parler on ne saurait dire qu'il y ait trois temps, le passé, le présent et le futur : mais peut-être on pourrait dire avec vérité, qu'il y a trois temps, le présent des choses passées, le présent des choses présentes, et le présent des choses futures. Car je trouve dans l'esprit ces trois choses que je ne trouve nulle part ailleurs : un souvenir présent des choses passées, une attention présente des choses présentes, et une attente présente des choses futures. Si c'est ainsi qu'on l'entend, je vois trois temps, et je confesse qu'il y en a trois. Néanmoins que l'on dise si l'on veut, comme on a accoutumé de le dire improprement, qu'il y a trois temps, le passé, le présent et l'avenir. Qu'on le dise si on veut, je ne m'en soucie point, je ne m'y oppose point, je ne le trouve point mauvais ; pourvu toutefois qu'on entende ce que l'on dit, et qu'on ne s'imagine pas que ce qui est à venir est déjà, ni que ce qui est passé soit encore. Car il est sans doute qu'il y a fort peu de choses dont nous parlions proprement, et qu'il y en a plusieurs dont nous parlons improprement ; mais on ne laisse pas néanmoins de comprendre ce que nous voulons dire.

Chapitre XXI

De quelle sorte on peut mesurer le temps

15

Comment peut-on mesurer le temps qui passe ?

LE TEMPS

J'ai déjà dit que nous mesurons les temps qui se passent, afin de pouvoir dire : « Ce temps-ci est le double de l'autre » ; ou bien : « Ce temps-ci est égal à l'autre » ; et ainsi de toutes les autres parties du temps dont nous pouvons parler en les mesurant : ce qui fait voir que nous mesurons les temps lorsqu'ils se passent. Que si quelqu'un me demande comment je le sais, je réponds que je le sais, parce que nous les mesurons, et que nous ne saurions mesurer les choses qui ne sont point, ainsi que les passées et les futures ne sont point. Mais comment pouvons-nous mesurer le temps présent, puisqu'il n'a point d'étendue ? Nous le mesurons lorsqu'il passe, et nous ne le mesurons point lorsqu'il est passé, puisqu'il n'est plus pour pouvoir être mesuré.

Mais quand nous le mesurons, d'où, par où, et où passe-t-il ? D'où sinon du futur ? Par où sinon par le présent ? Et où sinon dans le passé ? Ainsi il va de ce qui n'est point, par ce qui n'a aucune étendue, dans ce qui n'est déjà plus. Que mesurons-nous donc sinon le temps dans quelques-uns de ses espaces ? Car ce n'est qu'en distinguant les espaces du temps que nous disons qu'ils sont simples, doubles, triples, égaux, et ainsi du reste. Mais de quel espace nous servons-nous pour mesurer le temps lorsqu'il passe ? Est-ce du futur d'où il passe ? mais nous ne saurions mesurer ce qui n'a point encore d'être. Est-ce du présent par où il passe ? mais nous ne saurions mesurer ce qui n'a point d'étendue. Est-ce du passé où il passe ? mais comment mesurerons-nous ce qui n'est plus ? [...]

Chapitre XXVII

De quelle sorte nous mesurons le temps

16

La difficulté de mesurer l'écoulement du temps : trois exemples

LE TEMPS

Courage, mon âme, redouble ton attention et tes efforts. Dieu est notre aide et notre secours ; c'est lui qui nous a créés, et nous ne nous sommes pas créés nous-mêmes. Jette tes yeux vers l'endroit où la vérité commence à luire et à se faire paraître. Imagine-toi qu'une voix corporelle commence à se faire entendre, qu'elle continue à se faire entendre, et puis qu'elle cesse, et que le silence lui succède. Alors cette voix est passée, et ce n'est plus une voix : elle était à venir avant qu'elle se fît entendre ; et comme elle ne pouvait alors être mesurée, parce qu'elle n'était pas encore, elle ne le saurait être maintenant, à cause qu'elle n'est plus. Elle pouvait donc être mesurée pendant qu'elle résonnait, parce qu'elle était, et qu'ainsi on la pouvait mesurer ; mais en ce temps-là même elle n'était pas ferme et stable, puisqu'elle marchait et passait. Et ne serait-ce point pour cette même raison qu'on pouvait plutôt la mesurer, vu qu'en passant de la sorte elle s'étendait dans quelque espace de temps qui donnait moyen de la mesurer : car le présent n'a aucun espace ?

Si elle se pouvait donc alors mesurer, imagine-toi, mon âme, qu'une autre voix commence de résonner, et qu'elle résonne encore par un son continué et qui n'est point interrompu. Mesurons-la donc durant qu'elle résonne encore puisque lorsqu'elle cessera de résonner elle sera passée et ne sera plus pour pouvoir être mesurée. Mesurons-la donc, afin de dire quelle sera son étendue. Mais elle résonne encore, et on ne la saurait mesurer que depuis le temps qu'elle a commencé jusqu'à celui qu'elle cessera de résonner, puisque nous ne mesurons cet intervalle que depuis un certain commencement jusqu'à une certaine fin, et qu'ainsi la voix qui n'est pas encore finie ne saurait se mesurer en sorte que nous puissions dire si elle est ou longue ou brève, si elle est égale à une autre, si elle n'a duré que la moitié d'autant, ou deux fois autant, ou quelque chose semblable. Mais lorsqu'elle sera finie elle ne sera plus. Comment pourrons-nous donc la mesurer ? Nous mesurons toutefois les temps ; et cependant nous ne mesurons pas ceux qui ne sont point encore arrivés, ni ceux qui sont déjà passés, ni ceux qui n'ont aucune étendue, ni ceux qui n'ont point de bornes. Nous ne mesurons donc ni les temps à venir, ni les passés, ni les présents, ni ceux qui passent ; et nous mesurons toutefois les temps.

Ce vers latin, *Deus creator omnium*[1], qui est composé de huit syllabes, en a alternativement une brève et une longue : et ainsi la première, la troisième, la cinquième et la septième qui sont brèves, sont simples au regard de la seconde, de la quatrième, de la sixième, et de la huitième qui sont longues. Chacune de ces longues contient deux fois autant de temps que chacune de ces brèves. Je le remarque en les prononçant : j'assure qu'il est ainsi ; et on connaît manifestement et sensiblement qu'il est ainsi en effet. Autant que je puis être assuré d'une chose par mes sens, il me semble que je le suis lorsque je mesure une syllabe longue par une brève, et que je sais qu'elle a le double de l'autre. Mais lorsqu'elles résonnent l'une après l'autre, si la brève est la première et que la longue la suive, de quelle sorte arrêterai-je cette syllabe brève pour m'en servir à mesurer celle qui est longue, afin de connaître qu'elle lui est double, puisque cette syllabe longue ne commencera à résonner qu'après que la brève aura cessé de se faire entendre ? Je ne mesure pas même cette syllabe longue lorsqu'elle est présente, puisque je ne la mesure sinon après qu'elle est finie, et que quand elle est finie elle est passée.

1. Dieu créateur de toutes choses.

17

La solution : la mesure du passé se fait dans la mémoire

[Qu'est-ce donc que je pourrai mesurer ? Où est cette syllabe brève dont je me sers pour mesurer la longue ? Elles ont toutes deux rendu leur son lorsqu'on les a prononcées : elle s'en sont envolées ; elles sont passées ; elles ne sont plus. Je les mesure néanmoins ; et autant qu'on se peut fier à l'expérience de ses propres sens je réponds hardiment, qu'en ce qui est de l'espace du temps l'une est simple et l'autre est double : ce que je ne saurais dire que lorsqu'elles sont déjà passées et finies. Ce n'est donc pas elles-mêmes que je mesure, puisqu'elles sont passées et ne sont plus ; mais je mesure quelque chose qui est dans ma mémoire et qui y demeure fortement gravé.

Ainsi c'est dans toi, mon âme, que je mesure les temps. Ne m'importune point en demandant de quelle sorte cela se fait, et ne t'embarrasse point toi-même par mille diverses imaginations : c'est en toi, dis-je que je mesure l'impression que les choses qui passent font dans toi, et qui y demeure après qu'elles sont passées. C'est cette impression que je mesure et qui est présente, et non pas les choses qui sont passées et qui l'ont formée. C'est elle que je mesure lorsque je mesure le temps ; et par conséquent ou je ne mesure point les temps, ou ces temps ne sont autre chose que ces impressions qui se forment dans ma mémoire.

Mais nous mesurons même les silences, et disons que ce silence a autant duré que ce son. Et comment cela se peut-il faire, sinon par l'attention que nous faisons dans notre pensée au temps que cette voix a duré, de même que si elle résonnait encore, afin de pouvoir comprendre quelque chose de l'intervalle du silence par le temps que le bruit aurait duré. C'est pourquoi aussi sans proférer aucune parole, et sans ouvrir seulement la bouche, nous proférons en nous-mêmes des poèmes, des vers, et quelque discours que ce puisse être, et en concevons toutes les mesures et tous les rapports que les mots et les syllabes ont les uns aux autres, tout de même que si nous les prononcions à haute voix. Tellement que si quelqu'un se propose de soutenir en parlant le ton de sa voix, il résout dans son esprit combien il la veut faire durer ; il détermine dans le silence cet intervalle de temps, et le donne en garde à sa mémoire, puis commence à proférer cette voix, laquelle se fait entendre jusqu'à ce qu'elle soit arrivée au terme qu'il s'était proposé, ou pour mieux dire, elle s'est fait entendre et se fera entendre, puisque ce qui en est déjà passé s'est fait entendre, et que ce qui en reste se fera entendre. Ainsi elle s'achève lorsque l'attention présente de notre esprit fait que l'avenir devient passé, et que le passé s'augmente d'autant que l'avenir diminue, jusqu'à ce qu'étant entièrement écoulé, il n'y ait plus rien que de passé.

N.B. : Le crochet en début de ligne indique que le paragraphe a été créé par l'auteur du manuel, et ne figure pas dans le texte original.

18

Comment l'âme saisit le temps : attente, attention et souvenir

LE TEMPS

Chapitre XXVIII

C'est par l'esprit que nous mesurons les temps

Mais comment le futur qui n'est pas encore peut-il s'amoindrir ou s'écouler ? Ou comment le passé peut-il croître, puisque déjà il n'est plus, si ce n'est parce que dans l'esprit qui opère cet effet il se rencontre trois choses, savoir l'attente, l'attention et le souvenir : de sorte que ce qu'il attend devient l'objet de son attention présente, pour n'être plus ensuite que l'objet de son souvenir ? Qui pourrait nier que les choses futures ne sont pas encore ? et toutefois l'attente des choses futures est dans notre esprit. Qui pourrait nier que les choses passées ne sont plus ? et toutefois la mémoire des choses passées demeure dans notre esprit. Et enfin qui pourrait nier que le temps présent n'a point d'étendue, puisqu'il passe en un moment ? et toutefois notre attention demeure, et c'est par elle que ce qui n'est pas encore se hâte d'arriver pour n'être plus. Ainsi le temps à venir n'est autre chose qu'une longue attente du temps futur. Il n'y a point aussi de long temps passé, puisqu'il n'est plus : mais un long temps passé n'est autre chose qu'un long souvenir du temps passé.

Par exemple, je veux réciter un psaume que je sais par cœur. Avant que de le commencer mon attention s'étend à tout ce psaume ; mais lorsque je l'ai commencé, autant de versets que j'en ai dits et qui sont passés deviennent l'objet de ma mémoire, et cette action de mon âme se prépare comme en deux parties, dont l'une est mémoire au regard de ce que j'en ai dit, et l'autre est comme une préparation et une attente au regard de ce que j'en ai encore à dire. Mais mon attention par laquelle doit traverser, pour parler ainsi, ce qui est encore à venir et à réciter afin qu'il devienne passé, est toujours présente, et plus j'avance dans ce récit, plus ce qui n'était que dans l'attente diminue, et ce qui doit être dans la mémoire s'augmente, jusqu'à ce que cette attente qui regardait l'avenir étant finie, il ne reste plus rien dans toute cette action que pour la mémoire laquelle regarde le passé. Or ce qui arrive dans le récit de tout ce psaume, arrive aussi dans chacune de ses parties et dans chacune de ses syllabes : il arrive aussi dans un récit de plus longue haleine dont ce psaume pourrait n'être qu'une partie ; il arrive dans toute la vie de l'homme, dont toutes les actions qu'il fait sont des parties, et il arrive dans tous les siècles des enfants des hommes, dont toutes les vies des hommes ne sont aussi que des parties.

Chapitre XXX

Il montre de nouveau que c'est une question ridicule de demander ce que Dieu faisait avant qu'il eût créé le monde

19

Solution à l'énigme initiale

LE TEMPS

C'est alors, Seigneur, que je serai ferme et immuable en vous et en votre vérité, qui est la forme qui m'a donné l'être ; et je ne serai plus tourmenté de ces importunes questions des hommes, qui par une maladie qui est la peine de leur péché ont plus de curiosité de savoir, que de capacité de comprendre, et demandent ce que Dieu faisait avant qu'il eût créé le ciel et la terre : ou comment il s'est avisé de faire quelque chose, vu qu'auparavant il n'avait jamais rien fait.

Faites-leur la grâce, mon Dieu, de mieux penser à ce qu'ils disent, et de reconnaître qu'on n'use point de ce terme de *jamais* où il n'y a point de temps. Car en disant que vous n'aviez jamais rien fait, que dit-on autre chose sinon que vous n'aviez rien fait en aucun temps ? Qu'ils voient donc qu'il n'a pu y avoir aucun temps si vous ne l'aviez créé : et qu'ainsi ils cessent de parler avec si peu de lumière ; mais qu'au contraire ils portent leurs pensées vers les choses qui sont devant eux étant toujours stables et permanentes, et qu'ils comprennent que vous, qui êtes le Créateur éternel de tous les temps, êtes avant tous les temps ; et que tous ces temps, ni aucunes autres créatures, s'il s'en rencontre quelques-unes qui les aient précédés, ne vous sont point coéternels.

CONTREPOINT

La présence d'une réflexion sur le temps dans Les Confessions *de saint Augustin s'explique par l'énigme de la création du monde telle qu'elle se présente à la lecture de la Bible. Mais le caractère énigmatique du temps apparaît à partir de nos expériences les plus quotidiennes ainsi qu'à partir de celles de la science.*

Jean-Toussaint Desanti,
Réflexions sur le temps,
Grasset et Fasquelle,
1992.

Sur le parvis du Centre Georges-Pompidou, une horloge électronique nous apprend à chaque seconde combien de secondes encore nous séparent de la première seconde de l'an 2000. Nul ne s'en inquiète et n'est mis sérieusement en attente par elle. La chose va de soi : si nos heures comportent des minutes, et nos minutes des secondes, alors, c'est bien certain, et plutôt rassurant, l'an 2000 comportera une première seconde. Telle est l'image du temps domestique. Il est réglé, mesuré, inexorable, et nous disons qu'il s'écoule, semblable à lui-même, comme s'il soutenait naturellement le cours du monde.

LE TEMPS

Mais, et je reprends Augustin, dès que nous posons la question : « Qu'est-ce qui est mesuré ici ? », nous voici dans l'embarras. Est-ce bien du temps que nous mesurons avec du temps en comptant les secondes ? Mais nul ne peut *mesurer* du temps avec du temps. Le présent ne peut mesurer puisqu'il ne demeure pas. Le passé ne peut *mesurer* puisqu'il n'est plus là. L'avenir ne peut *mesurer* puisqu'il n'est pas encore. Or nous « mesurons ». Nous parlons d'un « laps de temps » et nous lui attribuons une certaine grandeur. Nous disons même, parfois, que le temps nous semble « couler » lentement (par exemple, quand nous avons une rage de dents qu'on voudrait bien voir finir), et parfois qu'il « va » plus vite. […]
Le temps de l'attente diffère du temps de l'oubli ; le temps que dure la joie, du temps où la douleur persiste ; le temps de l'accueil, du temps du refus ; le temps de la révolte, du temps de la résignation ; le temps de la naissance, du temps de la mort. Et ainsi de suite…
Il en va de même des conduites « objectives » et « savantes ». Il est douteux qu'un physicien pense de la même manière (selon les mêmes modes d'intra-temporalité) la fuite d'une souris dans son laboratoire, et ce qu'il nomme « durée de vie » d'une entité quantique. Tout cela, pour rendre sensible le fait que l'expression usuelle « ceci prend du temps » est loin d'avoir un sens homogène.

1225-1274

Saint Thomas d'Aquin

Somme théologique

Saint Thomas d'Aquin est l'un des plus grands esprits du Moyen Âge. Il a voulu faire la synthèse de la théologie chrétienne et de la philosophie d'Aristote, en un siècle où les textes essentiels de ce dernier, recueillis et commentés par les philosophes arabes, venaient de parvenir en Europe.

La méthode de saint Thomas s'inspire de ce qu'Aristote appelait la dialectique. Celle-ci consiste à prendre pour point de départ, dans l'examen d'un problème philosophique, les différentes opinions émises, pour en tirer, après confrontation, la conclusion la plus vraisemblable.

Dans la *Somme théologique,* son œuvre maîtresse, toutes les questions sont traitées selon ce principe. Chaque article commence par la mise en débat d'une thèse, par exemple : « Est-il permis de voler en cas de nécessité ? » Sous le titre d'*objections* saint Thomas recense d'abord les arguments hostiles à la thèse. Puis sous celui de *en sens contraire*, il cite les arguments à l'appui de la thèse. Alors seulement vient la *réponse* dans laquelle il opte pour la position la plus raisonnable. Enfin, sous le titre de *solutions*, il réfute les objections initialement présentées.

On est à l'opposé de ce que sera la méthode de Descartes, pour qui le philosophe, à l'image du mathématicien, détermine par le raisonnement pour tout problème la seule solution vraie. Le modèle de la dialectique de saint Thomas, comme de celle d'Aristote, n'est pas la déduction du géomètre, mais le travail du juge, qui forme son opinion après avoir évalué dans chaque cas particulier le poids des divers arguments que les parties adverses ont fait valoir.

Si la méthode dialectique de saint Thomas n'a rien perdu de sa fécondité, en revanche sa vision du monde peut apparaître prodigieusement étrangère à celle de la modernité. On en jugera à la lecture des quelques chapitres de la *question 66* que nous proposons, où il se demande ce qui rend légitime le droit de propriété. Sa réponse suppose qu'on considère l'homme dans ce qui est pour saint Thomas son cadre naturel, c'est-à-dire un monde hiérarchisé où chaque être occupe la place qui lui a été réservée par Dieu. Les droits et devoirs de chacun sur les choses, dépendent du statut que le créateur a conféré à l'homme. Ce qui justifie la propriété ce n'est pas encore la reconnaissance d'un droit de l'individu, mais la poursuite du bien commun, le bien de l'ensemble social dont Dieu l'a fait membre.

Cette conception de l'homme et de sa situation dans le monde rattache la pensée de saint Thomas à celle des Anciens. C'est cette pensée qui allait subir dès la fin du Moyen Âge des assauts qui annoncent la révolution philosophique des Temps modernes.

Saint Thomas d'Aquin

Saint Thomas d'Aquin

Traduction de Marie Roguet, éd. du Cerf, 1985, tome III.

Somme théologique

Question 66, *Le vol et la rapine*

Article 1

La possession[1] de biens extérieurs est-elle naturelle à l'homme ?

1

Objections à l'idée de possession naturelle des choses par l'homme

L'HOMME ET LE MONDE

OBJECTIONS : 1. Il ne semble pas. Car personne ne doit s'attribuer ce qui appartient à Dieu. Or la souveraineté sur toutes les créatures est propre à Dieu, selon ce mot du Psaume : « La terre est au Seigneur, etc. » Donc la possession de biens créés n'est pas naturelle à l'homme.

2. Commentant la parole du riche insensé : « Je ramasserai dans mes greniers tous mes produits et tous mes biens » saint Basile l'interroge : « Dis-moi, quels biens sont à toi, et d'où les as-tu pris pour les apporter en ce monde ? » Mais on peut à juste titre dire siens les biens qu'on possède par nature. La possession de biens extérieurs n'est donc pas naturelle à l'homme.

3. Selon saint Ambroise : « Le nom de maître implique la puissance. » Mais l'homme n'a aucune puissance sur les biens extérieurs, il ne peut rien changer à leur nature. La possession des biens extérieurs ne lui est donc pas naturelle.

EN SENS CONTRAIRE, le Psaume dit à Dieu : « Tu as mis toutes choses sous les pieds » de l'homme.

2

En vertu de sa place dans le monde, l'homme peut disposer des choses

L'HOMME ET LE MONDE

RÉPONSE : Les biens extérieurs peuvent être envisagés sous un double aspect. D'abord quant à leur nature, qui n'est pas soumise au pouvoir de l'homme mais de Dieu seul, à qui tout obéit docilement. Puis quant à leur usage ; sous ce rapport l'homme a un domaine[2] naturel sur ces biens extérieurs, car par la raison et la volonté il peut s'en servir pour son utilité, comme étant faits pour

1. Dans ce premier article, la discussion porte sur le droit de l'humanité en général à une quelconque maîtrise des choses créées par Dieu.
2. Une maîtrise, une domination.

lui. On a démontré plus haut en effet, que les êtres imparfaits existent pour les plus parfaits. C'est ce principe qui permet à Aristote de prouver que la possession des biens extérieurs est naturelle à l'homme. Et cette domination naturelle sur les autres créatures, qui convient à l'homme parce qu'il a la raison, ce qui fait de lui l'image de Dieu, cette domination se manifeste dans sa création même, lorsque Dieu dit : « Faisons l'homme à notre image, selon notre ressemblance, et qu'il domine sur les oiseaux du ciel… »

SOLUTIONS : 1. Dieu a la maîtrise de tous les êtres, étant leur principe. Et c'est lui qui, selon l'ordre de sa providence, a ordonné certaines choses à sustenter la vie corporelle de l'homme. C'est pour cela que l'homme a la possession naturelle de ces choses, en ce qu'il a le pouvoir d'en faire usage.

2. Ce riche est blâmé parce qu'il croyait que les biens extérieurs lui appartenaient à titre principal, comme s'il ne les avait pas reçus d'un autre, c'est-à-dire de Dieu.

3. L'objection vise la maîtrise qui s'exerce sur la nature même des choses extérieures ; elle appartient en effet à Dieu seul, comme on vient de le dire.

Article 2

Est-il licite de posséder en propre un de ces biens[1] ?

3

Objections à l'idée de propriété personnelle des choses

OBJECTIONS : 1. Il semble que nul n'ait le droit de posséder une chose comme lui appartenant en propre. Tout ce qui s'oppose au droit naturel, en effet, est illicite. Or selon le droit naturel tout est commun ; et à cette communauté des biens s'oppose la propriété des possessions. Il est donc illicite à tout homme de s'approprier n'importe quel bien extérieur.

2. Saint Basile dans le commentaire de la parabole du riche insensé déclare : « Les riches qui considèrent comme leur appartenant en propre les biens appartenant à tous, dont ils se sont emparés les premiers, sont semblables à celui qui, arrivé le premier au théâtre, empêcherait les autres d'entrer, se réservant pour lui seul ce qui est destiné à la jouissance de tous. » Or il est illicite d'interdire aux autres la jouissance de biens destinés à tous. Il est donc illicite de s'approprier ces biens.

3. Nous lisons dans saint Ambroise et il est spécifié dans les *Décrets* : « Que personne n'appelle son bien propre ce qui est commun. » Or saint Ambroise considère les biens extérieurs comme communs, ainsi qu'il ressort du contexte. Il semble donc illicite que quelqu'un s'approprie un bien extérieur.

1. Dans ce deuxième article, la discussion porte sur le droit d'un individu à être *personnellement propriétaire* d'une chose.

EN SENS CONTRAIRE, saint Augustin affirme : « On appelle "apostoliques", écrit-il, ces hommes d'une arrogance sans pareille, qui se sont donné ce nom parce qu'ils ne reçoivent pas dans leur communion ceux qui usent du mariage et possèdent des biens en propre[1] ; en cela ils imiteraient la conduite des moines et de nombreux clercs dans l'Église catholique. » Mais ces orgueilleux sont hérétiques parce que, se séparant de l'Église, ils refusent tout espoir de salut à ceux qui usent des biens dont eux-mêmes s'abstiennent. Il est donc faux de soutenir que l'homme ne peut posséder quelque chose en propre.

4

La propriété privée est une nécessité de la vie sociale

LE DROIT

RÉPONSE : Deux choses conviennent à l'homme au sujet des biens extérieurs. D'abord le pouvoir de les gérer et d'en disposer ; et sous ce rapport il lui est permis de posséder des biens en propre. C'est même nécessaire à la vie humaine, pour trois raisons : 1° Chacun donne à la gestion de ce qui lui appartient en propre des soins plus attentifs qu'il n'en donnerait à un bien commun à tous ou à plusieurs ; parce que chacun évite l'effort et laisse le soin aux autres de pourvoir à l'œuvre commune ; c'est ce qui arrive là où il y a de nombreux serviteurs. 2° Il y a plus d'ordre dans l'administration des biens quand le soin de chaque chose est confié à une personne, tandis que ce serait la confusion si tout le monde s'occupait indistinctement de tout. 3° La paix entre les hommes est mieux garantie si chacun est satisfait de ce qui lui appartient ; aussi voyons-nous de fréquents litiges entre ceux qui possèdent une chose en commun et dans l'indivis.

Ce qui convient encore à l'homme au sujet des biens extérieurs, c'est d'en user. Et sous tout rapport l'homme ne doit pas posséder ces biens comme s'ils lui étaient propres, mais comme étant à tous, en ce sens qu'il doit les partager volontiers avec les nécessiteux. Aussi saint Paul écrit-il : « Recommande aux riches de ce monde… de donner de bon cœur et de savoir partager. »

SOLUTIONS : 1. La communauté des biens est dite de droit naturel, non parce que le droit naturel prescrit que tout soit possédé en commun et rien en propre, mais parce que la division des possessions est étrangère au droit naturel ; elle dépend plutôt des conventions humaines et relèvera par là du droit positif, comme on l'a établi plus haut. Ainsi la propriété n'est pas contraire au droit naturel, mais elle s'y surajoute par une précision due à la raison humaine.

2. Celui qui, arrivé le premier au théâtre, en faciliterait l'accès aux autres n'agirait pas d'une manière illicite, mais bien s'il leur en interdisait l'entrée. De même, le riche n'est pas injuste, lorsque s'emparant le premier de la possession d'un bien qui était commun à l'origine, il en fait part aux autres. Il ne pèche qu'en leur interdisant à tous d'en user. C'est pourquoi saint Basile peut dire : « Pourquoi

1. Saint Thomas vise sous le nom d'« apostoliques » les membres d'une secte qui condamnait toute forme de propriété privée au nom de l'idéal chrétien de pauvreté.

es-tu dans l'abondance, et lui dans la misère, sinon pour que tu acquières les mérites du partage et lui pour qu'il obtienne le prix de la patience ? »

3. Lorsque saint Ambroise dit : « Que personne n'appelle son bien propre ce qui est commun », il parle de la propriété au point de vue de l'usage. Aussi ajoute-t-il : « Tout ce qui dépasse les besoins, on le détient par la violence. »

Article 3

Le vol consiste-t-il à prendre secrètement le bien d'autrui ?

5

Qu'est-ce que le vol ?

Le droit

OBJECTIONS : 1. Il semble que ce soit une mauvaise définition, car ce qui diminue le péché ne saurait appartenir à l'essence du péché. Or pécher en secret est une circonstance qui diminue le péché ; au contraire, pour montrer l'excès de certains pécheurs, Isaïe remarque. « Comme Sodome, ils étalent leurs péchés et ne s'en cachent pas. » Donc le secret n'entre pas dans la définition du vol.

2. Par ailleurs, selon saint Ambroise, et nous retrouvons ses termes dans les *Décrets*: « On est moins coupable en enlevant à autrui ce qui lui appartient, qu'en refusant à ceux qui sont dans le besoin, alors qu'on pouvait leur donner et que l'on est dans l'abondance. » Le vol ne consiste donc pas simplement à s'emparer du bien d'autrui, mais aussi à le garder.

3. Un homme peut reprendre furtivement ce qui lui appartient, par exemple un objet qu'il a mis en dépôt chez un autre ou que celui-ci lui a injustement dérobé. Donc prendre en secret le bien d'autrui n'est pas nécessairement un vol.

EN SENS CONTRAIRE, saint Isidore a écrit dans ses *Étymologies*: « Le terme de voleur *(fur)* vient de *(furvum)*, c'est-à-dire de *fuscum* (obscurité), parce que le voleur profite de la nuit[1]. »

6

Les trois caractères spécifiques du vol

La justice

RÉPONSE : La définition du vol comporte trois éléments. Le premier est son opposition à la justice, qui attribue à chacun ce qui lui appartient; de ce chef le vol est l'usurpation du bien d'autrui. Le deuxième élément distingue le vol des péchés contre les personnes, comme l'homicide et l'adultère. À ce titre le vol s'attaque aux biens possédés par autrui. En effet, prendre à quelqu'un, non ce qui lui appartient comme sa possession, mais ce qui est comme une partie de lui-même, ainsi lui enlever un membre, ou une personne qui lui est unie, sa fille ou son épouse par exemple, ce n'est pas à proprement parler un vol. Enfin le troisième élément qui achève la notion de vol, est de s'emparer du bien d'autrui en secret. Le vol est donc rigoureusement défini : « L'usurpation secrète du bien d'autrui. »

1. En fait, le mot latin qui signifie « voler » vient d'un verbe grec qui signifie « emporter ».

SOLUTIONS : 1. Le secret est parfois une cause de péché, lorsque l'on en use pour pécher, par exemple pour frauder et tromper ; alors, loin d'être une circonstance atténuante, le secret constitue l'espèce du péché ; tel est le cas du vol. Mais parfois le secret n'est qu'une simple circonstance du péché et en atténue la gravité, soit parce qu'il est un signe de honte, soit parce qu'il évite le scandale.

2. Garder ce qui est dû à autrui et s'en emparer injustement, c'est tout un. Aussi sous les termes « prendre injustement », il faut également entendre « détenir injustement ».

3. Rien n'empêche qu'une chose appartenant absolument à une personne, soit à une autre de façon relative. Ainsi un dépôt appartient purement et simplement au déposant, mais appartient au dépositaire afin qu'il le conserve. Quant au bien enlevé par rapine, le ravisseur n'en a certes pas la propriété absolument parlant, mais il a charge de le garder.

Article 7

Est-il permis de voler en cas de nécessité ?

7

Arguments en faveur d'une condamnation absolue du vol

LE DROIT

OBJECTIONS : 1. Il semble que non, car on n'inflige de pénitence qu'à un coupable. Or il est prescrit dans les *Décrétales* : « Si quelqu'un, poussé par la faim ou le dénuement, vole des aliments, des habits ou du bétail, il fera pénitence pendant trois semaines. » Il n'est donc pas permis de voler par nécessité.

2. Aristote remarque : « Il y a des choses dont le nom seul implique immédiatement la malice » et parmi elles il met le vol. Or ce qui est mauvais en soi ne peut devenir bon parce qu'il est ordonné à une fin bonne. On ne pourra donc pas voler en cas de nécessité pour pourvoir à sa subsistance.

3. Il faut aimer son prochain comme soi-même. Mais on ne peut voler pour faire l'aumône à son prochain ; saint Augustin l'affirme. On ne peut donc pas davantage voler pour subvenir à ses propres besoins.

EN SENS CONTRAIRE, dans la nécessité tous les biens sont communs. Il n'y a donc pas péché si quelqu'un prend le bien d'autrui, puisque la nécessité en a fait pour lui un bien commun.

8

Il n'y a pas de vol dans l'état de nécessité

LE DROIT

RÉPONSE : Ce qui est de droit humain ne saurait déroger au droit naturel ou au droit divin. Or, selon l'ordre naturel établi par la providence divine, les êtres inférieurs sont destinés à subvenir aux nécessités de l'homme. C'est pourquoi leur division et leur appropriation, œuvre du droit humain, n'empêchent pas de s'en servir pour subvenir aux nécessités de l'homme. Voilà pourquoi les biens que certains possèdent en surabondance sont dus, de droit naturel, à l'alimentation des pauvres ; ce qui fait dire à saint Ambroise, et ses paroles sont reproduites dans les *Décrets* : « C'est le pain des affamés que tu détiens ; c'est le vêtement de ceux qui sont nus que tu renfermes ; ton argent, c'est le rachat et la délivrance des miséreux, et tu l'enfouis dans la terre. »

Toutefois, comme il y a beaucoup de miséreux et qu'une fortune privée ne peut venir au secours de tous, c'est à l'initiative de chacun qu'est laissé le soin de disposer de ses biens de manière à venir au secours des pauvres. Si cependant la nécessité est tellement urgente et évidente que manifestement il faille secourir ce besoin pressant avec les biens que l'on rencontre — par exemple, lorsqu'un péril menace une personne et qu'on ne peut autrement la sauver —, alors quelqu'un peut licitement subvenir à sa propre nécessité avec le bien d'autrui, repris ouvertement ou en secret. Il n'y a là ni vol ni rapine à proprement parler.

SOLUTIONS : 1. La décrétale citée ne vise pas le cas d'urgente nécessité.

2. Se servir un bien d'autrui que l'on a dérobé en secret dans un cas d'extrême nécessité n'est pas un vol à proprement parler, car, du fait de cette nécessité, ce que nous prenons pour conserver notre propre vie devient nôtre.

3. Cette même nécessité fait que l'on peut aussi prendre subrepticement le bien d'autrui pour aider le prochain dans la misère[1].

Article 8

Toute rapine[2] est-elle péché mortel ?

9

Les arguments justifiant la rapine

LA VIOLENCE

OBJECTIONS : 1. Il semble que l'on puisse commettre une rapine sans pécher. Car on ne peut enlever un butin que par la violence, et c'est cette circonstance, on l'a vu, qui caractérise la rapine. Mais il est permis de prendre un butin à l'ennemi, car saint Ambroise observe : « Quand le butin est tombé aux mains du vainqueur, la discipline militaire veut que tout soit remis au roi », qui en assurera la distribution. Donc, en certains cas, la rapine est permise.

2. Il est permis d'enlever à quelqu'un ce qui ne lui appartient pas. Or les biens des infidèles ne leur appartiennent pas, ainsi que leur déclare saint Augustin : « C'est à tort que vous appelez vôtres ces biens que vous ne possédez pas selon la justice, et dont vous

1. En 1898, le tribunal de Château-Thierry, présidé par le juge Magnaud, acquitta Louise Ménard qui avait pris un pain dans une boulangerie alors qu'elle avait à nourrir sa mère et ses enfants sans nourriture depuis trente-six heures. Le juge vit dans la faim une circonstance atténuante susceptible d'excuser la malheureuse. Mais saint Thomas va plus loin. Il voit dans la situation d'extrême urgence non pas une excuse, mais un droit à exercer. Le droit moderne a intégré ce principe sous le nom d'*état de nécessité*.

2. La rapine consiste à s'emparer d'un bien avec violence. Dans le vol, on agit à l'insu du propriétaire, *sans* son consentement ; dans la rapine, on agit *contre* son consentement.

devez être dépouillés par les décrets des princes séculiers. » On peut donc sans pécher prendre les biens des infidèles.

3. Les princes temporels, par la violence, extorquent de grands biens à leurs sujets, ce qui semble une véritable rapine. Mais il semble dangereux de dire qu'ils pèchent en agissant ainsi, car ce serait condamner de ce chef presque tous les princes. Il y a donc des cas où la rapine est permise.

EN SENS CONTRAIRE, on peut faire à Dieu un sacrifice ou une offrande de tout bien légitimement acquis. Or on ne peut lui offrir le fruit de la rapine, selon Isaïe : « Moi, le Seigneur, j'aime la justice et j'ai en horreur l'holocauste qui vient des rapines. » Il est donc défendu de s'emparer d'une chose par rapine.

10

L'usage de la force chez les princes et chez les particuliers

LA VIOLENCE

RÉPONSE : La rapine comporte une certaine violence et contrainte par laquelle on arrache à quelqu'un, contrairement à la justice, ce qui lui appartient. Or, dans la société humaine, seule l'autorité publique donne à quelqu'un droit de contrainte. Aussi quiconque s'empare du bien d'autrui par la violence, s'il n'est qu'un simple particulier et n'est pas investi d'un pouvoir officiel, agit d'une manière illicite et commet une rapine, ainsi qu'on le voit avec les bandits.

Quant aux princes, l'autorité publique leur est confiée pour qu'ils fassent respecter la justice. Ils ne peuvent donc user de violence et de coercition que selon les dispositions de la justice, soit en combattant contre les ennemis extérieurs, soit en punissant les malfaiteurs de la cité. Ce qu'on enlève ainsi par violence n'a pas raison de rapine, puisqu'il n'y a là rien de contraire à la justice. Si au contraire certains princes se servent de la puissance publique pour prendre le bien d'autrui, ils agissent illicitement, commettent une rapine, et sont tenus à restitution.

SOLUTIONS : 1. Sur le butin pris aux ennemis, il faut distinguer. Si ceux qui les dépouillent mènent une guerre juste, ils deviennent possesseurs de ce qu'ils acquièrent par violence à la guerre. Il n'y a donc pas là de rapine, ni par conséquent obligation de restituer. Toutefois, même dans une guerre juste, ceux qui s'emparent du butin peuvent avoir une intention coupable et pécher par cupidité lorsque, par exemple, ils combattent moins pour défendre la justice que pour dépouiller leurs ennemis. Aussi saint Augustin écrit-il que « c'est un péché de guerroyer en vue du butin ». — Mais lorsque ceux qui dépouillent l'ennemi font une guerre injuste, ils sont coupables de rapine et tenus à restitution.

2. Certains infidèles ne possèdent leurs biens injustement que dans la mesure où les princes ont porté des lois pour les en dépouiller. Il sera donc permis de les leur enlever de force, pourvu qu'on agisse en vertu non d'une autorité privée, mais de l'autorité publique.

3. Lorsque les princes exigent de leurs sujets ce qui leur est dû selon la justice pour la garde du bien commun dont ils sont responsables, ils ne commettent pas de rapine, même s'ils emploient

la violence. Au contraire, si certains princes extorquent quelque chose injustement et par violence, c'est de la rapine et du brigandage. Aussi saint Augustin écrit-il : « Sans la justice, que sont les royaumes, si ce n'est de vastes repaires de bandits ? Et ces repaires de bandits que sont-ils, sinon de petits royaumes ? » Et encore Ézéchiel : « Les chefs sont au milieu d'elle [Jérusalem] comme des loups qui déchirent leur proie. » Ils sont donc tenus à restituer, comme les bandits. Ils pèchent même bien davantage que les bandits, dans la mesure où ils agissent d'une manière plus dangereuse et plus totale contre la justice légale, dont ils ont été institués les gardiens.

CONTREPOINT

La déclaration de 1789 fait de la propriété un des éléments essentiels des Droits de l'homme. Pour comprendre la genèse de cette notion, il faut comparer la justification médiévale de la propriété et celle qu'en apporte au XVIIe siècle, John Locke, l'un des principaux penseurs de la modernité.

John Locke,
Traité du gouvernement civil,
chapitre V,
Traduction de David Mazel,
Garnier-Flammarion, 1984.

Encore que la terre et toutes les créatures inférieures soient communes et appartiennent en général à tous les hommes, chacun pourtant a un droit particulier sur sa propre personne, sur laquelle nul autre ne peut avoir aucune prétention. Le travail de son corps et l'ouvrage de ses mains, nous le pouvons dire, sont son bien propre. Tout ce qu'il a tiré de *l'état de nature,* par sa peine et son industrie, appartient à lui seul : car cette peine et cette industrie étant sa peine et son industrie *propre* et *seule,* personne ne saurait avoir droit sur ce qui a été acquis par cette peine et cette industrie, surtout, s'il reste aux autres assez de semblables et d'aussi bonnes choses communes.

Le travail

Un homme qui se nourrit de glands qu'il ramasse sous un chêne, ou de pommes qu'il cueille sur des arbres, dans un bois, se les approprie certainement par-là. On ne saurait contester que ce dont il se nourrit, en cette occasion, ne lui appartienne légitimement. Je demande donc : *Quand est-ce que ces choses qu'il mange commencent à lui appartenir en propre ?* Lorsqu'il les digère, ou lorsqu'il les mange, ou lorsqu'il les cuit, ou lorsqu'il les porte chez lui, ou lorsqu'il les cueille ? Il est visible qu'il n'y a rien qui puisse les rendre siennes, que le soin et la peine qu'il prend de les cueillir et de les amasser. Son travail distingue et sépare alors ces fruits des autres biens qui sont communs ; il y ajoute quelque chose de plus que la *nature,* la mère commune de tous, n'y a mis ; et, par ce moyen, ils deviennent son bien particulier.

Michel-Ange, *Esclave*, Florence, Galerie de l'Académie. Photo Artephot/Nimatallalh.

II. La philosophie du monde moderne

Bien qu'il soit généralement admis que le développement de la cosmologie nouvelle, qui remplaça le monde géocentrique des Grecs et le monde anthropocentrique du Moyen Âge par l'Univers décentré de l'astronomie moderne, a joué un rôle de toute première importance dans ce processus[1], certains historiens, s'intéressant principalement aux implications sociales des processus spirituels, ont insisté sur la prétendue conversion de l'esprit humain de la *theoria* à la *praxis,* de la *scientia contemplativa* à la *scientia activa*[2] qui transforma l'homme de spectateur de la nature en son possesseur et maître ; d'autres ont vu son trait le plus caractéristique dans la sécularisation[3] de la conscience, sa conversion des fins transcendantes aux buts immanents, c'est-à-dire dans la substitution au souci de l'« autre monde » de l'intérêt porté à celui-ci ; d'autres encore ont fait valoir le remplacement du schéma téléologique[4] et organismique de la pensée et de l'explication par le schéma causal et mécaniste, conduisant finalement à la « mécanisation de la conception du monde » si apparente dans les temps modernes, surtout au XVIIIe siècle ; des historiens de la philosophie ont mis l'accent sur la découverte par l'homme moderne de sa subjectivité essentielle et sur la substitution — qui en résultait — du subjectivisme des Modernes à l'objectivisme des Anciens ; des historiens de la littérature nous ont décrit le désespoir et la confusion que « la philosophie nouvelle » apportait dans un monde d'où toute cohérence avait disparu et dans lequel les Cieux ne clamaient plus la gloire de l'Éternel.

Tout n'est pas faux, bien loin de là, dans ces tentatives de caractériser la révolution — ou la crise — du XVIIe siècle ; il est certain qu'elles nous font voir quelques-uns de ses aspects bien importants, aspects que nous expliquent — chacun à sa manière — Bacon et Montaigne, Pascal et Descartes, et que nous révèle la diffusion générale du scepticisme et de la « libre pensée ».

Je crois, toutefois, qu'il s'agit là d'expressions et de concomitants d'un processus plus profond et plus grave, en vertu duquel l'homme, ainsi qu'on le dit parfois, a perdu sa place dans le monde ou, plus exactement peut-être, a perdu le monde même qui formait le cadre de son existence et l'objet de son savoir, et a dû transformer et remplacer non seulement ses conceptions fondamentales mais jusqu'aux structures mêmes de sa pensée.

André KOYRÉ,
Du monde clos à l'univers infini, avant-propos.

1. L'auteur désigne par ce mot la crise de la conscience européenne qui marque le début des temps modernes aux XVIe et XVIIe siècles.
2. Ces termes grecs et latins traduisent l'opposition de la spéculation théorique et de l'activité pratique.
3. Abandon du souci religieux au profit de l'intérêt de la vie dans le monde terrestre.
4. La téléologie est l'explication des choses par leur but supposé.

II. La philosophie du monde moderne

On s'accorde à appeler « Temps modernes » la période de l'Histoire qui succède au Moyen Âge. Elle commence à l'époque des grandes ruptures, aux XVe et XVIe siècles, la Renaissance en art, la Réforme protestante dans le domaine religieux, l'invention de l'imprimerie et la découverte de l'Amérique. En un peu plus d'un siècle, dans les sociétés européennes, la rupture est consommée avec le monde antique et médiéval.

La naissance de la science moderne

C'est d'abord l'avènement de la science moderne qui provoque le passage « du monde clos à l'univers infini ». Le monde clos, c'était le cosmos des Anciens et le monde médiéval, ce cadre harmonieux où chaque être avait sa place inscrite et son destin tracé. Or avec Copernic et Galilée, cet ordre cosmique vole en éclats. L'univers n'a plus de limites, donc plus de centre. L'astronomie héliocentrique destitue notre modeste planète, et, avec elle, l'homme qui l'habite, de leur place privilégiée. La nature ayant cessé d'offrir des repères à l'homme, celui-ci va devoir trouver par lui-même les principes de sa pensée et les règles de son action.

Une pensée moderne et la politique

C'est ainsi qu'à partir de **Machiavel** et de **Hobbes** on pense la politique non plus sur la base de valeurs morales transcendantes, mais sur le terrain des rapports de force qui opposent les hommes entre eux. Or, de tous les conflits qui viennent alors de déchirer l'Europe, les plus terribles ont été les guerres de Religion. Henri IV est le premier à y mettre un terme en 1594 avec l'édit de Nantes qui légalise le statut des protestants en France. L'Anglais Locke donne au pluralisme politique, qui se cherche alors en Europe, un fondement philosophique en cantonnant l'État dans le rôle de simple arbitre des relations entre les citoyens.

La conception moderne de la politique place désormais l'individu au centre de sa réflexion. Elle fait de la protection de ses droits naturels la seule raison d'être du pouvoir de l'État. Cette orientation nouvelle trouve son prolongement au XVIIIe siècle. **Montesquieu** cherche comment expliquer les lois existantes et jette ainsi les fondements d'une science politique. Il voit dans les institutions anglaises une formule propre à garantir l'équilibre des pouvoirs. **Diderot** construit avec son *Encyclopédie* un instrument de lutte contre l'arbitraire et l'obscurantisme. **Rousseau** établit dans son *Contrat social* les fondements d'une société qu'il voudrait radicalement juste. À l'heure de la Révolution française, on retrouvera l'influence de ces philosophes dans la Déclaration universelle des droits de l'homme et du citoyen, ainsi que dans les institutions politiques et juridiques des États démocratiques.

Un débat nouveau sur la connaissance

La science moderne, fruit de l'application des mathématiques au domaine de l'expérience, conduit les philosophes à regarder le monde comme un champ ouvert à l'investigation humaine. Et de même que rien ne peut empêcher les hommes d'utiliser la raison pour connaître la nature, de même rien ne peut leur interdire de développer la technique pour s'en rendre, écrit Descartes « comme maîtres et possesseurs ».

La progression de la connaissance rationnelle n'aurait pas été possible si **Montaigne** n'avait auparavant ébranlé bien des dogmatismes. Les penseurs du XVIIe siècle poursuivent la critique des préjugés. Mais comme l'autorité des Anciens ne saurait plus garantir à leurs yeux la valeur de nos connaissances, il leur faut trouver un autre fondement. Sur ce point, les penseurs modernes sont divisés.

Rationalisme cartésien ou empirisme anglo-saxon

Sur le continent européen, la plupart des philosophes pensent trouver dans les mathématiques l'instrument pour arriver à la connaissance certaine. C'est pourquoi **Descartes** et les cartésiens penseront que nul problème ne peut demeurer insoluble si on lui applique la méthode démonstrative qui a si bien réussi aux géomètres. Il n'est guère que **Pascal** pour opposer à cette prétention rationaliste la condition tragique de l'homme perdu dans un univers silencieux et vide de toute présence divine. Malgré ce cri discordant, le XVIIe siècle sera, avec les grandioses systèmes de **Spinoza, Malebranche** et **Leibniz,** l'âge d'or de la métaphysique.

Cependant, outre-Manche, on est sceptique à l'égard des constructions intellectuelles *a priori.* Locke nie que notre esprit naisse tout armé d'idées vraies, et voit la source de nos connaissances dans l'expérience sensible. Son empirisme modéré trouvera en Europe un accueil favorable. Ses successeurs, Berkeley et **Hume,** pousseront plus loin la critique des idées abstraites et de la prétention des métaphysiciens à étendre la connaissance au-delà de l'expérience.

Pour mettre fin à ce conflit philosophique, **Kant** va proposer les termes d'un armistice : aux empiristes, il concède que toute connaissance commence avec l'expérience; mais avec les rationalistes, il ajoute qu'elle n'en dérive pas, puisque, pour connaître un objet, l'esprit humain doit bien, pour donner forme aux données brutes de l'expérience, leur appliquer ses propres structures. La pensée des Lumières trouve ainsi son achèvement dans cet effort de la raison pour faire sa propre critique.

Machiavel

Le Prince

1469-1527

Machiavel a fait entrer la pensée politique dans l'âge moderne. Né en 1469 à Florence, il occupe très tôt diverses fonctions auprès du gouvernement, en Italie et à l'étranger. Au retour des Médicis au pouvoir, il est écarté brutalement des affaires publiques. Il met à profit cette inaction forcée pour écrire ses œuvres les plus célèbres, et notamment *Le Prince,* en 1513. Malgré le rétablissement de la république, il n'obtient pas son retour en grâce à Florence, où il meurt en 1527.

Machiavel n'est pas le seul penseur dont le nom propre soit tombé dans le domaine public. Mais la notoriété que lui vaut l'adjectif « machiavélique » est certainement la plus détestable, puisque ce mot désigne le mal incarné, c'est-à-dire la force la plus brutale assortie de la perfidie la plus subtile, et cela, dans l'action politique, donc aux dépens du plus grand nombre.

Ce n'est pourtant pas par ses actes que Machiavel a pu donner prise à un jugement si négatif, car, en patriote dévoué et intègre, il a œuvré sans relâche pour protéger son pays des dangers qui le menaçaient. Il faut plutôt chercher du côté de ce qui fut son idée centrale : doter l'Italie d'un État véritable. De là sa rupture avec la pensée politique passée et l'incompréhension qui en découla. Machiavel affirme, exemples à l'appui, qu'aucune communauté politique n'est viable si elle n'établit pas solidement l'ordre à l'intérieur et la sécurité à l'extérieur. Il faut pour cela un *État* capable de *tenir debout,* comme l'indique d'ailleurs l'étymologie du mot *État Stato* en italien — que Machiavel est le premier à employer dans son sens moderne. Pour lui tous les moyens étant au service de cette fin, la question du mal en politique occupe une place nouvelle.

Pour les Anciens, la finalité de la politique était d'offrir à l'homme un cadre favorable à l'épanouissement de sa nature éminemment sociable. Machiavel préfère supposer les hommes méchants et asociaux par instinct. Le bien et le mal ne sont plus des absolus mais des moyens qu'il faut savoir employer avec habileté. Ainsi le prince peut faire un bon usage du mal quand, par un acte de cruauté bien choisi, il décourage ses adversaires. Et inversement, il peut faire un mauvais usage du bien, comme lorsqu'il est généreux sans profit.

Une question reste donc à trancher. Pour avoir inauguré l'ère du réalisme en politique, Machiavel doit-il être accusé de conforter les partisans de la raison d'État pour qui une action politique est morale dès lors qu'elle réussit ? Ou au contraire, comme pensait Rousseau, doit-on voir en lui un ami des opprimés, qui, feignant de conseiller les tyrans, aurait éventé leurs ruses en les rendant publiques ?

Machiavel

Le Prince

1532 (posthume),
traduction de Jean Anglade,
Librairie générale française,
1972.

Chapitres XV, XVI, XVII, XVIII et XXV

(texte intégral)

Chapitre XV

Des choses par lesquelles les hommes, et spécialement les princes, obtiennent blâme ou louange

1

Penser la politique dans sa réalité

LE POUVOIR

Il reste à voir maintenant de quelle façon un prince doit se comporter à l'égard de ses sujets ou de ses amis. Je sais que beaucoup d'encre a été répandue sur ce point ; aussi, je crains qu'on ne me juge présomptueux si à mon tour je m'y emploie, d'autant plus que mon opinion sur ce sujet s'éloignera des précédentes. Mais comme j'ai l'intention de servir ceux qui m'entendront, il m'a paru nécessaire de m'attacher à la vérité effective de la chose, plus qu'à l'imagination qu'on peut s'en faire. Beaucoup en effet se sont imaginé des républiques et des principautés que jamais personne n'a vues ni connues réellement[1]. Mais la distance est si grande entre la façon dont on vit et celle dont

1. Machiavel repousse ici comme utopique l'attitude des philosophes pour qui la théorie politique consiste à former le projet d'une société idéale. Cette allusion vise Platon au premier chef. Celui-ci affirme dans *la République* que dans une cité juste, le pouvoir politique devrait être exercé par des rois-philosophes armés de la connaissance des réalités supérieures et en particulier de l'idée de Justice. Pour Machiavel, en revanche, la pensée politique doit prendre appui sur la connaissance positive des réalités de la vie des hommes en société. Un siècle plus tard, Spinoza développe la même idée en des termes voisins. « Les philosophes conçoivent les passions qui nous tourmentent comme des vices dans lesquels les hommes tombent par leur propre faute. C'est pourquoi ils ont coutume d'en rire, de les déplorer, de les réprimander et même de les dénoncer au nom de Dieu quand ils veulent paraître plus pieux que les autres. Ils croient ainsi accomplir une œuvre agréable à Dieu et atteindre le sommet de la sagesse, lorsqu'ils ont appris à louer une nature humaine qui n'existe nulle part et à flétrir par leurs discours celle qui existe réellement. Ils conçoivent les hommes en effet non comme ils sont, mais comme ils voudraient qu'ils fussent : la conséquence en est que, pour la plupart, au lieu d'une Éthique, ils ont écrit une Satire et n'ont jamais conçu un système politique qui puisse être appliqué pratiquement ; le système politique qu'ils conçoivent doit être tenu pour une chimère ou pour un système qu'on pourrait établir dans un pays d'Utopie ou dans l'âge d'or des poètes où l'on en n'a pas du tout besoin. » (Spinoza, *Traité politique*, traduction de Sylvain Zac, Vrin, 1968.)

on devrait vivre, que quiconque ferme les yeux sur ce qui est et ne veut voir que ce qui devrait être apprend plutôt à se perdre qu'à se conserver ; car si tu veux en tout et toujours faire profession d'homme de bien parmi tant d'autres qui sont le contraire, ta perte est certaine. Si donc un prince veut conserver son trône, il doit apprendre à savoir être méchant, et recourir à cet art ou non, selon les nécessités.

2

L'efficacité est le seul critère de l'action politique

LE POUVOIR

Laissons donc de côté toutes les imaginations qui se sont faites à propos des princes, et ne voyons que les réalités. Quand on parle des hommes, et spécialement des princes, plus connus à cause de leur élévation, on les juge selon certaines qualités qui leur valent le blâme ou les louanges. L'un est tenu pour généreux, l'autre pour lésineur (*misero*) (usant ici d'un terme toscan, parce que *avaro* en notre langue est aussi celui qui est avide de posséder par rapine, et nous traitons de *misero* celui qui regarde un peu trop à la dépense) ; celui-ci est connu pour ses largesses, celui-là pour sa rapacité ; l'un est cruel, l'autre magnanime ; l'un méprise ses engagements, l'autre est homme de parole ; quelqu'un est efféminé et poltron, quelque autre hardi et courageux ; l'un affable, l'autre orgueilleux ; l'un paillard, l'autre chaste ; l'un débonnaire, l'autre astucieux ; l'un opiniâtre, l'autre arrangeant ; l'un grave, l'autre léger ; l'un religieux, l'autre incrédule ; et ainsi de suite. Chacun affirmera, je le sais, que ce serait une chose digne des plus grandes louanges si un prince possédait, dans l'énumération ci-dessus, les seules qualités généralement tenues pour bonnes. Mais comme il ne peut les avoir toutes, ni, les ayant, les observer tout à fait, la condition des hommes ne le lui permettant point, il doit être assez prudent pour savoir éviter les vices ignominieux qui lui feraient perdre son État ; quant aux vices qui ne présentent pas ce risque, qu'il s'en garde, si possible ; sinon, il peut s'y adonner sans trop de souci. Mais qu'il n'hésite pas non plus à accepter les vices nécessaires à la conservation de son État, si honteux qu'ils puissent paraître ; car, tout bien considéré, telle qualité qui semble une vertu est susceptible de provoquer sa ruine ; telle autre au contraire qui semble un vice pourra apporter à son gouvernement le bonheur et la sécurité.

Chapitre XVI

De la libéralité et de la parcimonie

3

La générosité est malmenée par la logique du pouvoir politique

LE POUVOIR

Pour commencer, donc, par les qualités que j'ai nommées ci-dessus les premières, je dis que la libéralité serait chez un prince une excellente chose. Néanmoins, si tu l'emploies seulement pour en acquérir le renom, elle te coûtera cher ; car si tu la pratiques comme on doit pratiquer les vertus, sans ostentation, on ne le saura point, et tu conserveras sur l'échine la marque honteuse de lésineur. Quand un prince au contraire veut garder une réputation de générosité, il ne doit hésiter devant aucune dépense, si somptueuse qu'elle soit ;

de la sorte, il consommera peu à peu tous ses biens et devra, à la fin, pour maintenir sa renommée, accabler son peuple d'impôts, employer tous les stratagèmes susceptibles de lui rapporter quelque argent. Bientôt, il s'attirera ainsi la haine de ses sujets, le mépris de tous, sans pouvoir éviter la pauvreté. Si bien qu'en employant une libéralité aussi mal conduite, lésant la plupart et ne donnant qu'à quelques-uns, il trébuchera et tombera au premier danger réel. S'il s'aperçoit de son erreur et veut faire marche arrière, il s'attirera aussitôt le renom qu'il voulait tant éviter.

Ne pouvant pratiquer sans dommage cette libéralité ostentatoire, un prince sage ne doit donc avoir aucun souci du renom de lésineur. Car avec le temps on lui reconnaîtra de plus en plus une libéralité véritable puisque, grâce à sa parcimonie, ses recettes normales lui suffisent, qu'il peut se défendre contre quiconque veut l'attaquer, que ses entreprises n'exigent pas du peuple des charges supplémentaires. Il se montre donc libéral envers l'écrasante majorité, à qui il n'enlève rien, et les quelques rares seulement qui auraient pu prétendre à ses largesses l'accuseront de ladrerie. À notre époque, seuls ont pu faire de grandes choses les princes lésineurs ; les autres ont été éliminés. Le pape Jules II obtint le pontificat en se faisant une réputation de libéralité, en promettant monts et merveilles à ceux qui pouvaient le servir ; mais une fois en place, il n'eut aucun souci de tenir ces promesses, ayant l'intention de faire la guerre. Le roi de France actuel, Louis XII, a mené plusieurs guerres sans augmenter les impôts, simplement parce qu'il avait évité de longue date toute dépense superflue. Et si le roi d'Espagne Ferdinand avait été tenu pour libéral, il n'aurait pas conduit avec succès tant d'entreprises.

4

À certaines conditions, on peut se montrer généreux

Le pouvoir

Un prince doit donc se soucier peu qu'on le traite de ladre, pour n'être point porté à piller ses sujets, pour pouvoir se défendre, pour éviter la pauvreté et le mépris, pour n'être point réduit aux stratagèmes ; car la ladrerie est un de ces vices qui assureront son règne. On me dira : « César parvint à l'empire à force de libéralité, et beaucoup d'autres s'élevèrent très haut parce qu'ils se montraient généreux ou étaient tenus pour tels. » Et je réponds : Ou tu es déjà assis sur ton trône, ou tu t'efforces d'y parvenir ; dans le premier cas, ce genre de libéralité est dangereuse ; dans le second, il n'est pas mauvais d'être tenu pour libéral. Jules César était un de ceux qui voulaient à Rome s'emparer du pouvoir ; mais si, une fois en place, il avait survécu et continué ces dépenses exagérées, il aurait perdu son principat. On peut encore me répliquer : « Beaucoup de princes ont mené de glorieuses entreprises militaires, qui avaient cependant renom de magnificence. » À quoi je réponds : Ou le prince dépense son argent et celui de ses sujets, ou il recourt au bien extérieur ; dans le premier cas, il doit se montrer parcimonieux ; dans le second, au contraire, il n'hésitera devant aucune somptuosité. Car le prince qui conduit une armée, qui se repaît de rapines, de sacs, de rançons, gaspille le bien extérieur ; il doit alors se montrer généreux, faute de quoi ses troupes ne le suivront point. En ce qui concerne des richesses qui n'appartiennent ni à toi ni à ton peuple, tu peux te montrer munificent, comme firent Cyrus, Alexandre et Jules César. Dépenser les biens étrangers ne ternit pas ta réputation, mais lui ajoute de l'éclat. Gaspiller ton patrimoine te porte tort. Et il n'y a chose au monde qui se consume elle-même plus vite que la générosité : pendant que tu l'emploies, tu perds la faculté de l'employer, tu deviens pauvre et méprisable, ou, pour échapper à la pauvreté, rapace et détestable. Or un prince doit éviter par-dessus tout d'inspirer la haine et le mépris : deux malheurs auxquels la libéralité conduit inévitablement. Il y a donc plus de sagesse à accepter l'appellation de lésineur, qui engendre un mauvais renom sans haine, qu'à ambitionner celle de libéral, qu'accompagne nécessairement celle de rapace, qui engendre un mauvais renom avec haine.

Chapitre XVII

De la cruauté et de la clémence et s'il vaut mieux inspirer l'amour ou la crainte

5

Il faut être cruel avec circonspection

LE POUVOIR

Descendons maintenant aux autres qualités ci-dessus énumérées. Je dis que tout prince doit grandement souhaiter d'être tenu pour pitoyable, et non pas pour cruel ; toutefois, il doit bien se garder de faire mauvais usage de sa pitié. César Borgia était tenu pour cruel ; néanmoins, sa cruauté avait relevé la Romagne, lui avait donné l'unité, la paix, la fidélité. Si l'on considère bien ces résultats, on verra que le duc se montra ainsi plus pitoyable que le peuple florentin qui, pour éviter l'accusation de cruauté, laissa détruire Pistoie. Aussi, un prince ne doit-il se soucier aucunement d'être traité de cruel si l'unité et la fidélité de ses sujets sont en jeu. En infligeant un petit nombre de punitions exemplaires, il se montrera plus pitoyable que ceux qui, par excès de pitié, laissent se poursuivre les désordres, engendreurs de meurtres et de rapines : ces crimes nuisent ordinairement à tous, tandis que les exécutions commandées par le prince frappent un seul individu. Parmi tous les princes, un prince de fraîche date est spécialement dans l'impossibilité d'échapper au renom de cruauté, car les États nouveaux sont remplis de périls. C'est pourquoi Virgile fait dire à Didon :

Res dura, et regni novitas me talia cogunt
Moliri, et late fines eusto de tueri[1].

Toutefois, un prince nouveau doit être lent à se laisser persuader de cette nécessité, éviter tout affolement, agir avec modéra-

1. « Les difficultés où je suis et la nouveauté de mon règne m'obligent à prendre ces mesures et à fortifier mes frontières. » (*Énéide*, 1, 563-564.)

tion, prudence et humanité, de peur que trop de confiance ne le rende imprudent, et trop de méfiance intolérable.

6

Complexité de la nature humaine

L'HOMME

Sur ce point un problème se pose : vaut-il mieux être aimé que craint, ou craint qu'aimé ? Je réponds que les deux seraient nécessaires ; mais comme il paraît difficile de les marier ensemble, il est beaucoup plus sûr de se faire craindre qu'aimer, quand on doit renoncer à l'un des deux. Car des hommes on peut dire généralement ceci : ils sont ingrats, changeants, simulateurs et dissimulateurs, ennemis des coups, amis des pécunes ; tant que tu soutiens leur intérêt, ils sont tout à toi, ils t'offrent leur sang, leur fortune, leur vie et leurs enfants pourvu, comme j'ai dit, que le besoin en soit éloigné ; mais s'il se rapproche, ils se révoltent. Le prince qui s'est fondé entièrement sur leur parole, s'il n'a pas pris d'autres mesures, se trouve nu et condamné. Les amitiés qu'on prétend obtenir à force de ducats et non par une supériorité d'âme et de desseins, sont dues mais jamais acquises, et inutilisables au moment opportun. Et les hommes hésitent moins à offenser quelqu'un qui veut se faire aimer qu'un autre qui se fait craindre ; car le lien de l'amour est filé de reconnaissance : une fibre que les hommes n'hésitent pas à rompre, parce qu'ils sont méchants, dès que leur intérêt personnel est en jeu ; mais le lien de la crainte est filé par la peur du châtiment, qui ne les quitte jamais.

Cependant, le prince doit se faire craindre de telle sorte que, s'il ne peut gagner l'amitié, du moins il n'inspire aucune haine, car ce sont là deux choses qui peuvent très bien s'accorder. Il lui suffira pour cela de ne toucher ni aux biens de ses sujets ou concitoyens, ni à leurs femmes. Si pourtant il doit frapper la famille de quelqu'un, que cette action ait une cause manifeste, une convenable justification ; qu'il évite par-dessus tout de prendre les biens d'autrui ; car les hommes oublient plus vite la perte de leur père que la perte de leur patrimoine. Sinon, les motifs de dépouiller quelqu'un ne font jamais défaut : celui qui a commencé de pratiquer les rapines trouve toujours de bonnes raisons pour s'emparer des terres des autres ; s'il veut nuire à leur famille, au contraire, les raisons sont plus rares et viennent très vite à lui manquer.

7

La cruauté se justifie par son efficacité

LA MORALE

Quand le prince se trouve à la tête de ses armées et doit commander à une multitude de soldats, il doit se soucier moins que jamais d'être traité de cruel ; car sans cette réputation, jamais personne n'a pu tenir ses troupes unies et prêtes à l'action. Parmi les admirables choses qu'a faites Annibal, il faut compter celle-ci : au sein de l'armée innombrable qu'il commandait, formée de nations infinies mêlées ensemble, guerroyant en pays étranger, jamais une seule dissension ne s'éleva, ni entre ses membres, ni contre leur général, quelle que fût l'issue des batailles. Et cela ne pouvait être le fruit que de son inhumaine cruauté : ajoutée à ses autres vertus, elle inspira toujours à ses hommes le respect et la terreur ; et sans elle, les autres vertus eussent été inefficaces. Or les historiens, avec inconséquence, d'une part admirent les résultats, et de l'autre condamnent les moyens.

L'insuffisance de ces vertus est prouvée par son adversaire Scipion, personnage exceptionnel dans son temps et dans toute l'histoire des hommes. Alors qu'il combattait en Espagne, ses soldats se révoltèrent. La rébellion n'eut d'autre cause que l'excessive douceur avec laquelle il traitait ses gens, leur permettant plus de liberté qu'il ne convient à la discipline militaire. La chose lui fut reprochée en plein Sénat par Fabius Maximus, qui l'appela « corrupteur des années romaines ». La ville de Locres, pillée et ruinée par un de ses lieutenants, n'obtint ni réparation ni la punition du coupable. Tout cela naissait de la nature trop facile de Scipion ; si bien que quelqu'un voulant l'excuser devant les mêmes sénateurs affirma qu'il était de ces hommes qui savent mieux ne pas manquer à leurs devoirs que punir les manquements d'autrui. Une telle attitude aurait à la longue terni la gloire de Scipion ; cependant, comme il obéissait néanmoins aux commandements du Sénat, cette dangereuse qualité finit par tourner à sa louange.

Pour apporter une conclusion à ce dilemme de la crainte et de l'amour je dirai qu'un prince prudent, puisque les hommes donnent leur amitié selon leur caprice et tremblent selon sa volonté, doit s'appuyer sur ce qui lui appartient totalement, non sur ce qui dépend des autres. Il suffira, comme j'ai dit, qu'il fasse tout son possible pour ne susciter aucune haine.

Chapitre XVIII

Comment les princes doivent tenir leurs promesses

8

La duplicité du prince

Combien il est louable à un prince de respecter ses promesses et de vivre avec intégrité, non dans les fourberies, chacun le conçoit clairement. Cependant, l'histoire de notre temps enseigne que seuls ont accompli de grandes choses les princes qui ont fait peu de cas de leur parole et su adroitement endormir la cervelle des gens ; en fin de compte ils ont triomphé des honnêtes et des loyaux.

La violence

Sachez donc qu'il existe deux manières de combattre : l'une par les lois, l'autre par la force. L'une est propre aux hommes, l'autre appartient aux bêtes ; mais comme très souvent la première ne suffit point, il faut recourir à la seconde. C'est pourquoi il importe qu'un prince sache user adroitement de l'homme et de la bête. Cette distinction fut enseignée aux princes en termes imagés par les anciens écrivains : l'éducation d'Achille et d'autres grands seigneurs fut jadis confiée au centaure Chiron, afin qu'il les formât à sa discipline. Et avoir ainsi pour précepteur un être double, demi-homme et demi-bête, n'a qu'une signification : la nécessité pour un prince de savoir user de ces deux natures, car l'une sans l'autre n'est point durable.

Si donc tu dois bien employer la bête, il te faut choisir le renard et le lion ; car le lion ne sait se défendre des lacets, ni le renard des loups. Tu seras renard pour connaître les pièges, et lion pour effrayer les loups. Ceux qui se bornent à vouloir être lions n'y entendent rien. C'est pourquoi un seigneur avisé ne peut, ne doit respecter sa parole si ce respect se retourne contre lui et que les motifs de sa promesse soient éteints. Si les hommes étaient tous gens de bien, mon précepte serait condamnable ; mais comme ce sont tous de tristes sires et qu'ils n'observeraient pas leurs propres promesses, tu n'as pas non plus à observer les tiennes. Et jamais un prince n'a manqué de raisons légitimes pour colorer son manque de foi. On pourrait alléguer des exemples innombrables dans le temps présent, montrer combien de traités, combien d'engagements sont partis en fumée par la déloyauté des princes ; et celui qui a su le mieux user du renard en a tiré les plus grands avantages. Toutefois, il est bon de déguiser adroitement ce caractère, d'être parfait simulateur et dissimulateur. Et les hommes ont tant de simplesse, ils se plient si servilement aux nécessités du moment que le trompeur trouvera toujours quelqu'un qui se laisse tromper.

Je ne veux point passer sous silence un exemple récent. Alexandre VI ne fit jamais rien d'autre, ne pensa jamais à rien d'autre qu'à duper les hommes, et jamais il ne manqua d'occasions. Jamais personne ne fit des promesses plus solennelles, ne prononça des serments plus enflammés, et ne les oublia plus vite ; néanmoins, ses fourberies répondirent toujours à ses espérances, car il connaissait cet art à la perfection.

9

Choisir selon les circonstances, l'image qu'on donne de soi

LE POUVOIR

Il n'est donc pas nécessaire à un prince de posséder toutes les vertus énumérées plus haut ; ce qu'il faut, c'est qu'il paraisse les avoir. Bien mieux : j'affirme que s'il les avait et les appliquait toujours, elles lui porteraient préjudice ; mais si ce sont de simples apparences, il en tirera profit. Ainsi, tu peux sembler — et être réellement — pitoyable, fidèle, humain, intègre, religieux : fort bien ; mais tu dois avoir entraîné ton cœur à être exactement l'opposé, si les circonstances l'exigent. Si bien qu'un prince doit comprendre — et spécialement un prince nouveau — qu'il ne peut pratiquer toutes ces vertus qui rendent les hommes dignes de louanges, puisqu'il lui faut souvent, s'il veut garder son pouvoir, agir contre la foi, contre la charité, contre l'humanité, contre la religion. Il doit donc disposer d'un esprit en mesure de tourner selon les vents de la fortune, selon les changements des situations. En somme, comme j'ai dit plus haut, qu'il reste dans le bien, si la chose est possible ; qu'il sache opter pour le mal, si cela est nécessaire.

10

La fin et les moyens

LE POUVOIR

Le prince doit donc soigneusement prendre garde que jamais ne lui sorte de la bouche un seul mot qui ne soit marqué des cinq qualités en question. À l'entendre, à le voir, qu'il semble tout confit de pitié, de foi, d'intégrité, d'humanité, de religion. Et ce dernier principe est le plus nécessaire. D'une façon générale, les hommes jugent plus souvent d'après leurs yeux que d'après leurs mains : chacun est en mesure de voir, bien peu sont en mesure de toucher. N'importe qui peut voir ce que tu sembles être ; quelques rares seulement peuvent tâter ce que tu es. Et ces derniers n'osent contredire l'opinion du grand nombre, renforcée par toute la majesté de l'État. Quand il s'agit de juger les actions des hommes, et spécialement des princes qui n'autorisent aucun tribunal d'appel, on ne considère pas les moyens, mais la fin. Qu'un prince choisisse donc celle-ci : la conquête et la préservation de son État. Ses moyens seront toujours tenus pour honorables et loués de chacun, car le vulgaire est toujours pris par les apparences et les résultats. Or en ce monde tout n'est que vulgaire : la minorité ne compte point quand la majorité s'appuie sur des arguments qu'elle croit solides. Tel seigneur des temps présents[1] qu'il n'est pas bon de nommer n'a d'autres mots à la bouche que ceux de paix et de fidélité ; mais en fait il se montre leur farouche ennemi. Et s'il avait agi autrement, l'une ou l'autre lui auraient plusieurs fois fait perdre son prestige ou ses États.

Chapitre XXV

Pouvoir de la fortune dans les choses humaines et comment lui résister

11

La fortune et la vertu, facteurs de l'action humaine

La volonté

Je n'ignore pas cette croyance fort répandue : les affaires de ce monde sont gouvernées par la fortune et par Dieu ; les hommes ne peuvent rien y changer, si grande soit leur sagesse ; il n'existe même aucune sorte de remède ; par conséquent il est tout à fait inutile de suer sang et eau à vouloir les corriger, et il vaut mieux s'abandonner au sort. Opinion qui a gagné du poids en notre temps, à cause des grands bouleversements auxquels on assiste chaque jour, et que nul n'aurait jamais pu prévoir. Si bien qu'en y réfléchissant moi-même, il m'arrive parfois de l'accepter. Cependant, comme notre libre arbitre ne peut disparaître, j'en viens à croire que la fortune est maîtresse de la moitié de nos actions, mais qu'elle nous abandonne à peu près l'autre moitié. Je la vois pareille à une rivière torrentueuse qui dans sa fureur inonde les plaines, emporte les arbres et les maisons, arrache la terre d'un côté, la dépose de l'autre ; chacun fuit devant elle, chacun cède à son assaut, sans pouvoir dresser aucun obstacle. Et bien que sa nature soit telle, il n'empêche que les hommes, le calme revenu, peuvent prendre certaines dispositions, construire des digues et des remparts, en sorte que la nouvelle crue s'évacuera par un canal ou causera des ravages moindres. Il en est de même de la fortune : elle fait la démonstration de sa puissance là où aucune vertu ne s'est préparée à lui résister ; elle tourne ses assauts où elle sait que nul obstacle n'a été construit pour lui tenir tête. Si maintenant vous considérez l'Italie, siège et berceau de ces

1. Ferdinand le Catholique.

bouleversements, vous verrez que c'est une campagne sans digues et sans remparts d'aucune sorte ; car si elle était protégée par une solide vertu, comme le sont l'Allemagne, l'Espagne, la France, l'inondation n'aurait pas produit de si grands ravages ; sans doute même n'aurait-elle pas eu lieu.

Je ne veux rien ajouter sur les moyens d'endiguer la fortune en général. Mais si j'en viens au particulier, je vois tel prince être aujourd'hui heureux et demain ruiné sans avoir entre-temps changé de politique. Cela vient d'abord, me semble-t-il, des raisons longuement exposées ci-dessus : ce prince s'appuie totalement sur la fortune, et il tombe quand elle tourne. Ensuite, celui qui sait adapter sa conduite aux circonstances sera plus sûrement heureux que son collègue qui n'a pas appris cet art. Chaque homme vise aux mêmes buts, qui sont les honneurs et la richesse ; mais ils emploient pour les atteindre des moyens variés : l'un la prudence, l'autre la fougue ; l'un la violence, l'autre l'astuce ; celui-ci la patience, cet autre la promptitude ; et toutes ces méthodes sont bonnes en soi. Et l'on voit encore de deux prudents l'un réussir et l'autre échouer ; et à l'inverse deux hommes également prospères qui emploient des moyens opposés. Tout s'explique par les seules circonstances qui conviennent ou non à leurs procédés. De là résulte ce que j'ai dit précédemment : des façons de faire différentes produisent un même effet, et de deux conduites toutes pareilles l'une atteint son but, l'autre fait fiasco. Ainsi s'explique également le caractère variable du résultat. Voici quelqu'un qui se gouverne avec patience et circonspection ; si les choses tournent d'une manière, sa méthode est heureuse, son succès assuré ; si elles changent soudain de sens, il n'en tire que ruine parce qu'il n'a pas su modifier son action. Très peu d'hommes, quelle que soit leur sagesse, savent s'adapter à ce jeu ; ou bien parce qu'ils ne peuvent s'écarter du chemin où les pousse leur nature ; ou bien parce que, ayant toujours prospéré par ce chemin, ils n'arrivent point à se persuader d'en prendre un autre. C'est pourquoi l'homme d'un naturel prudent ne sait pas employer la fougue quand il le faudrait, ce qui cause sa perte. Si tu savais changer de nature quand changent les circonstances, ta fortune ne changerait point.

Le pape Jules II agit toujours impétueusement ; et les temps se trouvèrent si adéquats à sa manière qu'il vint heureusement à bout de toutes ses entreprises. Voyez la première, contre Bologne, en 1506, du vivant de Giovanni Bentivogli. Les Vénitiens en étaient mécontents, le roi d'Espagne aussi ; des discussions étaient en train avec la France ; lui, néanmoins, avec sa fureur et son audace coutumières, marcha en personne à la tête de l'expédition. Ce qui tint en suspens le roi d'Espagne et les Vénitiens, ceux-ci de frayeur, celui-là par désir de recouvrer tout son royaume de Naples. D'autre part, Jules II entraîna Louis XII à sa suite ; car le voyant si résolu, le roi de France, qui avait besoin de son alliance pour abaisser Venise, pensa ne pouvoir lui refuser l'appui de ses troupes sans l'humilier manifestement. Par sa décision impétueuse, Jules obtint donc ce qu'aucun autre pontife n'aurait obtenu à force de prudence. Si, pour partir de Rome, il avait attendu la ferme conclusion de tous les arrangements, comme aurait fait tout autre pape, jamais il n'aurait réussi : le roi de France eût trouvé mille excuses, les autres auraient opposé mille craintes. Je ne parlerai pas de ces autres actions, qui eurent toutes le même caractère et le même succès. Son règne trop court ne lui permit pas de goûter de l'échec ; si des temps étaient venus qui eussent exigé la patience, il était perdu, car il n'aurait jamais dévié de ces façons où la nature l'inclinait.

Je conclus donc que la nature change et que les hommes sont entêtés ; quand leur comportement s'accorde avec les nécessités du moment, ils sont heureux en affaires ; sinon, c'est le désastre. D'autre part, j'estime qu'il vaut mieux employer la fougue que la prudence : la nature est femme ; il est indispensable, pour la dominer, de la battre, de la bousculer. Elle cède plus volontiers aux hommes de cette trempe qu'aux froids calculateurs ; c'est aussi pourquoi, en tant que femme, elle préfère les jeunes gens, qui la traitent avec moins de respect, avec plus de feu et plus d'audace.

CONTREPOINT

Machiavel est considéré généralement comme l'introducteur du réalisme dans la philosophie politique. Mais on sait qu'il a combattu pour un idéal, l'indépendance de sa patrie l'Italie. Léo Strauss, le grand historien de la philosophie politique, nous aide à comprendre cette contradiction.

Léo Strauss
Droit naturel et Histoire,
Plon, 1953.

Pour comprendre Machiavel, on ferait bien de se souvenir de la parole que Marlowe eut la bonne idée de lui attribuer : « Je [...] tiens qu'il n'est d'autre péché que l'ignorance. » Cette phrase définit à peu près le philosophe. Par ailleurs aucun homme avisé n'a jamais douté que dans son étude des questions politiques Machiavel ait été mû par le souci du bien public. C'était un philosophe civique et il continuait en cela la tradition de l'idéalisme politique. Mais à une conception idéaliste de la politique, considérée comme métier noble par essence, il joignait une conception anti-idéaliste de l'univers ou, tout au moins, des origines de l'humanité ou de la société civile.

La philosophie

L'admiration de Machiavel pour les pratiques politiques de l'antiquité classique et particulièrement de la Rome républicaine n'est que la contrepartie de son refus de la philosophie classique. Il rejetait la philosophie politique classique et avec elle toute la philosophie politique traditionnelle au sens large du mot comme étant inutile. La philosophie politique classique partait de la question : comment l'homme doit-il vivre ? Or, si l'on considère le problème de la justice de l'ordre social, on ne peut le résoudre correctement qu'en partant de la question : comment les hommes vivent-ils en fait ? La révolte « réaliste » de Machiavel contre la tradition conduisait à substituer le patriotisme ou les simples vertus politiques à l'excellence humaine ou, plus précisément, aux vertus morales et à la vie contemplative. Elle abaissait délibérément le but ultime, et cela afin d'augmenter les chances de l'atteindre. Tout comme Hobbes abandonna plus tard le contenu originel de la sagesse pour assurer plus sûrement son règne, Machiavel abandonna la signification qu'avaient revêtue jusqu'alors la société bonne et la vie bonne. Il ne s'inquiétait pas de ce qu'il adviendrait des exigences naturelles de l'âme humaine qui viserait plus haut que cet objectif limité. C'était là le moindre de ses soucis. Il bornait son horizon par souci d'efficacité.

Montaigne

Essais

1533-1592

Montaigne, sa vie, son œuvre... Justement, Montaigne est l'homme d'une œuvre unique, les *Essais,* l'œuvre de toute une vie. Né dans le Périgord en 1533, il est nommé à vingt-quatre ans conseiller au parlement de Bordeaux. Il y rencontre Étienne La Boétie avec qui se tisse une profonde amitié. Mais la mort du jeune homme interrompt leurs conversations. Montaigne décide que les *Essais* en seront le prolongement écrit. À partir de 1572, il travaille à leur rédaction, ne quittant la chère « librairie » qu'il s'est fait aménager dans le château familial, que pour quelques voyages. En 1585, il abandonne la charge de maire de Bordeaux pour se consacrer à l'enrichissement de ses écrits et meurt en 1592.

« *Essai* : titre de certains ouvrages, dit le dictionnaire, où l'on n'a pas la prétention de traiter à fond la matière. » Montaigne est le véritable créateur de ce genre d'écrit. Leur matière ? Tout ce qui suscite la réflexion, comme le montre la diversité de leurs titres. Et pourquoi se refuser à la traiter à fond ? Parce que, selon lui, la raison humaine ne peut saisir l'essence des choses. Et pourtant, rien de plus humain que la prétention d'en connaître l'origine et les causes au point qu'on se donne même le ridicule de chercher des explications savantes pour des faits dont on n'a même pas vérifié l'existence, comme ce fut le cas rendu célèbre par Fontenelle, de cet enfant prétendument doté d'une dent d'or.

Dans son essai *Des boiteux* Montaigne traite ce thème à propos des miracles et de la sorcellerie. Au XVIe siècle en Europe sévit, au sens propre, la chasse aux sorcières. Pour les démasquer on écrit des manuels. Les tribunaux les condamnent au bûcher. Montaigne oppose à cet emportement fanatique une critique des raisons habituellement invoquées pour croire. Ainsi, un nombre élevé de témoins ne suffit pas à rendre croyable l'invraisemblable. En examinant d'un œil critique les prodiges portés par la rumeur, Montaigne se comporte en pionnier des idées modernes. En travaillant au désenchantement du monde, il fait place nette pour l'usage moderne de la raison.

Mais il y a, selon lui, bien d'autres raisons de s'étonner de ces prétendus prodiges. La chose la plus singulière, c'est, pour celui qui prend la peine de l'examiner, son propre moi. « Je n'ai vu monstre et miracle au monde plus exprès que moi-même... Plus je me hante et me connais, plus ma difformité m'étonne, moins je m'entends moi-même. »

Nécessaire prudence de la raison, singularité absolue de l'individu, ces deux principes se croisent ici. En un temps où l'on brûle des hommes au nom de l'orthodoxie, Montaigne affirme que jamais la certitude d'être dans le vrai ne vaut qu'on lui sacrifie la vie d'un être humain.

Livre III, chap. XI, 1586, édition établie par Pierre Michel, collection « Folio », Gallimard, 1965.

Essais

Des boiteux

(texte intégral)

1

Les conventions sont étrangères au vrai et au faux

LA VÉRITÉ

Il y a deux ou trois ans qu'on raccourcit l'an de dix jours en France[1]. Combien de changements devaient suivre cette réformation ! ce fut proprement remuer le ciel et la terre à la fois. Ce néanmoins, il n'est rien qui bouge de sa place : mes voisins trouvent l'heure de leurs semences, de leur récolte, l'opportunité de leurs négoces, les jours nuisibles et propices au même point justement où ils les avaient assignés de tout temps. Ni l'erreur ne se sentait en notre usage, ni l'amendement ne s'y sent. Tant il y a d'incertitude partout, tant notre apercevance est grossière, obscure et obtuse. On dit que ce règlement se pouvait conduire d'une façon moins incommode : soustrayant, à l'exemple d'Auguste, pour quelques années le jour du bissexte[a], qui ainsi comme ainsi est un jour d'empêchement et de trouble, jusques à ce qu'on fût arrivé à satisfaire exactement cette dette (ce que même on n'a pas fait par cette correction, et demeurons encore en arrérages de quelques jours). Et si, par même moyen, on pouvait pourvoir à l'avenir, ordonnant qu'après la révolution de tel ou tel nombre d'années ce jour extraordinaire serait toujours éclipsé, de telle sorte que notre mécompte ne pourrait dores en avant excéder vingt et quatre heures. Nous n'avons autre compte du temps que les ans. Il y a tant de siècles que le monde s'en sert ! Et si, c'est une mesure que nous n'avons encore achevé d'arrêter, et telle, que nous doutons tous les jours quelle forme les autres nations lui ont diversement donnée, et quel en était l'usage. Quoi, ce que disent aucuns, que les cieux se compriment vers nous en vieillissant, et nous jettent en incertitude des heures même et des jours et des mois ? Ce que dit

1. En 1582, était adopté le calendrier grégorien. Le 9 décembre devenait le 20.
a. Le jour ajouté au mois de février chaque année bissextile.

Plutarque qu'encore de son temps l'astrologie n'avait su borner le mouvement de la lune ? Nous voilà bien accommodés pour tenir registre des choses passées.

2
Vaine recherche de l'origine et de l'essence des choses

La vérité

Je rêvassais présentement, comme je fais souvent, sur ce, combien l'humaine raison est un instrument libre et vague. Je vois ordinairement que les hommes, aux faits qu'on leur propose, s'amusent plus volontiers à en chercher la raison qu'à en chercher la vérité : ils laissent là les choses, et s'amusent à traiter les causes. Plaisants causeurs. La connaissance des causes appartient seulement à celui qui a la conduite des choses, non à nous qui n'en avons que la souffrance, et qui en avons l'usage parfaitement plein, selon notre nature, sans en pénétrer l'origine et l'essence. Ni le vin n'en est plus plaisant à celui qui en sait les facultés premières. Au contraire ! Et le corps et l'âme interrompent et altèrent le droit qu'ils ont de l'usage du monde, y mêlant l'opinion[a] de science. Le déterminer et le savoir, comme le donner, appartiennent à la régence et à la maîtrise ; à l'infériorité, sujétion et apprentissage appartiennent le jouir, l'accepter. Revenons à notre coutume. Ils passent par-dessus les effets, mais ils en examinent curieusement les conséquences. Ils commencent ordinairement ainsi : « Comment est-ce que cela se fait ? » —Mais se fait-il ? faudrait-il dire. Notre discours[b] est capable d'étoffer cent autres mondes et d'en trouver les principes et la contexture. Il ne lui faut ni matière, ni base ; laissez-le courir : il bâtit aussi bien sur le vide que sur le plein, et de l'inanité que de matière, « capable de donner du poids à de la fumée*[1]. »

Je trouve quasi partout, qu'il faudrait dire : « Il n'en est rien » ; et employerais souvent cette réponse, mais je n'ose, car ils crient que c'est une défaite produite de faiblesse d'esprit et d'ignorance. Et me faut ordinairement bateler[c] par compagnie à traiter des sujets et contes frivoles, que je mécrois entièrement. Joint qu'à la vérité il est un peu rude et querelleux de nier tout sec une proposition de fait. Et peu de gens faillent, notamment aux choses malaisées à persuader, d'affirmer qu'ils l'ont vu, ou d'alléguer des témoins desquels l'autorité arrête notre contradiction. Suivant cet usage, nous savons les fondements et les causes de mille choses qui ne furent onques. Et s'escarmouche le monde en mille questions, desquelles et le pour et le contre est faux. « Le faux est si voisin du vrai que le sage ne doit pas se risquer dans un lieu si rempli de précipices**. »

La vérité et le mensonge ont leurs visages conformes, le port, le goût et les allures pareilles ; nous les regardons de même œil. Je trouve que nous ne sommes pas seulement lâches à nous défendre de la piperie, mais que nous cherchons et convions à nous y enferrer. Nous aimons à nous embrouiller en la vanité, comme conforme à notre être.

1. Dans l'édition de P. Michel, cette citation ainsi que les suivantes sont en latin.
a. La prétention. — **b.** Raisonnement. — **c.** Faire le comédien
* Perse, *Satire V.*
** Cicéron, *Académiques,* livre II, chap. XXI.

3

La source des rumeurs

LA VÉRITÉ

J'ai vu la naissance de plusieurs miracles de mon temps. Encore qu'ils s'étouffent en naissant, nous ne laissons pas de prévoir le train qu'ils eussent pris s'ils eussent vécu leur âge. Car il n'est que de trouver le bout du fil, on en dévide tant qu'on veut. Et y a plus loin de rien à la plus petite chose du monde, qu'il n'y a de celle-là jusques à la plus grande. Or les premiers qui vont sont abreuvés de ce commencement d'étrangeté, venant à semer leur histoire, sentent par les oppositions qu'on leur fait où loge la difficulté de la persuasion, et vont calfeutrant cet endroit de quelque pièce fausse. Outre ce, que, « par la tendance innée chez les hommes de grossir à dessein de faux bruits* », nous faisons naturellement conscience de rendre ce qu'on nous a prêté sans quelque usure et accession de notre cru. L'erreur particulière fait premièrement l'erreur publique, et, à son tour, après, l'erreur publique fait l'erreur particulière. Ainsi va tout ce bâtiment, s'étoffant et formant de main en main ; de manière que le plus éloigné témoin en est mieux instruit que le plus voisin, et le dernier informé mieux persuadé que le premier. C'est un progrès naturel. Car quiconque croit quelque chose, estime que c'est ouvrage de charité de la persuader à un autre ; et pour ce faire, ne craint point d'ajouter de son invention, autant qu'il voit être nécessaire en son conte, pour suppléer à la résistance et au défaut qu'il pense être en la conception d'autrui.

Moi-même, qui fais singulière conscience de mentir et qui ne me soucie guère de donner créance et autorité à ce que je dis, m'aperçois toutefois, aux propos que j'ai en main, qu'étant échauffé ou par la résistance d'un autre, ou par la propre chaleur de la narration, je grossis et enfle mon sujet par voix, mouvements, vigueur et force de paroles, et encore par extension et amplification, non sans intérêt de la vérité naïve. Mais je le fais en condition pourtant, qu'au premier qui me ramène et qui me demande la vérité nue et crue, je quitte soudain mon effort et la lui donne, sans exagération, sans emphase et remplissage. La parole vive et bruyante, comme est la mienne ordinaire, s'emporte volontiers à l'hyperbole.

4

Le nombre des témoins n'est pas un critère probant

LA VÉRITÉ

Il n'est rien à quoi communément les hommes soient plus tendus qu'à donner voie à leurs opinions. Où le moyen ordinaire nous faut, nous y ajoutons le commandement, la force, le fer, et le feu. Il y a du malheur d'en être là que la meilleure touche de la vérité ce soit la multitude des croyants, en une presse où les fols surpassent de tant les sages en nombre. « Comme s'il n'y avait rien de si commun que le manque de jugement**. » « Belle autorité pour la sagesse qu'une multitude de fous***. » C'est chose difficile de résoudre son jugement contre les opinions communes. La première persuasion, prise du sujet même, saisit les simples ; de là, elle s'épand

* Tite-Live, *Histoire,* livre XXVIII, chap. XXIV.
** Cicéron, *De Divinatione,* livre II, chap. XXXIX.
*** Saint Augustin, *La Cité de Dieu,* livre VI, chap. X.

aux habiles, sous l'autorité du nombre et ancienneté des témoignages. Pour moi, de ce que je n'en croirais pas un, je n'en croirais pas cent un, et ne juge pas les opinions par les ans.

Il y a peu de temps que l'un de nos princes, en qui la goutte avait perdu un beau naturel et une allègre composition, se laissa si fort persuader, au rapport qu'on faisait des merveilleuses opérations d'un prêtre, qui par la voie des paroles et des gestes guérissait toutes maladies, qu'il fit un long voyage pour l'aller trouver, et par la force de son appréhension persuada et endormit ses jambes pour quelques heures, si qu'il en tira du service qu'elles avaient désappris lui faire il y avait longtemps. Si la fortune eût laissé amonceler cinq ou six telles aventures, elles étaient capables de mettre ce miracle en nature. On trouva depuis tant de simplesse et si peu d'art en l'architecte de tels ouvrages, qu'on le jugea indigne d'aucun châtiment. Comme si ferait-on de la plupart de telles choses, qui les reconnaîtrait en leur gîte. « Nous admirons, les choses qui trompent en raison de leur éloignement*. » Notre vue représente ainsi souvent de loin des images étranges, qui s'évanouissent en s'approchant. « Jamais la renommée ne tient à la vérité**. »

C'est merveille, de combien vains commencements et frivoles causes naissent ordinairement si fameuses impressions. Cela même en empêche l'information. Car, pesantes et dignes d'un si grand nom, on perd les vraies ; elles échappent de notre vue par leur petitesse. Et à la vérité, il est requis un bien prudent, attentif et subtil inquisiteur en telles recherches, indifférent, et non préoccupé. Jusques à cette heure, tous ces miracles et événements étranges se cachent devant moi. Je n'ai vu monstre et miracle au monde plus exprès que moi-même. On s'apprivoise à toute étrangeté par l'usage et le temps ; mais plus je me hante et me connais, plus ma difformité m'étonne, moins je m'entends en moi.

5

Un exemple d'imposture

L'ILLUSION

Le principal droit d'avancer et produire tels accidents est réservé à la fortune. Passant avant-hier dans un village, à deux lieues de ma maison, je trouvai la place encore toute chaude d'un miracle qui venait d'y faillir, par lequel le voisinage avait été amusé plusieurs mois, et commençaient les provinces voisines de s'en émouvoir et y accourir à grosses troupes, de toutes qualités. Un jeune homme du lieu s'était joué à contrefaire une nuit en sa maison la voix d'un esprit, sans penser à autre finesse qu'à jouir d'un badinage présent. Cela lui ayant un peu mieux succédé[a] qu'il n'espérait, pour étendre sa farce à plus de ressorts, il y associa une fille de village, du tout stupide et niaise ; et furent trois enfin, de même âge et pareille suffisance ; et de prêches domestiques en firent des prêches publics, se cachant sous l'autel de l'église, ne parlant que de nuit, et défendant d'y apporter aucune lumière. De paroles qui tendaient à la conversion du monde et menace du jour du jugement

* Sénèque, *Lettre 18.*

** Quinte-Curce, *Histoire d'Alexandre,* livre IX, chap. II.

a. Réussi.

(car ce sont sujets sous l'autorité et révérence desquels l'imposture se tapit plus aisément), ils vinrent à quelques visions et mouvements si niais et si ridicules qu'à peine y a-t-il rien si grossier au jeu des petits enfants. Si toutefois la fortune y eût voulu prêter un peu de faveur, qui sait jusques où se fut accru ce batelage ? Ces pauvres diables sont à cette heure en prison, et porteront volontiers la peine de la sottise commune, et ne sais si quelque juge se vengera sur eux de la sienne. On voit clair en celle-ci, qui est découverte, mais en plusieurs choses de pareille qualité, surpassant notre connaissance, je suis d'avis que nous soutenons notre jugement aussi bien à rejeter qu'à recevoir.

6

Savoir douter et cependant chercher

La vérité

Il s'engendre beaucoup d'abus au monde ou, pour le dire plus hardiment, tous les abus du monde s'engendrent de ce qu'on nous apprend à craindre de faire profession de notre ignorance, et que nous sommes tenus d'accepter tout ce que nous ne pouvons réfuter. Nous parlons de toutes choses par précepte et résolution. Le style à Rome portait que cela même qu'un témoin déposait pour l'avoir vu de ses yeux, et ce qu'un juge ordonnait de sa plus certaine science, était conçu en cette forme de parler : « Il me semble. » On me fait haïr les choses vraisemblables quand on me les plante pour infaillibles. J'aime ces mots, qui amolissent et modèrent la témérité de nos propositions : *À l'aventure, Aucunement, Quelque, On dit, Je pense,* et semblables. Et si j'eusse eu à dresser des enfants, je leur eusse tant mis en la bouche cette façon de répondre enquêteuse, non résolutive : « Qu'est-ce à dire ? Je ne l'entends pas. Il pourrait être. Est-il vrai ? » qu'ils eussent plutôt gardé la forme d'apprentis à soixante ans que de représenter les docteurs à dix ans, comme ils font. Qui veut guérir de l'ignorance, il faut la confesser. Iris est fille de Thaumantis[1]. L'admiration[a] est fondement de toute philosophie, l'inquisition[b] le progrès, l'ignorance le bout. Voire dea[c], il y a quelque ignorance forte et généreuse qui ne doit rien en honneur et en courage à la science, ignorance pour laquelle concevoir il n'y a pas moins de science que pour concevoir la science.

Je vis en mon enfance un procès, que Coras, conseiller de Toulouse, fit imprimer, d'un accident étrange[2], de deux hommes qui se présentaient l'un pour l'autre. Il me souvient (et ne me souvient aussi d'autre chose) qu'il me sembla avoir rendu l'imposture de celui qu'il jugea coupable si merveilleuse[3] et excédant de si loin notre connaissance, et la sienne qui était juge, que je trouvai beaucoup de hardiesse en l'arrêt qui l'avait condamné à être pendu. Recevons quelque forme d'arrêt qui die : « La cour n'y entend rien », plus librement et ingénument que ne firent les Aréopagites[4], lesquels, se trouvant pressés d'une cause qu'ils ne pouvaient développer, ordonnèrent que les parties en viendraient à cent ans.

---

a. L'étonnement. — **b.** Recherche. — **c.** Mais en vérité.

1. Pour Platon, la philosophie est fille de Thaumas, l'étonnement.

2. Il s'agit de l'histoire de Martin Guerre.

3. D'origine magique.

4. Les juges du tribunal d'Athènes.

7

Aucune certitude ne justifie qu'on tue un homme

LA PERSONNE

Les sorcières de mon voisinage courent hasard de leur vie, sur l'avis de chaque nouvel auteur qui vient donner corps à leurs songes. Pour accommoder les exemples que la divine parole nous offre de telles choses, très certains et irréfragables[a] exemples, et les attacher à nos événements modernes, puisque nous n'en voyons ni les causes, ni les moyens, il y faut autre engin[b] que le nôtre. Il appartient à l'aventure[c] à ce seul très puissant témoignage de nous dire : « Celui-ci en est, et celle-là, et non cet autre. » Dieu en doit être cru, c'est vraiment bien raison ; mais non pourtant un d'entre nous, qui s'étonne de sa propre narration (et nécessairement il s'en étonne s'il n'est hors de sens), soit qu'il l'emploie au fait d'autrui, soit qu'il l'emploie contre soi-même.

Je suis lourd, et me tiens un peu au massif et au vraisemblable, évitant des reproches anciens : « Les hommes ajoutent plus de foi à ce qu'ils ne comprennent pas*. » — « L'homme est naturellement avide de croire aux mystères**. » Je vois bien qu'on se courrouce, et me défend-on d'en douter, sur peine d'injures exécrables. Nouvelle façon de persuader. Pour Dieu merci, ma créance ne se manie pas à coups de poing. Qu'ils gourmandent ceux qui accusent de fausseté leur opinion, je ne l'accuse que de difficulté et de hardiesse, et condamne l'affirmation opposite, également avec eux, sinon si impérieusement. « Qu'elles soient présentées comme vraisemblables, mais non affirmées comme vraies***. » Qui établit son discours par braverie et commandement montre que la raison y est faible. Pour une altercation verbale et scolastique, qu'ils aient autant d'apparence que leurs contradicteurs ; mais en la conséquence effectuelle qu'ils en tirent, ceux-ci ont bien de l'avantage. À tuer les gens, il faut une clarté lumineuse et nette, et est notre vie trop réelle et essentielle pour garantir ces accidents supernaturels et fantastiques. Quant aux drogues et poisons, je les mets hors de mon compte : ce sont homicides, et de la pire espèce. Toutefois, en cela même, on dit qu'il ne faut pas toujours s'arrêter à la propre confession de ces gens-ci, car on leur a vu parfois s'accuser d'avoir tué des personnes qu'on trouvait saines et vivantes.

8

Préférer toujours l'explication la plus naturelle

L'IRRATIONNEL

En ces autres accusations extravagantes, je dirais volontiers que c'est bien assez qu'un homme, quelque recommandation qu'il ait, soit cru de ce qui est humain. De ce qui est hors de sa conception et d'un effet supernaturel, il en doit être cru lors seulement qu'une approbation supernaturelle l'a autorisé. Ce privilège qu'il a plu à Dieu donner à aucuns de nos témoignages ne doit pas être avili et communiqué légèrement. J'ai les oreilles battues de mille tels contes : « Trois le virent un tel jour en levant ; trois le virent lendemain en occident, à telle heure, tel lieu, ainsi vêtu. » Certes

a. Irréfutables. — **b.** Esprit. — **c.** Peut-être.
* Citation de source inconnue.
** Citation de Tacite, *Histoires*, livre I.
*** Cicéron, *Académiques*, livre II, chap. XXVII.

je ne m'en croirais pas moi-même. Combien trouvé-je plus naturel et plus vraisemblable que deux hommes mentent, que je ne fais qu'un homme en douze heures passe, quant et[a] les vents, d'orient en occident ? Combien plus naturel que notre entendement soit emporté de sa place par la volubilité de notre esprit détraqué, que cela, qu'un de nous soit envolé sur un balai, au long du tuyau de sa cheminée, en chair et en os, par un esprit étranger ? Ne cherchons pas des illusions du dehors et inconnues, nous qui sommes perpétuellement agités d'illusions domestiques et nôtres. Il me semble qu'on est pardonnable de mécroire une merveille, autant au moins qu'on peut en détourner et élider[b] la vérification par voie non merveilleuse. Et suis l'avis de saint Augustin[1], qu'il vaut mieux pencher vers le doute que vers l'assurance ès choses de difficile preuve et dangereuse créance.

Il y a quelques années, que je passai par les terres d'un prince souverain, lequel, en ma faveur et pour rabattre mon incrédulité, me fit cette grâce de me faire voir en sa présence, en lieu particulier, dix ou douze prisonniers de cette nature, et une vieille entre autres, vraiment bien sorcière en laideur et déformité, très fameuse de longue main en cette profession. Je vis et preuves et libres confessions et je ne sais quelle marque insensible[2] sur cette misérable vieille ; et m'enquis et parlai tout mon saoul, y apportant la plus saine attention que je pusse ; et ne suis pas homme qui me laisse guère garrotter le jugement par préoccupation[c]. Enfin et en conscience, je leur eusse plutôt ordonné de l'ellébore[3] que de la ciguë, « Cas plus voisin de la folie que du crime*. » La justice a ses propres corrections pour telles maladies.

Quant aux oppositions[d] et arguments que des honnêtes hommes m'ont faits, et là et souvent ailleurs, je n'en ai point senti qui m'attachent et qui ne souffrent solution toujours plus vraisemblable que leurs conclusions. Bien est vrai que les preuves et raisons qui se fondent sur l'expérience et sur le fait, celles-là je ne les dénoue point ; aussi n'ont-elles point de bout : je les tranche souvent, comme Alexandre son nœud. Après tout, c'est mettre ses conjectures à bien haut prix que d'en faire cuire un homme tout vif. On récite par divers exemples, et Prestantius de son père, que, assoupi et endormi bien plus lourdement que d'un parfait sommeil, il fantasia[e] être jument et servir de sommier[f] à des soldats. Et ce qu'il fantasiait, il l'était. Si les sorciers songent ainsi matériellement, si les songes se peuvent ainsi parfois incorporer en effets, encore ne crois-je pas que notre volonté en fût tenue à la justice.

1. La *Cité de Dieu,* XVIII, 18.
2. La marque du diable.
3. C'est avec cette plante qu'on soignait les fous.
a. Ainsi que. — **b.** Éluder. — **c.** Prévention. — **d.** Objections. — **e.** Imagina. — **f.** Bête de somme.
* Tite-Live, *Histoire,* livre VIII, chap. XVIII.

9

Nul n'est tenu de partager ces doutes

LA LIBERTÉ

Ce que je dis, comme celui qui n'est ni juge ni conseiller des rois, ni s'en estime de bien loin digne, ainsi homme du commun, né et voué à l'obéissance de la raison publique et en ses faits et en ses dits. Qui mettrait mes rêveries en compte au préjudice de la plus chétive loi de son village, ou opinion, ou coutume, il se ferait grand tort, et encore autant à moi. Car en ce que je dis, je ne pleuvis[a] autre certitude, sinon que c'est ce que lors j'en avais en ma pensée, pensée tumultuaire et vacillante. C'est par manière de devis que je parle de tout, et de rien par manière d'avis. « Je n'ai pas honte, comme ces gens-là d'avouer que j'ignore ce que j'ignore*. » Je ne serais pas si hardi à parler s'il m'appartenait d'en être cru ; et fut-ce que je répondais à un grand, qui se plaignait de l'âpreté et contention de mes enhortements[b]. « Vous sentant bandé et préparé d'une part, je vous propose l'autre de tout le soin que je puis, pour éclaircir votre jugement, non pour l'obliger[c] ; Dieu tient vos courages[d] et vous fournira de choix. » Je ne suis pas si présomptueux de désirer seulement que mes opinions donnassent pente à chose de telle importance, ma fortune ne les a pas dressées à si puissantes et élevées conclusions. Certes, j'ai non seulement des complexions en grand nombre, mais aussi des opinions assez, desquelles je dégoûterais volontiers mon fils, si j'en avais. Quoi ? si les plus vraies ne sont pas toujours les plus commodes à l'homme, tant il est de sauvage composition !

10

Plus prompts à imaginer des causes qu'à établir des faits

L'IMAGINATION

À propos ou hors de propos, il n'importe, on dit en Italie, en commun proverbe, que celui-là ne connaît pas Vénus en sa parfaite douceur qui n'a couché avec la boiteuse. La fortune, ou quelque particulier accident, ont mis il y a longtemps ce mot en la bouche du peuple ; et se dit des mâles comme des femelles. Car la reine des Amazones répondit au Scythe qui la conviait à l'amour : « Le boiteux le fait le mieux**. » En cette république féminine, pour fuir la domination des mâles, elles les estropiaient dès l'enfance, bras, jambes et autres membres qui leur donnaient avantage sur elles, et se servaient d'eux à ce seulement à quoi nous nous servons d'elles par-deçà. J'eusse dit que le mouvement détraqué[e] de la boiteuse apportât quelque nouveau plaisir à la besogne et quelque pointe de douceur à ceux qui l'essaient, mais je viens d'apprendre que même la philosophie ancienne en a décidé ; elle dit que, les jambes et cuisses des boiteuses ne recevant, à cause de leur imperfection, l'aliment qui leur est dû, il en advient que les parties génitales, qui sont au-dessus, sont plus pleines, plus nourries et vigoureuses. Ou bien que, ce défaut empêchant l'exercice, ceux qui en sont entachés dissipent moins leurs forces et en viennent plus entiers aux jeux de Vénus. Qui est aussi la raison pourquoi les Grecs décriaient les tisserandes d'être plus chaudes que les autres femmes : à cause du

a. Garantis. — **b.** Exhortations. — **c.** Lier. — **d.** Cœurs. — **e.** Déhanché.

* Cicéron, *Tusenlanes*, livre I, chap. XXV.

** Montaigne a trouvé cette citation chez Érasme, *Adages*, livre II, chap. IX.

métier sédentaire qu'elles font, sans grand exercice du corps. De quoi ne pouvons-nous raisonner à ce prix-là ? De celles ici je pourrais aussi dire que ce trémoussement que leur ouvrage leur donne, ainsi assises, les éveille et sollicite, comme fait les dames le croulement[a] et tremblement de leurs coches.

Ces exemples servent-ils pas à ce que je disais au commencement : que nos raisons anticipent souvent l'effet, et ont l'étendue de leur juridiction si infinie, qu'elles jugent et s'exercent en l'inanité même et au non-être ? Outre la flexibilité de notre invention à forger des raisons à toute sorte de songes, notre imagination se trouve pareillement facile à recevoir des impressions de la fausseté par bien frivoles apparences. Car, par la seule autorité de l'usage ancien et public de ce mot, je me suis autrefois fait accroire avoir reçu plus de plaisir d'une femme de ce qu'elle n'était pas droite, et mis cela en recette de ses grâces.

11

Le dogmatisme nourrit le scepticisme

LA VÉRITÉ

Torquato Tasso[1], en la comparaison qu'il fait de la France à l'Italie, dit avoir remarqué cela, que nous avons les jambes plus grêles que les gentilshommes italiens, et en attribue la cause à ce que nous sommes continuellement à cheval ; qui est celle même de laquelle Suétone tire une toute contraire conclusion : car il dit au rebours que Germanicus avait grossi les siennes par continuation de ce même exercice. Il n'est rien si souple et erratique que notre entendement : c'est le soulier de Théramène[2], bon à tous pieds. Et il est double et divers et les matières doubles et diverses. « Donne-moi une drachme d'argent, disait un philosophe Cynique à Antigonus. — Ce n'est pas présent de roi, répondit-il. — Donne-moi donc un talent. — Ce n'est pas présent pour Cynique. »

« Soit que la chaleur élargisse des passages plus nombreux et des ouvertures cachées, par où le suc parvient aux jeunes plantes ; ou bien qu'elle durcisse le sol et resserre ses veines béantes pour éviter les effets des pluies fines, du soleil impétueux et du froid pénétrant du Borée*. »

« Toute médaille a son revers**. » Voilà pourquoi Clitomachus disait anciennement que Carnéade[3] avait surmonté les labeurs d'Hercule, pour avoir arraché des hommes le consentement, c'est-à-dire l'opinion et la témérité de juger. Cette fantaisie de Carnéade, si vigoureuse, naquit à mon avis anciennement de l'impudence de ceux qui font profession de savoir, et de leur outrecuidance démesurée. On mit Ésope en vente avec deux autres esclaves. L'acheteur s'enquit du premier ce qu'il savait faire ; celui-là, pour se faire valoir, répondit monts et merveilles, qu'il savait et ceci et cela ; le deuxième en répondit de soi autant ou plus ; quand ce fut à Ésope, et qu'on

a. Mouvement.
1. Écrivain italien du XVIe siècle.
2. Plutarque, *Instructions pour ceux qui manient affaires d'État.*
3. Clithomaque et Carnéade sont deux représentants du scepticisme antique.
* Virgile, *Géorgiques,* chant I.
** Dicton italien.

lui eut aussi demandé ce qu'il savait faire : « Rien, dit-il, car ceux-ci ont tout préoccupé[a] : ils savent tout. » Ainsi est-il advenu en l'école de la philosophie : la fierté de ceux qui attribuaient à l'esprit humain la capacité de toutes choses causa en d'autres, par dépit et par émulation, cette opinion qu'il est capable d'aucune chose. Les uns tiennent en l'ignorance cette même extrémité que les autres tiennent en la science. Afin qu'on ne puisse nier que l'homme ne soit immodéré partout, et qu'il n'a point d'arrêt que celui de la nécessité, et impuissance d'aller outre.

---

a. Pris d'avance.

CONTREPOINT

Il y a deux conceptions de la vérité. La première est celle que Descartes emprunte aux mathématiques et selon laquelle ce qui n'est pas absolument évident doit être considéré comme douteux. La seconde est illustrée par Montaigne ou Hume. Elle consiste à peser les raisons que nous avons de croire ou de ne pas croire une affirmation et d'en évaluer ainsi le degré de probabilité.

David Hume,
Enquête sur l'entendement humain, 1758,
X, « Les miracles »,
traduction de A. Leroy,
Garnier-Flammarion.

L'IRRATIONNEL

On n'estime pas qu'un fait est un miracle s'il se produit jamais[1] dans le cours commun de la nature. Ce n'est pas un miracle qu'un homme, apparemment en bonne santé, meure subitement ; car un tel genre de mort, bien que plus inhabituel qu'un autre, on a pourtant fréquemment observé qu'il se produisait. Mais c'est un miracle qu'un mort puisse revenir à la vie ; car le fait n'a jamais été observé à aucune époque ni en aucun pays. Il faut donc qu'il y ait une expérience uniforme contre tout événement miraculeux, sinon l'événement ne mériterait pas cette appellation. Et comme une expérience uniforme se monte à une preuve, il y a ici une *preuve* directe et entière, tirée de la nature du fait, contre l'existence d'un miracle ; une telle preuve ne peut être détruite et le miracle rendu croyable que par une preuve contraire supérieure.

On en conclut manifestement (et c'est une maxime générale digne de notre attention) « qu'aucun témoignage ne suffit pour établir un miracle, sauf si le témoignage est de telle sorte que sa fausseté serait encore plus miraculeuse que le fait qu'il essaie d'établir ; et, même dans ce cas, il se produit une destruction mutuelle des arguments, et l'argument le plus fort nous donne seulement une assurance proportionnée au degré de force qui reste après déduction de la force inférieure ». Quand un homme me dit qu'il a vu un mort rappelé à la vie, je considère immédiatement en moi-même s'il est plus probable que cet homme me trompe ou qu'il se trompe, ou que le fait qu'il rapporte s'est réellement produit. Je pèse, l'un en regard de l'autre, les deux miracles ; et, selon la supériorité que je découvre, je prononce ma décision et rejette toujours le plus grand miracle. Si la fausseté de son témoignage était encore plus miraculeuse que l'événement qu'il rapporte, alors, et alors seulement, il peut prétendre gouverner ma croyance et mon opinion.

---

1. Ici, « jamais » signifie « effectivement ».

Hobbes

Le Léviathan

1588-1679

Faut-il comprendre l'individu à partir de la société ou la société à partir de l'individu ? La première démarche est celle des Anciens. Pour eux, la cité est, à l'image du cosmos, un organisme naturel dans lequel chacun doit tenir la place qui lui revient. Mais dans l'Angleterre du XVIIe siècle comme dans toute l'Europe, une nouvelle image du monde physique tend à s'imposer. Selon le modèle mécanique construit par Galilée, dans la nature tout s'explique par des causes comme dans une horloge. De même pour le matérialiste Thomas Hobbes, la machine sociale s'expliquera à partir de ses rouages élémentaires : les individus, et des ressorts qui les meuvent : leurs passions.

Dans son traité *Du Citoyen,* il donne ce conseil : à la fin d'une soirée, ne laissez pas d'autres convives derrière vous, sinon vous ferez les frais des médisances qui ne manqueront pas de se dire, sitôt quittée la compagnie ! Ce trait résume sa vision de l'homme, animal asocial qui ne nourrit pour ses congénères que méfiance et volonté de nuire. C'est pourquoi la société n'est pas notre milieu naturel. Mais alors, qu'est-ce qui la rend possible ?

Lorsqu'en 1651 il publia *Le Léviathan,* il demanda qu'on l'orne d'une gravure. Au premier plan, on voit une ville prospère, une campagne riante. Des cultivateurs peuvent vaquer paisiblement aux travaux des champs, plus loin des voyageurs se rendre au bourg voisin : scène moins banale qu'il n'y paraît, si l'on songe aux conflits qui déchirent l'Angleterre à cette époque. Mais observons le second plan. Au-dessus de l'horizon se dresse le buste d'un homme gigantesque. À son front, une couronne et à son bras droit, une épée. Quant à son corps, il est fait de l'agrégation d'une multitude de petites silhouettes humaines. Le sens de cette allégorie est clair : la coexistence pacifique des hommes n'est possible que sous la surveillance sévère de l'État qui, les tenant en respect, les protège les uns des autres. La souveraineté absolue de cet État repose à son tour sur une décision collective, un *pacte* ou *contrat*, dans lequel chaque individu s'engage librement pour sa survie. Tel est le fondement purement humain de l'État, que Hobbes appelle « Léviathan », du nom d'un monstre terrifiant dans la Bible, mais ici seul garant de la paix civile.

Parce qu'il voulait que, pour leur sécurité, les individus soumettent leur volonté à celle de l'État, Hobbes a été considéré comme le théoricien de l'absolutisme. Mais si l'on observe que pour lui l'État n'a pas à s'immiscer dans la vie privée des individus dès lors que la paix civile est garantie, on peut aussi bien voir en lui un des pères fondateurs du libéralisme politique.

1651,
traduction de F. Tricaud,
Sirey, 1971.

Le Léviathan

Chapitres XIII et XVII

Chapitre XIII

De la condition naturelle des hommes en ce qui concerne leur félicité et leur misère

1

Les hommes ont naturellement des aptitudes égales

LA NATURE

La nature a fait les hommes si égaux quant aux facultés du corps et de l'esprit, que, bien qu'on puisse parfois trouver un homme manifestement plus fort, corporellement, ou d'un esprit plus prompt qu'un autre, néanmoins, tout bien considéré, la différence d'un homme à un autre n'est pas si considérable qu'un homme puisse de ce chef réclamer pour lui-même un avantage auquel un autre ne puisse prétendre aussi bien que lui. En effet, pour ce qui est de la force corporelle, l'homme le plus faible en a assez pour tuer l'homme le plus fort, soit par une machination secrète, soit en s'alliant à d'autres qui courent le même danger que lui.

Quant aux facultés de l'esprit (mis à part les arts fondés sur les mots, et spécialement cet art de procéder selon des règles générales et infaillibles qui se nomme science, art que très peu possèdent, et encore relativement à un domaine restreint, car il ne s'agit ni d'une faculté naturelle et innée, ni d'une faculté qu'on acquiert en s'occupant d'autre chose, comme la prudence), j'y trouve, entre les hommes, une égalité plus parfaite encore que leur égalité de forces. Car la prudence n'est que de l'expérience, laquelle, en des intervalles de temps égaux, est également dispensée à tous les hommes pour les choses auxquelles ils s'appliquent également. Ce qui risque peut-être d'empêcher de croire à une telle égalité, c'est seulement la vaine conception que chacun se fait de sa propre sagesse, presque tous pensant en être dotés à un plus haut point que le vulgaire, entendez par là : que tous les autres hommes, à l'exception d'eux-mêmes et d'un petit nombre d'autres auxquels ils accordent leur approbation à cause de leur renommée ou parce qu'il y a convergence entre les vues de ces hommes et les leurs. Car telle est la nature des hommes, que, quelque supériorité qu'ils puissent reconnaître à beaucoup d'autres dans le domaine de l'esprit, de l'éloquence ou des connaissances, néanmoins, ils auront du mal à croire qu'il existe beaucoup de gens aussi sages qu'eux-mêmes. Car ils voient leur propre esprit de tout près et celui des autres de loin. Mais cela prouve l'égalité des hommes sur ce point, plutôt que leur inégalité. Car d'ordinaire, il n'y a pas de meilleur signe d'une distribution égale de quoi que ce soit, que le fait que chacun soit satisfait de sa part.

2

Origine de la violence entre les hommes

AUTRUI

De cette égalité des aptitudes découle une égalité dans l'espoir d'atteindre nos fins. C'est pourquoi, si deux hommes désirent la même chose alors qu'il n'est pas possible qu'ils en jouissent tous les deux, ils deviennent ennemis : et dans leur poursuite de cette fin (qui est, principalement, leur propre conservation, mais parfois seulement leur agrément), chacun s'efforce de détruire ou de dominer l'autre. Et de là vient que, là où l'agresseur n'a rien de plus à craindre que la puissance individuelle d'un autre homme, on peut s'attendre avec vraisemblance, si quelqu'un plante, sème, bâtit, ou occupe un emplacement commode, à ce que d'autres arrivent tout équipés, ayant uni leurs forces, pour le déposséder et lui enlever non seulement le fruit de son travail, mais aussi la vie ou la liberté. Et l'agresseur à son tour court le même risque à l'égard d'un nouvel agresseur.

Du fait de cette défiance de l'un à l'égard de l'autre, il n'existe pour nul homme aucun moyen de se garantir qui soit aussi raisonnable que le fait de prendre les devants, autrement dit, de se rendre maître, par la violence ou par la ruse, de la personne de tous les hommes pour lesquels cela est possible, jusqu'à ce qu'il n'aperçoive plus d'autre puissance assez forte pour le mettre en danger. Il n'y a rien là de plus que n'en exige la conservation de soi-même, et en général on estime cela permis. Également, du fait qu'il existe quelques hommes qui, prenant plaisir à contempler leur propre puissance à l'œuvre dans les conquêtes, poursuivent celles-ci plus loin que leur sécurité ne le requiert, les autres, qui autrement se fussent contentés de vivre tranquilles à l'intérieur de limites modestes, ne pourraient pas subsister longtemps s'ils n'accroissaient leur puissance par l'agression et s'ils restaient simplement sur la défensive. En conséquence, un tel accroissement de l'empire d'un homme sur les autres, étant nécessaire à sa conservation, doit être permis.

De plus, les hommes ne retirent pas d'agrément (mais au contraire un grand déplaisir) de la vie en compagnie, là où il n'existe pas de pouvoir capable de les tenir tous en respect. Car chacun attend que son compagnon l'estime aussi haut qu'il s'apprécie lui-même, et à chaque signe de dédain, ou de mésestime il s'efforce naturellement, dans toute la mesure où il l'ose (ce qui suffit largement, parmi des hommes qui n'ont pas de commun pouvoir qui les tienne en repos, pour les conduire à se détruire mutuellement), d'arracher la reconnaissance d'une valeur plus haute : à ceux qui le dédaignent, en leur nuisant ; aux autres, par de tels exemples.

3

La guerre est l'état naturel de l'homme

La violence

De la sorte, nous pouvons trouver dans la nature humaine trois causes principales de querelle : premièrement, la rivalité ; deuxièmement, la méfiance ; troisièmement, la fierté.

La première de ces choses fait prendre l'offensive aux hommes en vue de leur profit. La seconde, en vue de leur sécurité. La troisième, en vue de leur réputation. Dans le premier cas, ils usent de violence pour se rendre maîtres de la personne d'autres hommes, de leurs femmes, de leurs enfants, de leurs biens. Dans le second cas, pour défendre ces choses. Dans le troisième cas, pour des bagatelles, par exemple pour un mot, un sourire, une opinion qui diffère de la leur, ou quelque autre signe de mésestime, que celle-ci porte directement sur eux-mêmes, ou qu'elle rejaillisse sur eux, étant adressée à leur parenté, à leurs amis, à leur nation, à leur profession, à leur nom.

Il apparaît clairement par là qu'aussi longtemps que les hommes vivent sans un pouvoir commun qui les tienne tous en respect, ils sont dans cette condition qui se nomme guerre, et cette guerre est guerre de chacun contre chacun. Car la GUERRE ne consiste pas seulement dans la bataille et dans des combats effectifs ; mais dans un espace de temps où la volonté de s'affronter en des batailles est suffisamment avérée : on doit par conséquent tenir compte, relativement à la nature de la guerre, de la notion de durée, comme on en tient compte, relativement à la nature du temps qu'il fait. De même en effet que la nature du mauvais temps ne réside pas dans une ou deux averses, mais dans une tendance qui va dans ce sens, pendant un grand nombre de jours consécutifs, de même la nature de la guerre ne consiste pas dans un combat effectif, mais dans une disposition avérée, allant dans ce sens, aussi longtemps qu'il n'y a pas d'assurance du contraire. Tout autre temps se nomme paix.

C'est pourquoi toutes les conséquences d'un temps de guerre où chacun est l'ennemi de chacun, se retrouvent aussi en un temps où les hommes vivent sans autre sécurité que celle dont les munissent leur propre force ou leur propre ingéniosité. Dans un tel état, il n'y a pas de place pour une activité industrieuse, parce que le fruit n'en est pas assuré : et conséquemment il ne s'y trouve ni agriculture, ni navigation, ni usage des richesses qui peuvent être importées par mer ; pas de constructions commodes ; pas d'appareils capables de mouvoir et d'enlever les choses qui pour ce faire exigent beaucoup de force ; pas de connaissances de la face de la terre ; pas de computation du temps ; pas d'arts ; pas de lettres ; pas de société ; et ce qui est le pire de tout, la crainte et le risque continuels d'une mort violente ; la vie de l'homme est alors solitaire, besogneuse, pénible, quasi animale, et brève.

4

L'expérience confirme que les hommes sont belliqueux

La violence

Il peut sembler étranger, à celui qui n'a pas bien pesé ces choses, que la nature puisse ainsi dissocier les hommes et les rendre enclins à s'attaquer et à se détruire les uns les autres : c'est pourquoi peut-être, incrédule à l'égard de cette inférence tirée des passions, cet homme désirera la voir confirmée par l'expérience. Aussi, faisant un retour sur lui-même, alors que partant en voyage, il s'arme et cherche à être bien accompagné, qu'allant se coucher, il verrouille ses portes ; que, dans sa maison même, il ferme ses coffres à clef ; et tout cela sachant qu'il existe des lois, et des fonctionnaires publics armés, pour venger tous les torts qui peuvent lui être faits : qu'il se demande quelle opinion il a de ses compatriotes, quand il voyage armé ; de ses concitoyens, quand il verrouille ses portes ; de ses enfants et de ses domestiques, quand il ferme ses coffres à clef. N'incrimine-t-il pas l'humanité par ses actes autant que je le fais par mes paroles ? Mais ni lui ni moi n'incriminons la nature humaine en cela. Les désirs et les autres passions de l'homme ne sont pas en eux-mêmes des péchés. Pas davantage ne le sont les actions qui procèdent de ces passions, tant que les hommes ne connaissent pas de loi qui les interdise ; et ils ne peuvent pas connaître de lois tant qu'il n'en a pas été fait ; or, aucune loi ne peut être faite tant que les hommes ne se sont pas entendus sur la personne qui doit la faire.

5

L'état de guerre, réalité ou fiction ?

Le pouvoir

On pensera peut-être qu'un tel temps n'a jamais existé, ni un état de guerre tel que celui-ci. Je crois en effet qu'il n'en a jamais été ainsi, d'une manière générale, dans le monde entier. Mais il y a beaucoup d'endroits où les hommes vivent ainsi actuellement. En effet, en maint endroit de l'*Amérique,* les sauvages, mis à part le gouvernement de petites familles dont la concorde dépend de la concupiscence naturelle, n'ont pas de gouvernement du tout, et ils vivent à ce jour de la manière quasi animale que j'ai dite plus haut. De toute façon, on peut discerner le genre de vie qui prévaudrait s'il n'y avait pas de pouvoir commun à craindre, par le genre de vie où tombent ordinairement, lors d'une guerre civile, les hommes qui avaient jusqu'alors vécu sous un gouvernement pacifique.

Mais même s'il n'y avait jamais eu aucun temps où les particuliers fussent en état de guerre les uns contre les autres, cependant à tous moments les rois et les personnes qui détiennent l'autorité souveraine sont à cause de leur indépendance dans une continuelle suspicion, et dans la situation et la posture des gladiateurs, leurs armes pointées, les yeux de chacun fixés sur l'autre : je veux ici parler des forts, des garnisons, des canons qu'ils ont aux frontières de leurs royaumes, et des espions qu'ils entretiennent continuellement chez leurs voisins, toutes choses qui constituent une attitude de guerre. Mais parce qu'ils protègent par là l'activité industrieuse de leurs sujets, il ne s'ensuit pas de là cette misère qui accompagne la liberté des particuliers.

6

Dans l'état de nature, rien n'est juste ni injuste

La justice

Cette guerre de chacun contre chacun a une autre conséquence : à savoir, que rien ne peut être injuste. Les notions de légitime et d'illégitime, de justice et d'injustice, n'ont pas ici leur place. Là où il n'est pas de pouvoir commun, il n'est pas de loi ; là où il n'est pas de loi, il n'est pas d'injustice. La violence et la ruse sont en temps de guerre les deux vertus cardinales. Justice et injustice ne sont en rien des facultés du corps ou de l'esprit. Si elles l'étaient, elles pourraient appartenir à un homme qui serait seul au monde, aussi bien que ses sensations et ses passions. Ce sont des qualités relatives à l'homme en société, et non à l'homme solitaire. Enfin cet état a une dernière conséquence : qu'il n'y existe pas de propriété, pas d'empire sur quoi que ce soit, pas de distinction du *mien* et du *tien* ; cela seul dont il peut se saisir appartient à chaque homme, et seulement pour aussi longtemps qu'il peut le garder. Cela suffit comme description de la triste condition où l'homme est effectivement placé par la pure nature, avec cependant la possibilité d'en sortir, possibilité qui réside partiellement dans les passions et partiellement dans sa raison.

Les passions qui inclinent les hommes à la paix sont la crainte de la mort, le désir des choses nécessaires à une vie agréable, l'espoir de les obtenir par leur industrie. Et la raison suggère des clauses appropriées d'accord pacifique, sur lesquelles on peut amener les hommes à s'entendre. Ces clauses sont ce qu'on appelle en d'autres termes les lois naturelles. J'en parlerai de façon plus détaillée dans les deux chapitres suivants.

Chapitre XVII

Des causes de la génération et de la définition de la république

7

En l'absence d'un pouvoir institué, il n'est pas de frein aux passions naturelles

LA VIOLENCE

La cause finale, le but, le dessein, que poursuivirent les hommes, eux qui par nature aiment la liberté et l'empire exercé sur autrui, lorsqu'ils se sont imposé ces restrictions au sein desquelles on les voit vivre dans les Républiques[1], c'est le souci de pourvoir à leur propre préservation et de vivre plus heureusement par ce moyen : autrement dit, de s'arracher à ce misérable état de guerre qui est, je l'ai montré, la conséquence nécessaire des passions naturelles des hommes, quand il n'existe pas de pouvoir visible pour les tenir en respect, et de les lier, par la crainte des châtiments, tant à l'exécution de leurs conventions qu'à l'observation des lois de nature qui ont été exposées aux chapitres XIV et XV.

D'elles-mêmes en effet, en l'absence d'un pouvoir qui les fasse observer par l'effroi qu'il inspire, les lois de nature (comme la *justice,* l'*équité,* la *modération,* la *pitié,* et d'une façon générale, *faire aux autres ce que nous voudrions qu'on nous fît*) sont contraires à nos passions naturelles, qui nous portent à la partialité, à l'orgueil, à la vengeance, et aux autres conduites de ce genre. Et les conventions, sans le glaive, ne sont que des paroles, dénuées de la force d'assurer aux gens la moindre sécurité. C'est pourquoi, nonobstant les lois de la nature (que chacun n'observe que s'il en a la volonté et s'il peut le faire sans danger), si aucun pouvoir n'a été institué, ou qu'il ne soit pas assez grand pour assurer notre sécurité, tout homme se reposera

1. Le mot « République » ne désigne pas ici un régime politique particulier, mais toute société dotée d'un gouvernement.

(chose pleinement légitime) sur sa force et sur son habileté pour se garantir contre tous les autres. Et partout où les hommes ont vécu en petites familles, se voler et se dépouiller les uns les autres a été une profession qu'ils étaient si loin de regarder comme contraire à la loi de nature qu'on était d'autant plus honoré qu'on avait acquis de plus grandes dépouilles. L'on n'observait alors pas d'autres lois que celles de l'honneur : s'abstenir de cruauté, laisser aux hommes la vie sauve, ainsi que les instruments agricoles. Et comme le faisaient alors les petites familles, de même aujourd'hui les cités et les royaumes, qui ne sont que des familles plus grandes, étendent, en vue de leur sécurité, leurs empires, prenant prétexte du moindre danger, de la crainte d'une agression, de la crainte de l'assistance qui pourrait être donnée aux agresseurs : s'efforçant autant qu'ils le peuvent de soumettre ou d'affaiblir leurs voisins, de vive force ou par machinations secrètes ; et en l'absence de toute autre garantie, ils agissent en cela avec justice, et leur souvenir est à cause de cela entouré d'honneur dans les âges suivants.

8

La sécurité ne dépend pas du nombre

Ce n'est pas davantage la réunion d'un petit nombre d'hommes qui peut donner cette sécurité ; en effet, lorsqu'il s'agit de petits nombres, une légère augmentation du nombre de l'un ou de l'autre camp rend la supériorité des forces assez grande pour emporter la victoire, constituant ainsi un encouragement à l'agression. La taille du groupe qui serait assez important pour que nous nous reposions sur lui du soin de notre sécurité n'est pas fixée par un nombre déterminé, mais par comparaison avec l'ennemi que nous craignons : elle est suffisante, lorsque l'avantage numérique de l'ennemi n'a pas une influence assez visible, assez manifeste, sur la détermination de l'issue de la guerre, pour le pousser à attaquer.

Du reste, que les hommes soient un nombre aussi grand qu'on voudra : si néanmoins leurs actions sont dirigées selon leurs jugements et appétits particuliers, ils ne peuvent attendre de leur nombre ni défense ni protection, tant à l'encontre d'un ennemi commun qu'en ce qui concerne les torts qu'ils s'infligent l'un à l'autre. En effet, leurs opinions étant divisées au sujet du meilleur usage et de la meilleure application de leur force, loin de s'aider l'un l'autre, ils se font l'un à l'autre obstacle, et, par leur opposition mutuelle, ils annulent leur force ; partant, non seulement un très petit nombre d'hommes qui s'accordent en viendront aisément à bout : mais aussi, lorsqu'il n'y a pas d'ennemi commun, ils se font la guerre l'un à l'autre, à propos de leurs intérêts particuliers. Car si l'on pouvait imaginer un grand nombre d'hommes unanimes dans l'observation de la justice et des autres lois de nature, en l'absence d'un pouvoir commun qui les tienne tous en respect, ou pourrait aussi bien imaginer toute l'humanité en faisant autant : aucun gouvernement civil, aucune espèce de République, n'existerait alors, et n'aurait besoin d'exister ; il y aurait en effet la paix, sans la sujétion.

Il ne suffit pas non plus, pour obtenir cette sécurité que les hommes désirent voir durer tout le temps de leur vie, qu'ils soient gouvernés et dirigés par un jugement unique pendant un temps limité : pendant telle bataille, par exemple, ou telle guerre. Car, même s'ils obtiennent la victoire par leur effort unanime contre un ennemi extérieur, quand par la suite il n'existera plus d'ennemi commun, ou que celui qu'une partie d'entre eux tiendra pour un ennemi sera tenu pour un ami par les autres, ils devront nécessairement se diviser sous l'effet de la différence de leurs intérêts et tomber à nouveau dans une guerre intestine.

9

Les hommes ne sont pas sociables par nature

LA SOCIÉTÉ

Il est vrai que certains animaux comme les abeilles et les fourmis vivent en société les uns avec les autres, et sont pour ce motif rangés par Aristote au nombre des animaux politiques ; et pourtant ils n'ont pas d'autre direction que leurs jugements et appétits particuliers ; ils n'ont pas la parole, qui leur permettrait de se déclarer l'un à l'autre ce qu'ils jugent profitable à l'intérêt commun. C'est pourquoi il se peut bien que quelqu'un désire savoir pourquoi l'humanité est incapable d'en faire autant. À cette question je réponds :

premièrement, que les hommes sont dans une continuelle rivalité au sujet de l'honneur et de la dignité, ce qui n'est pas le cas de ces animaux ; et qu'en conséquence, chez les hommes, l'envie et la haine, puis enfin la guerre, prennent naissance sur ce fondement, alors qu'il n'en va pas de même chez les animaux ;

deuxièmement, que chez ces créatures, le bien commun ne diffère pas du bien privé ; portées par nature vers leur bien privé, elles servent du même coup l'intérêt commun ; mais l'homme, dont la joie consiste à se comparer aux autres, ne peut vraiment savourer que ce qui est au-dessus du sort commun ;

troisièmement, que ces créatures, n'ayant pas comme l'homme l'usage de la raison, ne voient pas ou ne pensent pas voir de fautes dans l'administration de leurs affaires communes : alors que parmi les hommes, nombreux sont ceux qui se jugent plus sages que tous les autres, et plus aptes à gouverner la chose publique ; s'efforçant de réformer et d'innover, celui-ci d'une manière, celui-là d'une autre, et conduisant ainsi la chose publique vers le déchirement et la guerre civile ;

quatrièmement, que ces créatures, encore qu'elles aient quelque usage de la voix pour se faire connaître l'une à l'autre leurs désirs et leurs autres affections, manquent néanmoins de cet art des mots par lequel certains savent présenter aux autres ce qui est bon sous les apparences du mal et ce qui est mauvais sous les apparences du bien, et augmenter ou diminuer la grandeur apparente du bien et du mal, rendant les hommes insatisfaits, et troublant leur paix à leur gré ;

cinquièmement, que les créatures dénuées de raison ne peuvent distinguer entre un *tort* et un *dommage* : c'est pourquoi, aussi longtemps que leurs aises sont sauvegardées, elles ne se sentent pas offensées par leurs compagnes ; tandis que l'homme est le plus enclin à créer du désordre lorsqu'il jouit le plus de ses aises : car c'est alors qu'il aime à montrer sa sagesse, et à censurer les actions de ceux qui gouvernent la République ;

enfin, l'accord de ces créatures est naturel, alors que celui des hommes, venant seulement des conventions, est artificiel : aussi n'est-il pas étonnant qu'il faille quelque chose d'autre, en sus de la convention, pour rendre leur accord constant et durable ; cette autre chose est un pouvoir commun qui les tienne en respect et dirige leurs actions en vue de l'avantage commun.

10

Le contrat d'où naît l'État : chacun renonce à sa volonté propre

La seule façon d'ériger un tel pouvoir commun, apte à défendre les gens de l'attaque des étrangers, et des torts qu'ils pourraient se faire les uns aux autres, et ainsi à les protéger de telle sorte que par leur industrie et par les productions de la terre, ils puissent se nourrir et vivre satisfaits, c'est de confier tout leur pouvoir et toute leur force à un seul homme, ou à une seule assemblée, qui puisse réduire toutes leurs volontés, par la règle de la majorité, en une seule volonté. Cela revient à dire : désigner un homme, ou une assemblée, pour assumer leur personnalité ; et que chacun s'avoue et se reconnaisse comme l'auteur de tout ce qu'aura fait ou fait faire, quant aux choses qui concernent la paix et la sécurité commune, celui qui a ainsi assumé leur personnalité, que chacun par conséquent soumette sa volonté et son jugement à la volonté et au jugement de cet homme ou de cette assemblée. Cela va plus loin que le consensus, ou concorde ; il s'agit d'une unité réelle de tous en une seule et même personne, unité réalisée par une convention de chacun avec chacun passée de telle sorte que c'est comme si chacun disait à chacun : *j'autorise cet homme ou cette assemblée, et je lui abandonne mon droit de me gouverner moi-même, à cette condition que tu lui abandonnes ton droit et que tu autorises toutes ses actions de la même manière.* Cela fait, la multitude ainsi unie en une seule personne est appelée une république, en latin *civitas.* Telle est la génération de ce grand Léviathan, ou plutôt pour en parler avec plus de révérence, de ce *dieu mortel,* auquel nous devons, sous le *Dieu immortel,* notre paix et notre protection. Car en vertu de cette autorité qu'il a reçue de chaque individu de la République, l'emploi lui est conféré d'un tel pouvoir et d'une telle force, que l'effroi qu'ils inspirent lui permet de modeler les volontés de tous, en vue de la paix à l'intérieur et de l'aide mutuelle contre les ennemis de l'extérieur. En lui réside l'essence de la République, qui se définit : *une personne unique telle qu'une grande multitude d'hommes se sont faits, chacun d'entre eux, par des conventions mutuelles qu'ils ont passées l'un avec l'autre, l'auteur de ses actions, afin qu'elle use de la force et des ressources de tous, comme elle le jugera expédient, en vue de leur paix et de leur commune défense.*

Le dépositaire de cette personnalité est appelé souverain, et l'on dit qu'il possède le *pouvoir souverain* ; tout autre homme est son sujet. [...]

CONTREPOINT

Locke soulève cette objection à la théorie de Hobbes : si c'est la peur de mourir qui conduit les hommes à quitter l'état de nature et à se mettre sous l'autorité d'un souverain, qu'ont-ils gagné si celui-ci n'est pas soumis aux lois ? N'agiraient-ils pas alors comme des hommes qui, pour échapper aux méfaits des putois ou des renards, auraient trouvé rassurant de se laisser dévorer par des lions ?

John Locke,
Traité du gouvernement civil,
1690, chap. XI,
traduction de David Mazel,
Garnier-Flammarion, 1984.

LE POUVOIR

Un pouvoir arbitraire et absolu, et un gouvernement sans lois établies et stables, ne saurait s'accorder avec les *fins* de la société et du gouvernement. En effet, les hommes quitteraient-ils la liberté de l'*état de nature* pour se soumettre à un gouvernement dans lequel leurs vies, leurs libertés, leur repos, leurs biens ne seraient point en sûreté ? On ne saurait supposer qu'ils aient l'intention, ni même le droit de donner à un homme, ou à plusieurs, un pouvoir absolu et arbitraire sur leurs personnes et sur leurs biens, et de permettre au magistrat ou au prince, de faire, à leur égard, tout ce qu'il voudra, par une volonté arbitraire et sans bornes ; ce serait assurément se mettre dans une condition beaucoup plus mauvaise que n'est celle de l'*état de nature,* dans lequel on a la liberté de défendre son droit contre les injures d'autrui, et de se maintenir, si l'on a assez de force, contre l'invasion d'un homme, ou de plusieurs joints ensemble. En effet, supposant qu'on se soit livré au pouvoir absolu et à la volonté arbitraire d'un législateur, on s'est désarmé soi-même, et on a armé ce législateur, afin que ceux qui lui sont soumis, deviennent sa proie, et soient traités comme il lui plaira. Celui-là est dans une condition bien plus fâcheuse, qui est exposé au pouvoir arbitraire d'un seul homme, qui en commande 100 000, que celui qui est exposé au pouvoir arbitraire de 100 000 hommes particuliers, personne ne pouvant s'assurer que ce seul homme, qui a un tel commandement, ait meilleure volonté que n'ont ces autres, quoique sa force et sa puissance soit cent mille fois plus grande.

Descartes

Discours de la méthode

Descartes

1596-1650

Ce texte retrace l'histoire d'une pensée qui a bouleversé l'histoire de la pensée. Après avoir fait ses études en France, et voyagé quelques années en Europe, René Descartes a choisi de se fixer en Hollande pour la liberté qu'on y trouve. Mais Galilée ayant été condamné par Rome pour avoir soutenu l'hypothèse héliocentrique, Descartes hésite à faire imprimer ses propres travaux de physique. Il finit par en publier des extraits, accompagnés d'une préface, le *Discours de la méthode.* « Si j'écris en français, explique-t-il, qui est la langue de mon pays, plutôt qu'en latin, qui est celle de mes précepteurs, c'est à cause que j'espère que ceux qui ne se servent que de leur raison naturelle toute pure jugeront mieux de mes opinions que ceux qui ne croient qu'aux livres anciens. »

La raison est universelle en un premier sens : tous les hommes en sont naturellement pourvus. À preuve, la capacité humaine de parler que Descartes analyse dans la Ve partie du *Discours* : « C'est une chose bien remarquable qu'il n'y a point d'hommes si hébétés et si stupides, sans en excepter même les insensés, qu'ils ne soient capables d'arranger ensemble diverses paroles, et d'en composer un discours par lequel ils fassent entendre leurs pensées. » La raison, qu'on l'appelle « jugement », « pensée », ou « bon sens », est « la chose du monde la mieux partagée » parmi les hommes. Les différences qu'on observe entre eux ne tiennent qu'à la façon de s'en servir.

Mais la raison est universelle en un second sens. Avec elle, l'homme possède « un instrument universel qui peut servir en toutes sortes de rencontres ». C'est ce que Descartes veut faire apparaître en publiant, avec le *Discours de la méthode,* trois essais où on voit la raison appliquée à divers sujets scientifiques. Dans le *Discours,* une place sera faite d'une part aux questions de morale — car il faut bien vivre tandis qu'on a mis en chantier la refondation de la connaissance — et d'autre part aux questions de métaphysique, puisqu'on ne peut redéfinir l'image du monde sans en mettre au jour les fondements ultimes.

Enfin, on y trouvera fixée pour plusieurs siècles la nouvelle attitude de l'homme face à la nature. Descartes affirme en effet que son but est « de parvenir à des connaissances fort utiles à la vie et qu'au lieu de cette philosophie spéculative qu'on enseigne dans les écoles, on en peut trouver une pratique, par laquelle, connaissant la force et les actions du feu, de l'eau, de l'air, des astres, des cieux et de tous les autres corps qui nous environnent, aussi distinctement que nous connaissons les divers métiers de nos artisans, nous les pourrions employer en même façon à tous les usages auxquels ils sont propres, et ainsi nous rendre comme maîtres et possesseurs de la nature. »

1637.

Discours de la méthode

1re, 2e, 3e et 4e parties

(texte intégral)

Première partie

1

L'essentiel est de bien appliquer son esprit

LA RAISON

Le bon sens est la chose du monde la mieux partagée : car chacun pense en être si bien pourvu, que ceux mêmes qui sont les plus difficiles à contenter en toute autre chose n'ont point coutume d'en désirer plus qu'ils en ont. En quoi il n'est pas vraisemblable que tous se trompent ; mais plutôt cela témoigne que la puissance de bien juger et distinguer le vrai d'avec le faux, qui est proprement ce qu'on nomme le bon sens ou la raison, est naturellement égale en tous les hommes ; et ainsi que la diversité de nos opinions ne vient pas de ce que les uns sont plus raisonnables que les autres, mais seulement de ce que nous conduisons nos pensées par diverses voies, et ne considérons pas les mêmes choses. Car ce n'est pas assez d'avoir l'esprit bon, mais le principal est de l'appliquer bien. Les plus grandes âmes sont capables des plus grands vices aussi bien que des plus grandes vertus, et ceux qui ne marchent que fort lentement peuvent avancer beaucoup davantage, s'ils suivent toujours le droit chemin, que ne font ceux qui courent et qui s'en éloignent.

Pour moi, je n'ai jamais présumé que mon esprit fût en rien plus parfait que ceux du commun ; même j'ai souvent souhaité d'avoir la pensée aussi prompte, ou l'imagination aussi nette et distincte, ou la mémoire aussi ample ou aussi présente, que quelques autres. Et je ne sache point de qualités que celles-ci qui servent à la perfection de l'esprit : car pour la raison ou le sens, d'autant qu'elle est la seule chose qui nous rend hommes et nous distingue des bêtes, je veux croire qu'elle est tout entière en un chacun, et suivre en ceci l'opinion commune des philosophes qui disent qu'il n'y a du plus ou du moins qu'entre les *accidents,* et non point entre les *formes* ou natures des *individus* d'une même *espèce*[1].

Mais je ne craindrai pas de dire que je pense avoir eu beaucoup d'heur de m'être rencontré dès ma jeunesse en certains chemins qui m'ont conduit à des considérations et des maximes, dont j'ai formé une méthode, par laquelle il me semble que j'ai moyen d'augmenter par degrés ma connaissance, et de l'élever peu à peu au plus haut point auquel la médiocrité de mon esprit et la courte durée de ma vie lui pourront permettre d'atteindre. Car j'en ai déjà recueilli de tels fruits, qu'encore qu'au jugement que je fais de moi-même, je tâche toujours de pencher vers le côté de la défiance plutôt que vers celui de la présomption ; et que, regardant d'un œil de philosophe les diverses actions et entreprises de tous les hommes, il n'y en ait quasi aucune qui ne me semble vaine et inutile ; je ne laisse pas de recevoir une extrême satisfaction du progrès que je pense avoir déjà fait en la recherche de la vérité, et de concevoir de telles espérances pour l'avenir, que si, entre les occupations des hommes purement hommes, il y en a quelqu'une qui soit solidement bonne et importante, j'ose croire que c'est celle que j'ai choisie.

Toutefois il se peut faire que je me trompe, et ce n'est peut-être qu'un peu de cuivre et de verre que je prends pour de l'or et des diamants. Je sais combien nous sommes sujets à nous méprendre en ce qui nous touche, et combien aussi les jugements de nos amis nous doivent être suspects, lorsqu'ils sont en notre faveur. Mais je serai bien aise de faire voir, en ce discours, quels sont les chemins que j'ai suivis, et d'y représenter ma vie comme en un tableau, afin que chacun en puisse juger, et qu'apprenant du bruit commun les opinions qu'on en aura, ce soit un nouveau moyen de m'instruire que j'ajouterai à ceux dont j'ai coutume de me servir.

Ainsi mon dessein n'est pas d'enseigner ici la méthode que chacun doit suivre pour bien conduire sa raison, mais seulement de faire voir en quelle sorte j'ai tâché de conduire la mienne. Ceux qui se mêlent de donner des préceptes se doivent estimer plus habiles que ceux auxquels ils les donnent, et s'ils manquent à la moindre chose, ils en sont blâmables. Mais ne proposant cet écrit que comme une histoire, ou, si vous l'aimez mieux, que comme une fable, en laquelle, parmi quelques exemples qu'on peut imiter, on en trouvera peut-être aussi plusieurs autres qu'on aura raison de ne pas suivre, j'espère qu'il sera utile à quelques-uns, sans être nuisible à personne, et que tous me sauront gré de ma franchise.

1. Dans le vocabulaire de l'École, c'est-à-dire de la philosophie scolastique d'inspiration aristotélicienne, l'*essence* est l'élément invariable commun à tous les membres d'une espèce (ex. : *être doué de raison* pour l'homme). Les *accidents* sont les caractères variables que chaque être peut posséder plus ou moins (*être grand, riche* ou *malade*).

3

Les études : un désir de vérité déçu...

LE JUGEMENT

J'ai été nourri aux lettres dès mon enfance, et pour ce qu'on me persuadait que, par leur moyen, on pouvait acquérir une connaissance claire et assurée de tout ce qui est utile à la vie, j'avais un extrême désir de les apprendre. Mais sitôt que j'eus achevé tout ce cours d'études au bout duquel on a coutume d'être reçu au rang des doctes, je changeai entièrement d'opinion. Car je me trouvais embarrassé de tant de doutes et d'erreurs, qu'il me semblait n'avoir fait aucun profit, en tâchant de m'instruire, sinon que j'avais découvert de plus en plus mon ignorance. Et néanmoins j'étais en l'une des plus célèbres écoles de l'Europe, où je pensais qu'il devait y avoir de savants hommes, s'il y en avait en aucun endroit de la terre. J'y avais appris tout ce que les autres y apprenaient ; et même, ne m'étant pas contenté des sciences qu'on nous enseignait, j'avais parcouru tous les livres traitant de celles qu'on estime les plus curieuses et les plus rares, qui avaient pu tomber entre mes mains. Avec cela, je savais les jugements que les autres faisaient de moi ; et je ne voyais point qu'on m'estimât inférieur à mes condisciples, bien qu'il y en eût entre eux déjà quelques-uns qu'on destinait à remplir les places de nos maîtres. Et enfin notre siècle me semblait aussi fleurissant et aussi fertile en bons esprits qu'ait été aucun des précédents. Ce qui me faisait prendre la liberté de juger par moi de tous les autres, et de penser qu'il n'y avait aucune doctrine dans le monde qui fût telle qu'on m'avait auparavant fait espérer.

4

... mais des exercices profitables

LE JUGEMENT

Je ne laissais pas toutefois d'estimer les exercices auxquels on s'occupe dans les écoles. Je savais que les langues qu'on y apprend sont nécessaires pour l'intelligence des livres anciens ; que la gentillesse des fables réveille l'esprit ; que les actions mémorables des histoires le relèvent, et qu'étant lues avec discrétion, elles aident à former le jugement ; que la lecture de tous les bons livres est comme une conversation avec les honnêtes gens des siècles passés, qui en ont été les auteurs, et même une conversation étudiée en laquelle ils ne nous découvrent que les meilleures de leurs pensées ; que l'éloquence a des forces et des beautés incomparables ; que la poésie a des délicatesses et des douceurs très ravissantes ; que les mathématiques ont des inventions très subtiles, et qui peuvent beaucoup servir, tant à contenter les curieux, qu'à faciliter tous les arts et diminuer le travail des hommes ; que les écrits qui traitent des mœurs contiennent plusieurs enseignements, et plusieurs exhortations à la vertu qui sont fort utiles ; que la théologie enseigne à gagner le ciel ; que la philosophie donne moyen de parler vraisemblablement de toutes choses et se faire admirer des moins savants ; que la jurisprudence, la médecine et les autres sciences apportent des honneurs et des richesses à ceux qui les cultivent ; et enfin qu'il est bon de les avoir toutes examinées, même les plus superstitieuses et les plus fausses, afin de connaître leur juste valeur, et se garder d'en être trompé.

5

Valeur et limites de la littérature

LA CONNAISSANCE

Mais je croyais avoir déjà donné assez de temps aux langues, et même aussi à la lecture des livres anciens, et à leurs histoires et à leurs fables. Car c'est quasi le même de converser avec ceux des autres siècles, que de voyager. Il est bon de savoir quelque chose des mœurs de divers peuples, afin de juger des nôtres plus sainement, et que nous ne pensions pas que tout ce qui est contre nos modes soit ridicule et contre raison, ainsi qu'ont coutume de faire ceux qui n'ont rien vu. Mais lorsqu'on emploie trop de temps à voyager, on devient enfin étranger en son pays ; et lorsqu'on est trop curieux des choses qui se pratiquaient aux siècles passés, on demeure ordinairement fort ignorant de celles qui se pratiquent en celui-ci. Outre que les fables font imaginer plusieurs événements comme possibles qui ne le sont point ; et que même les histoires les plus fidèles, si elles ne changent ni n'augmentent la valeur des choses, pour les rendre plus dignes d'être lues, au moins en omettent-elles presque toujours les plus basses et moins illustres circonstances ; d'où vient que le reste ne paraît pas tel qu'il est, et que ceux qui règlent leurs mœurs par les exemples qu'ils en tirent, sont sujets à tomber dans les extravagances des paladins de nos romans, et à concevoir des desseins qui passent leurs forces.

J'estimais fort l'éloquence, et j'étais amoureux de la poésie ; mais je pensais que l'une et l'autre étaient des dons de l'esprit, plutôt que des fruits de l'étude. Ceux qui ont le raisonnement le plus fort, et qui digèrent le mieux leurs pensées, afin de les rendre claires et intelligibles, peuvent toujours le mieux persuader ce qu'ils proposent, encore qu'ils ne parlassent que bas-breton, et qu'ils n'eussent jamais appris de rhétorique. Et ceux qui ont les inventions les plus agréables, et qui les savent exprimer avec le plus d'ornement et de douceur, ne laisseraient pas d'être les meilleurs poètes, encore que l'art poétique leur fût inconnu.

6

Les mathématiques comparées à la sagesse antique

LA CONNAISSANCE

Je me plaisais surtout aux mathématiques, à cause de la certitude et de l'évidence de leurs raisons ; mais je ne remarquais point encore leur vrai usage, et pensant qu'elles ne servaient qu'aux arts mécaniques, je m'étonnais de ce que, leurs fondements étant si fermes et si solides, on n'avait rien bâti dessus de plus relevé. Comme, au contraire, je comparais les écrits des anciens païens qui traitent des mœurs, à des palais fort superbes et fort magnifiques, qui n'étaient bâtis que sur du sable et sur de la boue. Ils élèvent fort haut les vertus, et les font paraître estimables par-dessus toutes les choses qui sont au monde ; mais ils n'enseignent pas assez à les connaître, et souvent ce qu'ils appellent d'un si beau nom n'est qu'une insensibilité ou un orgueil, ou un désespoir, ou un parricide.

7

Devant la théologie, la philosophie et les sciences

LA CONNAISSANCE

Je révérais notre théologie, et prétendais, autant qu'aucun autre, à gagner le ciel ; mais ayant appris, comme chose très assurée, que le chemin n'en est pas moins ouvert aux plus ignorants qu'aux plus doctes, et que les vérités révélées qui y conduisent sont au-dessus de notre intelligence, je n'eusse osé les soumettre à la faiblesse de mes raisonnements, et je pensais que, pour entreprendre de les examiner et y réussir, il était besoin d'avoir quelque extraordinaire assistance du ciel, et d'être plus qu'homme.

Je ne dirai rien de la philosophie[1], sinon que, voyant qu'elle a été cultivée par les plus excellents esprits qui aient vécu depuis plusieurs siècles, et que néanmoins il ne s'y trouve encore aucune chose dont on ne dispute, et par conséquent qui ne soit douteuse, je n'avais point assez de présomption pour espérer d'y rencontrer mieux que les autres ; et que, considérant combien il peut y avoir de diverses opinions touchant une même matière, qui soient soutenues par des gens doctes, sans qu'il y en puisse avoir jamais plus d'une seule qui soit vraie, je réputais presque pour faux tout ce qui n'était que vraisemblable.

Puis pour les autres sciences, d'autant qu'elles empruntent leurs principes de la philosophie ; je jugeais qu'on ne pouvais avoir rien bâti qui fût solide sur des fondements si peu fermes. Et ni l'honneur, ni le gain qu'elles promettent n'étaient suffisants pour me convier à les apprendre ; car je ne me sentais point, grâce à Dieu, de condition qui m'obligeât à faire un métier de la science pour le soulagement de ma fortune ; et quoique je ne fisse pas profession de mépriser la gloire en cynique, je faisais néanmoins fort peu d'état de celle que je n'espérais pouvoir acquérir qu'à faux titres. Et enfin, pour les mauvaises doctrines, je pensais déjà connaître assez ce qu'elles valaient, pour n'être plus sujet à être trompé ni par les promesses d'un alchimiste, ni par les prédictions d'un astrologue, ni par les impostures d'un magicien, ni par les artifices ou la vanterie d'aucun de ceux qui font profession de savoir plus qu'ils ne savent.

8

Chercher la vérité dans le monde et en soi-même

L'HOMME

C'est pourquoi, sitôt que l'âge me permit de sortir de la sujétion de mes précepteurs, je quittai entièrement l'étude des lettres. Et me résolvant de ne chercher plus d'autre science que celle qui se pourrait trouver en moi-même, ou bien dans le grand livre du monde, j'employai le reste de ma jeunesse à voyager, à voir des cours et des armées, à fréquenter des gens de diverses humeurs et conditions, à recueillir diverses expériences, à m'éprouver moi-même dans les rencontres que la fortune me proposait, et partout à faire telle réflexion sur les choses qui se présentaient, que j'en pusse tirer quelque profit. Car il me semblait que je pourrais rencontrer beaucoup plus de vérité dans les raisonnements que chacun fait touchant les affaires qui lui importent, et dont l'événement le doit punir bientôt après s'il a mal jugé, que dans ceux que fait un homme de lettres

1. Descartes vise ici la philosophie scolastique à laquelle il reproche de ne pouvoir aboutir à des vérités certaines.

dans son cabinet, touchant des spéculations qui ne produisent aucun effet, et qui ne lui sont d'autre conséquence, sinon que peut-être il en tirera d'autant plus de vanité qu'elles seront plus éloignées du sens commun, à cause qu'il aura dû employer d'autant plus d'esprit et d'artifice à tâcher de les rendre vraisemblables. Et j'avais toujous un extrême désir d'apprendre à distinguer le vrai d'avec le faux, pour voir clair en mes actions, et marcher avec assurance en cette vie.

Il est vrai que, pendant que je ne faisais que considérer les mœurs des autres hommes, je n'y trouvais guère de quoi m'assurer, et que j'y remarquais quasi autant de diversité que j'avais fait auparavant entre les opinions des philosophes. En sorte que le plus grand profit que j'en retirais était que, voyant plusieurs choses qui, bien qu'elles nous semblent fort extravagantes et ridicules, ne laissent pas d'être communément reçues et approuvées par d'autres grands peuples, j'apprenais à ne rien croire trop fermement de ce qui ne m'avais été persuadé que par l'exemple et par la coutume; et ainsi je me délivrais peu à peu de beaucoup d'erreurs qui peuvent offusquer notre lumière naturelle et nous rendre moins capables d'entendre raison. Mais, après que j'eus employé quelques années à étudier ainsi dans le livre du monde, et à tâcher d'acquérir quelque expérience, je pris un jour la résolution d'étudier aussi en moi-même, et d'employer toutes les forces de mon esprit à choisir les chemins que je devais suivre. Ce qui me réussit beaucoup mieux, ce me semble, que si je ne me fusse jamais éloigné ni de mon pays ni de mes livres.

Deuxième partie

9

Rien n'égale ce qui est l'œuvre d'un seul esprit

LA RAISON

J'étais alors en Allemagne, où l'occasion des guerres qui n'y sont pas encore finies m'avait appelé; et, comme je retournais du couronnement de l'empereur vers l'armée, le commencement de l'hiver m'arrêta en un quartier où, ne trouvant aucune conversation qui me divertît, et n'ayant d'ailleurs, par bonheur, aucuns soins ni passions qui me troublassent, je demeurais tout le jour enfermé seul dans un poêle, où j'avais tout le loisir de m'entretenir de mes pensées. Entre lesquelles l'une des premières fut que je m'avisai de considérer que souvent il n'y a pas tant de perfection dans les ouvrages composés de plusieurs pièces, et faits de la main de divers maîtres, qu'en ceux auxquels un seul a travaillé. Ainsi voit-on que les bâtiments qu'un seul architecte a entrepris et achevés ont coutume d'être plus beaux et mieux ordonnés que ceux que plusieurs ont tâché de raccommoder, en faisant servir de vieilles murailles qui avaient été bâties à d'autres fins. Ainsi ces anciennes cités qui, n'ayant été au commencement que des bourgades, sont devenues par succession de temps de grandes villes, sont ordinairement si mal compassées, au prix de ces places régulières qu'un ingénieur trace à sa fantaisie dans une plaine, qu'encore que, considérant leurs édifices chacun à part, on y trouve souvent autant ou plus d'art qu'en ceux des autres, toutefois, à voir comme ils sont arrangés, ici, un grand, là un petit, et comme ils rendent les rues courbées et inégales, on dirait que c'est plutôt la fortune que la volonté de quelques hommes usant de raison qui les a ainsi disposés. Et si on considère qu'il y a eu néanmoins de tout temps quelques officiers qui ont eu charge de prendre garde aux bâtiments des particuliers pour les faire servir à l'ornement du public, on connaîtra bien qu'il est malaisé, en ne travaillant que sur les ouvrages d'autrui, de faire des choses fort accomplies. Ainsi je m'imaginai que les peuples qui, ayant été autrefois demi-sauvages, et ne s'étant civilisés que peu à peu, n'ont fait leurs lois qu'à mesure que l'incommodité des crimes et des querelles les y a contraints, ne sauraient être si bien policés que ceux qui, dès le commencement qu'ils se sont assemblés, ont observé les constitutions de quelque prudent législateur. Comme il est bien certain que l'état de la vraie religion, dont Dieu seul a fait les ordonnances, doit être incomparablement mieux réglé que tous les autres. Et, pour parler des choses humaines, je crois que si Sparte a été autrefois très florissante, ce n'a pas été à cause de la bonté de chacune de ses lois en particulier, vu que plusieurs étaient fort étranges et même contraires aux bonnes mœurs, mais à cause que, n'ayant été inventées que par un seul, elles tendaient toutes à même fin.

10

Fragilité des opinions admises hors du contrôle de la raison

LA RAISON

[Et ainsi je pensai que les sciences des livres, au moins celles dont les raisons ne sont que probables, et qui n'ont aucunes démonstrations, s'étant composées et grossies peu à peu des opinions de plusieurs diverses personnes, ne sont point si approchantes de la vérité que les simples raisonnements que peut faire naturellement un homme de bon sens touchant les choses qui se présentent. Et ainsi encore je pensai que, pour ce que nous avons tous été enfants avant que d'être hommes, et qu'il nous a fallu longtemps être gouvernés par nos appétits et nos précepteurs, qui étaient souvent contraires les uns aux autres, et qui, ni les uns ni les autres, ne nous conseillaient peut-être pas toujours le meilleur, il est presque impossible que nos jugements soient si purs ni si solides qu'ils auraient été si nous avions eu l'usage entier de notre raison dès le point de notre naissance, et que nous n'eussions jamais été conduits que par elle.

11

Il n'est pas question de réformer les institutions politiques

LA SOCIÉTÉ

Il est vrai que nous ne voyons point qu'on jette par terre toutes les maisons d'une ville pour le seul dessein de les refaire d'autre façon, et d'en rendre les rues plus belles ; mais on voit bien que plusieurs font abattre les leurs pour les rebâtir, et que même quelquefois ils y sont contraints quand elles sont en danger de tomber d'elles-mêmes et que les fondements n'en sont pas bien fermes.

N.B. : Le crochet en début de ligne indique que le paragraphe a été créé par l'auteur du manuel, et ne figure pas dans le texte original.

À l'exemple de quoi je me persuadai qu'il n'y aurait véritablement point d'apparence qu'un particulier fît dessein de réformer un État, en y changeant tout dès les fondements, et en le renversant pour le redresser ; ni même aussi de réformer le corps des sciences, ou l'ordre établi dans les écoles pour les enseigner ; mais que, pour toutes les opinions que j'avais reçues jusqu'alors en ma créance[1], je ne pouvais mieux faire que d'entreprendre une bonne fois de les en ôter, afin d'y en remettre par après, ou d'autres meilleures, ou bien les mêmes, lorsque je les aurais ajustées au niveau de la raison. Et je crus fermement que, par ce moyen, je réussirais à conduire ma vie beaucoup mieux que si je ne bâtissais que sur de vieux fondements, et que je ne m'appuyasse que sur les principes que je m'étais laissé persuader en ma jeunesse, sans avoir jamais examiné s'ils étaient vrais. Car, bien que je remarquasse en ceci diverses difficultés, elles n'étaient point toutefois sans remède, ni comparables à celles qui se trouvent en la réformation des moindres choses qui touchent le public. Ces grands corps sont trop malaisés à relever étant abattus, ou même à retenir étant ébranlés, et leurs chutes ne peuvent être que très rudes. Puis, pour leurs imperfections, s'ils en ont, comme la seule diversité qui est entre eux suffit pour assurer que plusieurs en ont, l'usage les a sans doute fort adoucies, et même il en a évité ou corrigé insensiblement quantité auxquelles on ne pourrait si bien pourvoir par prudence. Et enfin elles sont quasi toujours plus supportables que ne serait leur changement ; en même façon que les grands chemins, qui tournoient entre des montagnes, deviennent peu à peu si unis et si commodes, à force d'être fréquentés, qu'il est beaucoup meilleur de les suivre, que d'entreprendre d'aller plus droit, en grimpant au-dessus des rochers et descendant jusques au bas des précipices.

12

Pour certains esprits, le doute est dangereux

LA VÉRITÉ

C'est pourquoi je ne saurais aucunement approuver ces humeurs brouillonnes et inquiètes, qui, n'étant appelées ni par leur naissance ni par leur fortune au maniement des affaires publiques, ne laissent pas d'y faire toujours, en idée, quelque nouvelle réformation. Et si je pensais qu'il y eût la moindre chose en cet écrit par laquelle on me pût soupçonner de cette folie, je serais très marri de souffrir qu'il fût publié. Jamais mon dessein ne s'est étendu plus avant que de tâcher à réformer mes propres pensées, et de bâtir dans un fonds qui est tout à moi. Que si, mon ouvrage m'ayant assez plu, je vous en fais voir ici le modèle, ce n'est pas pour cela que je veuille conseiller à personne de l'imiter. Ceux que Dieu a mieux partagés de ses grâces auront peut-être des desseins plus relevés ; mais je crains bien que celui-ci ne soit déjà que trop hardi pour plusieurs. La seule résolution de se défaire de toutes les opinions qu'on a reçues auparavant en sa créance n'est pas un exemple que chacun doive suivre ; et le monde n'est quasi composé que de deux sortes d'esprits auxquels il ne convient aucunement. À savoir, de ceux qui, se croyant

1. Mes croyances, mes convictions.

plus habiles qu'ils ne sont, ne se peuvent empêcher de précipiter leurs jugements, ni avoir assez de patience pour conduire par ordre toutes leurs pensées : d'où vient que, s'ils avaient une fois pris la liberté de douter des principes qu'ils ont reçus et de s'écarter du chemin commun, jamais ils ne pourraient tenir le sentier qu'il faut prendre pour aller plus droit, et demeureraient égarés toute leur vie ; puis de ceux qui, ayant assez de raison, ou de modestie, pour juger qu'ils sont moins capables de distinguer le vrai d'avec le faux que quelques autres par lesquels ils peuvent être instruits, doivent bien plutôt se contenter de suivre les opinions de ces autres qu'en chercher eux-mêmes de meilleures.

13

Difficulté à avancer au milieu des opinions contradictoires

LA VÉRITÉ

Et pour moi, j'aurais été du nombre de ces derniers, si je n'avais jamais eu qu'un seul maître ou que je n'eusse point su les différences qui ont été de tout temps entre les opinions des plus doctes. Mais, ayant appris, dès le collège, qu'on ne saurait rien imaginer de si étrange et si peu croyable, qu'il n'ait été dit par quelqu'un des philosophes ; et depuis, en voyageant, ayant reconnu que tous ceux qui ont des sentiments fort contraires aux nôtres ne sont pas pour cela barbares ni sauvages, mais que plusieurs usent, autant ou plus que nous, de raison ; et ayant considéré combien un même homme, avec son même esprit, étant nourri dès son enfance entre des Français ou des Allemands, devient différent de ce qu'il serait s'il avait toujours vécu entre des Chinois ou des cannibales ; et comment, jusques aux modes de nos habits, la même chose qui nous a plu il y a dix ans, et qui nous plaira peut-être encore avant dix ans, nous semble maintenant extravagante et ridicule ; en sorte que c'est bien plus la coutume et l'exemple qui nous persuadent qu'aucune connaissance certaine, et que néanmoins la pluralité des voix n'est pas une preuve qui vaille rien pour les vérités un peu malaisées à découvrir, à cause qu'il est bien plus vraisemblable qu'un homme seul les ait rencontrées que tout un peuple, je ne pouvais choisir personne dont les opinions me semblassent devoir être préférées à celles des autres, et je me trouvai comme contraint d'entreprendre moi-même de me conduire.

Mais, comme un homme qui marche seul et dans les ténèbres, je me résolus d'aller si lentement et d'user de tant de circonspection en toutes choses, que si je n'avançais que fort peu, je me garderais bien au moins de tomber. Même je ne voulus point commencer à rejeter tout à fait aucune des opinions qui s'étaient pu glisser autrefois en ma créance sans y avoir été introduites par la raison, que je n'eusse auparavant employé assez de temps à faire le projet de l'ouvrage que j'entreprenais, et à chercher la vraie méthode pour parvenir à la connaissance de toutes les choses dont mon esprit serait capable.

14

On peut tirer des mathématiques une méthode générale

LOGIQUE ET MATHÉMATIQUE

J'avais un peu étudié, étant plus jeune, entre les parties de la philosophie, à la logique, et, entre les mathématiques, à l'analyse des géomètres et à l'algèbre, trois arts ou sciences qui semblaient devoir contribuer quelque chose à mon dessein. Mais, en les examinant, je pris garde que, pour la logique, ses syllogismes et la plupart de ses autres instructions servent plutôt à expliquer à autrui les choses qu'on sait, ou même, comme l'art de Lulle[1], à parler sans jugement de celles qu'on ignore, qu'à les apprendre. Et bien qu'elle contienne, en effet, beaucoup de préceptes très vrais et très bons, il y en a toutefois tant d'autres mêlés parmi, qui sont ou nuisibles ou superflus, qu'il est presque aussi malaisé de les en séparer que de tirer une Diane ou une Minerve hors d'un bloc de marbre qui n'est point encore ébauché. Puis, pour l'analyse des anciens et l'algèbre des modernes, outre qu'elles ne s'étendent qu'à des matières fort abstraites, et qui ne semblent d'aucun usage, la première est toujours si astreinte à la considération des figures, qu'elle ne peut exercer l'entendement sans fatiguer beaucoup l'imagination ; et on s'est tellement assujetti en la dernière à certaines règles et certains chiffres, qu'on en a fait un art confus et obscur qui embarrasse l'esprit, au lieu d'une science qui le cultive. Ce qui fut cause que je pensai qu'il fallait chercher quelque autre méthode qui, comprenant les avantages de ces trois, fût exempte de leurs défauts. Et, comme la multitude des lois fournit souvent des excuses aux vices, en sorte qu'un État est bien mieux réglé lorsque, n'en ayant que fort peu, elles y sont fort étroitement observées ; ainsi, au lieu de ce grand nombre de préceptes dont la logique est composée, je crus que j'aurais assez des quatre suivants, pourvu que je prisse une ferme et constante résolution de ne manquer pas une seule fois à les observer.

15

Les quatre préceptes de la méthode

LA VÉRITÉ

Le premier était de ne recevoir jamais aucune chose pour vraie que je ne la connusse évidemment être telle ; c'est-à-dire d'éviter soigneusement la précipitation et la prévention ; et de ne comprendre rien de plus en mes jugements que ce qui se présenterait si clairement et si distinctement[2] à mon esprit que je n'eusse aucune occasion de le mettre en doute.

Le second, de diviser chacune des difficultés que j'examinerais en autant de parcelles qu'il se pourrait et qu'il serait requis pour les mieux résoudre.

Le troisième, de conduire par ordre mes pensées, en commençant par les objets les plus simples et les plus aisés à connaître, pour monter peu à peu, comme par degrés, jusques à la connaissance des plus composés ; et supposant même de l'ordre entre ceux qui ne se précèdent point naturellement les uns les autres.

Et le dernier, de faire partout des dénombrements si entiers, et des revues si générales, que je fusse assuré de ne rien omettre.

---

1. Raymond Lulle (1235-1315) se disait l'auteur d'un procédé d'argumentation infaillible pour convertir les incroyants.
2. Une idée est *claire* quand elle se présente directement à un esprit attentif. Elle est *distincte* quand il ne s'y mêle rien qui appartienne à une autre idée.

16

Cette méthode est applicable aux mathématiques

LOGIQUE ET MATHÉMATIQUES

Ces longues chaînes de raisons, toutes simples et faciles, dont les géomètres ont coutume de se servir pour parvenir à leurs plus difficiles démonstrations, m'avaient donné occasion de m'imaginer que toutes les choses qui peuvent tomber sous la connaissance des hommes s'entresuivent en même façon, et que, pourvu seulement qu'on s'abstienne d'en recevoir aucune pour vraie qui ne le soit, et qu'on garde toujours l'ordre qu'il faut pour les déduire les unes des autres, il n'y en peut avoir de si éloignées auxquelles enfin on ne parvienne, ni de si cachées qu'on ne découvre. Et je ne fus pas beaucoup en peine de chercher par lesquelles il était besoin de commencer, car je savais déjà que c'était par les plus simples et les plus aisées à connaître ; et, considérant qu'entre tous ceux qui ont ci-devant recherché la vérité dans les sciences, il n'y a eu que les seuls mathématiciens qui ont pu trouver quelques démonstrations, c'est-à-dire quelques raisons certaines et évidentes, je ne doutais point que ce ne fût pas les mêmes qu'ils ont examinées ; bien que je n'en espérasse aucune autre utilité, sinon qu'elles accoutumeraient mon esprit à se repaître de vérités et ne se contenter point de fausses raisons. Mais je n'eus pas dessein, pour cela, de tâcher d'apprendre toutes ces sciences particulières qu'on nomme communément mathématiques[1], et, voyant qu'encore que leurs objets soient différents, elles ne laissent pas de s'accorder toutes, en ce qu'elles n'y considèrent autre chose que les divers rapports ou proportions qui s'y trouvent, je pensai qu'il valait mieux que j'examinasse seulement ces proportions en général, et sans les supposer que dans les sujets qui serviraient à m'en rendre la connaissance plus aisée ; même aussi sans les y astreindre aucunement, afin de les pouvoir d'autant mieux appliquer après à tous les autres auxquels elles conviendraient. Puis, ayant pris garde que, pour les connaître, j'aurais quelquefois besoin de les considérer chacune en particulier, et quelquefois seulement de les retenir, ou de les comprendre plusieurs ensemble, je pensai que, pour les considérer mieux en particulier, je les devais supposer en des lignes, à cause que je ne trouvais rien de plus simple ni que je pusse plus distinctement représenter à mon imagination et à mes sens ; mais que, pour les retenir ou les comprendre plusieurs ensemble, il fallait que je les expliquasse par quelques chiffres, les plus courts qu'il serait possible ; et que, par ce moyen, j'emprunterais tout le meilleur de l'analyse géométrique et de l'algèbre, et corrigerais tous les défauts de l'une par l'autre.

17

Cette méthode rend possible la certitude mathématique

LOGIQUE ET MATHÉMATIQUES

Comme, en effet, j'ose dire que l'exacte observation de ce peu de préceptes que j'avais choisi me donna telle facilité à démêler toutes les questions auxquelles ces deux sciences s'étendent, qu'en deux ou trois mois que j'employai à les examiner, ayant commencé par les plus simples et les plus générales, et chaque vérité que je trouvais étant une règle qui me servait après à en trouver d'autres, non

1. Après avoir défini l'idée d'une *mathématique universelle*, Descartes présente ici sa découverte de la géométrie analytique.

seulement je vins à bout de plusieurs que j'avais jugées autrefois très difficiles, mais il me sembla aussi vers la fin, que je pouvais déterminer, en celles mêmes que j'ignorais, par quels moyens et jusqu'où il était possible de les résoudre. En quoi je ne vous paraîtrai peut-être pas être fort vain, si vous considérez que, n'y ayant qu'une vérité de chaque chose, quiconque la trouve en sait autant qu'on peut savoir ; et que, par exemple, un enfant instruit en l'arithmétique, ayant fait une addition suivant ses règles, se peut assurer d'avoir trouvé, touchant la somme qu'il examinait, tout ce que l'esprit humain saurait trouver. Car enfin la méthode qui enseigne à suivre le vrai ordre, et à dénombrer exactement toutes les circonstances de ce qu'on cherche, contient tout ce qui donne de la certitude aux règles d'arithmétique.

18

Cette méthode peut aussi s'appliquer à la philosophie

LA PHILOSOPHIE

Mais ce qui me contentait le plus de cette méthode était que, par elle, j'étais assuré d'user en tout de ma raison, sinon parfaitement, au moins le mieux qu'il fût en mon pouvoir ; outre que je sentais, en la pratiquant, que mon esprit s'accoutumait peu à peu à concevoir plus nettement et plus distinctement ses objets, et que, ne l'ayant point assujettie à aucune matière particulière, je me promettais de l'appliquer aussi utilement aux difficultés des autres sciences que j'avais fait à celles de l'algèbre. Non que, pour cela, j'osasse entreprendre d'abord d'examiner toutes celles qui se présenteraient ; car cela même eût été contraire à l'ordre qu'elle prescrit. Mais, ayant pris garde que leurs principes devaient tous être empruntés de la philosophie, en laquelle je n'en trouvais point encore de certains, je pensais qu'il fallait avant tout que je tâchasse d'y en établir ; et que, cela étant la chose du monde la plus importante, et où la précipitation et la prévention étaient le plus à craindre, je ne devais point entreprendre d'en venir à bout que je n'eusse atteint un âge bien plus mûr que celui de vingt-trois ans que j'avais alors ; et que je n'eusse auparavant employé beaucoup de temps à m'y préparer, tant en déracinant de mon esprit toutes les mauvaises opinions que j'y avais reçues avant ce temps-là, qu'en faisant amas de plusieurs expériences, pour être après la matière de mes raisonnements, et en m'exerçant toujours en la méthode que je m'étais prescrite, afin de m'y affermir de plus en plus.

Troisième partie

19

Parce qu'il faut bien vivre tandis qu'on cherche la vérité

LA PHILOSOPHIE

Et enfin, comme ce n'est pas assez, avant de commencer à rebâtir le logis où on demeure, que de l'abattre et de faire provision de matériaux et d'architectes, ou s'exercer soi-même à l'architecture, et outre cela d'en avoir soigneusement tracé le dessin, mais qu'il faut aussi s'être pourvu de quelque autre où l'on puisse être logé commodément pendant le temps qu'on y travaillera ; ainsi, afin que je ne demeurasse point irrésolu en mes actions, pendant que la raison m'obligerait de l'être en mes jugements, et que je ne laissasse pas de vivre dès lors le plus heureusement que je pourrais, je me formai une morale par provision[1], qui ne consistait qu'en trois ou quatre maximes dont je veux bien vous faire part.

20

La première maxime : adopter les mœurs et opinions de son pays

La première était d'obéir aux lois et aux coutumes de mon pays, retenant constamment la religion en laquelle Dieu m'a fait la grâce d'être instruit dès mon enfance, et me gouvernant en toute autre chose suivant les opinions les plus modérées et les plus éloignées de l'excès, qui fussent communément reçues en pratique par les mieux sensés de ceux avec lesquels j'aurais à vivre. Car, commençant dès lors à ne compter pour rien les miennes propres, à cause que je les voulais remettre toutes à l'examen, j'étais assuré de ne pouvoir mieux que de suivre celles des mieux sensés. Et encore qu'il y en ait peut-être d'aussi bien sensés parmi les Perses ou les Chinois que parmi nous, il me semblait que le plus utile était de me régler selon ceux avec lesquels j'aurais à vivre ; et que, pour savoir quelles étaient véritablement leurs opinions, je devais plutôt prendre garde à ce qu'ils pratiquaient qu'à ce qu'ils disaient ; non seulement à cause qu'en la corruption de nos mœurs il y a peu de gens qui veuillent dire tout ce qu'ils croient, mais aussi à cause que plusieurs l'ignorent eux-mêmes ; car l'action de la pensée par laquelle on croit une chose, étant différente de celle par laquelle on connaît qu'on la croit, elles sont souvent l'une sans l'autre. Et, entre plusieurs opinions également reçues, je ne choisissais que les plus modérées, tant à cause que ce sont toujours les plus commodes pour la pratique, et vraisemblablement les meilleures, tout excès ayant coutume d'être mauvais ; comme aussi afin de me détourner moins du vrai chemin, en cas que je faillisse, que si, ayant choisi l'un des extrêmes, c'eût été l'autre qu'il eût fallu suivre. Et, particulièrement, je mettais entre les excès toutes les promesses par lesquelles on retranche quelque chose de sa liberté. Non que je désapprouvasse les lois qui, pour remédier à l'inconstance des esprits faibles, permettent, lorsqu'on a quelque bon dessein qui n'est qu'indifférent, qu'on fasse des vœux ou des contrats qui obligent à y persévérer ; mais à cause que je ne voyais au monde aucune chose qui demeurât toujours en même état, et que, pour mon particulier, je me promettais de perfectionner de plus en plus mes jugements, et non point de les rendre pires, j'eusse pensé commettre une grande faute contre le bon sens, si, pour ce que j'approuvais alors quelque chose, je me fusse obligé de la prendre pour bonne encore après, lorsqu'elle aurait peut-être cessé de l'être, ou que j'aurais cessé de l'estimer telle.

LA LIBERTÉ

21

La deuxième maxime : se tenir à la ligne de conduite adoptée

Ma seconde maxime était d'être le plus ferme et le plus résolu en mes actions que je pourrais, et de ne suivre pas moins constamment les opinions les plus douteuses, lorsque je m'y serais une fois déterminé, que si elles eussent été très assurées. Imitant en ceci les voyageurs qui, se trouvant égarés en quelque forêt, ne doivent pas errer en tournoyant tantôt d'un côté, tantôt d'un autre, ni encore

LA VOLONTÉ

1. En attendant.

moins s'arrêter en une place, mais marcher toujours le plus droit qu'ils peuvent vers un même côté, et ne le changer point pour de faibles raisons, encore que ce n'ait peut-être été au commencement que le hasard seul qui les ait déterminés à le choisir ; car, par ce moyen, s'ils ne vont justement où ils désirent, ils arriveront au moins à la fin quelque part où vraisemblablement ils seront mieux que dans le milieu d'une forêt. Et ainsi, les actions de la vie ne souffrant souvent aucun délai, c'est une vérité très certaine que, lorsqu'il n'est pas en notre pouvoir de discerner les plus vraies opinions, nous devons suivre les plus probables ; et même qu'encore que nous ne remarquions point davantage de probabilité aux unes qu'aux autres, nous devons néanmoins nous déterminer à quelques-unes, et les considérer après, non plus comme douteuses en tant qu'elles se rapportent à la pratique, mais comme très vraies et très certaines, à cause que la raison qui nous y a fait déterminer se trouve telle. Et ceci fut capable dès lors de me délivrer de tous les repentirs et les remords qui ont coutume d'agiter les consciences de ces esprits faibles et chancelants, qui se laissent aller inconstamment à pratiquer comme bonnes les choses qu'ils jugent après être mauvaises.

22

La troisième maxime : s'exercer à ne pas désirer l'impossible

Le désir

Ma troisième maxime était de tâcher toujours plutôt à me vaincre que la fortune[1], et à changer mes désirs que l'ordre du monde ; et généralement de m'accoutumer à croire qu'il n'y a rien qui soit entièrement en notre pouvoir que nos pensées, en sorte qu'après que nous avons fait notre mieux touchant les choses qui nous sont extérieures, tout ce qui manque de nous réussir est au regard de nous absolument impossible. Et ceci seul me semblait être suffisant pour m'empêcher de rien désirer à l'avenir que je n'acquisse, et ainsi pour me rendre content : car notre volonté ne se portant naturellement à désirer que les choses que notre entendement lui représente en quelque façon comme possibles, il est certain que si nous considérons tous les biens qui sont hors de nous comme également éloignés de notre pouvoir, nous n'aurons pas plus de regret de manquer de ceux qui semblent être dus à notre naissance, lorsque nous en serons privés sans notre faute, que nous avons de ne posséder pas les royaumes de la Chine ou de Mexique ; et que faisant, comme on dit, de nécessité vertu, nous ne désirerons pas davantage d'être saints étant malades, ou d'être libres étant en prison, que nous faisons maintenant d'avoir des corps d'une matière aussi peu corruptible que les diamants, ou des ailes pour voler comme les oiseaux. Mais j'avoue qu'il est besoin d'un long exercice et d'une méditation souvent réitérée pour s'accoutumer à regarder de biais toutes les choses, et je crois que c'est principalement en ceci que consistait le secret de ces philosophes, qui ont pu autrefois se soustraire à l'empire de la fortune, et, malgré les douleurs et la pauvreté, disputer de la félicité avec leurs dieux. Car, s'occupant sans cesse à considérer les bornes qui leur étaient prescrites par la nature, ils se persuadaient si parfaitement que rien n'était en

1. Le destin.

leur pouvoir que leurs pensées, que cela seul était suffisant pour les empêcher d'avoir aucune affection pour d'autres choses ; et ils disposaient d'elles si absolument, qu'ils avaient en cela quelque raison de s'estimer plus riches, et plus puissants, et plus libres, et plus heureux qu'aucun des autres hommes, qui, n'ayant point cette philosophie, tant favorisés de la nature et de la fortune qu'ils puissent être, ne disposent jamais ainsi de tout ce qu'ils veulent.

23

Trouver le bonheur dans la recherche de la vérité

LE BONHEUR

Enfin, pour conclusion de cette morale, je m'avisai de faire une revue sur les diverses occupations qu'ont les hommes en cette vie, pour tâcher à faire choix de la meilleure ; et, sans que je veuille rien dire de celles des autres, je pensai que je ne pouvais mieux que de continuer en celle-là même où je me trouvais, c'est-à-dire que d'employer toute ma vie à cultiver ma raison, et m'avancer autant que je pourrais en la connaissance de la vérité, suivant la méthode que je m'étais prescrite. J'avais éprouvé de si extrêmes contentements depuis que j'avais commencé à me servir de cette méthode, que je ne croyais pas qu'on en pût recevoir de plus doux ni de plus innocents en cette vie ; et découvrant tous les jours, par son moyen, quelques vérités qui me semblaient assez importantes, et communément ignorées des autres hommes, la satisfaction que j'en avais remplissait tellement mon esprit, que tout le reste ne me touchait point. Outre que les trois maximes précédentes n'étaient fondées que sur le dessein que j'avais de continuer à m'instruire ; car Dieu nous ayant donné à chacun quelque lumière pour discerner le vrai d'avec le faux, je n'eusse pas cru me devoir contenter des opinions d'autrui un seul moment, si je ne me fusse proposé d'employer mon propre jugement à les examiner lorsqu'il serait temps ; et je n'eusse su m'exempter de scrupule, en les suivant, si je n'eusse espéré de ne perdre pour cela aucune occasion d'en trouver de meilleures en cas qu'il y en eût. Et enfin je n'eusse su borner mes désirs, ni être content, si je n'eusse suivi un chemin par lequel, pensant être assuré de l'acquisition de toutes les connaissances dont je serais capable, je le pensais être par même moyen de celle de tous les vrais biens qui seraient jamais en mon pouvoir ; d'autant que, notre volonté ne se portant à suivre ni à fuir aucune chose, que selon que notre entendement la lui représente bonne ou mauvaise, il suffit de bien juger pour bien faire, et de juger le mieux qu'on puisse pour faire aussi tout son mieux, c'est-à-dire pour acquérir toutes les vertus, et ensemble tous les autres biens qu'on puisse acquérir ; et, lorsqu'on est certain que cela est, on ne saurait manquer d'être content.

24

Le doute méthodique peut désormais être mis en application

LA VÉRITÉ

Après m'être ainsi assuré de ces maximes, et les avoir mises à part avec les vérités de la foi, qui ont toujours été les premières en ma créance, je jugeai que, pour tout le reste de mes opinions, je pouvais librement entreprendre de m'en défaire. Et d'autant que j'espérais en pouvoir mieux venir à bout en conversant avec les hommes, qu'en demeurant longtemps renfermé dans le poêle où j'avais eu toutes ces pensées, l'hiver n'était pas encore bien achevé que je me remis à voyager. Et en toutes les neuf années suivantes, je ne fis autre chose que rouler çà et là dans le monde, tâchant d'y être spectateur plutôt qu'acteur en toutes les comédies qui s'y jouent ; et, faisant particulièrement réflexion, en chaque matière, sur ce qui la pouvait rendre suspecte et nous donner occasion de nous méprendre, je déracinais cependant de mon esprit toutes les erreurs qui s'y étaient pu glisser auparavant. Non que j'imitasse pour cela les sceptiques, qui ne doutent que pour douter et affectent d'être toujours irrésolus, car, au contraire, tout mon dessein ne tendait qu'à m'assurer et à rejeter la terre mouvante et le sable pour trouver le roc ou l'argile. Ce qui me réussissait, ce me semble, assez bien, d'autant que, tâchant à découvrir la fausseté ou l'incertitude des propositions que j'examinais, non par de faibles conjectures, mais par des raisonnements clairs et assurés, je n'en rencontrais point de si douteuse que je n'en tirasse toujours quelque conclusion assez certaine, quand ce n'eût été que cela même qu'elle ne contenait rien de certain. Et, comme en abattant un vieux logis, on en réserve ordinairement les démolitions pour servir à en bâtir un nouveau, ainsi, en détruisant toutes celles de mes opinions que je jugeais être mal fondées, je faisais diverses observations et acquérais plusieurs expériences, qui m'ont servi depuis à en établir de plus certaines. Et de plus, je continuais à m'exercer en la méthode que je m'étais prescrite ; car, outre que j'avais soin de conduire généralement toutes mes pensées selon ses règles, je me réservais de temps en temps quelques heures, que j'employais particulièrement à la pratiquer en des difficultés de mathématique, ou même aussi en quelques autres que je pouvais rendre quasi semblables à celles des mathématiques, en les détachant de tous les principes des autres sciences, que je ne trouvais pas assez fermes, comme vous verrez que j'ai fait en plusieurs qui sont expliquées en ce volume. Et ainsi, sans vivre d'autre façon en apparence que ceux qui, n'ayant aucun emploi qu'à passer une vie douce et innocente, s'étudient à séparer les plaisirs des vices, et qui, pour jouir de leurs loisirs sans s'ennuyer, usent de tous les divertissements qui sont honnêtes, je ne laissais pas de poursuivre en mon dessein, et de profiter en la connaissance de la vérité, peut-être plus que si je n'eusse fait que lire des livres ou fréquenter des gens de lettres.

25

Vers la fondation d'une philosophie nouvelle

Toutefois ces neuf années s'écoulèrent avant que j'eusse pris aucun parti touchant les difficultés qui ont coutume d'être disputées entre les doctes, ni commencé à chercher les fondements d'aucune philosophie plus certaine que la vulgaire[1]. Et l'exemple de plusieurs excellents esprits qui, en ayant eu ci-devant le dessein, me semblaient n'y avoir pas réussi, m'y faisait imaginer tant de difficultés que je n'eusse peut-être pas encore si tôt osé l'entreprendre, si je n'eusse vu que quelques-uns faisaient déjà courre le bruit que j'en étais venu à bout. Je ne saurais pas dire sur quoi ils fondaient cette opinion ; et, si j'y ai contribué quelque chose par mes discours,

1. C'est-à-dire la philosophie scolastique.

ce doit avoir été en confessant plus ingénument ce que j'ignorais que n'ont coutume de faire ceux qui ont un peu étudié, et peut-être aussi en faisant voir les raisons que j'avais de douter de beaucoup de choses que les autres estiment certaines, plutôt qu'en me vantant d'aucune doctrine. Mais, ayant le cœur assez bon pour ne vouloir point qu'on me prît pour autre que je n'étais, je pensais qu'il fallait que je tâchasse par tous moyens à me rendre digne de la réputation qu'on me donnait, et il y a justement huit ans que ce désir me fit résoudre à m'éloigner de tous les lieux où je pouvais avoir des connaissances, et à me retirer ici, en un pays où la longue durée de la guerre a fait établir de tels ordres que les armées qu'on y entretient ne semblent servir qu'à faire qu'on y jouisse des fruits de la paix avec d'autant plus de sûreté, et où, parmi la foule d'un grand peuple fort actif et plus soigneux de ses propres affaires que curieux de celles d'autrui, sans manquer d'aucune des commodités qui sont dans les villes les plus fréquentées, j'ai pu vivre aussi solitaire et retiré que dans les déserts les plus écartés.

Quatrième partie

26

La découverte d'une certitude inébranlable : je pense, donc je suis

La conscience

Je ne sais si je dois vous entretenir des premières méditations que j'y ai faites ; car elles sont si métaphysiques et si peu communes, qu'elles ne seront peut-être pas au goût de tout le monde. Et, toutefois, afin qu'on puisse juger si les fondements que j'ai pris sont assez fermes, je me trouve en quelque façon contraint d'en parler. J'avais dès longtemps remarqué que, pour les mœurs, il est besoin quelquefois de suivre des opinions qu'on sait être fort incertaines, tout de même que si elles étaient indubitables, ainsi qu'il a été dit ci-dessus ; mais pour ce qu'alors je désirais vaquer seulement à la recherche de la vérité, je pensai qu'il fallait que je fisse tout le contraire, et que je rejetasse comme absolument faux tout ce en quoi je pourrais imaginer le moindre doute, afin de voir s'il ne resterait point, après cela, quelque chose en ma créance qui fût entièrement indubitable. Ainsi, à cause que nos sens nous trompent quelquefois, je voulus supposer qu'il n'y avait aucune chose qui fût telle qu'ils nous la font imaginer. Et, parce qu'il y a des hommes qui se méprennent en raisonnant, même touchant les plus simples matières de géométrie, et y font des paralogismes, jugeant que j'étais sujet à faillir autant qu'aucun autre, je rejetai comme fausses toutes les raisons que j'avais prises auparavant pour démonstrations. Et enfin, considérant que toutes les mêmes pensées que nous avons étant éveillés, nous peuvent aussi venir quand nous dormons, sans qu'il y en ait aucune pour lors qui soit vraie, je me résolus de feindre que toutes les choses qui m'étaient jamais entrées en l'esprit n'étaient non plus vraies que les illusions de mes songes. Mais, aussitôt après, je pris garde que, pendant que je voulais ainsi penser que tout était faux, il fallait nécessairement que moi, qui le pensais, fusse quelque chose. Et remarquant que cette vérité : *Je pense, donc je suis,* était si ferme et si assurée que toutes les plus extravagantes suppositions des sceptiques n'étaient pas capables de l'ébranler, je jugeai que je pouvais la recevoir sans scrupule pour le premier principe de la philosophie que je cherchais.

27

La pensée est entièrement distincte du corps

LA CONSCIENCE

Puis, examinant avec attention ce que j'étais, et voyant que je pouvais feindre que je n'avais aucun corps, et qu'il n'y avait aucun monde ni aucun lieu où je fusse ; mais que je ne pouvais pas feindre pour cela que je n'étais point ; et qu'au contraire, de cela même que je pensais à douter de la vérité des autres choses, il suivait très évidemment et très certainement que j'étais ; au lieu que, si j'eusse seulement cessé de penser, encore que tout le reste de ce que j'avais imaginé eût été vrai, je n'avais aucune raison de croire que j'eusse été ; je connus de là que j'étais une substance[1] dont toute l'essence ou la nature n'est que de penser, et qui, pour être, n'a besoin d'aucun lieu, ni ne dépend d'aucune chose matérielle. En sorte que ce moi, c'est-à-dire l'âme, par laquelle je suis ce que je suis, est entièrement distincte du corps, et même qu'elle est plus aisée à connaître que lui, et qu'encore qu'il ne fût point, elle ne laisserait point d'être tout ce qu'elle est.

28

La certitude au cogito[2] offre un critère général du vrai

LA VÉRITÉ

Après cela, je considérai en général ce qui est requis à une proposition pour être vraie et certaine ; car puisque je venais d'en trouver une que je savais être telle, je pensai que je devais aussi savoir en quoi consiste cette certitude. Et ayant remarqué qu'il n'y a rien du tout en ceci : *je pense, donc je suis,* qui m'assure que je dis la vérité, sinon que je vois très clairement que, pour penser, il faut être, je jugeai que je pouvais prendre pour règle générale, que les choses que nous concevons fort clairement et fort distinctement sont toutes vraies, mais qu'il y a seulement quelque difficulté à bien remarquer quelles sont celles que nous concevons distinctement.

29

L'idée de perfection me vient de Dieu, être parfait

L'EXISTENCE

En suite de quoi, faisant réflexion sur ce que je doutais[3], et que, par conséquent, mon être n'était pas tout parfait car je voyais clairement que c'était une plus grande perfection de connaître que de douter, je m'avisai de chercher d'où j'avais appris à penser à quelque chose de plus parfait que je n'étais ; et je connus évidemment que ce devait être de quelque nature qui fût en effet plus parfaite. Pour ce qui est des pensées que j'avais de plusieurs autres choses hors de moi, comme du ciel, de la terre, de la lumière, de la chaleur et de mille autres, je n'étais point tant en peine de savoir d'où elles venaient, à cause que, ne remarquant rien en elles qui me semblât les rendre supérieures à moi, je pouvais croire que, si elles étaient vraies, c'étaient des dépendances de ma nature, en tant qu'elle avait quelque perfection ; et si elles ne l'étaient pas, que je les tenais du néant, c'est-à-dire qu'elles étaient en moi pour ce que j'avais du défaut. Mais ce ne pouvait être le même de l'idée d'un être plus parfait que le mien ;

1. Une substance, c'est-à-dire une chose qui n'a besoin de rien d'autre pour exister.
2. Forme abrégée du latin « *cogito, ergo sum* », « je pense, donc je suis ».
3. *Sur le fait* que je doutais.

car, de la tenir du néant, c'était chose manifestement impossible ; et pour ce qu'il n'y a pas moins de répugnance que le plus parfait soit une suite et une dépendance du moins parfait, qu'il y en a que de rien procède quelque chose, je ne la pouvais tenir non plus de moi-même. De façon qu'il restait qu'elle eût été mise en moi par une nature qui fût véritablement plus parfaite que je n'étais, et même qui eût en soi toutes les perfections dont je pouvais avoir quelque idée, c'est-à-dire, pour m'expliquer en un mot, qui fût Dieu.

30

Dieu est cause de mon existence, comme de toute chose

LA MÉTAPHYSIQUE

[À quoi j'ajoutai que, puisque je connaissais quelques perfections que je n'avais point, je n'étais pas le seul être qui existât (j'userai, s'il vous plaît, ici librement des mots de l'École) ; mais qu'il fallait de nécessité qu'il y en eût quelque autre plus parfait, duquel je dépendisse, et duquel j'eusse acquis tout ce que j'avais. Car si j'eusse été seul et indépendant de tout autre, en sorte que j'eusse eu de moi-même tout ce peu que je participais de l'Être parfait, j'eusse pu avoir de moi, par même raison, tout le surplus que je connaissais me manquer, et ainsi être moi-même infini, éternel, immuable, tout-connaissant, tout-puissant, et enfin avoir toutes les perfections que je pouvais remarquer être en Dieu. Car suivant les raisonnements que je viens de faire, pour connaître la nature de Dieu autant que la mienne en était capable, je n'avais qu'à considérer, de toutes les choses dont je trouvais en moi quelque idée, si c'était perfection ou non de les posséder, et j'étais assuré qu'aucune de celles qui marquaient quelque imperfection n'était en lui, mais que toutes les autres y étaient. Comme je voyais que le doute, l'inconstance, la tristesse et choses semblables n'y pouvaient être, vu que j'eusse été moi-même bien aise d'en être exempt. Puis, outre cela, j'avais des idées de plusieurs choses sensibles et corporelles ; car, quoique je supposasse que je rêvais et que tout ce que je voyais ou imaginais était faux, je ne pouvais nier toutefois que les idées n'en fussent véritablement en ma pensée ; mais, pour ce que j'avais déjà connu en moi très clairement que la nature intelligente est distincte de la corporelle, considérant que toute composition témoigne de la dépendance, et que la dépendance est manifestement un défaut, je jugeais de là que ce ne pouvait être une perfection en Dieu d'être composé de ces deux natures, et que, par conséquent, il ne l'était pas ; mais que s'il y avait quelques corps dans le monde, ou bien quelques intelligences ou autres natures qui ne fussent point toutes parfaites, leur être devrait dépendre de sa puissance, en telle sorte qu'elles ne pouvaient subsister sans lui un seul moment.

31

L'existence des objets mathématiques est moins certaine que celle de Dieu

LA MÉTAPHYSIQUE

Je voulus chercher, après cela, d'autres vérités, et m'étant proposé l'objet des géomètres, que je concevais comme un corps continu, ou un espace indéfiniment étendu en longueur, largeur, et hauteur ou profondeur, divisible en diverses parties qui pouvaient avoir diverses figures et grandeurs, et être mues ou transposées en toutes sortes, car les géomètres supposent tout cela en leur objet, je parcourus quelques-unes de leurs plus simples démonstrations. Et, ayant pris garde que cette grande certitude que tout le monde leur attribue n'est fondée que sur ce qu'on les conçoit évidemment, suivant la règle que j'ai tantôt dite, je pris garde aussi qu'il n'y avait rien du tout en elles qui m'assurât de l'existence de leur objet. Car, par exemple, je voyais bien que, supposant un triangle, il fallait que ses trois angles fussent égaux à deux droits ; mais je ne voyais rien pour cela qui m'assurât qu'il y eût au monde aucun triangle. Au lieu que, revenant à examiner l'idée que j'avais d'un Être parfait, je trouvais que l'existence y était comprise en même façon qu'il est compris en celle d'un triangle que ses trois angles sont égaux à deux droits, ou en celle d'une sphère que toutes ses parties sont également distantes de son centre, ou même encore plus évidemment ; et que, par conséquent il est pour le moins aussi certain que Dieu, qui est cet Être parfait, est ou existe qu'aucune démonstration de géométrie le saurait être.

32

L'imagination et les sens peuvent tromper

L'IMAGINATION

Mais ce qui fait qu'il y en a plusieurs qui se persuadent qu'il y a de la difficulté à le connaître, et même aussi à connaître ce que c'est que leur âme, c'est qu'ils n'élèvent jamais leur esprit au-delà des choses sensibles, et qu'ils sont tellement accoutumés à ne rien considérer qu'en l'imaginant, qui est une façon de penser particulière pour les choses matérielles, que tout ce qui n'est pas imaginable leur semble n'être pas intelligible. Ce qui est assez manifeste de ce que même les philosophes tiennent pour maxime, dans les écoles, qu'il n'y a rien dans l'entendement qui n'ait premièrement été dans le sens, où toutefois il est certain que les idées de Dieu et de l'âme n'ont jamais été. Et il me semble que ceux qui veulent user de leur imagination pour les comprendre font tout de même que si, pour ouïr les sons ou sentir les odeurs, ils se voulaient servir de leurs yeux ; sinon qu'il y a encore cette différence, que le sens de la vue ne nous assure pas moins de la vérité de ces objets que font ceux de l'odorat ou de l'ouïe ; au lieu que ni notre imagination, ni nos sens ne nous sauraient jamais assurer d'aucune chose, si notre entendement n'y intervient.

33

Dieu est le garant de la vérité de nos idées

LA VÉRITÉ

Enfin, s'il y a encore des hommes qui ne soient pas assez persuadés de l'existence de Dieu et de leur âme par les raisons que j'ai apportées, je veux bien qu'ils sachent que toutes les autres choses, dont ils se pensent peut-être plus assurés, comme d'avoir un corps, et qu'il y a des astres et une terre, et choses semblables, sont moins certaines. Car, encore qu'on ait une assurance morale[1] de ces choses, qui est telle qu'il semble qu'à moins que d'être extravagant on n'en peut douter, toutefois aussi, à moins que d'être déraisonnable, lorsqu'il est question d'une certitude métaphysique, on ne peut nier que ce ne soit assez de sujet, pour n'en être pas entièrement assuré, que d'avoir pris garde qu'on peut en même façon s'imaginer, étant endormi, qu'on a un autre corps, et qu'on voit d'autres astres et une autre terre, sans qu'il en soit rien. Car d'où sait-on que les pensées qui viennent en songe sont plutôt fausses que les autres, vu que

1. Encore que ces choses nous semblent très probables.

souvent elles ne sont pas moins vives et expresses? Et que les meilleurs esprits y étudient tant qu'il leur plaira, je ne crois pas qu'ils puissent donner aucune raison qui soit suffisante pour ôter ce doute, s'ils ne présupposent l'existence de Dieu. Car, premièrement, cela même que j'ai tantôt pris pour une règle, à savoir, que les choses que nous concevons très clairement et très distinctement sont toutes vraies, n'est assuré qu'à cause que Dieu est ou existe, et qu'il est un être parfait, et que tout ce qui est en nous vient de lui. D'où il suit que nos idées ou notions, étant des choses réelles, et qui viennent de Dieu en tout ce en quoi elles sont claires et distinctes, ne peuvent en cela être que vraies. En sorte que, si nous en avons assez souvent qui contiennent de la fausseté, ce ne peut être que celles qui ont quelque chose de confus et obscur, à cause qu'en cela elles participent du néant, c'est-à-dire qu'elles ne sont en nous ainsi confuses qu'à cause que nous ne sommes pas tout parfaits. Et il est évident qu'il n'y a pas moins de répugnance que la fausseté ou l'imperfection procède de Dieu en tant que telle, qu'il y en a que la vérité ou la perfection procède du néant. Mais si nous ne savions point que tout ce qui est en nous de réel et de vrai vient d'un être parfait et infini, pour claires et distinctes que fussent nos idées, nous n'aurions aucune raison qui nous assurât qu'elles eussent la perfection d'être vraies.

34

Prendre la raison pour guide

Or, après que la connaissance de Dieu et de l'âme nous a ainsi rendus certains de cette règle, il est bien aisé à connaître que les rêveries que nous imaginons étant endormis ne doivent aucunement nous faire douter de la vérité des pensées que nous avons étant éveillés. Car, s'il arrivait même en dormant qu'on eût quelque idée fort distincte, comme, par exemple, qu'un géomètre inventât quelque nouvelle démonstration, son sommeil ne l'empêcherait pas d'être vraie. Et pour l'erreur la plus ordinaire de nos songes, qui consiste en ce qu'ils nous représentent divers objets en même façon que font nos sens extérieurs, n'importe pas qu'elle nous donne occasion de nous défier de la vérité de telles idées, à cause qu'elles peuvent aussi nous tromper assez souvent sans que nous dormions; comme lorsque ceux qui ont la jaunisse voient tout de couleur jaune, ou que les astres ou autres corps fort éloignés nous paraissent beaucoup plus petits qu'ils ne sont. Car enfin, soit que nous veillions, soit que nous dormions, nous ne nous devons jamais laisser persuader qu'à l'évidence de notre raison. Et il est à remarquer que je dis de notre raison, et non point de notre imagination ni de nos sens. Comme, encore que nous voyions le soleil très clairement, nous ne devons pas juger pour cela qu'il ne soit que de la grandeur que nous le voyons; et nous pouvons bien imaginer distinctement une tête de lion entée sur le corps d'une chèvre, sans qu'il faille conclure pour cela qu'il y ait au monde une Chimère; car la raison ne nous dicte point que ce que nous voyons ou imaginons ainsi soit véritable, mais elle nous dicte bien que toutes nos idées ou notions doivent avoir quelque fondement de vérité; car il ne serait pas

LA VÉRITÉ

possible que Dieu, qui est tout parfait et tout véritable, les eût mises en nous sans cela. Et, pour ce que nos raisonnements ne sont jamais si évidents ni si entiers pendant le sommeil que pendant la veille, bien que quelquefois nos imaginations soient alors autant ou plus vives et expresses, elle nous dicte aussi que nos pensées ne pouvant être toutes vraies, à cause que nous ne sommes pas tout parfaits, ce qu'elles ont de vérité doit infailliblement se rencontrer en celles que nous avons étant éveillés, plutôt qu'en nos songes.

CONTREPOINT

Selon Leibniz, il ne suffit pas de dire comme Descartes qu'une idée est vraie si elle est claire et distincte. Encore faut-il s'en assurer autrement que par une intuition. C'est ce qui lui fait écrire : « Descartes a logé la vérité à l'hostellerie de l'évidence, mais il a négligé de nous en donner l'adresse. »

LEIBNIZ,
Méditations sur la connaissance, la vérité et les idées, 1684,
traduction de Paul Schreker,
Vrin.

LA VÉRITÉ

Enfin je pense qu'on peut comprendre par là, que l'appel aux idées n'est pas toujours sans danger, et que beaucoup d'autres abusent du prestige de ce terme pour donner du poids à certaines de leurs imaginations ; car nous ne possédons pas l'idée d'une chose du fait que nous avons conscience d'y penser, comme je l'ai montré un peu plus haut par l'exemple de la plus grande des vitesses. Je vois aussi que de nos jours les hommes n'abusent pas moins de ce principe si souvent vanté : *tout ce que je conçois clairement et distinctement d'une chose est vrai et peut être affirmé de cette chose.* Car souvent les hommes, jugeant à la légère, trouvent clair et distinct ce qui est obscur et confus. Cet axiome est donc inutile si l'on n'y ajoute pas les *critères* du clair et du distinct, que nous avons proposés[1], et si la vérité des idées n'est pas préalablement établie. D'ailleurs, les règles de la *logique vulgaire,* desquelles se servent aussi les géomètres, constituent des critères nullement méprisables de la vérité des assertions, à savoir qu'il ne faut rien admettre comme certain qui n'ait été prouvé par une expérience exacte ou une démonstration solide. Or, une démonstration est solide, lorsqu'elle respecte la forme prescrite par la logique ; non cependant qu'il soit toujours besoin de syllogismes disposés selon l'ordre classique, [...] mais il faut du moins que la conclusion soit obtenue en vertu de la forme. D'une telle argumentation conçue en bonne et due forme, tout calcul fait selon les règles fournit un exemple. Ainsi il ne faut omettre aucune prémisse nécessaire, et toutes les prémisses doivent ou bien être démontrées préalablement, ou bien n'être admises que comme hypothèses, et dans ce cas la conclusion aussi n'est qu'hypothétique. Ceux qui suivront ces règles avec soin se garderont facilement des idées trompeuses.

1. Selon Leibniz, une connaissance est claire quand elle nous permet de reconnaître l'objet qu'elle représente. Elle est distincte quand elle nous interdit de confondre cet objet avec celui d'une autre idée.

Pascal

Préface pour un traité du vide

1623-1662

Il y a deux faces dans le génie de Pascal : le savant qui s'adonne très tôt à des travaux de mathématiques et de physique, et le croyant qui médite en chrétien sur la condition de l'homme. Mais si Pascal compte aussi parmi les philosophes, c'est parce qu'il a cherché à articuler ces deux dimensions de la pensée : la raison et la foi. La *Préface pour un traité du vide,* écrite en 1649, traite du partage des connaissances selon qu'elles relèvent ou non de la connaissance rationnelle.

Une polémique agite alors les milieux savants à propos de l'existence du vide. Pourquoi l'eau monte-t-elle dans une pompe quand le piston fait un mouvement de recul ? Parce que, disait-on alors, « la nature ayant horreur du vide », l'eau s'engouffre dans le cylindre pour occuper le volume ainsi agrandi. Mais pourquoi l'eau des fontaines de Florence ne monte-t-elle jamais plus haut que dix-huit brasses soit 10,3 m ? Pour expliquer ce fait, Toricelli imagine un dispositif analogue mais avec du mercure, dix-huit fois plus dense que l'eau. Il remplit un tube qu'il maintient bouché avec le doigt et le retourne dans un vase rempli de mercure. Quand il ôte le doigt, le niveau descend jusqu'à un niveau d'une brasse (0,76 cm). Un vide s'est bien formé dans le haut du tube.

Averti de ces travaux, Pascal fait l'hypothèse que si le tube ne se vide pas complètement, c'est en raison de la pression de l'air atmosphérique sur la surface du récipient dans lequel il est plongé. En allégeant la couche d'air qui fait contrepoids au mercure ou vif-argent, on devrait voir son niveau baisser dans le tube. Or cette condition serait réalisée si on transportait l'expérience en altitude.

« S'il arrive, écrit Pascal, que la hauteur du vif-argent soit moindre au haut qu'au bas de la montagne [...] il s'ensuivra nécessairement que la pesanteur et pression de l'air est la seule cause de cette suspension du vif-argent, et non pas l'horreur du vide, puisqu'il est bien certain qu'il y a beaucoup plus d'air qui pèse sur le pied de la montagne, que non pas sur son sommet : au lieu qu'on ne saurait pas dire que la nature abhorre le vide au pied de la montagne plus que sur son sommet. »

Pascal, ayant réalisé l'expérience avec succès, est conscient de heurter des esprits qui acceptent mal un désaveu d'Aristote. Pour celui-ci, le vide ne pouvait pas exister car un mobile qui s'y déplacerait, ne rencontrant pas de résistance, atteindrait son but dans l'instant. Les adversaires de Pascal restent attachés au *principe d'autorité* qui veut qu'on fasse confiance à un auteur en raison du privilège de l'ancienneté. On est au cœur d'un débat surgi avec la modernité elle-même. Pascal prend parti dans la querelle des Anciens et des Modernes. Il nous dit pour quelles raisons les uns ou les autres sont dignes d'admiration. Et finalement, comment on doit interpréter l'évolution des connaissances humaines.

Pascal

Pascal

1651.

Préface pour un traité du vide

(texte intégral)

1

Le respect des Anciens ne doit pas être inconditionnel

La raison

Le respect que l'on porte à l'antiquité étant aujourd'hui à tel point, dans les matières où il doit avoir moins de force, que l'on se fait des oracles de toutes ses pensées, et des mystères même de ses obscurités ; que l'on ne peut plus avancer de nouveautés sans péril, et que le texte d'un auteur suffit pour détruire les plus fortes raisons...[1]

Ce n'est pas que mon intention soit de corriger un vice par un autre, et de ne faire nulle estime des Anciens, parce que l'on en fait trop.

Je ne prétends pas bannir leur autorité pour relever le raisonnement tout seul, quoique l'on veuille établir leur autorité seule au préjudice du raisonnement...

Pour faire cette importante distinction[2] avec attention, il faut considérer que les unes dépendent seulement de la mémoire et sont purement historiques, n'ayant pour objet que de savoir ce que les autres ont écrit ; les autres dépendent seulement du raisonnement, et sont entièrement dogmatiques, ayant pour objet de chercher et découvrir les vérités cachées.

Celles de la première sorte sont bornées, autant que les livres dans lesquels elles sont contenues...

C'est suivant cette distinction qu'il faut régler différemment l'étendue de ce respect. Le respect que l'on doit avoir pour...

1. Les points de suspension signalent certaines altérations du texte.
2. Allusion à une partie du texte qui a été perdue.

2

Les domaines où la raison n'a pas compétence

L'IRRATIONNEL

Dans les matières où l'on recherche seulement de savoir ce que les auteurs ont écrit, comme dans l'histoire, dans la géographie, dans la jurisprudence, dans les langues et surtout dans la théologie, et enfin dans toutes celles qui ont pour principe, ou le fait simple, ou l'institution divine ou humaine, il faut nécessairement recourir à leurs livres, puisque tout ce que l'on en peut savoir y est contenu : d'où il est évident que l'on peut en avoir la connaissance entière, et qu'il n'est pas possible d'y rien ajouter. S'il s'agit de savoir qui fut le premier roi des Français ; en quel lieu les géographes placent le premier méridien ; quels mots sont usités dans une langue morte, et toutes les choses de cette nature, quels autres moyens que les livres pourraient nous y conduire ? Et qui pourra rien ajouter de nouveau à ce qu'ils nous apprennent, puisqu'on ne veut savoir que ce qu'ils contiennent ?

C'est l'autorité seule qui nous en peut éclaircir. Mais où cette autorité a la principale force, c'est dans la théologie, parce qu'elle y est inséparable de la vérité, et que nous ne la connaissons que par elle : de sorte que pour donner la certitude entière des matières les plus incompréhensibles à la raison, il suffit de les faire voir dans les livres sacrés (comme pour montrer l'incertitude des choses les plus vraisemblables, il faut seulement faire voir qu'elles n'y sont pas comprises) ; parce que ses principes sont au-dessus de la nature et de la raison, et que, l'esprit de l'homme étant trop faible pour y arriver par ses propres efforts, il ne peut parvenir à ces hautes intelligences s'il n'y est porté par une force toute-puissante et surnaturelle.

3

Les domaines où elle peut innover à l'infini

LA RAISON

Il n'en est pas de même des sujets qui tombent sous le sens ou sous le raisonnement : l'autorité y est inutile ; la raison seule a lieu d'en connaître. Elles ont leurs droits séparés : l'une avait tantôt tout l'avantage ; ici l'autre règne à son tour. Mais comme les sujets de cette sorte sont proportionnés à la portée de l'esprit, il trouve une liberté tout entière de s'y étendre : sa fécondité inépuisable produit continuellement, et ses inventions peuvent être tout ensemble sans fin et sans interruption…

C'est ainsi que la géométrie, l'arithmétique, la musique, la physique, la médecine, l'architecture, et toutes les sciences qui sont soumises à l'expérience et au raisonnement, doivent être augmentées pour devenir parfaites. Les anciens les ont trouvées seulement ébauchées par ceux qui les ont précédés ; et nous les laisserons à ceux qui viendront après nous en un état plus accompli que nous ne les avons reçues.

Comme leur perfection dépend du temps et de la peine, il est évident qu'encore que notre peine et notre temps nous eussent moins acquis que leurs travaux, séparés des nôtres, tous deux néanmoins joints ensemble doivent avoir plus d'effet que chacun en particulier.

4

La raison convient aux sciences, l'autorité à la religion

LA CONNAISSANCE

L'éclaircissement de cette différence doit nous faire plaindre l'aveuglement de ceux qui apportent la seule autorité pour preuve dans les matières physiques, au lieu du raisonnement ou des expériences, et nous donner de l'horreur pour la malice des autres, qui emploient le raisonnement seul dans la théologie au lieu de l'autorité de l'Écriture et des Pères. Il faut relever le courage de ces timides qui n'osent rien inventer en physique, et confondre l'insolence de ces téméraires qui produisent des nouveautés en théologie. Cependant le malheur du siècle est tel, qu'on voit beaucoup d'opinions nouvelles en théologie, inconnues à toute l'antiquité, soutenues avec obstination et reçues avec applaudissement ; au lieu que celles qu'on produit dans la physique, quoique en petit nombre, semblent devoir être convaincues de fausseté dès qu'elles choquent tant soit peu les opinions reçues : comme si le respect qu'on a pour les anciens philosophes était de devoir, et que celui que l'on porte aux plus anciens des Pères était seulement de bienséance ! Je laisse aux personnes judicieuses à remarquer l'importance de cet abus qui pervertit l'ordre des sciences avec tant d'injustice ; et je crois qu'il y en aura peu qui ne souhaitent que cette [liberté] s'applique à d'autres matières, puisque les inventions nouvelles sont infailliblement des erreurs dans les matières que l'on profane impunément ; et qu'elles sont absolument nécessaires pour la perfection de tant d'autres sujets incomparablement plus bas, que toutefois on n'oserait toucher.

5

C'est pour leur audace que les Anciens sont respectables

LA CONNAISSANCE

Partageons avec plus de justice notre crédulité et notre défiance, et bornons ce respect que nous avons pour les anciens. Comme la raison le fait naître, elle doit aussi le mesurer ; et considérons que, s'ils fussent demeurés dans cette retenue de n'oser rien ajouter aux connaissances qu'ils avaient reçues, et que ceux de leur temps eussent fait la même difficulté de recevoir les nouveautés qu'ils leur offraient, ils se seraient privés eux-mêmes et leur postérité du fruit de leurs inventions.

Comme ils ne se sont servis de celles qui leur avaient été laissées que comme de moyens pour en avoir de nouvelles, et que cette heureuse hardiesse leur avait ouvert le chemin aux grandes choses, nous devons prendre celles qu'ils nous ont acquises de la même sorte, et à leur exemple en faire les moyens et non pas la fin de notre étude, et ainsi tâcher de les surpasser en les imitant.

Car qu'y a-t-il de plus injuste que de traiter nos anciens avec plus de retenue qu'ils n'ont fait pour ceux qui les ont précédés, et d'avoir pour eux ce respect inviolable qu'ils n'ont mérité de nous que parce qu'ils n'en ont pas eu un pareil pour ceux qui ont eu sur eux le même avantage ?...

6

La nature est immuable, mais nos connaissances évoluent

LA CONNAISSANCE

Les secrets de la nature sont cachés ; quoiqu'elle agisse toujours, on ne découvre pas toujours ses effets : le temps les révèle d'âge en âge, et quoique *toujours égale en elle-même,* elle n'est pas toujours également connue.

Les expériences qui nous en donnent l'intelligence multiplient continuellement ; et, comme elles sont les seuls principes de la physique, les conséquences multiplient à proportion.

C'est de cette façon que l'on peut aujourd'hui prendre d'autres sentiments et de nouvelles opinions sans mépris et sans ingratitude, puisque les premières connaissances qu'ils nous ont données ont servi de degrés aux nôtres, et que dans ces avantages nous leur sommes redevables de l'ascendant que nous avons sur eux ; parce que, s'étant élevés jusqu'à un certain degré où ils nous ont portés, le moindre effort nous fait monter plus haut, et avec moins de peine et moins de gloire nous nous trouvons au-dessus d'eux. C'est de là que nous pouvons découvrir des choses qu'il leur était impossible d'apercevoir. Notre vue a plus d'étendue, et, quoiqu'ils connussent aussi bien que nous tout ce qu'ils pouvaient remarquer de la nature, ils n'en connaissaient pas tant néanmoins, et nous voyons plus qu'eux.

Cependant il est étrange de quelle sorte on révère leurs sentiments. On fait un crime de les contredire et un attentat d'y ajouter, comme s'ils n'avaient plus laissé de vérités à connaître.

7

Les âges de l'humanité

LA CONNAISSANCE

N'est-ce pas indignement traiter la raison de l'homme, et la mettre en parallèle avec l'instinct des animaux, puisqu'on en ôte la principale différence, qui consiste en ce que les effets du raisonnement augmentent sans cesse, au lieu que l'instinct demeure toujours dans un état égal ? Les ruches des abeilles étaient aussi bien mesurées il y a mille ans qu'aujourd'hui, et chacune d'elles forme cet hexagone aussi exactement la première fois que la dernière. Il en est de même de tout ce que les animaux produisent par ce mouvement occulte. La nature les instruit à mesure que la nécessité les presse ; mais cette science fragile se perd avec les besoins qu'ils en ont : comme ils la reçoivent sans étude, ils n'ont pas le bonheur de la conserver ; et toutes les fois qu'elle leur est donnée, elle leur est nouvelle, puisque, la nature n'ayant pour objet que de maintenir les animaux dans un ordre de perfection bornée, elle leur inspire cette science nécessaire, toujours égale, de peur qu'ils ne tombent dans le dépérissement, et ne permet pas qu'ils y ajoutent, de peur qu'ils ne passent les limites qu'elle leur a prescrites. *Il n'en est pas de même de l'homme, qui n'est produit que pour l'infinité.* Il est dans l'ignorance au premier âge de sa vie ; mais il s'instruit sans cesse dans son progrès : car il tire avantage non seulement de sa propre expérience, mais encore de celle de ses prédécesseurs, parce qu'il garde toujours dans sa mémoire les connaissances qu'il s'est une fois acquises, et que celles des anciens lui sont toujours présentes dans les livres qu'ils en ont laissés. Et comme il conserve ces connaissances, il peut aussi les augmenter facilement ; de sorte que les hommes sont aujourd'hui en quelque sorte dans le même état où se trouveraient ces anciens philosophes, s'ils pouvaient avoir vieilli jusqu'à présent, en ajoutant aux connaissances qu'ils avaient celles que leurs études auraient pu leur acquérir à la faveur de tant de siècles. De là vient que, par une prérogative particulière, non seulement chacun des hommes s'avance de jour en jour dans les sciences, mais que tous les hommes ensemble y font un continuel progrès à mesure que l'univers vieillit, parce que la même chose arrive dans la succession des hommes que dans les âges différents d'un particulier. De sorte que toute la suite des hommes, pendant le cours de tous les siècles, doit être considérée comme un même homme qui subsiste toujours et qui apprend continuellement : d'où l'on voit avec combien d'injustice nous respectons l'antiquité dans ses philosophes ; car, comme la vieillesse est l'âge le plus distant de l'enfance, qui ne voit que la vieillesse dans cet homme universel ne doit pas être cherchée dans les temps proches de sa naissance, mais dans ceux qui en sont le plus éloignés ? Ceux que nous appelons anciens étaient véritablement nouveaux en toutes choses, et formaient l'enfance des hommes proprement ; et comme nous avons joint à leurs connaissances l'expérience des siècles qui les ont suivis, c'est en nous que l'on peut trouver cette antiquité que nous révérons dans les autres.

8

Les erreurs des Anciens en cosmologie

Ils doivent être admirés dans les conséquences qu'ils ont bien tirées du peu de principes qu'ils avaient, et ils doivent être excusés dans celles où ils ont plutôt manqué du bonheur de l'expérience que de la force du raisonnement.

L'EXPÉRIENCE

Car n'étaient-ils pas excusables dans la pensée qu'ils ont eue pour la Voie de lait, quand, la faiblesse de leurs yeux n'ayant pas encore reçu le secours de l'artifice, ils ont attribué cette couleur à une plus grande solidité en cette partie du ciel, qui renvoie la lumière avec plus de force ?

Mais ne serions-nous pas inexcusables de demeurer dans la même pensée, maintenant qu'aidés des avantages que nous donne la lunette d'approche, nous y avons découvert une infinité de petites étoiles, dont la splendeur plus abondante nous a fait reconnaître quelle est la véritable cause de cette blancheur ?

N'avaient-ils pas aussi sujet de dire que tous les corps corruptibles étaient renfermés dans la sphère du ciel de la lune, lorsque durant le cours de tant de siècles, ils n'avaient point encore remarqué de corruptions ni de générations hors de cet espace ?

Mais ne devons-nous pas assurer le contraire, lorsque toute la terre a vu sensiblement les comètes s'enflammer et disparaître bien loin au-delà de cette sphère ?

C'est ainsi que, sur le sujet du vide, ils avaient droit de dire que la nature n'en souffrait point, parce que toutes leurs expériences leur avaient toujours fait remarquer qu'elle l'abhorrait et ne le pouvait souffrir. Mais si les nouvelles expériences leur avaient été connues, peut-être auraient-ils trouvé sujet d'affirmer ce qu'ils ont eu sujet de nier par là que le vide n'avait point encore paru. Aussi dans le jugement qu'ils ont fait que la nature ne souffrait point de vide, ils n'ont entendu parler de la nature qu'en l'état où ils la connaissaient ; puisque, pour le dire généralement, ce ne serait assez de l'avoir vu constamment en cent rencontres, ni en mille, ni en tout autre nombre, quelque grand qu'il soit ; puisque s'il restait un seul cas à examiner, ce seul suffirait pour empêcher la définition générale, et si un seul était contraire, ce seul… Car dans toutes les matières dont la preuve consiste en expériences et non en démonstrations, on ne peut faire aucune assertion universelle que par la générale énumération de toutes les parties ou de tous les cas différents. C'est ainsi que, quand nous disons que le diamant est le plus dur de tous les corps, nous entendons de tous les corps que nous connaissons, et nous ne pouvons ni ne devons y comprendre ceux que nous ne connaissons point ; et quand nous disons que l'or est le plus pesant de tous les corps, nous serions téméraires de comprendre dans cette proposition générale ceux qui ne sont point encore en notre connaissance, quoiqu'il ne soit pas impossible qu'ils soient en nature. De même quand les anciens ont assuré que la nature ne souffrait point de vide, ils ont entendu qu'elle n'en souffrait point dans toutes les expériences qu'ils avaient vues, et ils n'auraient pu sans témérité y comprendre celles qui n'étaient pas en leur connaissance. Que si elles y eussent été, sans doute ils auraient tiré les mêmes conséquences que nous et les auraient par leur aveu autorisées à cette antiquité dont on veut faire aujourd'hui l'unique principe des sciences.

C'est ainsi que, sans les contredire, nous pouvons assurer le contraire de ce qu'ils disaient et, quelque force enfin qu'ait cette antiquité, la vérité doit toujours avoir l'avantage, quoique nouvellement découverte, puisqu'elle est toujours plus ancienne que toutes les opinions qu'on en a eues, et que ce serait ignorer sa nature de s'imaginer qu'elle ait commencé d'être au temps qu'elle a commencé d'être connue.

CONTREPOINT

Pascal n'est pas le premier à remettre les Anciens, si l'on peut dire, à leur place, c'est-à-dire dans l'enfance de l'humanité. Dès le début du XVIIe *siècle, l'Anglais Francis Bacon, fondateur comme Descartes de l'esprit nouveau des Temps modernes, déclare fortement : « La vérité est fille du temps et non de l'autorité. »*

Francis BACON,
De Dignitate et Augmentis Scientiarum, II, 2, 1623 ;
traduction de Léon Brunschvicg, dans *Pascal, pensées et opuscules*, Hachette, 1914.

LA VÉRITÉ

Une cause, qui a fait obstacle au progrès que les hommes auraient dû faire dans les sciences, et qui les a pour ainsi dire cloués à la même place, comme s'ils étaient enchantés, c'est le profond respect qu'ils ont d'abord pour l'antiquité [...]. L'opinion qu'ils s'en forment, faute d'y avoir suffisamment pensé, est tout à fait superficielle, et n'est guère conforme au sens naturel du mot auquel ils l'appliquent. C'est à la vieillesse du monde et à son âge mûr qu'il faut attacher ce nom d'antiquité. Or, la vieillesse du monde, c'est le temps où nous vivons, et non celui où vivaient les Anciens, qui en étaient la jeunesse. À la vérité, le temps où ils ont vécu est le plus ancien par rapport à nous, mais, par rapport au monde, ce temps était le plus nouveau. Or, de même que nous attendons une plus ample connaissance des choses humaines et un jugement plus mûr d'un vieillard que d'un jeune homme, à cause de son expérience, du nombre et de la variété des choses qu'il a vues, entendues et pensées ; de même il est juste d'attendre de notre temps de beaucoup plus grandes choses que des temps anciens ; car, le monde étant plus âgé, il se trouve enrichi d'une infinité d'observations et d'expériences.

1632-1677

Spinoza

Éthique

Éthique, tel est le titre donné par Spinoza au livre dans lequel il expose toute sa philosophie. C'est que, pour lui, celle-ci doit nous apprendre non seulement à penser juste, mais aussi à bien conduire notre vie. Parallèlement, il y a toujours un lien entre l'emportement des fanatiques et l'aveuglement de leur esprit qu'on appelle la superstition. Spinoza était bien placé pour le savoir. Voilà un homme, né en 1632 dans une famille juive qui avait dû quitter l'Espagne, en 1492, pour se réfugier en Hollande — à l'époque le pays le plus tolérant d'Europe — qui se trouve expulsé de sa communauté en raison de l'idée qu'il se fait de Dieu ! Accusé d'athéisme, il doit quitter Amsterdam en 1656. Ayant appris à polir des verres de lunette pour gagner sa vie, il se consacre à la rédaction de l'*Éthique* jusqu'à sa mort.

En 1670, pour se disculper aux yeux du public, il avait publié le *Traité théologico-politique* dans lequel il proclamait que la liberté de pensée n'est jamais une menace pour la paix civile. Le vrai danger vient de la superstition ; c'est pourquoi dans la préface de ce traité il en fait une première analyse. La superstition n'est pas un vice de l'esprit dont on pourrait se moquer, mais une illusion à laquelle tous les hommes sont susceptibles de succomber parce qu'elle a des causes naturelles. En effet, lorsqu'ils sont impuissants à faire face à l'adversité, les hommes oscillent entre l'espérance et la crainte. C'est ce qui les rend crédules. « Qu'il leur arrive maintenant de voir avec grande surprise quelque chose d'insolite, ils croient que c'est un prodige manifestant la colère des dieux ou de la suprême divinité ; dès lors ne pas conjurer ce prodige par des sacrifices et des vœux devient une impiété (à leurs yeux d'hommes sujets à la superstition et contraire à la religion). De la sorte, ils forgent d'innombrables fictions et, quand ils interprètent la Nature, y découvrent partout le miracle comme si elle délirait avec eux. »

Dans l'appendice du livre I, Spinoza remonte plus haut, et découvre, à la racine de ce délire, l'idée spontanément admise par tous que l'homme est au centre de l'univers, que toutes les choses sont faites pour lui — ou contre lui, mais toujours à propos de lui. Ce préjugé anthropocentriste altère notre connaissance des choses puisqu'elle les voit toutes à travers le prisme des passions de l'homme. La nature entière est finalement interprétée à partir d'un point de vue humain, trop humain. Spinoza renverse cette perspective dans l'*Éthique.* Il faut considérer l'homme à partir de la nature dont il n'est qu'une partie. Il faut en effet cesser de croire que l'homme fait exception à ses lois comme s'il était « un empire dans un empire ». Sa liberté ne consiste donc pas à se soustraire à la nécessité qui règle le cours de toutes choses, mais à en devenir conscient. De tout ceci, Spinoza a voulu faire la démonstration rigoureuse, ce qui donne à son *Éthique* l'allure austère d'un traité de géométrie. Seules quelques pages de ce monument de la philosophie semblent s'adresser directement au lecteur pour l'aider à comprendre. C'est le cas de cet appendice au livre I qu'on pourra lire ici dans son intégralité.

1663-1675,
traduction
de Bernard Pautrat,
Le Seuil.

Éthique

Appendice au Livre I

(texte intégral)

1

Dieu, tel que le conçoit la raison

LA RELIGION

J'ai par là expliqué la nature de Dieu et ses propriétés, à savoir, qu'il existe nécessairement ; qu'il est unique ; que c'est par la seule nécessité de sa nature qu'il est et agit ; qu'il est de toutes choses cause libre, et comment ; que tout est en Dieu, et dépend tellement de lui que sans lui rien ne peut ni être ni se concevoir ; et enfin, que tout a été prédéterminé par Dieu, non certes par la liberté de la volonté, autrement dit par le bon plaisir absolu, mais par la nature absolue de Dieu, autrement dit l'infinie puissance. En outre, partout où l'occasion s'est présentée, j'ai eu soin d'écarter les préjugés qui pouvaient empêcher qu'on perçoive mes démonstrations ; mais, parce qu'il reste encore un bon nombre de préjugés susceptibles eux aussi, et même au plus haut point, maintenant comme avant, d'empêcher les hommes d'embrasser l'enchaînement des choses de la manière dont je l'ai expliqué, j'ai pensé qu'il valait la peine de les faire comparaître ici à l'examen de la raison.

2

Le préjugé fondamental et l'illusion de la liberté

L'ILLUSION

Et, puisque tous les préjugés que j'entreprends de dénoncer ici viennent de cela seul, que les hommes supposent communément que toutes les choses naturelles agissent, comme eux-mêmes, à cause d'une fin, et vont même jusqu'à tenir pour certain que Dieu lui-même règle tout en vue d'une certaine fin précise : ils disent en effet que Dieu a tout fait à cause de l'homme, et a fait l'homme pour qu'il l'honore. C'est donc cela seul que je considérerai d'abord, en cherchant *premièrement* la cause qui fait qu'ils se reposent, pour la plupart, sur ce préjugé, et pourquoi ils ont tous un tel penchant à l'embrasser. *Ensuite,* j'en montrerai la fausseté, et *enfin,* comment en sont nés les préjugés relatifs au *bien* et au *mal,* au *mérite* et au *péché,* à la *louange* et au *blâme,* à l'*ordre* et à la *confusion,* à la *beauté* et à la *laideur,* et autres choses du même genre. Mais, quant à les déduire de la nature de l'esprit humain, ce n'est pas ici le lieu : il suffira ici que je prenne pour fondement ce qui doit être à la connaissance de tous ; je veux dire, que les hommes naissent tous ignorants des causes des choses, et qu'ils ont tous l'appétit de chercher ce qui leur est utile, chose dont ils ont conscience. Car de là suit, *premièrement,* que les hommes se croient libres, pour la raison qu'ils ont conscience de leurs volitions et de leur appétit, et que, les causes qui les disposent à appéter et à vouloir, ils les ignorent, et n'y pensent pas même en rêve.

3

Comment nous en venons à croire que toute chose a un but

LE SENS

[Il suit, *deuxièmement,* qu'en tout les hommes agissent à cause d'une fin ; à savoir de l'utile, dont ils ont l'appétit ; d'où vient que, des choses accomplies, ils veulent toujours savoir les causes finales, et rien qu'elles, et quand on les leur a dites, ils sont contents ; c'est qu'ils n'ont plus alors de raison de douter. Et, si nul ne peut les leur dire, il ne leur reste plus qu'à se tourner vers eux-mêmes, à réfléchir aux fins qui les déterminent eux-mêmes, d'ordinaire, à de tels actes, et à juger nécessairement du tempérament d'autrui à partir de leur propre tempérament. En outre, comme ils trouvent en eux et hors d'eux bon nombre de moyens qui contribuent grandement à leur procurer ce qui leur est utile, comme par exemple des yeux pour voir, des dents pour mâcher, des herbes et des animaux pour s'alimenter, un soleil pour éclairer, une mer pour nourrir des poissons, etc. ; de là vint qu'ils considèrent tous les étants naturels comme des moyens en vue de ce qui leur est utile ; et parce qu'ils savent que, ces moyens, ils les ont trouvés et non pas disposés, ils y ont vu une raison de croire que c'était quelqu'un d'autre qui avait disposé ces moyens à leur usage.

4

Du préjugé à la superstition

LA RELIGION

[Car, une fois qu'ils eurent considéré les choses comme des moyens, ils ne purent plus croire qu'elles se fussent faites elles-mêmes ; mais, à partir des moyens qu'ils disposent d'ordinaire pour eux-mêmes, ils avaient dû conclure à l'existence d'un ou plusieurs recteurs de la nature, dotés de liberté humaine, ayant pour eux pris soin de tout, ayant tout fait pour leur usage. Et le tempérament de ces recteurs, également, puisqu'on ne leur en avait jamais rien dit, ils durent en juger d'après le leur ; et c'est ainsi qu'ils posèrent que les Dieux destinent tout à l'usage des hommes, pour s'attacher les hommes, et être tenus d'eux dans le plus grand honneur ; d'où vint qu'ils inventèrent, chacun à partir de son propre tempérament, différentes manières d'honorer Dieu, pour que Dieu les chérît plus que les autres, et destinât la nature tout entière à l'usage de leur aveugle cupidité et de leur insatiable avarice. Et c'est ainsi que ce préjugé tourna à la superstition, et fit dans les esprits de profondes racines ; ce qui fut cause que chacun mit son zèle et tout son effort à comprendre les causes finales de toute chose, et à les expliquer.

5

Les conséquences absurdes de la doctrine finaliste

L'IRRATIONNEL

[Mais, quand ils cherchèrent à montrer que la nature ne fait rien en vain (c'est-à-dire qui ne soit à l'usage des hommes), ils ne montrèrent rien d'autre, semble-t-il, sinon que la nature et les Dieux délirent tout autant que les hommes. Regarde, je t'en prie, où finalement la chose en est ! Parmi tant de commodités qu'offre la nature,

N.B. : Les crochets en début de ligne indiquent que le paragraphe a été créé par l'auteur du manuel et ne figure donc pas dans le texte original.

il fallut bien qu'ils découvrissent bon nombre d'incommodités, telles que tempêtes, tremblements de terre, maladies, etc., et ils posèrent que cela avait lieu parce que les Dieux avaient été irrités par les offenses commises envers eux par les hommes, autrement dit par les péchés commis contre leur culte ; et, quoique l'expérience se récriât chaque jour, et montrât par une infinité d'exemples que commodités et incommodités arrivent indistinctement aux pieux et aux impies, ils n'en renoncèrent pas pour autant à l'invétéré préjugé : il leur fut en effet plus facile de ranger cela parmi les autres choses inconnues dont ils ignoraient l'usage, et demeurer ainsi dans leur présent et inné état d'ignorance, que de détruire toute cette construction pour en rebâtir une neuve. D'où vint qu'ils tinrent pour certain que les jugements des Dieux échappent de très loin à la prise de l'homme : et cela seul eût suffi à faire que la vérité demeurât pour l'éternité cachée au genre humain ; s'il n'y avait eu la Mathématique, qui s'occupe non pas des fins mais seulement des essences et propriétés des figures, pour montrer aux hommes une autre norme de la vérité, et outre la Mathématique on peut encore assigner d'autres causes (qu'il est superflu d'énumérer ici) qui ont pu faire que les hommes ouvrissent les yeux sur ces préjugés communs, avant de se laisser conduire à la vraie connaissance des choses.

6

La doctrine finaliste renverse la nature

La métaphysique

J'ai, par là, assez expliqué ce que j'avais promis en premier lieu. Maintenant, pour montrer que la nature n'a pas de fin qui lui soit prescrite, et que toutes les causes finales ne sont que des fictions humaines, il n'est pas besoin de beaucoup. Je crois en effet que c'est maintenant suffisamment établi, tant à partir des fondements et des causes d'où j'ai montré que ce préjugé a tiré son origine, que de la *Proposition* 16 et des *Corollaires de la Proposition* 32, et également à partir de tout ce par quoi j'ai montré que tout dans la nature procède d'une certaine nécessité éternelle, et d'une suprême perfection. J'ajouterai pourtant ceci, encore : que cette doctrine relative à la fin renverse totalement la nature. Car, ce qui, en vérité, est cause, elle le considère comme un effet, et *vice versa*. Ensuite, ce qui, par nature, est avant, elle le met après. Et enfin, ce qui est suprême et le plus parfait, elle le rend très imparfait. Car (laissons de côté les deux premiers points, qui vont de soi), comme il ressort clairement des *Propositions* 21, 22 et 23, est le plus parfait l'effet qui est produit immédiatement par Dieu, et, plus quelque chose a besoin de causes intermédiaires pour être produit, plus c'est imparfait. Or si les choses qui ont été produites immédiatement par Dieu avaient été faites pour que Dieu atteignît sa fin, alors nécessairement ce seraient les dernières, en vue desquelles les premières ont été faites, qui seraient les plus éminentes de toutes. Ensuite, cette doctrine supprime la perfection de Dieu : car, si Dieu agit à cause d'une fin, c'est nécessairement qu'il aspire à quelque chose qui lui manque. Et, quoique Théologiens et Métaphysiciens fassent la distinction entre fin d'indigence et fin d'assimilation, ils avouent cependant que c'est à cause de soi que Dieu a tout fait, et non à cause des choses à créer ;

parce qu'ils ne peuvent rien assigner avant la création, à part Dieu, pourquoi Dieu eût agi ; et par suite ils sont nécessairement forcés d'avouer que Dieu a manqué de ce pour quoi il a voulu disposer des moyens, et l'a désiré, ce qui va de soi.

7

La finalité, asile de l'ignorance

L'ILLUSION

[Et il ne faut pas négliger ici le fait que les Sectateurs de cette doctrine, qui ont voulu faire montre de leur esprit en assignant les fins des choses, ont, pour prouver cette doctrine qui est la leur, introduit une nouvelle manière d'argumenter : la réduction, non à l'impossible, mais à l'ignorance ; ce qui montre bien que cette doctrine n'avait pas d'autre moyen d'argumenter. Car si par exemple une pierre est tombée d'un toit sur la tête de quelqu'un, et l'a tué, c'est de cette manière qu'ils démontreront que la pierre est tombée pour tuer l'homme. En effet, si ce n'est pas à cette fin, et par la volonté de Dieu, qu'elle est tombée, comment tant de circonstances (il y faut souvent, en effet, le concours de beaucoup) ont-elles pu se trouver concourir par hasard ? Tu répondras peut-être que c'est arrivé parce que le vent a soufflé, et que l'homme passait par là. Mais ils insisteront, pourquoi le vent a-t-il soufflé à ce moment-là ? pourquoi l'homme passait-il par là à ce même moment ? Si de nouveau tu réponds que le vent s'est levé à ce moment-là parce que la mer, la veille, par un temps encore calme, avait commencé à s'agiter ; et que l'homme avait été invité par un ami ; de nouveau ils insisteront, car poser des questions est sans fin, et pourquoi la mer s'était-elle agitée ? pourquoi l'homme avait-il été invité pour ce moment-là ? et c'est ainsi de proche en proche qu'ils ne cesseront de demander les causes des causes, jusqu'à ce que tu te réfugies dans la volonté de Dieu, c'est-à-dire dans l'asile de l'ignorance. Et il en va de même quand ils voient la structure du corps humain, ils sont stupéfaits, et, de ce qu'ils ignorent les causes de tant d'art, ils concluent que ce n'est pas un art mécanique qui l'a construite, mais un art divin ou surnaturel, et constituée de telle manière qu'aucune partie n'en lèse une autre. Et de là vient que qui recherche les vraies causes des miracles, et s'emploie à comprendre les choses naturelles comme un savant, au lieu de les admirer comme un sot, est pris un peu partout pour un hérétique et un impie, et proclamé tel par ceux que le vulgaire adore comme les interprètes de la nature et des Dieux. Car ils savent bien qu'une fois supprimée l'ignorance, la stupeur, c'est-à-dire le seul moyen qu'ils ont pour argumenter et maintenir leur autorité, est supprimée. Mais je laisse cela, et je passe à ce que j'ai décidé de faire ici en *troisième* lieu.

8

L'origine des notions de *Bien*, de *Mal* et autres notions semblables

L'IMAGINATION

Une fois qu'ils se furent persuadés que tout ce qui a lieu a lieu à cause d'eux, les hommes ne purent que tenir pour principal, en toute chose, ce qui avait le plus d'utilité pour eux, et juger le plus éminent tout ce qui les affectait au mieux. D'où vint qu'il leur fallut former ces notions par lesquelles expliquer les natures des choses, à savoir le *Bien*, le *Mal*, l'*Ordre*, la *Confusion*, le *Chaud*, le *Froid*, la *Beauté* et la *Laideur* : et parce qu'ils se croient libres, de là naquirent les notions que sont la *Louange* et le *Blâme*, le *Péché* et le *Mérite*; mais celles-ci, je les expliquerai plus bas, quand j'aurai traité de la nature humaine, et je me contenterai d'expliquer ici brièvement les premières. Et donc, tout ce qui contribue à la santé et au culte de Dieu, ils l'ont appelé *Bien,* et ce qui leur est contraire, *Mal.* Et parce que ceux qui ne comprennent pas la nature des choses, mais se bornent à imaginer les choses, n'affirment rien des choses, et prennent l'imagination pour l'intellect, à cause de cela ils croient fermement qu'il y a de l'*Ordre* dans les choses, sans rien savoir de la nature ni des choses ni d'eux-mêmes. Car, quand elles ont été disposées de telle sorte que, lorsqu'elles se représentent à nous par les sens, nous n'avons pas de mal à les imaginer, et par conséquent à nous les rappeler, nous disons qu'elles sont en bon ordre, et, sinon, qu'elles sont en désordre, autrement dit confuses. Et, puisque nous plaît plus que tout ce que nous n'avons pas de mal à imaginer, pour cette raison les hommes préfèrent l'ordre à la confusion; comme si l'ordre était quelque chose dans la nature indépendamment de notre imagination; et ils disent que Dieu a tout créé en ordre, et de la sorte, sans le savoir, ils attribuent à Dieu de l'imagination; à moins peut-être qu'ils ne veuillent que Dieu, pourvoyant à l'imagination humaine, ait disposé toutes choses de telle sorte qu'ils aient le moins de mal possible à les imaginer; peut-être ne se laisseraient-ils pas arrêter par le fait qu'on en trouve une infinité qui dépassent de loin notre imagination, et un très grand nombre qui la confondent, à cause de sa faiblesse. Mais assez là-dessus.

9

La beauté n'est qu'une manière d'imaginer

L'IMAGINATION

[Quant aux autres notions, ensuite, elles ne sont également que des manières d'imaginer, affectant l'imagination de manière diverse, et cependant les ignorants les considèrent comme les principaux attributs des choses; parce que, comme nous l'avons dit, ils croient que toutes choses ont été faites à cause d'eux; et la nature d'une chose, ils la disent bonne ou mauvaise, saine ou pourrie et corrompue, selon que cette chose les affecte. Par exemple, si le mouvement que reçoivent les nerfs à partir des objets qui se représentent par les yeux contribue à la santé, les objets qui le causent sont dits beaux, et ceux qui excitent un mouvement contraire, laids. Ensuite, ceux qui émeuvent le sens par les narines, ils les appellent parfumés ou fétides, par la langue, doux ou amers, savoureux ou fades, etc. Et quand c'est par le tact, durs ou mous, rugueux ou lisses, etc. Et ceux enfin qui émeuvent les oreilles sont dits produire du bruit, du son ou de l'harmonie, laquelle a fait perdre la tête aux hommes jusqu'à leur faire croire que Dieu, lui aussi, trouve du charme à l'harmonie. Et il ne manque pas de Philosophes pour s'être persuadés que les mouvements célestes composent une harmonie.

10

L'origine des controverses philosophiques

La vérité

[Tout cela montre assez que chacun a jugé des choses d'après la disposition de son cerveau, ou plutôt a pris pour les choses les affections de son imagination. Il ne faut donc pas s'étonner (notons-le aussi au passage) qu'aient pris naissance parmi les hommes autant de controverses que nous en voyons, et d'elles, finalement, le Scepticisme. Car, quoique les corps humains conviennent sur beaucoup, ils diffèrent cependant sur beaucoup plus, et c'est pourquoi ce qui semble bon à l'un semble mauvais à l'autre ; ce qui semble ordonné à l'un, confus à l'autre ; ce qui est agréable à l'un est désagréable à l'autre, et ainsi des autres notions, sur lesquelles je n'insiste pas ici, tant parce que ce n'est pas le lieu d'en traiter *ex professo,* que parce que tout le monde le sait suffisamment d'expérience. Car tout le monde a à la bouche : Autant de têtes, autant d'avis ; Chacun abonde dans son sens ; Il n'est pas moins de différence entre cerveaux qu'entre palais : sentences qui montrent assez que les hommes jugent des choses selon la disposition de leur cerveau, et imaginent les choses plutôt qu'ils ne les comprennent. Car les choses, s'ils les avaient comprises, les auraient, comme l'atteste la Mathématique, sinon tous attirés, du moins tous convaincus.

11

Ce que nous appelons le mal n'a pas de réalité

La métaphysique

Nous voyons donc que toutes les notions dont use d'ordinaire le vulgaire pour expliquer la nature ne sont que des manières d'imaginer, et n'indiquent la nature d'aucune chose, mais seulement l'état de l'imagination ; et, parce qu'elles ont des noms, comme s'il s'agissait d'étants existant hors de l'imagination, je les appelle des étants non de raison, mais d'imagination, et par suite tous les arguments que l'on va chercher contre nous dans de telles notions sont faciles à repousser. En effet, voici comment, d'ordinaire, beaucoup argumentent. Si tout a suivi de la nécessité de la nature très parfaite de Dieu, d'où viennent donc tant d'imperfections dans la nature ? À savoir, la corruption des choses jusqu'au fétide, la laideur des choses jusqu'à la nausée, la confusion, le mal, le péché, etc. Mais, je viens de le dire, ils sont faciles à réfuter. Car la perfection des choses doit s'estimer à partir de leur seule nature et puissance, et c'est pourquoi les choses ne sont pas plus ou moins parfaites selon qu'elles charment ou offensent le sens des hommes, selon qu'elles contribuent à la nature humaine ou bien qu'elles lui sont contraires. Quant à ceux qui demandent pourquoi Dieu n'a pas créé tous les hommes de telle sorte qu'ils se gouvernassent sous la seule conduite de la raison ? je ne réponds rien que ceci : c'est parce que la matière ne lui fit pas défaut pour créer toutes choses, du plus haut jusqu'au plus bas degré de perfection, ou, pour parler plus proprement, parce que les lois de la nature elle-même furent assez amples pour suffire à produire tout ce que peut concevoir un intellect infini, comme je l'ai démontré à la *Proposition* 16. Tels sont les préjugés que je me suis proposé de relever ici. S'il en reste encore de la même farine, chacun pourra, avec un peu de méditation, s'en corriger.

CONTREPOINT

Spinoza appartient à la même famille intellectuelle que l'épicurien Lucrèce. De même que Spinoza, Lucrèce conçoit la philosophie comme connaissance de la nature. Comme lui, il combat le préjugé qui voudrait mettre l'homme en son centre, comme si elle avait été faite à son intention.

LUCRÈCE,
De la nature,
traduction de Alfred Ernout,
Les Belles Lettres.

LA CONNAISSANCE DU VIVANT

Évite cette erreur et garde-toi bien d'y tomber. La clairvoyance des yeux n'a pas été créée, comme tu pourrais croire, pour nous permettre de voir au loin ; ce n'est pas davantage pour nous permettre de marcher à grands pas que l'extrémité des jambes et des cuisses s'appuie et s'articule sur les pieds ; non plus que les bras que nous avons attachés à de solides épaules, les mains qui nous servent des deux côtés ne nous ont été donnés pour subvenir à nos besoins. Interpréter les faits de cette façon, c'est faire un raisonnement qui renverse le rapport des choses, c'est mettre partout la cause après l'effet. Aucun organe de notre corps, en effet, n'a été créé pour notre usage ; mais c'est l'organe qui crée l'usage. Ni la vision n'existait avant la naissance des yeux, ni la parole avant la création de la langue : c'est bien plutôt la naissance de la langue qui a précédé de loin celle de la parole ; les oreilles existaient bien avant l'audition du premier son ; bref tous les organes, à mon avis, sont antérieurs à l'usage qu'on en a pu faire. Ils n'ont donc pu être créés en vue de nos besoins.

En revanche, les hommes ont su en venir aux mains, lutter, batailler, se déchirer, souiller leurs membres de sang, bien avant de faire voler les traits étincelants ; la nature leur avait appris à se garer des blessures quand l'art n'avait pas encore, pour les couvrir, armé leur bras gauche du bouclier. Sans doute aussi, l'habitude de reposer ses membres las est de beaucoup antérieure aux lits moelleux, et on a su apaiser sa soif avant l'invention des coupes. Pour toutes ces découvertes, on peut donc croire que, nées des besoins de la vie, elles ont été faites en vue de l'utilité. Mais il faut mettre à part toutes les choses qui, d'abord créées spontanément, nous ont ensuite donné la notion de leur utilité. Et dans cet ordre, nous voyons en première ligne les sens et les membres. Aussi, encore une fois, sommes-nous loin de pouvoir croire qu'ils aient été créés pour nous rendre service.

Malebranche

De la recherche de la vérité

Malebranche

1638-1715

La philosophie de Nicolas de Malebranche, comme celle de Spinoza et de Leibniz, appartient aux grands systèmes rationalistes d'inspiration cartésienne. Avec Descartes il partage la même confiance dans les lumières de la raison, et comme lui il refuse de s'incliner devant l'autorité des Anciens. Cependant, sur certains points, Malebranche s'oppose à son prédécesseur. C'est le cas dans le XIe éclaircissement où il revient sur cette question déjà traitée par lui dans son grand ouvrage la *Recherche de la vérité* : comment connaît-on son âme ?

La réponse qu'avait donnée Descartes découlait de son célèbre *cogito* : la conscience de l'existence de notre âme est la première certitude qui nous soit offerte ; et puisque rien ne peut nous appartenir de façon plus intime que notre âme, rien ne peut être plus facile à connaître qu'elle. C'est précisément cet argument que Malebranche conteste : la *conscience* que nous avons de notre âme ne nous en donne pas la *connaissance.* Ainsi, par exemple, les saveurs que nous goûtons, les douleurs que nous ressentons, les souvenirs qui nous reviennent, nous savons bien, par un invincible sentiment intérieur, que c'est bien notre âme qui les éprouve. Mais nous ne comprenons pas pour autant *comment* notre âme s'y prend pour savourer, pour souffrir, pour se souvenir. Au fond, rien n'est plus obscur pour l'homme que le mécanisme de ses propres pensées.

En revanche, rien n'est plus clair pour nous que la matière étendue dont sont faites les choses corporelles. En effet, la raison montre à tous les hommes que l'espace est infini, qu'il a trois dimensions, etc. Bref, nous avons une vraie connaissance de l'étendue matérielle du monde extérieur parce que nous en avons une idée claire qui peut être traduite en mots compréhensibles par tous. Mais rien de tel pour les phénomènes subjectifs de notre pensée. On peut expliquer à un aveugle les propriétés de l'espace et rien ne l'empêchera de devenir un excellent géomètre. Mais impossible de lui faire comprendre ce que représente la couleur bleue s'il ne l'a jamais vue. Par conséquent, s'il y a bien une science du monde extérieur, il n'y a qu'une expérience subjective du monde intérieur de notre âme.

Sur le plan moral et religieux, Malebranche prolonge cette même idée que l'âme est obscure à elle-même. À ceux qui, sur la foi d'un examen de conscience scrupuleux, se diraient certains d'être de bons chrétiens, Malebranche oppose ceci : Dieu seul connaît ce qui se cache au plus profond de notre âme.

En contestant l'idée cartésienne d'une âme transparente à elle-même, Malebranche ouvrait la voie à une réflexion pour laquelle le territoire de l'âme s'étend bien au-delà du domaine de la conscience.

Malebranche

1675,
Gallimard,
« la Pléiade ».

De la recherche de la vérité

XIe éclaircissement

(texte intégral)

1

La conscience que j'ai de mon âme ne m'en donne pas la connaissance

La conscience

J'ai dit en quelques endroits, et même je crois avoir suffisamment prouvé dans le troisième Livre de la *Recherche de la vérité*[1], que nous n'avons point *d'idée claire* de notre âme, mais seulement *conscience* ou sentiment intérieur ; qu'ainsi nous la connaissons beaucoup plus imparfaitement que nous ne faisons l'étendue. Cela me paraissait si évident, que je ne croyais pas qu'il fût nécessaire de le prouver plus au long. Mais l'autorité de M. Descartes, qui dit positivement : *Que la nature de l'esprit est plus*

1. Le XIe éclaircissement porte en sous-titre : SUR LE CHAPITRE SEPTIÈME DE LA SECONDE PARTIE DU TROISIÈME LIVRE OÙ JE PROUVE : *Que nous n'avons point d'idée claire de la nature ni des modifications de notre âme.* Dans ce chapitre *De la recherche de la vérité*, Malebranche écrivait : « Nous ne connaissons [notre âme] que par *conscience*, et c'est pour cela que la connaissance que nous en avons est imparfaite ; nous ne savons de notre âme que ce que nous sentons se passer en nous. Si nous n'avions jamais senti de douleur, de chaleur, de lumière, etc., nous ne pourrions savoir si notre âme en serait capable, parce que nous ne la connaissons point par son idée. Mais si nous voyions en Dieu l'idée qui répond à notre âme, nous connaîtrions en même temps ou nous pourrions connaître toutes les propriétés dont elle est capable ; comme nous connaissons [ou nous pouvons connaître] toutes les propriétés dont l'étendue est capable, parce que nous connaissons l'étendue par son idée.
Il est vrai que [nous connaissons assez par] notre conscience ou par le sentiment intérieur que nous avons de nous-mêmes que notre âme est quelque chose de grand, mais il se peut faire que ce que nous en connaissons ne soit presque rien de ce qu'elle est en elle-même. Si on ne connaissait de la matière que vingt ou trente figures dont elle aurait été modifiée, certainement on n'en connaîtrait presque rien, en comparaison de ce que l'on en connaît par l'idée qui la représente. Il ne suffit donc pas pour connaître parfaitement l'âme de savoir ce que nous en savons par le sentiment intérieur, puisque la conscience que nous avons de nous-mêmes ne nous montre [peut-être] que la moindre partie de notre être.
On peut conclure de ce que nous venons de dire qu'encore que nous connaissions plus distinctement l'existence de notre âme que l'existence de notre corps et de ceux qui nous environnent, cependant nous n'avons pas une connaissance si parfaite de la nature de l'âme que de la nature des corps, et cela peut servir à accorder les différents sentiments de ceux qui disent qu'il n'y a rien qu'on connaisse mieux que l'âme, et de ceux qui assurent qu'il n'y a rien qu'ils connaissent moins. »

connue que celle de toute autre chose[1], a tellement préoccupé quelques-uns de ses disciples, que ce que j'en ai écrit n'a servi qu'à me faire passer dans leur esprit pour une personne faible, qui ne peut se prendre et se tenir ferme à des vérités abstraites, et incapables de soulager et de retenir l'attention de ceux qui les considèrent.

J'avoue que je suis extrêmement faible, sensible, grossier, et que mon esprit dépend de mon corps en tant de manières que je ne puis les exprimer. Je le sais, je le sens ; et je travaille incessamment à augmenter cette connaissance que j'ai de moi-même. Car, si l'on ne peut s'empêcher d'être misérable, du moins faut-il le savoir et le sentir : du moins faut-il s'humilier à la vue de ses misères intérieures, et reconnaître le besoin qu'on a d'être délivré de ce corps de mort, qui jette le trouble et la confusion dans toutes les facultés de l'âme.

Cependant la question présente est tellement proportionnée à l'esprit, que je ne vois pas qu'il soit besoin d'une grande application pour la résoudre : et c'est pour cela que je ne m'y étais pas arrêté. Car je crois pouvoir dire que l'ignorance où sont la plupart des hommes à l'égard de leur âme, de sa distinction d'avec le corps, de sa spiritualité, de son immortalité et de ses autres propriétés, suffit pour prouver évidemment que l'on n'en a point d'idée claire et distincte.

2

Nous avons une idée claire des corps mais non pas de notre âme

La connaissance

Nous pouvons dire que nous avons une idée claire du corps, parce qu'il suffit de consulter l'idée qui les représente pour reconnaître les modifications dont il est capable. Nous voyons clairement qu'il peut être rond, carré, en repos, en mouvement. Nous concevons sans peine qu'un carré se peut diviser en deux triangles, deux parallélogrammes, deux trapèzes. Lorsqu'on nous demande si quelque chose appartient ou n'appartient pas à l'étendue, nous n'hésitons pas sur ce que nous avons à répondre : parce que l'idée de l'étendue étant claire, on voit sans peine et de simple vue ce qu'elle renferme et ce qu'elle exclut.

Mais certainement nous n'avons point d'idée de notre esprit, qui soit telle que nous puissions découvrir en la consultant les modifications dont il est capable. Si nous n'avions jamais senti ni plaisir ni douleur, nous ne pourrions point savoir si l'âme serait ou ne serait pas capable d'en sentir. Si un homme n'avait jamais mangé de melon, vu de rouge ou de bleu, il aurait beau consulter l'idée prétendue de son âme, il ne découvrirait jamais distinctement, si elle serait ou ne serait pas capable de tels sentiments ou de telles modifications. Je dis plus, quoiqu'on sente actuellement de la douleur, ou qu'on voie de la couleur ; on ne peut découvrir de simple vue si ces qualités appartiennent à l'âme. On s'imagine que la douleur est dans le corps, à l'occasion duquel on la souffre, et que la

1. Dans sa réponse aux objections faites à sa 2e méditation.

couleur est répandue sur la surface des objets, quoique ces objets soient distingués de son âme.

Pour s'assurer si les qualités sensibles[1] sont ou ne sont pas des manières d'être de l'esprit, on ne consulte point l'idée prétendue de l'âme : les cartésiens mêmes consultent au contraire l'idée de l'étendue, et ils raisonnent ainsi. La chaleur, la douleur, la couleur ne peuvent être des modifications de l'étendue : car l'étendue n'est capable que de différentes figures et de différents mouvements. Or il n'y a que deux genres d'être, des esprits et des corps. Donc la douleur, la chaleur, la couleur, et toutes les autres qualités sensibles appartiennent à l'esprit.

Puisqu'on est obligé de consulter l'idée qu'on a de l'étendue, pour découvrir si les qualités sensibles sont des manières d'être de son âme, n'est-il pas évident qu'on n'a point d'idée claire de l'âme ? Autrement s'aviserait-on jamais de prendre ce détour ? Lorsqu'un philosophe veut découvrir si la rondeur appartient à l'étendue, consulte-t-il l'idée de l'âme ou quelque autre idée que celle de l'étendue ? Ne voit-il pas clairement dans l'idée même de l'étendue, que la rondeur en est une modification ; et ne serait-il pas extravagant si pour s'en éclaircir, il raisonnait ainsi. Il n'y a que deux sortes d'êtres, des esprits et des corps. La rondeur n'est pas la manière d'être d'un esprit. Donc c'est la manière d'être d'un corps.

3

Il est plus facile de s'accorder sur la nature des corps que sur celle de l'âme

On découvre donc de simple vue, sans raisonnement et par la seule application de l'esprit à l'idée de l'étendue, que la rondeur et toute autre figure est une modification qui appartient au corps ; et que le plaisir, la douleur, la chaleur, et toute autre qualité sensible, n'en sont point des modifications. On ne peut faire de demande sur ce qui appartient ou n'appartient pas à l'étendue, à laquelle on ne puisse répondre facilement, promptement, hardiment par la seule considération de l'idée qui la représente. Tous les hommes conviennent de ce que l'on doit croire sur ce sujet. Car ceux qui disent que la matière peut penser[2], ne s'imaginent point qu'elle ait cette faculté à cause qu'elle est étendue : ils demeurent d'accord que l'étendue précisément comme telle ne peut penser.

Mais on ne convient point de ce qu'on doit croire de l'âme et de ses modifications. Il y a des personnes qui pensent que la douleur et la chaleur, ou pour le moins la couleur ne lui appartient pas. On se rend même ridicule parmi quelques cartésiens, si l'on dit que l'âme devient actuellement bleue, rouge, jaune ; et qu'elle est teinte des couleurs de l'arc-en-ciel, lorsqu'elle le considère. Il y a bien des personnes qui doutent, et encore plus qui ne croient pas que lorsqu'on sent une charogne, l'âme devienne

1. Les qualités sensibles sont les impressions de couleur, de son, de saveur, de douleur que nos sens nous procurent.
2. À savoir les matérialistes, comme Gassendi, disciple d'Épicure et de Lucrèce.

formellement puante ; et que la saveur du sucre, du poivre, du sel, soit quelque chose qui lui appartienne. Où est donc l'idée claire de l'âme, afin que les cartésiens la consultent ; et qu'ils s'accordent tous sur le sujet, où les couleurs, les saveurs, les odeurs, se doivent rencontrer ?

4

C'est par l'idée claire de l'étendue, qui appartient aux corps, qu'on peut les distinguer de l'âme

Mais quand les cartésiens s'accorderaient sur ces difficultés, on ne pourrait conclure de leur accord, qu'ils auraient une idée claire de l'âme. Car s'ils s'accordent enfin, que c'est elle qui est actuellement verte ou rouge, lorsqu'on voit du vert et du rouge, ce ne sera que par de grands raisonnements qu'ils le concluront : ils ne le verront jamais d'une simple vue : ils ne le découvriront jamais en consultant l'idée prétendue de l'âme, mais plutôt en consultant celle du corps. Ils n'assureront que les qualités sensibles appartiennent à l'âme, que parce qu'elles n'appartiennent point à l'étendue, dont ils ont une idée claire. Jamais ils ne convaincront sur cela ceux, qui ayant l'esprit petit, sont incapables de perceptions composées ou de raisonnements, ou plutôt ceux qui ne s'arrêtent point à considérer l'idée claire du corps, et qui confondent toutes choses. Il y aura toujours des paysans, des femmes, des enfants, et peut-être des savants et des docteurs qui en douteront. Mais les femmes et les enfants, les savants et les ignorants, les plus éclairés et les plus stupides, conçoivent sans peine par l'idée qu'ils ont de l'étendue, qu'elle est capable de toute sorte de figures. Ils comprennent clairement que l'étendue n'est pas capable de douleur, de saveur, d'odeur, ni d'aucun sentiment, lorsqu'ils consultent fidèlement et avec application l'idée seule qui la représente : car il n'y a aucune qualité sensible renfermée dans l'idée qui représente l'étendue.

Il est vrai qu'ils peuvent douter si le corps est ou n'est pas capable de sentiment, ou de recevoir quelque qualité du corps pris en ce sens. Mais lorsque M. Descartes, ou les cartésiens à qui je parle, assurent que l'on connaît mieux l'âme que le corps, ils n'entendent par le corps que l'étendue. Comment donc peuvent-ils soutenir, que l'on connaît plus clairement la nature de l'âme que l'on ne connaît celle du corps ; puisque l'idée du corps ou de l'étendue est si claire, que tout le monde convient de ce qu'elle renferme, et de ce qu'elle exclut ; et que celle de l'âme est si confuse, que les cartésiens mêmes disputent tous les jours, si les modifications de couleur lui appartiennent.

5

Avoir une idée claire, c'est saisir des rapports, ce dont le sentiment intérieur est incapable

L'IDÉE

On connaît, disent ces philosophes après M. Descartes, *la nature d'une substance, d'autant plus distinctement que l'on en connaît davantage d'attributs. Or il n'y a point de chose dont on connaisse tant d'attributs que de notre esprit; parce qu'autant qu'on en connaît dans les autres choses, on en peut autant compter dans l'esprit de ce qu'il les connaît. Et partant sa nature est plus connue que celle de toute autre chose.*

Mais, qui ne voit qu'il y a bien de la différence entre connaître par idée claire, et connaître par *conscience* ? Quand je connais que 2 fois 2 sont 4, je le connais très clairement; mais je ne connais point clairement ce qui est en moi qui le connaît. Je le sens, il est vrai; je le connais par conscience ou sentiment intérieur. Mais je n'en ai point d'idée claire comme j'en ai des nombres, entre lesquels je puis découvrir clairement les rapports. Je puis *compter* qu'il y a dans mon esprit trois propriétés, celle de connaître que 2 fois 2 sont 4, celle de connaître que 3 fois 3 sont 9; et celle de connaître que 4 fois 4 sont 16. Et si on le veut même, ces trois propriétés seront différentes entre elles, et je pourrai ainsi compter en moi une infinité de propriétés. Mais je nie qu'on connaisse *clairement* la nature des choses que l'on peut *compter.* Il suffit pour les compter de les sentir.

On peut dire que l'on a une idée claire d'un être et que l'on en connaît la nature, lorsque l'on peut le comparer avec les autres, dont on a aussi une idée claire, ou pour le moins lorsqu'on peut comparer entre elles les modifications dont cet être est capable. On a des idées claires des nombres et des parties de l'étendue, parce qu'on peut comparer ces choses entre elles. On peut comparer 2 avec 4, 4 avec 16, et chaque nombre avec tout autre; on peut comparer un carré avec un triangle, un cercle avec une ellipse, un carré et un triangle avec tout autre carré et tout autre triangle, et l'on peut ainsi découvrir clairement les rapports qui sont entre ces figures et entre ces nombres. Mais on ne peut comparer son esprit avec d'autres esprits, pour en reconnaître clairement quelque rapport; on ne peut même comparer entre elles les manières de son esprit, ses propres perceptions. On ne peut découvrir clairement le rapport qui est entre le plaisir et la douleur, la chaleur et la couleur; ou, pour ne parler que des manières d'être de même genre, on ne peut déterminer exactement le rapport qui est entre le vert et le rouge, le jaune et le violet, ni même entre le violet et le violet. L'on sent bien que l'un est plus couvert ou plus éclatant que l'autre. Mais on ne sait point avec évidence, ni de combien, ni ce que c'est qu'être plus couvert et plus éclatant. L'on n'a donc point d'idée claire ni de l'âme ni de ses modifications; et quoique je voie ou que je sente les couleurs, les saveurs, les odeurs, je puis dire, comme j'ai fait, que je ne les connais point par idée claire; puisque je ne puis en découvrir clairement les rapports.

6

On a conscience des qualités sensibles mais non des rapports qui les sous-tendent

LA CONSCIENCE

Il est vrai que je puis découvrir des rapports exacts entre les sons, que l'octave, par exemple, est double, la quinte comme 3 à 2, la quarte comme 4 à 3. Mais je ne puis connaître ces rapports par le sentiment que j'en ai. Si je sais que l'octave est double, c'est que j'ai appris par expérience qu'une même corde donne l'octave, lorsque l'ayant pincée tout entière, on la pince ensuite après l'avoir divisée en deux parties égales ; c'est que je sais que le nombre des vibrations est double en temps égal, ou quelque chose de semblable ; c'est que les tremblements de l'air, les vibrations de la corde, et la corde même, sont des choses que l'on peut comparer par des idées claires ; et qu'on connaît distinctement les rapports qui peuvent être entre la corde et ses parties, comme aussi entre les vitesses de différentes vibrations. Mais on ne peut comparer les sons en eux-mêmes, ou en tant que qualités sensibles et modifications de l'âme ; on ne peut de cette manière en reconnaître les rapports. Et quoique les musiciens distinguent fort bien les différentes consonances, ce n'est point qu'ils en distinguent les rapports par des idées claires. C'est l'oreille seule qui juge chez eux de la différence des sons ; la raison n'y connaît rien. Mais on ne peut pas dire que l'oreille juge par idée claire, ou autrement que par sentiment. Les musiciens mêmes n'ont donc point d'idée claire des sons, en tant que sentiments ou modifications de l'âme. Et par conséquent on ne connaît point l'âme ni ses modifications par idée claire, mais seulement par conscience ou sentiment intérieur.

7

Notre âme ignore les facultés qui lui permettent de penser

LA CONSCIENCE

De plus on ne sait point en quoi consistent les dispositions de l'âme qui la rendent plus prompte à agir et à se représenter les objets. On ne peut pas même concevoir en quoi de telles dispositions pourraient consister. Je dis plus : on ne peut par la raison s'assurer positivement, si l'âme seule séparée du corps, ou considérée sans rapport au corps, est capable d'habitudes et de mémoire. Mais comment pouvons-nous ignorer ces choses, si la nature de l'âme est plus connue que celle du corps ? On voit sans peine en quoi consiste la facilité que les esprits animaux ont à se répandre dans les nerfs, dans lesquels ils ont déjà coulé plusieurs fois ; ou pour le moins on découvre sans peine que les tuyaux des nerfs s'élargissant, et leurs fibres se couchant d'une certaine façon, les esprits peuvent aisément s'y insinuer. Mais que peut-on concevoir qui soit capable d'augmenter la facilité de l'âme pour agir ou pour penser ? Pour moi j'avoue que je n'y comprends rien. J'ai beau me consulter pour découvrir ces dispositions : je ne me réponds rien. Je ne puis m'éclairer sur cela, quoique j'aie un sentiment très vif de cette facilité avec laquelle il s'excite en moi certaines pensées : et si je n'avais de bonnes raisons qui me portent à croire que j'ai en effet de telles dispositions, quoique je ne les connaisse point en moi, je jugerais en ne consultant que le sentiment intérieur, qu'il n'y a point dans mon âme ni d'habitude ni de mémoire spirituelle. Mais enfin puisqu'on hésite sur cela, c'est une marque certaine qu'on n'est pas si éclairé qu'on le dit : car le doute ne s'accommode pas avec l'évidence et les idées claires.

8

Notre âme ignore ses propres dispositions morales

LA CONSCIENCE

Il est certain que l'homme le plus éclairé ne connaît point avec évidence, s'il est digne d'amour ou de haine, comme parle le Sage[1]. Le sentiment intérieur qu'on a de soi-même, ne peut rien assurer sur cela. Saint Paul dit bien que sa conscience ne lui reproche rien : mais il n'assure pas pour cela qu'il soit justifié. Il assure au contraire que cela ne le justifie pas, et qu'il n'ose pas se juger lui-même, parce que celui qui le juge c'est le Seigneur. Mais comme l'on a une idée claire de l'ordre, si l'on avait aussi une idée claire de l'âme par le sentiment intérieur qu'on a de soi-même, on connaîtrait avec évidence si elle serait conforme à l'ordre ; on saurait bien si l'on est juste ou non ; on pourrait même connaître exactement toutes ses dispositions intérieures au bien et au mal, lorsqu'on en aurait le sentiment. Mais si l'on pouvait se connaître tel qu'on est, on ne serait pas si sujet à la présomption. Et il y a bien de l'apparence que saint Pierre n'aurait point dit à son Maître qu'il allait bientôt renier : *Pourquoi ne puis-je pas vous suivre maintenant : je donnerai ma vie pour vous. Animam meam pro te ponam.* Car ayant sentiment intérieur de ses forces et de sa bonne volonté, il aurait pu voir avec évidence, s'il aurait eu la force ou le courage de vaincre la mort, ou plutôt les insultes d'une servante et de quelques valets.

9

Si nous avions une idée claire de l'âme, nous ne la confondrions pas avec ce qui est corporel

LA CONSCIENCE

Si la nature de l'âme est plus connue que celle de toute autre chose ; si l'idée que l'on en a, est aussi claire que celle qu'on a du corps : je demande seulement d'où peut venir qu'il y a tant de gens qui la confondent avec lui ? Est-il possible de confondre deux idées claires entièrement différentes ? Faisons justice à tout le monde. Ceux qui ne sont pas de notre sentiment, sont raisonnables aussi bien que nous : ils ont les mêmes idées des choses ; ils participent à la même raison. Pourquoi donc confondent-ils ce que nous distinguons ? Ont-ils jamais confondu en d'autres occasions les choses dont ils ont des idées claires ? Ont-ils jamais confondu deux nombres différents ? Ont-ils jamais pris le carré pour le cercle ? Néanmoins l'âme est plus différente du corps que le carré ne l'est du cercle : car ce sont des substances qui ne conviennent en aucune chose, et cependant ils les confondent. C'est donc qu'il y a quelque difficulté à reconnaître leur différence. C'est que cela ne se découvre pas d'une simple vue, et qu'il faut raisonner pour conclure que l'un n'est pas l'autre. C'est qu'il faut consulter avec application l'idée de l'étendue, et reconnaître que l'étendue n'est point une manière d'être des corps, mais le corps même, puisqu'elle nous est représentée comme une chose subsistante, et comme le principe de tout ce que nous concevons clairement dans les corps ; et qu'ainsi les manières dont le corps est capable, n'ayant aucun rapport aux qualités sensibles, il faut que le sujet de ces

1. Cette référence au livre biblique de l'Ecclésiaste, comme les suivantes aux Épîtres de saint Paul et à l'Évangile de saint Jean renvoient à l'impossibilité pour le croyant de se juger lui-même avec lucidité.

qualités, ou plutôt l'être dont ces qualités sont des manières, soit bien différent du corps. Il est nécessaire de faire de semblables raisonnements pour s'empêcher de confondre l'âme avec le corps. Mais si l'on avait une idée claire de l'âme, comme l'on en a une du corps, certainement on ne serait point obligé de prendre tous ces détours pour la distinguer de lui : cela se découvrirait d'une simple vue, et avec autant de facilité que l'on reconnaît que le carré n'est pas le cercle.

Je ne m'arrête pas à prouver plus au long que l'on ne connaît point l'âme ni ses modifications par des idées claires. De quelque côté qu'on se considère soi-même, on le reconnaît suffisamment ; et je n'ajoute ceci à ce que j'en avais déjà dit dans la *Recherche de la vérité,* que parce que quelques cartésiens y avaient trouvé à redire. Si cela ne les satisfait pas j'attendrai qu'ils me fassent reconnaître cette idée claire que je n'ai pu trouver en moi, quelque effort que j'aie fait pour la découvrir.

CONTREPOINT

Si, comme le dit Malebranche, il est illusoire de prétendre connaître l'âme, chacun de nous est certain en tout cas de posséder une âme qui subsiste identique à elle-même en dépit de la multiplicité des sentiments qu'elle éprouve. C'est cette dernière certitude que Hume remet en question.

David Hume,
Traité de la nature humaine,
I, IV, 6, traduction de
P. Baranger et P. Saltel,
Garnier-Flammarion, 1995.

La conscience

Pour moi, quand je pénètre le plus intimement dans ce que j'appelle *moi-même*, je tombe toujours sur une perception particulière ou sur une autre, de chaleur ou de froid, de lumière ou d'ombre, d'amour ou de haine, de douleur ou de plaisir. Je ne parviens jamais, à aucun moment, à me saisir *moi-même* sans une perception et je ne peux jamais rien observer d'autre que la perception. Quand mes perceptions sont absentes pour quelque temps, quand je dors profondément, par exemple, je suis, pendant tout ce temps, sans conscience de *moi-même* et on peut dire à juste titre que je n'existe pas. [...]

L'esprit est une sorte de théâtre, où des perceptions diverses font successivement leur entrée, passent, repassent, s'esquivent et se mêlent en une variété infinie de positions et de situations. Il n'y a pas en lui à proprement parler de *simplicité* à un moment donné, ni d'*identité* à différents moments, quelque tendance naturelle que nous puissions avoir à imaginer cette simplicité et cette identité. La comparaison du théâtre ne doit pas nous égarer. Ce ne sont que les perceptions successives qui constituent l'esprit, et nous n'avons pas la plus lointaine idée du lieu où des scènes sont représentées, ni des matériaux dont il est composé.

Leibniz

Nouveaux Essais sur l'entendement humain

1646-1716

Leibniz est né à Leipzig en 1646. Il fut un génie universel : mathématicien créatif, fin juriste, diplomate engagé dans le rapprochement des Églises, conseiller des princes d'Europe, fondateur de l'académie de Berlin, correspondant de tous les grands esprits de son temps. Sa philosophie est à l'image de cette vie faite d'invention et d'échanges.

Le texte que nous donnons ici est un extrait de la préface à ses *Nouveaux Essais sur l'entendement humain* écrits en 1703. Cet écrit a la forme d'un dialogue et l'interlocuteur de Leibniz est un livre, publié par l'Anglais John Locke, l'*Essai philosophique concernant l'entendement humain.* De nombreux extraits de ce livre sont reproduits par Leibniz qui les accompagne de ses propres commentaires rédigés en français.

Ce dialogue oppose deux façons de répondre aux questions suivantes : quelle est l'origine de nos idées ? quelle est la source des connaissances humaines ? Le débat auquel ces questions donnent lieu a pour origine le *Ménon,* ce dialogue de Platon dans lequel Socrate soumet à un jeune esclave un problème de géométrie. Le fait que l'esclave puisse dépasser de lui-même ses premières réponses erronées pour enfin aboutir par lui-même à la solution exacte, bien qu'il n'ait jamais fréquenté l'école, prouve, selon Platon, que l'esprit humain a, dans sa vie actuelle, la réminiscence d'un savoir acquis dans une vie antérieure.

Or les empiristes comme Locke refusent d'admettre que l'esprit humain possède des vérités innées. Le philosophe anglais estime plus raisonnable de considérer que notre entendement à sa naissance est semblable à une table rase, — ou, selon une image employée par Aristote, à une tablette d'argile sur laquelle on n'a encore rien écrit. Et c'est l'expérience seule qui, en laissant des empreintes dans notre esprit, sera la source des connaissances humaines.

À cette doctrine empiriste, Leibniz, partisan résolu du rationalisme, oppose à son tour ses arguments. L'expérience n'offre que des exemples, d'où nous ne pouvons induire que des idées générales. Or notre esprit saisit bien plus que des généralités. Il est capable de concevoir, comme le montre l'exemple des mathématiques, des vérités nécessaires, universelles et éternelles qui ne peuvent qu'être innées à notre esprit. En outre, en montrant que des idées, d'abord présentes en puissance dans tout esprit, peuvent ensuite apparaître en toute clarté, Leibniz accorde un statut à la notion de pensée inconsciente. Tel est l'essentiel des thèses que Leibniz expose dans les quelques pages de la préface de ce dialogue imaginaire.

Nouveaux Essais sur l'entendement humain

1704.

Préface

1

Deux thèses sur l'origine de nos connaissances

THÉORIE ET EXPÉRIENCE

Nos différends sont sur des sujets de quelque importance[1]. Il s'agit de savoir si l'âme en elle-même est vide entièrement comme des tablettes, où l'on n'a encore rien écrit *(tabula rasa)* suivant Aristote et l'auteur de l'*Essai*, et si tout ce qui y est tracé vient uniquement des sens et de l'expérience, ou si l'âme contient originairement les principes de plusieurs notions et doctrines que les objets externes réveillent seulement dans les occasions, comme je le crois avec Platon et même avec l'École et avec tous ceux qui prennent dans cette signification le passage de saint Paul où il marque que la loi de Dieu est écrite dans les cœurs. Les Stoïciens appelaient ces principes *Prolepses*, c'est-à-dire des assomptions fondamentales, ou ce qu'on prend pour accordé par avance. Les mathématiciens les appellent *Notions communes*[2]. Les philosophes modernes leur donnent d'autres beaux noms, et Jules Scaliger particulièrement les nommait *Semina aeternitatis*, item *Zopyra*, comme voulant dire des feux vivants, des traits lumineux, cachés au-dedans de nous, mais que la rencontre des sens fait paraître comme les étincelles que le choc fait sortir du fusil. Et ce n'est pas sans raison qu'on croit que ces éclats marquent quelque chose de divin et d'éternel qui paraît surtout dans les vérités nécessaires.

2

L'expérience ne nous fournit que des vérités particulières

THÉORIE ET EXPÉRIENCE

D'où il naît une autre question, si toutes les vérités dépendent de l'expérience, c'est-à-dire de l'induction et des exemples, ou s'il y en a qui ont encore un autre fondement. Car si quelques événements se peuvent prévoir avant toute épreuve qu'on en ait faite, il est manifeste que nous y contribuons quelque chose du nôtre. Les sens, quoique nécessaires pour toutes nos connaissances actuelles, ne sont point suffisants pour

1. Dans les deux premiers paragraphes de sa préface, Leibniz a présenté le propos de ses *Nouveaux Essais* : confronter sa pensée à celle de Locke (voir p. 253).
2. Ou encore des axiomes.

nous les donner toutes, puisque les sens ne donnent jamais que des exemples, c'est-à-dire des vérités particulières ou individuelles. Or tous les exemples qui confirment une vérité générale, de quelque nombre qu'ils soient, ne suffisent pas pour établir la nécessité universelle de cette même vérité, car il ne suit point que ce qui est arrivé arrivera de même. Par exemple les Grecs et Romains et tous les autres peuples de la terre connue aux anciens ont toujours remarqué qu'avant le décours de 24 heures, le jour se change en nuit, et la nuit en jour. Mais on se serait trompé si l'on avait cru que la même règle s'observe partout ailleurs, puisque depuis on a expérimenté le contraire dans le séjour de Nova Zembla. Et celui-là se tromperait encore qui croirait que, dans nos climats au moins, c'est une vérité nécessaire et éternelle qui durera toujours, puisqu'on doit juger que la terre et le soleil même n'existent pas nécessairement, et qu'il y aura peut-être un temps où ce bel astre ne sera plus, au moins dans la présente forme, ni tout son système.

3

Les vérités nécessaires et universelles sont innées

LA VÉRITÉ

[D'où il paraît que les vérités nécessaires, telles qu'on les trouve dans les mathématiques pures et particulièrement dans l'arithmétique et dans la géométrie, doivent avoir des principes dont la preuve ne dépende point des exemples, ni par conséquence du témoignage des sens, quoique sans les sens on ne serait jamais avisé d'y penser. C'est ce qu'il faut bien distinguer, et c'est ce qu'Euclide a si bien compris, qu'il démontre souvent par la raison ce qui se voit assez par l'expérience et par les images sensibles. La logique encore avec la métaphysique et la morale, dont l'une forme la théologie et l'autre la jurisprudence, naturelles toutes deux, sont pleines de telles vérités, et par conséquent leur preuve ne peut venir que des principes internes qu'on appelle innés. Il est vrai qu'il ne faut point s'imaginer qu'on peut lire dans l'âme ces éternelles lois de la raison à livre ouvert, comme l'édit du préteur se lit sur son *album* sans peine et sans recherche ; mais c'est assez qu'on les peut découvrir en nous à force d'attention, à quoi les occasions sont fournies par les sens, et le succès des expériences sert encore de confirmation à la raison, à peu près comme les épreuves servent dans l'arithmétique pour mieux éviter l'erreur du calcul quand le raisonnement est long.

4

Les bêtes ne font que des prévisions empiriques

L'IMAGINATION

[C'est aussi en quoi les connaissances des hommes et celles des bêtes sont différentes : les bêtes sont purement empiriques et ne font que se régler sur les exemples, car elles n'arrivent jamais à former des propositions nécessaires, autant qu'on en peut juger ; au lieu que les hommes sont capables des sciences démonstratives. C'est encore pour cela que la faculté que les bêtes ont de faire des consécutions est quelque chose d'inférieur à la raison qui est dans les hommes. Les consécutions des bêtes sont purement comme celles des simples empiriques, qui prétendent que ce qui est arrivé quelquefois arrivera encore dans un cas où ce qui les frappe est pareil, sans être capables de juger si les mêmes raisons subsistent. C'est par là qu'il

N.B. : Le crochet en début de ligne indique que le paragraphe a été créé par l'auteur du manuel, et ne figure donc pas dans le texte original.

est si aisé aux hommes d'attraper les bêtes, et qu'il est si facile aux simples empiriques de faire des fautes. C'est de quoi les personnes devenues habiles par l'âge et par l'expérience ne sont pas exemptes lorsqu'elles se fient trop à leur expérience passée, comme il est arrivé à plusieurs dans les affaires civiles et militaires, parce qu'on ne considère point assez que le monde change et que les hommes deviennent plus habiles en trouvant mille adresses nouvelles, au lieu que les cerfs ou les lièvres de ce temps ne deviennent point plus rusés que ceux du temps passé. Les consécutions des bêtes ne sont qu'une ombre du raisonnement, c'est-à-dire ce ne sont que connexions d'imagination, et que passages d'une image à une autre, parce que dans une rencontre nouvelle qui paraît semblable à la précédente, on s'attend de nouveau à ce qu'on y trouvait joint autrefois, comme si les choses étaient liées en effet, parce que leurs images le sont dans la mémoire.

5

La raison, propre à l'homme, a accès aux vérités nécessaires

LA RAISON

[Il est vrai qu'encore la raison conseille qu'on s'attende pour l'ordinaire à voir arriver à l'avenir ce qui est conforme à une longue expérience du passé, mais ce n'est pas pour cela une vérité nécessaire et infaillible, et le succès peut cesser quand on s'y attend le moins, lorsque les raisons changent qui l'ont maintenu. C'est pourquoi les plus sages ne s'y fient pas tant qu'ils ne tâchent de pénétrer quelque chose de la raison (s'il est possible) de ce fait pour juger quand il faudra faire des exceptions. Car la raison est seule capable d'établir des règles sûres et de suppléer ce qui manque à celles qui ne l'étaient point, en y insérant leurs exceptions ; et de trouver enfin des liaisons certaines dans la force des conséquences nécessaires, ce qui donne souvent le moyen de prévoir l'événement sans avoir besoin d'expérimenter les liaisons sensibles des images, où les bêtes sont réduites, de sorte que ce qui justifie les principes internes des vérités nécessaires distingue encore l'homme de la bête.

6

Les idées innées sont en nous de façon potentielle

L'IDÉE

Peut-être que notre habile auteur ne s'éloignera pas entièrement de mon sentiment. Car après avoir employé tout son premier livre à rejeter les lumières innées, prises dans un certain sens, il avoue pourtant au commencement du second et dans la suite que les idées qui n'ont point leur origine de la sensation viennent de la réflexion. Or la réflexion n'est autre chose qu'une attention à ce qui est en nous, et les sens ne nous donnent point ce que nous portons déjà avec nous. Cela étant, peut-on nier qu'il y a beaucoup d'inné en notre esprit, puisque nous sommes innés, pour ainsi dire, à nous-mêmes ? et qu'il y a en nous-mêmes : Être, Unité, Substance, Durée, Changement, Action, Perception, Plaisir, et mille autres objets de nos idées intellectuelles ? Et ces objets étant immédiats à notre entendement et toujours présents (quoiqu'ils ne sauraient être toujours aperçus à cause de nos distractions et besoins), pourquoi s'étonner que nous disons que ces idées nous sont innées avec tout ce qui en dépend ? Je me suis servi aussi de la comparaison d'une pierre de marbre qui a des veines, plutôt que d'une pierre de marbre toute unie, ou des tablettes vides, c'est-à-dire de ce qui s'appelle *tabula rasa* chez les philosophes. Car si l'âme ressemblait à ces tablettes vides, les vérités seraient en nous comme la figure d'Hercule est dans un marbre, quand ce marbre est tout à fait indifférent à recevoir ou cette figure ou quelque autre. Mais s'il y avait des veines dans la pierre qui marquassent la figure d'Hercule préférablement à d'autres figures, cette pierre y serait plus déterminée, et Hercule y serait comme inné en quelque façon, quoiqu'il faudrait du travail pour découvrir ces veines, et pour les nettoyer par la polissure, en retranchant ce qui les empêche de paraître. Et c'est ainsi que les idées et les vérités nous sont innées, comme des inclinations, des dispositions, des habitudes ou des virtualités naturelles, et non pas comme des actions, quoique ces virtualités soient toujours accompagnées de quelques actions souvent insensibles qui y répondent.

7

L'argument tiré de l'habitude et de la mémoire

LA MÉMOIRE

Il semble que notre habile auteur prétend qu'il n'y a rien de virtuel en nous et même rien dont nous ne nous apercevions toujours actuellement ; mais il ne peut pas le prendre à la rigueur, autrement son sentiment serait trop paradoxe, puisque encore les habitudes acquises et les provisions de notre mémoire ne sont pas toujours aperçues et même ne viennent pas toujours à notre secours au besoin, quoique souvent nous nous les remettions aisément dans l'esprit sur quelque occasion légère qui nous en fait souvenir, comme il ne nous faut que le commencement pour nous souvenir d'une chanson. Il limite aussi sa thèse en d'autres endroits, en disant qu'il n'y a rien en nous dont nous ne nous soyons au moins aperçus autrefois. Mais outre que personne ne peut assurer par la seule raison jusqu'où peuvent être allées nos aperceptions passées que nous pouvons avoir oubliées, surtout suivant la réminiscence des Platoniciens qui, toute fabuleuse qu'elle est, n'a rien d'incompatible, au moins en partie, avec la raison toute nue : outre cela, dis-je, pourquoi faut-il que tout nous soit acquis par les perceptions des choses externes, et que rien ne puisse être déterré en nous-mêmes ? Notre âme est-elle donc seule si vide, qu'outre les images empruntées de dehors, elle n'est rien ? Ce n'est pas là un sentiment (je m'assure) que notre judicieux auteur puisse approuver. Et où trouvera-t-on des tablettes qui ne soient quelque chose de varié par elles-mêmes ? Car jamais on ne verra un plan parfaitement uni et uniforme. Donc pourquoi ne pourrions-nous pas fournir aussi quelque chose de pensée de notre propre fonds à nous-mêmes, lorsque nous y voudrons creuser ? Ainsi je suis porté à croire que dans le fond son sentiment sur ce point n'est point différent du mien ou plutôt du sentiment commun, d'autant qu'il reconnaît deux sources de nos connaissances, les Sens et la Réflexion.

8

L'âme ne reste jamais inactive

LA CONSCIENCE

Je ne sais s'il sera si aisé de l'accorder avec nous et avec les Cartésiens, lorsqu'il soutient que l'esprit ne pense pas toujours et particulièrement qu'il est sans perception quand on dort sans avoir des songes, et il objecte que puisque les corps peuvent être sans mouvement, les âmes pourront bien être aussi sans pensée. Mais ici je réponds un peu autrement qu'on n'a coutume de faire, car je soutiens que naturellement une substance ne saurait être sans action, et qu'il n'y a même jamais de corps sans mouvement. L'expérience me favorise déjà, et on n'a qu'à consulter le livre de l'illustre M. Boyle contre le repos absolu, pour en être persuadé, mais je crois que la raison y est encore, et c'est une des preuves que j'ai pour détruire les atomes.

9

L'âme n'aperçoit pas toutes ses perceptions

L'INCONSCIENT

D'ailleurs il y a mille marques qui font juger qu'il y a à tout moment une infinité de perceptions en nous, mais sans aperception[1] et sans réflexion, c'est-à-dire des changements dans l'âme même dont nous ne nous apercevons pas, parce que les impressions sont ou trop petites et en trop grand nombre ou trop unies, en sorte qu'elles n'ont rien d'assez distinguant à part, mais jointes à d'autres, elles ne laissent pas de faire leur effet et de se faire sentir au moins confusément dans l'assemblage. C'est ainsi que l'accoutumance fait que nous ne prenons pas garde au mouvement d'un moulin ou à une chute d'eau, quand nous avons habité tout auprès depuis quelque temps. Ce n'est pas que ce mouvement ne frappe toujours nos organes, et qu'il ne se passe encore quelque chose dans l'âme qui y réponde, à cause de l'harmonie de l'âme et du corps, mais ces impressions qui sont dans l'âme et dans le corps, destituées des attraits de la nouveauté, ne sont pas assez fortes pour s'attirer notre attention et notre mémoire, attachées à des objets plus occupants. Car toute attention demande de la mémoire, et souvent quand nous ne sommes point admonestés pour ainsi dire et avertis de prendre garde à quelques-unes de nos propres perceptions présentes, nous les laissons passer sans réflexion et même sans être remarquées ; mais si quelqu'un nous en avertit incontinent après et nous fait remarquer par exemple quelque bruit qu'on vient d'entendre, nous nous en souvenons et nous nous apercevons d'en avoir eu tantôt quelque sentiment. Ainsi c'étaient des perceptions dont nous ne nous étions pas aperçus incontinent, l'aperception ne venant dans ce cas que de l'avertissement après quelque intervalle, tout petit qu'il soit.

10

L'exemple du bruit de la mer

L'INCONSCIENT

[Et pour juger encore mieux des petites perceptions que nous ne saurions distinguer dans la foule, j'ai coutume de me servir de l'exemple du mugissement ou du bruit de la mer dont on est frappé quand on est au rivage. Pour entendre ce bruit comme l'on fait, il faut bien qu'on entende les parties qui composent ce tout, c'est-à-dire les bruits de chaque vague, quoique chacun de ces petits bruits ne se fasse connaître que dans l'assemblage confus de tous les autres ensemble, c'est-à-dire dans ce mugissement même, et ne se remarquerait pas si cette vague qui le fait était seule. Car il faut qu'on en soit affecté un peu par le mouvement de cette vague et qu'on ait quelque perception de chacun de ces bruits, quelque petits qu'ils soient ; autrement on n'aurait pas celle de cent mille vagues, puisque cent mille riens ne sauraient faire quelque chose. On ne dort jamais si profondément qu'on n'ait quelque sentiment faible

1. Leibniz appelle *aperceptions* les perceptions devenues conscientes.

et confus, et on ne serait jamais éveillé par le plus grand bruit du monde, si on n'avait quelque perception de son commencement qui est petit, comme on ne romprait jamais une corde par le plus grand effet du monde, si elle n'était tendue et allongée un peu par des moindres efforts, quoique cette petite extension qu'ils font ne paraisse pas.

11

L'Univers obéit à un principe de continuité

Ces petites perceptions sont donc de plus grande efficace par leurs suites qu'on ne pense. Ce sont elles qui forment ce je-ne-sais-quoi, ces goûts, ces images des qualités des sens, claires dans l'assemblage, mais confuses dans les parties, ces impressions que des corps environnants font sur nous, qui enveloppent l'infini, cette liaison que chaque être a avec tout le reste de l'univers. On peut même dire qu'en conséquence de ces petites perceptions le présent est gros de l'avenir et chargé du passé, que tout est conspirant et que dans la moindre des substances, des yeux aussi perçants que ceux de Dieu pourraient lire toute la suite des choses de l'univers.

LE TEMPS

Quae sint, quae fuerint, quae mox futura trahantur[1].

12

Les petites perceptions assurent l'identité individuelle

Ces perceptions insensibles marquent encore et constituent le même individu qui est caractérisé par les traces ou expressions qu'elles conservent des états précédents de cet individu, en faisant la connexion avec son état présent, qui se peuvent connaître par un esprit supérieur, quand cet individu même ne les sentirait pas, c'est-à-dire lorsque le souvenir exprès n'y serait plus. Mais elles (ces perceptions, dis-je) donnent même le moyen de retrouver ce souvenir au besoin par des développements périodiques qui peuvent arriver un jour. C'est pour cela qu'elles font aussi que la mort ne saurait être qu'un sommeil, et même ne saurait en demeurer un, les perceptions cessant seulement à être assez distinguées et se réduisant à un état de confusion dans les animaux qui suspend l'aperception, mais qui ne saurait durer toujours, pour ne parler ici de l'homme qui doit avoir en cela des grands privilèges pour garder sa personnalité.

LA PERSONNE

1. « Qui sont, qui ont été et qui surviendront dans l'avenir. » Virgile, *Géorgiques*, IV, 393.

CONTREPOINT

Dans ses Nouveaux Essais sur l'entendement humain, *Leibniz a adopté la forme traditionnelle du dialogue philosophique. On trouvera ici la thèse fondamentale de son interlocuteur John Locke. La mort de ce dernier en 1690 fit renoncer Leibniz à publier son dialogue.*

John Locke,
Essai philosophique concernant l'entendement humain,
1690, II, I
traduction de Coste,
Vrin, 1972.

LA CONNAISSANCE

Supposons donc qu'au commencement l'âme est ce qu'on appelle *une table rase,* vide de tous caractères, sans aucune idée, quelle qu'elle soit. Comment vient-elle à recevoir des idées ? Par quel moyen en acquiert-elle cette prodigieuse quantité que l'imagination de l'homme, toujours agissante et sans bornes, lui présente avec une variété presque infinie ? D'où puise-t-elle tous ces matériaux qui sont comme le fond de tous ses raisonnements et de toutes ses connaissances ? À cela je réponds en un mot, de l'expérience : c'est là le fondement de toutes nos connaissances, et c'est de là qu'elles tirent leur première origine. Les observations que nous faisons sur les objets extérieurs et sensibles, ou sur les opérations intérieures de notre âme, que nous apercevons et sur lesquelles nous réfléchissons nous-mêmes, fournissent à notre esprit les matériaux de toutes ses pensées. Ce sont là les deux sources d'où découlent toutes les idées que nous avons, ou que nous pouvons avoir naturellement. Et premièrement nos sens étant frappés par certains objets extérieurs font entrer dans notre âme plusieurs perceptions distinctes des choses, selon les diverses manières dont ces objets agissent sur nos sens. C'est ainsi que nous acquérons les idées que nous avons du blanc, du jaune, du chaud, du froid, du dur, du mou, du doux, de l'amer et de tout ce que nous appelons qualités sensibles. [...] L'autre source d'où l'entendement vient à recevoir des idées, c'est la perception des opérations de notre âme sur les idées qu'elle a reçues par les sens : opérations qui devenant l'objet des réflexions de l'âme produisent dans l'entendement une autre espèce d'idées, que les objets extérieurs n'auraient pu lui fournir : telles sont les idées de ce qu'on appelle apercevoir, penser, douter, croire, raisonner, connaître, vouloir et toutes les différentes actions de notre âme de l'existence desquelles étant pleinement convaincus, parce que nous les trouvons en nous-mêmes, nous recevons par leur moyen des idées aussi distinctes, que celles que les corps produisent en nous lorsqu'ils viennent à frapper nos sens.

Montesquieu

De l'esprit des lois

1689-1755

Montesquieu est le premier penseur à considérer que la société, autant que la nature, peut être un objet de connaissance. Dans *De l'esprit des lois,* il prend à rebours une idée issue des sophistes grecs, reprise par Montaigne et Pascal, et selon laquelle, dans la variété chaotique des lois et des mœurs humaines, il n'y aurait rien à comprendre. Il écrit au contraire : « J'ai d'abord examiné les hommes et j'ai cru que, dans cette infinie diversité de lois et de mœurs, ils n'étaient pas uniquement conduits par leurs fantaisies. » Si l'on veut comprendre pourquoi ils ont adopté telles ou telles institutions, il faut mettre celles-ci en perspective, dans leur contexte social. « Plusieurs choses gouvernent les hommes : le climat, la religion, les lois, les maximes du gouvernement, les exemples des choses passées, les mœurs, les manières ; d'où il se forme un esprit général qui en résulte. » C'est tout cela *l'esprit des lois,* c'est-à-dire la raison qui nous les rend intelligibles. De même que Newton, à la fin du XVIIe siècle, venait de rattacher tous les mouvements des astres à un principe explicatif universel, de même Montesquieu se propose de rapporter les lois humaines à leurs causes.

Mais Montesquieu ne s'en tient pas à ce regard explicatif sur la société qui le fait considérer comme le premier des sociologues. Il s'autorise à porter sur les régimes politiques des jugements de valeur. Car avant les lois établies et au-dessus d'elles, il existe des rapports d'équité, des principes de justice éternels, comme l'ont affirmé les théoriciens anciens du droit naturel. Si les lois humaines ne traduisent pas toujours exactement ces principes, c'est l'effet des passions humaines. Mais on peut tâcher de rendre les lois plus sages, c'est-à-dire plus conformes à la fois aux exigences de la justice et aux circonstances particulières au temps et au lieu pour lesquels elles sont faites.

Montesquieu élabore ainsi une nouvelle classification des divers régimes politiques dans laquelle le principe distinctif n'est plus seulement comme chez les Anciens le nombre de ceux qui exercent le pouvoir. Un critère nouveau et essentiel est introduit : le gouvernement est-il soumis ou non à des lois ? C'est ce qui lui permet d'isoler un antimodèle : le *despotisme* ou l'État sans lois, dans lequel le gouvernement des hommes est abandonné à l'arbitraire du pouvoir.

Par conséquent, si l'on veut défendre la liberté politique, il faudra établir des lois constitutionnelles qui empêchent que les mêmes hommes exercent à la fois les pouvoirs exécutif, législatif et judiciaire. Et si l'on veut défendre la liberté des citoyens dans leur vie privée, il faudra préférer des lois qui garantissent leur sûreté. La pensée de Montesquieu exercera une influence considérable sur l'élaboration des principes politiques qu'on ne tardera pas à appeler les « Droits de l'homme et du citoyen ».

Montesquieu

Montesquieu

1748.

De l'esprit des lois

Livres I, XI et XII

Livre premier

Des lois en général

Chapitre premier

Des lois, dans le rapport qu'elles ont avec les divers êtres

1
Définition générale des lois

Les lois, dans la signification la plus étendue, sont les rapports nécessaires qui dérivent de la nature des choses ; et, dans ce sens, tous les êtres ont leurs lois, la divinité[1] a ses lois, le monde matériel a ses lois, les intelligences supérieures à l'homme ont leurs lois, les bêtes ont leurs lois, l'homme a ses lois.

La raison

Ceux qui ont dit qu'*une fatalité aveugle a produit tous les effets que nous voyons dans le monde,* ont dit une grande absurdité : car quelle plus grande absurdité qu'une fatalité aveugle qui aurait produit des êtres intelligents ?

Il y a donc une raison primitive ; et les lois sont les rapports qui se trouvent entre elle et les différents êtres, et les rapports de ces divers êtres entre eux.

Dieu a du rapport avec l'univers, comme créateur et comme conservateur ; les lois selon lesquelles il a créé sont celles selon lesquelles il conserve : il agit selon ces règles, parce qu'il les connaît ; il les connaît, parce qu'il les a faites ; il les a faites, parce qu'elles ont du rapport avec sa sagesse et sa puissance.

Comme nous voyons que le monde, formé par le mouvement de la matière, et privé d'intelligence, subsiste toujours, il faut que ses

1. Par cette citation de Plutarque : « La loi est la reine de tous, mortels et immortels », Montesquieu veut dire qu'à tous les niveaux, le monde est régi par la raison et non abandonné à l'arbitraire.

mouvements aient des lois invariables ; et, si l'on pouvait imaginer un autre monde que celui-ci, il aurait des règles constantes, ou il serait détruit.

Ainsi la création, qui paraît être un acte arbitraire, suppose des règles aussi invariables que la fatalité des athées. Il serait absurde de dire que le créateur, sans ces règles, pourrait gouverner le monde, puisque le monde ne subsisterait pas sans elles.

Ces règles sont un rapport constamment établi. Entre un corps mu et un autre corps mu, c'est suivant les rapports de la masse et de la vitesse que tous les mouvements sont reçus, augmentés, diminués, perdus ; chaque diversité est *uniformité,* chaque changement est *constance.*

2

Il y a des principes de justice antérieurs aux lois humaines

La justice

Les êtres particuliers intelligents peuvent avoir des lois qu'ils ont faites : mais ils en ont aussi qu'ils n'ont pas faites. Avant qu'il y eût des êtres intelligents, ils étaient possibles ; ils avaient donc des rapports possibles, et par conséquent des lois possibles. Avant qu'il y eût des lois faites, il y avait des rapports de justice possibles. Dire qu'il n'y a rien de juste ni d'injuste que ce qu'ordonnent ou défendent les lois positives, c'est dire qu'avant qu'on eût tracé de cercle, tous les rayons n'étaient pas égaux.

Il faut donc avouer des rapports d'équité antérieurs à la loi positive[1] qui les établit : comme par exemple, que, supposé qu'il y eût des sociétés d'hommes, il serait juste de se conformer à leurs lois ; que, s'il y avait des êtres intelligents qui eussent reçu quelque bienfait d'un autre être, ils devraient en avoir de la reconnaissance ; que, si un être intelligent avait créé un être intelligent, le créé devrait rester dans la dépendance qu'il a eue dès son origine ; qu'un être intelligent qui a fait du mal à un être intelligent mérite de recevoir le même mal ; et ainsi du reste.

3

Le monde intelligible et le monde physique

L'homme

Mais il s'en faut bien que le monde intelligent soit aussi bien gouverné que le monde physique. Car, quoique celui-là ait aussi des lois qui par leur nature sont invariables, il ne les suit pas constamment comme le monde physique suit les siennes. La raison en est que les êtres particuliers intelligents sont bornés par leur nature, et par conséquent sujets à l'erreur ; et d'un autre côté, il est de leur nature qu'ils agissent par eux-mêmes. Ils ne suivent donc pas constamment leurs lois primitives ; et celles même qu'ils se donnent, ils ne les suivent pas toujours.

On ne sait si les bêtes sont gouvernées par les lois générales du mouvement, ou par une notion particulière. Quoi qu'il en soit, elles n'ont point avec Dieu de rapport plus intime que le reste du monde matériel ; et le sentiment ne leur sert que dans le rapport qu'elles ont entre elles, ou avec d'autres êtres particuliers, ou avec elles-mêmes.

1. En accord avec la doctrine du droit naturel, Montesquieu pense qu'il existe des principes universels de justice indépendants de la « loi positive », c'est-à-dire de la législation en vigueur dans tel pays.

Par l'attrait du plaisir, elles conservent leur être particulier ; et, par le même attrait, elles conservent leur espèce. Elles ont des lois naturelles, parce qu'elles sont unies par le sentiment ; elles n'ont point de lois positives, parce qu'elles ne sont point unies par la connaissance. Elles ne suivent pourtant pas invariablement leurs lois naturelles : les plantes, en qui nous ne remarquons ni connaissance, ni sentiment, les suivent mieux.

Les bêtes n'ont point les suprêmes avantages que nous avons ; elles en ont que nous n'avons pas. Elles n'ont point nos espérances, mais elles n'ont pas nos craintes ; elles subissent comme nous la mort, mais c'est sans la connaître ; la plupart même se conservent mieux que nous, et ne font pas un aussi mauvais usage de leurs passions.

L'homme, comme être physique, est, ainsi que les autres corps, gouverné par des lois invariables. Comme être intelligent, il viole sans cesse les lois que Dieu a établies, et change celles qu'il établit lui-même : il faut qu'il se conduise ; et cependant il est un être borné : il est sujet à l'ignorance et à l'erreur, comme toutes les intelligences finies : les faibles connaissances qu'il a, il les perd encore. Comme créature sensible ; il devient sujet à mille passions. Un tel être pouvait à tous les instants oublier son créateur ; Dieu l'a rappelé à lui par les lois de la religion. Un tel être pouvait à tous les instants s'oublier lui-même ; les philosophes l'ont averti par les lois de la morale. Fait pour vivre dans la société, il y pouvait oublier les autres ; les législateurs l'ont rendu à ses devoirs par les lois politiques et civiles.

Chapitre II

Des lois de la nature

4

À l'état de nature, les hommes auraient tendance à se fuir...

LA SOCIÉTÉ

Avant toutes ces lois, sont celles de la nature ; ainsi nommées, parce qu'elles dérivent uniquement de la constitution de notre être. Pour les connaître bien, il faut considérer un homme avant l'établissement des sociétés. Les lois de la nature seront celles qu'il recevrait dans un état pareil.

Cette loi qui, en imprimant dans nous-mêmes l'idée d'un créateur, nous porte vers lui, est la première des *lois naturelles,* par son importance, et non pas dans l'ordre de ces lois. L'homme, dans l'état de nature, aurait plutôt la faculté de connaître, qu'il n'aurait des connaissances. Il est clair que ses premières idées ne seraient point des idées spéculatives : il songerait à la conservation de son être, avant de chercher l'origine de son être. Un homme pareil ne sentirait d'abord que sa faiblesse ; sa timidité serait extrême : et, si l'on avait là-dessus besoin de l'expérience, l'on a trouvé dans les forêts des hommes sauvages ; tout les fait trembler, tout les fait fuir.

Dans cet état, chacun se sent inférieur ; à peine chacun se sent-il égal. On ne chercherait donc point à s'attaquer, et la paix serait la première loi naturelle.

Le désir que *Hobbes* donne d'abord aux hommes de se subjuguer les uns les autres, n'est pas raisonnable. L'idée de l'empire et de la domination est si composée, et dépend de tant d'autres idées, que ce ne serait pas celle qu'il aurait d'abord.

Hobbes demande *pourquoi, si les hommes ne sont pas naturellement en état de guerre, ils vont toujours armés ? et pourquoi ils ont des clefs pour fermer leurs maisons ?* Mais on ne sent pas que l'on attribue aux hommes avant l'établissement des sociétés, ce qui ne peut leur arriver qu'après cet établissement, qui leur fait trouver des motifs pour s'attaquer et pour se défendre[1].

5

... mais les hommes sont naturellement sociables

LA SOCIÉTÉ

Au sentiment de sa faiblesse, l'homme joindrait le sentiment de ses besoins. Ainsi une autre loi naturelle serait celle qui lui inspirerait de chercher à se nourrir.

J'ai dit que la crainte porterait les hommes à se fuir : mais les marques d'une crainte réciproque les engageraient bientôt à s'approcher. D'ailleurs, ils y seraient portés par le plaisir qu'un animal sent à l'approche d'un animal de son espèce. De plus, ce charme que les deux sexes s'inspirent par leur différence, augmenterait ce plaisir ; et la prière naturelle qu'ils se font toujours l'un à l'autre, serait une troisième loi.

Outre le sentiment que les hommes ont d'abord, ils parviennent encore à avoir des connaissances ; ainsi ils ont un second lien que les autres animaux n'ont pas. Ils ont donc un nouveau motif de s'unir ; et le désir de vivre en société est une quatrième loi naturelle[2].

Chapitre III

Des lois positives

6

La triple fonction du droit

LE DROIT

Sitôt que les hommes sont en société, ils perdent le sentiment de leur faiblesse ; l'égalité qui était entre eux cesse, et l'état de guerre commence.

Chaque société particulière vient à sentir sa force ; ce qui produit un état de guerre de nation à nation. Les particuliers, dans chaque société, commencent à sentir leur force ; ils cherchent à tourner en leur faveur les principaux avantages de cette société ; ce qui fait entre eux un état de guerre.

Ces deux sortes d'états de guerre font établir les lois parmi les hommes. Considérés comme habitants d'une si grande planète, qu'il est nécessaire qu'il y ait différents peuples, ils ont des lois dans le

1. Voir Hobbes, *Léviathan,* § 3 et 4. Comme le fera Rousseau, Montesquieu reproche à Hobbes de projeter sur l'homme naturel des comportements d'origine sociale.

2. Contre Hobbes et Rousseau, et comme Aristote, Montesquieu voit dans la vie en société l'état naturel de l'homme.

rapport que ces peuples ont entre eux ; et c'est le DROIT DES GENS. Considérés comme vivants dans une société qui doit être maintenue, ils ont des lois dans le rapport qu'ont ceux qui gouvernent avec ceux qui sont gouvernés ; et c'est le DROIT POLITIQUE. Ils en ont encore dans le rapport que tous les citoyens ont entre eux ; et c'est le DROIT CIVIL.

7
Le droit des gens

LE DROIT

Le *droit des gens*[1] est naturellement fondé sur ce principe, que les diverses nations doivent se faire dans la paix le plus de bien, et dans la guerre le moins de mal qu'il est possible, sans nuire à leurs véritables intérêts.

L'objet de la guerre, c'est la victoire ; celui de la victoire, la conquête ; celui de la conquête, la conservation. De ce principe et du précédent, doivent dériver toutes les lois qui forment le *droit des gens.*

Toutes les nations ont un droit des gens : et les *Iroquois* même, qui mangent leurs prisonniers, en ont un. Ils envoient et reçoivent des ambassades ; ils connaissent des droits de la guerre et de la paix : le mal est que ce droit des gens n'est pas fondé sur les vrais principes.

8
Le droit politique et le droit civil

L'ÉTAT

Outre le droit des gens qui regarde toutes les sociétés, il y a un *droit politique* pour chacune. Une société ne saurait subsister sans un gouvernement. *La réunion de toutes les forces particulières,* dit très bien *Gravina*[2], forme ce qu'on appelle l'ÉTAT POLITIQUE.

La force générale peut être placée entre les mains d'*un seul,* ou entre les mains de *plusieurs.* Quelques-uns ont pensé que la nature ayant établi le pouvoir paternel, le gouvernement d'un seul était le plus conforme à la nature. Mais l'exemple du pouvoir paternel ne prouve rien. Car, si le pouvoir du père a du rapport au gouvernement d'un seul ; après la mort du père, le pouvoir des frères ; ou, après la mort des frères, celui des cousins germains, ont du rapport au gouvernement de plusieurs. La puissance politique comprend nécessairement l'union de plusieurs familles.

Il vaut mieux dire que le gouvernement le plus conforme à la nature est celui dont la disposition particulière se rapporte mieux à la disposition du peuple pour lequel il est établi.

Les forces particulières ne peuvent se réunir, sans que toutes les volontés se réunissent. *La réunion de ces volontés,* dit encore très bien *Gravina, est ce qu'on appelle l'*ÉTAT CIVIL.

9
L'idée centrale de *De l'esprit des Lois* et le plan de l'ouvrage

CONSTITUTION D'UNE SCIENCE DE L'HOMME : LA SOCIOLOGIE

La loi, en général, est la raison humaine, en tant qu'elle gouverne tous les peuples de la terre ; et les lois politiques et civiles de chaque nation ne doivent être que les cas particuliers où s'applique cette raison humaine.

Elles doivent être tellement propres au peuple pour lequel elles sont faites, que c'est un très grand hasard si celles d'une nation peuvent convenir à une autre.

Il faut qu'elles se rapportent à la nature et au principe du gouvernement qui est établi, ou qu'on veut établir ; soit qu'elles le

1. Le droit des gens correspond à ce qu'on appelle aujourd'hui le droit international.
2. Juriste italien.

forment, comme font les lois politiques ; soit qu'elles le maintiennent, comme font les lois civiles.

Elles doivent être relatives au *physique* du pays ; au climat glacé, brûlant, ou tempéré ; à la qualité du terrain, à sa situation, à sa grandeur ; au genre de vie des peuples, laboureurs, chasseurs, ou pasteurs : elles doivent se rapporter au degré de liberté que la construction peut souffrir, à la religion des habitants, à leurs inclinations, à leurs richesses, à leur nombre, à leur commerce, à leurs mœurs, à leurs manières : enfin elles ont des rapports entre elles ; elles en ont avec leur origine, avec l'objet du législateur, avec l'ordre des choses sur lesquelles elles sont établies. C'est dans toutes ces vues qu'il faut les considérer.

C'est ce que j'entreprends de faire dans cet ouvrage. J'examinerai tous ces rapports : ils forment tous ensemble ce que l'on appelle l'ESPRIT DES LOIS.

Je n'ai point séparé les lois *politiques* des *civiles*. Car, comme je ne traite point des lois, mais de l'esprit des lois ; et que cet esprit consiste dans les divers rapports que les lois peuvent avoir avec diverses choses, j'ai dû moins suivre l'ordre naturel des lois, que celui de ces rapports et de ces choses.

J'examinerai d'abord les rapports que les lois ont avec la nature et avec le principe de chaque gouvernement : et, comme ce principe a sur les lois une suprême influence, je m'attacherai à le bien connaître ; et, si je puis une fois l'établir, on en verra couler les lois comme de leur source. Je passerai ensuite aux autres rapports, qui semblent être plus particuliers.

LIVRE XI

Des lois qui forment la liberté politique dans son rapport avec la constitution

Chapitre premier

Idée générale

Je distingue les lois qui forment la liberté politique dans son rapport avec la Constitution, d'avec celles qui la forment dans son rapport avec le citoyen. Les premières seront le sujet de ce livre-ci ; je traiterai des secondes dans le livre suivant.

Chapitre II

Diverses significations données au mot de liberté

10

Les différentes significations du mot *liberté* dans le domaine politique

LA LIBERTÉ

Il n'y a point de mot qui ait reçu plus de différentes significations, et qui ait frappé les esprits de tant de manières, que celui de *liberté*. Les uns l'ont pris pour la facilité de déposer celui à qui ils avaient donné un pouvoir tyrannique ; les autres, pour la faculté d'élire celui à qui ils devaient obéir ; d'autres, pour le droit d'être armés, et de pouvoir exercer la violence ; ceux-ci, pour le privilège de n'être gouvernés que par un homme de leur nation, ou par leurs propres lois. Certain peuple a longtemps pris la liberté, pour l'usage de porter une longue barbe. Ceux-ci ont attaché ce nom à une forme de gouvernement, et en ont exclu les autres. Ceux qui avaient goûté du gouvernement républicain l'ont mise dans ce gouvernement ; ceux qui avaient joui du gouvernement monarchique l'ont placée dans la monarchie. Enfin chacun a appelé *liberté* le gouvernement qui était conforme à ses coutumes ou à ses inclinations : Et comme, dans une république, on n'a pas toujours devant les yeux, et d'une manière si présente, les instruments des maux dont on se plaint ; et que même les lois paraissent y parler plus, et les exécuteurs de la loi y parler moins ; on la place ordinairement dans les républiques, et on l'a exclue des monarchies. Enfin, comme, dans les démocraties, le peuple paraît à peu près faire ce qu'il veut, on a mis la liberté dans ces sortes de gouvernements ; et on a confondu le pouvoir du peuple, avec la liberté du peuple.

Chapitre III

Ce que c'est que la liberté

11

La liberté politique dans un État où il y a des lois

LA LIBERTÉ

Il est vrai que, dans les démocraties, le peuple paraît faire ce qu'il veut : mais la liberté politique ne consiste point à faire ce que l'on veut. Dans un État, c'est-à-dire dans une société où il y a des lois, la liberté ne peut consister qu'à pouvoir faire ce que l'on doit vouloir, et à n'être point contraint de faire ce que l'on ne doit pas vouloir.

Il faut se mettre dans l'esprit ce que c'est que l'indépendance, et ce que c'est que la liberté. La liberté est le droit de faire tout ce que les lois permettent : et, si un citoyen pouvait faire ce qu'elles défendent, il n'aurait plus de liberté, parce que les autres auraient tout de même ce pouvoir.

Chapitre IV

Continuation du même sujet

12

Comment éviter l'abus de pouvoir

LE POUVOIR

La démocratie et l'aristocratie ne sont point des états libres par leur nature. La liberté politique ne se trouve que dans les gouvernements modérés. Mais elle n'est pas toujours dans les États modérés. Elle n'y est que lorsqu'on n'abuse pas du pouvoir : mais c'est une expérience éternelle, que tout homme qui a du pouvoir est porté à en abuser ; il va jusqu'à ce qu'il trouve des limites. Qui le dirait ! la vertu même a besoin de limites.

Pour qu'on ne puisse abuser du pouvoir, il faut que, par la disposition des choses, le pouvoir arrête le pouvoir. Une Constitution peut être telle, que personne ne sera contraint de faire les choses auxquelles la loi ne l'oblige pas, et à ne point faire celles que la loi lui permet.

Chapitre V

De l'objet des États divers

13

Le modèle anglais : la séparation des pouvoirs garantit la liberté

L'ÉTAT

Quoique tous les États aient, en général, un même objet, qui est de se maintenir, chaque État en a pourtant un qui lui est particulier. L'agrandissement était l'objet de Rome ; la guerre, celui de Lacédémone ; la religion, celui des lois judaïques ; le commerce, celui de Marseille ; la tranquillité publique, celui des lois de la Chine ; la navigation, celui des lois des Rhodiens ; la liberté naturelle, l'objet de la police des sauvages ; en général, les délices du prince, celui des États despotiques ; sa gloire et celle de l'État, celui des monarchies : l'indépendance de chaque particulier est l'objet des lois de Pologne ; et ce qui en résulte, l'oppression de tous.

Il y a aussi une nation dans le monde qui a pour objet direct de sa Constitution la liberté politique. Nous allons examiner les principes sur lesquels elle la fonde. S'ils sont bons, la liberté y paraîtra comme dans un miroir.

Pour découvrir la liberté politique dans la Constitution, il ne faut pas tant de peine. Si on peut la voir où elle est, si on l'a trouvée, pourquoi la chercher ?

Chapitre VI

De la Constitution d'Angleterre

Il y a, dans chaque État, trois sortes de pouvoirs ; la puissance législative, la puissance exécutrice des choses qui dépendent du droit des gens, et la puissance exécutrice de celles qui dépendent du droit civil.

Par la première, le prince ou le magistrat fait des lois pour un temps ou pour toujours, et corrige ou abroge celles qui sont faites. Par la seconde, il fait la paix ou la guerre, envoie ou reçoit des ambassades, établit la sûreté, prévient les invasions. Par la troisième, il punit les crimes, ou juge les différends des particuliers. On appellera cette dernière la puissance de juger ; et l'autre, simplement la puissance exécutrice de l'État.

La liberté politique, dans un citoyen, est cette tranquillité d'esprit qui provient de l'opinion que chacun a de sa sûreté ; et, pour qu'on ait cette liberté, il faut que le gouvernement soit tel, qu'un citoyen ne puisse pas craindre un autre citoyen.

Lorsque, dans la même personne ou dans le même corps de magistrature, la puissance législative est réunie à la puissance exécutrice, il n'y a point de liberté ; parce qu'on peut craindre que le même monarque ou le même sénat ne fasse des lois tyranniques, pour les exécuter tyranniquement.

Il n'y a point encore de liberté, si la puissance de juger n'est pas séparée de la puissance législative et de l'exécutrice. Si elle était jointe à la puissance législative, le pouvoir sur la vie et la liberté des citoyens serait arbitraire ; car le juge serait législateur. Si elle était jointe à la puissance exécutrice, le juge pourrait avoir la force d'un oppresseur.

Tout serait perdu, si le même homme, ou le même corps des principaux, ou des nobles, ou du peuple, exerçaient ces trois pouvoirs : celui de faire des lois, celui d'exécuter les résolutions publiques, et celui de juger les crimes ou les différends des particuliers.

14

Nocivité de la confusion des pouvoirs

LE POUVOIR

Dans la plupart des royaumes de l'Europe, le gouvernement est modéré ; parce que le prince, qui a les deux premiers pouvoirs, laisse à ses sujets l'exercice du troisième. Chez les Turcs, où ces trois pouvoirs sont réunis sur la tête du sultan, il règne un affreux despotisme.

Dans les républiques d'Italie, où ces trois pouvoirs sont réunis, la liberté se trouve moins que dans nos monarchies. Aussi le gouvernement a-t-il besoin, pour se maintenir, de moyens aussi violents que le gouvernement des Turcs ; témoins les inquisiteurs d'État, et le tronc où tout délateur peut, à tous les moments, jeter avec un billet son accusation.

Voyez quelle peut être la situation d'un citoyen dans ces républiques. Le même corps de magistrature a, comme exécuteur des lois, toute la puissance qu'il s'est donnée comme législateur. Il peut ravager l'État par ses volontés générales ; et, comme il a encore la puissance de juger, il peut détruire chaque citoyen par ses volontés particulières.

Toute la puissance y est une ; et, quoiqu'il n'y ait point de pompe extérieure qui découvre un prince despotique, on le sent à chaque instant.

Aussi, les princes qui ont voulu se rendre despotiques ont-ils toujours commencé par réunir en leur personne toutes les magistratures, et plusieurs rois d'Europe toutes les grandes charges de leur État.

Je crois bien que la pure aristocratie héréditaire des républiques d'Italie ne répond pas précisément au despotisme de l'Asie. La multitude des magistrats adoucit quelquefois la magistrature ; tous les nobles ne concourent pas toujours aux mêmes desseins ; on y forme divers tribunaux qui se tempèrent. Ainsi, à Venise, le *grand conseil* a la législation ; le *prégady*, l'exécution ; les *quaranties*, le pouvoir de juger. Mais le mal est que ces tribunaux différents sont formés par des magistrats du même corps ; ce qui ne fait guère qu'une même puissance.

15

Le pouvoir judiciaire

LA JUSTICE

La puissance de juger ne doit pas être donnée à un sénat permanent, mais exercée par des personnes tirées du corps du peuple, dans certains temps de l'année, de la manière prescrite par la loi, pour former un tribunal qui ne dure qu'autant que la nécessité le requiert.

De cette façon, la puissance de juger, si terrible parmi les hommes, n'étant attachée ni à un certain état, ni à une certaine profession, devient, pour ainsi dire, invisible et nulle. On n'a point continuellement des juges devant les yeux ; et l'on craint la magistrature, et non pas les magistrats.

Il faut même que, dans les grandes accusations, le criminel, concurremment avec la loi, se choisisse des juges ; ou, du moins, qu'il en puisse récuser un si grand nombre, que ceux qui restent soient censés être de son choix.

Les deux autres pouvoirs pourraient plutôt être donnés à des magistrats ou à des corps permanents ; parce qu'ils ne s'exercent sur aucun particulier ; n'étant, l'un, que la volonté générale de l'État ; et l'autre, que l'exécution de cette volonté générale.

Mais, si les tribunaux ne doivent pas être fixes, les jugements doivent l'être à un tel point, qu'ils ne soient jamais qu'un texte précis de la loi. S'ils étaient une opinion particulière du juge, on vivrait dans la société, sans avoir précisément les engagements que l'on y contracte.

Il faut même que les juges soient de la condition de l'accusé, ou ses pairs, pour qu'il ne puisse pas se mettre dans l'esprit qu'il soit tombé entre les mains de gens portés à lui faire violence.

16

Le pouvoir législatif

L'ÉTAT

Si la puissance législative laisse à l'exécutrice le droit d'emprisonner des citoyens qui peuvent donner caution de leur conduite, il n'y a plus de liberté ; à moins qu'ils ne soient arrêtés pour répondre, sans délai, à une accusation que la loi a rendue capitale : auquel cas ils sont réellement libres, puisqu'ils ne sont soumis qu'à la puissance de la loi.

Mais, si la puissance législative se croyait en danger par quelque conjuration secrète contre l'État, ou quelque intelligence avec les ennemis du dehors, elle pourrait, pour un temps court et limité, permettre à la puissance exécutrice de faire arrêter les citoyens suspects, qui ne perdraient leur liberté pour un temps, que pour la conserver pour toujours.

Et c'est le seul moyen conforme à la raison, de suppléer à la tyrannique magistrature des *éphores*[1], et aux *inquisiteurs d'État* de Venise, qui sont aussi despotiques.

Comme, dans un État libre, tout homme qui est censé avoir une âme libre doit être gouverné par lui-même, il faudrait que le peuple en corps eût la puissance législative : mais, comme cela est impossible dans les grands États, et est sujet à beaucoup d'inconvénients dans les petits, il faut que le peuple fasse, par ses représentants, tout ce qu'il ne peut faire par lui-même. [...]

Livre XII

Des lois qui forment la liberté politique, dans son rapport avec le citoyen

Chapitre premier

Idée de ce livre

17

La liberté du citoyen réside dans la sûreté

La liberté

Ce n'est pas assez d'avoir traité de la liberté politique dans son rapport avec la constitution ; il faut la faire voir dans le rapport qu'elle a avec le citoyen.

J'ai dit que, dans le premier cas, elle est formée par une certaine distribution des trois pouvoirs : mais, dans le second, il faut la considérer sous une autre idée. Elle consiste dans la sûreté, ou dans l'opinion que l'on a de sa sûreté.

Il pourra arriver que la constitution sera libre, et que le citoyen ne le sera point. Le citoyen pourra être libre, et la constitution ne l'être pas. Dans ces cas, la constitution sera libre de droit, et non de fait ; le citoyen sera libre de fait, et non pas de droit.

Il n'y a que la disposition des lois, et même des lois fondamentales, qui forme la liberté dans son rapport avec la constitution. Mais, dans le rapport avec le citoyen ; des mœurs, des manières, des exemples reçus peuvent la faire naître ; et de certaines lois civiles la favoriser, comme nous allons voir dans ce livre-ci.

De plus : dans la plupart des États, la liberté étant plus gênée, choquée ou abattue, que leur constitution ne le demande ; il est bon

1. Nom des magistrats élus à Sparte.

de parler des lois particulières qui, dans chaque constitution, peuvent aider ou choquer le principe de la liberté dont chacun d'eux peut être susceptible.

Chapitre II

De la liberté du citoyen

18

Le lent progrès des lois en matière de sûreté

La liberté philosophique consiste dans l'exercice de sa volonté, ou du moins (s'il faut parler dans tous les systèmes) dans l'opinion où l'on est que l'on exerce sa volonté. La liberté politique consiste dans la sûreté, ou du moins dans l'opinion que l'on a de sa sûreté.

Cette *sûreté* n'est jamais plus attaquée que dans les accusations publiques ou privées. C'est donc de la bonté des lois criminelles que dépend principalement la liberté du citoyen.

Les lois criminelles n'ont pas été perfectionnées tout d'un coup. Dans les lieux mêmes où l'on a le plus cherché la liberté, on ne l'a pas toujours trouvée. Aristote nous dit qu'à Cumes, les parents de l'accusateur pouvaient être témoins. Sous les rois de Rome, la loi était si imparfaite, que Servius Tullius prononça la sentence contre les enfants d'Ancus Martius, accusé d'avoir assassiné le roi son beau-père. Sous les premiers rois des Francs, Clotaire fit une loi, pour qu'un accusé ne pût être condamné sans être ouï ; ce qui prouve une pratique contraire dans quelque cas particulier, ou chez quelque peuple barbare. Ce fut Charondas qui introduisit les jugements contre les faux témoignages. Quand l'innocence des citoyens n'est pas assurée, la liberté ne l'est pas non plus.

Les connaissances que l'on a acquises dans quelques pays, et que l'on acquerra dans d'autres, sur les règles les plus sûres que l'on puisse tenir dans les jugements criminels, intéressent le genre humain plus qu'aucune chose qu'il y ait au monde.

Ce n'est que sur la pratique de ces connaissances, que la liberté peut être fondée : et, dans un État qui aurait là-dessus les meilleures lois possibles, un homme à qui on ferait son procès, et qui devrait être pendu le lendemain, serait plus libre qu'un pacha ne l'est en Turquie.

Chapitre III

Continuation du même sujet

Les lois qui font périr un homme sur la déposition d'un seul témoin, sont fatales à la liberté. La raison en exige deux ; parce qu'un témoin qui affirme, et un accusé qui nie, font un partage ; et il faut un tiers pour le guider.

Les Grecs et les Romains exigeaient une voix de plus pour condamner. Nos lois françaises en demandent deux. Les Grecs prétendaient que leur usage avait été établi par les dieux ; mais c'est le nôtre.

Chapitre IV

Que la liberté est favorisée par la nature des peines, et leur proportion

19

Les différentes sortes de crimes

LE DROIT

C'est le triomphe de la liberté, lorsque les lois criminelles tirent chaque peine de la nature particulière du crime. Tout l'arbitraire cesse ; la peine ne descend point du caprice du législateur, mais de la nature de la chose ; et ce n'est point l'homme qui fait violence à l'homme.

Il y a quatre sortes de crimes. Ceux de la première espèce choquent la religion ; ceux de la seconde, les mœurs ; ceux de la troisième, la tranquillité ; ceux de la quatrième, la sûreté des citoyens. Les peines, que l'on inflige, doivent dériver de la nature de chacune de ces espèces.

Je ne mets dans la classe des crimes qui intéressent la religion, que ceux qui l'attaquent directement, comme sont tous les sacrilèges simples. Car les crimes qui en troublent l'exercice sont de la nature de ceux qui choquent la tranquillité des citoyens ou leur sûreté, et doivent être renvoyés à ces classes.

20

Comment il faut punir les sacrilèges

LA RELIGION

Pour que la peine des sacrilèges simples soit tirée de la nature de la chose, elle doit consister dans la privation de tous les avantages que donne la religion ; l'expulsion hors des temples ; la privation de la société des fidèles, pour un temps ou pour toujours ; la fuite de leur présence ; les exécrations, les détestations, les conjurations.

Dans les choses qui troublent la tranquillité ou la sûreté de l'État, les actions cachées sont du ressort de la justice humaine. Mais, dans celles qui blessent la divinité, là où il n'y a point d'action publique, il n'y a point de matière de crime : tout s'y passe entre l'homme, et Dieu qui sait la mesure et le temps de ses vengeances. Que si, confondant les choses, le magistrat recherche aussi le sacrilège caché, il porte une inquisition sur un genre d'action où elle n'est point nécessaire : il détruit la liberté des citoyens, en armant contre eux le zèle des consciences timides, et celui des consciences hardies.

Le mal est venu de cette idée, qu'il faut venger la divinité. Mais il faut faire honorer la divinité, et ne la venger jamais. En effet, si l'on se conduisait par cette dernière idée, quelle serait la fin des supplices ? Si les lois des hommes ont à venger un être infini, elles se régleront sur son infinité, et non pas sur les faiblesses, sur les ignorances, sur les caprices de la nature humaine.

Un historien de Provence rapporte un fait qui nous peint très bien ce que peut produire, sur des esprits faibles, cette idée de venger la divinité. Un Juif, accusé d'avoir blasphémé contre la sainte Vierge, fut condamné à être écorché. Des chevaliers masqués, le couteau à la main, montèrent sur l'échafaud, et en chassèrent l'exécuteur, pour venger eux-mêmes l'honneur de la sainte Vierge... Je ne veux point prévenir les réflexions du lecteur.

21

Comment punir les crimes contre les mœurs et la tranquillité publique

LE DROIT

La seconde classe est des crimes qui sont contre les mœurs : telles sont la violation de la continence publique ou particulière, c'est-à-dire, de la police sur la manière dont on doit jouir des plaisirs attachés à l'usage des sens et à l'union des corps. Les peines de ces crimes doivent encore être tirées de la nature de la chose. La privation des avantages que la société a attachés à la pureté des mœurs, les amendes, la honte, la contrainte de se cacher, l'infamie publique, l'expulsion hors de la ville et de la société ; enfin, toutes les peines qui sont de la juridiction correctionnelle suffisent pour réprimer la témérité des deux sexes. En effet, ces choses sont moins fondées sur la méchanceté, que sur l'oubli ou le mépris de soi-même.

Il n'est ici question que des crimes qui intéressent uniquement les mœurs, non de ceux qui choquent aussi la sûreté publique, tels que l'enlèvement et le viol, qui sont de la quatrième espèce.

Les crimes de la troisième classe sont ceux qui choquent la tranquillité des citoyens : Et les peines en doivent être tirées de la nature de la chose, et se rapporter à cette tranquillité ; comme la privation, l'exil, les corrections, et autres peines qui ramènent les esprits inquiets, et les font rentrer dans l'ordre établi.

Je restreins les crimes contre la tranquillité aux choses qui contiennent une simple lésion de police : car celles qui, troublant la tranquillité, attaquent en même temps la sûreté, doivent être mises dans la quatrième classe.

22

Comment punir les crimes contre la sûreté

LE DROIT

Les peines de ces derniers crimes sont ce qu'on appelle des supplices. C'est une espèce de talion, qui fait que la société refuse la sûreté à un citoyen qui en a privé, ou qui a voulu en priver un autre. Cette peine est tirée de la nature de la chose, puisée dans la raison, et dans les sources du bien et du mal. Un citoyen mérite la mort, lorsqu'il a violé la sûreté au point qu'il a ôté la vie, ou qu'il a entrepris de l'ôter. Cette peine de mort est comme le remède de la société malade. Lorsqu'on viole la sûreté à l'égard des biens, il peut y avoir des raisons pour que la peine soit capitale : mais il vaudrait peut-être mieux, et il serait plus de la nature, que la peine des crimes contre la sûreté des biens fût punie par la perte des biens. Et cela devrait être ainsi, si les fortunes étaient communes ou égales : mais, comme ce sont ceux qui n'ont point de biens qui attaquent plus volontiers celui des autres, il a fallu que la peine corporelle suppléât à la pécuniaire.

Tout ce que je dis est puisé dans la nature, et est très favorable à la liberté du citoyen.

CONTREPOINT

Les chapitres que nous avons donnés ne contiennent pas la célèbre distinction établie par Montesquieu dans les livres II et III entre les trois types de gouvernement, républicain, monarchique et despotique. On la trouvera ici clairement résumée par d'Alembert.

D'ALEMBERT, *Analyse de l'Esprit des lois*, 1755, dans Montesquieu, *De l'esprit des lois*, Garnier-Flammarion, tome I.

L'ÉTAT

On peut distinguer trois sortes de gouvernements ; le républicain, le monarchique, le despotique. Dans le républicain, le peuple en corps a la souveraine puissance. Dans le monarchique, un seul gouverne par des lois fondamentales. Dans le despotique, on ne connaît d'autre loi que la volonté du maître, ou plutôt du tyran. Ce n'est pas à dire qu'il n'y ait dans l'univers que ces trois espèces d'États ; ce n'est pas à dire même qu'il y ait des États qui appartiennent uniquement et rigoureusement à quelqu'une de ces formes ; la plupart sont, pour ainsi dire, mi-partis ou nuancés les uns des autres.

Dans les divers États, les lois doivent être relatives à leur *nature,* c'est-à-dire, à ce qui les constitue ; et à leur *principe,* c'est-à-dire, à ce qui les soutient et les fait agir : distinction importante, la clef d'une infinité de lois, et dont l'auteur tire bien des conséquences.

Les principales lois relatives à la *nature* de la démocratie font que le peuple y soit, à certains égards, le monarque ; à d'autres, le sujet ; qu'il élise et juge ses magistrats ; et que les magistrats, en certaines occasions, décident. La nature de la monarchie demande qu'il y ait, entre le monarque et le peuple, beaucoup de pouvoirs et de rangs intermédiaires, et un corps dépositaire des lois, médiateur entre les sujets et le prince. La nature du despotisme exige que le tyran exerce son autorité, ou par lui seul, ou par un seul qui le représente.

Quant au *principe* des trois gouvernements, celui de la démocratie est l'amour de la république, c'est-à-dire de l'égalité : dans les monarchies, où un seul est le dispensateur des distinctions et des récompenses, et où l'on s'accoutume à confondre l'État avec ce seul homme, le principe est l'honneur, c'est-à-dire l'ambition et l'amour de l'estime ; sous le despotisme enfin, c'est la crainte. Plus ces principes sont en vigueur, plus le gouvernement est stable ; plus ils s'altèrent et se corrompent, plus il incline à sa destruction. Quand l'auteur parle de l'égalité dans les démocraties, il n'entend pas une égalité extrême, absolue, et par conséquent chimérique ; il entend cet heureux équilibre qui rend tous les citoyens également soumis aux lois, et également intéressés à les observer.

Hume

Enquête sur l'entendement humain

1711-1776

Dans la tradition britannique de l'empirisme, c'est-à-dire d'une philosophie qui fonde la connaissance sur l'expérience, l'Écossais David Hume reproche aux créateurs des grands systèmes philosophiques, leur confiance exagérée dans le pouvoir de la raison. Il rappelle qu'en dehors des raisonnements mathématiques toutes nos connaissances reposent sur des faits. Or la plupart des faits ne sont connus que par l'intermédiaire d'autres faits qui en sont la cause ou l'effet. Mais que signifient au juste ces mots de « cause » et d' « effet » ?

« Je joue au billard. Je vois la boule rouge se diriger vers la blanche et j'en infère qu'en la heurtant elle va la mettre en mouvement. Mais d'où me vient cette certitude ? Il me semble que le mouvement de la première est cause du mouvement de la seconde. Mais à la vérité je ne perçois pas ce lien de causalité. J'observe seulement la succession de ces deux faits. Et pourtant je suis certain que si je lance de nouveau la boule rouge contre la blanche, celle-ci se mettra encore en mouvement. Cette assurance vient de ce que mon esprit s'est accoutumé à enregistrer certaines consécutions et qu'il s'attend à les voir se reproduire. »

Cette confiance dans les enseignements de l'expérience a ses limites. En témoigne l'histoire de la dinde de Bertrand Russell, philosophe britannique du XXe siècle. Entendant chaque matin les pas du fermier, la dinde en inférait qu'on venait remplir son bol de grain. La fragilité de cette inférence apparut le jour où, le fermier la trouvant grasse à souhait, vint pour lui tordre le cou.

Le soleil se lèvera-t-il demain ? Et si l'astre du jour faisait défection ? On affirme, pour écarter cette folle supposition, qu'il n'y a aucune raison que demain ne ressemble pas à aujourd'hui. Et pourquoi ? Parce que, dit-on, l'expérience nous a toujours montré que la nature était régulière. Faute grossière de raisonnement, dit Hume ! Pour prouver que le futur ressemble au présent, on ne peut s'appuyer sur la régularité passée de la nature : on ne peut ici invoquer la constance de la nature alors que c'est précisément cela qu'il faut démontrer !

L'empirisme de Hume est une philosophie sceptique. Se fondant sur l'expérience, elle ne peut ignorer que l'expérience ne fournit pas des certitudes absolues. Mais il y a plusieurs façons d'être sceptique. Comme les sceptiques radicaux qui, pour suspendre à jamais tout jugement, allaient jusqu'à mettre en doute les données les plus élémentaires des sens au risque de se contredire dès qu'il fallait dans la pratique faire confiance à ces mêmes sensations. Comme Descartes, pour écarter d'abord « une fois en sa vie » toute idée incertaine. Ou, comme Hume, de façon plus modérée, pour marquer les limites de notre faculté de connaître.

Section XII,
traduction de André Leroy,
Flammarion, 1983.

Enquête sur l'entendement humain

La philosophie académique ou sceptique

(texte intégral)

Première partie

1

Qu'est-ce que le scepticisme ?

La vérité

Sur aucun sujet on n'a déployé un plus grand nombre de raisonnements philosophiques que pour prouver l'existence d'une Divinité et réfuter les sophismes des *athées ;* et pourtant les philosophes les plus religieux discutent encore pour savoir si un homme peut être aveugle au point d'être un athée spéculatif. Comment résoudrons-nous cette contradiction ? Les chevaliers errants, qui parcouraient le monde pour le débarrasser des dragons et des géants, n'entretenaient jamais le moindre doute sur l'existence de ces monstres.

Le *sceptique* est un autre ennemi de la religion, qui provoque naturellement l'indignation de tous les théologiens et de tous les graves philosophes ; il est pourtant certain que personne n'a jamais rencontré une créature aussi absurde, que personne n'a jamais conversé avec un homme qui n'avait aucune opinion ni aucun principe sur aucun sujet, soit d'action, soit de spéculation. Ce qui soulève une question très naturelle : qu'entend-on par sceptique ? Et jusqu'à quel point est-il possible de pousser ces principes philosophiques de doute et d'incertitude ?

N.B. : *L'Enquête sur l'entendement humain* est composé de 12 sections autonomes. La douzième, *La philosophie académique et sceptique,* est consacrée à une réflexion sur le scepticisme que la tradition appelait *philosophie académique.*

2

Le scepticisme méthodique de Descartes : une arme contre les préjugés

LA VÉRITÉ

Il y a une espèce de scepticisme, *antérieure* à toute étude et à toute philosophie, que Descartes et d'autres prônent comme un préservatif souverain contre l'erreur et la précipitation du jugement. Elle recommande le doute universel, non seulement à l'égard de toutes nos opinions et de tous nos principes antérieurs, mais aussi à l'égard de nos facultés mêmes ; il faut, disent-ils, nous assurer nous-mêmes de leur véracité par une chaîne de raisonnements, déduite d'un principe primitif qui ne peut être trompeur ni douteux. Mais il n'y a pas de tel principe primitif qui ait une prérogative sur les autres principes évidents d'eux-mêmes et convaincants ; ou, s'il y en avait, pourrions-nous avancer d'un seul pas au-delà de ce principe, sinon en usant de ces facultés mêmes dont, suppose-t-on, nous nous défions déjà. Donc le doute cartésien, si une créature humaine pouvait jamais y atteindre (et manifestement c'est impossible), serait entièrement incurable ; aucun raisonnement ne pourrait jamais nous conduire à un état d'assurance et de conviction sur aucun sujet.

Il faut toutefois avouer que cette espèce de scepticisme, quand elle est plus modérée, peut se comprendre en un sens très raisonnable et qu'elle est une préparation nécessaire à l'étude de la philosophie en ce qu'elle conserve à nos jugements l'impartialité convenable et qu'elle sèvre notre esprit de tous ces préjugés dont l'éducation et la précipitation ont pu nous imprégner. Commencer par des principes clairs et évidents par eux-mêmes, avancer à pas prudents et sûrs, revoir fréquemment nos conclusions, examiner avec précision toutes leurs conséquences — bien que ces procédés ne nous fassent progresser que lentement et peu dans nos systèmes —, ce sont les seules méthodes qui nous permettent jamais d'espérer atteindre la vérité et d'obtenir la stabilité et la certitude convenables dans nos déterminations.

3

Le scepticisme doctrinaire

LA VÉRITÉ

Il y a une autre espèce de scepticisme, *postérieure* à la science et à la recherche, quand, suppose-t-on, les hommes ont découvert soit la fausseté absolue de leurs facultés mentales, soit leur impropriété à atteindre une détermination fixe dans tous ces curieux sujets spéculatifs sur lesquels on les emploie communément. Même nos sens eux-mêmes sont soumis à discussion par une certaine espèce de philosophes ; et les maximes de la vie courante sont soumises au même doute que les conclusions et les principes les plus profonds de la métaphysique et de la théologie. Comme il arrive de rencontrer chez certains philosophes ces dogmes paradoxaux (si on peut les appeler des dogmes) et chez plusieurs autres leur réfutation, ils éveillent naturellement notre curiosité et ils nous font rechercher les arguments qui peuvent les fonder.

4

Les arguments sceptiques traditionnels contre l'évidence des sens

LA PERCEPTION

Je n'ai pas besoin d'insister sur les thèmes les plus rebattus, employés par les sceptiques de tous les âges, contre l'évidence des *sens*; tels sont ceux qu'on tire de l'imperfection et de l'inexactitude de nos organes en de nombreuses occasions; l'apparence brisée d'une rame dans l'eau : les différences d'aspect des objets selon leurs différences de distance; les images doubles qui naissent d'une pression sur l'œil; et beaucoup d'autres apparences de nature analogue. Ces thèmes sceptiques, en vérité, parviennent seulement à prouver qu'il ne faut pas nous fier aveuglément aux sens seuls, mais qu'il nous faut corriger leur évidence par la raison et par des considérations tirées de la nature du milieu, de la distance de l'objet et de la disposition de l'organe, pour en faire, dans leur sphère, des *critères* convenables de vérité et d'erreur. Il y a d'autres arguments plus incisifs contre les sens qui n'admettent pas une solution aussi facile.

5

La croyance en une réalité extérieure

LA PERCEPTION

Il semble évident que les hommes sont portés par un instinct ou par un préjugé naturel à accorder foi à leurs sens; et que, sans aucun raisonnement, ou même presque avant d'employer notre raison, nous admettons toujours un univers extérieur qui ne dépend pas de notre perception, mais qui existerait même si nous et toute créature sensible nous étions absents ou annihilés. Les créatures animales elles-mêmes sont gouvernées par une opinion semblable et conservent cette croyance aux objets extérieurs dans toutes leurs pensées, dans tous leurs desseins et dans toutes leurs actions.

Il semble aussi évident que, lorsque les hommes suivent ce puissant et aveugle instinct naturel, ils admettent toujours que les images mêmes, que présentent les sens, sont les objets extérieurs, et ils n'entretiennent aucun soupçon que celles-là soient seulement des représentations de ceux-ci. Cette table même, que nous voyons blanche et que nous sentons dure, nous croyons qu'elle existe indépendamment de notre perception, nous croyons qu'elle est quelque chose d'extérieur à notre esprit qui la perçoit. Notre présence ne lui confère pas l'existence; notre absence ne l'anéantit pas. Elle conserve une existence invariable et entière, indépendante de la situation des êtres intelligents qui la perçoivent ou la contemplent.

6

La raison contre les sens

LA RAISON

Mais cette opinion universelle et primitive de tous les hommes est bientôt détruite par la plus légère philosophie, qui nous apprend que rien ne peut jamais être présent à l'esprit qu'une image ou une perception et que les sens sont seulement des guichets à travers lesquels ces images sont introduites, sans qu'ils soient capables de produire un rapport immédiat entre l'esprit et l'objet. La table que nous voyons semble diminuer quand nous nous en éloignons; mais la table réelle, qui existe indépendamment de nous, ne souffre pas de modification; ce n'était donc que son image qui était présente à l'esprit. Tels sont les décrets évidents de la raison; aucun homme qui réfléchit n'a jamais douté de ce que les existences, que nous considérons quand nous disons *cette maison* et *cet arbre,* ne sont rien que des perceptions dans l'esprit, des copies flottantes et des représentations d'autres existences qui restent invariables et indépendantes.

C'est à ce point, alors, que nous sommes forcés par le raisonnement de contredire les premiers instincts naturels, à nous en séparer et à embrasser un nouveau système sur l'évidence de nos sens. Mais ici la philosophie se trouve extrêmement embarrassée quand elle veut justifier ce nouveau système et répondre aux arguties et aux objections des sceptiques. Elle ne peut plus plaider l'infaillibilité et l'irrésistibilité de l'instinct naturel, car celui-ci nous menait à un système tout à fait différent que nous avons reconnu faillible et même erroné. Justifier ce prétendu système philosophique par une chaîne d'arguments clairs et convaincants ou même par une apparence d'argumentation, cela dépasse le pouvoir de toute capacité humaine.

7

Le sceptique résiste à l'argument de l'expérience et à celui de Dieu

LA VÉRITÉ

Par quel argument peut-on prouver qu'il faut que les perceptions de l'esprit soient causées par des objets extérieurs, entièrement différents d'elles, bien qu'ils leur ressemblent (si c'est possible), et qu'elles ne peuvent naître ni de l'énergie de l'esprit lui-même, ni par la suggestion d'un esprit inconnu et invisible ou d'une autre cause encore plus inconnue de nous ? On reconnaît qu'en fait nombre de ces perceptions ne naissent pas de quelque chose d'extérieur, par exemple dans les rêves, dans la folie et dans d'autres maladies. Rien ne peut être plus inexplicable que la manière dont le corps opère sur l'esprit pour transmettre une image de lui-même à une substance supposée d'une nature aussi différente et même aussi contraire.

C'est une question de fait de savoir si les perceptions des sens sont produites par des objets extérieurs, à leur ressemblance ; comment déciderons-nous de cette question ? Par expérience, assurément, comme de toutes les autres questions de pareille nature. Mais ici l'expérience est complètement silencieuse, et il faut qu'elle le soit. L'esprit n'a jamais rien de présent à lui que les perceptions, et il ne peut atteindre aucune expérience de leur connexion avec les objets. Admettre une telle connexion, c'est donc faire une supposition sans aucune base raisonnée.

Recourir à la véracité de l'Être Suprême pour prouver la véracité de nos sens, c'est assurément faire un détour très inattendu[1]. Si sa véracité était en rien intéressée à cette question, nos sens seraient entièrement infaillibles, car il n'est pas possible que Dieu puisse jamais tromper. Sans compter qu'une fois le monde extérieur mis en question, nous serons en peine de trouver des arguments qui nous permettront de prouver l'existence de cet Être ou l'un de ses attributs.

C'est donc un thème sur lequel triompheront toujours les sceptiques les plus profonds et les plus philosophiques quand ils s'efforcent d'introduire le doute universel dans tous les sujets de la connaissance et de la recherche humaines. Suivez-vous les tendances et les instincts naturels, peuvent-ils dire, en affirmant la véracité des sens ? Mais cela vous conduit à croire que la perception elle-même

1. Allusion à Descartes qui voit dans la bonté de Dieu la garantie que nos sens ne sauraient nous tromper totalement. Voir *Discours de la méthode*, p. 216.

ou l'image sensible est l'objet extérieur. Désavouez-vous ce principe pour embrasser une opinion plus rationnelle, à savoir que les perceptions sont seulement des représentations d'un quelque chose d'extérieur ? Vous vous écartez ici de vos tendances naturelles et de vos sentiments les plus évidents, et pourtant vous êtes incapable de satisfaire votre raison qui ne peut jamais trouver d'argument convaincant tiré de l'expérience pour prouver que les perceptions sont en connexion avec les objets extérieurs.

8

Les qualités sensibles et l'étendue

LA PERCEPTION

Il y a un autre thème sceptique de pareille nature, tiré de la plus profonde philosophie ; il pourrait mériter notre attention s'il était nécessaire de pénétrer aussi profondément pour découvrir des arguments et des raisonnements qui peuvent si peu servir à des fins sérieuses. Les chercheurs modernes reconnaissent tous que toutes les qualités sensibles des objets telles que dur, tendre, chaud, froid, blanc, noir, etc., sont purement secondes et qu'elles n'existent pas dans les objets eux-mêmes, mais qu'elles sont des perceptions de l'esprit sans aucun archétype ou modèle extérieur qu'elles représentent. Si on l'accorde pour les qualités secondes, il faut l'accorder aussi pour les prétendues qualités premières d'étendue et de solidité ; et celles-ci n'ont pas plus de titres à cette dénomination que celles-là. L'idée d'étendue s'acquiert entièrement à partir des sens de la vue et du toucher ; si toutes les qualités perçues par les sens sont dans l'esprit et non dans l'objet, la même conclusion peut atteindre l'idée d'étendue qui dépend complètement des idées sensibles ou des idées des qualités secondes. Rien ne peut nous sauver de cette conclusion, sinon l'affirmation que les idées de ces qualités premières s'obtiennent par *abstraction,* opinion qu'un examen précis nous fera trouver inintelligible et même absurde. Une étendue qui n'est ni tangible ni visible ne peut se concevoir ; une étendue tangible ou visible, qui n'est ni dure ni tendre, ni noire ni blanche, est également au-dessus des atteintes de la conception humaine. Qu'on essaie de concevoir un triangle en général, qui ne soit ni *isocèle* ni *scalène,* dont les côtés n'aient ni longueur particulière ni rapport particulier, et l'on percevra bientôt l'absurdité de toutes les opinions scolaires sur l'abstraction et les idées générales[1].

9

Résumé des arguments sceptiques : hors des qualités sensibles, la matière n'est rien

LA VÉRITÉ

Ainsi la première objection philosophique qui s'oppose à l'évidence sensible et à l'opinion de l'existence extérieure consiste en ceci qu'une telle opinion, si elle repose sur l'instinct naturel, est contraire à la raison et que, si on l'appuie sur la raison, elle est contraire à l'instinct naturel et qu'en même temps elle n'emporte avec elle

1. Cet argument est tiré du Dr Berkeley, et certes la plupart des écrits de ce très ingénieux auteur constituent les meilleures leçons de scepticisme qu'on puisse trouver chez les philosophes anciens ou modernes, sans en excepter Bayle : il déclare cependant dans son titre (et sans nul doute en toute vérité) qu'il a composé son livre contre les sceptiques aussi bien que contre les athées et les libres penseurs. Mais que tous ses arguments, bien que leur intention soit autre, sont en fait purement sceptiques, on le voit à ce qu'*ils n'admettent pas de réponse et ne produisent pas de conviction;* leur seul effet est de produire, sur le moment, de l'étonnement, de la perplexité et de l'embarras, ce qui est l'effet du scepticisme *(Note de Hume).*

aucune évidence rationnelle pour convaincre un enquêteur impartial. La seconde objection va plus loin et elle représente cette opinion comme contraire à la raison ; du moins, si c'est un principe de la raison que toutes les qualités sensibles sont dans l'esprit et non dans l'objet. Dépouillez la matière de toutes ses qualités intelligibles, qualités premières et qualités secondes, vous l'anéantissez en quelque sorte et laissez seulement un certain *quelque chose,* inconnu et inexplicable, comme cause de nos perceptions ; notion si imparfaite qu'aucun sceptique ne jugera bon de lutter contre elle.

Deuxième partie

10

Les mathématiques et les paradoxes de l'espace

L'ESPACE

C'est une tentative tout à fait extravagante de la part des sceptiques, peut-il sembler, que de vouloir détruire la *raison* par argument et ratiocination ; pourtant, c'est le grand but de toutes leurs recherches et de toutes leurs discussions. Ils s'efforcent de trouver des objections à la fois contre nos raisonnements abstraits et contre ceux qui se rapportent aux questions de fait et d'existence.

La principale objection contre tous les raisonnements *abstraits* se tire des idées d'espace et de temps ; idées qui, dans la vie courante et pour un regard négligent, sont très claires et très intelligibles, mais qui, lorsqu'on passe à l'examen des sciences profondes (et elles sont le principal objet de ces sciences), apportent des principes qui paraissent pleins d'absurdités et de contradictions. Aucun *dogme* des prêtres, inventé à dessein pour courber et subjuguer la rebelle raison humaine, n'a jamais plus choqué le sens commun que la doctrine de l'infinie divisibilité de l'étendue, avec ses conséquences, telles que les développent pompeusement tous les géomètres et tous les métaphysiciens avec une sorte de triomphe et d'exultation. Une quantité réelle infiniment moindre qu'une quantité finie donnée contient des quantités infiniment moindres qu'elle, et ainsi de suite *à l'infini* ; c'est un édifice si aventureux et si prodigieux qu'il est trop pesant pour qu'une prétendue démonstration le supporte, car il choque les principes les plus clairs et les plus naturels de la raison humaine. Mais ce qui rend le sujet plus extraordinaire, c'est que ces opinions apparemment absurdes sont soutenues par la chaîne de raisonnements la plus claire et la plus naturelle, et qu'il ne nous est pas possible d'accorder les prémisses sans admettre les conséquences. Rien ne peut être plus convaincant ni plus satisfaisant que toutes les conclusions sur les propriétés des cercles et des triangles ; et pourtant, une fois qu'on les a reçues, comment pouvons-nous nier que l'angle de contact entre un cercle et sa tangente est infiniment moindre qu'un angle rectiligne, que, comme vous pouvez faire croître le diamètre du cercle, *à l'infini,* cet angle de contact devient encore moindre, même *à l'infini,* et que l'angle de contact entre d'autres courbes et leurs tangentes peut être infiniment moindre que ceux qui se forment entre un cercle et sa tangente, et ainsi de suite, *à l'infini* ? La démonstration de ces principes est, semble-t-il, aussi irréprochable que celle qui prouve l'égalité des trois angles d'un triangle à deux droits, bien que cette dernière opinion soit naturelle et aisée et que la première soit grosse de contradictions et d'absurdités. La raison est jetée ici, semble-t-il, dans une sorte d'étonnement et d'incertitude qui, sans qu'elle ait besoin des suggestions d'un sceptique, lui apprend à se défier d'elle-même et du sol où elle chemine. Elle voit la pleine lumière qui illumine certains endroits ; mais cette lumière confine à l'obscurité la plus profonde. Entre les deux, la raison est si éblouie et si confondue qu'elle peut à peine se prononcer avec certitude et assurance sur un seul objet.

11

Les paradoxes du temps

L'absurdité de ces décisions hardies des sciences abstraites devient, si possible, encore plus tangible, semble-t-il, à l'égard du temps qu'à l'égard de l'étendue. Un nombre infini de parties réelles du temps, qui se succèdent et s'épuisent les unes après les autres, paraît une contradiction si évidente qu'aucun homme, pourrait-on penser, dont les sciences n'ont pas corrompu le jugement au lieu de le perfectionner, ne serait jamais capable de l'admettre.

LE TEMPS

12

Conséquences absurdes de prémisses claires

Pourtant il faut encore que la raison demeure sans repos, inquiète, même à l'égard de ce scepticisme vers lequel l'emportent ces apparentes absurdités et contradictions. Comment une idée claire et distincte peut-elle contenir des circonstances qui la contredisent, ou qui contredisent une autre idée claire et distincte, c'est absolument incompréhensible, et c'est peut-être aussi absurde qu'aucune proposition qu'on puisse former. Si bien que rien ne peut être plus sceptique, plus plein de doute et d'hésitation que ce scepticisme lui-même qui naît de certaines des conclusions paradoxales de la géométrie ou de la science de la quantité.

LOGIQUE ET MATHÉMATIQUES

13

Le scepticisme populaire est réfuté par la pratique

Les objections sceptiques à l'évidence *morale*[1] ou aux raisonnements qui portent sur les questions de fait sont ou *populaires* ou *philosophiques*. Les objections populaires se tirent de la faiblesse naturelle de l'entendement humain ; de la contradiction des opinions qu'ont entretenues les différentes nations ; des variations de notre jugement dans la maladie et dans la santé, dans la jeunesse et dans la vieillesse, dans la prospérité et dans l'adversité ; de la perpétuelle contradiction des opinions et des sentiments de chaque homme particulier, ainsi que de bien d'autres thèmes de ce genre. Inutile d'insister plus longuement sur ce point. Ces objections sont assurément faibles. En effet, comme nous raisonnons à tout moment, dans la vie courante, sur le fait et l'existence, et que, certes, nous ne pouvons subsister si nous n'employons continuellement ce genre d'argument, les objections populaires, qui en découlent, sont nécessairement insuffisantes à détruire cette évidence. La grande destructrice du *Pyrrhonisme*[2], des principes excessifs du scepticisme, c'est l'action, c'est le travail, ce

LA VÉRITÉ

1. Évidence très probable sans être absolument certaine.
2. Allusion à la doctrine du philosophe grec Pyrrhon (IVe siècle av. J.-C.), qui représente, selon Hume, le scepticisme radical.

sont les occupations de la vie courante. Ces principes peuvent fleurir et triompher dans les écoles, où il est, certes, difficile, sinon impossible, de les réfuter. Mais aussitôt qu'ils quittent l'ombre et que la présence des objets réels, qui animent nos passions et nos sentiments, les oppose aux plus puissants principes de notre nature, ils se dissipent comme de la fumée et laissent le sceptique le plus déterminé dans le même état que les autres mortels.

14

Le scepticisme philosophique conteste l'idée de causalité

THÉORIE ET EXPÉRIENCE

Le sceptique ferait donc mieux de rester dans sa propre sphère et de développer ces objections *philosophiques* qui naissent de recherches plus profondes. C'est ici qu'il a, semble-t-il, ample sujet de triompher ; alors qu'il insiste justement sur ce que toute notre évidence en faveur d'une question de fait, qui se trouve au-delà du témoignage des sens ou de la mémoire, procède entièrement de la relation de cause à effet ; que nous n'avons pas d'autre idée de cette relation que celle de deux objets qui ont été fréquemment en conjonction l'un avec l'autre ; que nous n'avons pas d'argument pour nous convaincre que des objets qui, dans notre expérience, ont été fréquemment *conjoints,* seront également, dans d'autres cas, conjoints de la même manière ; et que rien ne nous conduit à cette inférence que l'accoutumance ou un certain instinct de notre nature ; qu'il est certes difficile de lui résister ; mais que, comme d'autres instincts, celui-ci peut être trompeur et décevant. Tant que le sceptique insiste sur ces thèmes, il montre sa force, ou plutôt, certes, il montre sa propre faiblesse et la nôtre ; et, sur l'heure du moins, il semble détruire toute assurance et toute conviction. On pourrait développer plus longuement ces arguments si l'on pouvait jamais espérer en dégager un bien et un bénéfice durables pour la société.

15

Quelle influence réelle peut espérer obtenir le sceptique radical ?

LA VÉRITÉ

Car voici la principale objection et la plus ruineuse, qu'on puisse adresser au scepticisme *outré,* qu'aucun bien durable n'en peut jamais résulter tant qu'il conserve sa pleine force et sa pleine vigueur. Il nous suffit de demander à un tel sceptique : *Quelle est son intention ? Que se propose-t-il d'obtenir par toutes ces recherches curieuses ?* Il est immédiatement embarrassé et ne sait que répondre. Un copernicien ou un ptoléméen, qui soutiennent chacun un système astronomique différent peuvent espérer produire une conviction, qui restera constante et durable chez ses auditeurs. Un stoïcien ou un épicurien développent des principes qui peuvent ne pas être durables, mais qui ont un effet sur la conduite et sur les mœurs. Mais un pyrrhonien ne peut s'attendre à ce que sa philosophie ait une influence constante sur l'esprit ; ou, si elle en a une, que son influence soit bienfaisante pour la société. Au contraire, il lui faut reconnaître, s'il veut reconnaître quelque chose, qu'il faut que périsse toute vie humaine si ses principes prévalaient universellement et constamment. Toute conversation et toute action cesseraient immédiatement, et les hommes resteraient dans une léthargie totale jusqu'au moment où l'inassouvissement des besoins naturels mettrait une fin à leur misérable existence. Il est vrai, un événement aussi fatal est très peu à craindre. La nature est toujours trop puissante pour les principes. Bien qu'un pyrrhonien puisse se jeter, lui et d'autres, dans une confusion et un étonnement momentanés par ses profonds raisonnements, le premier et le plus banal événement de la vie fera s'envoler tous ses doutes et tous ses scrupules et il le laisse identique, en tout point, pour l'action et pour la spéculation, aux philosophes de toutes les autres sectes et à tous les hommes qui ne se sont jamais souciés de recherches philosophiques. Quand il s'éveille de son rêve, il est le premier à se joindre au rire qui le ridiculise et à avouer que toutes ses objections étaient de pur amusement et qu'elles ne pouvaient avoir d'autre intention que de montrer la condition étrange des hommes qui doivent agir, raisonner et croire, bien qu'ils soient incapables, par l'enquête la plus diligente, de se satisfaire sur le fondement de ces opérations ou d'écarter les objections qu'on pourrait soulever contre elles.

Troisième partie

16

Le scepticisme modéré, remède contre le dogmatisme[1]...

LA VÉRITÉ

Il y a, certes, un scepticisme plus *mitigé,* une philosophie *académique*[2] qui peut être à la fois durable et utile et qui peut, en partie, résulter du pyrrhonisme, de ce scepticisme *outré,* quand on en corrige, dans une certaine mesure, le doute indifférencié par le sens commun et la réflexion. Les hommes, pour la plupart, sont naturellement portés à être affirmatifs et dogmatiques dans leurs opinions ; comme ils voient les objets d'un seul côté et qu'ils n'ont aucune idée des arguments qui servent de contrepoids, ils se jettent précipitamment dans les principes vers lesquels ils penchent, et ils n'ont aucune indulgence pour ceux qui entretiennent des sentiments opposés. Hésiter, balancer, embarrasse leur entendement, bloque leur passion et suspend leur action. Ils sont donc impatients de s'évader d'un état qui leur est aussi désagréable, et ils pensent que jamais ils ne peuvent s'en écarter assez loin par la violence de leurs affirmations et l'obstination de leur croyance. Mais si de tels raisonneurs dogmatiques pouvaient prendre conscience des étranges infirmités de l'esprit humain, même dans son état de plus grande perfection, même lorsqu'il est le plus précis et le plus prudent dans ses décisions, une telle réflexion leur inspirerait naturellement plus de modestie et de réserve et diminuerait l'opinion avantageuse qu'ils ont d'eux-mêmes et leur préjugé contre leurs adversaires. Les ignorants peuvent réfléchir à la disposition des savants, qui jouissent de tous les avantages de l'étude et de la réflexion et sont encore défiants dans leurs affirmations ; et si quelques savants inclinaient, par leur caractère naturel, à la suffisance et à l'obstination, une légère teinte de pyrrhonisme pourrait abattre leur orgueil en leur montrant que

1. Dogmatisme : certitude de posséder la vérité absolue.
2. Nom d'une école sceptique de l'Antiquité que Hume considère comme modérée.

les quelques avantages qu'ils ont pu obtenir sur leurs compagnons sont de peu d'importance si on les compare à la perplexité et à la confusion universelles qui sont inhérentes à la nature humaine. En général, il y a un degré de doute, de prudence et de modestie qui, dans les enquêtes et les décisions de tout genre, doit toujours accompagner l'homme qui raisonne correctement.

17

... ou contre les prétentions de l'imagination

L'IMAGINATION

Une autre espèce de scepticisme *mitigé,* qui peut être avantageuse pour les hommes et qui peut résulter naturellement des doutes et des scrupules pyrrhoniens, consiste à limiter nos recherches à des sujets qui sont mieux adaptés à l'étroite capacité de l'entendement humain. L'*imagination* de l'homme est naturellement sublime, elle se plaît à tout ce qui est lointain et extraordinaire ; et elle court, sans contrôle, s'enfoncer dans les parties les plus éloignées de l'espace et du temps pour éviter les objets que l'accoutumance lui a rendus plus familiers. Un *jugement* correct observe la méthode contraire ; il évite toutes les recherches lointaines et élevées pour s'enfermer dans la vie courante et dans les sujets qui dépendent de la pratique et de l'expérience quotidiennes ; et il laisse les thèmes plus sublimes aux enjolivements des poètes et des orateurs ou à l'art des prêtres et des politiques. Pour nous conduire à une détermination aussi salutaire, rien ne peut nous servir davantage que de nous convaincre réellement une bonne fois de la force du doute pyrrhonien et de ce que rien ne peut nous en délivrer, sinon le puissant pouvoir de l'instinct naturel. Ceux qui ont de l'inclination pour la philosophie continueront encore leurs recherches, car ils réfléchissent qu'outre le plaisir immédiat qui accompagne une telle occupation, les décisions philosophiques ne sont que les réflexions de la vie courante rendues méthodiques et corrigées. Mais ils ne tenteront jamais de dépasser la vie courante aussi longtemps qu'ils considéreront l'imperfection des facultés qu'ils emploient, leur portée réduite et l'imprécision de leurs opérations. Alors que nous ne pouvons donner de raison satisfaisante de ce que nous croyons, après mille expériences, qu'une pierre tombera ou que le feu brûlera, pouvons-nous jamais nous satisfaire d'une décision que nous pouvons former sur l'origine des mondes et sur l'état de la nature de toute éternité et pour toute l'éternité ?

Cette étroite limitation de nos recherches est certes, à tout égard, si raisonnable qu'il suffit d'examiner tant soit peu les pouvoirs naturels de l'esprit humain et de les comparer à leurs objets pour nous la recommander. Nous trouverons alors quels sont les sujets propres de la science et de nos recherches.

18

Pas de certitude démonstrative hors des mathématiques

LES MATHÉMATIQUES

Il me semble que les seuls objets de la science abstraite, de la démonstration, sont la quantité et le nombre, et que toutes les tentatives faites pour étendre ce genre plus parfait de connaissance au-delà de ces frontières sont de purs sophismes et de pures illusions. Comme les parties composantes de la quantité et du nombre sont entièrement semblables, leurs relations deviennent embrouillées et enveloppées ; rien ne peut être plus curieux, aussi bien qu'utile, que de poursuivre, par divers intermédiaires, leur égalité ou leur inégalité sous leurs diverses apparences. Mais comme toutes les autres idées sont clairement distinctes et différentes les unes des autres, nous ne pouvons jamais aller plus loin, par l'examen le plus poussé, que d'observer cette diversité et de décider, par une réflexion évidente, qu'une chose n'en est pas une autre. Ou, s'il y a quelque difficulté dans ces décisions, elle procède entièrement de l'indétermination du sens des mots que corrigent de plus justes définitions. On ne peut connaître que *le carré de l'hypoténuse est égal aux carrés des autres côtés,* aussi exactement définis que soient les termes, sans une suite de raisonnements et de recherches. Mais pour nous convaincre de cette proposition que *s'il n'y a pas de propriété, il ne peut y avoir d'injustice,* il est seulement nécessaire de définir les termes et d'expliquer que l'injustice est une violation de la propriété. Cette proposition n'est en vérité qu'une définition plus imparfaite. Le cas est le même pour tous les prétendus raisonnements syllogistiques qu'on peut trouver dans toutes les branches du savoir autres que les sciences de la quantité et du nombre ; on peut donc affirmer en toute sûreté, je pense, que quantité et nombre sont les seuls objets propres de la connaissance et de la démonstration.

19

Vérités de raison et vérités de fait

LA VÉRITÉ

Toutes les autres recherches humaines concernent seulement les questions de fait et d'existence ; et celles-ci, on ne peut évidemment pas les démontrer. Tout ce qui *est* peut *ne pas être.* Il n'y a pas de fait dont la négation implique contradiction. L'inexistence d'un être, sans exception, est une idée aussi claire et aussi distincte que son existence. La proposition, qui affirme qu'il n'existe pas, même si elle est fausse, ne se conçoit et ne s'entend pas moins que celle qui affirme qu'il existe. Le cas est différent pour les sciences proprement dites. Toute proposition qui n'est pas vraie y est confuse et inintelligible[1]. La racine cubique de 64 est égale à la moitié de 10, c'est une proposition fausse et l'on ne peut jamais la concevoir distinctement. Mais César n'a jamais existé, ou l'ange Gabriel, ou un être quelconque n'ont jamais existé, ce sont peut-être des propositions fausses, mais on peut pourtant les concevoir parfaitement et elles n'impliquent aucune contradiction.

On peut donc seulement prouver l'existence d'un être par des arguments tirés de sa cause ou de son effet ; et ces arguments se fondent entièrement sur l'expérience. Si nous raisonnons *a priori,* n'importe quoi peut paraître capable de produire n'importe quoi. La chute d'un galet peut, pour autant que nous le sachions, éteindre le soleil ; ou le désir d'un homme gouverner les planètes dans leurs orbites. C'est seulement l'expérience qui nous apprend la nature et les limites de la cause et de l'effet et nous rend capables d'inférer

1. Une vérité de fait pose l'existence d'un fait : Pierre est grand ; sa négation est concevable : Pierre est petit. En revanche, une vérité de raison (9 est divisible par 3) ne peut être niée sans absurdité.

l'existence d'un objet de celle d'un autre. Telle est la base du raisonnement moral qui forme la plus grande part de la connaissance humaine et qui est la source de toutes les actions et de toutes les conduites humaines.

20

L'expérience est le seul juge des connaissances

L'EXPÉRIENCE

Les raisonnements moraux portent sur les faits particuliers ou sur les faits généraux. Toutes les délibérations de la vie se rapportent aux premiers, comme aussi toutes les recherches d'histoire, de chronologie, de géographie et d'astronomie.

Les sciences qui traitent de faits généraux sont la politique, la philosophie naturelle, la physique, la chimie, etc., où l'on recherche les qualités, les causes et les effets de toute une espèce d'objets.

La science de la religion ou théologie, en tant qu'elle prouve l'existence de Dieu et l'immortalité de l'âme, se compose en partie de raisonnements sur des faits particuliers et en partie de raisonnements sur des faits généraux. Elle se fonde sur la *raison* dans la mesure où elle s'appuie sur l'expérience. Mais sa base la meilleure et la plus solide se trouve dans la *foi* et dans la révélation divine.

La morale et la critique ne sont pas tant objets de l'entendement que du goût et du sentiment. On sent la beauté, morale ou naturelle, bien plus qu'on ne la perçoit. Ou si nous raisonnons sur elle et que nous tentions d'en fixer le critère, nous considérons un nouveau fait, à savoir les goûts généraux des hommes ou quelque fait analogue qui peut être objet de raisonnement et de recherche.

Quand, persuadés de ces principes, nous parcourons les bibliothèques, que nous faut-il détruire ? Si nous prenons en main un volume quelconque, de théologie ou de métaphysique scolastique[1], par exemple, demandons-nous : *Contient-il des raisonnements abstraits sur la quantité ou le nombre ?* Non. *Contient-il des raisonnements expérimentaux sur des questions de fait et d'existence ?* Non. Alors, mettez-le au feu, car il ne contient que sophismes et illusions.

1. Cette maxime impie de la philosophie ancienne, « Rien ne se fait de rien », qui excluait la création de la matière, cesse d'être une maxime selon cette philosophie. Non seulement la volonté de l'Être Suprême peut créer la matière ; mais, pour autant que nous le sachions *a priori*, la volonté de tout autre être pourrait la créer, ou toute autre cause que l'imagination la plus fantaisiste pourrait assigner. *(Note de l'auteur.)*

CONTREPOINT

Pour Hume, seul un scepticisme outrancier interdit de formuler des propositions de portée générale. En revanche l'habitude de voir se répéter des suites de faits semblables nous porte à induire des connaissances. Mais, selon Karl Popper, ce n'est pas de cette façon que s'élabore le savoir scientifique.

Karl Popper,
Le Réalisme et la Science,
1956, traduction d'Alain Boyer et Daniel Andler, Pocket, collection « Agora », 1993.

Théorie et expérience

Presque tout le monde, semble-t-il, croit en l'induction, autrement dit croit que nous acquérons des connaissances grâce à la répétition d'observations. Hume lui-même, en dépit de sa remarquable découverte du fait qu'une loi de la nature ne saurait ni être établie avec certitude, ni rendue « probable » par l'induction, n'en continuait pas moins à croire fermement que les animaux et les hommes acquièrent leurs connaissances grâce à un processus de répétition, en l'occurrence grâce à des observations répétées aussi bien qu'à la formation ou au renforcement de certaines habitudes par la répétition. Il défendait, de plus, la théorie selon laquelle l'induction, quoique indéfendable d'un point de vue rationnel et n'aboutissant à rien de mieux qu'une croyance infondée en raison, n'en était pas moins sûre pour l'essentiel, en tout cas plus digne de confiance et plus utile que la raison et le raisonnement. Il soutenait enfin que « l'expérience » était, par conséquent, le résultat non fondé en raison d'une accumulation (plus ou moins passive) d'observations.

Je vois les choses tout autrement. Il se trouve, en effet, qu'à mon sens nous ne procédons jamais en réalité à des inférences inductives, et n'utilisons jamais ce que l'on appelle de nos jours des « procédures inductives ». C'est bien plutôt, invariablement, par la méthode, radicalement différente, des essais et erreurs, des conjectures et réfutations, de l'apprentissage par l'erreur, que nous en arrivons à découvrir des régularités — méthode qui rend cette découverte beaucoup plus intéressante que Hume ne le pensait. La méthode d'apprentissage par essais et erreurs a été prise, à tort, pour une méthode d'apprentissage par répétition. On acquiert de « l'expérience » en apprenant grâce à nos erreurs, et non pas grâce à l'accumulation, ou l'association, d'observations. On l'acquiert en adoptant une approche activement critique, autrement dit par l'usage critique des observations et des expériences que nous avons imaginées pour nous aider à déterminer l'endroit où nous avons fait fausse route.

Rousseau

Du contrat social

1712-1778

Du contrat social de Rousseau porte en sous-titre : « Principes du droit politique ». Cela signifie qu'il y est question des *institutions politiques,* c'est-à-dire de la façon dont les différents pouvoirs sont distribués dans l'État. Également, que cette distribution, loin d'être abandonnée à l'arbitraire, doit être définie selon des règles de *droit.* Enfin qu'il ne s'agit pas de proposer en détail une constitution mais d'en déterminer les grands *principes.*

On peut s'étonner d'un tel intérêt de Rousseau pour la société quand on sait tout le mal qu'il en avait dit dans ses deux *Discours.* Pour ce qu'elle a détruit : l'accord heureux de l'homme avec la nature dans l'innocence primitive. Et pour ce qu'elle a produit : des individus ne pensant qu'à leurs intérêts égoïstes et obsédés chacun par l'opinion des autres.

Pourtant, si la société pouvait se donner une constitution politique propre à conserver à l'individu sa liberté, qui est son essence, tout en lui garantissant la protection d'une force publique, il faudrait se réjouir que la société puisse faire « d'un animal stupide et borné un être intelligent et un homme ».

Au début du *Contrat social,* Rousseau commence par mettre en pièces toutes les théories échafaudées pour justifier la domination d'un homme sur un autre. La force ne crée aucun droit à dominer, ni la conquête, ni la parenté. Sur quoi se fondera donc l'ordre social ?

Rousseau reprend à son compte l'idée classique d'un contrat social, mais non sous la forme d'une transaction d'individu à individu, mais plutôt sous celle d'un pacte que chacun conclut avec la communauté sociale tout entière dont il devient membre par là même. Ainsi chaque individu, en s'abandonnant totalement à la communauté, se donnant à tous, ne se donne à personne.

L'État étant fondé par ce libre contrat, il reste à le doter de lois. Là encore, le raisonnement de Rousseau offre au citoyen une garantie qui se veut parfaite. En effet, lorsque le citoyen votera une loi, il prendra garde qu'elle doit s'appliquer également à chacun, et donc à lui-même. C'est pourquoi, n'ayant aucun intérêt à ce qu'elle lui soit préjudiciable, il ne cherchera pas à la rendre préjudiciable aux autres. Et ainsi, en obéissant à la volonté générale — c'est-à-dire à la loi qu'il s'est lui-même prescrite — il restera absolument libre.

Ainsi Rousseau pense avoir dénoué l'énigme par quoi s'ouvrait le *Contrat social*: « L'homme est né libre mais partout il est dans les fers. » C'est l'emprise absolue de la loi qui assure dans la société le règne de la liberté.

1762.

Du contrat social

Livres I et II

(texte intégral)

AVERTISSEMENT

Ce petit traité est extrait d'un ouvrage plus étendu, entrepris autrefois sans avoir consulté mes forces, et abandonné depuis longtemps. Des divers morceaux qu'on pouvait tirer de ce qui était fait, celui-ci est le plus considérable, et m'a paru le moins indigne d'être offert au public. Le reste n'est déjà plus.

LIVRE I

1

Qui peut écrire sur la politique ?

LA PHILOSOPHIE

Je veux chercher si dans l'ordre civil il peut y avoir quelque règle d'administration légitime et sûre, en prenant les hommes tels qu'ils sont, et les lois telles qu'elles peuvent être. Je tâcherai d'allier toujours dans cette recherche ce que le droit permet avec ce que l'intérêt prescrit, afin que la justice et l'utilité ne se trouvent point divisées.

J'entre en matière sans prouver l'importance de mon sujet. On me demandera si je suis prince ou législateur pour écrire sur la politique? Je réponds que non, et que c'est pour cela que j'écris sur la politique. Si j'étais prince ou législateur, je ne perdrais pas mon temps à dire ce qu'il faut faire; je le ferais, ou je me tairais.

Né citoyen d'un État libre, et membre du souverain, quelque faible influence que puisse avoir ma voix dans les affaires publiques, le droit d'y voter suffit pour m'imposer le devoir de m'en instruire. Heureux, toutes les fois que je médite sur les gouvernements, de trouver toujours dans mes recherches de nouvelles raisons d'aimer celui de mon pays!

Chapitre premier

Sujet de ce premier livre

2

La convention, fondement de l'ordre social

LA SOCIÉTÉ

L'homme est né libre, et partout il est dans les fers. Tel se croit le maître des autres, qui ne laisse pas d'être plus esclave qu'eux. Comment ce changement s'est-il fait ? Je l'ignore. Qu'est-ce qui peut le rendre légitime ? Je crois pouvoir résoudre cette question.

Si je ne considérais que la force, et l'effet qui en dérive, je dirais : tant qu'un peuple est contraint d'obéir et qu'il obéit, il fait bien ; sitôt qu'il peut secouer le joug et qu'il le secoue, il fait encore mieux ; car, recouvrant sa liberté par le même droit qui la lui a ravie, ou il est fondé à la reprendre, ou l'on ne l'était point à la lui ôter. Mais l'ordre social est un droit sacré, qui sert de base à tous les autres. Cependant ce droit ne vient point de la nature ; il est donc fondé sur des conventions. Il s'agit de savoir quelles sont ces conventions. Avant d'en venir là, je dois établir ce que je viens d'avancer.

Chapitre II

Des premières sociétés

3

La famille, premier modèle des sociétés politiques

LE POUVOIR

La plus ancienne de toutes les sociétés et la seule naturelle est celle de la famille. Encore les enfants ne restent-ils liés au père qu'aussi longtemps qu'ils ont besoin de lui pour se conserver. Sitôt que ce besoin cesse, le lien naturel se dissout. Les enfants, exempts de l'obéissance qu'ils devaient au père, le père exempt des soins qu'il devait aux enfants, rentrent tous également dans l'indépendance. S'ils continuent de rester unis ce n'est plus naturellement, c'est volontairement, et la famille elle-même ne se maintient que par convention.

Cette liberté commune est une conséquence de la nature de l'homme. Sa première loi est de veiller à sa propre conservation, ses premiers soins sont ceux qu'il se doit à lui-même, et, sitôt qu'il est en âge de raison, lui seul étant juge des moyens propres à se conserver devient par là son propre maître.

La famille est donc, si l'on veut, le premier modèle des sociétés politiques ; le chef est l'image du père, le peuple est l'image des enfants, et tous étant nés égaux et libre n'aliènent leur liberté que pour leur utilité. Toute la différence est que dans la famille l'amour du père pour ses enfants le paye des soins qu'il leur rend, et que dans l'État le plaisir de commander supplée à cet amour que le chef n'a pas pour ses peuples.

Grotius[1] nie que tout pouvoir humain soit établi en faveur de ceux qui sont gouvernés : il cite l'esclavage en exemple. Sa plus constante manière de raisonner est d'établir toujours le droit par le fait. On pourrait employer une méthode plus conséquente, mais non pas plus favorable aux tyrans.

Il est donc douteux, selon Grotius, si le genre humain appartient à une centaine d'hommes, ou si cette centaine d'hommes appartient au genre humain, et il paraît dans tout son livre pencher pour le premier avis : c'est aussi le sentiment de Hobbes. Ainsi voilà l'espèce humaine divisée en troupeaux de bétail, dont chacun a son chef, qui le garde pour le dévorer.

Comme un pâtre est d'une nature supérieure à celle de son troupeau, les pasteurs d'hommes, qui sont leurs chefs, sont aussi d'une nature supérieure à celle de leurs peuples. Ainsi raisonnait, au rapport de Philon, l'empereur Caligula ; concluant assez bien de cette analogie que les rois étaient des dieux, ou que les peuples étaient des bêtes.

Le raisonnement de ce Caligula revient à celui de Hobbes et de Grotius. Aristote avant eux tous avait dit aussi que les hommes ne sont point naturellement égaux, mais que les uns naissent pour l'esclavage et les autres pour la domination.

Aristote avait raison, mais il prenait l'effet pour la cause. Tout homme né dans l'esclavage naît pour l'esclavage, rien n'est plus certain. Les esclaves perdent tout dans leurs fers, jusqu'au désir d'en sortir ; ils aiment leur servitude comme les compagnons d'Ulysse aimaient leur abrutissement. S'il y a donc des esclaves par nature, c'est parce qu'il y a eu des esclaves contre nature. La force a fait les premiers esclaves, leur lâcheté les a perpétués.

Je n'ai rien dit du roi Adam, ni de l'empereur Noé, père de trois grands monarques qui se partagèrent l'univers, comme firent les enfants de Saturne, qu'on a cru reconnaître en eux. J'espère qu'on me saura gré de cette modération ; car, descendant directement de l'un de ces princes, et peut-être de la branche aînée, que sais-je si par la vérification des titres je ne me trouverais point le légitime roi du genre humain ? Quoi qu'il en soit, on ne peut disconvenir qu'Adam n'ait été souverain du monde comme Robinson de son île, tant qu'il en fut le seul habitant ; et ce qu'il y avait de commode dans cet empire était que le monarque assuré sur son trône n'avait à craindre ni rébellions, ni guerres, ni conspirateurs.

1. Théoricien politique du XVIIe siècle. Pour lui, les principes du droit naturel nous sont dictés par la raison et il en serait ainsi même si Dieu n'existait pas.

Chapitre III

Du droit du plus fort

5

La force ne crée aucun droit

LE DROIT

Le plus fort n'est jamais assez fort pour être toujours le maître, s'il ne transforme sa force en droit et l'obéissance en devoir. De là le droit du plus fort ; droit pris ironiquement en apparence, et réellement établi en principe. Mais ne nous expliquera-t-on jamais ce mot ? La force est une puissance physique ; je ne vois point quelle moralité peut résulter de ses effets. Céder à la force est un acte de nécessité, non de volonté ; c'est tout au plus un acte de prudence. En quel sens pourra-ce être un devoir ?

Supposons un moment ce prétendu droit. Je dis qu'il n'en résulte qu'un galimatias inexplicable. Car sitôt que c'est la force qui fait le droit, l'effet change avec la cause ; toute force qui surmonte la première succède à son droit. Sitôt qu'on peut désobéir impunément on le peut légitimement, et puisque le plus fort a toujours raison, il ne s'agit que de faire en sorte qu'on soit le plus fort. Or qu'est-ce qu'un droit qui périt quand la force cesse ? S'il faut obéir par force, on n'a pas besoin d'obéir par devoir, et si l'on n'est plus forcé d'obéir, on n'y est plus obligé. On voit donc que ce mot de droit n'ajoute rien à la force ; il ne signifie ici rien du tout.

Obéissez aux puissances. Si cela veut dire : cédez à la force, le précepte est bon, mais superflu, je réponds qu'il ne sera jamais violé. Toute puissance vient de Dieu, je l'avoue ; mais toute maladie en vient aussi. Est-ce à dire qu'il soit défendu d'appeler le médecin ? Qu'un brigand me surprenne au coin d'un bois : non seulement il faut par force donner la bourse, mais quand je pourrais la soustraire suis-je en conscience obligé de la donner ? car enfin le pistolet qu'il tient est aussi une puissance.

Convenons donc que force ne fait pas droit, et qu'on n'est obligé d'obéir qu'aux puissances légitimes. Ainsi ma question primitive revient toujours.

Chapitre IV

De l'esclavage

6

La liberté, essence de l'homme, est inaliénable

LA LIBERTÉ

Puisque aucun homme n'a une autorité naturelle sur son semblable, et puisque la force ne produit aucun droit, restent donc les conventions pour base de toute autorité légitime parmi les hommes.

Si un particulier, dit Grotius, peut aliéner sa liberté et se rendre esclave d'un maître, pourquoi tout un peuple ne pourrait-il pas aliéner la sienne et se rendre sujet d'un roi ? Il y a là bien des mots équivoques qui auraient besoin d'explication, mais tenons-nous-en à celui d'*aliéner*. Aliéner c'est donner ou vendre. Or un homme qui se fait esclave d'un autre ne se donne pas, il se vend, tout au moins pour sa subsistance : mais un peuple, pour quoi se vend-il ? Bien loin qu'un roi fournisse à ses sujets leur subsistance il ne tire la sienne que d'eux, et selon Rabelais un roi ne vit pas de peu. Les sujets donnent donc leur personne à condition qu'on prendra aussi leur bien ? Je ne vois pas ce qu'il leur reste à conserver.

On dira que le despote assure à ses sujets la tranquillité civile. Soit ; mais qu'y gagnent-ils, si les guerres que son ambition leur attire, si son insatiable avidité, si les vexations de son ministère les désolent plus que ne feraient leurs dissensions ? Qu'y gagnent-ils, si cette tranquillité même est une de leurs misères ? On vit tranquille aussi dans les cachots ; en est-ce assez pour s'y trouver bien ? Les Grecs enfermés dans l'antre du Cyclope y vivaient tranquilles, en attendant que leur tour vînt d'être dévorés.

Dire qu'un homme se donne gratuitement, c'est dire une chose absurde et inconcevable ; un tel acte est illégitime et nul, par cela seul que celui qui le fait n'est pas dans son bon sens. Dire la même chose de tout un peuple, c'est supposer un peuple de fous : la folie ne fait pas droit.

Quand chacun pourrait s'aliéner lui-même, il ne peut aliéner ses enfants ; ils naissent hommes et libres ; leur liberté leur appartient, nul n'a droit d'en disposer qu'eux. Avant qu'ils soient en âge de raison le père peut en leur nom stipuler des conditions pour leur conservation, pour leur bien-être ; mais non les donner irrévocablement et sans condition ; car un tel don est contraire aux fins de la nature et passe les droits de la paternité. Il faudrait donc pour qu'un gouvernement arbitraire fût légitime qu'à chaque génération le peuple fût le maître de l'admettre ou de le rejeter : mais alors ce gouvernement ne serait plus arbitraire.

Renoncer à sa liberté, c'est renoncer à sa qualité d'homme, aux droits de l'humanité, même à ses devoirs. Il n'y a nul dédommagement possible pour quiconque renonce à tout. Une telle renonciation est incompatible avec la nature de l'homme, et c'est ôter toute moralité à ses actions que d'ôter toute liberté à sa volonté. Enfin c'est une convention vaine et contradictoire de stipuler d'une part une autorité absolue et de l'autre une obéissance sans bornes. N'est-il pas clair qu'on n'est engagé à rien envers celui dont on a droit de tout exiger, et cette seule condition, sans équivalent, sans échange n'entraîne-t-elle pas la nullité de l'acte ? Car quel droit mon esclave aurait-il contre moi, puisque tout ce qu'il a m'appartient, et que son droit étant le mien, ce droit de moi contre moi-même est un mot qui n'a aucun sens ?

7

Pourquoi la guerre ne peut justifier l'esclavage

LA VIOLENCE

Grotius et les autres tirent de la guerre une autre origine du prétendu droit d'esclavage. Le vainqueur ayant, selon eux, le droit de tuer le vaincu, celui-ci peut racheter sa vie aux dépens de sa liberté ; convention d'autant plus légitime qu'elle tourne au profit de tous deux.

Mais il est clair que ce prétendu droit de tuer les vaincus ne résulte en aucune manière de l'état de guerre. Par cela seul que les hommes vivant dans leur primitive indépendance n'ont point entre eux de rapport assez constant pour constituer ni l'état de paix ni l'état de guerre, ils ne sont point naturellement ennemis. C'est le rapport des choses et non des hommes qui constitue la guerre, et l'état de guerre ne pouvant naître des simples relations personnelles, mais seulement des relations réelles[1], la guerre privée ou d'homme à homme ne peut exister, ni dans l'état de nature où il n'y a point de propriété constante, ni dans l'état social où tout est sous l'autorité des lois.

Les combats particuliers, les duels, les rencontres sont des actes qui ne constituent point un état ; et à l'égard des guerres privées, autorisées par les établissements de Louis IX roi de France et suspendues par la paix de Dieu, ce sont des abus du gouvernement féodal, système absurde s'il en fut jamais, contraire aux principes du droit naturel et à toute bonne politie.

8

Qu'est-ce que la guerre ?

LA VIOLENCE

La guerre n'est donc point une relation d'homme à homme, mais une relation d'État à État, dans laquelle les particuliers ne sont ennemis qu'accidentellement, non point comme hommes ni même comme citoyens, mais comme soldats ; non point comme membres de la patrie, mais comme ses défenseurs. Enfin chaque État ne peut avoir pour ennemis que d'autres États et non pas des hommes ; attendu qu'entre choses de diverses natures on ne peut fixer aucun vrai rapport.

Ce principe est même conforme aux maximes établies de tous les temps et à la pratique constante de tous les peuples policés. Les déclarations de guerre sont moins des avertissements aux puissances qu'à leurs sujets. L'étranger, soit roi, soit particulier, soit peuple, qui vole, tue ou détient les sujets sans déclarer la guerre au prince, n'est pas un ennemi, c'est un brigand. Même en pleine guerre un prince juste s'empare bien en pays ennemi de tout ce qui appartient au public, mais il respecte la personne et les biens des particuliers ; il respecte des droits sur lesquels sont fondés les siens. La fin de la guerre étant la destruction de l'État ennemi, on a droit d'en tuer les défenseurs tant qu'ils ont les armes à la main ; mais sitôt qu'ils les posent et se rendent, cessant d'être ennemis ou instruments de l'ennemi, ils redeviennent simplement hommes et l'on n'a plus de droit sur leur vie. Quelquefois on peut tuer l'État sans tuer un seul de ses membres ; or la guerre ne donne aucun droit qui ne soit nécessaire à sa fin. Ces principes ne sont pas ceux de Grotius ; ils ne sont pas fondés sur des autorités de poètes, mais ils dérivent de la nature des choses, et sont fondés sur la raison.

1. Relations ayant trait aux choses et non aux personnes.

9

L'idée d'un droit d'esclavage est contradictoire

LE DROIT

À l'égard du droit de conquête, il n'a d'autre fondement que la loi du plus fort. Si la guerre ne donne point au vainqueur le droit de massacrer les peuples vaincus, ce droit qu'il n'a pas ne peut fonder celui de les asservir. On n'a le droit de tuer l'ennemi que quand on ne peut le faire esclave ; le droit de le faire esclave ne vient donc pas du droit de le tuer : c'est donc un échange inique de lui faire acheter au prix de sa liberté sa vie sur laquelle on n'a aucun droit. En établissant le droit de vie et de mort sur le droit d'esclavage, et le droit d'esclavage sur le droit de vie et de mort, n'est-il pas clair qu'on tombe dans le cercle vicieux ? En supposant même ce terrible droit de tout tuer, je dis qu'un esclave fait à la guerre ou un peuple conquis n'est tenu à rien du tout envers son maître, qu'à lui obéir autant qu'il y est forcé. En prenant un équivalent à sa vie le vainqueur ne lui en a point fait grâce : au lieu de le tuer sans fruit il l'a tué utilement. Loin donc qu'il ait acquis sur lui nulle autorité jointe à la force, l'état de guerre subsiste entre eux comme auparavant, leur relation même en est l'effet, et l'usage du droit de la guerre ne suppose aucun traité de paix. Ils ont fait une convention ; soit : mais cette convention, loin de détruire l'état de guerre, en suppose la continuité.

Ainsi, de quelque sens qu'on envisage les choses, le droit d'esclave est nul, non seulement parce qu'il est illégitime, mais parce qu'il est absurde et ne signifie rien. Ces mots, *esclavage* et *droit*, sont contradictoires ; ils s'excluent mutuellement. Soit d'un homme à un homme, soit d'un homme à un peuple, ce discours sera toujours également insensé : *Je fais avec toi une convention toute à ta charge et toute à mon profit, que j'observerai tant qu'il me plaira, et que tu observeras tant qu'il me plaira.*

Chapitre V

Qu'il faut toujours remonter à une première convention

10

Qu'est-ce qu'un peuple ?

L'ÉTAT

Quand j'accorderais tout ce que j'ai réfuté jusqu'ici, les fauteurs du despotisme n'en seraient pas plus avancés. Il y aura toujours une grande différence entre soumettre une multitude et régir une société. Que des hommes épars soient successivement asservis à un seul, en quelque nombre qu'ils puissent être, je ne vois là qu'un maître et des esclaves, je n'y vois point un peuple et son chef ; c'est si l'on veut une agrégation, mais non pas une association ; il n'y a là ni bien public ni corps politique. Cet homme, eût-il asservi la moitié du monde, n'est toujours qu'un particulier ; son intérêt, séparé de celui des autres, n'est toujours qu'un intérêt privé. Si ce même homme vient à périr, son empire après lui reste épars et sans liaison, comme un chêne se dissout et tombe en un tas de cendres, après que le feu l'a consumé.

Un peuple, dit Grotius, peut se donner à un roi. Selon Grotius un peuple est donc un peuple avant de se donner à un roi. Ce don même est un acte civil, il suppose une délibération publique. Avant donc que d'examiner l'acte par lequel un peuple élit un roi, il serait bon d'examiner l'acte par lequel un peuple est un peuple. Car cet acte étant nécessairement antérieur à l'autre est le vrai fondement de la société.

En effet, s'il n'y avait point de convention antérieure, où serait, à moins que l'élection ne fût unanime, l'obligation pour le petit nombre de se soumettre au choix du grand ? et d'où cent qui veulent un maître ont-ils le droit de voter pour dix qui n'en veulent point ? La loi de la pluralité des suffrages est elle-même un établissement de convention, et suppose au moins une fois l'unanimité.

Chapitre VI

Du pacte social

11

Le problème : sur quoi fonder l'État ?

L'ÉTAT

Je suppose les hommes parvenus à ce point où les obstacles qui nuisent à leur conservation dans l'état de nature l'emportent par leur résistance sur les forces que chaque individu peut employer pour se maintenir dans cet état. Alors cet état primitif ne peut plus subsister, et le genre humain périrait s'il ne changeait sa manière d'être.

Or comme les hommes ne peuvent engendrer de nouvelles forces, mais seulement unir et diriger celles qui existent, ils n'ont plus d'autre moyen pour se conserver que de former par agrégation une somme de forces qui puisse l'emporter sur la résistance, de les mettre en jeu par un seul mobile et de les faire agir de concert.

Cette somme de forces ne peut naître que du concours de plusieurs : mais la force et la liberté de chaque homme étant les premiers instruments de sa conservation, comment les engagera-t-il sans se nuire, et sans négliger les soins qu'il se doit ? Cette difficulté ramenée à mon sujet peut s'énoncer en ces termes :

« Trouver une forme d'association qui défende et protège de toute la force commune la personne et les biens de chaque associé, et par laquelle chacun s'unissant à tous n'obéisse pourtant qu'à lui-même et reste aussi libre qu'auparavant. » Tel est le problème fondamental dont le contrat social donne la solution.

12

La solution : le contrat social et ses clauses

L'ÉTAT

Les clauses de ce contrat sont tellement déterminées par la nature de l'acte que la moindre modification les rendrait vaines et de nul effet ; en sorte que, bien qu'elles n'aient peut-être jamais été formellement énoncées, elles sont partout les mêmes, partout tacitement admises et reconnues ; jusqu'à ce que, le pacte social étant violé, chacun rentre alors dans ses premiers droits et reprenne sa liberté naturelle, en perdant la liberté conventionnelle pour laquelle il y renonça.

Ces clauses bien entendues se réduisent toutes à une seule, savoir l'aliénation totale de chaque associé avec tous ses droits à toute la communauté. Car, premièrement, chacun se donnant tout entier, la condition est égale pour tous, et la condition étant égale pour tous, nul n'a intérêt de la rendre onéreuse aux autres.

De plus, l'aliénation se faisant sans réserve, l'union est aussi parfaite qu'elle ne peut l'être et nul associé n'a plus rien à réclamer : car s'il restait quelques droits aux particuliers, comme il n'y aurait aucun supérieur commun qui pût prononcer entre eux et le public, chacun étant en quelque point son propre juge prétendrait bientôt l'être en tous, l'état de nature subsisterait et l'association deviendrait nécessairement tyrannique ou vaine.

Enfin chacun se donnant à tous ne se donne à personne, et comme il n'y a pas un associé sur lequel on n'acquière le même droit qu'on lui cède sur soi, on gagne l'équivalent de tout ce qu'on perd, et plus de force pour conserver ce qu'on a.

Si donc on écarte du pacte social ce qui n'est pas de son essence, on trouvera qu'il se réduit aux termes suivants : *Chacun de nous met en commun sa personne et toute sa puissance sous la suprême direction de la volonté générale ; et nous recevons en corps chaque membre comme partie indivisible du tout.*

À l'instant, au lieu de la personne particulière de chaque contractant, cet acte d'association produit un corps moral et collectif composé d'autant de membres que l'assemblée a de voix, lequel reçoit de ce même acte son unité, son *moi* commun, sa vie et sa volonté. Cette personne publique qui se forme ainsi par l'union de toutes les autres prenait autrefois le nom de *Cité,* et prend maintenant celui de *République* ou de *corps politique,* lequel est appelé par ses membres *État* quand il est passif, *Souverain* quand il est actif, *Puissance* en le comparant à ses semblables. À l'égard des associés ils prennent collectivement le nom de *Peuple,* et s'appellent en particulier *citoyens* comme participants à l'autorité souveraine, et *sujets* comme soumis aux lois de l'État. Mais ces termes se confondent souvent et se prennent l'un pour l'autre ; il suffit de les savoir distinguer quand ils sont employés dans toute leur précision.

Chapitre VII

Du souverain[1]

13

Droits et obligations de l'État

On voit par cette formule que l'acte d'association renferme un engagement réciproque du public avec les particuliers, et que chaque individu, contractant, pour ainsi dire, avec lui-même, se trouve engagé sous un double rapport ; savoir, comme membre du souverain envers les particuliers, et comme membre de l'État envers le

1. Celui qui détient la souveraineté politique, c'est-à-dire le pouvoir de définir les règles qui régissent l'État. Pour Rousseau, la souveraineté appartient au peuple.

souverain. Mais on ne peut appliquer ici la maxime du droit civil que nul n'est tenu aux engagements pris avec lui-même ; car il y a bien de la différence entre s'obliger envers soi ou envers un tout dont on fait partie.

Il faut remarquer encore que la délibération publique, qui peut obliger tous les sujets envers le souverain, à cause des deux différents rapports sous lesquels chacun d'eux est envisagé, ne peut, par la raison contraire, obliger le souverain envers lui-même, et que, par conséquent, il est contre la nature du corps politique que le souverain s'impose une loi qu'il ne puisse enfreindre. Ne pouvant se considérer que sous un seul et même rapport il est alors dans le cas d'un particulier contractant avec soi-même : par où l'on voit qu'il n'y a ni ne peut y avoir nulle espèce de loi fondamentale obligatoire pour le corps du peuple, pas même le contrat social. Ce qui ne signifie pas que ce corps ne puisse fort bien s'engager envers autrui en ce qui ne déroge point à ce contrat ; car à l'égard de l'étranger, il devient un être simple, un individu.

Mais le corps politique ou le souverain ne tirant son être que de la sainteté du contrat ne peut jamais s'obliger, même envers autrui, à rien qui déroge à cet acte primitif, comme d'aliéner quelque portion de lui-même ou de se soumettre à un autre souverain. Violer l'acte par lequel il existe serait s'anéantir, et ce qui n'est rien ne produit rien.

Sitôt que cette multitude est ainsi réunie en un corps, on ne peut offenser un des membres sans attaquer le corps ; encore moins offenser le corps sans que les membres s'en ressentent. Ainsi le devoir et l'intérêt obligent également les deux parties contractantes à s'entraider mutuellement, et les mêmes hommes doivent chercher à réunir sous ce double rapport tous les avantages qui en dépendent.

Or le souverain n'étant formé que des particuliers qui le composent n'a ni ne peut avoir d'intérêt contraire au leur ; par conséquent la puissance souveraine n'a nul besoin de garant envers les sujets, parce qu'il est impossible que le corps veuille nuire à tous ses membres, et nous verrons ci-après qu'il ne peut nuire à aucun en particulier. Le souverain, par cela seul qu'il est, est toujours tout ce qu'il doit être.

14

Droits et obligations des individus

Mais il n'en est pas ainsi des sujets envers le souverain, auquel, malgré l'intérêt commun, rien ne répondrait de leurs engagements s'il ne trouvait des moyens de s'assurer de leur fidélité.

En effet chaque individu peut comme homme avoir une volonté particulière contraire ou dissemblable à la volonté générale qu'il a comme citoyen. Son intérêt particulier peut lui parler tout autrement que l'intérêt commun ; son existence absolue et naturellement indépendante peut lui faire envisager ce qu'il doit à la cause commune comme une contribution gratuite, dont la perte sera moins nuisible aux autres que le paiement n'en est onéreux pour lui, et regardant la personne morale qui constitue l'État comme un être de raison parce que ce n'est pas un homme, il jouirait des droits du citoyen sans vouloir remplir les devoirs du sujet ; injustice dont le progrès causerait la ruine du corps politique.

Afin donc que le pacte social ne soit pas un vain formulaire, il renferme tacitement cet engagement qui seul peut donner de la force aux autres, que quiconque refusera d'obéir à la volonté générale y sera contraint par tout le corps : ce qui ne signifie autre chose sinon qu'on le forcera d'être libre ; car telle est la condition qui, donnant chaque citoyen à la patrie le garantit de toute dépendance personnelle ; condition qui fait l'artifice et le jeu de la machine politique, et qui seule rend légitimes les engagements civils, lesquels sans cela seraient absurdes, tyranniques, et sujets aux plus énormes abus.

Chapitre VIII

De l'état civil

15

De la liberté naturelle à la liberté civile

LA LIBERTÉ

Ce passage de l'état de nature à l'état civil produit dans l'homme un changement très remarquable, en substituant dans sa conduite la justice à l'instinct, et donnant à ses actions la moralité qui leur manquait auparavant. C'est alors seulement que la voix du devoir succédant à l'impulsion physique et le droit à l'appétit, l'homme, qui jusque-là n'avait regardé que lui-même, se voit forcé d'agir sur d'autres principes, et de consulter sa raison avant d'écouter ses penchants. Quoiqu'il se prive dans cet état de plusieurs avantages qu'il tient de la nature, il en regagne de si grands, ses facultés s'exercent et se développent, ses idées s'étendent, ses sentiments s'ennoblissent, son âme tout entière s'élève à tel point que si les abus de cette nouvelle condition ne le dégradaient souvent au-dessous de celle dont il est sorti, il devrait bénir sans cesse l'instant heureux qui l'en arracha pour jamais, et qui, d'un animal stupide et borné, fit un être intelligent et un homme.

Réduisons toute cette balance à des termes faciles à comparer. Ce que l'homme perd par le contrat social, c'est sa liberté naturelle et un droit illimité à tout ce qui le tente et qu'il peut atteindre ; ce qu'il gagne, c'est la liberté civile et la propriété de tout ce qu'il possède. Pour ne pas se tromper dans ces compensations, il faut bien distinguer la liberté naturelle qui n'a pour bornes que les forces de l'individu, de la liberté civile qui est limitée par la volonté générale, et la possession qui n'est que l'effet de la force ou le droit du premier occupant, de la propriété qui ne peut être fondée que sur un titre positif.

On pourrait sur ce qui précède ajouter à l'acquis de l'état civil la liberté morale, qui seule rend l'homme vraiment maître de lui ; car l'impulsion du seul appétit est esclavage, et l'obéissance à la loi qu'on s'est prescrite est liberté. Mais je n'en ai déjà que trop dit sur cet article, et le sens philosophique du mot *liberté* n'est pas ici de mon sujet.

Chapitre IX

Du domaine réel[1]

16

La propriété et l'État

L'ÉTAT

Chaque membre de la communauté se donne à elle au moment qu'elle se forme, tel qu'il se trouve actuellement, lui et toutes ses forces, dont les biens qu'il possède font partie. Ce n'est pas que par cet acte la possession change de nature en changeant de mains, et devienne propriété dans celles du souverain mais comme les forces de la cité sont incomparablement plus grandes que celles d'un particulier, la possession publique est aussi dans le fait plus forte et plus irrévocable, sans être plus légitime, au moins pour les étrangers. Car l'État à l'égard de ses membres est maître de tous leurs biens par le contrat social, qui dans l'État sert de base à tous les droits ; mais il ne l'est à l'égard des autres puissances que par le droit de premier occupant qu'il tient des particuliers.

17

Le droit du premier occupant

LE TRAVAIL

Le droit de premier occupant, quoique plus réel que celui du plus fort, ne devient un vrai droit qu'après l'établissement de celui de propriété. Tout homme a naturellement droit à tout ce qui lui est nécessaire ; mais l'acte positif qui le rend propriétaire de quelque bien l'exclut de tout le reste. Sa part étant faite, il doit s'y borner, et n'a plus aucun droit à la communauté. Voilà pourquoi le droit de premier occupant, si faible dans l'état de nature, est respectable à tout homme civil. On respecte moins dans ce droit ce qui est à autrui que ce qui n'est pas à soi.

En général, pour autoriser sur un terrain quelconque le droit de premier occupant, il faut les conditions suivantes. Premièrement que ce terrain ne soit encore habité par personne ; secondement qu'on n'en occupe que la quantité dont on a besoin pour subsister ; en troisième lieu qu'on en prenne possession, non par une vaine cérémonie, mais par le travail et la culture, seul signe de propriété qui au défaut de titres juridiques doive être respecté d'autrui.

En effet, accorder au besoin et au travail le droit de premier occupant, n'est-ce pas l'étendre aussi loin qu'il peut aller ? Peut-on ne pas donner des bornes à ce droit ? Suffira-t-il de mettre le pied sur un terrain commun pour s'en prétendre aussitôt le maître ? Suffira-t-il d'avoir la force d'en écarter un moment les autres hommes pour leur ôter le droit d'y jamais revenir ? Comment un homme ou un peuple peut-il s'emparer d'un territoire immense et en priver tout le genre humain autrement que par une usurpation punissable, puisqu'elle ôte au reste des hommes le séjour et les aliments que la nature leur donne en commun ? Quand Nuñez Balbao prenait sur le rivage possession de la mer du Sud et de toute l'Amérique méridionale au nom de la couronne de Castille, était-ce assez pour en déposséder tous les habitants et en exclure tous les princes du monde ? Sur ce pied-là ces cérémonies se multipliaient

1. Ce qui concerne la propriété des biens.

assez vainement, et le Roi catholique n'avait tout d'un coup qu'à prendre de son cabinet possession de tout l'univers ; sauf à retrancher ensuite de son empire ce qui était auparavant possédé par les autres princes.

On conçoit comment les terres des particuliers réunies et contiguës deviennent le territoire public, et comment le droit de souveraineté s'étendant des sujets au terrain qu'ils occupent devient à la fois réel et personnel ; ce qui met les possesseurs dans une plus grande dépendance, et fait de leurs forces mêmes les garants de leur fidélité. Avantage qui ne paraît pas avoir été bien senti des anciens monarques qui ne s'appelant que rois des Perses, des Scythes, des Macédoniens, semblaient se regarder comme les chefs des hommes plutôt que comme les maîtres du pays. Ceux d'aujourd'hui s'appellent plus habilement rois de France, d'Espagne, d'Angleterre, etc. En tenant ainsi le terrain, ils sont bien sûrs d'en tenir les habitants.

18

Possession et propriété : le rôle de l'État

LE DROIT

Ce qu'il y a de singulier dans cette aliénation, c'est que, loin qu'en acceptant les biens des particuliers la communauté les en dépouille, elle ne fait que leur en assurer la légitime possession, changer l'usurpation en un véritable droit, et la jouissance en propriété. Alors les possesseurs étant considérés comme dépositaires du bien public, leurs droits étant respectés de tous les membres de l'État et maintenus de toutes ses forces contre l'étranger, par une cession avantageuse au public et plus encore à eux-mêmes, ils ont, pour ainsi dire, acquis tout ce qu'ils ont donné. Paradoxe qui s'explique aisément par la distinction des droits que le souverain et le propriétaire ont sur le même fond, comme on verra ci-après.

Il peut arriver aussi que les hommes commencent à s'unir avant que de rien posséder, et que, s'emparant ensuite d'un terrain suffisant pour tous, ils en jouissent en commun, ou qu'ils le partagent entre eux, soit également soit selon des proportions établies par le souverain. De quelque manière que se fasse cette acquisition, le droit que chaque particulier a sur son propre fond est toujours subordonné au droit que la communauté a sur tous, sans quoi il n'y aurait ni solidité dans le lien social, ni force réelle dans l'exercice de la souveraineté.

19

L'égalité civile

LA SOCIÉTÉ

Je terminerai ce chapitre et ce livre par une remarque qui doit servir de base à tout le système social ; c'est qu'au lieu de détruire l'égalité naturelle, le pacte fondamental substitue au contraire une égalité morale et légitime à ce que la nature avait pu mettre d'inégalité physique entre les hommes, et que, pouvant être inégaux en force ou en génie, ils deviennent tous égaux par convention et de droit.

Fin du Livre premier

Livre II

Chapitre premier

Que la souveraineté est inaliénable

20

La souveraineté est l'exercice de la volonté générale

Le pouvoir

La première et la plus importante conséquence des principes ci-devant établis est que la volonté générale peut seule diriger les forces de l'État selon la fin de son institution, qui est le bien commun : car si l'opposition des intérêts particuliers a rendu nécessaire l'établissement des sociétés, c'est l'accord de ces mêmes intérêts qui l'a rendu possible. C'est ce qu'il y a de commun dans ces différents intérêts qui forme le lien social, et s'il n'y avait pas quelque point dans lequel tous les intérêts s'accordent, nulle société ne saurait exister. Or c'est uniquement sur cet intérêt commun que la société doit être gouvernée.

Je dis donc que la souveraineté n'étant que l'exercice de la volonté générale ne peut jamais s'aliéner, et que le souverain, qui n'est qu'un être collectif, ne peut être représenté que par lui-même ; le pouvoir peut bien se transmettre, mais non pas la volonté.

En effet, s'il n'est pas impossible qu'une volonté particulière s'accorde sur quelque point avec la volonté générale, il est impossible au moins que cet accord soit durable et constant ; car la volonté particulière tend par sa nature aux préférences, et la volonté générale à l'égalité. Il est plus impossible encore qu'on ait un garant de cet accord quand même il devrait toujours exister ; ce ne serait pas un effet de l'art mais du hasard. Le souverain peut bien dire : Je veux actuellement ce que veut un tel homme ou du moins ce qu'il dit vouloir ; mais il ne peut pas dire : Ce que cet homme voudra demain, je le voudrai encore ; puisqu'il est absurde que la volonté se donne des chaînes pour l'avenir, et puisqu'il ne dépend d'aucune volonté de consentir à rien de contraire au bien de l'être qui veut. Si donc le peuple promet simplement d'obéir, il se dissout par cet acte, il perd sa qualité de peuple ; à l'instant qu'il y a un maître il n'y a plus de souverain, et dès lors le corps politique est détruit.

Ce n'est point à dire que les ordres des chefs ne puissent passer pour des volontés générales, tant que le souverain libre de s'y opposer ne le fait pas. En pareil cas, du silence universel on doit présumer le consentement du peuple. Ceci s'expliquera plus au long.

Chapitre II

Que la souveraineté est indivisible

21

La souveraineté appartient au peuple et ne se divise pas

LE POUVOIR

Par la même raison que la souveraineté est inaliénable, elle est indivisible. Car la volonté est générale, ou elle ne l'est pas ; elle est celle du corps du peuple, ou seulement d'une partie. Dans le premier cas, cette volonté déclarée est un acte de souveraineté et fait loi. Dans le second, ce n'est qu'une volonté particulière, ou un acte de magistrature ; c'est un décret tout au plus.

Mais nos politiques ne pouvant diviser la souveraineté dans son principe, la divisent dans son objet ; ils la divisent en force et en volonté, en puissance législative et en puissance exécutive, en droits d'impôts, de justice, et de guerre, en administration intérieure et en pouvoir de traiter avec l'étranger : tantôt ils confondent toutes ces parties et tantôt ils les séparent. Ils font du souverain un être fantastique et formé de pièces rapportées ; c'est comme s'ils composaient l'homme de plusieurs corps, dont l'un aurait des yeux, l'autre des bras, l'autre des pieds, et rien de plus. Les charlatans du Japon dépècent, dit-on, un enfant aux yeux des spectateurs, puis jetant en l'air tous ses membres l'un après l'autre, ils font retomber l'enfant vivant et tout rassemblé. Tels sont à peu près les tours de gobelets de nos politiques ; après avoir démembré le corps social par un prestige digne de la foire, ils rassemblent les pièces on ne sait comment.

Cette erreur vient de ne s'être pas fait des notions exactes de l'autorité souveraine, et d'avoir pris pour des parties de cette autorité ce qui n'en était que des émanations. Ainsi, par exemple, on a regardé l'acte de déclarer la guerre et celui de faire la paix comme des actes de souveraineté, ce qui n'est pas ; puisque chacun de ces actes n'est point une loi mais seulement une application de la loi, un acte particulier qui détermine le cas de la loi, comme on le verra clairement quand l'idée attachée au mot *loi* sera fixée.

En suivant de même les autres divisions, on trouverait que toutes les fois qu'on croit voir la souveraineté partagée on se trompe, que les droits qu'on prend pour des parties de cette souveraineté lui sont tous subordonnés, et supposent toujours des volontés suprêmes dont ces droits ne donnent que l'exécution.

On ne saurait dire combien ce défaut d'exactitude a jeté d'obscurité sur les décisions des auteurs en matière de droit politique ; quand ils ont voulu juger des droits respectifs des rois et des peuples, sur les principes qu'ils avaient établis. Chacun peut voir dans les chapitres III et IV du premier livre de Grotius comment ce savant homme et son traducteur Barbeyrac s'enchevêtrent, s'embarrassent dans leurs sophismes, crainte d'en dire trop ou de n'en pas dire assez selon leurs vues, et de choquer les intérêts qu'ils avaient à concilier. Grotius réfugié en France, mécontent de sa patrie, et voulant faire sa cour à Louis XIII à qui son livre est dédié, n'épargne rien pour dépouiller les peuples de tous leurs droits et pour en revêtir les rois avec tout l'art possible. C'eût bien été aussi le goût de Barbeyrac, qui dédiait sa traduction au roi d'Angleterre George Ier. Mais malheureusement l'expulsion de Jacques II, qu'il appelle abdication, le forçait à se tenir sur la réserve, à gauchir, à tergiverser, pour ne pas faire de Guillaume un usurpateur. Si ces deux écrivains avaient adopté les vrais principes, toutes les difficultés étaient levées et ils eussent été toujours conséquents ; mais ils auraient tristement dit la vérité et n'auraient fait leur cour qu'au peuple. Or la vérité ne mène point à la fortune, et le peuple ne donne ni ambassades, ni chaires, ni pensions.

Chapitre III

Si la volonté générale peut errer

Il s'ensuit de ce qui précède que la volonté générale est toujours droite et tend toujours à l'utilité publique : mais il ne s'ensuit pas que les délibérations du peuple aient toujours la même rectitude. On veut toujours son bien, mais on ne le voit pas toujours : jamais on ne corrompt le peuple, mais souvent on le trompe, et c'est alors seulement qu'il paraît vouloir ce qui est mal.

Il y a souvent bien de la différence entre la volonté de tous à la volonté générale ; celle-ci ne regarde qu'à l'intérêt commun, l'autre regarde à l'intérêt privé, et n'est qu'une somme de volontés particulières : mais ôtez de ces mêmes volontés les plus et les moins qui s'entre-détruisent, reste pour somme des différences la volonté générale.

Si, quand le peuple suffisamment informé délibère, les citoyens n'avaient aucune communication entre eux, du grand nombre de petites différences résulterait toujours la volonté générale, et la délibération serait toujours bonne. Mais quand il se fait des brigues, des associations partielles aux dépens de la grande, la volonté de chacune de ces associations devient générale par rapport à ses membres, et particulière par rapport à l'État, on peut dire alors qu'il n'y a plus autant de votants que d'hommes, mais seulement autant que d'associations. Les différences deviennent moins nombreuses et donnent un résultat moins général. Enfin, quand une de ces associations est si grande qu'elle l'emporte sur toutes les autres, vous n'avez plus pour résultat une somme de petites différences, mais une différence unique : alors il n'y a plus de volonté générale et l'avis qui l'emporte n'est qu'un avis particulier.

Il importe donc pour avoir bien l'énoncé de la volonté générale, qu'il n'y ait pas de société partielle dans l'État et que chaque citoyen n'opine que d'après lui telle l'unique et sublime institution du grand Lycurgue. Que s'il y a des sociétés partielles, il en faut multiplier le nombre et en prévenir l'inégalité, comme firent Solon,

Numa, Servius[1]. Ces précautions sont les seules bonnes pour que la volonté générale soit toujours éclairée, et que le peuple ne se trompe point.

Chapitre IV

Des bornes du pouvoir souverain

23

Droits du citoyen et droits de l'homme

L'ÉTAT

Si l'État ou la cité n'est qu'une personne morale dont la vie consiste dans l'union de ses membres, et si le plus important de ses soins est celui de sa propre conservation, il lui faut une force universelle et compulsive pour mouvoir et disposer chaque partie de la manière la plus convenable au tout. Comme la nature donne à chaque homme un pouvoir absolu sur tous ses membres, le pacte social donne au corps politique un pouvoir absolu sur tous les siens, et c'est ce même pouvoir qui, dirigé par la volonté générale, porte, comme j'ai dit, le nom de souveraineté.

Mais outre la personne publique, nous avons à considérer les personnes privées qui la composent, et dont la vie et la liberté sont naturellement indépendantes d'elle. Il s'agit donc de bien distinguer les droits respectifs des citoyens et du souverain, et les devoirs qu'ont à remplir les premiers en qualité de sujets, du droit naturel dont ils doivent jouir en qualité d'hommes.

On convient que tout ce que chacun aliène par le pacte social de sa puissance, de ses biens, de sa liberté, c'est seulement la partie de tout cela dont l'usage importe à la communauté, mais il faut convenir aussi que le souverain seul est juge de cette importance.

Tous les services qu'un citoyen peut rendre à l'État, il les lui doit sitôt que le souverain les demande ; mais le souverain de son côté ne peut charger les sujets d'aucune chaîne inutile à la communauté ; il ne peut pas même le vouloir : car sous la loi de raison rien ne se fait sans cause, non plus que sous la loi de nature.

24

Pourquoi la volonté générale est toujours droite

LA VOLONTÉ

Les engagements qui nous lient au corps social ne sont obligatoires que parce qu'ils sont mutuels, et leur nature est telle qu'en les remplissant on ne peut travailler pour autrui sans travailler aussi pour soi. Pourquoi la volonté générale est-elle toujours droite, et pourquoi tous veulent-ils constamment le bonheur de chacun d'eux, si ce n'est parce qu'il n'y a personne qui ne s'approprie ce mot *chacun,* et qui ne songe à lui-même en votant pour tous ? Ce qui prouve que l'égalité de droit et la notion de justice qu'elle produit dérivent de la préférence que chacun se donne et par conséquent de la nature de l'homme, que la volonté générale pour être vraiment telle doit l'être dans son objet ainsi que dans son essence, qu'elle doit partir de tous pour s'appliquer à tous, et qu'elle perd sa rectitude naturelle lorsqu'elle tend à quelque objet individuel et déterminé ; parce

1. Législateurs grecs et romains.

qu'alors jugeant de ce qui nous est étranger nous n'avons aucun vrai principe d'équité qui nous guide.

En effet, sitôt qu'il s'agit d'un fait ou d'un droit particulier, sur un point qui n'a pas été réglé par une convention générale et antérieure, l'affaire devient contentieuse. C'est un procès où les particuliers intéressés sont une des parties et le public l'autre, mais où je ne vois ni la loi qu'il faut suivre, ni le juge qui doit prononcer. Il serait ridicule de vouloir alors s'en rapporter à une expresse décision de la volonté générale, qui ne peut être que la conclusion de l'une des parties, et qui par conséquent n'est pour l'autre qu'une volonté étrangère, particulière, portée en cette occasion à l'injustice et sujette à l'erreur. Ainsi de même qu'une volonté particulière ne peut représenter la volonté générale, la volonté générale à son tour change de nature ayant un objet particulier, et ne peut comme générale prononcer ni sur un homme ni sur un fait. Quand le peuple d'Athènes, par exemple, nommait ou cassait ses chefs, décernait des honneurs à l'un, imposait des peines à l'autre, et par des multitudes de décrets particuliers exerçait indistinctement tous les actes du gouvernement, le peuple alors n'avait plus de volonté générale proprement dite ; il n'agissait plus comme souverain mais comme magistrat. Ceci paraîtra contraire aux idées communes, mais il faut me laisser le temps d'exposer les miennes.

On doit concevoir par là que ce qui généralise la volonté est moins le nombre des voix que l'intérêt commun qui les unit : car dans cette institution chacun se soumet nécessairement aux conditions qu'il impose aux autres ; accord admirable de l'intérêt et de la justice qui donne aux délibérations communes un caractère d'équité qu'on voit évanouir dans la discussion de toute affaire particulière, faute d'un intérêt commun qui unisse et identifie la règle du juge avec celle de la partie.

25

La nature du pacte social

Par quelque côté qu'on remonte au principe, on arrive toujours à la même conclusion ; savoir, que le pacte social établit entre les citoyens une telle égalité qu'ils s'engagent tous sous les mêmes conditions, et doivent jouir tous des mêmes droits. Ainsi par la nature du pacte, tout acte de souveraineté, c'est-à-dire tout acte authentique de la volonté générale, oblige ou favorise également tous les citoyens, en sorte que le souverain connaît seulement le corps de la nation et ne distingue aucun de ceux qui la composent. Qu'est-ce donc proprement qu'un acte de souveraineté ? Ce n'est pas une convention du supérieur avec l'inférieur, mais une convention du corps avec chacun de ses membres : convention légitime, parce qu'elle a pour base le contrat social, équitable, parce qu'elle est commune à tous, utile, parce qu'elle ne peut avoir d'autre objet que le bien général, et solide, parce qu'elle a pour garant la force publique et le pouvoir suprême. Tant que les sujets ne sont soumis qu'à de telles conventions, ils n'obéissent à personne, mais seulement à leur propre volonté ; et demander jusqu'où s'étendent les droits respectifs du souverain et des citoyens, c'est demander jusqu'à quel point ceux-ci peuvent s'engager avec eux-mêmes, chacun envers tous et tous envers chacun d'eux.

26

Les avantages qui découlent du pacte social

LA LIBERTÉ

On voit par là que le pouvoir souverain, tout absolu, tout sacré, tout inviolable qu'il est, ne passe ni ne peut passer les bornes des conventions générales, et que tout homme peut disposer pleinement de ce qui lui a été laissé de ses biens et de sa liberté par ces conventions ; de sorte que le souverain n'est jamais en droit de charger un sujet plus qu'un autre, parce qu'alors l'affaire devenant particulière, son pouvoir n'est plus compétent.

Ces distinctions une fois admises, il est si faux que dans le contrat social il y ait de la part des particuliers aucune renonciation véritable, que leur situation, par l'effet de ce contrat, se trouve réellement préférable à ce qu'elle était auparavant, et qu'au lieu d'une aliénation ils n'ont fait qu'un échange avantageux d'une manière d'être incertaine et précaire contre une autre meilleure et plus sûre, de l'indépendance naturelle contre la liberté, du pouvoir de nuire à autrui contre leur propre sûreté, et de leur force que d'autres pouvaient surmonter contre un droit que l'union sociale rend invincible. Leur vie même qu'ils ont dévouée à l'État en est continuellement protégée, et lorsqu'ils l'exposent pour sa défense que font-ils alors que lui rendre ce qu'ils ont reçu de lui ? Que font-ils qu'ils ne fissent plus fréquemment et avec plus de danger dans l'état de nature, lorsque, livrant des combats inévitables, ils défendraient au péril de leur vie ce qui leur sert à la conserver ? Tous ont à combattre au besoin pour la patrie, il est vrai ; mais aussi nul n'a jamais à combattre pour soi. Ne gagne-t-on pas encore à courir pour ce qui fait notre sûreté une partie des risques qu'il faudrait courir pour nous-mêmes sitôt qu'elle nous serait ôtée ?

Chapitre V

Du droit de vie et de mort

27

Le droit que possède l'État sur la vie des citoyens

LA JUSTICE

On demande comment les particuliers n'ayant point droit de disposer de leur propre vie peuvent transmettre au souverain ce même droit qu'ils n'ont pas ? Cette question ne paraît difficile à résoudre que parce qu'elle est mal posée. Tout homme a droit de risquer sa propre vie pour la conserver. A-t-on jamais dit que celui qui se jette par une fenêtre pour échapper à un incendie soit coupable de suicide ? A-t-on même jamais imputé ce crime à celui qui périt dans une tempête dont en s'embarquant il n'ignorait pas le danger ?

Le traité social a pour fin la conservation des contractants. Qui veut la fin veut aussi les moyens, et ces moyens sont inséparables de quelques risques, même de quelques pertes. Qui veut conserver sa vie aux dépens des autres doit la donner aussi pour eux quand il faut. Or le citoyen n'est plus juge du péril auquel la loi veut qu'il s'expose, et quand le Prince[1] lui a dit : Il est expédient à l'État que

1. C'est-à-dire le détenteur du pouvoir politique.

tu meures, il doit mourir; puisque ce n'est qu'à cette condition qu'il a vécu en sûreté jusqu'alors, et que sa vie n'est plus seulement un bienfait de la nature, mais un don conditionnel de l'État.

La peine de mort infligée aux criminels peut être envisagée à peu près sous le même point de vue : c'est pour n'être pas la victime d'un assassin que l'on consent à mourir si on le devient. Dans ce traité, loin de disposer de sa propre vie on ne songe qu'à la garantir, et il n'est pas à présumer qu'aucun des contractants prémédite alors de se faire pendre.

D'ailleurs tout malfaiteur attaquant le droit social devient par ses forfaits rebelle et traître à la patrie, il cesse d'en être membre en violant ses lois, et même il lui fait la guerre. Alors la conservation de l'État est incompatible avec la sienne, il faut qu'un des deux périsse, et quand on fait mourir le coupable, c'est moins comme citoyen que comme ennemi. Les procédures, le jugement, sont les preuves et la déclaration qu'il a rompu le traité social, et par conséquent qu'il n'est plus membre de l'État. Or comme il s'est reconnu tel, tout au moins par son séjour, il en doit être retranché par l'exil comme infracteur du pacte, ou par la mort comme ennemi public; car un tel ennemi n'est pas une personne morale, c'est un homme, et c'est alors que le droit de la guerre est de tuer le vaincu.

Mais, dira-t-on, la condamnation d'un criminel est un acte particulier. D'accord; aussi cette condamnation n'appartient-elle point au souverain, c'est un droit qu'il peut conférer sans pouvoir l'exercer lui-même. Toutes mes idées se tiennent, mais je ne saurais les exposer toutes à la fois.

Au reste la fréquence des supplices est toujours un signe de faiblesse ou de paresse dans le gouvernement. Il n'y a point de méchant qu'on ne pût rendre bon à quelque chose. On n'a droit de faire mourir, même pour l'exemple, que celui qu'on ne peut conserver sans danger.

À l'égard du droit de faire grâce, ou d'exempter un coupable de la peine portée par la loi et prononcée par le juge, il n'appartient qu'à celui qui est au-dessus du juge et de la loi; c'est-à-dire au souverain. Encore son droit en ceci n'est-il pas bien net, et les cas d'en user sont-ils très rares. Dans un État bien gouverné il y a peu de punitions, non parce qu'on fait beaucoup de grâces, mais parce qu'il y a peu de criminels : la multitude des crimes en assure l'impunité lorsque l'État dépérit. Sous la République romaine, jamais le Sénat ni les consuls ne tentèrent de faire grâce; le peuple même n'en faisait pas, quoiqu'il révoquât quelquefois son propre jugement. Les fréquentes grâces annoncent que bientôt les forfaits n'en auront plus besoin, et chacun voit où cela mène. Mais je sens que mon cœur murmure et retient ma plume; laissons discuter ces questions à l'homme juste qui n'a point failli, et qui jamais n'eut lui-même besoin de grâce.

Chapitre VI

De la loi

28
Nécessité des lois

LE DROIT

Par le pacte social nous avons donné l'existence et la vie au corps politique : il s'agit maintenant de lui donner le mouvement et la volonté par la législation. Car l'acte primitif par lequel ce corps se forme et s'unit ne détermine rien encore de ce qu'il doit faire pour se conserver.

Ce qui est bien et conforme à l'ordre est tel par la nature des choses et indépendamment des conventions humaines. Toute justice vient de Dieu, lui seul en est la source ; mais si nous savions la recevoir de si haut nous n'aurions besoin ni de gouvernement ni de lois. Sans doute il est une justice universelle émanée de la raison seule ; mais cette justice pour être admise entre nous doit être réciproque. À considérer humainement les choses, faute de sanction naturelle, les lois de la justice sont vaines parmi les hommes ; elles ne font que le bien du méchant et le mal du juste, quand celui-ci les observe avec tout le monde sans que personne les observe avec lui. Il faut donc des conventions et des lois pour unir les droits aux devoirs et ramener la justice à son objet. Dans l'état de nature, où tout est commun, je ne dois rien à ceux à qui je n'ai rien promis, je ne reconnais pour être à autrui que ce qui m'est inutile. Il n'en est pas ainsi dans l'état civil où tous les droits sont fixés par la loi.

29
L'objet d'une loi est toujours général

LE DROIT

Mais qu'est-ce donc enfin qu'une loi ? Tant qu'on se contentera de n'attacher à ce mot que des idées métaphysiques, on continuera de raisonner sans s'entendre, et quand on aura dit ce que c'est qu'une loi de la nature on n'en saura pas mieux ce que c'est qu'une loi de l'État.

J'ai déjà dit qu'il n'y avait point de volonté générale sur un objet particulier. En effet cet objet particulier est dans l'État ou hors de l'État. S'il est hors de l'État, une volonté qui lui est étrangère n'est point générale par rapport à lui ; et si cet objet est dans l'État, il en fait partie. Alors il se forme entre le tout et sa partie une relation qui en fait deux êtres séparés, dont la partie est l'un, et le tout moins cette même partie est l'autre. Mais le tout moins une partie n'est point le tout, et tant que ce rapport subsiste il n'y a plus de tout mais deux parties inégales ; d'où il suit que la volonté de l'une n'est point non plus générale par rapport à l'autre.

Mais quand tout le peuple statue sur tout le peuple, il ne considère que lui-même, et s'il se forme alors un rapport, c'est de l'objet entier sous un point de vue à l'objet entier sous un autre point de vue, sans aucune division du tout. Alors la matière sur laquelle on statue est générale comme la volonté qui statue. C'est cet acte que j'appelle une loi.

Quand je dis que l'objet des lois est toujours général, j'entends que la loi considère les sujets en corps et les actions comme abstraites, jamais un homme comme individu ni une action particulière. Ainsi la loi peut bien statuer qu'il y aura des privilèges, mais elle n'en peut donner nommément à personne ; la loi peut faire plusieurs classes de citoyens, assigner même les qualités qui donneront droit à ces classes, mais elle ne peut nommer tels et tels pour y être admis ; elle peut établir un gouvernement royal et une succession héréditaire, mais elle ne peut élire un roi ni nommer une famille royale ; en un mot, toute fonction qui se rapporte à un objet individuel n'appartient point à la puissance législative.

30

L'État républicain

L'ÉTAT

Sur cette idée, on voit à l'instant qu'il ne faut plus demander à qui il appartient de faire des lois, puisqu'elles sont des actes de la volonté générale ; ni si le Prince est au-dessus des lois, puisqu'il est membre de l'État ; ni si la loi peut être injuste, puisque nul n'est injuste envers lui-même ; ni comment on est libre et soumis aux lois, puisqu'elles nc sont que des registres de nos volontés.

On voit encore que la loi réunissant l'universalité de la volonté et celle de l'objet, ce qu'un homme, quel qu'il puisse être, ordonne de son chef n'est point une loi ; ce qu'ordonne même le souverain sur un objet particulier n'est pas non plus une loi mais un décret, ni un acte de souveraineté mais de magistrature.

J'appelle donc République tout État régi par des lois, sous quelque forme d'administration que ce puisse être : car alors seulement l'intérêt public gouverne, et la chose publique est quelque chose. Tout gouvernement légitime est républicain : j'expliquerai ci-après ce que c'est que gouvernement.

31

Le peuple et les lois : nécessité d'un législateur

L'ÉTAT

Les lois ne sont proprement que les conditions de l'association civile. Le Peuple soumis aux lois en doit être l'auteur ; il n'appartient qu'à ceux qui s'associent de régler les conditions de la société : mais comment les régleront-ils ? Sera-ce d'un commun accord, par une inspiration subite ? Le corps politique a-t-il un organe pour énoncer ces volontés ? Qui lui donnera la prévoyance nécessaire pour en former les actes et les publier d'avance, ou comment les prononcera-t-il au moment du besoin ? Comment une multitude aveugle qui souvent ne sait ce qu'elle veut, parce qu'elle sait rarement ce qui lui est bon, exécuterait-elle d'elle-même une entreprise aussi grande, aussi difficile qu'un système de législation ? De lui-même le peuple veut toujours le bien, mais de lui-même il ne le voit pas toujours. La volonté générale est toujours droite, mais le jugement qui la guide n'est pas toujours éclairé. Il faut lui faire voir les objets tels qu'ils sont, quelquefois tels qu'ils doivent lui paraître, lui montrer le bon chemin qu'elle cherche, la garantir de la séduction des volontés particulières, rapprocher à ses yeux les lieux et les temps, balancer l'attrait des avantages présents et sensibles, par le danger des maux éloignés et cachés. Les particuliers voient le bien qu'ils rejettent : le public veut le bien qu'il ne voit pas. Tous ont également besoin de guides. Il faut obliger les uns à conformer leurs volontés à leur raison ; il faut apprendre à l'autre à connaître ce qu'il veut. Alors des lumières publiques résulte l'union de l'entendement et de la volonté dans le corps social, de là l'exact concours des parties, et enfin la plus grande force du tout. Voilà d'où naît la nécessité d'un législateur.

Chapitre VII

Du législateur

32

Créer une constitution : une œuvre surhumaine

L'ÉTAT

Pour découvrir les meilleures règles de société qui conviennent aux nations, il faudrait une intelligence supérieure, qui vît toutes les passions des hommes et qui n'en éprouvât aucune, qui n'eût aucun rapport avec notre nature et qui la connût à fond, dont le bonheur fût indépendant de nous et qui pourtant voulût bien s'occuper du nôtre ; enfin qui, dans le progrès des temps se ménageant une gloire éloignée, pût travailler dans un siècle et jouir dans un autre. Il faudrait des dieux pour donner des lois aux hommes.

Le même raisonnement que faisait Caligula quant au fait Platon le faisait quant au droit pour définir l'homme civil ou royal qu'il cherche dans son livre *Du règne,* mais s'il est vrai qu'un grand prince est un homme rare, que sera-ce d'un grand législateur ? Le premier n'a qu'à suivre le modèle que l'autre doit proposer. Celui-ci est le mécanicien qui invente la machine, celui-là n'est que l'ouvrier qui la monte et la fait marcher. Dans la naissance des sociétés, dit Montesquieu, ce sont les chefs des républiques qui font l'institution, et c'est ensuite l'institution qui forme les chefs des républiques.

Celui qui ose entreprendre d'instituer un peuple doit se sentir en état de changer, pour ainsi dire, la nature humaine ; de transformer chaque individu, qui par lui-même est un tout parfait et solitaire, en partie d'un plus grand tout dont cet individu reçoive en quelque sorte sa vie et son être ; d'altérer la constitution de l'homme pour la renforcer ; de substituer une existence partielle et morale à l'existence physique et indépendante que nous avons tous reçue de la nature. Il faut, en un mot, qu'il ôte à l'homme ses forces propres pour lui en donner qui lui soient étrangères et dont il ne puisse faire usage sans le secours d'autrui. Plus ces forces naturelles sont mortes et anéanties, plus les acquises sont grandes et durables, plus aussi l'institution est solide et parfaite. En sorte que si chaque citoyen n'est rien, ne peut rien, que par tous les autres, et que la force acquise par le tout soit égale ou supérieure à la somme des forces naturelles de tous les individus, on peut dire que la législation est au plus haut point de perfection qu'elle puisse atteindre.

33

Pouvoir constitutionnel et pouvoir législatif

LE POUVOIR

Le législateur est à tous égards un homme extraordinaire dans l'État. S'il doit l'être par son génie, il ne l'est pas moins par son emploi. Ce n'est point magistrature, ce n'est point souveraineté. Cet emploi, qui constitue la république, n'entre point dans sa constitution. C'est une fonction particulière et supérieure qui n'a rien de commun avec l'empire humain ; car si celui qui commande aux hommes ne doit pas commander aux lois, celui qui commande aux lois ne doit pas non plus commander aux hommes ; autrement ses lois, ministres de ses passions, ne feraient souvent que perpétuer ses injustices, et jamais il ne pourrait éviter que des vues particulières n'altérassent la sainteté de son ouvrage.

Quand Lycurgue donna des lois à sa patrie, il commença par abdiquer la Royauté. C'était la coutume de la plupart des villes grecques de confier à des étrangers l'établissement des leurs. Les Républiques modernes de l'Italie imitèrent souvent cet usage ; celle de Genève en fit autant et s'en trouva bien. Rome dans son plus bel âge vit renaître en son sein tous les crimes de la tyrannie, et se vit prête à périr, pour avoir réuni sur les mêmes têtes l'autorité législative et le pouvoir souverain.

Cependant les décemvirs eux-mêmes ne s'arrogèrent jamais le droit de faire passer aucune loi de leur seule autorité. *Rien de ce que nous vous proposons,* disaient-ils au peuple, *ne peut passer en loi sans votre consentement. Romains, soyez vous-mêmes les auteurs des lois qui doivent faire votre bonheur.*

Celui qui rédige les lois n'a donc ou ne doit avoir aucun droit législatif, et le peuple même ne peut, quand il le voudrait, se dépouiller de ce droit incommunicable ; parce que selon le pacte fondamental il n'y a que la volonté générale qui oblige les particuliers, et qu'on ne peut jamais s'assurer qu'une volonté particulière est conforme à la volonté générale qu'après l'avoir soumise aux suffrages libres du peuple : j'ai déjà dit cela, mais il n'est pas inutile de le répéter.

Ainsi l'on trouve à la fois dans l'ouvrage de la législation deux choses qui semblent incompatibles : une entreprise au-dessus de la force humaine et, pour l'exécuter, une autorité qui n'est rien.

34

Comment parler au peuple

Le pouvoir

Autre difficulté qui mérite attention. Les sages qui veulent parler au vulgaire leur langage au lieu du sien n'en sauraient être entendus. Or il y a mille sortes d'idées qu'il est impossible de traduire dans la langue du peuple. Les vues trop générales et les objets trop éloignés sont également hors de sa portée ; chaque individu, ne goûtant d'autre plan de gouvernement que celui qui se rapporte à son intérêt particulier, aperçoit difficilement les avantages, qu'il doit retirer des privations continuelles qu'imposent les bonnes lois. Pour qu'un peuple naissant pût goûter les saines maximes de la politique et suivre les règles fondamentales de la raison d'État, il faudrait que l'effet pût devenir la cause, que l'esprit social qui doit être l'ouvrage de l'institution présidât à l'institution même, et que les hommes fussent avant les lois ce qu'ils doivent devenir par elles. Ainsi donc le législateur ne pouvant employer ni la force ni le raisonnement, c'est une nécessité qu'il recoure à une autorité d'un autre ordre, qui puisse entraîner sans violence et persuader sans convaincre.

35

La solution : l'usage politique des croyances religieuses

La religion

Voilà ce qui força de tout temps les pères des nations à recourir à l'intervention du Ciel et d'honorer les dieux de leur propre sagesse, afin que les peuples, soumis aux lois de l'État comme à celles de la nature, et reconnaissant le même pouvoir dans la formation de l'homme et dans celle de la cité, obéissent avec liberté et portassent docilement le joug de la félicité publique.

Cette raison sublime qui s'élève au-dessus de la portée des hommes vulgaires est celle dont le législateur met les décisions dans la bouche des immortels, pour entraîner par l'autorité divine ceux que ne pourrait ébranler la prudence humaine. Mais il n'appartient pas à tout homme de faire parler les dieux, ni d'en être cru quand il s'annonce pour être leur interprète. La grande âme du législateur est le vrai miracle qui doit prouver sa mission. Tout homme peut graver des tables de pierre, ou acheter un oracle, ou feindre un secret commerce avec quelque divinité, ou dresser un oiseau pour lui parler à l'oreille, ou trouver d'autres moyens grossiers d'en imposer au peuple. Celui qui ne saura que cela pourra même assembler par hasard une troupe d'insensés, mais il ne fondera jamais un empire, et son extravagant ouvrage périra bientôt avec lui. De vains prestiges forment un lien passager, il n'y a que la sagesse qui le rende durable. La loi judaïque toujours subsistante, celle de l'enfant d'Ismaël, qui depuis dix siècles régit la moitié du monde, annoncent encore aujourd'hui les grands hommes qui les ont dictées ; et tandis que l'orgueilleuse philosophie ou l'aveugle esprit de parti ne voit en eux que d'heureux imposteurs, le vrai politique admire dans leurs institutions ce grand et puissant génie qui préside aux établissements durables.

Il ne faut pas de tout ceci conclure avec Warburton que la politique et la religion aient parmi nous un objet commun, mais que, dans l'origine des nations, l'une sert d'instrument à l'autre.

Chapitre VIII

Du peuple[1]

36

Des conditions historiques propices

L'ÉTAT

Comme avant d'élever un grand édifice l'architecte observe et sonde le sol, pour voir s'il en peut soutenir le poids, le sage instituteur ne commence pas par rédiger de bonnes lois en elles-mêmes, mais il examine auparavant si le peuple auquel il les destine est propre à les supporter. C'est pour cela que Platon refusa de donner des lois aux Arcadiens et aux Cyréniens, sachant que ces deux peuples étaient riches et ne pouvaient souffrir l'égalité : c'est pour cela qu'on vit en Crète de bonnes lois et de méchants hommes, parce que Minos n'avait discipliné qu'un peuple chargé de vices.

Mille nations ont brillé sur la terre qui n'auraient jamais pu souffrir de bonnes lois, et celles mêmes qui l'auraient pu n'ont eu dans toute leur durée qu'un temps fort court pour cela. Les peuples ainsi que les hommes ne sont dociles que dans leur jeunesse ; ils deviennent incorrigibles en vieillissant ; quand une fois les coutumes sont établies et les préjugés enracinés, c'est une entreprise dangereuse et vaine de vouloir les réformer ; le peuple ne peut pas même souffrir qu'on touche à ses maux pour les détruire, semblable à ces malades stupides et sans courage qui frémissent à l'aspect du médecin.

1. Les chapitres VIII, IX et X traitent des conditions favorables à l'institution d'un État.

Ce n'est pas que, comme quelques maladies bouleversent la tête des hommes et leur ôtent le souvenir du passé, il ne se trouve quelquefois dans la durée des États des époques violentes où les révolutions font sur les peuples ce que certaines crises font sur les individus, où l'horreur du passé tient lieu d'oubli, et où l'État, embrasé par les guerres civiles, renaît pour ainsi dire de sa cendre et reprend la vigueur de la jeunesse en sortant des bras de la mort. Telle fut Sparte au temps de Lycurgue, telle fut Rome après les Tarquins, et telles ont été parmi nous la Hollande et la Suisse après l'expulsion des tyrans.

Mais ces événements sont rares ; ce sont des exceptions dont la raison se trouve toujours dans la constitution particulière de l'État excepté. Elles ne sauraient même avoir lieu deux fois pour le même peuple, car il peut se rendre libre tant qu'il n'est que barbare, mais il ne le peut plus quand le ressort civil est usé. Alors les troubles peuvent le détruire sans que les révolutions puissent le rétablir, et sitôt que ses fers sont brisés, il tombe épars et n'existe plus. Il lui faut désormais un maître et non pas un libérateur. Peuples libres, souvenez-vous de cette maxime : on peut acquérir la liberté, mais on ne la recouvre jamais.

Il est pour les nations comme pour les hommes un temps de maturité qu'il faut attendre avant de les soumettre à des lois ; mais la maturité d'un peuple n'est pas toujours facile à connaître, et si on la prévient l'ouvrage est manqué. Tel peuple est disciplinable en naissant, tel autre ne l'est pas au bout de dix siècles. Les Russes ne seront jamais vraiment policés, parce qu'ils l'ont été trop tôt. Pierre avait le génie imitatif ; il n'avait pas le vrai génie, celui qui crée et fait tout de rien. Quelques-unes des choses qu'il fit étaient bien, la plupart étaient déplacées. Il a vu que son peuple était barbare, il n'a point vu qu'il n'était pas mûr pour la police, il l'a voulu civiliser quand il ne fallait que l'aguerrir. Il a d'abord voulu faire des Allemands, des Anglais, quand il fallait commencer par faire des Russes ; il a empêché ses sujets de jamais devenir ce qu'ils pourraient être, en leur persuadant qu'ils étaient ce qu'ils ne sont pas. C'est ainsi qu'un précepteur français forme son élève pour briller au moment de son enfance, et puis n'être jamais rien. L'Empire de Russie voudra subjuguer l'Europe et sera subjugué lui-même. Les Tartares ses sujets ou ses voisins deviendront ses maîtres et les nôtres. Cette révolution me paraît infaillible. Tous les rois de l'Europe travaillent de concert à l'accélérer.

Chapitre IX

Suite

37

Les dimensions convenables pour un État

L'ÉTAT

Comme la nature a donné des termes à la stature d'un homme bien conformé, passé lesquels elle ne fait plus que des géants ou des nains, il y a de même, eu égard à la meilleure constitution d'un État, des bornes à l'étendue qu'il peut avoir, afin qu'il ne soit ni trop grand pour pouvoir être bien gouverné, ni trop petit pour pouvoir se maintenir par lui-même. Il y a dans tout corps politique un *maximum* de force qu'il ne saurait passer, et duquel souvent il s'éloigne à force de s'agrandir. Plus le lien social s'étend, plus il se relâche, et en général un petit État est proportionnellement plus fort qu'un grand.

Mille raisons démontrent cette maxime. Premièrement l'administration devient plus pénible dans les grandes distances, comme un poids devient plus lourd au bout d'un plus grand levier. Elle devient aussi plus onéreuse à mesure que les degrés se multiplient ; car chaque ville a d'abord la sienne que le peuple paye, chaque district la sienne encore payée par le peuple, ensuite chaque province, puis les grands gouvernements, les satrapies, les vice-royautés qu'il faut toujours payer plus cher à mesure qu'on monte, et toujours aux dépens du malheureux peuple ; enfin vient l'administration suprême qui écrase tout. Tant de surcharges épuisent continuellement les sujets ; loin d'être mieux gouvernés par ces différents ordres, ils le sont moins bien que s'il n'y en avait qu'un seul au-dessus d'eux. Cependant à peine reste-t-il des ressources pour les cas extraordinaires, et quand il y faut recourir l'État est toujours à la veille de sa ruine.

Ce n'est pas tout ; non seulement le gouvernement a moins de vigueur et de célérité pour faire observer les lois, empêcher les vexations, corriger les abus, prévenir les entreprises séditieuses qui peuvent se faire dans des lieux éloignés, mais le peuple a moins d'affection pour ses chefs qu'il ne voit jamais, pour la patrie qui est à ses yeux comme le monde, et pour ses concitoyens dont la plupart lui sont étrangers. Les mêmes lois ne peuvent convenir à tant de provinces diverses qui ont des mœurs différentes, qui vivent sous des climats opposés, et qui ne peuvent souffrir la même forme de gouvernement. Des lois différentes n'engendrent que trouble et confusion parmi des peuples qui, vivant sous les mêmes chefs et dans une communication continuelle, passent ou se marient les uns chez les autres et, soumis à d'autres coutumes, ne savent jamais si leur patrimoine est bien à eux. Les talents sont enfouis, les vertus ignorées, les vices impunis, dans cette multitude d'hommes inconnus les uns aux autres, que le siège de l'administration suprême rassemble dans un même lieu. Les chefs accablés d'affaires ne voient rien par eux-mêmes, des commis gouvernent l'État. Enfin les mesures qu'il faut prendre pour maintenir l'autorité générale, à laquelle tant d'officiers éloignés veulent se soustraire ou en imposer, absorbent tous les soins publics, il n'en reste plus pour le bonheur du peuple, à peine en reste-t-il pour sa défense au besoin, et c'est ainsi qu'un corps trop grand pour sa constitution s'affaisse et périt écrasé sous son propre poids.

D'un autre côté, l'État doit se donner une certaine base pour avoir de la solidité, pour résister aux secousses qu'il ne manquera pas d'éprouver et aux efforts qu'il sera contraint de faire pour se soutenir : car tous les peuples ont une espèce de force centrifuge, par laquelle ils agissent continuellement les uns contre les autres et tendent à s'agrandir aux dépens de leurs voisins, comme les tourbillons de Descartes. Ainsi les faibles risquent d'être bientôt engloutis, et nul ne peut guère se conserver qu'en se mettant avec tous dans une espèce d'équilibre, qui rende la compression partout à peu près égale.

On voit par là qu'il y a des raisons de s'étendre et des raisons de se resserrer, et ce n'est pas le moindre talent du politique de trouver, entre les unes et les autres, la proportion la plus avantageuse à la conservation de l'État. On peut dire en général que les premières, n'étant qu'extérieures et relatives, doivent être subordonnées aux autres, qui sont internes et absolues ; une saine et forte constitution est la première chose qu'il faut rechercher, et l'on doit plus compter sur la vigueur qui naît d'un gouvernement que sur les ressources que fournit un grand territoire.

Au reste, on a vu des États tellement constitués que la nécessité des conquêtes entrait dans leur constitution même, et que pour se maintenir ils étaient forcés de s'agrandir sans cesse. Peut-être se félicitaient-ils beaucoup de cette heureuse nécessité, qui leur montrait pourtant, avec le terme de leur grandeur, l'inévitable moment de leur chute.

Chapitre x

Suite

38

Le rapport entre territoire et population

L'ÉTAT

On peut mesurer un corps politique de deux manières ; savoir, par l'étendue du territoire, et par le nombre du peuple, et il y a, entre l'une et l'autre de ces mesures, un rapport convenable pour donner à l'État sa véritable grandeur. Ce sont les hommes qui font l'État, et c'est le terrain qui nourrit les hommes ; ce rapport est donc que la terre suffise à l'entretien de ses habitants, et qu'il y ait autant d'habitants que la terre en peut nourrir. C'est dans cette proportion que se trouve le *maximum* de force d'un nombre donné de peuple ; car s'il y a du terrain de trop, la garde en est onéreuse, la culture insuffisante, le produit superflu ; c'est la cause prochaine des guerres défensives ; s'il n'y en a pas assez, l'État se trouve pour le supplément à la discrétion de ses voisins ; c'est la cause prochaine des guerres offensives. Tout peuple qui n'a par sa position que l'alternative entre le commerce ou la guerre est faible en lui-même ; il dépend de ses voisins, il dépend des événements ; il n'a jamais qu'une existence incertaine et courte. Il subjugue et change de situation, ou il est subjugué et n'est rien. Il ne peut se conserver libre qu'à force de petitesse ou de grandeur.

On ne peut donner en calcul un rapport fixe entre l'étendue de terre et le nombre d'hommes qui se suffisent l'un à l'autre ; tant à cause des différences qui se trouvent dans les qualités du terrain, dans ses degrés de fertilité, dans la nature de ses productions, dans l'influence des climats, que de celles qu'on remarque dans les tempéraments des hommes qui les habitent, dont les uns consomment peu dans un pays fertile, les autres beaucoup sur un sol ingrat. Il faut encore avoir égard à la plus grande ou moindre fécondité des femmes, à ce que le pays peut avoir de plus ou moins favorable à la population, à la quantité dont le législateur peut espérer d'y concourir par ses établissements ; de sorte qu'il ne doit pas fonder son jugement sur ce qu'il voit mais sur ce qu'il prévoit, ni s'arrêter autant à l'état actuel de la population qu'à celui où elle doit naturellement parvenir. Enfin il y a mille occasions où les accidents particuliers du lieu exigent ou permettent qu'on embrasse plus de terrain qu'il ne paraît nécessaire. Ainsi l'on s'étendra beaucoup dans un pays de montagnes, où les productions naturelles, savoir, les bois, les pâturages, demandent moins de travail, où l'expérience apprend que les femmes sont plus fécondes que dans les plaines, et où un grand sol incliné ne donne qu'une petite base horizontale, la seule qu'il faut compter pour la végétation. Au contraire, on peut se resserrer au bord de la mer, même dans des rochers et des sables presque stériles ; parce que la pêche y peut suppléer en grande partie aux productions de la terre, que les hommes doivent être plus rassemblés pour repousser les pirates, et qu'on a d'ailleurs plus de facilité pour délivrer le pays, par les colonies, des habitants dont il est surchargé.

39

Le rôle de la guerre

LA VIOLENCE

À ces conditions pour instituer un peuple, il en faut ajouter une qui ne peut suppléer à nulle autre, mais sans laquelle elles sont toutes inutiles ; c'est qu'on jouisse de l'abondance et de la paix ; car le temps où s'ordonne un État est, comme celui où se forme un bataillon, l'instant où le corps est le moins capable de résistance et le plus facile à détruire. On résisterait mieux dans un désordre absolu que dans un moment de fermentation, où chacun s'occupe de son rang et non du péril. Qu'une guerre, une famine, une sédition survienne en ce temps de crise, l'État est infailliblement renversé.

Ce n'est pas qu'il n'y ait beaucoup de gouvernements établis durant ces orages ; mais alors ce sont ces gouvernements mêmes qui détruisent l'État. Les usurpateurs amènent ou choisissent toujours ces temps de troubles pour faire passer, à la faveur de l'effroi public, des lois destructives que le peuple n'adopterait jamais de sang-froid. Le choix du moment de l'institution est un des caractères les plus sûrs par lesquels on peut distinguer l'œuvre du législateur d'avec celle du tyran.

40

Résumé : les conditions propices à l'œuvre constitutionnelle

L'ÉTAT

Quel peuple est donc propre à la législation ? Celui qui, se trouvant déjà lié par quelque union d'origine, d'intérêt ou de convention, n'a point encore porté le vrai joug des lois ; celui qui n'a ni coutumes ni superstitions bien enracinées ; celui qui ne craint pas d'être accablé par une invasion subite, qui, sans entrer dans les querelles de ses voisins, peut résister seul à chacun d'eux, ou s'aider de l'un pour repousser l'autre ; celui dont chaque membre peut être connu de tous, et où l'on n'est point forcé de charger un homme d'un plus grand fardeau qu'un homme ne peut porter ; celui qui peut se passer des autres peuples et dont tout autre peuple peut se passer ; celui qui n'est ni riche ni pauvre et peut se suffire à lui-même ; enfin celui qui réunit la consistance d'un ancien peuple avec la docilité d'un peuple nouveau. Ce qui rend pénible l'ouvrage de la législation est moins ce qu'il faut établir que ce qu'il faut détruire ; et ce qui rend le succès si rare, c'est l'impossibilité de trouver la simplicité de la nature jointe aux besoins de la société. Toutes ces conditions, il est vrai, se trouvent difficilement rassemblées. Aussi voit-on peu d'États bien constitués.

Il est encore en Europe un pays capable de législation, c'est l'île de Corse. La valeur et la constance avec laquelle ce brave peuple a su recouvrer et défendre sa liberté mériterait bien que quelque homme sage lui apprît à la conserver. J'ai quelque pressentiment qu'un jour cette petite île étonnera l'Europe.

Chapitre XI

Des divers systèmes de législation

41

L'importance de l'égalité

LA JUSTICE

Si l'on recherche en quoi consiste précisément le plus grand bien de tous, qui doit être la fin de tout système de législation, on trouvera qu'il se réduit à ces deux objets principaux, la *liberté* et l'*égalité*. La liberté, parce que toute dépendance particulière est autant de force ôtée au corps de l'État ; l'égalité, parce que la liberté ne peut subsister sans elle.

J'ai déjà dit ce que c'est que la liberté civile ; à l'égard de l'égalité, il ne faut pas entendre par ce mot que les degrés de puissance et de richesse soient absolument les mêmes, mais que, quant à la puissance, elle soit au-dessous de toute violence et ne s'exerce jamais qu'en vertu du rang et des lois, et, quant à la richesse, que nul citoyen ne soit assez opulent pour en pouvoir acheter un autre, et nul assez pauvre pour être contraint de se vendre. Ce qui suppose, du côté des grands, modération de biens et de crédit, et du côté des petits, modération d'avarice et de convoitise.

Cette égalité, disent-ils, est une chimère de spéculation qui ne peut exister dans la pratique. Mais si l'abus est inévitable, s'ensuit-il qu'il ne faille pas au moins le régler ? C'est précisément parce que la force des choses tend toujours à détruire l'égalité que la force de la législation doit toujours tendre à la maintenir.

42

Pouvoir adapter l'institution

L'ÉTAT

Mais ces objets généraux de toute bonne institution doivent être modifiés en chaque pays par les rapports qui naissent, tant de la situation locale que du caractère des habitants, et c'est sur ces rapports qu'il faut assigner à chaque peuple un système particulier d'institution qui soit le meilleur, non peut-être en lui-même, mais pour l'État auquel il est destiné. Par exemple le sol est-il ingrat et stérile, où le pays trop serré pour les habitants ? Tournez-vous du côté de l'industrie et des arts, dont vous échangerez les productions contre les denrées qui vous manquent. Au contraire, occupez-vous de riches plaines et des coteaux fertiles ? Dans un bon terrain, manquez-vous d'habitants ? Donnez tous vos soins à l'agriculture qui multiplie les hommes, et chassez les arts qui ne feraient qu'achever de dépeupler le pays, en attroupant sur quelques points du territoire le peu d'habitants qu'il a. Occupez-vous des rivages étendus et commodes ? Couvrez la mer de vaisseaux, cultivez le commerce et la navigation ; vous aurez une existence brillante et courte. La mer ne baigne-t-elle sur vos côtes que des rochers presque inaccessibles ? Restez barbares et ichtyophages ; vous en vivrez plus tranquilles, meilleurs peut-être, et sûrement plus heureux. En un mot, outre les maximes communes à tous, chaque peuple renferme en lui quelque cause qui les ordonne d'une manière particulière et rend sa législation propre à lui seul. C'est ainsi qu'autrefois les Hébreux et récemment les Arabes ont eu pour principal objet la religion, les Athéniens les lettres, Carthage et Tyr le commerce, Rhodes la marine, Sparte la guerre, et Rome la vertu. L'auteur de *L'Esprit des lois* a montré dans des foules d'exemples par quel art le législateur dirige l'institution vers chacun de ces objets.

Ce qui rend la constitution d'un État véritablement solide et durable, c'est quand les convenances sont tellement observées que les rapports naturels et les lois tombent toujours de concert sur les mêmes points, et que celles-ci ne font, pour ainsi dire, qu'assurer, accompagner, rectifier les autres. Mais si le législateur, se trompant dans son objet, prend un principe différent de celui qui naît de la nature des choses, que l'un tende à la servitude et l'autre à la liberté, l'un aux richesses, l'autre à la population, l'un à la paix, l'autre aux conquêtes, on verra les lois s'affaiblir insensiblement, la constitution s'altérer, et l'État ne cessera d'être agité jusqu'à ce qu'il soit détruit ou changé, et que l'invincible nature ait repris son empire.

Chapitre XII

Division des lois

43

Les lois en général et les lois constitutionnelles en particulier

L'ÉTAT

Pour ordonner le tout, ou donner la meilleure forme possible à la chose publique, il y a diverses relations à considérer. Premièrement l'action du corps entier agissant sur lui-même, c'est-à-dire le rapport du tout au tout, ou du souverain à l'État, et ce rapport est composé de celui des termes intermédiaires, comme nous le verrons ci-après.

Les lois qui règlent ce rapport portent le nom de lois politiques, et s'appellent aussi lois fondamentales, non sans quelque raison si ces lois sont sages. Car s'il n'y a dans chaque État qu'une bonne manière de l'ordonner, le peuple qui l'a trouvée doit s'y tenir ; mais si l'ordre établi est mauvais, pourquoi prendrait-on pour fondamentales des lois qui l'empêchent d'être bon ? D'ailleurs, en tout état de cause, un peuple est toujours le maître de changer ses lois, même les meilleures ; car s'il lui plaît de se faire mal à lui-même, qui est-ce qui a droit de l'en empêcher ?

La seconde relation est celle des membres entre eux ou avec le corps entier, et ce rapport doit être au premier égard aussi petit et au second aussi grand qu'il est possible : en sorte que chaque citoyen soit dans une parfaite indépendance de tous les autres, et dans une excessive dépendance de la cité ; ce qui se fait toujours par les mêmes moyens ; car il n'y a que la force de l'État qui fasse la liberté de ses membres. C'est de ce deuxième rapport que naissent les lois civiles.

On peut considérer une troisième sorte de relation entre l'homme et la loi, savoir celle de la désobéissance à la peine, et celle-ci donne lieu à l'établissement des lois criminelles, qui dans le fond sont moins une espèce particulière de lois que la sanction de toutes les autres.

À ces trois sortes de lois, il s'en joint une quatrième, la plus importante de toutes ; qui ne se grave ni sur le marbre ni sur l'airain, mais dans les cœurs des citoyens ; qui fait la véritable constitution de l'État ; qui prend tous les jours de nouvelles forces ; qui, lorsque les autres lois vieillissent ou s'éteignent, les ranime ou les supplée, conserve un peuple dans l'esprit de son institution, et substitue insensiblement la force de l'habitude à celle de l'autorité. Je parle des mœurs, des coutumes, et surtout de l'opinion ; partie inconnue à nos politiques, mais de laquelle dépend le succès de toutes les autres : partie dont le grand législateur s'occupe en secret, tandis qu'il paraît se borner à des règlements particuliers qui ne sont que le cintre de la voûte, dont les mœurs, plus lentes à naître, forment enfin l'inébranlable clef.

Entre ces diverses classes, les lois politiques, qui constituent la forme du gouvernement, sont la seule relative à mon sujet.

Fin du Livre deuxième

CONTREPOINT

Au lieu de limiter le pouvoir de l'État, les révolutionnaires français puisèrent sans doute chez Rousseau l'idée qu'en le transférant au peuple, on le rendait inoffensif. Benjamin Constant, théoricien du libéralisme politique, fait en 1818 la critique de cet argument.

Benjamin Constant,
De la liberté chez les modernes, 1818.

L'ÉTAT

Lorsqu'on établit que la souveraineté du peuple est illimitée, on crée et l'on jette au hasard dans la société humaine un degré de pouvoir trop grand par lui-même, et qui est un mal, en quelques mains qu'on le place. Confiez-le à un seul, à plusieurs, à tous, vous le trouverez également un mal. Vous vous en prendrez aux dépositaires de ce pouvoir, et suivant les circonstances, vous accuserez tour à tour la monarchie, l'aristocratie, la démocratie, les gouvernements mixtes, le système représentatif. Vous aurez tort ; c'est le degré de force, et non les dépositaires de cette force qu'il faut accuser. C'est contre l'arme et non contre le bras qu'il faut sévir. Il y a des masses trop pesantes pour la main des hommes.

L'erreur de ceux qui, de bonne foi dans leur amour de la liberté, ont accordé à la souveraineté du peuple un pouvoir sans bornes, vient de la manière dont se sont formées leurs idées en politique. Ils ont vu dans l'histoire un petit nombre d'hommes, ou même un seul, en possession d'un pouvoir immense, qui faisait beaucoup de mal ; mais leur courroux s'est dirigé contre les possesseurs du pouvoir et non contre le pouvoir même. Au lieu de le détruire, ils n'ont songé qu'à le déplacer. C'était un fléau, ils l'ont considéré comme une conquête. Ils en ont doté la société entière. Il a passé forcément d'elle à la majorité, de la majorité entre les mains de quelques hommes, souvent dans une seule main : il fait tout autant de mal qu'auparavant. [...]

La souveraineté n'existe que d'une manière limitée et relative. Au point où commence l'indépendance et l'existence individuelle, s'arrête la juridiction de cette souveraineté. Si la société franchit cette ligne, elle se rend aussi coupable que le despote qui n'a pour titre que le glaive exterminateur ; la société ne peut excéder sa compétence sans être usurpatrice, la majorité, sans être factieuse.

Kant

Critique de la raison pure

1724-1804

Pour comprendre l'entreprise de Kant, on peut la comparer à celle de Descartes. Pour celui-ci, le rôle de la philosophie était d'aider la science à naître, en critiquant les formes de pensées qui s'opposaient à elle et en produisant les principes généraux sur lesquels elle pourrait s'édifier. Le maître mot de Descartes était donc « la méthode », à savoir les procédés dont la science aurait besoin pour prendre son essor.

Mais au XVIIIe siècle, la science existe. Newton symbolise les triomphes qu'elle a remportés sans le secours de la métaphysique. Kant veut comprendre comment ce fait a été possible. C'est pourquoi le maître mot de Kant est « critique » — entendons par là l'examen des conditions qui rendent possible la connaissance.

Pour expliquer le fait que la science rend compte du monde dans lequel nous vivons, les philosophes produisaient, avant Kant, deux explications différentes.

Les rationalistes affirmaient que l'esprit tire de son propre fond les idées de la science : les objets correspondent aux idées parce qu'ils en sont le produit. Pour Kant, cette affirmation ne vaut que pour un entendement divin qui seul pourrait créer les choses en les pensant.

Les empiristes avançaient que nos idées représentent les choses parce qu'elles en sont l'empreinte. Mais si c'est le cas, comment expliquer que nos connaissances devancent les données de l'observation empirique. Car en disant « l'eau bout à 100° », la science ne se contente pas d'enregistrer une observation acquise ; elle affirme que cela doit être nécessairement le cas partout et toujours. Il y a donc plus dans la connaissance que dans l'expérience.

Pour dépasser l'opposition de ces deux doctrines, Kant va distinguer deux composantes de la connaissance : sa matière et sa forme. Ce que l'esprit reçoit, la masse brute des données sensibles, c'est la matière de la connaissance. Mais ce qu'il apporte, ce sont ses propres structures, grâce auxquelles il met en forme ces données. Tel est le principe de ce que Kant a appelé sa révolution copernicienne. De même que Copernic qui, inversant les relations admises, fait tourner la Terre autour du Soleil — Kant affirme que ce n'est pas le sujet connaissant qui doit se subordonner aux objets, mais les objets qui doivent se régler sur le sujet de la connaissance.

Il en découle que le monde n'est connu que dans la mesure où notre esprit projette son ordre sur lui. Le monde connaissable c'est le monde tel qu'il apparaît à l'homme. Il nous est donc impossible de savoir ce que serait le monde pour d'autres êtres — et encore moins ce qu'il est *en soi*, contrairement à ce que prétendait la métaphysique. L'ambition de celle-ci étant définitivement ruinée, Kant établit un nouveau partage : à la science de construire un savoir sur les *phénomènes*, mais sans jamais espérer outrepasser les limites de l'expérience. Au-delà de l'expérience, le champ est libre pour la foi et les postulats que la morale exige.

1787,
traduction de Barni
et Archambault.

Critique de la raison pure

Préface de la seconde édition

(texte intégral)

1

La raison doit découvrir la voie de la science

LA CONNAISSANCE

Dans le travail auquel on se livre sur les connaissances qui sont proprement l'œuvre de la raison, on juge bientôt par le résultat si l'on a suivi ou non la route sûre de la science. Si, après toutes sortes de dispositions et de préparatifs, on tombe dans des difficultés nouvelles au moment où l'on croit toucher le but ; ou si, pour l'atteindre, on est souvent forcé de revenir sur ses pas et de prendre une autre route ; ou bien encore s'il est impossible d'accorder entre eux les divers travailleurs sur la façon dont le but commun doit être poursuivi, on peut être convaincu que cette étude à laquelle on se livre est loin d'être entrée dans la voie sûre de la science, mais qu'elle est encore un simple tâtonnement. Or, c'est déjà un mérite pour la raison que de découvrir autant que possible cette voie, dût-on abandonner comme vaine une grande partie du but qu'on s'était d'abord proposé sans réflexion.

2

La logique est achevée

LA LOGIQUE

Ce qui montre par exemple que la *logique* est entrée depuis les temps les plus anciens dans cette voie certaine, c'est que, depuis *Aristote,* elle n'a pas eu besoin de faire un pas en arrière, à moins que l'on ne regarde comme des améliorations le retranchement de quelques subtilités inutiles, ou une plus grande clarté dans l'exposition, toutes choses qui tiennent plutôt à l'élégance qu'à la certitude de la science. Il est aussi digne de remarquer que, jusqu'ici, elle n'a pu faire un seul pas en avant, et qu'aussi, selon toute apparence, elle semble arrêtée et achevée. En effet, lorsque certains modernes ont pensé l'étendre en y introduisant certains chapitres, soit de *psychologie,* sur les diverses facultés de connaître (l'imagination, l'esprit), soit de *métaphysique,* sur l'origine de la connaissance ou sur les diverses espèces de certitude suivant la diversité des objets (sur l'Idéalisme, le Scepticisme, etc.), soit d'*anthropologie* sur les préjugés (leurs causes et leurs remèdes), cela provient de leur ignorance de la nature propre de cette science. Ce n'est pas étendre les sciences, mais les dénaturer, que de confondre leurs limites. Or celles de la logique sont déterminées très exactement par ceci qu'elle est une science qui expose en détail et démontre rigoureusement les seules règles formelles de toute pensée (que cette pensée soit *a priori* ou empirique, qu'elle ait telle ou telle origine et tel ou tel objet, qu'elle rencontre dans notre esprit des obstacles accidentels ou naturels).

3

La logique traite des règles formelles de la pensée

LA LOGIQUE

Si la *logique* a été si heureuse, elle ne doit cet avantage qu'à son étroite spécialisation, qui l'oblige à faire abstraction de tous les objets de la connaissance et de leur différence, et qui veut que l'entendement ne s'y occupe que de lui-même et de sa forme. Il devait être naturellement beaucoup plus difficile pour la raison d'entrer dans la voie sûre de la science, lorsqu'elle n'a plus seulement affaire à elle-même, mais aussi à des objets. Aussi la logique, comme propédeutique, n'est-elle en quelque sorte que le vestibule des sciences ; et lorsqu'il s'agit de connaissances, on suppose sans doute une logique pour les juger, mais leur acquisition, c'est dans ce qu'on appelle proprement et objectivement les sciences qu'il faut la chercher.

4

L'élément *a priori* dans une connaissance

LA CONNAISSANCE

S'il y a de la raison dans ces sciences, il faut aussi qu'il y ait quelque connaissance *a priori,* et d'autre part la connaissance de la raison peut se rapporter à son objet de deux manières : ou bien il s'agit simplement de le *déterminer* lui et son concept (qui doit être donné d'autre part), ou bien il s'agit de le *réaliser.* Dans le premier cas, on a la *connaissance théorique,* dans le second, la *connaissance pratique* de la raison. Dans les deux cas la partie *pure* de la connaissance, si grande ou si petite que soit son contenu, je veux dire la partie où la raison détermine son objet complètement *a priori,* doit être d'abord traitée séparément et sans aucun mélange de ce qui vient d'autres sources. C'est en effet le propre d'une mauvaise économie domestique que de dépenser inconsidérément tout ce qu'on reçoit, sans pouvoir distinguer ensuite, lorsqu'on se trouve dans l'embarras, quelle partie des recettes peut supporter la dépense, et sur quelle partie il faut la restreindre.

La *mathématique* et la *physique* sont les deux connaissances théoriques de la raison qui doivent déterminer *a priori* leur *objet,* la première d'une façon entièrement pure, la seconde du moins en partie, mais aussi dans la mesure que lui permettent d'autres sources de connaissance que la raison.

5

La mathématique construit ses objets

LES MATHÉMATIQUES

La mathématique, dès les temps les plus reculés où puisse remonter l'histoire de la raison humaine, a suivi, chez l'admirable peuple grec, la route sûre de la science. Mais il ne faut pas croire qu'il lui ait été aussi facile qu'à la logique, où la raison n'a affaire qu'à elle-même, de trouver cette route royale, ou pour mieux dire, de se la frayer. Je crois plutôt qu'elle est restée longtemps à tâtonner (surtout chez les Égyptiens), et que ce changement fut l'effet d'une révolution due à un seul homme, qui conçut l'heureuse idée d'un essai après lequel il n'y avait plus à se tromper sur la route à suivre, et le chemin sûr de la science se trouvait ouvert et tracé pour tous les temps et à des distances infinies. L'histoire de cette *révolution* intellectuelle, beaucoup plus importante cependant que la découverte de la route par le fameux cap, l'histoire aussi de l'homme qui eut le bonheur de l'accomplir n'est pas parvenue jusqu'à nous. Cependant la tradition que nous transmet *Diogène Laërce,* en nommant le prétendu inventeur de ces éléments les plus simples des démonstrations géométriques qui, suivant l'opinion commune, n'ont besoin d'aucune preuve, cette tradition prouve que le souvenir du changement opéré par le premier pas fait dans cette route nouvellement découverte, a dû paraître extrêmement important aux mathématiciens, et a été sauvé par cela de l'oubli. Le premier qui démontra le *triangle isocèle* (qu'il s'appelât *Thalès* ou de tout autre nom) fut frappé d'une grande lumière ; car il trouva qu'il ne devait pas s'attacher à ce qu'il voyait dans la figure, ou même au simple concept qu'il en avait, mais qu'il avait à engendrer, à construire cette figure, au moyen de ce qu'il pensait à ce sujet et se représentait *a priori* par concepts, et que, pour connaître avec certitude une chose *a priori,* il ne devait attribuer à cette chose que ce qui dérivait nécessairement de ce qu'il y avait mis lui-même, en conséquence de son concept.

6

La physique interroge la nature

La physique arriva beaucoup plus lentement à trouver la grande route de la science ; car il n'y a guère plus d'un siècle et demi, que l'essai ingénieux de *Bacon* de Vérulam a en partie provoqué, et, parce qu'on était déjà sur la trace, en partie stimulé encore cette découverte, qui ne peut s'expliquer que par une révolution subite de la pensée. Je ne veux ici considérer la physique qu'autant qu'elle est fondée sur des principes empiriques.

THÉORIE ET EXPÉRIENCE

Lorsque *Galilée* fit rouler ses boules sur un plan incliné avec une accélération déterminée et choisie par lui-même, ou que *Torricelli* fit porter à l'air un poids qu'il savait être égal à celui d'une colonne d'eau à lui connue, ou que, plus tard, *Stahl* transforma des métaux en chaux et celle-ci à son tour en métal, en y retranchant ou en y ajoutant certains éléments, alors ce fut une nouvelle lumière pour tous les physiciens. Ils comprirent que la raison n'aperçoit que ce qu'elle produit elle-même d'après ses propres plans, qu'elle doit prendre les devants avec les principes qui déterminent ses jugements suivant des lois constantes, et forcer la nature à répondre à ses questions, au lieu de se laisser conduire par elle comme en lisières ; car autrement nos observations faites au hasard et sans aucun plan tracé d'avance ne sauraient se rattacher à une loi nécessaire, ce que cherche et exige pourtant la raison. Celle-ci doit se présenter à la nature tenant d'une main ses principes, qui seuls peuvent donner à des phénomènes concordants l'autorité de lois, et de l'autre l'expérimentation, telle qu'elle l'imagine d'après ces mêmes principes. Elle lui demande de l'instruire, non comme un écolier qui se laisse dire tout ce qui plaît au maître, mais comme un juge en fonctions, qui contraint les témoins à répondre aux questions qu'il leur adresse. La physique est donc redevable de l'heureuse révolution qui s'est opérée dans sa méthode à cette simple idée, qu'elle doit chercher (et non imaginer) dans la nature, conformément aux idées que la raison même y transporte, ce qu'elle doit en apprendre, et dont elle ne pourrait rien savoir par elle-même. C'est ainsi qu'elle est entrée d'abord dans le sûr chemin de la science, après n'avoir fait pendant tant de siècles que tâtonner.

7

La métaphysique prétend se passer de l'expérience

La *métaphysique* est une connaissance rationnelle spéculative tout à fait à part, qui s'élève entièrement au-dessus des leçons de l'expérience, en ne s'appuyant que sur de simples concepts (et non en appliquant comme les mathématiques ces concepts à l'intuition), et où, par conséquent, la raison doit être son propre élève. Cette connaissance n'a pas encore été assez favorisée du sort pour pouvoir entrer dans le sûr chemin de la science, et pourtant elle est plus vieille que toutes les autres, et elle subsisterait toujours, alors même que celles-ci disparaîtraient toutes ensemble dans le gouffre d'une barbarie dévastatrice. La raison s'y trouve continuellement dans l'embarras, ne fût-ce que pour apercevoir *a priori* (comme elle en a la prétention) ces lois que confirme la plus vulgaire expérience. Il y faut revenir indéfiniment sur ses pas, parce qu'on trouve que la route qu'on a suivie ne conduit pas où l'on veut aller. Quant à mettre ses adeptes d'accord dans leurs assertions, elle en est tellement éloignée qu'elle semble plutôt être une arène exclusivement destinée à exercer les forces des jouteurs en des combats de parade, et où aucun champion n'a jamais pu se rendre maître de la plus petite place et fonder sur sa victoire une possession durable. Il n'y a donc pas de doute que sa marche n'ait été jusqu'ici qu'un pur tâtonnement, et, ce qu'il y a de pire, un tâtonnement au milieu de simples concepts.

Or, d'où vient qu'ici la science n'a pu ouvrir encore un chemin sûr ? Cela serait-il par hasard impossible ? Pourquoi donc la nature aurait-elle inspiré à notre raison cette infatigable ardeur à en rechercher la trace, comme s'il s'agissait d'un de ses intérêts les plus importants ? Bien plus, comme nous avons peu de motifs de confiance en notre raison, si, quand il s'agit de l'un des objets les plus importants de notre curiosité, elle ne nous abandonne pas seulement, mais nous leurre de fausses espérances et finit par nous tromper ! Peut-être jusqu'ici a-t-on fait fausse route, mais sur quels motifs fonder l'espérance qu'en nous livrant à de nouvelles recherches nous serons plus heureux que ne furent les autres avant nous ?

8

Une révolution copernicienne : changer de point de vue

[En voyant comment les mathématiques et la physique sont devenues, par l'effet d'une *révolution* subite, ce qu'elles sont aujourd'hui, je devais juger l'exemple assez remarquable pour être amené à réfléchir au caractère essentiel d'un changement de méthode qui a été si avantageux à ces sciences, et à les imiter ici, du moins à titre d'essai, autant que le comporte leur analogie, comme connaissances

N.B. : Le crochet en début de ligne indique que le paragraphe a été créé par l'auteur du manuel et ne figure donc pas dans le texte original.

rationnelles, avec la métaphysique. On a admis jusqu'ici que toutes nos connaissances devaient se régler sur les objets ; mais, dans cette hypothèse, tous nos efforts pour établir à l'égard de ces objets quelque jugement *a priori* et par concept qui étendît notre connaissance n'ont abouti à rien. Que l'on cherche donc une fois si nous ne serions pas plus heureux dans les problèmes de la métaphysique, en supposant que les objets se règlent sur notre connaissance, ce qui s'accorde déjà mieux avec ce que nous désirons démontrer, à savoir la possibilité d'une connaissance *a priori* de ces objets qui établisse quelque chose à leur égard, avant même qu'ils nous soient donnés. Il en est ici comme de la première idée de *Copernic* : voyant qu'il ne pouvait venir à bout d'expliquer les mouvements du ciel en admettant que toute la multitude des étoiles tournait autour du spectateur, il chercha s'il n'y réussirait pas mieux en supposant que c'est le spectateur qui tourne et que les astres demeurent immobiles. En métaphysique, on peut faire un essai du même genre au sujet de l'*intuition* des objets. Si l'intuition se réglait nécessairement sur la nature des objets, je ne vois pas comment on en pourrait savoir quelque chose *a priori* ; que si l'objet au contraire (comme objet des sens) se règle sur la nature de notre faculté intuitive, je puis très bien alors m'expliquer cette possibilité. Mais, comme je ne saurais m'en tenir à ces intuitions, dès le moment qu'elles doivent devenir des connaissances ; comme il faut, au contraire, que je les rapporte, en tant que représentations, à quelque chose qui en soit l'objet et que je détermine par leur moyen, je puis admettre l'une de ces hypothèses : ou bien les *concepts* à l'aide desquels j'opère cette détermination se règlent aussi sur l'objet, mais alors je me retrouve dans le même embarras sur la question de savoir comment je puis en connaître quelque chose *a priori* ; ou bien les objets ou, ce qui revient au même, l'*expérience* dans laquelle seule ils sont connus (comme objets donnés) se règle sur ses concepts, et dans ce cas, j'aperçois aussitôt un moyen plus simple de sortir d'embarras. En effet, l'expérience elle-même est un mode de connaissance qui exige le concours de l'entendement, dont je dois présupposer la règle en moi-même, avant que des objets me soient donnés, par conséquent *a priori* ; et cette règle s'exprime en des concepts *a priori,* sur lesquels tous les objets de l'expérience doivent nécessairement se régler, et avec lesquels ils doivent s'accorder. Pour ce qui regarde les objets, en tant qu'ils sont conçus simplement par la raison, et cela d'une façon nécessaire, mais sans pouvoir être donnés dans l'expérience (du moins tels que la raison les conçoit), nous trouverons en essayant de les concevoir (car il faut bien pourtant qu'on les puisse concevoir), nous trouverons, dis-je, plus tard une excellente pierre de touche de ce que nous regardons comme un changement de méthode dans la façon de penser : c'est que nous ne connaissons *a priori* des choses que ce que nous y mettons nous-mêmes.

9

Nous ne pouvons connaître que les phénomènes et non les choses en soi

THÉORIE ET EXPÉRIENCE

Cette tentative réussit à souhait et elle promet la marche assurée d'une science à la première partie de la métaphysique, à celle où l'on n'a affaire qu'à des concepts *a priori*, dont les objets correspondants peuvent être donnés dans une expérience conforme à ces concepts. En effet, à l'aide de ce changement de méthode, on peut très bien expliquer la possibilité d'une connaissance *a priori*, et ce qui est encore plus important, munir de preuves suffisantes les lois qui servent *a priori* de fondement à la nature, considérée comme l'ensemble des objets de l'expérience ; deux choses qui étaient impossibles avec la méthode usitée jusqu'ici. Mais cette déduction de notre faculté de connaître *a priori* conduit, dans la première partie de la métaphysique à un résultat étrange, et, en apparence, tout à fait contraire au but que poursuit la seconde partie : c'est que nous ne pouvons, avec cette faculté, dépasser les bornes de l'expérience possible, ce qui est pourtant l'affaire essentielle de la métaphysique. D'un autre côté, l'expérimentation nous fournit ici même une contre-épreuve de la vérité du résultat auquel nous arrivons dans cette première appréciation de notre faculté de connaître *a priori* : c'est que cette faculté n'atteint que des phénomènes et laisse de côté les choses en soi qui, bien que réelles en elles-mêmes, nous restent inconnues. En effet, ce qui nous pousse nécessairement à sortir des limites de l'expérience et de tous les phénomènes, c'est l'*inconditionné*, que la raison exige nécessairement et à juste titre, dans les choses en soi, pour tout ce qui est conditionné, afin d'achever ainsi la série des conditions. Or, en admettant que notre connaissance expérimentale se règle sur les objets, comme sur des choses en soi, on trouve que l'absolu ne peut *se concevoir sans contradiction* ; au contraire, si l'on admet que notre représentation des choses, telles qu'elles nous sont données ne se règlent pas sur ces objets, considérés comme choses en soi, mais que ce sont eux plutôt qui comme phénomènes, se règlent sur notre mode de représentation, alors *la contradiction disparaît.* Si en conséquence on se convainc que l'inconditionné, ne saurait se trouver dans les choses en tant que nous les connaissons (qu'elles nous sont données), mais en tant que nous ne les connaissons pas, c'est-à-dire dans les choses en soi, tout cela est la preuve que ce que nous n'avions d'abord admis qu'à titre d'essai est véritablement fondé. Mais, après avoir refusé à la raison spéculative tout progrès dans le champ du suprasensible, il nous reste encore à chercher s'il n'y a pas dans sa connaissance pratique[1] certaines données qui lui permettent de déterminer le concept transcendant de l'inconditionné et de pousser ainsi, conformément au vœu de la métaphysique, notre connaissance *a priori* au-delà de toute expérience possible, mais seulement au point de vue pratique. En procédant comme on vient de voir, la raison spéculative nous a du moins laissé la place libre pour cette extension de notre connaissance, bien qu'elle n'ait pu la remplir elle-même. Il nous est donc encore permis de la remplir, si nous le pouvons, par ses données pratiques, et elle-même nous y invite.

1. L'adjectif pratique qualifie l'action humaine sous son aspect moral.

10

Vers l'achèvement de la métaphysique

LA MÉTAPHYSIQUE

C'est dans cette tentative de changer la méthode suivie en métaphysique et d'y opérer ainsi, suivant l'exemple des géomètres et des physiciens, une révolution complète, que consiste l'œuvre de cette Critique de la raison pure spéculative. Cette critique est un traité de la méthode, et non un système de la science elle-même ; mais elle en décrit pourtant toute la circonscription, et elle en fait connaître à la fois les limites et toute l'organisation intérieure. C'est que la raison spéculative a ceci de particulier qu'elle peut et doit mesurer son pouvoir propre suivant les diverses manières dont elle choisit les objets de sa pensée, faire aussi un dénombrement complet de toutes les façons différentes de se poser des problèmes, et se tracer ainsi tout le plan d'un système de métaphysique. En effet, en ce qui regarde le premier point, rien dans la connaissance *a priori* ne peut être attribué aux objets, que ce que le sujet pensant tire de lui-même ; et, pour ce qui est du second, la raison pure constitue au point de vue des principes de la connaissance, une unité à part et indépendante où, comme dans un corps organisé, chaque membre existe pour tous les autres et tous pour chacun, et où aucun principe ne peut être pris pour certain sous *un* point de vue, sans avoir été examiné dans l'*ensemble* de ses rapports à l'usage entier de la raison pure. Aussi la métaphysique a-t-elle ce rare bonheur, qui ne saurait être le partage d'aucune science rationnelle ayant affaire à des objets (car la *logique* ne s'occupe que de la forme de la pensée en général), qu'une fois mise par cette critique dans le sûr chemin de la science, elle peut embrasser complètement tout le champ des connaissances qui relèvent d'elle, achever ainsi son œuvre et l'abandonner à l'usage de la postérité comme une possession qui ne peut plus être augmentée, puisqu'il ne s'agit que de déterminer les principes et les limites de leur usage, et que c'est elle-même qui les détermine. Elle est donc tenue à cette perfection comme science fondamentale et c'est d'elle qu'on doit pouvoir dire : « Pensant n'avoir rien fait s'il reste quelque chose à faire. »

11

La double utilité négative et positive, de la critique

LA RAISON

Mais quel est donc, demandera-t-on, ce trésor que nous pensons léguer à la postérité dans une métaphysique ainsi épurée par la critique et par elle aussi ramenée à un état fixe ? Un coup d'œil rapide jeté sur cette œuvre donnera d'abord à penser que l'utilité en est toute *négative*, ou qu'elle sert seulement à nous empêcher de pousser jamais la raison spéculative au-delà des limites de l'expérience, et c'est là dans le fait sa première utilité. Mais cette utilité apparaîtra *positive* aussi à qui remarquera que les principes sur lesquels s'appuie la raison spéculative pour se hasarder hors de ses limites ont en réalité pour conséquence inévitable non pas l'*extension*, mais, à y regarder de plus près, la *restriction* de l'usage de notre raison. C'est qu'en effet ces principes menacent de tout faire rentrer dans les limites de la sensibilité, de laquelle ils relèvent proprement, et de réduire ainsi à néant l'usage pur (pratique) de la raison. Or une critique qui limite la raison dans son usage spéculatif est à cet égard bien *négative*, mais en supprimant du même coup l'obstacle qui en limite l'usage pratique ou menace même de l'anéantir, elle a une utilité positive de la plus haute importance. On le reconnaîtra dès qu'on sera convaincu que la raison pure a un usage pratique absolument nécessaire (l'usage moral, où elle s'étend inévitablement au-delà des bornes de la sensibilité) ; car si elle n'a besoin pour cela d'aucun secours de la raison spéculative, elle veut pourtant être assurée contre toute opposition de sa part, afin de ne pas tomber en contradiction avec elle-même. Nier que la critique, en nous rendant ce service, ait une utilité *positive,* reviendrait à dire que la police n'a pas d'utilité positive, parce que sa fonction consiste uniquement à mettre obstacle à la violence que les citoyens pourraient craindre les uns des autres, afin que chacun puisse faire ses affaires tranquillement et en sûreté.

12

La raison limitée dans son usage théorique

La connaissance

Que l'espace et le temps ne soient que des formes de l'intuition sensible, et, par conséquent, des conditions de l'existence des choses comme phénomènes ; qu'en outre, nous n'ayons point de concepts de l'entendement, et partant point d'éléments pour la connaissance des choses, sans qu'une intuition correspondante nous soit donnée ; que, par conséquent, nous ne puissions connaître aucun objet comme chose en soi, mais seulement en tant qu'objet de l'intuition sensible, c'est-à-dire en tant que phénomène : c'est ce qui sera prouvé dans la partie analytique de la Critique. Il en résultera que toute connaissance spéculative de la raison se réduit aux seuls objets de l'*expérience.*

13

La liberté de l'âme est compatible avec la causalité physique

La liberté

Mais, il faut bien le remarquer, il y a ici une réserve à faire : c'est que, si nous ne pouvons *connaître* ces objets comme choses en soi, nous pouvons du moins les *penser* comme tels. Autrement, on arriverait à cette absurde proposition qu'il y a des phénomènes ou des apparences sans qu'il y ait rien qui apparaisse. Qu'on suppose maintenant que la distinction faite nécessairement par notre Critique entre les choses comme objets d'expérience et ces mêmes choses comme choses en soi n'ait pas été établie, alors il faut étendre à toutes les choses en général, considérées comme causes efficientes, le principe de causalité et, par conséquent, le mécanisme naturel, comme élément essentiel de leur détermination. Je ne saurais donc dire du même être, par exemple de l'âme humaine, que sa volonté est libre, et que pourtant il est soumis à la nécessité physique, c'est-à-dire non libre, sans tomber dans une évidente contradiction, puisque, dans les deux propositions, j'ai pris l'âme *dans le même sens,* c'est-à-dire comme chose en général (comme chose en soi), ne pouvant d'ailleurs, sans une critique préalable, la prendre autrement. Que si, par contre, la Critique ne s'est pas trompée en nous apprenant à prendre l'objet *en deux sens différents,* c'est-à-dire comme phénomène et comme chose en soi ; que si sa déduction des concepts de l'entendement est exacte, et si, par conséquent, le principe de causalité ne s'applique aux choses que dans le premier sens, c'est-à-dire en tant qu'elles sont des objets d'expérience, tandis que, dans le second sens, ces mêmes choses ne lui sont pas soumises ; alors la même volonté peut être conçue sans contradiction, d'une part, dans l'ordre des phénomènes (des actions visibles), comme nécessairement soumise à la loi physique et par conséquent comme *non libre,* et d'autre part, en tant qu'appartenant à une chose en soi, comme échappant à cette loi et par conséquent comme *libre.* Or quoique, sous ce dernier point de vue, je ne puisse *connaître* mon âme par la raison spéculative (et moins encore par l'observation empirique), ni par conséquent la liberté comme propriété d'un être auquel j'attribue des effets dans le monde sensible, puisqu'il me faudrait la connaître d'une manière déterminée dans son existence et non cependant dans le temps (chose impossible, car je ne puis dans ces conditions appuyer mon concept sur aucune intuition), je puis cependant *penser* la liberté, c'est-à-dire que l'idée n'en contient du moins aucune contradiction, dès que l'on admet notre distinction critique de deux modes de représentation (le sensible et l'intellectuel), ainsi que la limitation qui en découle relativement aux concepts purs de l'entendement, et, par conséquent, aux principes découlant de ces concepts.

14

Distinguer les domaines de la raison : théorie et pratique

LA RAISON

Admettons maintenant que la morale suppose nécessairement la liberté (dans le sens le plus strict), comme propriété de notre volonté, en posant *a priori* comme *données* de la raison des principes pratiques qui en tirent leur origine, et qui, sans cette supposition de la liberté, seraient absolument impossibles ; admettons aussi que la raison spéculative ait prouvé que la liberté ne se laisse point penser ; il faut alors nécessairement que cette supposition, la supposition morale, cède à celle dont le contraire renferme une évidente contradiction, c'est-à-dire que la *liberté,* et avec elle la moralité (dont le contraire ne renferme pas de contradiction, quand on ne suppose pas préalablement la liberté) cèdent la place au *mécanisme de la nature.* Mais comme il me suffit, au point de vue de la morale, que la liberté ne soit point contradictoire en elle-même et que par conséquent elle puisse du moins être pensée ; comme aussi, dès qu'elle ne fait point obstacle au mécanisme naturel de la même action (prise en un autre sens), il n'est pas besoin d'en avoir une connaissance plus étendue, la morale peut garder sa position pendant que la physique conserve la sienne. C'est ce qui n'aurait pas eu lieu, si la critique ne nous avait pas instruits préalablement de notre inévitable ignorance relativement aux choses en soi, et si elle n'avait pas borné à de simples phénomènes toute notre *connaissance* théorique. On peut encore montrer cette utilité des principes critiques de la raison pure en envisageant les concepts de *Dieu* et de la *simplicité* de notre *âme,* mais je laisse cela de côté pour être court. Je ne saurais donc *admettre Dieu,* la *liberté* et l'*immortalité* selon le besoin qu'en a ma raison dans son usage pratique nécessaire, sans *repousser* en même temps les prétentions de la raison pure à des vues transcendantes, car, pour atteindre à ces vues, il lui faut se servir de principes qui ne s'étendent en réalité qu'à des objets de l'expérience possible et qui, si on les applique à une chose qui ne peut être objet d'une expérience, la transforment réellement et toujours en phénomène, et déclarent ainsi impossible toute *extension pratique* de la raison pure. J'ai donc dû supprimer le *savoir* pour lui substituer la *croyance.* Le *dogmatisme* de la métaphysique, ce préjugé qui consiste à vouloir avancer dans cette science sans commencer par une critique de la raison pure, voilà la véritable source de toute cette incrédulité qui s'oppose à la morale, et qui elle-même est toujours très dogmatique.

15

Le besoin de métaphysique

LA MÉTAPHYSIQUE

Si donc il n'est pas impossible de léguer à la postérité une métaphysique systématique construite sur le plan de la critique de la raison pure, ce n'est pas un présent de peu de valeur à lui faire ; soit que l'on songe simplement à la culture que la raison peut recevoir en général en entrant dans les voies certaines de la science, au lieu de tâtonner dans le vide et de se livrer à de vaines divagations comme elle le fait en l'absence de la critique ; soit qu'on cherche un meilleur emploi du temps pour une jeunesse avide de savoir, que le dogmatisme ordinaire encourage de si bonne heure et si fortement à raisonner à perte de vue sur des choses où elle n'entend rien et où elle n'entendra jamais rien, non plus que personne au monde, ou à négliger l'étude des sciences solides pour courir à la recherche de pensées et d'opinions nouvelles ; soit surtout qu'on tienne compte de l'inappréciable avantage d'en finir une bonne fois avec toutes les objections dirigées contre la moralité et la religion, en suivant la méthode de *Socrate,* c'est-à-dire en démontrant clairement l'ignorance des adversaires. En effet, il y a toujours eu et il y aura toujours une métaphysique dans le monde, mais toujours aussi on verra s'élever à côté d'elle une dialectique de la raison pure, car celle-ci lui est naturelle. La première et la plus importante affaire de la philosophie est donc d'enlever une fois pour toutes à cette dialectique toute pernicieuse influence en détruisant la source même des erreurs.

16

Les trois grandes questions de la métaphysique sont accessibles au grand nombre

LA MÉTAPHYSIQUE

En cette importante réforme dans le champ des sciences, et malgré le *préjudice* qu'en doit éprouver la raison spéculative dans les possessions qu'elle s'était attribuées jusque-là, l'intérêt général de l'humanité n'en est pas affecté, et l'utilité que le monde avait retirée jusqu'ici des doctrines de la raison pure reste la même qu'auparavant ; il n'y a que le *monopole des écoles* qui en souffre, et nullement les *intérêts humains.* Je demande au plus obstiné dogmatique si la preuve de la permanence de notre âme après la mort qui se tire de la simplicité de la substance ; si celle de la liberté de la volonté que l'on oppose au mécanisme universel en se fondant sur les distinctions subtiles, mais impuissantes, de la nécessité pratique subjective et objective ; si la démonstration de l'existence de Dieu qui se tire du concept d'un être souverainement réel (de la contingence des choses changeantes, et de la nécessité d'un premier moteur) ; je lui demande si toutes ces preuves, nées dans les écoles, ont jamais pu arriver jusqu'au public et exercer la moindre influence sur ses convictions. Or, si cela n'est jamais arrivé, et si l'on ne peut espérer que cela arrive jamais, à cause de l'incapacité de l'intelligence ordinaire des hommes pour d'aussi subtiles spéculations ; si, au contraire, sur le premier point, cette remarquable disposition naturelle à tout homme, qui fait que rien de temporel ne saurait le satisfaire (parce que ne suffisant pas aux besoins de sa destinée complète), peut seule faire naître l'espérance d'une *vie future*; si, sur le second point, la claire représentation de nos devoirs, en opposition à toutes les exigences de nos penchants, nous donne seule la conscience de notre *liberté*; si enfin, sur le troisième, l'ordre magnifique, la beauté et la prévoyance qui éclatent de toutes parts dans la nature sont seuls capables de produire la croyance en un sage et puissant *auteur du monde,* et une conviction fondée sur des principes rationnels et susceptible de pénétrer dans le public ; alors non seulement le domaine de la raison demeure intact, mais elle gagne en considération par cela seul qu'elle instruit les écoles à ne plus prétendre, sur une question qui touche à l'intérêt général de l'humanité, à des vues plus élevées et plus étendues que celles auxquelles peut facilement arriver le grand nombre (lequel est parfaitement digne de notre estime), et à se borner ainsi à la culture de ces preuves que tout le monde peut comprendre et qui suffisent au point de vue moral. Notre réforme n'atteint donc que les prétentions arrogantes des écoles, qui se donnent volontiers (comme elles le font à bon droit sur beaucoup d'autres points) pour les seuls juges compétents et les seuls dépositaires de ces vérités, et qui, s'en réservant la clef pour elles-mêmes, n'en communiquent au public que l'usage « Ce qu'il ignore avec moi, il veut paraître être le seul à le savoir. »

17

La critique met fin aux querelles d'écoles

La vérité

Cependant nous n'avons pas cessé d'avoir égard aux prétentions des philosophes spéculatifs. Ils restent les dépositaires exclusifs d'une science très utile au public, quoique à son insu, c'est-à-dire de la critique de la raison. Cette science ne peut jamais devenir populaire, mais il n'est pas nécessaire non plus qu'elle le soit ; car, si les arguments finement tissés qui se donnent pour d'utiles vérités n'entrent guère dans la tête du peuple, les objections tout aussi subtiles qu'ils soulèvent n'entrent pas mieux dans son esprit. Mais comme l'École et tous ceux qui s'élèvent à la spéculation tombent inévitablement dans ce double inconvénient, la critique est obligée de prévenir une fois pour toutes, par la recherche approfondie des droits de la raison spéculative, le scandale que doivent causer tôt ou tard, même dans le peuple, les disputes où s'engagent inévitablement les physiciens (et, comme tels aussi, les théologiens), et qui finissent par fausser leurs doctrines mêmes. La critique peut seule couper les racines du *matérialisme,* du *fatalisme,* de l'*athéisme,* de l'*incrédulité* des esprits forts, du *fanatisme* et de la *superstition,* ces fléaux qui peuvent devenir nuisibles à tous, comme aussi de l'*idéalisme* et du *scepticisme,* qui du moins ne sont guère dangereux qu'aux écoles et pénètrent difficilement dans le public. Si les gouvernements jugeaient à propos de se mêler des affaires des savants, ils feraient beaucoup plus sagement, dans leur sollicitude pour les sciences aussi bien que pour les hommes, de favoriser la liberté d'une critique qui seule est capable d'établir sur une base solide les travaux de la raison, que de soutenir le ridicule despotisme des écoles, toujours prêtes à dénoncer à grands cris un danger public, quand on déchire leurs toiles d'araignée, dont le public n'a jamais entendu parler et dont il ne peut pas même, par conséquent, sentir la perte.

18

La critique du dogmatisme est une condition de la métaphysique

LA MÉTAPHYSIQUE

La critique ne s'oppose point à ce que la raison suive une *méthode dogmatique* dans sa connaissance pure, considérée comme science (car la science ne peut pas ne pas être dogmatique, c'est-à-dire strictement démonstrative en vertu de principes *a priori* certains) ; mais elle est opposée au *dogmatisme,* c'est-à-dire à la prétention d'aller de l'avant avec le seul secours d'une connaissance pure (la connaissance philosophique), tirée de certains concepts à l'aide de principes tels que ceux que la raison emploie depuis longtemps, sans avoir recherché comment et de quel droit elle y est arrivée. Le dogmatisme est donc la raison pure suivant une méthode dogmatique sans avoir soumis sa puissance propre à une critique préalable. Il ne s'agit donc pas ici, en combattant le dogmatisme, de plaider la cause de cette stérilité verbeuse qui usurpe le nom de popularité, non plus que celle du scepticisme, qui condamne toute la métaphysique sans l'entendre. La critique est plutôt la préparation indispensable à l'établissement d'une métaphysique solide et fondée comme science, qui doit être nécessairement traitée d'une manière dogmatique, avec un caractère systématique qui satisfasse aux plus sévères exigences, et, par conséquent, sous une forme scolastique (et non populaire) ; ce sont là des conditions auxquelles cette science ne saurait se soustraire, puisqu'elle s'engage à accomplir son œuvre tout à fait *a priori,* et, par conséquent, à l'entière satisfaction de la raison spéculative. Dans l'exécution du plan tracé par la critique, c'est-à-dire dans le système futur de la métaphysique, nous devrons suivre un jour la méthode sévère de l'illustre Wolf, le plus grand de tous les philosophes dogmatiques, qui, le premier, (et c'est par cet exemple qu'il a créé en Allemagne cet esprit de profondeur qui n'est pas encore éteint) montra comment, en établissant régulièrement les principes, en déterminant clairement les concepts, en cherchant l'absolue rigueur des démonstrations, en évitant les sauts téméraires dans les conséquences, on entre dans les voies sûres de la science. Il était par là même supérieurement doué pour donner à la métaphysique le caractère d'une science, s'il avait eu l'idée de se préparer le terrain par la critique de l'instrument, c'est-à-dire de la raison pure elle-même. Mais ce défaut lui doit être moins imputé qu'à la façon dogmatique de penser de son siècle, et, à cet égard, les philosophes, ses contemporains aussi bien que ses devanciers, n'ont rien à se reprocher les uns aux autres. Ceux qui rejettent sa méthode et, du même coup, celle de la critique de la raison pure, ne peuvent avoir d'autre but que de se débarrasser des liens de la *science,* et de convertir le travail en jeu, la certitude en opinion, la philosophie en philodoxie[1].

19

Avertissements sur la forme systématique...

LA PHILOSOPHIE

Pour ce qui est de cette seconde édition, je n'ai pas voulu, comme de juste, négliger l'occasion qu'elle m'offrait de faire disparaître, autant que possible, les difficultés et les obscurités qui, peut-être bien par ma faute, ont pu donner lieu à certains malentendus dans l'appréciation que des hommes pénétrants ont faite de ce livre. Je

1. Philodoxie : goût pour les opinions.

n'ai rien trouvé à changer dans les propositions mêmes et dans leurs preuves, non plus que dans la forme et dans l'ensemble du plan ; ce qui s'explique en partie par le long examen auquel j'avais soumis mon œuvre avant de la livrer au public, en partie par la nature même du sujet, c'est-à-dire par la nature d'une raison spéculative où l'on trouve une véritable organisation, où tout est organe, où tout existe pour chaque membre et chaque membre pour le tout, et où, par conséquent, il n'y a pas de vice si léger, soit faute (erreur) ou omission, qui ne se trahisse inévitablement dans l'usage. Ce système conservera désormais, je l'espère, cette invariable fixité. Ce qui me donne cette confiance, ce n'est point une vaine présomption, mais l'évidence que produit en fin de compte l'expérimentation du résultat, soit qu'on s'élève des derniers éléments à l'ensemble de la raison pure, soit qu'on redescende de l'ensemble à chaque partie (car cet ensemble ressort par lui-même du but final de la raison dans le domaine pratique) ; tandis que, si l'on essaie d'y changer la moindre chose, il en résulte des contradictions, non seulement dans le système, mais pour la raison humaine commune.

20

... sur les corrections dans cette édition...

Mais dans l'*exposition* il y a encore beaucoup à faire, et je me suis efforcé de corriger cette édition de manière à dissiper soit le malentendu auquel a donné lieu l'esthétique, surtout dans le concept du temps, soit l'obscurité de la déduction des concepts de l'entendement, soit le prétendu défaut d'évidence dans les preuves des principes de l'entendement pur, soit enfin la fausse interprétation des paralogismes de la psychologie rationnelle. Mes corrections dans la rédaction ne s'étendent pas plus loin (c'est-à-dire jusqu'à la fin du premier chapitre de la dialectique transcendantale). Le temps m'a manqué, et d'ailleurs je ne sache pas qu'aucun juge compétent et impartial se soit mépris sur le reste. Je n'ai pas besoin de nommer avec les éloges qu'ils méritent ceux dont j'ai pris les avis en considération ; ils trouveront bien d'eux-mêmes les endroits que j'ai retouchés d'après leurs conseils. Mais les corrections que j'ai dû faire ont entraîné pour le lecteur un léger dommage, qu'il n'était pas possible d'éviter sans rendre le livre trop volumineux. Plus d'un lecteur, en effet, pourra regretter divers passages qu'il a fallu ou supprimer ou raccourcir, pour faire place à une exposition maintenant plus claire, je l'espère du moins, et qui, sans être essentiels à l'intégrité de l'ensemble, pouvaient cependant avoir leur utilité à un autre point de vue. Cette nouvelle exposition ne change rien quant au fond dans les propositions et leurs démonstrations mêmes, mais elle s'écarte trop çà et là de l'ancienne, dans la manière de présenter les choses, pour qu'il ait été possible de l'y intercaler. Mais ce léger dommage, que chacun d'ailleurs peut réparer s'il le veut, en rapprochant les deux éditions, est compensé, je l'espère, par une clarté beaucoup plus grande. J'ai remarqué avec un plaisir reconnaissant, dans divers écrits récemment publiés (soit à l'occasion de l'examen de certains livres, soit dans des traités spéciaux), que l'esprit de profondeur n'est pas mort en Allemagne, mais qu'il a été seulement étouffé pendant

LA PHILOSOPHIE

quelque temps par la mode d'une liberté de pensée posant au génie, et que les épines qui couvrent les sentiers de la critique n'ont nullement empêché les esprits courageux et avides de clarté de s'engager dans une voie qui conduit à une science de la raison pure, scolastique il est vrai, mais durable à ce titre même, et partant de la plus haute nécessité. Il y a des hommes de mérite qui, à la profondeur des vues, ont le bonheur de joindre le talent d'une exposition lumineuse (dont je ne me sens pas capable) ; je leur laisse le soin de mettre la dernière main à mon œuvre, pour y corriger ce qu'elle peut encore avoir çà et là de défectueux à cet égard. Car le danger n'est pas ici d'être contredit, mais de n'être pas compris.

21

... sur les critiques fécondes que ce livre suscitera

De mon côté, je ne puis m'engager désormais à descendre dans toutes les discussions que cette œuvre pourra soulever, mais je ferai soigneusement attention à tous les avis, qu'ils viennent d'amis ou d'adversaires, afin de les mettre à profit dans l'exécution du système qui doit suivre cette propédeutique. Comme, en me livrant à ces travaux, je suis arrivé à un âge très avancé (j'entre ce mois-ci dans ma soixante-quatrième année), je dois être économe de mon temps, si je veux exécuter le plan que j'ai formé, de publier la métaphysique de la nature ainsi que celle des mœurs, afin de confirmer l'exactitude de la critique de la raison spéculative aussi bien que pratique. J'abandonnerai donc l'éclaircissement des difficultés qu'il n'était guère possible d'éviter d'abord dans une œuvre de ce genre, ainsi que la défense de l'ensemble, aux hommes de mérite qui en ont fait leur affaire. Tout traité philosophique est vulnérable d'un certain côté (car il ne saurait être aussi bien cuirassé et protégé dans sa marche qu'un traité mathématique) bien que l'organisation du système, considéré dans son unité, ne coure pas le moindre danger. C'est que, lorsqu'il est nouveau, peu d'esprits sont capables d'en embrasser l'ensemble, et un plus petit nombre encore d'y trouver du plaisir, toute nouveauté leur étant importune. Ainsi n'y a-t-il pas d'écrit, surtout d'allure libre, où, en rapprochant certains passages détachés de l'ensemble, on ne puisse faire apparaître des contradictions, contradictions qui jettent sur lui un jour défavorable aux yeux de quiconque ne juge que d'après autrui, tandis que, pour qui s'est élevé à l'idée de l'ensemble, elles sont faciles à résoudre. Mais lorsqu'une théorie a quelque solidité, l'action et la réaction qui semblaient d'abord la menacer des plus grands dangers, ne servent avec le temps qu'à en faire disparaître les inégalités, et, si des esprits impartiaux, lumineux et amis de la vraie popularité s'en occupent, à lui donner aussi bientôt toute l'élégance désirable.

CONTREPOINT

On appelle « précritique » toute philosophie qui ignorerait la distinction kantienne entre les phénomènes et l'essence des choses, toute philosophie qui prétendrait naïvement faire l'économie d'une critique de la raison par elle-même. Mais l'esprit humain est-il capable d'évaluer lui-même en toute objectivité les limites de son pouvoir ? Telle est la question que Nietzsche adresse à l'entreprise de Kant.

Friedrich Nietzsche,
La Volonté de puissance,
traduction de G. Bianquis,
Gallimard, 1942.

Ils prétendent encore en savoir beaucoup trop long, s'imaginent en trop savoir, comme si la distinction qu'ils supposent au préalable était réelle, la distinction entre « l'essence des choses » et le monde phénoménal. Pour pouvoir faire une telle distinction, il faudrait se représenter notre intellect comme affecté d'un caractère contradictoire : organisé d'une part pour une vision perspectiviste (ainsi qu'il est nécessaire pour que des êtres de notre espèce puissent se maintenir dans l'existence), et d'autre part pourvu d'une faculté de concevoir cette vision perspectiviste comme perspectiviste, le phénomène comme phénomène ; c'est-à-dire croyant à la « réalité » comme si elle seule existait, et aussi capable de juger cette croyance comme une limitation perspectiviste quant à la réalité vraie. Mais une croyance ainsi jugée n'est plus une croyance, elle se dissout de ce fait. Bref, nous n'avons pas le droit de nous représenter notre intellect de cette façon contradictoire, comme une croyance et simultanément comme la connaissance que cette croyance n'est qu'une croyance. Supprimons la chose en soi et avec elle l'un des concepts les plus obscurs qui soient, « le phénomène ». Cette antinomie tout entière, comme naguère celle de « la matière » et de « l'esprit », s'est avérée inutilisable.

LA CONNAISSANCE

Alberto Giacometti, *Place (neuf figures). La Clairière,* 1950, Saint-Paul-de-Vence, Fondation Maeght. © Adagp, Paris 1998/AKG Paris.

III. La philosophie du monde contemporain

Nous pouvons considérer l'homme comme un animal d'une espèce supérieure qui fait de la philosophie et des poèmes comme les vers à soie font leurs cocons ou les abeilles leurs alvéoles. Taine annonce dans la préface de son grand ouvrage, *Les Origines de la France contemporaine,* qu'il va étudier les transformations de la France, conséquences de la Révolution, comme s'il s'agissait de la « métamorphose d'un insecte » .

Mais une autre question se pose alors. Peut-on se contenter de relever de manière purement empirique les différentes pulsions qui sont dans la nature humaine ? Une connaissance scientifique authentique devrait encore les classer et les systématiser. Elles ne sont manifestement pas toutes situées sur le même plan. Il faut leur supposer une structure précise. L'une des tâches primordiales les plus importantes de la psychologie et de la théorie de la culture est de découvrir cette structure. Derrière les rouages compliqués de la vie humaine, il faut trouver la force motrice cachée qui met en mouvement tout le mécanisme de la pensée et du vouloir. Toutes ces théories se sont efforcées de montrer l'unité et l'homogénéité de la nature humaine. Mais, si nous examinons les explications qu'elles devaient donner, l'unité de la nature humaine apparaît bien incertaine. Chaque philosophe croit avoir trouvé le principe et la faculté maîtresse, *l'idée maîtresse* comme disait Taine. Mais c'est à propos du caractère de cette idée maîtresse que les explications deviennent toutes très différentes et contradictoires. Chaque penseur présente son propre tableau de la nature humaine. Tous sont des empiristes convaincus : ils voudraient nous montrer les faits et rien que les faits. Mais leur interprétation des données empiriques contient dès le départ une affirmation arbitraire ; et cet arbitraire devient de plus en plus manifeste à mesure que la théorie avance et prend une tournure plus élaborée et plus compliquée. Nietzsche proclame la volonté de puissance, Freud met en lumière l'instinct sexuel, Marx intronise l'instinct économique. Chaque théorie devient un lit de Procuste où les faits doivent s'adapter à un modèle préconçu.

La théorie moderne de l'homme a perdu, en raison de ce développement, son centre de référence intellectuel. Nous avons gagné en échange une complète anarchie de la pensée. [...]

Telle est l'étrange situation où se trouve la philosophie moderne. [...] La psychologie, l'ethnologie, l'anthropologie et l'histoire ont réuni un ensemble de faits d'une richesse étonnante et qui ne cesse de croître. Les instruments que nous possédons pour observer et expérimenter ont été considérablement améliorés, et nos analyses sont devenues plus fines et plus pénétrantes. Il semble néanmoins que nous n'ayons pas encore trouvé de méthode pour maîtriser et organiser tout ce matériau.

Ernst Cassirer, *Essai sur l'homme,*
traduction de Norbert Massa, Éditions de Minuit, 1975.

III. La philosophie du monde contemporain

La troisième partie de ce panorama philosophique comprend deux périodes : le XIXe siècle, qui s'étend des lendemains de la Révolution française jusqu'à 1914, et le XXe siècle, qui commence vraiment avec la Première Guerre mondiale.

La première période est marquée par une extraordinaire accélération de l'histoire. Les idéaux démocratiques issus de la Révolution française vont se diffuser dans toute l'Europe, en résonance et parfois en contradiction avec l'éveil du sentiment national. Ces bouleversements politiques s'accompagnent d'une véritable révolution industrielle et technologique.

L'émergence de l'histoire

De cette effervescence, la philosophie est partie prenante. Un nouvel objet de réflexion s'impose à elle : l'histoire.

Cette référence privilégiée à l'histoire est le dénominateur commun des premières grandes philosophies du XIXe siècle. **Hegel** construit un système dans lequel chaque époque de l'histoire est un moment d'une aventure unique : le développement de l'esprit. **Auguste Comte** de son côté, pense l'histoire de l'esprit humain comme l'acquisition progressive d'une maturité enfin atteinte avec l'âge de la science. **Marx** a, lui aussi, l'ambition de saisir la trajectoire de l'histoire humaine dans sa totalité, mais il s'appuie sur un facteur économique : le développement de la production. Son ambition trouve un encouragement dans les travaux de Darwin qui propose pour les sciences de la vie une théorie capable d'affronter en l'expliquant le phénomène de l'évolution des espèces.

La croyance dans le progrès

Le changement, la nouveauté, la transformation ne sont plus considérés comme des facteurs de désordre échappant à l'intelligence humaine. Ils sont au contraire le signe que l'humanité est en marche. La croyance au progrès est un trait dominant du XIXe siècle, bien que certains, comme **Cournot**, y voient avec inquiétude une nouvelle religion laïque.

Enfin chez Hegel, Comte et Marx, une même conviction s'exprime : la philosophie a achevé son œuvre. Le système hégélien rend caducs les débats philosophiques du passé puisqu'il les récapitule. Le positivisme de Comte nous épargne les insolubles interrogations métaphysiques. Quant au marxisme, il y met fin en abandonnant le terrain de la spéculation pure pour le terrain jugé plus réel de la transformation politique du monde.

La critique des systèmes

Au fond, la philosophie se serait emparée du monde réel. Elle n'aurait plus qu'à le digérer en paix. Mais quelques penseurs solitaires vont troubler bruyamment cette sieste. C'est Schopenhauer qui se penche sur les zones d'ombre qui échappent à la rationalité. C'est **Kierkegaard,** qui prend la défense de l'individu concret, qu'ignorent avec dédain des théories trop ambitieuses. C'est **Nietzsche**, surtout, qui porte à l'esprit de système les coups les plus destructeurs. Sa critique « à coups de marteau » vise rien de moins que l'ensemble des valeurs qui ont constitué l'héritage philosophique depuis les Grecs. La morale, la science, la religion sont suspectées de n'avoir qu'une fin : étouffer les forces de la vie. Cette critique radicale de la raison marque la rupture la plus profonde avec l'optimisme du XIXe siècle philosophique.

La crise de la raison

Avec le XXe siècle, la philosophie est entrée dans un état de crise permanent. Plus rien ne semble devoir recueillir l'adhésion unanime des philosophes. La mise en doute des valeurs fondatrices inaugurée par Nietzsche connaît un prolongement grâce à **Freud** avec l'exploration de l'inconscient. Certes l'éducation s'efforce de faire barrage à nos instincts les plus destructeurs, mais comme l'épouvantable boucherie de 14-18 en témoigne, rien ne protège le monde d'une régression dans la barbarie. Désormais, les philosophes vont devoir penser dans l'horizon de fragilité qu'exprime le mot fameux de Paul Valéry : « Nous autres, civilisations nous savons que nous sommes mortelles ! » Dans cette époque tourmentée, certains, comme **Alain,** trouveront un appui dans la tradition humaniste de Descartes et de Kant. D'autres, comme **Bergson,** renouvelleront le spiritualisme hors du cadre rigide des pensées closes. D'autres encore, à l'écoute du travail créatif de la science, comme **Bachelard**, plaideront pour un rationalisme ouvert.

À côté de ces entreprises singulières, et parallèlement au développement des sciences humaines, une place particulière doit être accordée à **Husserl** parce qu'il a fait école en créant la phénoménologie. Cette philosophie se proposait de s'instruire auprès des phénomènes, considérés non comme de vaines apparences, mais comme la seule façon qu'a le monde lui-même de nous apparaître. L'œuvre de **Sartre** et celle de **Merleau-Ponty** s'inscrivent dans cette filiation.

On ne s'étonnera pas de voir s'achever ici ce survol de la philosophie contemporaine, puisque nous nous sommes tenus au cadre défini par le programme de philosophie actuellement en vigueur dans les classes terminales. C'est la seule raison de l'absence, évidemment regrettable, de plusieurs auteurs dont la lecture est utile à la connaissance de la philosophie passée et présente.

Hegel

Leçons sur la philosophie de l'histoire

1770-1831

Hegel a vécu la fin d'une époque et la naissance d'un monde. Il a dix-neuf ans quand la Révolution française met à bas l'Ancien Régime, et à sa mort, l'Europe moderne est née. Il est le penseur de ce bouleversement historique et, plus précisément, celui par qui l'histoire est devenue l'objet principal de la philosophie.

Dans les grands systèmes métaphysiques du passé, la raison était censée saisir ce qui est éternel et immuable, comme Dieu ou les vérités mathématiques, mais non pas ce qui est pris dans le flot chaotique du temps. Hegel, lui, entend assumer la vocation la plus ancienne de la philosophie : saisir par la raison la totalité de ce qui est. C'est pourquoi il veut montrer que la raison ne réside pas seulement dans l'univers physique, mais qu'elle est présente aussi dans l'histoire. Il faut donc affronter son bruit et sa fureur afin d'y découvrir un sens.

Le « sens de l'histoire », c'est d'abord le fait qu'à travers le chaos apparent des événements, une signification se découvre. Une aventure se déroule à travers les siècles, celle de l'esprit humain et de ses œuvres. Mais le « sens de l'histoire », c'est aussi le fait que cette épopée de l'esprit humain est orientée vers un but et pour Hegel ce but est la conquête progressive de la liberté. L'histoire est le théâtre sur lequel chaque peuple intervient à son tour pour apporter, selon la nature propre de son esprit, sa contribution particulière à l'odyssée de l'humanité.

Cependant, comment un ordre rationnel pourrait-il naître du désordre des passions humaines ? Pour Hegel, ces objections témoignent d'une manière de penser périmée qui consiste à opposer de façon rigide des abstractions : raison/passions, providence/hasard, bien/mal, etc. À cette pensée figée, Hegel substitue la dialectique. En effet, pour Hegel, les termes d'une contradiction sont inséparables et peuvent se convertir l'un dans l'autre. C'est ce qui nous donne la clé des paradoxes de l'histoire où l'on voit l'anarchie engendrer le despotisme, les motifs individuels favoriser une cause désintéressée, des moyens immoraux servir une fin noble, un but grandiose être atteint par des voies tortueuses.

En montrant la façon complexe et oblique par laquelle la raison gouverne l'histoire, Hegel a construit le système philosophique le plus ambitieux. Et selon une logique qu'il ne désavouerait pas, c'est *contre* son propre système que, avec Marx, Kierkegaard ou Nietzsche, se sont construites quelques-unes des plus grandes philosophies du monde contemporain.

Leçons sur la philosophie de l'histoire

1837,
traduction de J. Gibelin,
éd. Vrin, 1963.

Introduction

1

L'esprit s'incarne dans l'histoire universelle

L'HISTOIRE

La question de savoir quelle est en soi la *détermination* de la raison se confond, en tant que la raison est considérée par rapport au monde, avec cette autre : quelle est la *fin de l'univers* ; cette expression en serre de plus près la réalisation, l'accomplissement. Deux choses doivent être examinées, le contenu de cette fin, la détermination elle-même comme telle et sa réalisation.

Nous devons retenir d'abord que notre sujet, l'histoire universelle, se passe dans le domaine intellectuel. L'univers comprend la nature physique et la nature psychique. La nature physique intervient également dans l'histoire universelle, et au début même nous attirerons l'attention sur ces conditions fondamentales de la détermination de la nature. Mais le substantiel, c'est l'esprit et la suite de son évolution. Nous n'avons pas ici à considérer la nature en tant qu'en soi elle est aussi un système de la raison dans un élément distinct, particulier, mais seulement son rapport à l'esprit. Or l'esprit, sur le théâtre où nous le considérons, dans l'histoire universelle, atteint la réalité la plus concrète ; néanmoins, ou plutôt pour saisir ce qu'il y a de général dans cette sorte de concrétisation, nous devons tout d'abord donner quelques définitions abstraites de la *nature de l'esprit.* Cependant ceci peut ici se faire plutôt sous forme d'affirmation et ce n'est pas le lieu de développer sous forme spéculative l'idée de l'esprit, car ce qui peut être dit dans une introduction doit d'une façon générale être pris comme historique ainsi qu'on l'a déjà remarqué, comme une hypothèse qui a été ailleurs développée et démontrée ou qui recevra sa confirmation seulement dans la suite de l'exposé de la science de l'histoire.

Nous avons donc à indiquer ici :

a) les définitions abstraites de la nature de l'esprit ;

b) les moyens nécessaires à l'esprit pour réaliser son idée ;

c) enfin il faut envisager la forme qui est la complète réalisation de l'esprit dans l'existence — l'État.

2

L'esprit est liberté, donc conscience de soi

LA CONSCIENCE

a) La nature de l'esprit se reconnaît à ce qui en est le parfait contraire. De même que la substance de la matière est la pesanteur, nous devons dire que la substance, l'essence de l'esprit est la liberté. Chacun admet volontiers que l'esprit possède aussi, parmi d'autres qualités, la liberté ; mais la philosophie nous enseigne que toutes les qualités de l'esprit ne subsistent que grâce à la liberté, qu'elles ne sont toutes que des moyens en vue de la liberté, que toutes cherchent et produisent seulement celle-ci ; c'est une connaissance de la philosophie spéculative que la liberté est uniquement ce qu'il y a de vrai dans l'esprit. La matière est pesante en tant qu'elle se dirige vers un centre ; elle est essentiellement complexe ; elle se trouve hors de l'unité et la cherche, elle cherche donc à s'anéantir elle-même, elle cherche son contraire ; si elle l'atteignait, elle ne serait plus la matière, elle aurait disparu ; elle tend à l'idéalité, car dans l'unité, elle est idéale. L'esprit au contraire a justement en lui-même son centre ; il n'a pas l'unité hors de lui mais il l'a trouvée ; il est en soi et avec soi. La matière a sa substance en dehors d'elle ! l'esprit est *l'être-en-soi-même*. Cela est justement la liberté, car si je suis dépendant, je me rapporte à autre chose que je ne suis pas ; je ne puis exister sans quelque chose hors de moi ; je suis libre quand je suis en moi. Cet état de l'esprit, d'être en soi, c'est la conscience, la conscience de soi. Il faut dans la conscience, distinguer deux choses : d'abord le fait *que* je sais et ensuite *ce que* je sais. Ces deux choses se confondent dans la conscience de soi, car l'esprit se sait lui-même : il est le jugement de sa propre nature ; il est aussi l'activité par laquelle il revient à soi, se produit ainsi, se fait ce qu'il est en soi.

3

À travers l'histoire, l'esprit apprend qu'il est libre

L'HISTOIRE

[D'après cette définition abstraite, on peut dire de l'histoire universelle qu'elle est la représentation de l'esprit dans son effort pour acquérir le savoir de ce qu'il est ; et comme le germe porte en soi la nature entière de l'arbre, le goût, la forme des fruits, de même les premières traces de l'esprit contiennent déjà aussi virtuellement toute l'histoire. Les Orientaux ne savent pas encore que l'esprit ou l'homme en tant que tel est en soi libre ; parce qu'ils ne le savent pas, ils ne le sont pas ; ils savent uniquement qu'*un seul* est libre ; c'est pourquoi une telle liberté n'est que caprice, barbarie, abrutissement de la passion ou encore douceur, docilité de la passion qui n'est elle-même qu'une contingence de la nature ou un caprice. — Cet Unique n'est donc qu'un despote et non un homme libre. Chez les Grecs s'est d'abord levée la conscience de la liberté, c'est pourquoi ils furent libres, mais eux, aussi bien que les Romains savaient seulement que quelques-uns sont libres, non l'homme, en tant que tel. Cela, Platon même et Aristote ne le savaient pas ; c'est pourquoi non seulement

N.B. : Les crochets en début de ligne indiquent que le paragraphe a été créé par l'auteur du manuel et ne figure donc pas dans le texte original.

les Grecs ont eu des esclaves desquels dépendait leur vie et aussi l'existence de leur belle liberté ; mais encore leur liberté même fut d'une part seulement une fleur, due au hasard, caduque, renfermée en d'étroites bornes et d'autre part aussi une dure servitude de ce qui caractérise l'homme, de l'humain. — Seules les nations germaniques sont d'abord arrivées dans le christianisme, à la conscience que l'homme en tant qu'homme est libre, que la liberté spirituelle constitue vraiment sa nature propre ; cette conscience est apparue d'abord dans la religion, dans la plus intime région de l'esprit ; mais faire pénétrer ce principe dans le monde, était une tâche nouvelle dont la solution et l'exécution exigent un long et pénible effort d'éducation. Ainsi, par exemple, l'esclavage n'a pas cessé immédiatement avec l'adoption du christianisme ; encore moins la liberté a-t-elle aussitôt régné dans les États et les gouvernements et constitutions ont-ils été rationnellement organisés ou même fondés sur le principe de liberté. Cette application du principe aux affaires du monde, la transformation et la pénétration par lui de la condition du monde, voilà le long processus qui constitue l'histoire elle-même. J'ai déjà appelé l'attention sur la différence entre ce principe comme tel et son application, c'est-à-dire son introduction et sa réalisation dans la réalité de l'esprit et de la vie : c'est une détermination fondamentale de notre science et il faut s'en bien souvenir. Comme on a provisoirement souligné ici cette différence par rapport au principe chrétien de la conscience, la liberté, elle s'établit aussi essentiellement pour le principe de la liberté en général. L'histoire universelle est le progrès dans la conscience de la liberté — progrès dont nous avons à reconnaître la nécessité.

4

La liberté est la seule fin de l'histoire

LA LIBERTÉ

Ce que j'ai dit en général sur la distinction du savoir et de la liberté, d'abord sous la seule forme que les Orientaux ont connue, qu'*un seul* est libre, alors que les Grecs et les Romains, eux, ont su que *quelques-uns* sont libres, et que nous savons, nous, que tous les hommes en soi, c'est-à-dire l'homme en tant qu'homme, sont libres, cela, dis-je, indique en même temps la division de l'histoire et la manière dont nous la traiterons. Cette remarque n'est faite d'ailleurs qu'en passant : nous avons auparavant à expliquer encore quelques concepts.

Nous avons donc indiqué en général comme la destination du monde spirituel, et en tant que celui-ci est le monde substantiel et que le monde physique lui est subordonné, ou, en termes de spéculation, n'a pas de vérité par rapport à l'autre, — comme *cause finale*[1] *du monde,* la conscience que l'esprit a de sa liberté et par suite la réalité de cette liberté. Mais que cette liberté, telle qu'elle a été définie, reste encore vague et un mot infiniment complexe, qu'elle entraîne après elle, étant ce qu'il y a de plus élevé, une infinité de malentendus, de confusions et d'erreurs et qu'elle comprend toutes les divagations possibles, voilà ce qu'on n'a jamais mieux su ni mieux

1. Ce en vue de quoi une chose existe.

expérimenté qu'à l'époque actuelle ; mais nous nous en tenons ici pour l'instant à cette détermination générale. De plus, on a attiré l'attention sur l'importance de l'infinie différence principielle, entre ce qui est seulement en soi et ce qui est réellement. C'est aussi la liberté en elle-même qui renferme en soi l'infinie nécessité de devenir consciente — car elle est d'après son concept, connaissance de soi — et par suite réelle ; elle-même est la fin qu'elle poursuit, l'unique fin de l'esprit. Cette fin suprême a été celle de l'effort de l'histoire universelle ; pour elle ont été faits tous les sacrifices sur le vaste autel de la terre dans le long cours du temps. C'est la seule fin qui se poursuit et s'accomplit, ce qui seul est permanent dans la trame changeante de l'ensemble des événements et des situations, ce qui seul y est vraiment agissant. Cette fin est ce que Dieu réclame du monde ; mais Dieu est ce qu'il y a de plus parfait et ne peut par suite vouloir que lui-même, sa volonté propre. Quant à la nature de sa volonté, c'est-à-dire quant à sa nature même, c'est là ce que nous nommons ici, saisissant par la pensée la représentation religieuse, l'idée de liberté. La question qui maintenant se pose ne peut être que celle-ci : quels sont les moyens qu'exige sa réalisation ? C'est le second point qu'il nous faut ici considérer.

5

Les fins particulières sont les principaux ressorts de l'action

b) Cette question des *moyens* par lesquels la liberté se produit en un monde, nous conduit au phénomène même de l'histoire. Si la liberté comme telle, est tout d'abord le concept intérieur, les moyens en sont au contraire quelque chose d'extérieur, le phénomène qui dans l'histoire immédiatement apparaît et se présente à la vue. Le tout premier coup d'œil sur l'histoire nous convainc que les actions des hommes dérivent de leurs besoins, de leurs passions, de leurs intérêts, de leur caractère et de leurs talents, en sorte que, dans ce spectacle de l'activité, ce ne sont que ces besoins, ces passions, ces intérêts, qui apparaissent comme les ressorts et interviennent comme le principal facteur. Il y a bien aussi des fins générales, une volonté du bien, le noble amour de la patrie ; mais le rapport de ces vertus et de ce facteur général au monde et à ce qui le crée est insignifiant. Dans ces sujets mêmes et les sphères de leur activité nous pouvons bien voir réalisée la destination de la raison, mais la proportion en est petite, comparée à la masse de l'espèce humaine ; de même, l'étendue où se déploient leurs vertus est relativement faible.

Les passions

Les passions par contre, les fins de l'intérêt particulier, la satisfaction de l'égoïsme, voilà le facteur le plus puissant ; leur force réside en ceci, qu'elles ne considèrent aucune des bornes que le droit et la moralité *(Moralität*[1]*)* veulent leur imposer et que ces puissances de la nature sont bien plus près de l'homme que l'éducation artificielle et longue en vue de l'ordre et de la modération, du droit et de la moralité.

---

1. Hegel emploie deux mots distincts là où le français ne dispose que du seul mot moralité. Il désigne par *Moralität* les impératifs de la morale et par *Sittlichkeit* (voir p. 353) les usages qui sont passés dans les mœurs.

6

Pourquoi l'histoire sacrifie-t-elle le bonheur des peuples ?

Le bonheur

[Quand nous considérons ce spectacle des passions et que nous envisageons les suites de leur violence, de la déraison qui ne s'allie pas seulement à elles, mais aussi et surtout aux bonnes intentions, aux fins légitimes, quand de là nous voyons surgir le mal, l'iniquité, la ruine des empires les plus florissants qu'ait produits le génie humain, nous ne pouvons qu'être remplis de tristesse par cette caducité et, étant donné qu'une telle ruine n'est pas seulement une œuvre de la nature, mais encore de la volonté humaine, en arriver en face de ce spectacle, à une affliction morale, une révolte de l'esprit du bien, s'il se trouve en nous. On peut amplifier ces résultats, sans exagération oratoire, jusqu'au tableau le plus terrible, simplement en rapprochant avec exactitude toutes les infortunes subies par ce qu'il y a eu de plus beau en fait de peuples, de constitutions et de vertus privées, et pousser ainsi l'émotion jusqu'à la douleur la plus profonde, la plus perplexe à laquelle ne peut faire équilibre aucune conséquence apaisante ; nous ne pouvons nous maintenir contre elle ou nous arracher à elle que par la pensée : il en a été ainsi ; c'est la destinée ; on n'y peut rien changer ; et aussi, en nous retirant, loin de l'ennui que pourrait susciter en nous cette douloureuse réflexion, dans notre sentiment de la vie, dans l'actualité de nos fins et de nos intérêts, bref dans l'égoïsme, qui, sur la rive tranquille, jouit de là en sûreté du spectacle lointain de la masse confuse des ruines. Cependant même en considérant l'histoire comme l'autel où ont été sacrifiés le bonheur des peuples, la sagesse des États et la vertu des individus, on se pose nécessairement la question, pour qui, à quelle fin ces immenses sacrifices ? D'où, on arrive ordinairement à se demander ce dont nous avions fait le début général de notre réflexion ; partant de là nous avons défini les événements que présente ce tableau à nos sentiments troublés et à la méditation qui s'y attache, tout aussitôt comme le domaine où nous ne voulons voir que les moyens pour ce que nous affirmons être la destination substantielle, la fin absolue, ou ce qui revient au même, le véritable résultat de l'histoire universelle. Dès l'abord nous avons d'une façon générale dédaigné de nous engager dans la voie des réflexions, de nous élever de cette image du particulier au général ; il n'est d'ailleurs pas dans l'intérêt même de ces réflexions sentimentales de s'élever vraiment au-dessus de ces sentiments, et de résoudre les énigmes de la Providence qui ont été posées dans ces considérations. Leur nature est bien plutôt de se complaire mélancoliquement dans les sublimités vides et stériles de ce résultat négatif. Nous revenons par conséquent au point de vue auquel nous sommes placés et les moments que nous indiquerons à ce sujet renfermeront aussi les déterminations essentielles pour la réponse aux questions qui peuvent naître du tableau précédent.

Hegel : *Leçons sur la philosophie de l'histoire*

7

Le poids de l'intérêt dans tous les sens du mot

LES PASSIONS

Ce que nous remarquons *premièrement,* c'est ce que nous avons déjà dit souvent, mais qui, dès qu'on y arrive ne saurait être trop répété, à savoir que ce que nous avons appelé principe, fin, détermination ou bien nature et concept de l'esprit, n'est que du général, un abstrait. Le principe, comme la maxime, la loi est quelque chose d'intérieur, qui comme tel, quelque vrai qu'il soit en lui-même, n'est pas complètement réel. Des fins, des maximes, etc. se trouvent dans notre pensée, d'abord dans nos intentions intérieures, mais pas encore dans la réalité. Ce qui est en soi est une possibilité, un pouvoir, mais qui n'est pas parvenu encore de l'intérieur à l'existence. Pour la réalité, un *second* moment doit s'adjoindre, la mise en acte, la réalisation dont le principe est la volonté d'une façon générale, l'activité de l'homme. C'est par cette activité seule que ce concept, ainsi que les déterminations en soi, sont réalisées, produites, car prises immédiatement en elles-mêmes, elles sont sans valeur. L'activité qui les met en œuvre, leur donne l'être, c'est le besoin de l'homme, son instinct, son inclination, sa passion. Il m'importe beaucoup de mettre quelque chose en acte et dans l'être ; il faut que j'y sois ; je veux être satisfait par l'exécution. Une fin pour laquelle je dois agir doit en quelque manière être aussi ma fin ; il me faut aussi satisfaire ma fin à moi, même si la fin pour laquelle j'agis présente encore beaucoup d'aspects qui ne m'intéressent pas. C'est là le droit infini du sujet, qu'il se trouve satisfait par son activité et son travail. Si les hommes doivent s'intéresser à une chose, il faut qu'eux-mêmes s'y retrouvent et qu'ils y voient leur amour-propre satisfait. Il faut éviter ici un malentendu ; en critiquant, on dit avec raison, le prenant en mauvaise part, d'un individu qu'il est intéressé d'une façon générale, c'est-à-dire qu'il ne recherche que son intérêt personnel. Quand nous blâmons cela, nous pensons qu'il recherche son intérêt personnel, sans souci de la fin générale, à l'occasion de laquelle il travaille pour l'autre fin, ou même en sacrifiant le général ; mais celui qui consacre son activité à une chose n'est pas seulement intéressé d'une façon générale, il s'y intéresse. La langue rend exactement cette nuance. Il n'arrive donc rien, rien ne s'accomplit, sans que les individus qui participent à cette action, se satisfassent aussi ; ce sont des hommes particuliers, c'est-à-dire qu'ils ont des besoins, des instincts, des intérêts à eux ; parmi ces besoins, il n'y a pas uniquement leur besoin et leur volonté propres mais le besoin de leur réflexion, de leur conviction ou tout au moins celui de leur opinion, si toutefois le besoin du raisonnement, de l'entendement, de la raison, s'est éveillé. De plus, les hommes demandent aussi quand ils doivent agir en vue d'une chose, que celle-ci leur plaise, que leur opinion lui soit favorable, qu'il s'agisse de la valeur de cette chose, de son bon droit, de ses avantages ou de son utilité. C'est là un caractère essentiel de notre époque où les hommes ne sont guère plus conduits par la confiance ou l'autorité, mais veulent consacrer leur activité à une chose en vertu de leur propre raison, de leur conviction et de leur opinion indépendantes.

8

« Rien de grand ne s'est accompli dans le monde sans passion »

LES PASSIONS

Nous disons donc que rien ne s'est fait sans être soutenu par l'intérêt de ceux qui y ont collaboré ; et appelant l'intérêt une passion, en tant que l'individualité tout entière, en mettant à l'arrière-plan tous les autres intérêts et fins que l'on a et peut avoir, se projette en un objet avec toutes les fibres intérieures de son vouloir, concentre dans cette fin tous ses besoins et toutes ses forces, nous devons dire d'une façon générale que *rien de grand* ne s'est accompli *dans le monde* sans passion. Ainsi deux éléments interviennent dans notre sujet : l'un est l'idée, l'autre les passions humaines ; l'un est la chaîne, l'autre la trame du grand tapis qui constitue l'histoire universelle étendue devant nous. La liberté morale dans l'État forme le centre concret et la jonction des deux éléments. Il a été question de l'idée de liberté en tant que nature de l'esprit et fin absolue de l'histoire. La passion est regardée comme une chose qui n'est pas bonne, qui est plus ou moins mauvaise ; l'homme ne doit pas avoir de passion. Passion n'est pas d'ailleurs le mot tout à fait exact pour ce que je veux désigner ici, j'entends en effet, ici, d'une manière générale l'activité de l'homme dérivant d'intérêts particuliers, de fins spéciales ou si l'on veut, d'intentions égoïstes, en tant que dans ces fins il met toute l'énergie de son vouloir et de son caractère en leur sacrifiant autre chose qui pourrait aussi être une fin, ou plutôt leur sacrifiant tout le reste. Ce contenu particulier est tellement un avec la volonté de l'homme qu'il en constitue toute la détermination et en est inséparable ; c'est par là qu'il est ce qu'il est. Car l'individu est celui qui est là présent, non point homme en général, celui-ci n'existant pas, mais homme déterminé. Le caractère aussi exprime cette détermination de la volonté et de l'intelligence. Mais le caractère comprend en général toutes les particularités, la manière de s'y prendre dans les conditions privées, etc. et n'est que la détermination mise en action et en mouvement. Je dirai donc passion, entendant par là la détermination particulière du caractère en tant que ces déterminations du vouloir n'ont pas un contenu uniquement privé, mais constituent l'élément moteur et énergique d'actions générales. La passion, c'est tout d'abord le côté subjectif, en tant que formel de l'énergie, de la volonté et de l'activité, le contenu ou le but en restant encore indéterminé ; il en va ainsi de la conviction personnelle, de la pensée personnelle, et de la conscience personnelle. Il s'agit toujours du contenu de ma conviction, du but de ma passion, de savoir si l'un ou l'autre est vrai en sa nature. Mais inversement, s'il l'est, il lui appartient d'entrer dans l'existence, de se réaliser.

9

Le but de l'histoire est d'abord inconscient

L'HISTOIRE

De cette explication concernant le deuxième moment essentiel de la réalité historique d'une fin en général, il résulte, si nous prenons incidemment l'État en considération, qu'à cet égard un État est bien ordonné et puissant en soi quand, l'intérêt privé des citoyens s'unissant à la fin générale, ils trouvent l'un dans l'autre leur satisfaction et leur réalisation — proposition en elle-même fort importante. Mais dans l'État on a besoin de beaucoup d'organisations, d'inventions, avec des dispositions conformes aux fins et de longues luttes de la raison afin de rendre conscient ce qui convient au but, il faut aussi des luttes contre l'intérêt particulier et les passions ainsi qu'une difficile et longue éducation de celles-ci pour réaliser cette union. Le moment d'une telle union est l'époque de sa floraison, de sa vertu, de sa force et de son bonheur. Mais l'histoire universelle ne commence avec sa fin générale, à savoir que le concept de l'esprit obtienne satisfaction, qu'*en soi,* c'est-à-dire comme nature ; c'est l'instinct inconscient intérieur, le plus intérieur, et tout l'objet de l'histoire universelle consiste, ainsi qu'il a déjà été dit, dans l'effort de le rendre conscient. Se présentant ainsi sous forme d'essence, de volonté de la nature, ce qui a été appelé le côté subjectif, le besoin, l'instinct, la passion, l'intérêt particulier, existe immédiatement pour soi, comme l'opinion et la représentation subjective.

10

L'action particulière réalise, sans le savoir, les fins générales

LE SENS

[Cette masse immense de vouloir, d'intérêts, d'activité, constitue les instruments et les moyens du génie de l'univers pour accomplir sa fin, l'élever à la conscience et la réaliser ; et cette fin ne consiste qu'à se trouver, à venir à soi, et à se considérer comme réalité. Mais que ces activités vivantes des individus et des peuples en cherchant et satisfaisant leur être soient aussi moyens et instruments d'une chose plus élevée et plus vaste qu'ils ignorent et accomplissent inconsciemment, voilà la question qu'on pourrait soulever, qui a été soulevée et voilà qui a été aussi souvent nié que décrié et méprisé comme rêverie et philosophie. Mais dès le début, je me suis expliqué sur ce point et j'ai soutenu notre hypothèse (qui ne devait se présenter comme résultat qu'à la fin) et notre foi, à savoir que la raison gouverne le monde et a par conséquent gouverné l'histoire universelle. Par rapport à cette chose générale et substantielle en soi, tout le reste est subordonné, à son service et son moyen. De plus, cette raison est immanente dans l'existence historique, elle s'accompagne en celle-ci et par elle. Que la synthèse du général, de l'être en soi et pour soi avec l'individuel et le subjectif, est l'unique vérité, c'est de la spéculation qui, sous cette forme générale est traitée dans la logique. Mais dans le cours de l'histoire universelle même, cours qui progresse encore, la pure fin dernière de l'histoire n'est pas encore le contenu du besoin et de l'intérêt et sans que celui-ci en soit conscient, le général est cependant enfermé dans les fins particulières et s'accomplit par elles. Cette même question se présente aussi comme synthèse de la *liberté et de la nécessité,* si nous considérons la marche intérieure de l'esprit en soi et pour soi comme la chose nécessaire et par contre si nous attribuons à la liberté ce qui, dans la volonté consciente des hommes, apparaît comme leur intérêt. Puisque l'enchaînement métaphysique c'est-à-dire conceptuel de ces déterminations fait partie de la logique, nous ne pouvons l'expliquer ici. Nous n'avons qu'à indiquer les moments essentiels qui importent.

11

C'est l'opposition qui nourrit l'histoire

L'HISTOIRE

On montre en philosophie que l'idée va vers l'opposition infinie. C'est celle de l'idée sous la forme libre, générale, où elle demeure en elle-même, et de l'idée comme réflexion purement abstraite en soi qui est formelle existence pour soi, le Moi, la liberté formelle qui est le propre de l'esprit seul. L'idée générale se présente ainsi d'une part comme plénitude substantielle, d'autre part comme l'abstrait du libre arbitre. Cette réflexion en soi, c'est la conscience individuelle, l'autre chose opposée d'une façon générale à l'idée, placée par suite dans le fini absolu. Cette autre chose, c'est donc le fini, la détermination, pour l'absolu universel : c'est le côté de son existence, le terrain de sa réalité formelle et celui de l'honneur de Dieu. — Saisir le lien absolu de cette opposition, c'est le problème profond de la métaphysique. De plus, avec ce fini se pose tout le particulier. La volonté formelle se veut elle-même. Ce moi doit se trouver en tout ce qu'elle projette et fait. Le pieux individu aussi veut être sauvé et bienheureux. Cet extrême qui existe pour soi à la différence de l'essence absolue, universelle, est un particulier qui connaît et veut la particularité ; il se trouve placé d'une façon générale au point de vue phénoménal. C'est le lieu des fins particulières en tant que les individus s'établissent dans leur particularité, la remplissent et la réalisent. C'est aussi le point de vue du bonheur et du malheur. Heureux est celui qui a conformé son existence à son caractère, à son vouloir et à son bon plaisir particuliers, jouissant ainsi de lui-même en son existence. L'histoire universelle n'est pas le lieu de la félicité. Les périodes de bonheur y sont ses pages blanches ; car ce sont des périodes de concorde auxquelles fait défaut l'opposition. La réflexion en soi, cette liberté est, abstraitement, d'une façon générale, le moment formel de l'activité de l'idée absolue. L'activité est le centre du raisonnement dont l'un des extrêmes est le général, l'idée qui repose dans le fond intérieur de l'esprit, et l'autre l'extérieur en général, la matière objective. L'activité est le centre qui traduit en objectivité, le général et l'intérieur.

12

L'action va au-delà de la volonté de son auteur

L'ILLUSION

Je vais essayer de rendre ce qui vient d'être dit d'une manière plus représentative et plus nette par des exemples.

La construction d'un édifice, c'est d'abord une fin et une intention intérieures. Comme moyens correspondent les éléments particuliers, comme matériaux, le fer, le bois, les pierres. Les éléments sont employés pour les travailler : le feu pour fondre le fer, l'air pour attiser le feu, l'eau pour mettre les roues en mouvement, couper le bois, etc. Il en résulte que l'air, qui a aidé, est arrêté par la maison, de même les flots de la pluie et l'action nuisible du feu, dans la mesure où elle est à l'épreuve du feu. Les pierres et les poutres obéissent à la pesanteur, tendent vers la profondeur, et avec elles on édifie de hautes murailles. Ainsi les éléments sont utilisés suivant leur nature et collaborent à un produit qui limite leur action. Les passions se satisfont de façon analogue, elles se réalisent ainsi que leurs fins suivant leur destination naturelle et produisent l'édifice de la société humaine, y ayant procuré le pouvoir, au droit, à l'ordre *contre* elles-mêmes. — La connexion ci-dessus indiquée implique aussi ceci que dans l'histoire universelle, il résulte des actions des hommes en général encore autre chose que ce qu'ils projettent et atteignent, que ce qu'ils savent et veulent immédiatement ; ils réalisent leurs intérêts, mais il se produit avec cela quelque autre chose qui y est cachée à l'intérieur, dont leur conscience ne se rendait pas compte et qui n'était pas dans leurs vues ; comme exemple analogue, nous pouvons citer un homme qui, par vengeance, vengeance qui peut être juste, c'est-à-dire pour une offense injuste, incendie la maison d'un autre ; il se manifeste ici un lien entre cette action immédiate et d'autres circonstances, il est vrai extérieures, qui ne se rapportent pas à cette action prise directement tout à fait en soi. Comme telle, celle-ci sera, si l'on veut, le fait d'appliquer une mince flamme à une petite place d'une poutre. Ce qui n'a pas été réalisé encore ainsi se réalise de soi-même ensuite. Le lieu enflammé de la poutre se rattache aux autres endroits de celle-ci, la poutre à la charpente de toute la maison, celle-ci est reliée à d'autres maisons et un immense incendie se produit qui dévore le bien et l'avoir de beaucoup de gens qui ne sont pas l'objet de la vengeance, incendie qui même coûte la vie à beaucoup de personnes. Ceci n'était compris ni dans l'action générale, ni dans l'intention de celui qui entreprit l'affaire. Mais l'action renferme encore une autre détermination générale ; comme but de l'auteur, ce n'était qu'une vengeance contre un individu dont il s'agissait de détruire la propriété ; c'est de plus un crime qui comprend encore le châtiment. Cela a pu ne pas se présenter à la conscience, moins encore être la volonté de l'auteur ; mais c'est son acte en soi, ce qu'il a de général, de substantiel qui s'effectue par cet acte même. Il faut retenir de cet exemple seulement ceci que dans l'action immédiate, il peut y avoir autre chose que dans la volonté et la conscience de l'auteur. L'exemple montre encore que la substance de l'action et par suite l'action elle-même se retourne contre celui qui l'a accomplie, elle devient pour lui un choc en retour qui le ruine.

13

Les fins dans la vie privée et dans l'action historique

[Cette union des deux extrêmes, la réalisation de l'idée générale en existence immédiate et l'élévation de l'individuel à la vérité générale, se produit tout d'abord en présumant la diversité et l'indifférence réciproques des deux côtés. Les acteurs ont pour leur activité des buts finis, des intérêts particuliers, mais ils savent et pensent. La matière de leurs buts montre les linéaments des déterminations générales, essentielles du droit, du bien, du devoir, etc. Car la simple convoitise, la barbarie et la brutalité du vouloir se trouvent en dehors du théâtre et de la sphère de l'histoire universelle. Ces déterminations générales, qui sont en même temps des directions pour les fins et les actes, ont un contenu particulier. Car quelque chose d'aussi vide que le bien pour l'amour du bien n'a généralement pas sa place dans la vivante réalité. Si l'on veut agir, il ne faut pas seulement vouloir le bien, mais il faut savoir ce qu'est le bien. Mais ce qui est bien ou non, juste ou injuste, cela est indiqué pour les cas ordinaires de la vie privée dans les lois et les mœurs d'un État. Il n'y a pas grande difficulté à le savoir. Tout individu a sa place et sait en général en quoi consiste une conduite légitime et honnête. Si dans les conditions privées ordinaires, on considère comme à ce point difficile de choisir le juste et le bien, et si l'on estime comme d'une moralité supérieure d'y trouver bien des difficultés et d'avoir des scrupules, il faut l'attribuer plutôt à la volonté mauvaise ou méchante qui cherche des prétextes à l'égard de ses devoirs, bien aisés à connaître cependant ; ou le considérer tout au moins comme nonchalance de l'esprit qui réfléchit, à qui sa mesquine volonté donne peu d'occupation et qui par suite se donne de l'occupation en lui-même et se distrait sans la complaisance morale.

Il en va autrement dans les grandes situations historiques. C'est là justement où se produisent les grandes collisions entre les devoirs, lois et droits existants, reconnus et les possibilités qui s'opposent à ce système, le lèsent, bien plus en minent le fondement et la réalité et qui présentent aussi un contenu, pouvant paraître bon, avantageux dans l'ensemble, essentiel et nécessaire. Ces possibilités deviennent donc historiques ; elles renferment une valeur générale différente de celle qui constitue la base de l'existence d'un peuple ou d'un État ; c'est un moment de l'idée productrice, un moment de la vérité qui tend et se pousse vers elle-même. Les hommes historiques, les *individus de l'histoire mondiale* sont ceux dont les fins détiennent une telle valeur générale.

14

Les grands hommes semblent agir pour eux-mêmes

L'HISTOIRE

On peut citer ici surtout César risquant de perdre la position où il s'était élevé, position sinon encore à vrai dire prédominante, du moins égale à celle de ceux qui se trouvaient à la tête de l'État, et de succomber sous les coups de ceux qui étaient en train de devenir ses ennemis. Ces ennemis qui avaient également en vue leurs fins personnelles avaient pour eux la forme de la constitution et la force des apparences juridiques. César luttait pour assurer sa position, son honneur, sa sécurité ; et sa victoire sur ses ennemis dont la puissance consistait en la domination sur les provinces de l'Empire romain, fut aussi la conquête de tout l'Empire ; il devint ainsi sans toucher à la forme de la constitution, le maître individuel de l'État. Ce qui lui valut l'exécution de son plan tout d'abord négatif, d'être le seul maître à Rome, était aussi en soi une détermination nécessaire dans l'histoire de Rome et du monde, en sorte qu'il n'y eut pas là seulement son gain particulier, mais un instinct qui accomplit ce qu'en soi le temps réclamait. Les grands hommes de l'histoire sont ceux dont les fins particulières renferment le facteur substantiel qui est la volonté du génie universel. On doit les nommer des *héros* en tant qu'ils ont puisé leurs fins et leur vocation non seulement dans le cours des événements, tranquille, ordonné, consacré par le système en vigueur mais à une source dont le contenu est caché, et n'est pas encore parvenu à l'existence actuelle dans l'esprit intérieur, encore souterrain qui frappe contre le monde extérieur comme à un noyau et le brise parce qu'il n'est pas l'amande qui convient à ce noyau ; — ils semblent donc puiser en eux-mêmes et leurs actions ont produit une situation et des conditions mondiales qui paraissent être uniquement *leur* affaire et *leur* œuvre.

15

Ils sont suivis parce qu'ils saisissent la vérité de leur temps

L'HISTOIRE

De tels individus n'avaient pas, en ce qui concerne leur fin, conscience en général de l'Idée ; mais ils étaient des hommes pratiques et politiques. C'étaient aussi des gens qui pensaient et qui savaient ce qui *est* nécessaire, et ce dont *le moment est venu.* C'est à savoir la vérité de leur temps et de leur monde, pour ainsi parler, la race prochaine qui existait déjà intérieurement. C'était leur affaire de connaître cette valeur générale, l'échelon nécessaire, prochain, de leur univers, d'en faire leur fin, d'y consacrer leur énergie. C'est pourquoi les hommes de l'histoire universelle, les héros d'une époque, doivent être reconnus comme les sages ; leurs actes, leurs discours sont ce qu'il y a de mieux à leur époque. De grands hommes ont voulu, pour se satisfaire, non pour les autres. Ce qu'ils auraient appris des autres en fait de desseins et de conseils bien intentionnés, aurait été, au contraire, plus borné et plus faux ; car ils savaient le mieux ce dont il s'agissait ; et cela les autres l'ont ensuite bien plutôt appris d'eux et l'ont trouvé bon d'après eux, ou s'y sont pour le moins accommodés. Car l'esprit qui va plus avant, c'est l'âme intérieure de tous les individus, mais l'intériorité inconsciente que les grands hommes leur rendent consciente. C'est pourquoi les autres suivent ces conducteurs d'âmes, car ils éprouvent la puissance irrésistible de leur propre esprit intérieur qui vient à leur rencontre.

16

La destinée particulière des grands hommes

L'HISTOIRE

[Si, allant plus loin, nous jetons un regard sur la destinée de ces individus historiques qui avaient pour vocation d'être des hommes d'affaires du génie de l'Univers, nous constaterons qu'elle ne fut pas heureuse. Ils n'en vinrent pas à une paisible jouissance, toute leur vie ne fut que labeur et peine, toute leur nature ne fut que leur passion. La fin atteinte, ils tombent, balle vide du grain. Ils meurent tôt comme Alexandre, ils sont assassinés comme César, déportés à Sainte-Hélène, comme Napoléon. Cette affreuse consolation que les hommes historiques n'ont pas eu ce qu'on nomme bonheur, dont n'est capable que la vie privée qui peut se présenter dans des conditions extérieures fort différentes, cette consolation, dis-je, ceux qui en ont besoin, peuvent la puiser dans l'histoire. L'envie en a besoin, que le grand, l'excellent gêne et qui cherche à l'amoindrir et à lui trouver quelque défaut. Dans les temps modernes aussi, il a été assez prouvé qu'en général, les princes ne sont pas heureux sur leur trône, aussi le leur concède-t-on et l'on trouve tolérable qu'on n'y soit pas assis, mais bien eux. — L'homme libre d'ailleurs n'est point envieux, il admet volontiers ce qui est grand et sublime et se réjouit que cela *existe.*

17

« Il n'y a pas de héros pour son valet de chambre »

L'HISTOIRE

Ces hommes historiques doivent donc être considérés d'après ces moments généraux qui constituent l'intérêt et en même temps les passions des individus. Ce sont de grands hommes parce qu'ils ont voulu et accompli une grande chose, non imaginaire et présumée, mais bien juste et nécessaire. Cette manière de voir exclut aussi la réflexion dite psychologique qui, servant au mieux l'envie, sait expliquer par le fonds du cœur tous les actes et leur donner la forme subjective en sorte que leurs auteurs auraient tout fait, par suite d'une passion petite ou grande, d'une *affection* et n'auraient pas été à cause de ces passions et de ces affections des hommes moraux. Alexandre de Macédoine a conquis en partie la Grèce, puis l'Asie, il a *donc* été *affecté* de la manie de conquérir ; il a agi poussé par affection de gloire, de conquête ; et la preuve que c'est là ce qui l'a poussé, c'est qu'il a fait des choses qui rapportaient de la gloire. Quel maître d'école n'a pas démontré d'Alexandre le Grand, de Jules César, que ces hommes ont été animés par de telles passions et que par suite, ils ont été des hommes immoraux ; d'où il suit aussitôt que lui le maître d'école vaut mieux que ces gens, car il n'a pas de ces passions et en donne comme preuve qu'il n'a pas conquis l'Asie, ni vaincu Darius et Porus, mais qu'il vit certes bien et laisse vivre aussi. — Ces psychologues s'attardent ensuite aussi surtout à prendre en considération les particularités des grandes figures historiques, celles qui leur reviennent en tant que personnes privées. L'homme doit manger et boire, il est en relation avec des amis et des connaissances, il ressent les sentiments et les transports du moment. Il n'y a pas de héros pour son valet de chambre, selon un proverbe connu ; j'ai ajouté — et Goethe l'a redit dix ans plus tard — non parce que l'homme n'est pas un héros, mais parce que l'autre est le valet de chambre. Celui-ci ôte les bottes du héros, l'aide à se coucher, sait qu'il boit plutôt du champagne, etc. Les personnages historiques qui sont servis dans les livres d'histoire par de tels valets psychologiques s'en tirent mal ; ils sont nivelés par ces valets et placés sur la même ligne ou plutôt quelques degrés au-dessous de la moralité de ces fins connaisseurs d'hommes. Le Thersite[1] d'Homère qui critique les rois est un personnage qui se retrouve à toute époque. Il est vrai qu'il ne reçoit pas en tout temps des coups, c'est-à-dire des volées avec un bâton solide, comme à l'âge homérique, mais sa jalousie, son opiniâtreté, voilà l'écharde qu'il porte en sa chair ; le ver immortel, qui le ronge, c'est le tourment que ses intentions et ses critiques excellentes n'ont pourtant aucun succès dans le monde, mais on peut se réjouir aussi de l'infortune du thersitisme.

18

La ruse de la raison

LA RAISON

Un individu historique n'a pas le calme nécessaire pour vouloir ceci ou cela, pour avoir beaucoup d'égards, mais il appartient à sa seule fin sans rien considérer de plus. Il arrive donc qu'il traite légèrement d'autres intérêts, grands, sacrés même, conduite qui,

1. Nom d'un Grec participant au siège de Troie et resté célèbre pour ses critiques à l'endroit des chefs.

assurément, est soumise au blâme moral. Une si grande figure écrase nécessairement mainte fleur innocente, ruine mainte chose sur son chemin.

L'intérêt particulier de la passion est donc inséparable de la mise en action du général ; car le général résulte du particulier et du déterminé, et de la négation de celui-ci. C'est le particulier qui s'use en se combattant et dont une partie est détruite. Ce n'est pas l'idée générale qui s'expose à des contraintes et à la lutte, à des dangers ; elle se tient en arrière hors de toute attaque et de tout dommage. C'est ce qu'il faut appeler *artifice de la raison* quand elle laisse agir à sa place les passions, en sorte que ce par quoi elle parvient à l'existence, éprouve des pertes et souffre des dommages. Car c'est le phénomène dont une partie est vaine et une partie affirmative. En général le particulier est trop petit en face du général : les individus sont sacrifiés et abandonnés. L'idée paie le tribut de l'existence et de la caducité non par elle-même, mais grâce aux passions des individus.

19

Les individus ne sont pas seulement des moyens

LA LIBERTÉ

Si nous acceptons donc de voir sacrifier les individualités, leurs fins et la satisfaction de celles-ci, abandonner leur félicité en général au règne du hasard dont celle-ci relève, et de considérer en général les individus comme appartenant à la catégorie des moyens, il y a cependant en eux un côté que nous hésitons à saisir sous cet aspect seulement, même en face de ce qu'il y a de plus haut parce qu'il est nullement secondaire, mais en eux-mêmes quelque chose d'éternel, de divin par soi, c'est la *moralité subjective*, la *moralité concrète*, la *religiosité*. En parlant de la réalisation en général de la fin rationnelle par les individus, on a signalé leur côté subjectif, leur intérêt, celui de leurs besoins, de leurs instincts, de leur opinion et de leur sagesse comme étant le côté formel, qui lui-même a un droit infini à être satisfait. Quand nous parlons d'un moyen nous nous le représentons tout d'abord comme extérieur à la fin et n'y participant aucunement. Mais en fait les objets naturels en général, même la chose inanimée, la plus vulgaire, employée comme moyen, doivent être tels qu'ils répondent à la fin, avoir en eux-mêmes quelque chose qui leur soit commun avec elle. En ce sens tout à fait extérieur, les hommes ne se comportent guère comme moyens de la fin rationnelle ; non seulement ils satisfont en même temps que celle-ci, et à son occasion, leurs fins particulières qui en sont différentes, quant au contenu, mais ils participent à cette fin rationnelle par elle-même et sont par suite fins en soi. — Et des fins en soi non seulement au point de vue de la forme, comme le vivant en général dont la vie individuelle est pour le fond déjà subordonnée à la vie humaine et dont on use comme moyen avec raison, mais les hommes sont aussi des fins en soi d'après le contenu de la fin. Or à cette détermination se rapporte ce que nous voulons voir enlever à la catégorie des moyens, la moralité subjective et concrète, la religiosité. En effet l'homme n'est fin en soi que par le divin en lui, par ce qui a été dès l'abord nommé raison et en tant qu'active et se déterminant elle-même, liberté ; et nous disons, ne pouvant ici développer davantage ce sujet, que justement la religion, la moralité concrète, etc., ont là leur fond et leur source, et s'élèvent ainsi même au-dessus de la nécessité externe et du hasard en soi. Mais il faut dire ici qu'en tant que livrés à leur liberté, les individus sont causes de la ruine morale et religieuse et de l'affaiblissement de la moralité concrète et de la religion. Le sceau de la haute destination absolue de l'homme c'est de savoir ce qui est bien et ce qui est mal et qu'elle consiste précisément en la volonté soit du bien, soit du mal, en un mot c'est qu'il peut être cause, cause non seulement du mal, mais aussi du bien et cause non seulement de ceci, de cela, de tout, mais cause du bien et du mal dépendant de sa liberté individuelle. L'animal seul est vraiment innocent. Mais il faudrait une longue explication, aussi longue qu'une explication de la liberté, pour empêcher ou écarter tous les malentendus qui se produisent ordinairement à propos de ceci, que ce que l'on nomme innocence, signifie l'ignorance même du mal.

20

La protestation, au nom de l'idéal, contre la froide réalité

LE DEVOIR

En considérant le sort qui attend dans l'histoire la vertu, la moralité *(Sittlichkeit)*, la religiosité même, nous ne devons pas tomber dans la litanie des plaintes et dire que souvent ou même la plupart du temps les gens bons et pieux sont malheureux sur terre, le bonheur étant par contre pour les gens méchants et mauvais. Par bonheur on entend d'ordinaire des choses bien différentes, la fortune par exemple, l'honneur extérieur et des choses de ce genre. Mais quand il s'agit de ce qui serait en soi une fin, ce qu'on appelle bonheur ou infortune de tel ou tel individu particulier ne peut être pris comme moment de l'ordre rationnel de l'Univers. À plus juste titre que la chance seulement et des circonstances favorables pour les individus. On réclame de la fin universelle que des fins bonnes, morales et conformes au droit, cherchent sous elle et en elle leur réalisation et leur sauvegarde. Ce qui rend les hommes mécontents moralement (et c'est un mécontentement dont ils se font gloire), c'est qu'ils ne trouvent pas que le présent corresponde à des fins qu'ils considèrent comme justes et bonnes (aujourd'hui en particulier les idéals de constitutions) ; ils opposent à une telle condition le *devoir* selon eux de ce qui serait le droit en l'affaire. Ce n'est point ici l'intérêt particulier, ni la passion qui demandent satisfaction, mais la raison, le droit, la liberté ; armée de ce titre, cette revendication porte la tête haute et facilement se montre non seulement mécontente, mais encore indignée de la condition du monde. Pour juger un tel sentiment et de telles opinions à leur valeur il faudrait entreprendre l'examen des revendications exposées et des opinions très affirmatives. À aucune époque on n'a émis à ce sujet, plus prétentieusement qu'à la nôtre, des propositions et des pensées générales. Si d'ordinaire l'histoire paraît se présenter comme une lutte des passions, elle montre, à notre époque, quoique les passions ne fassent pas défaut, soit comme élément dominant la lutte réciproque d'idées justificatrices, soit le combat des passions et des intérêts, mais essentiellement sous le couvert de ces justifications d'ordre plus élevé. Ces revendications du droit qui doivent exister au nom de ce qui a été donné comme destination de la raison, valent par suite comme fins absolues, ainsi que la religion, la moralité concrète et subjective. Rien n'est plus fréquent aujourd'hui, on l'a déjà dit, que de se plaindre que les *idéals,* posés par la fantaisie ne se réalisent pas, que la froide réalité détruise ces magnifiques rêves. Ces idéals qui s'anéantissent en se brisant contre l'écueil de la dure réalité, pendant la traversée de la vie, ne peuvent être que subjectifs et dépendre de l'individualité d'un chacun qui se prend pour ce qu'il y a de plus haut et de plus intelligent. Ils ne nous regardent pas ici. Car ce que l'individu s'imagine en son particulier, ne peut faire loi pour l'universelle réalité, de même que la loi universelle n'existe pas seulement pour les simples individus qui pourraient ne pas trop y trouver leur compte. Mais on comprend sous cette expression, aussi bien l'idéal de la raison, du bien, du vrai. Des poètes tels que Schiller ont représenté ce genre d'idéal d'une façon très touchante et très émue, éprouvant une profonde tristesse de ce que de tels idéals ne puissent parvenir à se réaliser. Si nous disons par contre que la raison universelle se réalise, il ne s'agit certes pas du particulier empirique; celui-ci peut se trouver ou mieux ou plus mal, parce que ici le hasard, l'individuel acquièrent du concept, le pouvoir d'exercer leur droit formidable. Il y aurait donc bien à redire en ce qui touche le détail du phénomène. Cette critique subjective qui ne vise que le particulier et ce qui lui fait défaut, sans y reconnaître la raison universelle, est chose facile et l'on peut se donner des airs et se pavaner, s'il s'y ajoute l'assurance de bonnes intentions pour le bien général et les apparences d'un bon cœur. Il est plus facile de voir le défaut des individus, des États, de la direction universelle que leur fond véritable. Car la critique négative se tient avec hauteur et un grand air au-dessus de la chose sans y avoir pénétré, c'est-à-dire sans l'avoir saisie elle-même, ce qu'il y a de positif en elle. L'âge rend en général plus doux; la jeunesse est toujours mécontente; la raison en est pour l'âge dans la maturité du jugement, qui n'accepte pas aussi le mal par manque d'intérêt, mais qui a été dirigée, instruite plus à fond par le sérieux de la vie, vers le substantiel, le solide des choses.

21

Le monde réel est tel qu'il doit être

[La philosophie donc doit nous amener par opposition à ces idéals, à reconnaître que le monde réel est tel qu'il doit être, que le vrai bien, la raison divine universelle est aussi la puissance propre à se réaliser. Ce bien, cette raison, sous sa représentation la plus concrète est Dieu. Dieu gouverne le monde : le contenu de sa direction, l'exécution de son plan, c'est l'histoire universelle. C'est celui-ci que veut saisir la philosophie : car seul ce qui est exécuté d'après lui est réel; ce qui ne lui est pas conforme n'a qu'une existence factice. À la pure lumière de cette idée divine, qui n'est pas un simple idéal, s'évanouit l'apparence, que le monde est un événement insensé, sot. La philosophie veut connaître le contenu, le réel de l'idée divine et justifier la réalité méprisée. Car la raison est l'intelligence de l'œuvre divine. Mais en ce qui concerne l'étiolement, l'altération et la ruine de fins et de conditions religieuses, morales et éthiques, il faut dire que celles-ci, pour le fond, sont infinies et éternelles, mais que leurs formes peuvent être de nature bornée, se trouver par suite dans le complexus naturel et soumises au hasard. Aussi, elles sont périssables, exposées à l'étiolement et aux altérations. La religion et la moralité *(Sittlichkeit)* justement ont, en tant qu'essences universelles en soi, la propriété d'exister, selon leur concept, donc vraiment dans l'âme individuelle, même si elles n'y ont pas toute l'extension qui caractérise l'éducation, ni leur application à des conditions évoluées. La religiosité, les mœurs d'une vie bornée, par exemple d'un berger, d'un paysan dans leur intimité concentrée, dans les bornes de situations peu nombreuses et toutes simples ont une valeur infinie, la même que la religiosité et la moralité *(Sittlichkeit)* d'une intelligence tout à fait cultivée et d'une existence riche par l'étendue des relations et des actes. Ce centre intérieur, cette simple région du droit de la liberté subjective, foyer de la volonté, de la décision et de l'action, contenu abstrait de la conscience, où se trouvent enfermées la culpabilité et la valeur de l'individu, reste intact, et échappe entièrement à la bruyante clameur de l'histoire universelle, non seulement aux modifications extérieures et temporelles, mais aussi à celle-là même qu'apporte avec elle la nécessité absolue du concept de la liberté. D'une manière générale il faut maintenir que ce qui dans le monde est autorisé comme grand et magnifique, a au-dessus de soi quelque chose de plus sublime. Le droit de l'esprit de l'Univers va au-delà de tous les droits particuliers.

Ceci peut suffire sur ce point de vue des moyens dont se sert l'esprit de l'univers pour réaliser son concept. D'une façon simple et abstraite, c'est l'activité des sujets dans lesquels la raison réside comme leur essence en soi substantielle, fondement qui pour eux tout d'abord reste obscur et latent. Mais la matière devient plus complexe et plus difficile si nous prenons les individus non seulement comme actifs, mais plus concrètement, avec le contenu déterminé de leur religion et de leur moralité *(Sittlichkeit)*, déterminations qui participent à la raison et par suite aussi à son droit absolu. Ici disparaît le rapport du simple moyen à la fin et les principaux points de vue qui sont agités à ce propos sur la condition de la fin absolue de l'esprit, ont été brièvement examinés.

22

L'État est, non ce qui limite, mais ce qui réalise la liberté

L'ÉTAT

c) En troisième lieu il s'agit de la fin à exécuter par ces moyens, c'est-à-dire de sa formation dans le réel. Il a été question de moyens mais à propos de la réalisation d'un but subjectif fini, nous envisageons encore le facteur d'un élément matériel qui, pour cette réalisation, doit exister ou être fourni. Telle est donc la question : quelle est la matière qui servira à réaliser la fin rationnelle ? Tout d'abord, c'est encore le sujet lui-même, les besoins de l'homme, la subjectivité en général. Le rationnel arrive à l'existence dans le savoir et le vouloir humains, comme en sa matière. On a examiné la volonté subjective, ayant une fin qui est la vérité d'une réalité, dans la mesure où elle est une grande passion historique. Comme volonté subjective, dans ses passions bornées, elle est dépendante et elle n'arrive à satisfaire ses fins particulières qu'à l'intérieur de cette dépendance. Mais la volonté subjective a aussi une vie substantielle, une réalité où elle se meut dans l'essentiel, ayant l'essentiel même comme fin de son existence. Cet essentiel est l'union des volontés subjective et rationnelle : c'est le tout moral — *l'État,* qui est la réalité où l'individu possède sa liberté et en jouit, en tant que savoir, foi et vouloir du général. Toutefois on ne doit pas comprendre ceci, comme si la volonté subjective de l'individu arrivait à se réaliser et à se satisfaire grâce à la volonté générale, celle-ci étant pour lui un moyen, comme si le sujet à côté des autres sujets bornait sa liberté de manière que cette limitation commune, cette gêne réciproque laissât à chacun une petite place où il pourrait s'abandonner à lui-même ; mais bien plutôt, droit, moralité concrète, État et eux seuls, constituent la réalité positive et la satisfaction de la liberté. Cette liberté qui se limite, c'est l'arbitraire qui a trait au particulier des besoins.

23

Dans l'État, la liberté et la nécessité se réconcilient

L'ÉTAT

La volonté subjective, la passion, est ce qui agit, réalise ; l'idée c'est l'intérieur ; l'État, c'est la vie existante, vraiment morale *(Sittlich)* car il est l'unité du vouloir général, essentiel ainsi que du vouloir subjectif ; et cela constitue la moralité concrète *(Sittlichkeit).* L'individu qui vit dans cette unité a une vie morale, une valeur consistant uniquement dans cette substantialité. Antigone dit chez Sophocle : les ordres divins ne sont ni d'hier ni d'aujourd'hui, non, ils vivent à l'infini, et nul ne saurait dire d'où ils vinrent. Les lois de la moralité concrète ne sont pas contingentes, mais le rationnel même. Que le substantiel compte, dans l'action véritable des hommes, dans leur pensée, qu'il s'y rencontre et se conserve lui-même, telle est la fin de l'État. C'est l'intérêt absolu de la raison que ce tout moral existe ; et ici se trouvent le droit et le mérite des héros qui ont fondé des États quelle qu'ait été l'imperfection de ces derniers. Dans l'histoire universelle il ne peut être question que de peuples qui forment un État. Car il faut savoir qu'un État est la réalisation de la liberté, c'est-à-dire du but final absolu, qu'il existe pour lui-même : il faut de plus savoir que toute la valeur qu'a l'homme, toute réalité spirituelle, il ne l'a que grâce à l'État. Car sa réalité spirituelle consiste en ceci que son être, le rationnel, soit objectif pour lui qui sait qu'il ait pour lui une existence objective, immédiate, ainsi seulement l'homme est conscience, ainsi seulement il est dans les mœurs, dans la vie légale et morale de l'État. Car le vrai, c'est l'unité de la volonté générale et de la volonté subjective et, dans l'État, le général se trouve dans les lois, dans des déterminations générales et rationnelles. L'État est l'idée divine telle qu'elle existe sur terre. Il est donc l'objet défini plus précisément, de l'histoire universelle en général, où la liberté acquiert son objectivité et vit dans la jouissance de cette objectivité. Car la loi est l'objectivité de l'esprit et la volonté en sa vérité ; seule la volonté qui obéit à la loi, est libre ; car elle obéit à elle-même, se trouve en elle-même et libre.

L'État, la patrie constituant une communauté d'existence et la volonté subjective de l'homme se soumettant aux lois, l'opposition de liberté et de nécessité s'efface. Le rationnel, en tant que le substantiel, est nécessaire et nous sommes libres si nous le reconnaissons comme loi et si nous lui obéissons comme à la substance de notre être propre : alors les volontés objective et subjective sont réconciliées et forment la même totalité sereine.

Car la moralité *(Sittlichkeit)* de l'État n'a point le caractère proprement moral, réfléchi où domine la conviction personnelle ; celle-ci est plus accessible au monde moderne tandis que la véritable, l'antique se fonde sur ceci que chacun se tient à son devoir. Un citoyen d'Athènes faisait en quelque sorte d'instinct ce qu'il devait ; si je réfléchis sur l'objet de mon action, il me faut avoir conscience que ma volonté s'y est adjointe. Mais la moralité *(Sittlichkeit)* c'est le devoir, le droit substantiel, la seconde nature, comme on l'a appelée avec raison, car la première nature de l'homme c'est son existence immédiate, animale.

24

Le mythe de l'état de nature et de la liberté naturelle

L'évolution détaillée de l'État doit être donnée dans la philosophie du droit ; cependant il faut rappeler ici que maintes erreurs se sont répandues à son sujet dans les théories de notre époque, erreurs qui passent pour des vérités établies et sont devenues des préjugés ; nous n'en voulons indiquer qu'un petit nombre et notamment celles qui se rapportent à la fin de notre histoire.

LA LIBERTÉ

Nous rencontrons d'abord l'idée directement contraire à notre concept que l'État est la réalisation de la liberté, à savoir l'opinion, que l'homme est libre naturellement, mais que dans la société et dans l'État où il entre nécessairement en même temps, il doit restreindre cette liberté naturelle. Il est tout à fait exact que l'homme est naturellement libre, si l'on veut dire qu'il l'est suivant son concept, c'est-à-dire seulement suivant sa détermination ou seulement en soi ; la nature d'un objet ne signifie en effet pas autre chose que son concept. Mais on entend aussi par là et l'on fait entrer dans ce concept, la façon d'être de l'homme dans son existence simplement naturelle immédiate. En ce sens on admet d'une manière générale, un état de nature où l'homme est représenté en possession de ses droits naturels dans l'exercice illimité et la jouissance de sa liberté. Cette conception ne passe pas précisément pour être historique et, si l'on voulait la prendre au sérieux, il serait difficile d'établir l'existence d'un tel état soit à l'époque contemporaine, soit quelque part dans le passé. On peut constater certes des états de barbarie, mais on les voit liés aux passions de la brutalité et aux actes de violence, rattachés même aussitôt, encore que peu développés, à des institutions sociales, limitées, dit-on, quant à la liberté. Cette conception est une de ces formes nébuleuses comme en produit la théorie, une représentation découlant de celle-ci nécessairement à laquelle elle suppose ensuite une existence sans en fournir d'ailleurs de justification historique.

Cet état de nature est, en son concept, tel que nous le trouvons empiriquement dans l'existence. La liberté en tant qu'idéal de l'immédiat et du naturel n'est pas comme un état immédiat et naturel, mais doit bien plutôt être acquise et conquise, et certes grâce à une intervention infinie de l'éducation du savoir et du vouloir. C'est pourquoi l'état de nature est plutôt celui de l'injustice, de la violence, de l'instinct naturel indompté, des actions et des sentiments inhumains. La société et l'État imposent assurément des bornes, limitent ces sentiments informes et ces instincts grossiers, comme aussi l'arbitraire réfléchi du caprice et de la passion. Cette limitation appartient à la conciliation par laquelle seule la conscience et la volonté de liberté telle qu'elle est vraiment, c'est-à-dire raisonnable et conforme à son concept, sont produites. Suivant son concept, relèvent d'elle le droit et les mœurs qui sont, en soi et pour soi, des entités, des choses et des fins générales, elles doivent être découvertes uniquement par l'activité de la pensée qui se distingue de la sensibilité et se développe en face d'elle, et en outre données pour formes et incorporées à la plus prochaine volonté sensible et même contre celle-ci. L'éternelle méprise consiste ici à connaître la liberté seulement au point de vue formel, subjectif, abstraite des objets et des fins qui lui sont propres ; et l'on prend ainsi la limitation de l'instinct, de l'appétit, de la passion qui n'appartient qu'à l'individu particulier comme tel, du caprice et du bon plaisir pour une borne de la liberté. Mais bien mieux cette limitation est la condition même d'où sortira la délivrance : et l'État comme la société sont des conditions dans lesquelles bien plutôt la liberté se réalise.

CONTREPOINT

Pour penser l'histoire, Marx et Engels empruntent à Hegel sa méthode dialectique, c'est-à-dire l'idée que des termes contraires, le hasard et la nécessité par exemple, ne sont nullement incompatibles. Mais la dialectique hégélienne, pensent-ils, fait la part trop belle aux facteurs spirituels. Il faut la remettre sur ses pieds en montrant le rôle déterminant des facteurs économiques.

MARX-ENGELS
L'Idéologie allemande,
traduction de Gilbert Badia,
Éditions sociales, 1968.

L'HISTOIRE

Jusqu'ici, toute conception historique a, ou bien laissé complètement de côté cette base réelle de l'histoire, ou l'a considérée comme une chose accessoire, n'ayant aucun lien avec la marche de l'histoire. De ce fait, l'histoire doit toujours être écrite d'après une norme située en dehors d'elle. La production réelle de la vie apparaît à l'origine de l'histoire, tandis que ce qui est proprement historique apparaît comme séparé de la vie ordinaire, comme extra et supraterrestre. Les rapports entre les hommes et la nature sont de ce fait exclus de l'histoire, ce qui engendre l'opposition entre la nature et l'histoire. Par conséquent, cette conception n'a pu voir dans l'histoire que les grands événements historiques et politiques, des luttes religieuses et somme toute théoriques, et elle a dû, en particulier, *partager* pour chaque époque historique l'*illusion de cette époque.* Mettons qu'une époque s'imagine être déterminée par des motifs purement « politiques » ou « religieux », bien que « politique » et « religion » ne soient que des formes de ses moteurs réels : son historien accepte alors cette opinion. L'« imagination », la « représentation » que ces hommes déterminés se font de leur pratique réelle, se transforme en la seule puissance déterminante et active qui domine et détermine la pratique de ces hommes. Si la forme rudimentaire sous laquelle se présente la division du travail chez les Indiens et chez les Égyptiens suscite chez ces peuples un régime de castes dans leur État et dans leur religion, l'historien croit que le régime des castes est la puissance qui a engendré cette forme sociale rudimentaire. Tandis que les Français et les Anglais s'en tiennent au moins à l'illusion politique, qui est encore la plus proche de la réalité, les Allemands se meuvent dans le domaine de l'« esprit pur » et font de l'illusion religieuse la force motrice de l'histoire. La philosophie de l'histoire de Hegel est la dernière expression conséquente, poussée à sa « plus pure expression », de toute cette façon qu'ont les Allemands d'écrire l'histoire et dans laquelle il ne s'agit pas d'intérêts réels, pas même d'intérêts politiques, mais d'idées pures.

Comte

Cours de philosophie positive

Comte

1798-1857

Auguste Comte est un philosophe ambitieux et modeste. Ambitieux parce qu'il fut dans la première moitié du XIXe siècle, l'inventeur d'une science nouvelle, la sociologie, le créateur d'un projet de réforme sociale et même d'une religion de l'Humanité, et l'auteur d'un système philosophique, le positivisme, expression de l'état enfin adulte de la raison humaine. Mais philosophe modeste malgré tout, en ce sens qu'être positiviste c'était en finir avec la métaphysique, c'est-à-dire avec l'antique espoir d'atteindre des vérités absolues et immuables.

Expliquer un phénomène quelconque a longtemps consisté à en chercher la cause. Or, pour Comte, l'idée même de cause doit être rejetée. Elle est le pur produit du besoin trop humain de supposer à l'origine de toute chose un agent responsable. C'est ainsi qu'on croit avoir expliqué la dilatation du métal en disant qu'elle est un effet de la chaleur. Mais quand on prétend observer les effets de la chaleur sur le métal, ou les effets du chômage des jeunes sur la délinquance, que voit-on au juste ? Rien d'autre qu'une corrélation entre deux séries de faits d'observation : la chaleur et la dilatation, le chômage et la délinquance. Rien de plus. Autrement dit, si l'on veut s'en tenir aux données réelles, aux faits positifs, il faut partout remplacer la question pourquoi ? par la question comment ? et borner son ambition à déceler les corrélations constantes qu'on peut observer entre les faits.

Le second caractère de la pensée de Comte c'est de considérer que tout fait humain subit une évolution dans le temps et que l'apparition d'un fait nouveau suppose, une longue fermentation invisible.

Cette méthode historique, Auguste Comte l'applique à l'esprit humain. D'abord, pour lui, les différentes façons de penser, celle des métaphysiciens comme celle de l'esprit positif, correspondent à des étapes de l'intelligence. Mais surtout, comme l'essentiel de cette première leçon en témoigne, Comte montre que, si l'esprit humain a longtemps tâtonné laborieusement avant de trouver la méthode positive, ce n'est pas le fait du hasard. Disons simplement qu'il fallait en passer par là. Décrire les progrès accomplis par une humanité qui a atteint, pense-t-il, l'âge adulte, ce n'est pas en ridiculiser le stade infantile. Il montre au contraire ce qu'il y avait de génie jusque dans les erreurs de nos ancêtres. « Les morts gouvernent les vivants », disait Auguste Comte, ce qui signifie que chaque individu doit donc apprendre ce qu'il doit à l'ensemble du genre humain.

Comte

Comte

1830

Cours de philosophie positive

Première leçon

Exposition du but de ce cours, ou considérations générales sur la nature et l'importance de la philosophie positive.

L'objet de cettre première leçon est d'exposer nettement le but du cours, c'est-à-dire de déterminer exactement l'esprit dans lequel seront considérées les diverses branches fondamentales de la philosophie naturelle, indiquées par le programme sommaire que je vous ai présenté.

Sans doute, la nature de ce cours ne saurait être complètement appréciée, de manière à pouvoir s'en former une opinion définitive, que lorsque les diverses parties en auront été successivement développées. Tel est l'inconvénient ordinaire des définitions relatives à des systèmes d'idées très étendus, quand elles en précèdent l'exposition. Mais les généralités peuvent être conçues sous deux aspects, ou comme aperçu d'une doctrine à établir, ou comme résumé d'une doctrine établie. Si c'est seulement sous ce dernier point de vue qu'elles acquièrent toute leur valeur, elles n'en ont pas moins déjà, sous le premier, une extrême importance, en caractérisant dès l'origine le sujet à considérer. La circonscription générale du champ de nos recherches, tracée avec toute la sévérité possible, est pour notre esprit, un préliminaire particulièrement indispensable dans une étude aussi vaste et jusqu'ici aussi peu déterminée que celle dont nous allons nous occuper. C'est afin d'obéir à cette nécessité logique que je crois devoir vous indiquer, dès ce moment, la série des considérations fondamentales qui ont donné naissance à ce nouveau cours, et qui seront d'ailleurs spécialement développées, dans la suite, avec toute l'extension que réclame la haute importance de chacune d'elles.

1

L'esprit humain a une histoire qui obéit à une loi fondamentale

L'HISTOIRE

Pour expliquer convenablement la véritable nature et le caractère propre de la philosophie positive, il est indispensable de jeter d'abord un coup d'œil général sur la marche progressive de l'esprit humain, envisagée dans son ensemble ; car une conception quelconque ne peut être bien connue que par son histoire.

En étudiant ainsi le développement total de l'intelligence humaine dans ses diverses sphères d'activité, depuis son premier essor le plus simple jusqu'à nos jours, je crois avoir découvert une grande foi fondamentale, à laquelle il est assujetti par une nécessité invariable, et qui me semble pouvoir être solidement établie, soit sur les preuves rationnelles fournies par la connaissance de notre organisation, soit sur les vérifications historiques résultant d'un examen attentif du passé. Cette loi consiste en ce que chacune de nos conceptions principales, chaque branche de nos connaissances, passe successivement par trois états théoriques différents : l'état théologique, ou fictif ; l'état métaphysique, ou abstrait ; l'état scientifique ou positif. En d'autres termes, l'esprit humain, par sa nature, emploie successivement dans chacune de ses recherches trois méthodes de philosopher, dont le caractère est essentiellement différent et même radicalement opposé : d'abord la méthode théologique, ensuite la méthode métaphysique, et enfin la méthode positive. De là, trois sortes de philosophies, ou de systèmes généraux de conceptions sur l'ensemble des phénomènes, qui s'excluent mutuellement ; la première est le point de départ nécessaire de l'intelligence humaine ; la troisième, son état fixe et définitif ; la seconde est uniquement destinée à servir de transition.

2

La loi des trois états : trois manières successives d'expliquer le monde

LA CONNAISSANCE

Dans l'état théologique, l'esprit humain dirigeant essentiellement ses recherches vers la nature intime des êtres, les causes premières et finales[1] de tous les effets qui le frappent, en un mot, vers les connaissances absolues, se représente les phénomènes comme produits par l'action directe et continue d'agents surnaturels plus ou moins nombreux, dont l'intervention arbitraire explique toutes les anomalies apparentes de l'univers.

Dans l'état métaphysique, qui n'est au fond qu'une simple modification générale du premier, les agents surnaturels sont remplacés par des forces abstraites, véritables entités[2] (abstractions personnifiées) inhérentes aux divers êtres du monde, et conçues comme capables d'engendrer par elles-mêmes tous les phénomènes observés, dont l'explication consiste alors à assigner pour chacun l'entité correspondante.

Enfin, dans l'état positif, l'esprit humain, reconnaissant l'impossibilité d'obtenir des notions absolues, renonce à chercher l'origine et la destination de l'univers, et à connaître les causes intimes des phénomènes, pour s'attacher uniquement à découvrir, par

1. Rechercher les causes finales, c'est supposer que toute chose dans la nature est conformée en vue d'un but. Voir Spinoza et Lucrèce pp. 229 à 235.

2. Ce sont des abstractions auxquelles on accorde une réalité. Elles sont censées expliquer les phénomènes. Ainsi la pesanteur, l'attraction, etc.

l'usage bien combiné du raisonnement et de l'observation, leurs lois effectives, c'est-à-dire leurs relations invariables de succession et de similitude. L'explication des faits, réduite alors à ses termes réels, n'est plus désormais que la liaison établie entre les divers phénomènes particuliers et quelques faits généraux, dont les progrès de la science tendent de plus en plus à diminuer le nombre.

3

L'évolution de chacune de ces trois méthodes

LA CONNAISSANCE

Le système théologique est parvenu à la plus haute perfection dont il soit susceptible, quand il a substitué l'action providentielle d'un être unique au jeu varié des nombreuses divinités indépendantes qui avaient été imaginées primitivement. De même, le dernier terme du système métaphysique consiste à concevoir, au lieu des différentes entités particulières, une seule grande entité générale, la *nature,* envisagée comme la source unique de tous les phénomènes. Pareillement, la perfection du système positif, vers laquelle il tend sans cesse, quoiqu'il soit très probable qu'il ne doive jamais l'atteindre, serait de pouvoir se représenter tous les divers phénomènes observables comme des cas particuliers d'un seul fait général, tel que celui de la gravitation, par exemple.

Ce n'est pas ici le lieu de démontrer spécialement cette loi fondamentale du développement de l'esprit humain, et d'en déduire les conséquences les plus importantes. Nous en traiterons directement, avec toute l'extension convenable, dans la partie de ce cours relative à l'étude des phénomènes sociaux. Je ne la considère maintenant que pour déterminer avec précision le véritable caractère de la philosophie positive, par opposition aux deux autres philosophies qui ont successivement dominé, jusqu'à ces derniers siècles, tout notre système intellectuel. Quant à présent, afin de ne pas laisser entièrement sans démonstration une loi de cette importance, dont les applications se présenteront fréquemment dans toute l'étendue de ce cours, je dois me borner à une indication rapide des motifs généraux les plus sensibles qui peuvent en constater l'exactitude.

4

L'esprit de l'humanité a évolué comme l'intelligence individuelle

L'HISTOIRE

En premier lieu, il suffit, ce me semble, d'énoncer une telle loi, pour que la justesse en soit immédiatement vérifiée par tous ceux qui ont quelque connaissance approfondie de l'histoire générale des sciences. Il n'en est pas une seule, en effet, parvenue aujourd'hui à l'état positif, que chacun ne puisse aisément se représenter, dans le passé essentiellement composée d'abstractions métaphysiques et, en remontant encore davantage, tout à fait dominée par les conceptions théologiques. Nous aurons même malheureusement plus d'une occasion formelle de reconnaître, dans les diverses parties de ce cours, que les sciences les plus perfectionnées conservent encore aujourd'hui quelques traces très sensibles de ces deux états primitifs.

Cette révolution générale de l'esprit humain peut d'ailleurs être aisément constatée aujourd'hui, d'une manière très sensible, quoique indirecte, en considérant le développement de l'intelligence individuelle. Le point de départ étant nécessairement le même dans l'éducation de l'individu que dans celle de l'espèce, les diverses phases principales de la première doivent représenter les époques fondamentales de la seconde. Or, chacun de nous, en contemplant sa propre histoire, ne se souvient-il pas qu'il a été successivement, quant à ses notions les plus importantes, *théologien* dans son enfance, *métaphysicien* dans sa jeunesse, et *physicien* dans sa virilité[1] ? Cette vérification est facile aujourd'hui pour tous les hommes au niveau de leur siècle.

5

Pourquoi l'esprit humain a commencé par des fictions surnaturelles

Mais, outre l'observation directe, générale ou individuelle, qui prouve l'exactitude de cette loi, je dois surtout, dans cette indication sommaire, mentionner les considérations théoriques qui en font sentir la nécessité.

La plus importante de ces considérations, puisée dans la nature même du sujet, consiste dans le besoin, à toute époque, d'une théorie quelconque pour lier les faits, combiné avec l'impossibilité évidente, pour l'esprit humain à son origine, de se former des théories d'après les observations.

THÉORIE ET EXPÉRIENCE

Tous les bons esprits répètent, depuis Bacon[2], qu'il n'y a de connaissances réelles que celles qui reposent sur des faits observés. Cette maxime fondamentale est évidemment incontestable, si on l'applique, comme il convient, à l'état viril de notre intelligence. Mais en se reportant à la formation de nos connaissances, il n'en est pas moins certain que l'esprit humain, dans son état primitif, ne pouvait ni ne devait penser ainsi. Car, si d'un côté toute théorie positive doit nécessairement être fondée sur des observations, il est également sensible d'un autre côté, que, pour se livrer à l'observation, notre esprit a besoin d'une théorie quelconque. Si, en contemplant les phénomènes, nous ne les rattachions point immédiatement à quelques principes, non seulement il nous serait impossible de combiner ces observations isolées, et, par conséquent, d'en tirer aucun fruit, mais nous serions même entièrement incapables de les retenir ; et, le plus souvent, les faits resteraient inaperçus sous nos yeux.

Ainsi, pressé entre la nécessité d'observer pour se former des théories réelles, et la nécessité non moins impérieuse de se créer des théories quelconques pour se livrer à des observations suivies, l'esprit humain, à sa naissance, se trouverait enfermé dans un cercle vicieux dont il n'aurait jamais eu aucun moyen de sortir, s'il ne se fût heureusement ouvert une issue naturelle par le développement spontané des conceptions théologiques, qui ont présenté un point de ralliement à ses efforts, et fourni un aliment à son activité. Tel est, indépendamment des hautes considérations sociales qui s'y rattachent et que je ne dois pas même indiquer en ce moment, le motif fondamental qui démontre la nécessité logique du caractère purement théologique de la philosophie primitive.

1. Virilité : ici l'âge adulte.

2. Francis Bacon (1561-1626), philosophe anglais, accorda pour la première fois une importance majeure à l'expérience (voir pp. 224 et 481).

6

L'attrait théorique pour les questions insolubles

L'ILLUSION

Cette nécessité devient encore plus sensible en ayant égard à la parfaite convenance de la philosophie théologique avec la nature propre des recherches sur lesquelles l'esprit humain dans son enfance concentre si éminemment toute son activité. Il est bien remarquable, en effet, que les questions les plus radicalement inaccessibles à nos moyens, la nature intime des êtres, l'origine et la fin de tous les phénomènes, soient précisément celles que notre intelligence se propose par-dessus tout dans cet état primitif, tous les problèmes vraiment solubles étant presque envisagés comme indignes de méditations sérieuses. On en conçoit aisément la raison ; car c'est l'expérience seule qui a pu nous fournir la mesure de nos forces ; et, si l'homme n'avait d'abord commencé par en avoir une opinion exagérée, elles n'eussent jamais pu acquérir tout le développement dont elles sont susceptibles. Ainsi l'exige notre organisation. Mais, quoi qu'il en soit, représentons-nous, autant que possible, cette disposition si universelle et si prononcée, et demandons-nous quel accueil aurait reçu à une telle époque, en la supposant formée, la philosophie positive, dont la plus haute ambition est de découvrir les lois des phénomènes, et dont le premier caractère propre est précisément de regarder comme nécessairement interdits à la raison humaine tous ces sublimes mystères, que la philosophie théologique explique, au contraire, avec une si admirable facilité jusque dans tous leurs moindres détails.

7

Le rôle positif de l'illusion anthropocentriste

L'ILLUSION

Il en est de même en considérant sous le point de vue pratique la nature des recherches qui occupent primitivement l'esprit humain. Sous ce rapport, elles offrent à l'homme l'attrait si énergique d'un empire illimité à exercer sur le monde extérieur, envisagé comme entièrement destiné à notre usage, et comme présentant dans tous ses phénomènes des relations intimes et continues avec notre existence. Or, ces espérances chimériques, ces idées exagérées de l'importance de l'homme dans l'univers, que fait naître la philosophie théologique, et que détruit sans retour la première influence de la philosophie positive, sont, à l'origine, un stimulant indispensable, sans lequel on ne pourrait certainement concevoir que l'esprit humain se fût déterminé primitivement à de pénibles travaux.

Nous sommes aujourd'hui tellement éloignés de ces dispositions premières, du moins quant à la plupart des phénomènes, que nous avons peine à nous représenter exactement la puissance et la nécessité de considérations semblables. La raison humaine est maintenant assez mûre pour que nous entreprenions de laborieuses recherches scientifiques, sans avoir en vue aucun but étranger capable d'agir fortement sur l'imagination, comme celui que se proposaient les astrologues ou les alchimistes. Notre activité intellectuelle est suffisamment excitée par le pur espoir de découvrir les lois des phénomènes, par le simple désir de confirmer ou d'infirmer une théorie. Mais il ne pouvait en être ainsi dans l'enfance de l'esprit humain. Sans les attrayantes chimères de l'astrologie, sans les énergiques déceptions de l'alchimie, par exemple, où aurions-nous puisé la constance et l'ardeur nécessaires pour recueillir les longues suites d'observations et d'expériences qui ont, plus tard, servi de fondement aux premières théories positives de l'une et l'autre classe de phénomènes ?

Cette condition de notre développement intellectuel a été vivement sentie depuis longtemps par Kepler, pour l'astronomie, et justement appréciée de nos jours par Berthollet, pour la chimie.

8

La nécessité d'un stade transitoire : l'état métaphysique

On voit donc, par cet ensemble de considérations, que, si la philosophie positive est le véritable état définitif de l'intelligence humaine, celui vers lequel elle a toujours tendu de plus en plus, elle n'en a pas moins dû nécessairement employer d'abord, et pendant une longue suite de siècles, soit comme méthode, soit comme doctrine provisoires, la philosophie théologique ; philosophie dont le caractère est d'être spontanée, et, par cela même, la seule possible à l'origine, la seule aussi qui pût offrir à notre esprit naissant un intérêt suffisant. Il est maintenant très facile de sentir que, pour passer de cette philosophie provisoire à la philosophie définitive, l'esprit humain a dû naturellement adopter, comme philosophie transitoire, les méthodes et les doctrines métaphysiques. Cette dernière considération est indispensable pour compléter l'aperçu général de la grande loi que j'ai indiquée.

LA MÉTAPHYSIQUE

On conçoit sans peine, en effet, que notre entendement, contraint à ne marcher que par degrés presque insensibles, ne pouvait passer brusquement, et sans intermédiaires, de la philosophie théologique à la philosophie positive. La théologie et la physique sont si profondément incompatibles, leurs conceptions ont un caractère si radicalement opposé, qu'avant de renoncer aux unes pour employer exclusivement les autres, l'intelligence humaine a dû se servir de conceptions intermédiaires, d'un caractère bâtard, propres, par cela même, à opérer graduellement la transition. Telle est la destination naturelle des conceptions métaphysiques : elles n'ont pas d'autre utilité réelle. En substituant, dans l'étude des phénomènes, à l'action surnaturelle directrice une entité correspondante et inséparable, quoique celle-ci ne fût d'abord conçue que comme une émanation de la première, l'homme s'est habitué peu à peu à ne considérer que les faits eux-mêmes, les notions de ces agents métaphysiques ayant été graduellement subtilisées au point de n'être plus, aux yeux de tout esprit droit, que les noms abstraits des phénomènes. Il est impossible d'imaginer par quel autre procédé notre entendement aurait pu passer des considérations franchement surnaturelles aux considérations purement naturelles, du régime théologique au régime positif.

9

Substituer la découverte des lois à la recherche des causes

LA CONNAISSANCE

Après avoir ainsi établi, autant que je puis le faire sans entrer dans une discussion spéciale qui serait déplacée en ce moment, la loi générale du développement de l'esprit humain, tel que je le conçois, il nous sera maintenant aisé de déterminer avec précision la nature propre de la philosophie positive, ce qui est l'objet essentiel de ce discours.

Nous voyons, par ce qui précède, que le caractère fondamental de la philosophie positive est de regarder tous les phénomènes comme assujettis à des *lois* naturelles invariables, dont la découverte précise et la réduction au moindre nombre possible sont le but de tous nos efforts en considérant comme absolument inaccessible et vide de sens pour nous la recherche de ce qu'on appelle les *causes,* soit premières, soit finales. Il est inutile d'insister beaucoup sur un principe devenu maintenant aussi familier à tous ceux qui ont fait une étude un peu approfondie des sciences d'observation. Chacun sait, en effet, que, dans nos explications positives, même les plus parfaites, nous n'avons nullement la prétention d'exposer les *causes* génératrices des phénomènes, puisque nous ne ferions jamais alors que reculer la difficulté, mais seulement d'analyser avec exactitude les circonstances de leur production, et de les rattacher les unes aux autres par des relations normales de succession et de similitude.

10

Renoncer à connaître la nature intime des choses

LA CONNAISSANCE

Ainsi, pour en citer l'exemple le plus admirable, nous disons que les phénomènes généraux de l'univers sont *expliqués,* autant qu'ils puissent l'être, par la loi de la gravitation newtonienne, parce que, d'un côté, cette belle théorie nous montre toute l'immense variété des faits astronomiques, comme n'étant qu'un seul et même fait envisagé sous divers points de vue ; la tendance constante de toutes les molécules les unes vers les autres en raison directe de leurs masses, et en raison inverse des carrés de leurs distances ; tandis que, d'un autre côté, ce fait général nous est présenté comme une simple extension d'un phénomène qui nous est éminemment familier, et que, par cela seul, nous regardons comme parfaitement connu, la pesanteur des corps à la surface de la terre. Quant à déterminer ce que sont en elles-mêmes cette attraction et cette pesanteur, quelles en sont les causes, ce sont des questions que nous regardons tous comme insolubles, qui ne sont plus du domaine de la philosophie positive, et que nous abandonnons avec raison à l'imagination des théologiens, ou aux subtilités des métaphysiciens. La preuve manifeste de l'impossibilité d'obtenir de telles solutions, c'est que, toutes les fois qu'on a cherché à dire à ce sujet quelque chose de vraiment rationnel, les plus grands esprits n'ont pu que définir ces deux principes l'un par l'autre, en disant, pour l'attraction, qu'elle n'est autre chose qu'une pesanteur universelle, et ensuite, pour la pesanteur, qu'elle consiste simplement dans l'attraction terrestre. De telles explications, qui font sourire quand on prétend à connaître la nature intime des choses et le mode de génération des phénomènes, sont cependant tout ce que nous pouvons obtenir de plus satisfaisant, en nous montrant comme identiques deux ordres de phénomènes, qui ont été si longtemps regardés comme n'ayant aucun rapport entre eux. Aucun esprit juste ne cherche aujourd'hui à aller plus loin.

CONTREPOINT

Newton a découvert que tous les corps s'attiraient en fonction de leur masse et de leur distance : c'est la loi de l'attraction universelle. Mais pourquoi ? Quelle cause peut expliquer que des corps agissent à distance l'un sur l'autre ? Une cause matérielle ou spirituelle ? Newton avoue une préférence, mais puisqu'il lui est impossible de la justifier, il s'abstient de risquer une hypothèse. De cette prudence, Auguste Comte fera une philosophie.

Isaac Newton,
Principes mathématiques de la philosophie naturelle,
1687, Scholie général,
2e édition, 1713, traduction de la marquise du Châtelet, 1759, t. II.

J'ai expliqué jusqu'ici les phénomènes célestes et ceux de la mer par la force de la gravitation, mais je n'ai assigné nulle part la cause de cette gravitation. […]
Je n'ai pu encore parvenir à déduire des phénomènes la raison de ces propriétés de la gravité, et je ne feins point d'hypothèses. Car tout ce qui ne se déduit point des phénomènes est une hypothèse ; et les hypothèses, soit métaphysiques, soit physiques, soit mécaniques, soit celle des qualités occultes, ne doivent pas être reçues dans la philosophie expérimentale.
Dans cette philosophie, on tire les propositions des phénomènes, et on les rend ensuite générales par induction. C'est ainsi que l'impénétrabilité, la mobilité, la force (impulsive) des corps, les lois du mouvement et celles de la gravité ont été connues. Et il suffit que la gravité existe, qu'elle agisse selon les lois que nous avons exposées, et qu'elle puisse expliquer tous les mouvements des corps célestes et ceux de la mer.
Ce serait ici le lieu d'ajouter quelque chose sur cette espèce d'esprit très subtil qui pénètre à travers tous les corps subtils, et qui est caché dans leur substance ; c'est par la force et par l'action de cet esprit que les particules des corps s'attirent mutuellement aux plus petites distances et qu'elles cohèrent lorsqu'elles sont contiguës ; c'est par lui que les corps électriques agissent à de plus grandes distances, tant pour attirer que pour repousser les corpuscules voisins ; et c'est encore par le moyen de cet esprit que la lumière émane, se réfléchit, s'infléchit, se rétracte et échauffe les corps ; toutes les sensations sont excitées, et les membres des animaux sont mus, quand leur volonté l'ordonne, par les vibrations de cette substance spiritueuse qui se propage des organes extérieurs des sens, par les filets solides des nerfs, jusqu'au cerveau, et ensuite du cerveau dans les muscles. Mais ces choses ne peuvent s'expliquer en peu de mots ; et on n'a pas fait encore un nombre suffisant d'expériences pour pouvoir déterminer exactement les lois selon lesquelles agit cet esprit universel.

Cournot

Sur la marche des idées…

1801-1877

D'Augustin Cournot on retient surtout sa théorie du hasard et l'application qu'il en fait au domaine de l'histoire.

On emploie ordinairement le mot « hasard » à propos d'événements auxquels on ne s'attendait pas. Mais il y a deux façons d'expliquer le hasard. On peut admettre, comme les épicuriens, que le monde contient de la contingence, c'est-à-dire que peuvent survenir des faits sans cause. Ceux-ci sont alors absolument imprévisibles. Selon cette conception le hasard existe dans les choses. Il a une réalité objective.

On peut considérer au contraire que rien ne se produit sans cause. Dans ce cas, dire qu'un fait est survenu « par hasard », c'est dire qu'on ignore sa cause. Le mot « hasard » ne fait ici que traduire l'insuffisance de nos connaissances. Le hasard n'est pas une propriété réelle des choses. Il n'a qu'une existence subjective.

La philosophie nous place devant ce choix : — ou bien le hasard est dans les choses, et il faut renoncer à l'idée que le réel est rationnel, c'est-à-dire au postulat de la science, — ou bien le hasard n'est que la part d'imprévu résultant de l'insuffisance de nos connaissances, et le monde est, au moins en théorie, entièrement prévisible. Cournot rejette cette alternative. Il propose une théorie qui concilie la réalité objective du hasard et la rationalité du réel.

Soit un accident banal : une tuile tombe sur la tête d'un passant. Si je connais la force du vent, je peux prévoir son point de chute, la force de son impact, etc. Si le monde se réduisait à une seule chaîne causale, il n'y aurait pas de hasard. Mais en fait, parallèlement à la chute de notre tuile, d'autres faits se déroulent, pris eux aussi dans une relation de causalité. Par exemple, un homme sort de chez lui, parce qu'il a l'intention d'acheter le journal. Il traverse la rue en biais pour gagner du temps, etc. Ce fait est lui aussi complètement explicable par des causes, psychologiques cette fois. Il est, à la limite, entièrement calculable.

Mais ce qui échappe à la prévision, c'est le fait que les deux séries causales indépendantes peuvent se croiser. Le hasard n'est donc pas l'absence de cause, mais la rencontre de deux ou plusieurs séries de faits, eux-mêmes parfaitement déterminés par leurs causes respectives, mécaniques pour la trajectoire de la tuile, psychologiques pour l'itinéraire du passant. Cournot propose d'appliquer ce schéma à l'histoire. L'événement historique serait au point d'intersection d'une multitude de chaînes causales, obéissant chacune à sa rationalité propre. Formée à une époque où triomphait le scientisme, c'est-à-dire la surévaluation de la connaissance scientifique, sa pensée a eu le grand mérite de prendre en compte l'imprévisibilité de l'action humaine sans rien abandonner du souci de rationalité.

Dans *Considérations sur la marche des idées et des événements dans les temps modernes,* Livre I, Chapitre I, Hachette, 1872.

Sur la marche des idées…

De l'étiologie[1] historique et de la philosophie de l'histoire

(texte intégral)

1

Le hasard, fait naturel

LA CONNAISSANCE

Nous croyons avoir éclairci dans d'autres ouvrages et défini, plus exactement que ne l'avaient fait nos devanciers, l'idée du *hasard* en montrant que ce n'est point, comme on l'a tant répété, un fantôme créé pour nous déguiser à nous-mêmes notre ignorance, ni une idée relative à l'état variable et toujours imparfait de nos connaissances, mais bien au contraire la notion d'un fait vrai en lui-même, et dont la vérité peut être dans certains cas établie par le raisonnement, ou plus ordinairement constatée par l'observation, comme celle de tout autre fait naturel. Le fait naturel ainsi établi ou constaté consiste dans l'*indépendance* mutuelle de plusieurs séries de causes et d'effets qui concourent *accidentellement* à produire tel phénomène, à amener telle rencontre, à déterminer tel événement, lequel pour cette raison est qualifié de *fortuit*; et cette indépendance entre des chaînons particuliers n'exclut nullement l'idée d'une suspension commune de tous les chaînons à un même anneau primordial, par-delà les limites, ou même en-deçà des limites où nos raisonnements et nos observations peuvent atteindre. De ce que la Nature agite sans cesse et partout le cornet du hasard, et de ce que le croisement continuel des chaînes de conditions et de causes secondes, indépendantes les unes des autres, donne perpétuellement lieu à ce que nous nommons des *chances* ou des combinaisons fortuites, il ne s'ensuit pas que Dieu ne tienne point dans sa main les unes et les autres, et qu'il n'ait pu les faire sortir toutes d'un même décret initial. On ne manque pas plus de respect à Dieu en étudiant les lois du hasard (car le hasard même a ses lois que met en évidence la multiplicité des épreuves),

1. L'étiologie est la recherche des causes. Ce terme, employé surtout en médecine, vient du grec *aïtia*, la cause.

qu'en étudiant les lois de l'astronomie ou de la physique. La raison même nous impose l'idée du hasard ; et le tort imputable à notre ignorance consiste, non à nous forger cette idée, mais à la mal appliquer, ce dont il n'y a que trop d'exemples, même chez les plus habiles. Elle est le principe de toute espèce de critique, soit qu'il s'agisse des plus hautes spéculations de la philosophie, ou des recherches de l'érudition, ou de la pratique la plus ordinaire de la vie. Elle est la clef de la *statistique,* et donne un sens incontestable à ce que l'on a appelé la *philosophie de l'histoire,* à ce que nous aimerions mieux appeler l'*étiologie historique,* en entendant par là l'analyse et la discussion des causes ou des enchaînements de causes qui ont concouru à amener les événements dont l'histoire offre le tableau ; causes qu'il s'agit surtout d'étudier au point de vue de leur indépendance ou de leur solidarité. Pour donner quelque valeur aux nombreux systèmes dont la philosophie de l'histoire a été l'objet, il faut toujours revenir aux principes de la critique ou de l'étiologie historique.

2

Le fait accidentel objet de la statistique

LA CONNAISSANCE

Dans les faits de détail qui sont l'objet habituel de la statistique, et où les épreuves du même hasard se comptent par milliers, par millions, l'effet de l'accumulation des épreuves est d'opérer la compensation de toutes les particularités fortuites, accidentelles, et de mettre en évidence l'action des causes, quelque faibles qu'elles soient, dont l'influence permanente tient aux conditions essentielles de la production du phénomène, et prévaut à la longue sur l'action de causes plus énergiques, mais fortuites et irrégulières. Cependant, la distinction de l'essentiel et de l'accidentel ne tient pas foncièrement à la répétition des épreuves ; elle subsiste aussi bien pour une épreuve unique que pour un grand nombre d'épreuves du même hasard, quoique nous n'ayons plus le critère expérimental de la statistique pour faire la part de l'un et de l'autre. À défaut de ce critère la raison en a d'autres, notamment celui qui est tiré de l'idée qu'elle se fait et qu'elle doit se faire, de la *régularité* de la *loi,* et de l'*irrégularité* du *fait* ou de l'accident.

3

Ce qui naît du hasard et ce qui est l'effet des lois de la nature

LA CONNAISSANCE

Partout dans l'univers, et sur toutes les échelles de grandeur, la nature nous offre le contraste de la loi et du fait, de l'essentiel et de l'accidentel. Une nébuleuse que le télescope résout dans un amas d'étoiles irrégulièrement groupées, est ainsi constituée fortuitement, accidentellement, par un accident dont les proportions dépassent, pour les dimensions et pour la durée, tout ce qu'il est possible à notre imagination de saisir : au lieu que la constitution du soleil et des planètes en sphéroïdes aplatis tient à une loi ou à une nécessité de nature. En même temps que la géologie nous renseigne sur une suite régulière de formations et d'époques partout reconnaissables, elle nous apprend que partout aussi, à toutes les époques, l'écorce de notre globe a été soumise à des causes locales et accidentelles de dislocation, de soulèvement, d'affaissement, qui finalement ont abouti à donner aux continents actuels leurs reliefs et leurs contours, et à semer dans nos mers actuelles les îles et les archipels, comme les étoiles et les amas d'étoiles sont semés dans les espaces célestes. Quelquefois la secousse n'a eu qu'une action très bornée ; d'autres fois elle s'est fait ressentir au loin, dans des cercles de grands rayons ou sur d'immenses alignements : elle aurait donc pu s'étendre au globe entier et laisser des traces qui ne s'effaceront jamais, sans dépouiller pour cela le caractère accidentel, et sans cesser de contraster par là avec la loi des formations régulières. L'espèce humaine périrait dans un cataclysme universel, qu'il n'en serait pas moins vrai qu'elle a péri par accident, comme l'individu qui se noie dans un débordement de rivière ; et ce jugement porté par la raison n'aurait rien d'inconciliable avec la croyance qui fait regarder l'accident comme un châtiment infligé, soit à l'individu, soit à l'espèce. Au contraire, les espèces qui se sont éteintes sans qu'aucune convulsion géologique vînt accidentellement changer les conditions du milieu, ont péri par une nécessité de nature, tout comme l'individu qui meurt de vieillesse.

4

Le fait accidentel n'est pas en soi imprévisible

LA CONNAISSANCE

Remarquons bien que l'idée d'un fait accidentel n'implique pas l'hypothèse absurde d'un effet sans cause, ni l'idée d'un fait que la sagesse des hommes aurait pu empêcher ou du moins prévoir, ni par contre celle d'un fait qui échappe à toute prévision. Admettez que la chaleur solaire et la chaleur propre de la terre se dissipent graduellement, de manière qu'il doive venir un temps, à la vérité fort éloigné, où la terre cesserait de pouvoir nourrir des êtres vivants, et vous aurez l'idée d'un phénomène déterminé en vertu de causes normales, régulières, essentiellement liées à la constitution du système qu'elles régissent. Supposez au contraire, comme on se l'est quelquefois figuré, que, dans l'espace sans bornes et par-delà le système solaire, circule actuellement une comète destinée à rencontrer un jour la terre et à y détruire les espèces vivantes par sa maligne influence : ce sera l'exemple d'une cause accidentelle, et qui ne perdrait pas le caractère de cause accidentelle, quand même les astronomes seraient dès à présent en mesure de calculer l'époque de la rencontre. On aura un autre exemple du même contraste, si l'on oppose au phénomène régulier des marées, dont les calculs se trouvent dans les éphémérides, l'accident de la débâcle d'un glacier ou d'un lac de montagnes ; et ce dernier phénomène n'en devrait pas moins être réputé accidentel, parce que les progrès de la météorologie et de la géognosie permettraient d'en assigner la date à l'avance, ou parce que les hommes pourraient se prémunir contre les désastres de l'inondation au moyen d'épaulements, de barrages ou de reboisements.

5

Application à l'histoire de la distinction hasard-loi

L'HISTOIRE

Les mêmes considérations sont applicables dans l'ordre des faits historiques, sauf les difficultés de l'application effective. Les conditions de la société changent lentement dans le cours des siècles, en vertu de causes intimes et générales dont on démêle l'action à travers tous les incidents de l'histoire ; et en même temps de brusques secousses auxquelles on donne le nom de révolutions, déterminées par des causes locales et accidentelles, exercent çà et là des actions dont la sphère varie d'étendue. Souvent ces mouvements commencent et finissent sans qu'il y ait de modifications sensibles dans les conditions de l'état social ; et depuis l'établissement de l'islamisme, l'Asie musulmane offre mille exemples de révolutions de ce genre. D'autres fois, et lorsque les révolutions remuent les sociétés à de suffisantes profondeurs, la physionomie et les résultats des révolutions portent la marque d'une époque, accusent les phases où la civilisation et l'état social sont arrivés dans leur marche lente et séculaire, sous l'empire de causes que nous qualifions de régulières, parce qu'elles sont simples, et dont la simplicité même dénote qu'elles tiennent de plus près aux principes ou à l'essence des choses. Il peut arriver que, par suite des progrès mêmes de la civilisation, et par le resserrement du lien de solidarité entre les peuples, la secousse révolutionnaire ait son contrecoup dans le monde civilisé tout entier : ce ne sera pourtant encore là qu'un fait, à la vérité de premier ordre, un colossal accident, qui pourra même laisser des traces indélébiles, mais que l'homme qui raisonne ne confondra pas avec les effets qui découlent des causes générales et séculaires, en vertu d'une nécessité de nature.

6

Définition de l'histoire : le modèle du jeu d'échecs

L'HISTOIRE

Sans la distinction du nécessaire et du fortuit, de l'essentiel et de l'accidentel, on n'aurait même pas l'idée de la vraie nature de l'histoire. Représentons-nous un registre comme ceux que tenaient les prêtres de la haute antiquité ou les moines des temps barbares, où l'on inscrivait à leurs dates tous les faits réputés merveilleux ou singuliers, les prodiges, les naissances de monstres, les apparitions de comètes, les chutes de la foudre, les tremblements de terre, les inondations, les épidémies : ce ne sera point là une histoire ; pourquoi ? Parce que les faits successivement rapportés sont indépendants les uns des autres, n'offrent aucune liaison de cause à effet ; en d'autres termes, parce que leur succession est purement fortuite ou le pur résultat du hasard.

Que s'il s'agissait d'un registre d'observation d'éclipses, d'oppositions ou de conjonctions de planètes, de retours de comètes périodiques ou d'autres phénomènes astronomiques du même genre, soumis à des lois régulières, on n'aurait pas non plus d'histoire, mais par une raison inverse : à savoir parce que le hasard n'entre pour rien dans la disposition de la série, et parce qu'en vertu des lois qui régissent cet ordre de phénomènes, chaque phase détermine complètement toutes celles qui doivent suivre.

À un jeu de pur hasard, comme le *trente-et-quarante*[1], l'accumulation des coups dont chacun est indépendant de ceux qui le précèdent et reste sans influence sur ceux qui le suivent, peut bien donner lieu à une statistique, non à une histoire. Au contraire, dans une partie de trictrac[2] ou d'échecs où les coups s'enchaînent, où chaque coup a de l'influence sur les coups suivants, selon leur degré

1. Jeu de cartes où le banquier aligne deux rangées de cartes dont les points réunis ne doivent être ni inférieurs à 31, ni supérieurs à 40. Le joueur gagne ou perd à chaque donne, laquelle est sans influence sur la suivante.

2. Ce jeu, déjà connu des Grecs et des Romains, est également appelé *jaquet*. Les joueurs déplacent leurs pions alternativement du nombre de cases marqués par les dés. La position acquise est le point de départ du coup suivant, comme aux dames ou aux échecs. Chaque coup, créant une situation nouvelle, influe sur le suivant.

de proximité, sans pourtant les déterminer absolument, soit à cause du dé qui continue d'intervenir aux coups subséquents, soit à cause de la part laissée à la libre décision de chaque joueur, on trouve, à la futilité près des intérêts ou des amours-propres mis en jeu, toutes les conditions d'une véritable histoire, ayant ses instants critiques, ses péripéties et son dénouement[1].

7

L'histoire n'est ni simple accumulation, ni nécessité absolue

L'HISTOIRE

Si les découvertes dans les sciences pouvaient indifféremment se succéder dans un ordre quelconque, les sciences auraient des annales sans avoir d'histoire : car, la prééminence de l'histoire sur les simples annales consiste à offrir un fil conducteur, à la faveur duquel on saisit certaines tendances générales, qui n'excluent pas les caprices du hasard dans les accidents de détail, mais qui prévalent à la longue, parce qu'elles résultent de la nature des choses en ce qu'elle a de permanent et d'essentiel. Dans l'autre hypothèse extrême, où une découverte devrait nécessairement en amener une autre et celle-ci une troisième, suivant un ordre logiquement déterminé, il n'y aurait pas non plus, à proprement parler, d'histoire des sciences, mais seulement une table chronologique des découvertes : toute la part du hasard se réduisant à agrandir ou à resserrer les intervalles d'une découverte à l'autre. Heureusement pour l'intérêt historique, ni l'une ni l'autre hypothèse extrême ne sauraient être admises ; et pourtant, à mesure que le travail scientifique s'organise, que le nombre des travailleurs augmente et que les moyens de communication entre les travailleurs se perfectionnent, il est clair que l'on se rapproche davantage de la dernière hypothèse où, par l'élimination à peu près complète du hasard, les sciences seraient effectivement sorties de ce que l'on peut appeler la *phase historique*.

8

Histoire politique et histoire des sciences

L'HISTOIRE

Il y a de bonnes raisons pour que la part du hasard reste toujours bien plus grande dans l'histoire politique que dans celle des sciences : et pourtant l'on conçoit que cette part doit se réduire quand l'importance des grands personnages s'efface devant les lumières et le concours de tous ; quand les forces qui comportent le nombre et la mesure tendent partout à prévaloir sur l'exaltation bien plus accidentelle, bien moins durable, des sentiments et des passions. Aux époques reculées, avant l'apparition des hommes supérieurs qui fondent la civilisation des peuples, ceux-ci n'ont pas encore d'histoire, non seulement parce que les historiens manquent

1. « [...] au jeu d'échecs, où la détermination réfléchie du joueur se substitue aux hasards du dé, de manière pourtant à ce que les idées du joueur, en se croisant avec celles de l'adversaire, donnent lieu à une multitude de rencontres accidentelles, on voit poindre les conditions d'un enchaînement historique. Le récit d'une partie de trictrac ou d'échecs, si l'on s'avisait d'en transmettre le souvenir à la postérité, serait une histoire tout comme une autre qui aurait ses crises et ses dénouements : car non seulement les coups se succèdent, mais ils s'enchaînent, en ce sens que chaque coup influe plus ou moins sur la série des coups suivants et subit l'influence des coups antérieurs. Que les conditions du jeu se compliquent encore, et l'histoire d'une partie du jeu deviendra philosophiquement comparable à celle d'une bataille ou d'une campagne, à l'importance près des résultats. Peut-être même pourrait-on dire sans boutade qu'il y a eu bien des batailles et bien des campagnes dont l'histoire ne mérite guère plus aujourd'hui d'être retenue que celle d'une partie d'échecs. » COURNOT, *Essai sur les fondements de la connaissance et sur les caractères de la critique philosophique.*

mais parce que, sous l'empire des forces instinctives auxquelles les masses obéissent, les conditions de l'histoire telle que nous l'entendons manquent absolument. Si rien n'arrête la civilisation générale dans sa marche progressive, il doit aussi venir un temps où les nations auront plutôt des gazettes que des histoires ; où le monde civilisé sera pour ainsi dire sorti de la phase historique ; où, à moins de revenir sans cesse sur un passé lointain, il n'y aura plus de matière à mettre en œuvre par des Hume et des Macaulay, non plus que par des Tite-Live ou des Tacite[1].

L'histoire politique (et il en faudrait dire autant de l'histoire des langues, des religions, des arts et des institutions civiles) diffère encore de l'histoire des sciences en un point important. On peut dire que dans les sciences dont l'objet subsiste, en tout ce qu'il a d'essentiel, indépendamment de la constitution et des inventions de l'esprit humain, rien de ce qui tient au caprice ou aux goûts particuliers de l'inventeur, aux hasards de la découverte ou de l'ordre dans la succession des découvertes, ne saurait indéfiniment subsister. Le mieux, fondé sur la nature des choses, doit toujours finir par être aperçu, et bientôt mis dans une évidence irrésistible. Au contraire, dans l'ordre des faits politiques et sociaux, comme dans l'ordre des faits naturels, ce qui a dû son origine à des circonstances fortuites peut laisser des traces toujours subsistantes ou même, comme dans la partie du joueur de trictrac ou d'échecs, maîtriser toute la suite des événements, aussi bien que s'il s'agissait de quelque donnée naturelle, immuable par essence et tout à fait soustraite au pouvoir de l'homme. Pourquoi Jupiter a-t-il sept lunes plutôt que six ? Pourquoi notre hémisphère boréal offre-t-il beaucoup plus de terres émergées que l'hémisphère austral ? Pourquoi le type dentaire des quadrumanes américains comporte-t-il quatre dents de plus que le type des quadrumanes de l'ancien continent ? Vraisemblablement par accident : mais les suites de pareils accidents pourraient bien subsister autant que le monde. Il en est de même pour les institutions humaines ; et de là, dans l'histoire politique surtout, ces instants critiques, décisifs comme on les appelle, qui ne sont pas toujours ceux sur lesquels se concentre l'intérêt épique ou dramatique, ni qui piquent le plus la curiosité du chercheur d'anecdotes, mais qui doivent attirer de préférence l'attention du philosophe, quand il veut faire de l'étiologie historique.

9

L'explication historique doit se contenter de probabilités

En effet, d'une part le philosophe est voué par état à la recherche de la raison des choses ; d'autre part (comme l'indique le mot *aïtia, cause, raison*), l'étiologie historique consiste dans la recherche et la discussion des causes dont l'enchaînement compose la trame historique. Mais il faut bien s'entendre sur le genre de causes. Qu'un général d'armée ait faibli un jour de bataille par suite de quelque indisposition dont son valet de chambre a le secret, ou qu'une importante résolution de cabinet ait été prise à la suite de

1. Célèbres historiens du XVIIIe siècle (Hume et Macaulay) et de l'antiquité romaine (Tite-Live et Tacite).

quelque intrigue de boudoir, ce sont là des causes dont se montre friand le chercheur d'anecdotes, qui peuvent même fournir au moraliste une occasion de revenir sur le thème des faiblesses et des misères de l'homme, mais qui sont peu dignes de l'étiologie historique ou de la philosophie de l'histoire, comme nous l'entendons. En telles circonstances il suffisait d'un caprice du hasard pour intervenir, modifier, supprimer une longue chaîne d'événements ; en telles autres il y avait un résultat nécessaire, inévitable, où les données essentielles de la situation devaient finalement prévaloir sur tous les accidents fortuits : voilà ce qui intéresse, nous ne dirons pas la science historique, car la démonstration scientifique n'est pas de mise ici, mais la philosophie de l'histoire qui est bien obligée, comme toute philosophie, de se contenter d'analogies, d'inductions, c'est-à-dire de probabilités ; sauf à en user avec la circonspection et la sobriété que commande la gravité du sujet. On discute un traitement médical et dans certains cas l'on n'hésite point à lui imputer la guérison ou la mort du malade, quoiqu'on ne puisse jamais avoir la preuve démonstrative que le malade serait mort ou qu'il aurait guéri, soit en suivant un autre traitement, soit en l'absence de tout traitement. Pour l'étiologie historique qui ne fait que de naître, c'est déjà beaucoup que de prétendre à quelque comparaison avec l'étiologie médicale dont on s'occupe depuis si longtemps.

10

L'explication historique ne recherche pas tant les causes que les raisons

L'HISTOIRE

Si l'on tient à une parfaite exactitude de langage, il faudra dire que l'étiologie ou la philosophie de l'histoire s'enquiert de la *raison* des événements plutôt que de la *cause* des événements. Car, l'idée de cause implique celle d'une action, d'une force douée de son énergie propre ; et ce que la critique historique doit mettre en évidence, sont le plus souvent des résistances passives, des conditions de structure et de forme qui prévalent à la longue et dans l'ensemble des événements sur les causes proprement dites, sur celles qui interviennent avec le mode d'activité qui leur est propre, dans la production de chaque événement en particulier. Si l'on projette un dé un grand nombre de fois, et que l'*as* reparaisse beaucoup plus souvent que les autres points, ce sera l'indice de quelque irrégularité de structure ou de distribution de la masse, qui seule peut rendre *raison* de la fréquence observée, mais qui n'intervient que passivement, par suite de l'inertie de la matière du dé, et qui dès lors n'est point une *cause,* selon la rigueur du terme. Si l'on emploie, même dans ce cas, le mot de *cause,* et si l'on dit que l'irrégularité de structure *agit* dans un sens favorable à l'apparition de l'*as,* ce ne peut être que par une de ces métaphores ou de ces transitions qu'on chercherait vainement à proscrire du langage. En réalité, l'on aura éliminé comme accidentel et fortuit, et comme étranger à l'objet qu'on a en vue, tout ce qui tient à l'action des causes proprement dites, c'est-à-dire des forces impulsives qui, à chaque coup, varient irrégulièrement en intensité et en direction.

11

L'explication historique ne doit pas se limiter à l'histoire politique

L'HISTOIRE

De même,

... *Si magna licet componere parvis*[1],

les personnages appelés à figurer sur la scène de l'histoire (de l'histoire comme on l'entend d'ordinaire et comme on doit le plus souvent l'entendre), monarques, tribuns, législateurs, guerriers, diplomates, ont bien le rôle actif, interviennent bien à titre de causes efficientes dans la détermination de chaque événement pris à part. Ils gagnent ou perdent les batailles, ils fomentent ou répriment les révoltes, ils rédigent les lois et les traités, ils fabriquent et votent les constitutions. Et comme ils arrivent eux-mêmes sur la scène à la suite des combinaisons de la politique, il semble d'abord que la politique engendre et mène tout le reste. Cependant l'histoire politique est de toutes les parties de l'histoire celle où il entre visiblement le plus de fortuit, d'accidentel et d'imprévu : de sorte que pour le philosophe « qui méprise le fait », qui ne se soucie guère de l'accidentel et du fortuit, si brillant que soit le météore, si retentissante que soit l'explosion, l'histoire tout entière courrait risque d'être frappée du même dédain que les caprices de la politique, s'il n'y avait plus d'apparence que de réalité dans cette conduite de l'histoire par la politique, comme par une roue maîtresse, et s'il ne fallait distinguer entre le caprice humain, cause des événements, et la raison des événements qui finit par prévaloir sur les caprices de la fortune et des hommes. Il en est d'un prince faible, jouet d'une maîtresse ou d'un favori, comme de notre dé qu'un souffle dérange dans ses agitations ; mais s'il s'appelle Louis XV ou Charles IV, l'arrêt de sa dynastie est écrit, en quelque sens que la fantaisie de la maîtresse ou du favori incline pour le moment sa volonté débile.

C'est à cause de la part plus grande du hasard dans la trame des événements politiques, que la politique viendra toujours en dernier lieu et comme accessoirement dans la présente esquisse de critique ou d'étiologie historique : tandis qu'elle vient toujours au premier rang et comme l'objet principal de l'histoire, dans l'histoire écrite à la manière ordinaire.

12

L'explication en histoire n'exclut pas la liberté humaine

LA LIBERTÉ

Quiconque aura saisi le sens de ces réflexions, reconnaîtra combien sont peu fondées les éternelles réclamations de ceux que nous appellerions volontiers « les molinistes[2] en histoire », contre toute philosophie de l'histoire, en tant qu'elle conduirait à un prétendu fatalisme historique, réputé incompatible avec l'idée qu'on doit avoir du libre arbitre de l'homme comme agent moral. Pas plus que la statistique, l'histoire et la philosophie de l'histoire ne militent contre la liberté de l'homme et ne le déchargent de la responsabilité de ses actes. Parce que la statistique judiciaire a montré comment le penchant au crime varie selon les sexes, les âges, les conditions, et combien peu varie, dans de nombreuses populations,

1. « Si l'on peut comparer les grandes choses aux petites. »
2. Molina, théologien jésuite espagnol, défendait l'existence d'une « science moyenne » dont le but était de justifier le libre arbitre de l'homme.

le chiffre de la criminalité, quand les conditions du milieu social restent les mêmes, cessera-t-on de haïr et de punir le criminel ? Autant vaudrait à l'inverse, comme le font les peuples enfants, attribuer des caprices, une fantaisie dans le sens propre du mot, un bon ou un malin vouloir à la force mécanique qui projette le dé, au souffle qui meut la girouette. La théorie du concours des forces est une théorie logique et abstraite, indépendante de la nature concrète de chaque force en particulier. Quand il s'agit d'une force dont la statistique, à la faveur de la multiplicité des épreuves, élimine les effets irrégulièrement variables, qu'importe que la force éliminée rentre dans la catégorie des forces mécaniques, ou des forces vitales et instinctives, ou des forces morales ? Dans chaque cas particulier où elle figure comme la véritable cause, comme la force opérative, sa nature importe beaucoup ou même est tout ce qui importe. Le juré veut savoir s'il a devant lui un idiot, un maniaque ou un homme moralement responsable de ses actes ; il n'a que faire de la statistique judiciaire pour rendre son verdict : tandis que le législateur consulte la statistique pour juger du mérite d'une institution, sans égard aux anomalies monstrueuses, et sans se préoccuper du cas particulier dont la charge incombe au juré. À la vérité, l'histoire ne dispose pas, comme la statistique, de milliers et de millions de cas particuliers, indépendants les uns des autres ; ce qui fait que la statistique est une science qualifiée à bon droit de positive, et que la philosophie de l'histoire n'est qu'une philosophie ; mais, si celle-ci n'obtient pas de la même manière et au même degré l'élimination des causes demeurées accidentelles, nonobstant leur qualité de causes efficientes ou opératives, on peut y appliquer les mêmes remarques concernant le jugement à porter sur la nature intrinsèque des causes agissantes. La philosophie de l'histoire n'est pas plus janséniste que moliniste[1], pas plus indulgente que sévère ; elle n'est chargée ni de condamner, ni d'absoudre, ni d'amnistier, ni de proscrire. Elle fait à sa manière, autant qu'elle le peut, le départ des causes accidentelles et des causes constantes, la part du hasard et celle de la nécessité, tâche déjà bien ardue ; et elle laisse à l'histoire proprement dite le soin de rendre son verdict sur les hommes que leur destin a appelés à comparaître devant son redoutable tribunal.

13
Histoire de la civilisation et histoire de l'humanité

On ne doit pas confondre l'étiologie historique, qui est pour nous la philosophie de l'histoire, avec l'histoire de la civilisation, ni avec une sorte d'histoire générale du genre humain ou, comme on dit maintenant, de l'humanité. La civilisation comporte une histoire et une étiologie historique, comme les religions, comme les institutions civiles, comme la philosophie et les arts, comme les sciences, comme le commerce et l'industrie ; car la civilisation comprend tout cela. L'histoire de la civilisation offre plus spécialement des ressemblances avec l'histoire des sciences en ce que, si la

LE SENS

1. Allusion à une querelle interne à la théologie chrétienne. Les jansénistes affirmaient que le salut de chaque individu était prédéterminé par la grâce divine ; les molinistes se montraient plus sensibles à la liberté intérieure de chaque homme.

civilisation propre à tel peuple peut décliner, il y a un fond commun de civilisation qui progresse toujours à la manière des sciences ou de l'industrie. Et d'un autre côté, de même que l'histoire des sciences a ses *déserts,* comme on les appelle, de même l'histoire de la civilisation a les siens. Il y a des temps où les détails de la trame historique sont si embrouillés, et où les peuples s'agitent en avançant si peu dans un sens ou dans l'autre, qu'il semble qu'on pourrait vouer tous ces détails à l'oubli, sans que l'intelligence de l'ensemble y perdît rien, comme on y voue volontiers tant d'aventures de peuplades qui ont disparu ou qui disparaîtront de la terre sans être sorties de la vie sauvage, sans avoir vécu de la vie historique. Ce sera donc, si l'on veut, l'œuvre d'un philosophe que d'isoler et de mettre en relief l'histoire de la civilisation à travers tant de détails d'une moindre importance, mais ce ne sera pas précisément la philosophie de l'histoire, et il ne faudra pas absolument confondre l'intérêt qui s'attache à la marche d'une civilisation progressive avec celui que fait naître l'histoire de tout peuple effectivement parvenu à la phase historique de son existence.

Quant aux idées qu'il nous plaît de nous faire des destinées du genre humain, du but final de la civilisation, du rôle de quelques peuples privilégiés en vue de la poursuite de ce but final, toutes ces idées qui ont déjà occupé tant d'esprits et sur lesquelles les esprits sont si peu d'accord, appartiennent bien, si l'on veut, à la philosophie de l'histoire, mais à une philosophie transcendante, ambitieuse, hypothétique, qui n'est point la critique dont nous entendons parler et dont nous voudrions offrir, autant que le permet une esquisse rapide, quelques modestes essais. Si l'on nous permet de recourir au vocabulaire de Kant, nous dirons qu'autre chose est l'*étiologie,* autre chose la *téléologie*[1] historique.

14

La finalité en histoire et la notion de progrès, deux idées problématiques

Le sens

Une comparaison éclaircira ce langage abstrait. Que le genre humain vaille bien la peine que son histoire se déroule en conformité d'un plan connu ou décrété d'ensemble, et que la philosophie de l'histoire aurait pour tâche de démêler, nous nous gardons de le contester ; mais le monde des êtres vivants, pris dans son ensemble, dans son étonnante variété et dans la succession de ses phases, est bien aussi un objet de quelque importance, digne d'être soumis à des lois générales et de manifester une pensée fondamentale. Là aussi l'on a mis en avant, souvent avec une grande apparence de raison, les idées d'unité de plan et de composition organique, l'idée d'un progrès ou d'un perfectionnement graduel d'organisme, soit dans le développement de l'individu, soit dans la série des espèces simultanément existantes, soit dans l'apparition successive des espèces et dans le remplacement des unes par les autres. Mais, de toutes ces idées dont aucune n'est à mépriser ni à rejeter absolument, aucune n'est l'expression adéquate et complète des faits, aucune ne peut servir de base à un système inattaquable, aucune ne donne la clef

1. Réflexion sur les fins.

universelle, la vraie et souveraine formule du divin ouvrier, laquelle surpasse vraisemblablement l'ordre de nos idées, de nos observations et de nos raisonnements. Ici l'on en fait un emploi heureux, là elles paraissent en défaut ; elles servent de fil conducteur pour certaines portions du système plus que pour le système même ; la liaison est dans les chapitres plutôt que dans l'ensemble du livre, autant que nous pouvons le déchiffrer. À côté de marques nombreuses et irréfragables de progrès, il y a des symptômes de régressions locales et partielles. S'il faut reconnaître des lois saisissables ou mystérieuses, il y a aussi le chapitre des accidents ; et ce n'est point un chapitre à part, mais un chapitre intimement mêlé à l'histoire tout entière. En tout cas, il n'y a pas de naturaliste qui ne regarde comme vaine et chimérique la prétention de construire d'emblée une philosophie de la nature, par la vertu de certains principes logiques, de soi-disant données immédiates de la raison, de manière à faire jaillir toute science suprême, appelée la philosophie, au lieu de s'élever patiemment à la philosophie d'après les inductions que fournissent les données de la science. On n'oserait pas pousser si loin l'oubli d'autres principes auxquels sont dus depuis trois siècles les progrès réels de l'esprit humain.

15

Vanité de toute métaphysique de l'histoire

LA MÉTAPHYSIQUE

Or, n'en doit-il pas être de même au sujet de la téléologie de l'histoire ou de la philosophie de l'histoire, comme on l'entend d'ordinaire ? Faut-il avec Hegel « partir de la supposition que, dans l'histoire du monde, l'esprit, dans la réalité, se manifeste sous une série de formes dont chacune nous montre un peuple réellement existant » ? Mais, pourquoi cette supposition ? Et si elle exprime autre chose que cette vérité banale, que les traits dominants de l'esprit d'un peuple se montrent dans son histoire, qu'exprime-t-elle ? Aura-t-on jeté beaucoup de lumière sur l'histoire, parce qu'on aura dit avec ce grand philosophe que « chez les Perses, l'indéterminé devient intelligible dans la lumière » ? Ou bien aimerait-on mieux avec M. Cousin « amnistier l'histoire à tous les points de sa durée » ; dire que dans l'Orient tout est sacrifié à l'infini ; que dans l'antiquité gréco-latine, l'infini provoque l'antithèse du fini ; et que, maintenant le fini et l'infini sont en présence ? Grâce au prestige de l'*action,* de pareilles découvertes ont pu provoquer des battements de mains autour d'une chaire, mais elles sont sans valeur devant la critique, c'est-à-dire devant la bonne philosophie.

16

Stérilité de toute science de l'histoire

L'HISTOIRE

Que si, au lieu de voir dans l'histoire de l'humanité et de la civilisation une sorte d'épopée où quelques peuples d'élite ont chacun leurs rôles distincts, à titre de représentants d'une idée, on suppose avec Vico[1] des lois constantes, applicables à l'histoire de chaque peuple, de chaque époque en particulier, et qui y déterminent la répétition des mêmes phases suivant un ordre invariable, à peu près

1. Giambattista Vico, philosophe italien du XVIIIe siècle, est l'auteur d'une théorie de l'histoire exposée dans les *Principes d'une science nouvelle.* Il y affirme que chaque civilisation parcourt les étapes d'un même cycle. C'est ainsi que notre société est promise à un déclin identique à celui subi par l'Empire romain.

comme les éclipses reviennent dans un cycle luni-solaire, on s'éloignera bien plus encore de l'idée qu'on doit se faire de la philosophie de l'histoire. Car, dans cette supposition, le mot même de philosophie serait impropre. On aurait découvert une théorie, une science, une physiologie de l'histoire. L'histoire serait parvenue à éliminer le fortuit, l'accidentel, le fait proprement dit, pour n'avoir plus à considérer que des lois permanentes et immuables. Or, tout cela est en complet désaccord avec ce que nous apprend l'étude de l'histoire, abordée sans préoccupations systématiques, ainsi que nous tâcherons de le montrer dans le chapitre suivant.

CONTREPOINT

Le hasard est-il une propriété inhérente aux choses ou une conséquence des limites de notre capacité de connaître ? En tranchant cette question, le grand astronome Laplace dessine l'idéal déterministe d'une connaissance en droit illimitée.

Pierre-Simon LAPLACE,
Essai philosophique sur les probabilités, 1796
Gauthier-Villars, 1886, vol. VII.

Tous les événements, ceux même qui par leur petitesse semblent ne pas tenir aux grandes lois de la nature, en sont une suite aussi nécessaire que les révolutions du Soleil. Dans l'ignorance des liens qui les unissent au système entier de l'univers, on les a fait dépendre des causes finales ou du hasard suivant qu'ils arrivaient et se succédaient avec régularité ou sans ordre apparent ; mais ces causes imaginaires ont été successivement reculées avec les bornes de nos connaissances, et disparaissent entièrement devant la saine philosophie, qui ne voit en elles que l'expression de l'ignorance où nous sommes des véritables causes. [...]

LA CONNAISSANCE

Nous devons donc envisager l'état présent de l'univers comme l'effet de son état antérieur et comme la cause de celui qui va suivre. Une intelligence qui, pour un instant donné, connaîtrait toutes les forces dont la nature est animée et la situation respective des êtres qui la composent, si d'ailleurs elle était assez vaste pour soumettre ces données à l'analyse, embrasserait dans la même formule les mouvements des plus grands corps de l'univers et ceux du plus léger atome ; rien ne serait incertain pour elle, et l'avenir, comme le passé, serait présent à ses yeux. L'esprit humain offre, dans la perfection qu'il a su donner à l'astronomie, une faible esquisse de cette intelligence. Ses découvertes en mécanique et en géométrie, jointes à celles de la pesanteur universelle, l'ont mis à portée de comprendre dans les mêmes expressions analytiques les états passés et futurs du système du monde. En appliquant la même méthode à quelques autres objets de ses connaissances, il est parvenu à ramener à des lois générales les phénomènes observés et à prévoir ceux que des circonstances données doivent faire éclore. Tous ses efforts dans la recherche de la vérité tendent à le rapprocher sans cesse de l'intelligence que nous venons de concevoir, mais dont il restera toujours infiniment éloigné.

Kierkegaard

L'Individu

1813-1855

Sören Kierkegaard est né et a vécu au Danemark. Ce protestant, en conflit ouvert avec l'Église luthérienne, peut être considéré comme la référence principale pour tout le courant existentialiste.

Au premier tiers du XIXe siècle, tous les philosophes ont à affronter la pensée qui domine alors la scène intellectuelle : le système hégélien. Ainsi Marx reproche à ce système de « marcher sur la tête ». Kierkegaard, plus radical, lui reproche tout simplement d'être un système, c'est-à-dire une construction purement conceptuelle incapable de saisir l'existence concrète des hommes.

Ignorer l'existence, c'est méconnaître ce qui se définit avant tout comme existant, c'est-à-dire l'individu. Pourtant, être un individu, cela semble aller de soi. Chacun a un nom, un corps, un caractère. Il semble que l'individualité nous soit accordée dès notre conception, et qu'il ne reste plus à chacun qu'à défendre sa vie, ses intérêts, ses droits. Mais en fait, l'individu est un être dont la réalité même est menacée, et Kierkegaard part en guerre contre ses nombreux ennemis : l'Église, la science, l'histoire.

L'Église qui, en offrant aux fidèles le confort d'une vie encadrée, de la naissance à la mort, par des rites machinaux, a réussi à étouffer l'expérience individuelle de la foi chrétienne sous le conformisme clérical. Alors que pour le christianisme authentique, comme Kierkegaard l'écrit dans son journal, « c'est dans le rapport strictement personnel entre Dieu comme personne et le croyant comme personne dans l'existence que consiste le concept de foi ».

La science ensuite, pour laquelle n'est compté comme vérité que ce qui est objectif, alors que la vérité individuelle est subjective. Bientôt, dit Kierkegaard, les méthodes objectives se seront emparées de tout ce qui est humain, et même la morale sera remplacée par le traitement statistique des attitudes.

L'histoire enfin, cette idole moderne pour laquelle, au regard de l'avenir radieux qu'elle promet, les individus ne sont que des figurants interchangeables.

Kierkegaard, souhaitant éclairer la signification de sa pensée, a rédigé dans *Un point de vue explicatif de mon œuvre* deux notes consacrées à la notion d'individu. Il y fait une critique de la foule, cet ennemi de l'individu, qui pourrait aujourd'hui choquer notre sens de la démocratie. Mais il a été l'un des premiers à percevoir les inconvénients de l'ère des masses : le culte du quantitatif, la fuite devant la responsabilité, le conformisme des idées et des mœurs.

En guise de conclusion, on peut retenir ce projet d'épitaphe que Kierkegaard envisageait pour lui-même : « Si je devais demander qu'on mette une inscription sur mon tombeau, je n'en voudrais pas d'autre que celle-ci : il fut l'Individu. »

Kierkegaard

L'Individu

Dans *Un point de vue explicatif de mon œuvre,* 1850, traduction de Tissot, éditions de l'Orante 1966-1996.

Note 1, sur la dédicace « à l'individu »

(texte intégral)

Cher ! Accepte cette dédicace ; elle est donnée comme à l'aveuglette, mais aussi en toute sincérité, sans se laisser troubler par quelque considération ! Je ne sais qui tu es, où tu es, quel est ton nom. Pourtant, tu es mon espoir, ma joie, mon orgueil et, dans mon ignorance à ton sujet, mon honneur.

Il me réconforte de penser que l'occasion favorable t'est maintenant donnée ; en bonne foi, je l'ai eue en vue au cours de mon travail et dans mon travail. Car, à supposer que s'établisse dans le monde l'usage de lire mes écrits ou de prétendre les avoir lus, en espérant y gagner quelque avantage mondain, l'on n'aurait pas alors l'occasion opportune, puisque au contraire l'incompréhension aurait pris le dessus en me dupant aussi, si je n'avais pris soin de la prévenir.

D'une part, c'est là en moi, comme je le désire d'ailleurs, un changement possible tenant à la disposition de mon âme et de mon esprit, changement sans aucune prétention et qui, loin d'en élever une, témoigne plutôt d'une concession ; et d'autre part, il s'agit là d'une conception soigneusement méditée, et bien méditée, de « la Vie », de « la Vérité », du « Chemin ».

1

La foule c'est le mensonge

Il est une conception de la vie pour laquelle là où est la foule, là aussi est la vérité ; la vérité est dans la nécessité d'avoir pour elle la foule[1]. Mais il en est une autre ; pour elle, partout où est la foule, là aussi est le mensonge, si bien que — pour porter un instant la question à l'extrême — si tous les Individus détenaient chacun

L'HOMME

1. Peut-être le mieux est-il de noter une fois pour toutes, — et cela va de soi et je ne l'ai jamais nié, — qu'à l'égard de tous les buts temporels, terrestres et mondains, la foule peut avoir sa valeur et même décisive comme instance. Mais je ne parle pas de cela, pas plus que je ne m'en occupe. Je parle de l'éthique, de l'éthique religieuse, de « la Vérité » ; je dis qu'au point de vue éthico-religieux la foule est le mensonge si l'on prétend en faire l'instance jugeant de ce qu'est « la Vérité ». *(Note de Kierkegaard.)*

séparément et en silence la vérité, néanmoins, s'ils se réunissaient en foule (qui prendrait alors une signification *décisive* quelconque, par le vote, par le tapage, par la parole), l'on aurait aussitôt le mensonge.

Car « la foule » est le mensonge. La parole de l'apôtre Paul a une valeur éternelle, divine, chrétienne : « Un seul atteint le but » ; et elle ne tient pas sa valeur de la comparaison, où entrent aussi « les autres ». En d'autres termes, chacun peut être ce seul, et Dieu l'y aidera — mais un seul atteint le but ; et cela veut dire encore que chacun doit se mêler aux « autres » avec prudence et ne parler pour l'essentiel qu'à Dieu et qu'à soi — car un seul atteint le but ; et cela signifie de plus que l'homme est en parenté avec la divinité, ou qu'être homme, c'est être de race divine. — Dans le monde, la temporalité, l'agitation, la société et l'amitié, on dit : « Quelle absurdité qu'un seul atteigne le but ; il est beaucoup plus probable que plusieurs y parviennent ensemble ; et si nous sommes nombreux, la chose sera plus certaine et en même temps plus facile pour chacun. » À coup sûr, la chose est beaucoup *plus vraisemblable* ; et elle est vraie aussi à l'égard de tous les buts terrestres et sensibles ; et elle est la seule vérité quand cette manière de voir finit par prévaloir, car elle abolit alors Dieu, l'éternité et la parenté de « l'homme » avec la divinité ; elle abolit tout cela ou le réduit à la fable pour y substituer la conception moderne (du reste la même que celle de l'ancien paganisme), de sorte qu'être homme, c'est appartenir à titre d'exemplaire à une espèce douée de raison, et que l'espèce est supérieure à l'individu, ou encore, qu'il n'y a que des exemplaires et non des individus. — Mais l'éternité s'élève bien audessus de la temporalité, paisible comme le firmament, et Dieu qui de la sublime et calme félicité du ciel embrasse du regard sans le moindre vertige ces innombrables millions d'hommes dont il connaît chacun, Dieu, le grand examinateur, déclare : un seul atteint le but ; c'est-à-dire que chacun devrait devenir ce seul, mais un seul atteint le but. — Où donc il y a foule, là où elle prend une importance décisive, *là* on ne travaille pas, on ne vit pas, on ne tend pas vers le but suprême, mais uniquement vers tel ou tel but terrestre ; car pour l'éternel — le décisif — il ne peut y avoir de travail que là où se trouve un seul homme ; et devenir ce seul que tous peuvent être, c'est vouloir accepter l'aide de Dieu — « la foule », c'est le mensonge.

2
La foule c'est la lâcheté

La foule, non celle-ci ou celle-là, actuelle ou de jadis, composée d'humbles ou de grands, de riches ou de pauvres, etc., mais la foule envisagée dans le concept, la foule[1], c'est le mensonge ; car ou bien elle provoque une totale absence de repentir et de responsabilité ou, du moins, elle atténue la responsabilité de l'individu en la fractionnant. Aucun simple soldat n'osa porter la main sur Caius Marius ; cette conduite fut la vérité. Mais que trois ou

1. Pour Kierkegaard, le mot *foule* ne désigne pas spécialement le peuple mais tout groupe agissant en tant que collectivité.

quatre femmes eussent eu conscience d'être la foule ou se fussent imaginé l'être, tout en nourrissant l'espoir de l'impossibilité pour personne de dire qui a commencé : elles en auraient alors eu le courage ; quel mensonge ! Le mensonge, c'est d'abord que « la foule » ferait, soit ce que fait seul *l'Individu* au sein de la foule, soit en tout cas ce que fait *chacun pris isolément.* Car la foule est une abstraction et n'a pas de mains ; par contre, tout homme en a ordinairement deux, et quand, isolément, il les porte sur Caius Marius, ce sont bien les siennes et non celles du voisin et encore moins celles de la foule qui n'en a pas. Le mensonge, c'est ensuite que la foule aurait « le courage » de le faire, puisque jamais même le plus lâche de tous les lâches pris individuellement ne l'est comme l'est toujours la foule. Car tout homme qui se réfugie dans la foule et fuit ainsi lâchement la condition de l'Individu (qui, ou bien a le courage de porter la main sur Caius Marius, ou bien du moins celui d'avouer qu'il en manque), contribue pour sa part de lâcheté à « la lâcheté » qui est : foule. — Prends le plus sublime exemple, imagine Christ — et toute l'humanité, tous les hommes nés et à naître ; suppose encore que la situation soit celle de l'Individu seul avec Christ dans un milieu solitaire, s'avançant vers lui et lui crachant au visage : jamais n'est né ni ne naîtra l'homme ayant ce courage ou cette impudence ; et cette attitude est la vérité. Mais quand ils furent en foule, ils eurent ce courage — effroyable mensonge !

3

Les meneurs méprisent l'homme

LE POUVOIR

La foule, c'est le mensonge. C'est pourquoi, au fond, nul ne méprise plus la condition de l'homme que ceux qui font profession d'être à la tête de la foule. Que l'un de ces meneurs voie un homme venir le trouver : certes, il ne s'en soucie pas ; c'est beaucoup trop peu ; il le renvoie orgueilleusement ; il ne reçoit pas à moins de centaines. Et s'il y en a mille, il s'incline alors devant la foule et distribue force courbettes ; quel mensonge ! Non, quand il s'agit d'un homme isolé, on doit exprimer la vérité en respectant la condition humaine ; et si peut-être suivant le langage cruel, il s'agit d'un pauvre diable d'homme, on a le devoir de l'inviter chez soi dans la meilleure pièce et, si l'on a plusieurs voix, de prendre la plus charitable et la plus amicale : cette conduite est la vérité. En revanche, si l'on a une assemblée de milliers de personnes sinon davantage, et qu'on mette « la vérité » aux voix, on a le devoir — à moins de préférer dire en silence le « délivre-nous du mal » de Notre Père — on a le devoir d'exprimer dans la crainte de Dieu que la foule comme tribunal éthique et religieux est le mensonge, tandis qu'il est éternellement vrai que chacun peut être le seul. Cela est la vérité.

4

Vérité et politique

LA VÉRITÉ

La foule, c'est le mensonge. Christ fut crucifié parce que, tout en s'adressant à tous, il ne voulut pas avoir affaire avec la foule, ne voulut pas son secours, s'en détourna à cet égard inconditionnellement, ne voulut pas fonder de parti, n'autorisa pas le vote, mais voulut être ce qu'il était, la Vérité qui se rapporte à l'Individu. — Et c'est pourquoi tout homme qui veut en vérité servir la Vérité est *eo ipso* martyr de façon ou d'autre ; si, dès le sein de sa mère, un homme pouvait prendre la résolution de vouloir en vérité servir « la Vérité », il serait *eo ipso* martyr dès le sein de sa mère, quel que fût d'ailleurs son supplice. Car il ne faut pas un grand art pour gagner la foule ; il suffit d'un peu de talent, d'une certaine dose de mensonge, et d'un peu de connaissance des passions humaines. Mais nul témoin de Vérité — et chacun de nous, toi et moi, nous devrions l'être — ne doit mêler sa voix à celle de la foule. Le témoin de la Vérité est bien entendu complètement étranger à la politique et il doit surtout veiller avec la dernière énergie à ne pas être confondu avec un politicien ; il a pour tâche, dans la crainte de Dieu, de se commettre si possible avec tous, mais toujours individuellement, de parler à chacun isolément, dans la rue et sur la place — pour disperser, ou de parler à la foule non pour la former, mais pour que tel ou tel s'en retourne chez lui de l'assemblée pour devenir l'Individu. En revanche, le témoin de la vérité a « la foule » en horreur quand on en fait le tribunal de « la vérité » et voit dans son verdict le jugement ; elle lui répugne plus qu'à une honnête jeune fille une salle de danse. Quant à ceux qui s'adressent à « la foule » comme à un tribunal, il les considère comme les instruments du mensonge. Car, pour le redire encore : ce qui se justifie en partie et parfois entièrement en politique et dans les domaines semblables, devient le mensonge quand on le reporte sur le terrain de l'intellectualité, de l'esprit, de la religiosité. Et par un surcroît peut-être exagéré de précaution, j'ajouterai ce simple mot : par « Vérité », j'entends constamment « la Vérité éternelle ». Mais la politique, etc., n'ont rien à faire avec « la Vérité éternelle ». Une politique qui voudrait sérieusement introduire dans la réalité « la Vérité éternelle » en ce sens strict, se révélerait à la même seconde et au plus haut degré comme la plus « contraire à la politique » qu'on pût concevoir.

5

La presse qui s'adresse à la foule est une puissance impersonnelle

La foule, c'est le mensonge. Et je me prendrais à pleurer, en tout cas à soupirer après l'éternité en songeant à la misère de notre temps, même si on le compare simplement à l'immense détresse de l'Antiquité, quand je vois la presse quotidienne et anonyme accroître cette démence grâce au « public », l'abstraction proprement dite, qui se prétend le tribunal de « la vérité » ; car les assemblées qui émettent cette prétention ne se rencontrent certes pas ; quand je vois qu'un anonyme peut faire dire par la presse jour après jour (et même en matière intellectuelle, éthique et religieuse) tout ce qu'il veut des choses dont il n'aurait peut-être nullement le courage de faire, personnellement, la moindre mention en tant qu'Individu ; quand je vois que, chaque fois qu'il ouvre — je ne saurais dire sa bouche, mais sa gueule, en s'adressant *en une seule fois* à mille fois mille personnes, il peut avoir dix mille fois dix mille personnes pour répéter ce qu'il a dit — sans que nul n'ait de responsabilité ; je soupire quand je vois qu'à la différence de l'Antiquité où elle ignorait relativement le repentir, la foule est cet être tout-puissant, mais absolument dénué de repentir, qu'on appelle : personne ; qu'on a un être anonyme pour auteur, qu'un résidu anonyme constitue le public, parfois même composé d'abonnés anonymes, c'est-à-dire de personne. Personne ! Dieu du ciel, et les États se disent chrétiens. Qu'on ne soutienne pas qu'en revanche « la vérité » peut réparer le mensonge et l'erreur par le même moyen de la presse. Toi qui parles ainsi, pose-toi la question : oses-tu prétendre que les hommes pris en foule sont aussi prompts à rechercher la vérité au goût parfois amer que le mensonge toujours appétissant, quand, par surcroît, cette recherche de la vérité comporte l'aveu qu'on s'est laissé tromper ! Ou bien oses-tu seulement prétendre que « la Vérité » est d'une intelligence aussi facile que le mensonge qui n'exige aucune connaissance préalable, aucune étude, aucune discipline, aucune abstinence, aucune renonciation à soi, aucun honnête souci de soi, aucun lent travail ! Non, « la Vérité » qui a aussi en horreur la fausseté selon laquelle elle n'aurait d'autre but que de se répandre, n'est pas aussi vite sur pied. En premier lieu, elle ne peut agir par le fantastique, lequel est le faux ; elle n'est transmise que par un homme en sa qualité d'Individu. Par suite, sa communication s'adresse encore à l'Individu ; car cette manière de considérer la vie que représente l'Individu est justement la vérité. Elle ne peut être transmise ni reçue sinon sous le regard de Dieu, sinon par le secours de Dieu, sinon par Dieu qui est l'intermédiaire comme il est la Vérité. Elle ne peut donc être transmise et reçue que par « l'Individu » qui, au fond, pourrait être un chacun des vivants ; la vérité ne se détermine qu'en s'opposant à l'abstrait, au fantastique, à l'impersonnel, à « la foule » au « public » qui exclut Dieu comme intermédiaire (car le Dieu *personnel* ne peut être intermédiaire dans un rapport *impersonnel*), et par là aussi la Vérité, car Dieu est la Vérité et son intermédiaire.

6

Ce que signifie « aimer son prochain »

AUTRUI

Et honorer absolument tout homme pris isolément, c'est pratiquer la vérité, c'est craindre Dieu et aimer « le prochain » ; mais au point de vue éthique et religieux, voir dans « la foule » le tribunal de « la vérité », c'est nier Dieu et se mettre dans l'impossibilité d'aimer « le prochain ». Et « le prochain » est le terme d'une vérité absolue qui exprime l'égalité humaine ; si chacun aimait en vérité son prochain comme soi-même, on aurait inconditionnellement atteint la parfaite égalité humaine ; quiconque aime le prochain en vérité exprime inconditionnellement l'égalité humaine : tout homme qui, avouant comme je le fais, la faiblesse et l'imperfection de son effort, s'aperçoit pourtant que sa tâche consiste à aimer le prochain, reconnaît aussi en quoi consiste l'égalité humaine. Mais jamais je n'ai lu dans l'Écriture ce commandement : tu aimeras la foule, et encore moins celui-ci : dans la vie éthique et religieuse, tu reconnaîtras dans la foule le tribunal de « la vérité ». Mais, cela va de soi, aimer le prochain, c'est renoncer à soi ; aimer la foule ou feindre de l'aimer, c'est en faire le tribunal de « la vérité » ; ce chemin conduit toujours à l'obtention du pouvoir et à toutes les sortes d'avantages temporels et mondains — et il est en même temps le mensonge ; car la foule, c'est le mensonge.

Mais confesser ces vues rarement présentées (car s'il est assez fréquent qu'un homme croie que la foule est dans le mensonge, tout rentre dans l'ordre si cette dernière adopte *en masse* son opinion), c'est avouer sa propre faiblesse et son impuissance ; comment aussi un Individu pourrait-il s'élever contre la multitude qui détient la puissance ! Et il ne voudrait d'ailleurs pas avoir la foule de son côté pour faire prévaloir l'idée que la foule, comme tribunal éthique et religieux, est le mensonge ; ce serait se moquer de soi-même. Mais si cette conception est, dès le début, un aveu de faiblesse et d'impuissance, et semble par suite si peu engageante, d'où peut-être la rareté de ceux qui la présentent, elle a l'avantage d'être équitable ; elle ne fait injure à absolument personne ; elle ne fait aucune différence, à l'avantage ou au détriment d'absolument personne. La foule se compose en fait d'Individus ; il doit donc être au pouvoir de chacun de devenir ce qu'il est, un Individu ; absolument personne n'est exclu de l'être, excepté celui qui s'exclut lui-même en devenant foule. Devenir foule, rassembler la foule autour de soi, c'est au contraire la diversité de la vie ; même celui qui en parle avec les meilleures intentions risque aisément d'offenser l'Individu. Mais la foule retrouve alors le pouvoir, l'influence, la considération et la souveraineté — et c'est aussi la différence de la vie qui, souveraine, méprise l'Individu comme étant le faible et l'impuissant et qui, sur le plan temporel et mondain, méprise la vérité éternelle qu'est l'Individu.

Remarque. Le lecteur voudra bien se rappeler que ces lignes (dont les premières portent l'empreinte de l'époque où je me suis volontairement exposé à la cruauté de la grossièreté littéraire), ont d'abord été écrites en 1846, et ont été plus tard remaniées et considérablement augmentées. Depuis ce temps, la vie, toute-puissante comme elle est, a également éclairé la thèse que la foule comme instance éthique et religieuse est le mensonge. Vraiment je me trouve bien servi ; comme j'ai ainsi reçu un secours me permettant de me comprendre moi-même avec plus de sûreté, de même aussi, je serai d'ores et déjà bien autrement compris que la fois où ma voix faible et solitaire fut taxée de ridicule exagération, tandis qu'actuellement on l'entend à peine par suite du grand bruit de la vie disant la même chose.

CONTREPOINT

Tandis que Kierkegaard prend la défense de l'individu au nom des valeurs chrétiennes, Nietzsche le fait au nom de valeurs aristocratiques. Mais contrairement à l'idée en vogue au XIXe siècle et selon laquelle la lutte pour la survie tournerait à l'avantage des meilleurs, Nietzsche redoute qu'elle n'aboutisse au triomphe des médiocres.

Friedrich Nietzsche,
Par-delà le bien et le mal,
1887, traduction de Henri Albert révisée par Jean Lacoste, Robert Laffont, coll. « Bouquins », 1993.

La personne

Il ne suffit pas, pour se comprendre mutuellement, d'employer les mêmes mots ; il faut encore employer les mêmes mots pour désigner la même sorte d'expériences intérieures, il faut enfin avoir en *commun* certaines expériences. C'est pourquoi les gens d'un même peuple se comprennent mieux entre eux que ceux qui appartiennent à des peuples différents, même si ces derniers usent de la même langue ; ou plutôt, quand des hommes ont longtemps vécu ensemble dans des conditions identiques, sous le même climat, sur le même sol, courant les mêmes dangers, ayant les mêmes besoins, faisant le même travail, il en *naît* quelque chose qui « se comprend » : un peuple. Dans toutes les âmes un même nombre d'expériences revenant fréquemment a pris le dessus sur des expériences qui se répètent plus rarement : sur elles on se comprend vite, et de plus en plus vite — l'histoire du langage est l'histoire d'un processus d'abréviation. — En raison de cette compréhension cursive on s'unit de plus en plus étroitement. [...] À supposer à présent que la nécessité n'ait depuis toujours rapproché que des gens qui pouvaient indiquer par des signes identiques des besoins et des expériences identiques, il en résulte au total que la facilité avec laquelle une nécessité se laisse *communiquer,* c'est-à-dire, au fond, le fait de n'avoir que des expériences médiocres et *communes,* a dû être la plus forte de toutes les puissances qui ont jusqu'ici déterminé l'homme. Les hommes les plus ordinaires, ceux qui sont le plus semblables aux autres, avaient et ont toujours l'avantage ; l'élite, les hommes les plus raffinés, les plus singuliers, les plus difficiles à comprendre, ont grande chance de rester solitaires ; leur isolement fait qu'ils succombent aux accidents et il est rare qu'ils se reproduisent. Il faut faire appel à d'immenses forces contraires pour tenir en échec ce naturel, trop naturel *progressus in simile,* ce progrès en vertu duquel les hommes deviennent de plus en plus semblables, ordinaires, médiocres, moutonniers, — *communs* !

Marx

L'Idéologie allemande

1818-1883

En écrivant *l'Idéologie allemande* en 1846, Karl Marx et Friedrich Engels tracent la première esquisse de ce qui allait devenir, sous le nom de « matérialisme historique », la théorie marxiste de l'histoire humaine. Lorsque ces deux intellectuels effectuent leur formation, au deuxième quart du XIXe siècle en Allemagne, le terrain de la pensée est entièrement dominé par Hegel. C'est sa méthode dialectique qu'ils lui empruntent et c'est contre son système qu'ils la retournent.

La méthode dialectique ne peut que séduire des penseurs qui sont aussi des révolutionnaires engagés dans la lutte politique contre la société capitaliste. Marx caractérisera ainsi la dialectique hégélienne : « Elle est un scandale et une abomination pour les bourgeois et leurs porte-parole doctrinaires, parce que dans l'intelligence positive de l'état de chose existant elle inclut du même coup l'intelligence de sa négation, de sa destruction nécessaire, parce qu'elle saisit toute forme faite dans le flux du mouvement et donc aussi sous son aspect périssable, parce que rien ne peut lui en imposer, parce qu'elle est, dans son essence, critique et révolutionnaire. » Mais le cœur de ce processus incessant de transformation, Hegel le situe dans le monde des idées. C'est l'Esprit qui s'incarne dans l'histoire. Marx et Engels voient dans cette thèse l'illusion par excellence. Ils lui donnent un nom : *l'idéologie*, c'est-à-dire la croyance dans la vie autonome des idées.

Leur fréquentation des milieux révolutionnaires n'a pas été pour rien dans la méfiance que leur inspirent les idées. La Révolution française avait transformé les institutions politiques au nom de principes nouveaux. Mais les inégalités et l'oppression sociale n'avaient pas disparu. Les grandes idées d'égalité, de liberté, de démocratie apparaissent alors comme une façade trompeuse derrière laquelle se dissimulent des conflits d'intérêts. Ils sont alors convaincus que les vrais enjeux concernent non les principes spirituels, mais des réalités autrement matérielles : l'organisation économique du travail industriel.

Marx et Engels ne sont certes pas les premiers à s'attaquer à l'idéalisme de Hegel. En Allemagne, ceux qu'on appelle les « jeunes hégéliens » ont entrepris de dénoncer dans la philosophie hégélienne une hypertrophie des idées. L'un d'eux, Ludwig Feuerbach, appelle les hommes à libérer leur esprit de la tyrannie des idées philosophiques. Mais pour Marx et Engels, miser sur une critique purement théorique des illusions c'est rester entièrement prisonniers du mode de pensée qu'on prétend combattre, c'est rester pris dans le mirage de l'idéologie. Contre cette idéologie, ils affirment que les idées des hommes sont le produit de la réalité sociale, et qu'on ne peut critiquer celles-là sans bouleverser celle-ci.

L'Idéologie allemande

1846,
traduction de Gilbert Badia,
Éditions sociales, 1968.

Préface et section I

1

Comment se libérer des chimères ?

L'ILLUSION

Jusqu'à présent, les hommes se sont toujours fait des idées fausses sur eux-mêmes, sur ce qu'ils sont ou devraient être. Ils ont organisé leurs rapports en fonction des représentations qu'ils se faisaient de Dieu, de l'homme normal, etc. Ces produits de leur cerveau ont grandi jusqu'à les dominer de toute leur hauteur. Créateurs, ils se sont inclinés devant leurs propres créations. Libérons-les donc des chimères, des idées, des dogmes, des êtres imaginaires sous le joug desquels ils s'étiolent. Révoltons-nous contre la domination de ces idées. Apprenons aux hommes à échanger ces illusions contre des pensées correspondant à l'essence de l'homme, dit l'un, à avoir envers elle une attitude critique, dit l'autre, à se les sortir du crâne, dit le troisième et — la réalité actuelle s'effondrera.

Ces rêves innocents et puérils forment le noyau de la philosophie actuelle des jeunes hégéliens, qui, en Allemagne, n'est pas seulement accueillie par le public avec un respect mêlé d'effroi, mais est présentée par les *héros philosophiques* eux-mêmes avec la conviction solennelle que ces idées d'une virulence criminelle constituent pour le monde un danger révolutionnaire. Le premier tome de cet ouvrage se propose de démasquer ces moutons qui se prennent et qu'on prend pour des loups, de montrer que leurs bêlements ne font que répéter dans un langage philosophique les représentations des bourgeois allemands et que les fanfaronnades de ces commentateurs philosophiques ne font que refléter la dérisoire pauvreté de la réalité allemande. Il se propose de ridiculiser ce combat philosophique contre l'ombre de la réalité, qui convient à la somnolence habitée de rêves où se complaît le peuple allemand, et de lui ôter tout crédit.

Naguère un brave homme s'imaginait que, si les hommes se noyaient, c'est uniquement parce qu'ils étaient possédés par l'*idée de la pesanteur*. Qu'ils s'ôtent de la tête cette représentation, par exemple, en déclarant que c'était là une représentation religieuse, superstitieuse, et les voilà désormais à l'abri de tout risque de noyade. Sa vie durant, il lutta contre cette illusion de la pesanteur dont toutes les statistiques lui montraient, par des preuves nombreuses et répétées, les conséquences pernicieuses. Ce brave homme, c'était le type même des philosophes révolutionnaires allemands modernes. [...]

2

L'activité matérielle conditionne la structure sociale et la production des idées

L'IDÉE

Voici donc les faits : des individus déterminés qui ont une activité productive selon un mode déterminé entrent dans des rapports sociaux et politiques déterminés. Il faut que, dans chaque cas particulier, l'observation empirique montre dans les faits, et sans aucune spéculation ni mystification, le lien entre la structure sociale et politique et la production. La structure sociale et l'État résultent constamment du processus vital d'individus déterminés ; mais de ces individus non point tels qu'ils peuvent s'apparaître dans leur propre représentation ou apparaître dans celle d'autrui, mais tels qu'ils sont *en réalité,* c'est-à-dire, tels qu'ils œuvrent et produisent matériellement ; donc tels qu'ils agissent sur des bases et dans des conditions et limites matérielles déterminées et indépendantes de leur volonté.

La production des idées, des représentations et de la conscience est d'abord directement et intimement mêlée à l'activité matérielle et au commerce matériel des hommes, elle est le langage de la vie réelle. Les représentations, la pensée, le commerce intellectuel des hommes apparaissent ici encore comme l'émanation directe de leur comportement matériel. Il en va de même de la production intellectuelle telle qu'elle se présente dans la langue de la politique, celle des lois, de la morale, de la religion, de la métaphysique, etc., de tout un peuple. Ce sont des hommes qui sont les producteurs de leurs représentations, de leurs idées, etc., mais les hommes réels, agissants, tels qu'ils sont conditionnés par un développement déterminé de leurs forces productives et du mode de relations qui y correspond, y compris les formes les plus larges que celles-ci peuvent prendre. La conscience ne peut jamais être autre chose que l'Être conscient et l'Être des hommes est leur processus de vie réel. Et, si, dans toute l'idéologie, les hommes et leurs rapports nous apparaissent placés la tête en bas comme dans une *camera obscura*[1], ce phénomène découle de leur processus de vie historique, absolument comme le renversement des objets sur la rétine découle de son processus de vie directement physique.

3

L'idéologie n'a pas d'histoire propre

LA CONSCIENCE

À l'encontre de la philosophie allemande qui descend du ciel sur la terre, c'est de la terre au ciel que l'on monte ici. Autrement dit, on ne part pas de ce que les hommes disent, s'imaginent, se représentent, ni non plus de ce qu'ils sont dans les paroles, la pensée, l'imagination et la représentation d'autrui, pour aboutir ensuite aux hommes en chair et en os ; non, on part des hommes dans leur activité réelle ; c'est à partir de leur processus de vie réel que l'on représente aussi le développement des reflets et des échos idéologiques de ce processus vital. Et même les fantasmagories dans le

1. Chambre noire d'un appareil photographique, qui produit une image inversée.

cerveau humain sont des sublimations résultant nécessairement du processus de leur vie matérielle que l'on peut constater empiriquement et qui repose sur des bases matérielles. De ce fait, la morale, la religion, la métaphysique et tout le reste de l'idéologie, ainsi que les formes de conscience qui leur correspondent, perdent aussitôt toute apparence d'autonomie. Elles n'ont pas d'histoire, elles n'ont pas de développement; ce sont au contraire les hommes qui, en développant leur production matérielle et leurs rapports matériels, transforment, avec cette réalité qui leur est propre, et leur pensée et les produits de leur pensée. Ce n'est pas la conscience qui détermine la vie, mais la vie qui détermine la conscience. Dans la première façon de considérer les choses, on part de la conscience comme étant l'individu vivant, dans la seconde façon, qui correspond à la vie réelle, on part des individus réels et vivants eux-mêmes et l'on considère la conscience uniquement comme *leur* conscience.

Cette façon de considérer les choses n'est pas dépourvue de présuppositions[1]. Elle part des prémisses réelles et ne les abandonne pas un seul instant. Ces prémisses, ce sont les hommes, non pas isolés et figés de quelque manière imaginaire, mais saisis dans leur processus de développement réel dans des conditions déterminées, développement visible empiriquement. Dès que l'on représente ce processus d'activité vitale, l'histoire cesse d'être une collection de faits sans vie, comme chez les empiristes, qui sont eux-mêmes encore abstraits, ou l'action imaginaire de sujets imaginaires, comme chez les idéalistes.

4

La philosophie doit abandonner la pure spéculation

LA PHILOSOPHIE

C'est là où cesse la spéculation, c'est dans la vie réelle que commence donc la science réelle, positive, l'exposé de l'activité pratique, du processus de développement pratique des hommes. Les phrases creuses sur la conscience cessent, un savoir réel doit les remplacer. Dès lors qu'est exposée la réalité, la philosophie cesse d'avoir un milieu où elle existe de façon autonome. À sa place, on pourra tout au plus mettre une synthèse des résultats les plus généraux qu'il est possible d'abstraire de l'étude du développement historique des hommes. Ces abstractions, prises en soi, détachées de l'histoire réelle, n'ont absolument aucune valeur. Elles peuvent tout au plus servir à classer plus aisément la matière historique, à indiquer la succession de ses stratifications particulières. Mais elles ne donnent en aucune façon, comme la philosophie, une recette, un schéma selon lequel on peut accommoder les époques historiques. La difficulté commence seulement, au contraire, lorsqu'on se met à étudier et à classer cette matière, qu'il s'agisse d'une époque révolue ou du temps présent, et à l'exposer dans sa réalité. L'élimination de ces difficultés dépend de prémisses qu'il nous est impossible de développer ici, car elles résultent de l'étude du processus de vie réel et de l'action des individus de chaque époque. […]

1. Principes ou prémisses servant de base à une théorie.

5

Les trois aspects de l'activité sociale qui conditionnent l'histoire

Le travail

Avec les Allemands dénués de toute présupposition, force nous est de débuter par la constatation de la présupposition première de toute existence humaine, partant de toute histoire, à savoir que les hommes doivent être à même de vivre pour pouvoir « faire l'histoire ». Mais, pour vivre, il faut avant tout boire, manger, se loger, s'habiller et quelques autres choses encore. Le premier fait historique est donc la production des moyens permettant de satisfaire ces besoins, la production de la vie matérielle elle-même, et c'est même là un fait historique, une condition fondamentale de toute histoire que l'on doit, aujourd'hui encore comme il y a des milliers d'années, remplir jour par jour, heure par heure, simplement pour maintenir les hommes en vie. Même quand la réalité sensible est réduite à un bâton, au strict minimum, comme chez saint Bruno[1], elle implique l'activité qui produit ce bâton. La première chose, dans toute conception historique, est donc d'observer ce fait fondamental dans toute son importance et toute son extension, et de lui faire droit. Chacun sait que les Allemands ne l'ont jamais fait ; ils n'ont donc jamais eu de base *terrestre* pour l'histoire et n'ont par conséquent jamais eu un seul historien. Bien qu'ils n'aient vu la connexité de ce fait avec ce qu'on appelle l'histoire que sous l'angle le plus étroit, surtout tant qu'ils restèrent emprisonnés dans l'idéologie politique, les Français et les Anglais n'en ont pas moins fait les premiers essais pour donner à l'histoire une base matérialiste, en écrivant d'abord des histoires de la société civile, du commerce et de l'industrie.

Le second point est que le premier besoin lui-même une fois satisfait, l'action de le satisfaire et l'instrument déjà acquis de cette satisfaction poussent à de nouveaux besoins, — et cette production de nouveaux besoins est le premier fait historique. C'est à cela que l'on reconnaît aussitôt de quel bois est faite la grande sagesse historique des Allemands ; car là où ils sont à court de matériel positif et où l'on ne débat ni de stupidités théologiques, ni de stupidités politiques ou littéraires, nos Allemands voient non plus l'histoire, mais les « temps préhistoriques » ; ils ne nous expliquent du reste pas comment l'on passe de cette absurdité de la « préhistoire » à l'histoire proprement dite — bien que, par ailleurs, leur spéculation historique se jette tout particulièrement sur cette « préhistoire », parce qu'elle s'y croit à l'abri des empiétements du « fait brutal » et aussi parce qu'elle peut y lâcher la bride à son instinct spéculatif et qu'elle peut engendrer et jeter bas les hypothèses par milliers.

Le troisième rapport, qui intervient ici d'emblée dans le développement historique, est que les hommes, qui renouvellent chaque jour leur propre vie, se mettent à créer d'autres hommes, à se reproduire ; c'est le rapport entre homme et femme, parents et enfants, c'est la *famille*. Cette famille, qui est au début le seul rapport social, devient par la suite un rapport subalterne (sauf en Allemagne),

1. Allusion à une théorie de Bruno Bauer, idéologue allemand.

lorsque les besoins accrus engendrent de nouveaux rapports sociaux et que l'accroissement de la population engendre de nouveaux besoins ; par conséquent, on doit traiter et développer ce thème de la famille d'après les faits empiriques existants et non d'après le « concept de famille », comme on a coutume de le faire en Allemagne. Du reste, il ne faut pas comprendre ces trois aspects de l'activité sociale comme trois stades différents, mais précisément comme trois aspects tout simplement, ou, pour employer un langage clair pour des Allemands, trois « moments » qui ont coexisté depuis le début de l'histoire et depuis les premiers hommes et qui se manifestent aujourd'hui encore dans l'histoire.

6

La structure sociale dépend des forces productives

LE TRAVAIL

Produire la vie, aussi bien la sienne propre par le travail que la vie d'autrui en procréant, nous apparaît donc dès maintenant comme un rapport double : d'une part comme un rapport naturel, d'autre part comme un rapport social, — social en ce sens que l'on entend par là l'action conjuguée de plusieurs individus, peu importe dans quelles conditions, de quelle façon et dans quel but. Il s'ensuit qu'un mode de production ou un stade industriel déterminés sont constamment liés à un mode de coopération ou à un stade social déterminés, et que ce mode de coopération est lui-même une « force productive » ; il s'ensuit également que la masse des forces productives accessibles aux hommes détermine l'état social, et que l'on doit par conséquent étudier et élaborer sans cesse l'« histoire des hommes » en liaison avec l'histoire de l'industrie et des échanges. Mais il est tout aussi clair qu'il est impossible d'écrire une telle histoire en Allemagne, puisqu'il manque aux Allemands, pour la faire, non seulement la faculté de la concevoir et les matériaux, mais aussi la « certitude sensible », et que l'on ne peut pas faire d'expérience sur ces choses de l'autre côté du Rhin puisqu'il ne s'y passe plus d'histoire. Donc d'emblée se manifeste un système de liens matériels entre les hommes qui est conditionné par les besoins et le mode de production et qui est aussi vieux que les hommes eux-mêmes, — système de liens qui prend sans cesse de nouvelles formes et présente donc une « histoire » même sans qu'il existe encore une quelconque absurdité politique ou religieuse qui réunisse les hommes par surcroît.

7

Le langage, forme matérielle et sociale de la conscience

LE LANGAGE

Et c'est maintenant seulement, après avoir déjà examiné quatre moments, quatre aspects des rapports historiques originels, que nous trouvons que l'homme a aussi de la « conscience ». Mais il ne s'agit pas d'une conscience qui soit d'emblée conscience « pure ». Dès le début, une malédiction pèse sur « l'esprit », celle d'être « entaché » d'une matière qui se présente ici sous forme de couches d'air agitées, de sons, en un mot sous forme du langage. Le langage est aussi vieux que la conscience, — le langage *est* la conscience réelle, pratique, existant aussi pour d'autres hommes, existant donc alors seulement pour moi-même aussi et, tout comme la conscience, le langage n'apparaît qu'avec le besoin, la nécessité du commerce avec d'autres hommes. Là où existe un rapport, il existe pour moi.

L'animal « n'est en rapport » avec rien, ne connaît somme toute aucun rapport. Pour l'animal, ses rapports avec les autres n'existent pas en tant que rapports. La conscience est donc d'emblée un produit social et le demeure aussi longtemps qu'il existe des hommes. Bien entendu, la conscience n'est d'abord que la conscience du milieu sensible *le plus proche* et celle d'une connexité limitée avec d'autres personnes et d'autres choses situées en dehors de l'individu qui prend conscience ; c'est en même temps la conscience de la nature qui se dresse d'abord en face des hommes comme une puissance foncièrement étrangère, toute-puissante et inattaquable, envers laquelle les hommes se comportent d'une façon purement animale et qui leur en impose autant qu'au bétail ; par conséquent, une conscience de la nature purement animale (religion de la nature). Et que, d'autre part, la conscience de la nécessité d'entrer en rapport avec les individus qui l'entourent marque pour l'homme le début de la conscience de ce fait qu'il vit somme toute en société. Ce début est aussi animal que l'est la vie sociale elle-même à ce stade ; il est une simple conscience grégaire, et l'homme se distingue ici du mouton par l'unique fait que sa conscience prend chez lui la place de l'instinct ou que son instinct est un instinct conscient.

8

La division du travail et les illusions de la conscience

LA CONSCIENCE

Cette conscience grégaire ou tribale se développe et se perfectionne ultérieurement en raison de l'accroissement de la productivité, de l'augmentation des besoins et de l'accroissement de la population qui est à la base des deux éléments précédents. Ainsi se développe la division du travail qui n'était primitivement pas autre chose que la division du travail dans l'acte sexuel, puis devint la division du travail qui se fait d'elle-même ou « par nature » en vertu des dispositions naturelles (vigueur corporelle par exemple), des besoins, des hasards, etc. La division du travail ne devient effectivement division du travail qu'à partir du moment où s'opère une division du travail matériel et intellectuel. À partir de ce moment, la conscience *peut* vraiment s'imaginer qu'elle est autre chose que la conscience de la pratique existante, qu'elle représente réellement quelque chose sans représenter quelque chose de réel. À partir de ce moment, la conscience est en état de s'émanciper du monde et de passer à la formation de la théorie « pure », théologie, philosophie, morale, etc. Mais, même lorsque cette théorie, cette théologie, cette philosophie, cette morale, etc., entrent en contradiction avec les rapports existants, cela ne peut se produire que du fait que les rapports sociaux existants sont entrés en contradiction avec la force productive existante ; d'ailleurs, dans une sphère nationale déterminée, cela peut arriver aussi parce que, dans ce cas, la contradiction se produit, non pas à l'intérieur de cette sphère nationale, mais entre cette conscience nationale et la pratique des autres nations, c'est-à-dire entre la conscience nationale d'une nation et sa conscience universelle (comme actuellement en Allemagne), et pour cette nation alors, parce qu'apparemment cette contradiction ne se présente que comme contradiction au sein de la conscience nationale, la lutte semble se limiter à cette ordure nationale, précisément parce que cette nation est la pourriture en soi. Peu importe du reste ce que la conscience entreprend isolément ; toute cette pourriture ne nous donne que ce résultat : ces trois moments, la force productive, l'état social et la conscience peuvent et doivent entrer en conflit entre eux, car, par la *division du travail,* il devient possible, bien mieux il arrive effectivement que l'activité intellectuelle et matérielle, — la jouissance et le travail, la production et la consommation échoient en partage à des individus différents ; et alors la possibilité que ces éléments n'entrent pas en conflit réside uniquement dans le fait qu'on abolit à nouveau la division du travail. Il va de soi du reste que « fantômes », « liens », « être suprême », « concept », « scrupules »[1] ne sont que l'expression mentale idéaliste, la représentation apparente de l'individu isolé, la représentation de chaînes et de limites très empiriques à l'intérieur desquelles se meut le mode de production de la vie et le mode d'échanges qu'il implique.

9

La division du travail et la propriété privée

LES ÉCHANGES

Cette division du travail, qui implique toutes ces contradictions et repose à son tour sur la division naturelle du travail dans la famille et sur la séparation de la société en familles isolées et opposées les unes aux autres, — cette division du travail implique en même temps la répartition du travail et de ses produits, distribution *inégale* en vérité tant en quantité qu'en qualité ; elle implique donc la propriété, dont la première forme, le germe, réside dans la famille où la femme et les enfants sont les esclaves de l'homme. L'esclavage, certes encore très rudimentaire et latent dans la famille, est la première propriété, qui d'ailleurs correspond déjà parfaitement ici à la définition des économistes modernes d'après laquelle elle est la libre disposition de la force de travail d'autrui. Du reste, division du travail et propriété privée sont des expressions identiques — on énonce, dans la première, par rapport à l'activité, ce qu'on énonce dans la seconde, par rapport au produit de cette activité.

10

L'État est conditionné par les intérêts de classe

L'ÉTAT

De plus, la division du travail implique du même coup la contradiction entre l'intérêt de l'individu singulier ou de la famille singulière et l'intérêt collectif de tous les individus qui sont en relation entre eux ; qui plus est, cet intérêt collectif n'existe pas seulement, mettons dans la représentation, en tant qu'« intérêt universel », mais d'abord dans la réalité comme dépendance réciproque des individus entre lesquels se partage le travail.

C'est justement cette contradiction entre l'intérêt particulier et l'intérêt collectif qui amène l'intérêt collectif à prendre, en qualité d'*État,* une forme indépendante, séparée des intérêts réels de l'individu et de l'ensemble et à faire en même temps figure de communauté illusoire, mais toujours sur la base concrète des liens existant dans chaque conglomérat de famille et de tribu, tels que liens du sang, langage, division du travail à une vaste échelle et autres intérêts ; et parmi ces intérêts nous trouvons en particulier, comme

1. Termes employés par les idéologues allemands visés par Marx.

nous le développerons plus loin, les intérêts des classes déjà conditionnées par la division du travail, qui se différencient dans tout groupement de ce genre et dont l'une domine toutes les autres.

11

La lutte des classes pour la domination politique

L'ÉTAT

[Il s'ensuit que toutes les luttes à l'intérieur de l'État, la lutte entre la démocratie, l'aristocratie et la monarchie, la lutte pour le droit de vote, etc., etc., ne sont que les formes illusoires sous lesquelles sont menées les luttes effectives des différentes classes entre elles (ce dont les théoriciens allemands ne soupçonnent pas un traître mot, bien qu'à ce sujet on leur ait assez montré la voie dans les *Annales franco-allemandes* et dans *La Sainte Famille*[1]) ; et il s'ensuit également que toute classe qui aspire à la domination, même si sa domination détermine l'abolition de toute l'ancienne forme sociale et de la domination en général, comme c'est le cas pour le prolétariat, il s'ensuit donc que cette classe doit conquérir d'abord le pouvoir politique pour représenter à son tour son intérêt propre comme étant l'intérêt universel, ce à quoi elle est contrainte dans les premiers temps.

12

L'État et l'illusion de l'intérêt universel

L'ÉTAT

Précisément parce que les individus *ne* cherchent *que* leur intérêt particulier, — qui ne coïncide pas pour eux avec leur intérêt collectif, l'universalité n'étant somme toute qu'une forme illusoire de la collectivité, — cet intérêt est présenté comme un intérêt qui leur est « étranger », qui est « indépendant » d'eux et qui est lui-même à son tour un intérêt « universel » spécial et particulier, ou bien ils doivent se mouvoir eux-mêmes dans cette dualité, comme c'est le cas dans la démocratie. Par ailleurs le combat *pratique* de ces intérêts particuliers, qui constamment se heurtent *réellement* aux intérêts collectifs et illusoirement collectifs, rend nécessaire l'intervention *pratique* et le refrènement par l'intérêt « universel » illusoire sous forme d'État.

13

La société communiste abolit la division du travail et l'aliénation[2]

L'ÉTAT

Et enfin la division du travail nous offre immédiatement le premier exemple du fait suivant : aussi longtemps que les hommes se trouvent dans la société naturelle, donc aussi longtemps qu'il y a scission entre l'intérêt particulier et l'intérêt commun, aussi longtemps donc que l'activité n'est pas divisée volontairement, mais du fait de la nature, l'action propre de l'homme se transforme pour lui en puissance étrangère qui s'oppose à lui et l'asservit, au lieu qu'il la domine. En effet, dès l'instant où le travail commence à être réparti, chacun a une sphère d'activité exclusive et déterminée qui lui est imposée et dont il ne peut sortir ; il est chasseur, pêcheur ou berger ou critique critique[3], et il doit le demeurer s'il ne veut pas perdre ses moyens d'existence ; tandis que, dans la société communiste, où chacun n'a pas une sphère d'activité exclusive, mais peut se perfectionner dans la branche qui lui plaît, la société réglemente

---

N.B. : Le crochet en début de ligne indique que le paragraphe a été créé par l'auteur du manuel et ne figure donc pas dans le texte original.

1. Travaux antérieurs de Marx et Engels.

2. Aliénation : du latin « *alienus* : autre ». Ce terme désigne le fait qu'un phénomène, bien qu'étant produit par les hommes, leur apparaît comme étranger.

3. Allusion à la philosophie de Bruno Bauer.

la production générale, ce qui crée pour moi la possibilité de faire aujourd'hui telle chose, demain telle autre, de chasser le matin, de pêcher l'après-midi, de pratiquer l'élevage le soir, de faire de la critique après le repas, selon mon bon plaisir, sans jamais devenir chasseur, pêcheur ou critique. Cette fixation de l'activité sociale, cette pétrification[1] de notre propre produit en une puissance objective qui nous domine, échappant à notre contrôle, contrecarrant nos attentes, réduisant à néant nos calculs, est un des moments capitaux du développement historique jusqu'à nos jours. La puissance sociale, c'est-à-dire la force productive décuplée qui naît de la coopération des divers individus conditionnée par la division du travail, n'apparaît pas à ces individus comme leur propre puissance conjuguée, parce que cette coopération elle-même n'est pas volontaire, mais naturelle ; elle leur apparaît au contraire comme une puissance étrangère, située en dehors d'eux, dont ils ne savent ni d'où elle vient ni où elle va, qu'ils ne peuvent donc plus dominer et qui, à l'inverse, parcourt maintenant une série particulière de phases et de stades de développement, si indépendante de la volonté et de la marche de l'humanité qu'elle dirige en vérité cette volonté et cette marche de l'humanité.

14

La société communiste est le stade ultime de l'histoire mondiale

L'HISTOIRE

Cette « aliénation », — pour que notre exposé reste intelligible aux philosophes —, ne peut naturellement être abolie qu'à deux conditions *pratiques*. Pour qu'elle devienne une puissance « insupportable », c'est-à-dire une puissance contre laquelle on fait la révolution, il est nécessaire qu'elle ait fait de la masse de l'humanité une masse totalement « privée de propriété », qui se trouve en même temps en contradiction avec un monde de richesse et de culture existant réellement, choses qui supposent toutes deux un grand accroissement de la force productive, c'est-à-dire un stade élevé de son développement. D'autre part, ce développement des forces productives (qui implique déjà que l'existence empirique actuelle des hommes se déroule *sur le plan de l'histoire mondiale* au lieu de se dérouler sur celui de la vie locale), est une condition pratique préalable absolument indispensable, car, sans lui, c'est la *pénurie* qui deviendrait générale, et, avec le *besoin,* c'est aussi la lutte pour le nécessaire qui recommencerait et l'on retomberait fatalement dans la même vieille gadoue. Il est également une condition pratique *sine qua non,* parce que des relations *universelles* du genre humain peuvent être établies uniquement par ce développement universel des forces productives et que, d'une part, il engendre le phénomène de la masse « privée de propriété » simultanément dans tous les pays (concurrence universelle), qu'il rend ensuite chacun d'eux dépendant des bouleversements des autres et qu'il a mis enfin des hommes empiriquement universels, vivant *l'histoire mondiale* à la place des individus vivant sur un plan local. Sans cela : 1° le communisme ne pourrait exister que comme phénomène local ; 2° les puissances des

1. Littéralement : transformation d'une chose en pierre. Ce mot est ici synonyme d'« aliénation ».

relations humaines elles-mêmes n'auraient pu se développer comme puissances *universelles* et de ce fait insupportables, elles seraient restées des « circonstances » relevant de superstitions locales, et 3° toute extension des échanges abolirait le communisme local. Le communisme n'est empiriquement possible que comme l'acte « soudain » et simultané des peuples dominants, ce qui suppose à son tour le développement universel de la force productive et les échanges mondiaux étroitement liés au communisme.

Le communisme n'est pour nous ni un *état* qui doit être créé, ni un *idéal* sur lequel la réalité devra se régler. Nous appelons communisme le mouvement *réel* qui abolit l'état actuel. Les conditions de ce mouvement résultent des prémisses actuellement existantes.

Du reste, la masse d'ouvriers *qui ne sont qu'ouvriers* — force de travail massive, coupée du capital ou de toute espèce de satisfaction même bornée — suppose *le marché mondial*; comme le suppose donc aussi la perte, non plus à titre temporaire, de ce travail en tant que source assurée d'existence, perte résultant de la concurrence. Le prolétariat ne peut donc exister qu'à *l'échelle de l'histoire universelle,* de même que le communisme, qui en est l'action, ne peut absolument pas se rencontrer autrement qu'en tant qu'existence « historique universelle ». Existence historique universelle des individus, autrement dit, existence des individus directement liée à l'histoire universelle.

Autrement, comment la propriété, par exemple, aurait-elle pu somme toute avoir une histoire, prendre différentes formes ? Comment, disons, la propriété foncière aurait-elle pu, selon les conditions diverses qui se présentaient, passer en France du morcellement à la centralisation dans les mains de quelques-uns, et en Angleterre de la centralisation entre les mains de quelques-uns au morcellement, comme c'est effectivement le cas aujourd'hui ? Ou bien comment se fait-il encore que le commerce, qui pourtant représente l'échange des produits d'individus et de nations différents et rien d'autre, domine le monde entier par le rapport de l'offre et de la demande, — rapport qui, selon un économiste anglais, plane audessus de la terre comme la fatalité antique et distribue, d'une main invisible[1], le bonheur et le malheur parmi les hommes, fonde des empires, anéantit des empires, fait naître et disparaître des peuples, — tandis qu'une fois abolie la base, la propriété privée, et instaurée la réglementation communiste de la production, qui abolit chez l'homme le sentiment d'être devant son propre produit comme devant une chose étrangère, la puissance du rapport de l'offre et de la demande est réduite à néant, et les hommes reprennent en leur pouvoir l'échange, la production, leur mode de comportement réciproque ?

1. Allusion à Adam Smith (1723-1790), philosophe et économiste anglais, théoricien du capitalisme libéral. Celui-ci soutient que le marché, par le jeu spontané des échanges libres, assure un développement harmonieux de l'économie.

CONTREPOINT

Naguère utilisé par des marxistes raffinés, le mot « idéologie » cinglait comme un couperet pour sanctionner une bourde réactionnaire. Aujourd'hui, idéologie a le sens vague de « système de croyances à dominante sociale ». Pourtant, on sait que le suffixe « logie », ajouté à un terme, désigne la science de la chose que ce terme désigne. C'est ainsi qu'on a composé psycho-logie, embryo-logie, kremlino-logie. L'idéo-logie serait-elle donc « la science des idées » ?

Georges Canguilhem, *Idéologie et Rationalité dans l'histoire des sciences de la vie*, éd. Vrin, 1977.

L'IDÉE

L'idéologie c'était, selon Cabanis et Destutt de Tracy, la science de la genèse des idées. Son projet était de traiter les idées comme des phénomènes naturels, exprimant la relation de l'homme, organisme vivant et sensible, à son milieu naturel de vie. Quand ces bonapartistes sont devenus anti-napoléoniens, Napoléon Ier les a accablés de son mépris et de ses brimades et c'est lui qui a renversé l'image que les idéologues avaient voulu donner d'eux-mêmes. L'idéologie a été dénoncée, au nom du réalisme politique qui moule la législation sur la connaissance du cœur humain et des leçons de l'histoire, comme une métaphysique, une pensée creuse. On voit donc que Marx a conservé, dans le sens qu'il donne au terme d'idéologie, le concept d'un renversement du rapport de la connaissance à la chose. L'idéologie, qui désignait d'abord une science naturelle de l'acquisition par l'homme d'idées calquées sur le réel lui-même, désigne désormais tout système d'idées produit comme effet d'une situation initialement condamnée à méconnaître son rapport réel au réel. [...] Marx s'attache à montrer que, confrontées à la science marxiste de l'économie, toutes les idéologies économico-politiques apparaissent l'effet d'une situation de classe qui interdit aux intellectuels bourgeois d'apercevoir dans ce qu'ils croient être un miroir, c'est-à-dire une science indicatrice des choses mêmes, autre chose qu'une image renversée du rapport de l'homme à l'homme et de l'homme à la nature. Aucune de ces idéologies ne dit le vrai, même si certaines sont moins éloignées que d'autres du réel, toutes sont illusoires. Et par illusion on doit entendre sans doute une erreur, une méprise, mais aussi une fabulation rassurante, une complaisance inconsciente à un jugement orienté par un intérêt. Bref, Marx nous paraît avoir assigné à l'idéologie une fonction de compensation. Les idéologies bourgeoises sont des réactions qui indiquent symptomatiquement l'existence de situations sociales conflictuelles, c'est-à-dire des luttes de classes, et qui, en même temps, tendent à nier théoriquement le problème concret dont l'existence les provoque à surgir.

Nietzsche

Sur la vérité et le mensonge

1844-1900

On définit souvent la philosophie comme interrogation sur le sens de la vie. Mais le fait de se poser la question de la valeur de la vie implique qu'il existe un point de vue supérieur à elle, à partir duquel on pourrait la condamner ou l'absoudre. Or, la vie ne peut être jugée, parce qu'elle est la source de toutes les valeurs. Voilà le postulat central de la pensée nietzschéenne.

Friedrich Nietzsche est né en Allemagne. Il abandonne très tôt la carrière de professeur de grec pour une vie de philosophe solitaire, errant à travers l'Europe, en marge des institutions universitaires. Tourmenté par une atroce migraine chronique, il rédige chaque jour de brefs aphorismes qu'il rassemble ensuite pour en faire des livres, jusqu'à la crise de démence qui le frappe en pleine rue à Turin en 1888 et le condamne au silence jusqu'à sa mort.

Dès ses premières œuvres, auxquelles appartient la dissertation *Sur la vérité et le mensonge* écrite en 1873, il adopte une nouvelle façon de philosopher, « à coups de marteau », qui remet en cause toutes les valeurs établies de la morale, de la religion, de la science et de la politique. Mais le philosophe selon Nietzsche ne doit pas se borner à critiquer les valeurs frelatées. Il doit en faire la *généalogie,* c'est-à-dire chercher ce qui les a inspirées. Par exemple, si le libre arbitre a des partisans, qui tiennent à déclarer l'homme responsable de ses choix et de ses actes, c'est l'effet de leur désir morbide de châtier des coupables.

C'est pour la même raison que Nietzsche estime insuffisante la critique à laquelle Kant avait soumis la raison. En lui reprochant de s'égarer dans l'illusion, ce dernier ne remettait pas en cause l'idéal de vérité auquel toute la philosophie depuis Socrate voue un véritable culte. En effet, pourquoi faudrait-il préférer la vérité ? L'illusion n'est-elle pas un meilleur moyen de défense pour ce chétif animal qu'est l'homme ?

D'ailleurs tous nos concepts sont illusoires, et cela parce qu'ils ont pour origine les mots à partir desquels ils sont formés. C'est le langage qui est la principale source d'illusion. D'abord, comme il répond à un besoin social de transmettre tout ce qui est facilement communicable, il condamne notre pensée au superficiel et au banal. Ensuite, comme nous sommes habitués à classer les choses à l'aide des cadres du langage humain, nous ne nous rendons pas compte que ce que nous prenons pour la réalité, ce n'est que sa mise en forme humaine, « trop humaine » comme dit Nietzsche. Enfin, le langage induit dans notre pensée tout une métaphysique puisque les idées générales, simples commodités de la communication, finissent par devenir, comme chez Platon par exemple, les modèles idéaux de la réalité. C'est pourquoi seul un usage artiste du langage pourrait libérer les forces de la vie de la servitude à laquelle la philosophie et la science les ont réduites.

Dans *Le Livre des philosophes,* 1873, traduction d'Angèle Kremer-Marietti, Garnier-Flammarion, 1991.

Sur la vérité et le mensonge

Introduction théorétique sur la vérité et le mensonge au sens extra-moral

(texte intégral)

1

1

Vanité de l'intellect humain, simple moyen d'autoconservation

L'HOMME ET LE MONDE

En quelque coin écarté de l'univers répandu dans le flamboiement d'innombrables systèmes solaires, il y eut une fois une étoile sur laquelle des animaux intelligents inventèrent la connaissance. Ce fut la minute la plus arrogante et la plus mensongère de l'« histoire universelle » : mais ce ne fut qu'une minute. À peine quelques soupirs de la nature et l'étoile se congela, les animaux intelligents durent mourir. — Telle est la fable que quelqu'un pourrait inventer, sans parvenir cependant à illustrer quelle exception lamentable, combien vague et fugitive, combien vaine et quelconque, l'intellect humain constitue au sein de la nature. Il y eut des éternités dans lesquelles il n'était pas ; et si de nouveau c'en est fait de lui, il ne se sera rien passé. Car il n'y a pas pour cet intellect une mission plus vaste qui dépasserait la vie humaine. Il n'est qu'humain et il n'y a que son possesseur et producteur pour le prendre aussi pathétiquement que si les pivots du monde tournaient en lui. Mais si nous pouvions nous entendre avec la mouche, nous conviendrions qu'elle aussi évolue dans l'air avec le même pathos et sent voler en elle le centre de ce monde. Il n'est rien de si mauvais ni de si insignifiant dans la nature qui, par un petit souffle de cette force du connaître, ne soit aussitôt enflé comme une outre ; et de même que tout portefaix veut avoir son admirateur, ainsi l'homme le plus fier, le philosophe, entend bien avoir de toutes parts les yeux de l'univers braqués avec un télescope sur son action et sur sa pensée.

Il est remarquable que ce soit l'intellect qui produise cet état de fait alors qu'il n'a justement été donné en aide aux êtres les plus infortunés, les plus délicats et les plus éphémères que pour les maintenir une minute dans l'existence ; c'est l'intellect, ce surplus, sans lequel ils auraient tout sujet de se sauver aussi vite que le fils de Lessing[1]. Cet orgueil lié au connaître et au sentir, bandeau de nuée posé sur les yeux et les sens des hommes, leur fait illusion quant à la valeur de l'existence en portant lui-même sur le connaître l'appréciation la plus flatteuse. Son effet le plus général est l'illusion, mais aussi les effets les plus particuliers portent en eux quelque chose du même caractère.

2

L'illusion sur soi-même est un besoin vital et une tendance naturelle de l'homme

En tant qu'il est un moyen de conservation pour l'individu, l'intellect développe ses forces principales dans la dissimulation ; celle-ci est en effet le moyen par lequel les individus plus faibles, moins robustes, subsistent en tant que ceux à qui il est refusé de mener une lutte pour l'existence avec des cornes ou avec la mâchoire aiguë d'une bête de proie. Chez l'homme cet art de la dissimulation atteint son sommet : l'illusion, la flatterie, le mensonge et la tromperie, les commérages, les airs d'importance, le lustre d'emprunt, le port du masque, le voile de la convention, la comédie pour les autres et pour soi-même, bref le cirque perpétuel de la flatterie pour une flambée de vanité, y sont tellement la règle et la loi que presque rien n'est plus inconcevable que l'avènement d'un honnête et pur instinct de vérité parmi les hommes. Ils sont profondément plongés dans les illusions et les songes, leur œil ne fait que glisser à la surface des choses, il y voit des « formes », leur sensation ne conduit nulle part à la vérité, elle se contente seulement de recevoir des excitations et de jouer comme sur un clavier sur le dos des choses. En outre, une vie durant, l'homme se laisse la nuit tromper dans le rêve sans que son sens moral cherche jamais à l'en empêcher : alors qu'il doit y avoir des hommes qui, à force de volonté, ont supprimé le ronflement. Que sait à vrai dire l'homme de lui-même ? Et pourrait-il même se percevoir intégralement tel qu'il est, comme exposé dans une vitrine illuminée ? La nature ne lui cache-t-elle pas la plupart des choses, même sur son corps, afin de le retenir enfermé à l'écart des replis de ses boyaux, du courant rapide de son sang, des vibrations complexes de ses fibres, dans une conscience fière et chimérique ? Elle a jeté la clé : malheur à la curiosité fatale qui aimerait regarder par une fente bien loin hors de la chambre de la conscience et pressentirait alors que c'est sur ce qui est impitoyable, avide, insatiable, meurtrier, que repose l'homme dans l'indifférence de son ignorance, accroché au rêve comme sur le dos d'un tigre. D'où, par le monde, dans cette constellation pourrait venir l'instinct de vérité !

1. Écrivain et philosophe allemand du XVIIIe siècle.

3

La vérité est une convention sociale

LA VÉRITÉ

Dans la mesure où, face aux autres individus, l'individu veut se conserver, c'est le plus souvent seulement pour la dissimulation qu'il utilise l'intellect dans un état naturel des choses : mais comme l'homme, à la fois par nécessité et par ennui, veut exister socialement et grégairement, il a besoin de conclure la paix et cherche, conformément à cela, à ce qu'au moins disparaisse de son monde le plus grossier *bellum omnium contra omnes*[1]. Cette conclusion de paix apporte avec elle quelque chose qui ressemble au premier pas en vue de l'obtention de cet énigmatique instinct de vérité. C'est-à-dire qu'est maintenant fixé ce qui désormais doit être « vérité », ce qui veut dire qu'on a trouvé une désignation des choses uniformément valable et obligatoire, et la législation du langage donne même les premières lois de la vérité : car naît ici pour la première fois le contraste de la vérité et du mensonge. Le menteur fait usage des désignations valables, les mots, pour faire que l'irréel apparaisse réel : il dit, par exemple, « je suis riche », tandis que, pour son état, « pauvre » serait la désignation correcte. Il mésuse des conventions fermes au moyen de substitutions volontaires ou d'inversions de noms. S'il fait cela d'une manière intéressée et surtout préjudiciable, la société ne lui accordera plus sa confiance et dès lors l'exclura. Les hommes ne fuient pas tellement le fait d'être trompé que le fait de subir un dommage par la tromperie : au fond, à ce niveau, ils ne haïssent donc pas l'illusion, mais les conséquences fâcheuses et hostiles de certaines sortes d'illusions. C'est dans un sens aussi restreint que l'homme veut seulement la vérité : il convoite les suites agréables de la vérité, celles qui conservent la vie ; envers la connaissance pure et sans conséquence il est indifférent, envers les vérités préjudiciables et destructrices il est même hostilement disposé. Et en outre : qu'en est-il de ces conventions du langage ? Sont-elles peut-être des témoignages de la connaissance, du sens de la vérité ? Les désignations et les choses coïncident-elles ? Le langage est-il l'expression adéquate de toutes les réalités ?

4

Les mots sont des catégories arbitraires

LE LANGAGE

C'est seulement grâce à sa capacité d'oubli que l'homme peut parvenir à croire qu'il possède une « vérité » au degré que nous venons d'indiquer. S'il ne veut pas se contenter de la vérité dans la forme de la tautologie[2], c'est-à-dire se contenter de cosses vides, il échangera éternellement des illusions pour des vérités. Qu'est-ce qu'un mot ? La représentation sonore d'une excitation nerveuse dans les phonèmes. Mais conclure d'une excitation nerveuse à une cause extérieure à nous, c'est déjà le résultat d'une application fausse et injustifiée du principe de raison. Comment aurions-nous le droit, si la vérité avait été seule déterminante dans la genèse du langage, et le point de vue de la certitude dans les désignations, comment aurions-nous donc le droit de dire : la pierre est dure : comme si « dure » nous était encore connu autrement et pas seulement comme

1. « La guerre de tous contre tous. » Cette formulation est reprise de Hobbes.
2. Vérité évidente, mais vide, du type de celle-ci : « Le règlement c'est le règlement. »

une excitation toute subjective. Nous classons les choses selon les genres, nous désignons l'arbre comme masculin, la plante comme féminine : quelles transpositions arbitraires ! Combien nous nous sommes éloignés à tire-d'aile du canon de la certitude ! Nous parlons d'un « serpent » : la désignation n'atteint rien que le mouvement de torsion et pourrait donc convenir aussi au ver. Quelles délimitations arbitraires ! Quelles préférences partiales tantôt de telle propriété d'une chose, tantôt de telle autre. Comparées entre elles, les différentes langues montrent qu'on ne parvient jamais par les mots à la vérité, ni à une expression adéquate : sans cela il n'y aurait pas de si nombreuses langues.

5

Le langage est toujours métaphorique

LE LANGAGE

[La « chose en soi » (ce serait justement la pure vérité sans conséquences), même pour celui qui façonne la langue, est complètement insaisissable et ne vaut pas les efforts qu'elle exigerait. Il désigne seulement les relations des choses aux hommes et s'aide pour leur expression des métaphores les plus hardies. Transposer d'abord une excitation nerveuse en une image ! Première métaphore. L'image à nouveau transformée en un son articulé ! Deuxième métaphore. Et chaque fois saut complet d'une sphère dans une sphère tout autre et nouvelle. On peut s'imaginer un homme qui soit totalement sourd et qui n'ait jamais eu une sensation sonore ni musicale : de même qu'il s'étonne des figures acoustiques de Chladni[1] dans le sable, trouve leur cause dans le tremblement des cordes et jurera ensuite là-dessus qu'il doit maintenant savoir ce que les hommes appellent le « son », ainsi en est-il pour nous tous du langage. Nous croyons savoir quelque chose des choses elles-mêmes quand nous parlons d'arbres, de couleurs, de neige et de fleurs et nous ne possédons cependant rien que des métaphores des choses, qui ne correspondent pas du tout aux entités originelles. Comme le son en tant que figure de sable, l'X énigmatique de la chose en soi est prise une fois comme excitation nerveuse, ensuite comme image, enfin comme son articulé. Ce n'est en tout cas pas logiquement que procède la naissance du langage et tout le matériel, à l'intérieur duquel et avec lequel l'homme de la vérité, le savant, le philosophe, travaille et construit par la suite, s'il ne provient pas de Coucou-les-Nuages, ne provient pas non plus en tout cas de l'essence des choses.

6

La formation de tout concept repose sur l'omission de l'individuel

L'IDÉE

Pensons encore, en particulier, à la formation des concepts. Tout mot devient immédiatement concept par le fait qu'il ne doit pas servir justement pour l'expérience originale, unique, absolument individualisée, à laquelle il doit sa naissance, c'est-à-dire comme souvenir, mais qu'il doit servir en même temps pour des expériences innombrables, plus ou moins analogues, c'est-à-dire, à strictement parler, jamais identiques et ne doit donc convenir qu'à des cas différents. Tout concept naît de l'identification du non-identique.

N.B. : Les crochets en début de ligne indiquent que le paragraphe a été créé par l'auteur du manuel et ne figure donc pas dans le texte d'origine.

1. Chladni (1756-1824), physicien allemand. Pour étudier les sons, il analysa les formes créées, par l'effet des vibrations sonores, sur une plaque recouverte de sable.

Aussi certainement qu'une feuille n'est jamais tout à fait identique à une autre, aussi certainement le concept feuille a été formé grâce à l'abandon délibéré de ces différences individuelles, grâce à un oubli des caractéristiques, et il éveille alors la représentation, comme s'il y avait dans la nature, en dehors des feuilles, quelque chose qui serait « la feuille », une sorte de forme originelle selon laquelle toutes les feuilles seraient tissées, dessinées, cernées, colorées, crêpées, peintes, mais par des mains malhabiles au point qu'aucun exemplaire n'aurait été réussi correctement et sûrement, comme la copie fidèle de la forme originelle. Nous appelons un homme « honnête » ; pourquoi a-t-il agi aujourd'hui si honnêtement ? demandons-nous. Nous avons coutume de répondre : à cause de son honnêteté. L'honnêteté ! Cela signifie à nouveau : la feuille est la cause des feuilles. Nous ne savons absolument rien quant à une qualité essentielle qui s'appellerait « l'honnêteté », mais nous connaissons bien des actions nombreuses, individualisées, et par conséquent différentes, que nous posons comme identiques grâce à l'abandon du différent et désignons maintenant comme des actions honnêtes ; en dernier lieu nous formulons à partir d'elles une *qualitas occulta*[1] avec le nom : « l'honnêteté ». L'omission de l'individuel et du réel nous donne le concept comme elle nous donne aussi la forme, là où au contraire la nature ne connaît ni formes ni concepts, donc pas non plus de genres, mais seulement un X, pour nous inaccessible et indéfinissable. Car notre antithèse de l'individu et du genre est aussi anthropomorphique et ne provient pas de l'essence des choses, même si nous ne nous hasardons pas non plus à dire qu'elle ne lui correspond pas : ce qui serait une affirmation dogmatique et, en tant que telle, aussi improbable que son contraire.

7

L'origine sociale de l'instinct de vérité

Qu'est-ce donc que la vérité ? Une multitude mouvante de métaphores, de métonymies, d'anthropomorphismes, bref, une somme de relations humaines qui ont été poétiquement et rhétoriquement haussées, transposées, ornées, et qui, après un long usage, semblent à un peuple fermes, canoniales et contraignantes : les vérités sont des illusions dont on a oublié qu'elles le sont, des métaphores qui ont été usées et qui ont perdu leur force sensible, des pièces de monnaie qui ont perdu leur empreinte et qui entrent dès lors en considération, non plus comme pièces de monnaie, mais comme métal.

Nous ne savons toujours pas encore d'où vient l'instinct de vérité : car jusqu'à présent nous n'avons entendu parler que de l'obligation qu'impose la société pour exister : être véridique, c'est-à-dire employer les métaphores usuelles ; donc, en termes de morale, nous avons entendu parler de l'obligation de mentir selon une convention ferme, de mentir grégairement dans un style contraignant pour tous. L'homme oublie assurément qu'il en est ainsi en ce qui le concerne ; il ment donc inconsciemment de la manière désignée et

1. Qualité cachée, par exemple, la fameuse « vertu dormitive » de l'opium.

selon des coutumes centenaires — et, précisément grâce à cette inconscience et à cet oubli, il parvient au sentiment de la vérité. Sur ce sentiment d'être obligé de désigner une chose comme « rouge », une autre comme « froide », une troisième comme « muette », s'éveille une tendance morale à la vérité : par le contraste du menteur en qui personne n'a confiance, que tous excluent, l'homme se démontre à lui-même ce que la vérité a d'honorable, de confiant et d'utile. Il pose maintenant son action en tant qu'être *« rationnel »* sous la domination des abstractions ; il ne souffre plus d'être emporté par les impressions subites, par les intuitions ; il généralise toutes ces impressions en des concepts décolorés et plus froids afin de leur rattacher la conduite de sa vie et de son action.

8

L'homme se construit un monde d'idées artificiel

L'IDÉE

[Tout ce qui distingue l'homme de l'animal dépend de cette capacité de faire se volatiliser les métaphores intuitives en un schème, donc de dissoudre une image dans un concept. Dans le domaine de ces schèmes est possible quelque chose qui jamais ne pourrait réussir au milieu des premières impressions intuitives : construire un ordre pyramidal selon des castes et des degrés, créer un monde nouveau de lois, de privilèges, de subordinations, de délimitations, monde qui s'oppose désormais à l'autre monde, celui des premières impressions, comme étant ce qu'il y a de plus ferme, de plus général, de plus connu, de plus humain, et, de ce fait, comme ce qui est régulateur et impératif. Tandis que chaque métaphore de l'intuition est individuelle et sans sa pareille et, de ce fait, sait toujours fuir toute dénomination, le grand édifice des concepts montre la rigide régularité d'un columbarium romain et exhale dans la logique cette sévérité et cette froideur qui sont le propre des mathématiques. Qui sera imprégné de cette froideur croira difficilement que le concept, en os et octogonal comme un dé et, comme celui-ci, amovible, n'est autre que le *résidu d'une métaphore,* et que l'illusion de la transposition artistique d'une excitation nerveuse en images, si elle n'est pas la mère, est pourtant la grand-mère de tout concept. Dans ce jeu de dés des concepts, on appelle « vérité » le fait d'utiliser chaque dé selon sa désignation, le fait de compter avec précision ses points, le fait de former des rubriques correctes et de ne jamais pécher contre l'ordre des castes et la série des classes. Comme les Romains et les Étrusques divisaient le ciel par de rigides lignes mathématiques et, dans un espace délimité ainsi qu'en un *templum,* conjuraient un dieu, de même chaque peuple a au-dessus de lui un tel ciel de concepts mathématiquement répartis et, sous l'exigence de la vérité, il entend désormais que tout dieu conceptuel ne soit cherché nulle part ailleurs que dans *sa* sphère. Il faut ici admirer l'homme pour ce qu'il est un puissant génie de l'architecture qui réussit à ériger, sur des fondements mouvants et en quelque sorte sur l'eau courante, un dôme conceptuel infiniment compliqué : — en vérité, pour trouver un point d'appui sur de tels fondements, il faut que ce soit une construction comme faite de fils d'araignée, assez fine pour être transportée avec le flot, assez solide pour ne pas être dispersée au souffle du moindre vent.

9

La vérité, produit humain, trop humain

LA VÉRITÉ

[Pour son génie de l'architecture, l'homme s'élève loin au-dessus de l'abeille : celle-ci bâtit avec la cire qu'elle recueille dans la nature, lui avec la matière bien plus fragile des concepts qu'il doit ne fabriquer qu'à partir de lui-même. Il faut ici beaucoup l'admirer — mais non pour son instinct de vérité, ni pour la pure connaissance des choses. Si quelqu'un cache une chose derrière un buisson, la recherche à cet endroit précis et la trouve, il n'y a guère à louer dans cette recherche et cette découverte : il en va de même pourtant de la recherche et de la découverte de la « vérité » dans l'enceinte de la raison. Quand je donne la définition du mammifère et que je déclare, après avoir examiné un chameau, « voici un mammifère », une vérité a certes été mise au jour, mais elle est néanmoins de valeur limitée, je veux dire qu'elle est entièrement anthropomorphique[1] et qu'elle ne contient pas un seul point qui soit « vrai en soi », réel et valable universellement, abstraction faite de l'homme. Celui qui cherche de telles vérités ne cherche au fond que la métamorphose du monde en les hommes, il aspire à une compréhension du monde en tant que chose humaine et obtient, dans le meilleur des cas, le sentiment d'une assimilation. Semblable à l'astrologue qui observait les étoiles au service des hommes et en connexité avec leur bonheur et leur malheur, un tel chercheur considère le monde entier comme lié aux hommes, comme l'écho infiniment brisé d'un son originel, celui de l'homme, comme la copie multipliée d'une image originale, celle de l'homme. Sa méthode consiste à prendre l'homme comme mesure de toutes choses : mais de ce fait il part de l'erreur de croire qu'il aurait ces choses immédiatement devant lui, en tant que purs objets. Il oublie donc les métaphores originales de l'intuition en tant que métaphores et les prend pour les choses mêmes.

10

Relativité de la perception humaine

LA PERCEPTION

Ce n'est que par l'oubli de ce monde primitif de métaphores, ce n'est que par le durcissement et le raidissement de ce qui était à l'origine une masse d'images surgissant, en un flot ardent, de la capacité originelle de l'imagination humaine, ce n'est que par la croyance invincible que *ce* soleil, *cette* fenêtre, *cette* table, est une vérité en soi, bref ce n'est que par le fait que l'homme s'oublie en tant que sujet, et ce en tant que *sujet de la création artistique*, qu'il vit avec quelque repos, quelque sécurité et quelque conséquence : s'il pouvait sortir un seul instant des murs du cachot de cette croyance, c'en serait aussitôt fait de sa « conscience de soi ». Il lui en coûte déjà assez de reconnaître que l'insecte et l'oiseau perçoivent un tout autre monde que celui de l'homme et que la question de savoir laquelle des deux perceptions du monde est la plus juste est une question tout à fait absurde, puisque pour y répondre on devrait déjà mesurer avec la mesure de la *perception juste*, c'est-à-dire avec une mesure non existante.

1. Est anthropomorphique toute pensée qui se place, sans le savoir, du seul point de vue de l'homme. (Voir Spinoza p. 229, Comte p. 365 et Freud p. 422.)

11

Ce que nous appelons « phénomène » n'exprime pas l'essence des choses

L'ILLUSION

[Mais il me semble surtout que la « perception juste » — cela signifierait : l'expression adéquate d'un objet dans le sujet — une absurdité contradictoire : car entre deux sphères absolument différentes, comme le sujet et l'objet, il n'y a pas de causalité, pas d'exactitude, pas d'expression, mais tout au plus un rapport *esthétique*, je veux dire une transposition insinuante, une traduction balbutiante dans une langue tout à fait étrangère : ce pour quoi il faudrait en tout cas une sphère et une force intermédiaires composant librement et imaginant librement. Le mot « phénomène » détient de nombreuses séductions, c'est pourquoi je l'évite le plus possible : car il n'est pas vrai que l'essence des choses apparaisse dans le monde empirique. Un peintre auquel il manque les mains et qui voudrait exprimer par le chant l'image qu'il a devant les yeux, révélera toujours davantage par cet échange des sphères que le monde empirique ne révèle de l'essence des choses. Même la relation entre l'excitation nerveuse et l'image produite n'est en soi rien de nécessaire : mais quand la même image est reproduite un million de fois, qu'elle est héritée par de nombreuses générations d'hommes et qu'enfin elle apparaît dans le genre humain chaque fois à la même occasion, elle acquiert finalement pour l'homme la même signification que si elle était l'unique image nécessaire et que si cette relation entre l'excitation nerveuse originelle et l'image produite était une étroite relation de causalité ; de même un rêve éternellement répété serait ressenti et jugé absolument comme la réalité. Mais le durcissement et le raidissement d'une métaphore ne garantissent absolument rien en ce qui concerne la nécessité et l'autorisation exclusive de cette métaphore.

12

Les lois de la nature n'ont pas de fondement objectif

LA CONNAISSANCE

Tout homme à qui de telles considérations sont familières a certainement éprouvé une profonde méfiance à l'égard de tout idéalisme de ce genre chaque fois qu'il a eu l'occasion de se convaincre très clairement de l'éternelle conséquence, de l'omniprésence et de l'infaillibilité des lois de la nature ; il a tiré la conclusion : ici, aussi loin que nous pénétrions, dans la hauteur du monde télescopique et dans la profondeur du monde microscopique, tout est si sûr, accompli, infini, conforme aux lois et sans lacune ; la science aura éternellement à creuser avec succès dans ce puits et tout ce que l'on trouvera concordera et rien ne se contredira. Combien peu cela ressemble à un produit de l'imagination : car si ce l'était, cela devrait laisser deviner quelque part l'apparence et l'irréalité. Contre quoi il faut dire : si nous avions, chacun pour soi, une sensation de nature différente, nous pourrions percevoir nous-mêmes tantôt comme oiseau, tantôt comme ver, tantôt comme plante, ou bien si l'un de nous voyait la même excitation comme rouge, l'autre comme bleu, si un troisième l'entendait même comme son, personne ne parlerait alors d'une telle légalité de la nature, mais la concevrait seulement comme une création hautement subjective. Ensuite : qu'est-ce pour nous, en général, qu'une loi naturelle ? Elle ne nous est pas connue en soi mais seulement dans ses effets, c'est-à-dire dans ses relations avec d'autres lois de la nature, qui ne nous sont connues à leur tour que comme des sommes de relations. Donc toutes ces relations en font que renvoyer toujours de nouveau de l'une à l'autre et, en ce qui concerne leur essence, nous sont complètement incompréhensibles ; seul ce que nous apportons, le temps, l'espace, c'est-à-dire des relations de succession et de nombres, nous en est réellement connu. Mais tout ce qui est merveilleux et que nous regardons justement avec étonnement dans les lois de la nature, ce qui commande notre explication et pourrait nous conduire à la méfiance envers l'idéalisme, ne se trouve précisément que dans la seule rigueur mathématique, dans la seule inviolabilité des représentations de l'espace et du temps. Or nous produisons celles-ci en nous et hors de nous avec cette nécessité selon laquelle l'araignée tisse sa toile ; si nous sommes contraints de ne concevoir toutes les choses que sous ces formes-là, il ne faut alors plus s'étonner que nous ne saisissions que précisément ces formes-là : car elles doivent toutes porter en elles les lois du nombre et le nombre est précisément ce qu'il y a de plus étonnant dans les choses. Toutes la légalité qui nous en impose tant dans le cours des astres et dans le processus chimique coïncide au fond avec ces propriétés que nous apportons nous-mêmes aux choses, si bien que, de ce fait, nous nous en imposons nous-mêmes. De là il ressort sans aucun doute que cette formation artistique de métaphores, par laquelle commence en nous toute sensation, présuppose déjà ces formes et est donc accomplie en elles ; ce n'est qu'à partir de la ferme persévérance de ces formes originelles que s'explique la possibilité selon laquelle peut ensuite être constituée une construction de concepts à partir des métaphores elles-mêmes. Cette construction est une imitation des rapports du temps, de l'espace et du nombre sur le terrain des métaphores.

2

13

Le travail de la science

LA CONNAISSANCE

À la construction des concepts travaille originellement, comme nous l'avons vu, le langage, et plus tard la science. Comme l'abeille travaille en même temps à construire les cellules et à remplir ces cellules de miel, ainsi la science travaille sans cesse à ce grand columbarium des concepts, au sépulcre des intuitions, et construit toujours de nouveaux et de plus hauts étages, elle façonne, nettoie, rénove les vieilles cellules, elle s'efforce surtout d'emplir ce colombage surélevé jusqu'au monstrueux et d'y ranger le monde empirique tout entier, c'est-à-dire le monde anthropomorphique. Alors que déjà l'homme d'action attache sa vie à la raison et aux concepts pour ne pas être emporté par le courant et ne pas se perdre lui-même, le savant construit sa cabane tout près de la tour de la science pour pouvoir y aider et pour trouver lui-même protection sous le bastion existant. Et il a besoin de cette protection, car il y a des puissances redoutables qui font continuellement pression sur lui et qui opposent à la « vérité » scientifique des « vérités » d'un tout autre genre aux enseignes les plus hétéroclites.

14

L'art est le rêve éveillé de l'humanité

L'ART

Cet instinct qui pousse à former des métaphores, cet instinct fondamental de l'homme dont on ne peut faire abstraction un seul instant, car on ferait alors abstraction de l'homme lui-même, cet instinct, du fait qu'à partir de ses productions volatilisées, les concepts, se construit pour lui un monde nouveau, régulier et rigide comme un château fort, n'est en vérité pas soumis et est à peine dompté. Il cherche un nouveau domaine pour son activité et un autre lit d'écoulement et les trouve dans le *mythe* et surtout dans l'*art*. Continuellement il confond les rubriques et les cellules des concepts en instaurant de nouvelles transpositions, métaphores, métonymies ; continuellement il montre son désir de donner à ce monde présent de l'homme éveillé si confusément irrégulier, si incohérent, une forme pleine de charme et éternellement nouvelle comme il en est du monde du rêve. En soi l'homme éveillé n'a conscience qu'il veille que par la trame rigide et régulière des concepts ; c'est pourquoi il en vient justement à croire qu'il rêve lorsque ce tissu de concepts se trouve être déchiré par l'art. Pascal a raison d'affirmer que si nous faisions chaque nuit le même rêve nous en serions aussi préoccupés que des choses que nous voyons chaque jour : « Si un artisan était sûr de rêver toutes les nuits, douze heures durant, qu'il est roi, je crois », dit Pascal, « qu'il serait presque aussi heureux qu'un roi qui rêverait toutes les nuits, douze heures durant, qu'il est artisan. » Le jour de veille d'un peuple stimulé par le mythe, par exemple celui des anciens Grecs, est en fait, par le prodige agissant continuellement tel que l'admet le mythe, plus analogue au rêve qu'au jour du penseur désenchanté par la science. Quand tout arbre peut parler comme une nymphe ou quand, sous le masque d'un taureau, un dieu peut enlever des vierges, quand la déesse Athéna elle-même se montre tout à coup, tandis qu'elle conduit par les marchés d'Athènes un bel attelage, en compagnie de Pisistrate[1] — et cela l'honnête Athénien le croyait —, alors, à tout moment, comme en rêve, tout est possible, et la nature entière harcèle l'homme comme si elle n'était que la mascarade des dieux qui se feraient un jeu de mystifier les hommes sous toutes les formes.

15

L'art nous libère de la tyrannie des concepts

L'ART

Mais l'homme lui-même a une tendance invincible à se laisser tromper et il est comme enchanté de bonheur lorsque le rhapsode lui raconte, comme s'ils étaient vrais, des contes épiques, ou bien lorsque l'acteur joue sur scène le rôle d'un roi d'une manière plus royale que ne le montre la réalité. L'intellect, ce maître de la dissimulation, est libre et déchargé de son travail d'esclave aussi longtemps qu'il peut tromper sans préjudice et il célèbre alors ses saturnales. Jamais il n'est plus exubérant, plus riche, plus fier, plus agile ni plus téméraire : avec un plaisir créateur, il jette les métaphores pêle-mêle et déplace les bornes des abstractions, de sorte qu'il connote par exemple le courant comme le chemin mouvant qui

1. Tyran d'Athènes au VIe siècle av. J.-C. Il fut un des principaux artisans de la grandeur de la cité.

porte l'homme là où il va d'ordinaire. Il a maintenant rejeté loin de lui le signe de la servitude : occupé d'ordinaire à la morne activité de montrer le chemin et les instruments à un pauvre individu qui aspire à l'existence et, comme un serviteur, tirant proie et butin pour son maître, il est maintenant devenu le maître et peut se permettre d'effacer de son visage l'expression de l'indigence. Tout ce qu'il fait désormais porte en soi, par comparaison avec son action passée, la dissimulation, comme son action antérieure portait en soi la distorsion. Il copie la vie humaine, la prend cependant pour une bonne chose et semble s'en montrer satisfait. Cette charpente et ces planches monstrueuses des concepts auxquelles se cramponne le nécessiteux, sa vie durant, pour se sauver, n'est plus pour l'intellect libéré qu'un échafaudage et un jouet pour ses œuvres les plus audacieuses : et quand il le casse, le met en pièces, le recompose ironiquement en accouplant ce qui est le plus différent, en séparant ce qui est le plus proche, il manifeste qu'il n'a pas besoin de cet expédient de l'indigence et qu'il n'est pas conduit désormais par des concepts, mais par des intuitions. De ces intuitions, aucun chemin régulier ne mène au pays des schèmes fantomatiques, des abstractions : le mot n'est pas fait pour elles, l'homme devient muet quand il les voit, ou bien il ne parle que par métaphores interdites et par assemblages conceptuels inouïs pour répondre de manière créatrice, au moins par la destruction et la dérision des anciennes barrières conceptuelles, à l'impression de la puissante intuition du présent.

16

Deux types humains : l'intuitif et le rationnel

Il y a des époques où l'homme rationnel et l'homme intuitif se tiennent l'un à côté de l'autre, l'un dans la peur de l'intuition, l'autre dans le dédain de l'abstraction ; et le dernier est presque aussi irrationnel que le premier est insensible à l'art. Tous deux désirent dominer la vie : celui-ci en sachant affronter les besoins les plus importants par la prévoyance, la prudence, la régularité ; celui-là en tant que héros « trop joyeux », en ne voyant pas ces besoins et en ne prenant comme réelle que la vie déguisée en apparence et en beauté. Là où, peut-être comme dans la Grèce antique, l'homme intuitif dirige ses armes avec plus de force et plus victorieusement que son adversaire, une civilisation peut se former favorablement, la domination de l'art peut se fonder sur la vie : cette dissimulation, ce reniement de l'indigence, cet éclat des intuitions métaphoriques et surtout cette immédiateté de l'illusion accompagnent toutes les extériorisations d'une telle vie. Ni la maison, ni la démarche, ni le vêtement, ni la cruche d'argile ne trahissent que la nécessité les atteignît : il semble qu'en eux dût s'exprimer un bonheur sublime, une sérénité olympienne et en quelque sorte un jeu avec le sérieux. Tandis que l'homme conduit par les concepts et les abstractions n'en fait qu'une défense contre le malheur, sans même obtenir le bonheur à partir de ces abstractions, tandis qu'il aspire à être libéré le plus possible des souffrances, au contraire, posé au cœur d'une culture, l'homme intuitif récolte déjà, à partir de ses intuitions, à côté de la défense contre le mal, un éclairement au rayonnement

LE BONHEUR

continuel, un épanouissement, une rédemption. Il est vrai qu'il souffre plus violemment *quand* il souffre : il souffre même plus souvent parce qu'il ne s'entend pas à tirer des leçons de l'expérience, il retombe toujours dans l'ornière dans laquelle il est déjà tombé. Il est aussi déraisonnable dans la douleur que dans le bonheur, il crie fort et reste sans consolation. Au sein de la même disgrâce, combien est différent le stoïcien, instruit par l'expérience et se maîtrisant au moyen de concepts ! Lui qui ne cherche d'ordinaire que sincérité, vérité, liberté devant les illusions et protection contre les surprises trompeuses, il pose maintenant dans le malheur le chef-d'œuvre de la dissimulation, comme celui-là dans le bonheur ; il n'a pas un visage humain mobile et animé, mais porte en quelque sorte un masque aux traits dignement proportionnés, il ne crie pas et n'altère pas le son de sa voix : quand une juste nuée d'orage se déverse sur lui, il se cache dans son manteau et s'éloigne d'un pas lent sous l'averse.

CONTREPOINT

Le philosophe américain William James est le théoricien du pragmatisme qui remet en question l'idée traditionnelle de vérité. C'est ce qui le rapproche de Nietzsche, ainsi que sa critique des illusions sécrétées par le langage.

William James,
Le Pragmatisme,
Flammarion, 1911.

Jeannot le Malin, — Jeannot pas godiche —
Dit au cousin Fritz : « Pourquoi, justement,
Faut-il que toujours ce soit le plus riche
Qui possède le plus d'argent ? »

Ici, Jeannot le Malin prend le principe « richesse » pour quelque chose de distinct des faits qui se résument dans la richesse d'un homme. Il antidate ce principe, et les faits ne sont plus pour lui qu'une sorte d'accessoire se trouvant coïncider avec « la nature » ou « l'essence » du riche !

Dans le cas présent, nous reconnaissons tous un sophisme du langage. Nous n'ignorons pas que la richesse est un nom donné à certains phénomènes concrets où la vie des hommes joue un rôle, et non pas une supériorité naturelle qui se trouverait chez MM. Rockefeller et Carnegie, mais non chez les autres hommes !

LE LANGAGE

De même que la richesse, la santé aussi réside dans les choses concrètes. C'est un nom donné à certaines fonctions, telles que la digestion, la circulation, le sommeil, etc., lorsqu'elles se poursuivent dans d'heureuses conditions. Mais cela, nous sommes portés à l'oublier, pour voir dans la santé un « principe » et dire qu'un homme digère et dort très bien, *parce qu*'il a une excellente santé !

À l'égard de la « force », nous poussons encore plus loin le rationalisme, nettement portés que nous sommes à la regarder comme une supériorité préexistant à tout chez un homme et expliquant ses prouesses d'Hercule !

Mais pour la « vérité », nous ne connaissons décidément plus de bornes, et nous prenons comme allant de soi la théorie rationaliste. Or, en fait, il en est de la vérité ce qu'il en est de la force, de la santé, de la richesse ; et elle ne préexiste à toute réalité qu'autant, ou aussi peu, que n'importe quelle autre chose !

1856-1939

Freud

Une difficulté de la psychanalyse

La psychanalyse est de nos jours à ce point intégrée à la culture courante qu'on a du mal à imaginer qu'à ses débuts elle ait pu faire l'objet de réactions très hostiles. Dans un article publié en 1916, *Une difficulté de la psychanalyse,* Sigmund Freud s'interroge sur les raisons de cette incompréhension.

La « difficulté » en question ne lui semble pas venir de ce qu'un point de sa théorie serait particulièrement ardu. C'est le public qui, pour employer une expression usuelle en français, *fait des difficultés* à accepter cette théorie.

Rappelons que pour Freud un homme tombe dans la névrose quand la satisfaction de ses pulsions lui est refusée dans la réalité. Il se réfugie alors dans la maladie parce qu'elle lui offre des plaisirs que la vie lui refuse. Pour le guérir, le psychanalyste doit l'aider à prendre conscience des tendances qu'il s'efforçait de refouler. Mais le patient résiste à cette levée du refoulement par crainte de perdre le bénéfice des satisfactions de substitution que la maladie lui apportait.

C'est le même phénomène de *résistance* qui, selon Freud, explique le scepticisme du public à l'égard de sa théorie. « En collectivité, écrira-t-il en 1925, l'homme se comporte, à l'égard de la psychanalyse, exactement comme le névrosé en traitement, auquel, par suite d'un travail patient, on a pu démontrer que tout s'est passé ainsi qu'on le prévoyait. » Freud considère que ses lecteurs, agissant avec lui comme le patient à l'égard de son psychanalyste, lui présentent des objections qui, sous une façade rationnelle, traduisent en fait un rejet purement affectif.

De fait, ce qui heurtait le public d'alors dans la théorie freudienne c'était d'abord la révélation que l'enfant n'est pas l'être asexué qu'on s'est plu à penser, et pire, que sa sexualité comporte des tendances incestueuses. On refusait une théorie qui écornait la belle image que les hommes se faisaient d'eux-mêmes. Mais il en a été de même avec toutes les grandes avancées de la science. Elles ont suscité l'hostilité parce qu'elles obligeaient les hommes à repenser l'idée qu'ils se faisaient du monde et de la place qu'ils y occupaient.

Mais avec l'apparition de la psychanalyse, ce qui est remis en cause c'est surtout l'idée que la pensée est une activité nécessairement consciente. Cette conception philosophique est parfaitement exprimée par ces mots de Descartes : « Par le nom de pensée, j'entends tout ce qui est en nous de telle sorte que nous en soyons immédiatement conscients. » En affirmant qu'au contraire nous ne sommes conscients que d'une faible partie de notre activité psychique, Freud lance à la philosophie un défi auquel elle ne pourra se dérober.

Dans *L'Inquiétante Étrangeté et autres essais*, traduction de Bertrand Féron, Gallimard, 1985.

Une difficulté de la psychanalyse

(texte intégral)

1

À quelle difficulté est confrontée la psychanalyse

CONSTITUTION D'UNE SCIENCE DE L'HOMME : LA PSYCHANALYSE

Je tiens à dire d'emblée que je ne pense pas à une difficulté intellectuelle, quelque chose qui rendrait la psychanalyse inaccessible à la compréhension de son destinataire (qu'il soit auditeur ou lecteur), mais à une difficulté affective : quelque chose par quoi la psychanalyse s'aliène les sentiments de son destinataire, de sorte que celui-ci est moins enclin à lui accorder son intérêt ou sa foi. Comme on le voit, les deux sortes de difficultés conduisent au même résultat. Quiconque n'a pas suffisamment de sympathie en réserve pour une chose aura également du mal à la comprendre.

Par égard pour le lecteur, dont j'imagine pour l'instant qu'il n'a rien à faire avec la psychanalyse, il faut que je remonte un peu plus loin. À partir d'un grand nombre d'observations fragmentaires et d'impressions, il a fini par se constituer en psychanalyse quelque chose comme une théorie, qui est connue sous le nom de théorie de la libido. Il est connu que la psychanalyse s'occupe d'élucider et d'éliminer ce qu'on appelle les troubles nerveux. Pour aborder ce problème, il a fallu trouver un point d'application, et l'on s'est décidé à le chercher dans la vie pulsionnelle de l'âme. Ce sont donc des hypothèses sur la vie pulsionnelle de l'homme qui ont constitué le fondement de notre conception de la nervosité.

La psychologie qui est enseignée dans nos écoles ne nous fournit que des réponses très peu satisfaisantes quand nous l'interrogeons sur les problèmes de la vie psychique. Mais il n'est pas de domaine où ses informations soient plus indigentes que celui des pulsions.

2

Les deux pulsions principales

L'INCONSCIENT

La voie par laquelle nous pourrions sur ce point mettre en place une première orientation est laissée à notre discrétion. La conception populaire distingue la faim et l'amour comme représentants [*Vertreter*] des pulsions qui tendent à conserver l'individu et de celles qui tendent à le reproduire. Nous ralliant à cette distinction qui tombe sous le sens, nous distinguons également en psychanalyse les pulsions d'autoconservation ou pulsions du moi des pulsions sexuelles, et nous appelons la force par laquelle la pulsion sexuelle se manifeste dans la vie psychique, *libido* — demande sexuelle —, où nous voyons quelque chose d'analogue à la faim, à la volonté de puissance, etc., du côté des pulsions du moi.

3

Le rôle des pulsions sexuelles et du refoulement dans la névrose

CONSTITUTION D'UNE SCIENCE DE L'HOMME : LA PSYCHANALYSE

Sur le terrain de cette hypothèse, nous faisons alors la première découverte importante. Nous apprenons que les pulsions sexuelles sont le facteur de loin le plus important pour la compréhension des affections névrotiques, que les névroses sont pour ainsi dire les affections spécifiques de la fonction sexuelle. Que le fait qu'un homme soit atteint ou non d'une névrose dépend de la quantité de la libido et de la possibilité de la satisfaire et de la décharger par la satisfaction. Que la forme de l'affection est déterminée par la manière dont l'individu a parcouru le chemin de l'évolution de la fonction sexuelle, ou, comme nous disons, par les fixations que sa libido a subies au cours de son évolution. Et que nous avons, en une certaine technique d'influence psychique, technique qui n'est pas très simple, un moyen tout à la fois d'élucider et d'annuler un bon nombre de groupes de névroses. Notre effort thérapeutique donne les meilleurs résultats pour une certaine classe de névroses, qui proviennent du conflit entre les pulsions du moi et les pulsions sexuelles. Il arrive en effet chez l'homme que les exigences des pulsions sexuelles, qui débordent de fait largement l'individu, apparaissent au moi comme un danger qui menace son autoconservation ou l'estime qu'il a de soi. Alors le moi se met sur la défensive, il refuse aux pulsions sexuelles la satisfaction souhaitée, et les contraint aux détours d'une satisfaction substitutive qui viennent au jour comme symptômes nerveux.

La thérapie psychanalytique parvient alors à soumettre à révision le processus du refoulement et à diriger le conflit vers un dénouement meilleur et compatible avec la santé. Des adversaires peu avisés nous reprochent alors de prendre en compte les pulsions sexuelles de manière unilatérale : l'homme aurait tout de même d'autres intérêts que sexuels. Mais cela, nous ne l'avons pas oublié ni dénié un seul instant. L'unilatéralité de notre position est semblable à celle du chimiste qui ramène toutes les combinaisons à la force de l'attraction chimique. Il ne nie pas pour autant la force de la pesanteur, il laisse au physicien le soin de l'évaluer.

Au cours du travail thérapeutique, nous devons nous préoccuper de la répartition de la libido chez le malade, nous recherchons à quelles représentations d'objets sa libido est liée, et nous la libérons pour la mettre à la disposition du moi. Ce faisant, nous en sommes arrivés à nous faire de la répartition initiale, originaire de la libido chez l'homme une image très singulière. Il nous a fallu faire l'hypothèse qu'au début de l'évolution individuelle, toute la libido (toutes les aspirations érotiques, toute la capacité d'amour) est attachée à la personne propre, qu'elle investit, comme nous disons, le moi propre. C'est seulement plus tard, par étayage sur la satisfaction des grands besoins vitaux, qu'il arrive que la libido s'épanche du moi vers les objets extérieurs, à partir de quoi seulement nous sommes en mesure de reconnaître les pulsions libidinales en tant que telles et de les distinguer des pulsions du moi. La libido peut à nouveau se détacher de ces objets et se retirer dans le moi.

L'état dans lequel le moi garde la libido auprès de lui-même, nous l'appelons *narcissisme,* en souvenir de la légende grecque de l'adolescent Narcisse, resté amoureux de sa propre image en miroir.

Nous attribuons donc à l'individu un progrès qui le fait passer du narcissisme à l'amour d'objet. Mais nous ne croyons pas que la libido du moi soit jamais transférée aux objets dans sa totalité. Une certaine quantité de libido demeure toujours auprès du moi, une certaine dose de narcissisme se perpétue en dépit d'un amour d'objet hautement développé. Le moi est un grand réservoir à partir duquel la libido destinée aux objets se répand, et vers lequel elle reflue à partir des objets. La libido d'objet a commencé par être libido du moi et elle peut se transmuer à nouveau en libido du moi. Il est essentiel à la plénitude de la santé d'un individu que sa libido ne perde pas la plénitude de sa mobilité. Pour concrétiser ce rapport, pensons à un animalcule protoplasmique dont la substance liquide consistante émet des pseudopodes, des excroissances dans lesquelles la substance corporelle se prolonge, mais qui peuvent être résorbées à tout moment, de sorte que la forme de la petite masse protoplasmique se reconstitue.

Ce que j'ai cherché à décrire par ces indications est la *théorie libidinale* des névroses, sur laquelle se fondent toutes nos conceptions de l'essence de ces états pathologiques et notre méthode thérapeutique à leur encontre. Il va de soi que nous étendons la validité des présupposés de la théorie de la libido également au comportement normal. Nous parlons du narcissisme du petit enfant et nous attribuons au narcissisme excessif de l'homme primitif le fait qu'il croit à la toute-puissance de ses pensées et veut de ce fait influencer le cours des événements dans le monde extérieur par la technique de la magie.

Après cette introduction, je voudrais exposer que le narcissisme universel, l'amour-propre de l'humanité, a subi jusqu'à ce jour trois grandes vexations de la part de la recherche scientifique.

5

L'humiliation cosmologique

L'HOMME ET LE MONDE

a) L'homme croyait au début de ses recherches, que son lieu de résidence, la Terre, se trouvait immobile au centre de l'univers, tandis que le Soleil, la Lune et les planètes se mouvaient autour de la Terre suivant des trajectoires circulaires. Ce faisant, il suivait sur un mode naïf l'impression de ses perceptions sensorielles, car il ne sent pas que la Terre se meut, et, où qu'il puisse promener librement son regard autour de lui, il se trouve au centre d'un cercle qui circonscrit le monde extérieur. La position centrale de la Terre lui garantissait d'ailleurs qu'elle avait dans l'univers un rôle dominant, et cela lui paraissait bien s'accorder avec son penchant à se ressentir comme le maître de ce monde.

La destruction de cette illusion narcissique se rattache pour nous au nom et à l'œuvre de Nicolas Copernic au XVIe siècle. Longtemps avant lui, les pythagoriciens avaient douté de la position privilégiée de la Terre, et Aristarque de Samos avait énoncé au IIIe siècle avant Jésus-Christ que la Terre était bien plus petite que le Soleil et qu'elle se mouvait autour de ce corps céleste. Même la grande découverte de Copernic avait donc déjà été faite avant lui. Mais lorsqu'elle fut reconnue de manière universelle, l'amour-propre humain avait subi là sa première vexation, la vexation *cosmologique*.

6

L'humiliation biologique

CONNAISSANCE DU VIVANT

b) Au cours de son évolution culturelle, l'homme s'érigea en maître de ses co-créatures animales. Mais non content de cette hégémonie, il se mit à creuser un fossé entre leur essence et la sienne. Il leur dénia la raison et s'attribua une âme immortelle, allégua une origine divine élevée, qui permit de rompre le lien de communauté avec le monde animal. Il est remarquable que cette outrecuidance soit encore étrangère au petit enfant de même qu'à l'homme primitif et préhistorique. Elle est le résultat d'une évolution ultérieure prétentieuse[1]. Au stade du totémisme, le primitif ne trouvait pas choquant de faire descendre sa lignée d'un ancêtre animal. Le mythe, qui renferme la cristallisation de cet antique mode de pensée,

1. Cette illusion anthropocentriste, qui place l'homme au centre d'un monde fait pour lui, est parfaitement exprimée dans ce texte de Cicéron : « Quand nous voyons la beauté resplendissante du ciel, ensuite la rapidité, si grande qu'elle dépasse notre entendement, de ses révolutions, puis l'alternance des jours et des nuits, le partage du temps en quatre saisons, dont le changement est combiné de façon à mener à maturité les récoltes et à maintenir l'équilibre de l'organisme, le soleil, régulateur et guide de tous ces mouvements, la lune dont la lumière s'accroît et décroît comme pour marquer et signaler les jours du calendrier, puis les cinq planètes qui se déplacent avec rapidité sur un même cercle [...], le cadre du ciel des nuits paré d'astres de toutes parts ; quand nous voyons le globe de la terre dressé au-dessus de la mer, fixe au point central du monde entier, habitable et cultivé [...] où on voit invariablement, quand la saison est venue, le ciel briller, les arbres se couvrir de feuillage, la vigne enchanteresse épandre ses branches, les branches se courber sous le fardeau des fruits, les champs prodiguer les céréales, tout fleurir, les fontaines jaillir, les prés se tapisser de gazon. Quand nous voyons une multitude d'animaux, les uns faits pour nous nourrir, les autres pour cultiver nos champs, d'autres pour nous traîner, d'autres pour nous vêtir, et enfin l'homme lui-même dont la fonction, pour ainsi dire, est de contempler le ciel et d'honorer les dieux, tandis que les terres et les mers sont au service de ses besoins ; quand, dis-je, on voit de ses yeux ces merveilles et mille autres spectacles semblables, peut-on douter de l'existence d'un être dont la direction s'étend à toutes choses et qui est, si elles ont eu un commencement, comme le croit Platon, le créateur, si elles ont toujours existé, comme le veut Aristote, l'administrateur de ce bâtiment, de ce monument grandiose ? » CICÉRON, *Œuvres philosophiques,* tome 1, XXVIII, Paris, Les Belles Lettres, 1960.

fait endosser aux dieux la forme d'animaux, et l'art des premiers temps façonne les dieux avec des têtes d'animaux. L'enfant ne ressent pas de différence entre sa propre essence et celle de l'animal ; dans le conte, il fait penser et parler les animaux sans s'étonner ; il déplace un affect d'angoisse qui vise le père humain sur un chien ou sur un cheval, sans intention de rabaisser par là son père. C'est seulement lorsqu'il sera devenu adulte qu'il se sentira si étranger à l'animal qu'il pourra injurier l'homme en invoquant le nom de l'animal.

Nous savons tous que les recherches de Charles Darwin, de ses collaborateurs et de ses précurseurs, ont mis fin il y a un peu plus d'un demi-siècle à cette présomption de l'homme. L'homme n'est rien d'autre ni rien de mieux que les animaux, il est lui-même issu de la série animale, apparenté de près à certaines espèces, de plus loin à d'autres. Ses acquisitions ultérieures ne sont pas parvenues à effacer les témoignages de cette équivalence, présents tant dans son anatomie que dans ses dispositions psychiques. Or c'est là la deuxième vexation pour le narcissisme humain, la vexation *biologique*.

7

L'humiliation psychologique

c) Mais l'atteinte la plus douloureuse vient sans doute de la troisième vexation, qui est de nature psychologique.

L'ILLUSION

L'homme, même s'il est ravalé à l'extérieur, se sent souverain dans son âme propre. Quelque part dans le noyau de son moi, il s'est créé un organe de surveillance, qui contrôle ses motions et actions propres, pour voir si elles concordent avec ses exigences. Si tel n'est pas le cas, elles sont impitoyablement inhibées et retirées. Sa perception interne, la conscience, tient le moi au courant de tous les processus importants qui se passent dans les rouages psychiques, et la volonté, guidée par ces informations, exécute ce que le moi ordonne, modifie ce qui voudrait s'accomplir de manière autonome. Car cette âme n'est rien de simple, elle est plutôt une hiérarchie d'instances supérieures et subordonnées, un pêle-mêle d'impulsions qui poussent à l'action indépendamment les unes des autres, selon la multiplicité des pulsions et des relations au monde extérieur, dont beaucoup s'opposent les unes aux autres et sont incompatibles les unes avec les autres. Il est nécessaire au bon fonctionnement que l'instance suprême soit informée de tout ce qui se prépare, et que sa volonté puisse pénétrer partout pour exercer son influence. Or le moi se sent certain que ces informations sont complètes et sûres aussi bien que de la bonne transmission de ses ordres.

8

Le moi en proie à la névrose

Dans certaines maladies, et justement, il est vrai, dans le cas des névroses que nous étudions, il en va autrement. Le moi se sent mal à l'aise, il rencontre des limites à son pouvoir à l'intérieur de sa propre maison, l'âme. Des pensées surgissent soudain dont on ne sait d'où elles viennent ; et l'on ne peut rien faire pour les chasser.

L'ILLUSION

Ces hôtes étrangers semblent avoir eux-mêmes plus de pouvoir que ceux qui sont soumis au moi ; ils résistent à tous les moyens par ailleurs éprouvés, par lesquels la volonté exerce son pouvoir, ne se laissent pas démonter par la réfutation logique, restent imperméables aux énoncés contraires de la réalité. Ou bien surviennent des impulsions qui ressemblent à celles d'un étranger, si bien que le moi les dénie, mais il ne peut s'empêcher de les redouter et de prendre à leur encontre des mesures préventives. Le moi se dit que c'est une maladie, une invasion étrangère, il accroît sa vigilance, mais il ne peut comprendre pourquoi il se sent si étrangement paralysé.

9

L'origine de la névrose : un conflit psychique

L'INCONSCIENT

Il est vrai que la psychiatrie, dans de telles occurrences, conteste que des esprits malins étrangers aient pénétré dans la vie psychique ; mais par ailleurs, elle se contente de hausser les épaules en disant : dégénérescence, disposition héréditaire, infériorité constitutionnelle ! La psychanalyse, elle, entreprend d'élucider ces cas de maladie étranges [*unheimlich*], elle se lance dans des investigations minutieuses et de longue haleine, élabore des concepts auxiliaires et des constructions scientifiques, et elle peut finalement dire au moi : « Rien d'étranger n'est entré en toi ; c'est une partie de ta propre vie psychique qui s'est dérobée à ta connaissance et à la domination de ta volonté. C'est pourquoi d'ailleurs tu es si faible pour te défendre ; tu combats avec une partie de tes forces contre l'autre partie ; tu ne peux pas mobiliser toutes tes forces comme contre un ennemi extérieur. Et ce n'est même pas la part la plus mauvaise ou la plus insignifiante de tes forces psychiques qui s'est ainsi opposée à toi et est devenue indépendante de toi. La responsabilité, je dois le dire, t'en incombe entièrement. Tu as surestimé tes forces quand tu as cru que tu pouvais faire de tes pulsions sexuelles ce que tu voulais, et que tu n'avais pas besoin de faire le moindre cas de leurs intentions. Alors elles se sont révoltées, et ont suivi leurs propres voies obscures pour échapper à la répression, elles se sont fait droit d'une manière qui ne peut plus te convenir. Comment elles y ont réussi, et par quelles routes elles ont cheminé, cela, tu ne l'as pas appris ; c'est seulement le résultat de ce travail, le symptôme, que tu ressens comme souffrance, qui est parvenu à ta connaissance. Tu ne le reconnais pas alors comme un rejeton de tes propres pulsions réprouvées, et tu ne sais pas qu'il s'agit là de leur satisfaction substitutive.

10

Les illusions de la conscience

L'INCONSCIENT

« Mais ce qui rend tout ce processus possible, c'est seulement le fait que tu es également dans l'erreur sur un autre point important. Tu es assuré d'apprendre tout ce qui se passe dans ton âme, pourvu que ce soit assez important, parce que, alors, ta conscience te le signale. Et quand dans ton âme tu n'as reçu aucune nouvelle de quelque chose, tu admets en toute confiance que cela n'est pas contenu en elle. Davantage, tu vas jusqu'à tenir « psychique » pour identique à « conscient », c'est-à-dire connu de toi, malgré les preuves les plus patentes que dans ta vie psychique, il doit en permanence se passer beaucoup plus de choses qu'il n'en peut accéder à ta conscience. Accepte donc sur ce point de te laisser instruire ! Le psychique en toi ne coïncide pas avec ce dont tu es conscient ; ce sont deux choses différentes, que quelque chose se passe dans ton âme, et que tu en sois par ailleurs informé. Je veux bien concéder qu'à l'ordinaire, le service de renseignements qui dessert ta conscience suffit à tes besoins. Tu peux te bercer de l'illusion que tu apprends tout ce qui revêt une certaine importance. Mais dans bien des cas, par exemple dans celui d'un conflit pulsionnel de ce genre, il est en panne, et alors, ta volonté ne va pas plus loin que ton savoir. Mais dans tous les cas, ces renseignements de ta conscience sont incomplets et souvent peu sûrs ; par ailleurs, il arrive assez souvent que tu ne sois informé des événements que quand ils se sont déjà accomplis et que tu ne peux plus rien y changer. Qui saurait évaluer, même si tu n'es pas malade, tout ce qui s'agite dans ton âme et dont tu n'apprends rien, ou dont tu es mal informé ? Tu te comportes comme un souverain absolu, qui se contente des renseignements que lui apportent les hauts fonctionnaires de sa cour, et qui ne descend pas dans la rue pour écouter la voix du peuple. Entre en toi-même, dans tes profondeurs, et apprends d'abord à te connaître, alors tu comprendras pourquoi tu dois devenir malade, et tu éviteras peut-être de le devenir. »

11
L'originalité de la psychanalyse

C'est ainsi que la psychanalyse a voulu instruire le moi. Mais ces deux élucidations, à savoir que la vie pulsionnelle de la sexualité en nous ne peut être domptée entièrement, et que les processus psychiques sont en eux-mêmes inconscients, ne sont accessibles au moi et ne sont soumis à celui-ci que par le biais d'une perception incomplète et peu sûre, reviennent à affirmer que le *moi n'est pas maître dans sa propre maison*. Elles représentent ensemble la troisième vexation infligée à l'amour-propre, celle que j'aimerais appeler la vexation *psychologique*. Rien d'étonnant de ce fait à ce que le moi n'accorde pas sa faveur à la psychanalyse et lui refuse obstinément tout crédit.

CONSTITUTION D'UNE SCIENCE DE L'HOMME : LA PSYCHANALYSE

Très rares sont sans doute les hommes qui ont aperçu clairement les conséquences considérables du pas que constituerait pour la science et la vie l'hypothèse de processus psychiques inconscients. Mais hâtons-nous d'ajouter que ce n'est pas la psychanalyse qui a été la première à faire ce pas. On peut citer comme précurseurs des philosophes de renom, au premier chef le grand penseur Schopenhauer, dont la « volonté » inconsciente peut être considérée comme l'équivalent des pulsions psychiques de la psychanalyse[1]. C'est le même penseur du reste, qui, en des termes d'une vigueur inoubliable, a

1. On trouve déjà chez Schopenhauer cette idée chère à Freud que les objections faites à une théorie peuvent exprimer, sous les dehors d'une argumentation rationnelle, une irréductible opposition inconsciente. « Quand dans une discussion avec un adversaire nous ne croyons avoir affaire qu'à son intellect, que nous lui opposons force raisons et arguments et nous donnons toute la peine imaginable pour le convaincre, rien n'est exaspérant comme de reconnaître, à bout de patience, qu'il ne veut pas comprendre, qu'on avait eu affaire à sa volonté, que cette volonté, se retranchant derrière une prétendue impossibilité pour sa propre raison de voir clair dans les arguments de la nôtre, s'était systématiquement fermée à la vérité et de propos délibéré avait mis en campagne toutes sortes de méprises, de chicanes et de sophismes. [...] La vie ordinaire nous fournit de nombreuses preuves de cette résistance opiniâtre de la volonté à ce qui la contrarie. Malheureusement ces preuves ne sont pas rares non plus dans l'histoire des sciences. La vérité la plus importante, la découverte la plus remarquable ne seront guère reconnues par ceux qui ont quelque intérêt à les contester. » SCHOPENHAUER, *Le Monde comme volonté et comme représentation*, 1818, traduction de G. Bardeau, PUF, 1966.

rappelé aux hommes l'importance encore sous-estimée de leurs aspirations sexuelles. La psychanalyse a pour seul privilège de ne pas se contenter d'affirmer abstraitement les deux thèses si pénibles pour le narcissisme de l'importance de la sexualité dans le psychisme et du caractère inconscient de la vie psychique, mais de les démontrer en s'appuyant sur un matériel qui concerne chaque individu personnellement, et qui le contraint à prendre position sur ces problèmes. Mais c'est justement pour cette raison qu'elle attire sur elle l'aversion et les résistances qui s'écartent encore avec effroi devant le grand nom du philosophe.

CONTREPOINT

Selon Karl Popper, pour qu'une théorie mérite d'être considérée comme scientifique, il faut qu'elle admette que certains faits pourraient la réfuter. Ce n'est pas selon lui le cas du marxisme ou de la psychanalyse qui voient partout des confirmations de leurs hypothèses, même dans les objections qu'on leur oppose.

Karl Popper
Conjectures et Réfutations, 1963, traduction de M.-I. et B. de Launay, Payot, 1985.

THÉORIE ET EXPÉRIENCE

J'avais remarqué que ceux de mes amis qui s'étaient faits les adeptes de Marx, Freud et Adler étaient sensibles à un certain nombre de traits communs aux trois théories, et tout particulièrement à leur *pouvoir explicatif* apparent. Celles-ci semblaient aptes à rendre compte de la quasi-totalité des phénomènes qui se produisaient dans leurs domaines d'attribution respectifs. L'étude de l'une quelconque de ces théories paraissait agir à la manière d'une conversion, d'une révélation intellectuelle, exposant aux regards une vérité neuve qui demeurait cachée pour ceux qui n'étaient pas encore initiés. Dès lors qu'on avait les yeux dessillés, partout l'on apercevait des confirmations : l'univers abondait en *vérifications* de la théorie. Quels que fussent les événements, toujours ils venaient confirmer celle-ci. Sa vérité paraissait donc patente, et les incrédules étaient à l'évidence des individus qui ne voulaient pas voir la vérité manifeste et refusaient de l'apercevoir, soit parce qu'elle allait contre leurs intérêts de classe, soit en raison de refoulements non encore « analysés » mais qui requéraient de manière pressante un traitement. […] Ces diverses considérations m'ont conduit, au cours de l'hiver 1919-1920, à certaines conclusions que j'aimerais à présent reformuler. 1) Si ce sont des confirmations que l'on recherche, il n'est pas difficile de trouver, pour la grande majorité des théories, des confirmations ou des vérifications. 2) Il convient de ne tenir réellement compte de ces confirmations que si elles sont le résultat de *prédictions qui assument un certain risque* ; autrement dit, si, en l'absence de la théorie en question, nous avions dû escompter un événement qui n'aurait pas été compatible avec celle-ci — un événement qui l'eût réfutée. 3) Toute « bonne » théorie scientifique consiste à proscrire : à interdire à certains faits de se produire. Sa valeur est proportionnelle à l'envergure de l'interdiction. 4) Une théorie qui n'est réfutable par aucun événement qui se puisse concevoir est dépourvue de caractère scientifique. Pour les théories, l'irréfutabilité n'est pas (comme on l'imagine souvent) vertu mais défaut. 5) Toute mise à l'épreuve véritable d'une théorie par des *tests* constitue une tentative pour en démontrer la fausseté (*to falsify*) ou pour la réfuter.

1859-1938

Husserl

La Crise de l'humanité européenne et la Philosophie

L'Europe est malade. C'est le diagnostic rendu en 1935 par Edmund Husserl, le grand philosophe allemand, fondateur de la phénoménologie, dans la conférence qu'il prononce à Vienne sous le titre : *La Crise de l'humanité européenne et la Philosophie* et dont nous reproduisons la première partie, consacrée à ce qu'il appelle « la figure spirituelle de l'Europe ».

Selon l'idée la plus commune, l'Europe est un ensemble de nations qui partagent un même territoire. Pour Husserl, l'Europe c'est autre chose. C'est une figure spirituelle ; plus précisément c'est l'attitude intellectuelle apparue en Grèce il y a 2 500 ans avec la philosophie : pour la première fois l'esprit humain se faisait spectateur étonné du monde, observateur critique de toutes les traditions.

Mais Husserl n'est-il pas victime de l'illusion qui entraîne chacun à prendre sa propre civilisation comme référence absolue ? En fait, à l'opposé de tout « européocentrisme », il veut dire que personne n'est propriétaire de l'esprit européen, pour la bonne raison que c'est l'esprit d'universalité. Peu importe que les idées créées par la philosophie et la science soient apparues d'abord en Europe, leur nature c'est, dit Husserl, d'être infinies. Entendons par là qu'elles ne sont limitées à aucune région dans l'espace, à aucune époque dans le temps. Par la raison, nous sommes les concitoyens de Socrate, les contemporains de Pythagore.

Or voilà que dans les années trente, l'Europe est en crise. Une folie meurtrière s'est emparée de l'Allemagne sous l'œil complaisant de la Russie de Staline et dans l'indifférence des démocraties européennes. Si l'Europe est malade, il faut savoir pourquoi. Si ce sont des idées philosophiques qui ont fait l'Europe, ce sont encore des idées philosophiques qui menacent de la détruire. De quoi s'agit-il ? Le XXe siècle subit les effets d'une crise de la raison. Celle-ci donne encore aux hommes le moyen d'être rationnels, mais elle ne leur apprend plus à être raisonnables. Une rationalité étroitement inspirée des sciences de la nature, incapable de fournir une orientation morale à l'action humaine, n'est plus qu'un instrument de domination matérielle. C'est dans ce vide que le nationalisme a pu se développer en Europe. Le nazisme en représente la forme extrême. En exaltant l'enracinement du peuple dans la terre germanique et en réclamant la purification raciale du sang allemand, cette pensée était exactement contraire à l'esprit originel de l'Europe. Pour faire face à la situation critique où elle se trouve, il revient aux philosophes, ces « fonctionnaires de l'humanité » selon le mot de Husserl, d'appeler les hommes à leur responsabilité.

Dans *La Crise des sciences européennes et la Phénoménologie transcendantale*, traduction de Gérard Granel, Gallimard, 1990.

La Crise de l'humanité européenne et la Philosophie

« La figure spirituelle de l'Europe »

1

Dans l'histoire universelle, tous les peuples ont leur place

L'HISTOIRE

« La figure spirituelle de l'Europe » — qu'est-ce que cela ? C'est montrer l'idée philosophique immanente à l'histoire de l'Europe (de l'Europe spirituelle), ou, ce qui revient au même, la téléologie[1] qui lui est immanente, et qui, du point de vue de l'humanité universelle en général, se fait connaître comme l'irruption et le début du développement d'une nouvelle époque de l'humanité, l'époque de l'humanité comme telle, qui désormais ne veut et ne peut vivre que dans la libre formation de son existence, de sa vie historique, par les idées de la raison, par des tâches infinies.

Toute figure de l'esprit se tient par essence dans un espace historique universel ou dans l'unité particulière d'une époque historique, par coexistence et succession, elle possède une histoire. Si nous poursuivons les enchaînements historiques, et si, comme cela est nécessaire, nous partons de nous-mêmes et de notre nation, alors la continuité historique nous conduit toujours plus loin, de notre nation aux nations voisines, d'époques en époques. Dans l'Antiquité elle nous conduit finalement des Romains aux Grecs, aux Égyptiens, aux Perses, etc. : il n'y a là manifestement aucun terme. Nous pénétrons dans les époques primitives, et nous n'éviterons pas de puiser à l'œuvre importante et pleine d'idées de Menghin[2] : « L'histoire du monde à l'âge de pierre. » Dans ce processus l'humanité apparaît comme une seule vie pour les hommes et les peuples, liée seulement par une relation spirituelle, avec une quantité de types d'humanités et de cultures, mais dont les courants se mêlent les uns aux autres. C'est comme une mer, dans laquelle les hommes et les peuples sont

1. La finalité.
2. Savant allemand du début du XXe siècle, spécialiste de la Préhistoire.

des vagues, qui se forment fugitivement, changent et disparaissent à nouveau, les unes plus compliquées et plus riches dans leur découpe, les autres plus primitives.

2

Il y a une parenté spirituelle des peuples européens

L'HISTOIRE

Cependant, si nous nous appliquons à mieux considérer cet ensemble de l'intérieur, nous remarquons de nouvelles liaisons et de nouvelles différences d'un genre particulier. Quelle que puisse être l'hostilité des nations européennes entre elles, elles ont pourtant en esprit une parenté intime particulière qui les traverse toutes et qui transcende les différences nationales. Ce sont pour ainsi dire des nations sœurs, et cela nous donne la conscience d'être chez nous dans cet ensemble. C'est ce qui ressort immédiatement dès que nous considérons par exemple l'historicité indienne avec la pluralité de ses peuples et de ses formations culturelles. Dans cet ensemble-là, il y a bien aussi une unité de parenté familiale, mais qui nous est étrangère. De leur côté, les hommes de l'Inde nous vivent comme des étrangers et ce n'est qu'entre eux qu'ils se sentent compatriotes. Cependant cette différence essentielle, entre l'être chez soi et le sentiment d'étrangeté, qui se relativise en de nombreux niveaux, et qui est une catégorie fondamentale de toute historicité, n'est pas suffisante. L'humanité historique ne s'articule pas toujours de la même façon selon cette catégorie. Nous en voyons des traces justement dans notre Europe. Il y a dans l'Europe quelque chose d'un genre unique, que tous les autres groupes humains eux-mêmes ressentent chez nous, et qui est pour eux, indépendamment de toute question d'utilité, et même si leur volonté de conserver leur esprit propre reste inentamée, une incitation à s'européaniser cependant toujours davantage, alors que nous, si nous avons une bonne compréhension de nous-mêmes, nous ne nous indianiserons (par exemple) jamais. Mon opinion est que nous sentons (et ce sentiment, quelle que soit son obscurité, est bel et bien justifié) qu'il y a de façon innée dans notre humanité européenne une entéléchie[1] qui domine, de part en part, le devenir de l'Europe dans la diversité de ses figures et qui lui donne le sens d'un développement vers une forme de vie et d'être idéale, comme vers un pôle éternel.

3

Une fin spirituelle et non biologique se laisse pressentir

L'HISTOIRE

[Non qu'il s'agirait ici d'une de ces tendances téléologiques bien connues qui donnent son caractère au règne naturel des êtres organiques ; il ne s'agit donc pas de quelque chose comme le développement biologique d'une forme embryonnaire qui rejoint par degrés sa maturité, suivie de sa vieillesse et de son dépérissement. Par essence, il n'y a pas de zoologie des peuples. Ce sont des unités d'esprit, ils n'ont, et en particulier cette supranationalité qu'est l'Europe n'a jamais atteint, et ne saurait atteindre une forme de maturité en tant que forme d'une répétition réglée. L'humanité dans son âme n'a jamais été achevée, elle ne le sera jamais et elle ne peut

1. Terme employé par Aristote : forme essentielle vers laquelle tend un être.
N.B. : Le crochet en début de ligne indique que le paragraphe a été créé par l'auteur du manuel et ne figure donc pas dans le texte original.

jamais se répéter. Le Telos[1] spirituel de l'humanité européenne, dans lequel est inclus le Telos particulier des diverses nations et des hommes individuels, se trouve dans l'infini, il est une idée infinie, sur laquelle, de façon cachée, l'ensemble du devenir de l'esprit veut pour ainsi dire déboucher. Dès lors que dans le développement ce Telos est devenu conscient en tant que tel, dès lors il devient également nécessaire en tant que but pour la volonté, et par là se trouve introduite une nouvelle et plus haute strate du développement, laquelle est dirigée par des normes, par des idées normatives.

Tout cela, cependant, ne veut pas être une interprétation spéculative de notre historicité, mais l'expression d'un pressentiment vivant qui s'élève lorsque l'on médite sans préjugés. Mais ce pressentiment nous donne une direction intentionnelle, qui nous permet de discerner dans l'histoire européenne les ensembles les plus hautement significatifs, dans la prolongation desquels ce que nous avions pressenti se transforme en une certitude plus assurée. Le pressentiment est, sur le mode du sentiment, le poteau indicateur de toutes les découvertes.

4

Le lieu de naissance de l'Europe c'est la philosophie grecque

LA PHILOSOPHIE

Développons. L'Europe spirituelle possède un lieu de naissance. Je n'entends pas par là qu'elle le possède géographiquement dans un pays donné, bien que cela aussi soit juste, mais j'entends un lieu de naissance spirituel dans une nation, et donc dans les hommes individuels et les groupes humains de cette nation. C'est la nation grecque ancienne au VIIe et au VIe siècle avant Jésus-Christ. C'est en elle que se développe une *nouvelle sorte d'attitude* à l'égard du monde-ambiant. Et comme conséquence s'accomplit la percée d'une espèce tout à fait nouvelle de formations spirituelles, qui grandissent jusqu'à former une figure culturelle systématiquement close ; les Grecs l'appelaient *philosophie.* Dans une traduction correcte, dans son sens originel, cela ne veut rien dire d'autre que science universelle, science du tout du monde, de l'uni-totalité de tout l'étant. Très tôt l'intérêt pour le tout, et du même coup la question du devenir et de l'être-en-devenir omni-englobant commence à se subdiviser suivant les formes et les régions générales de l'être, et c'est ainsi que la philosophie, la science unique, se ramifie en une diversité de sciences subordonnées.

C'est dans la percée de la philosophie en un tel sens, dans lequel donc toutes les sciences sont co-incluses, que je vois, si paradoxal que cela puisse sonner, le proto-phénomène de l'Europe spirituelle. Au cours des prochains éclaircissements, si concis doivent-ils demeurer, nous dissiperons bientôt cette apparence de paradoxalité.

5

Une norme universelle : la capacité de concevoir des idées

L'IDÉE

La philosophie, la science, est le titre d'une classe spéciale de formations culturelles. Le mouvement historique qui a revêtu la forme et le style de la supra-nationalité européenne, est orienté sur une forme normative située à l'infini, mais qui n'est pas telle qu'elle puisse être lue sur le changement des formes par une simple considération morphologique de type extérieur. Le fait d'être

1. But ou fin en grec. D'où *téléologique* : qui concerne la fin d'un être.

constamment orienté à une norme, ce fait habite de l'intérieur la vie intentionnelle des personnes individuelles, de là celle des nations avec leurs sociétés subordonnées et finalement celle de l'organisme que forment les nations liées dans l'Europe ; certes, il n'habite pas toutes les personnes, il n'est pas complètement développé dans les personnalités de niveau supérieur constitué par les actes inter-subjectifs, mais il habite cependant en elles sous la forme de la marche nécessaire du développement et de l'extension d'un esprit de normes universellement valables. Mais cela a, en même temps, la signification d'un bouleversement croissant de l'ensemble de l'humanité à partir des formes idéales devenues actives dans de petits cercles, et même très petits. Les idées, ces formations de sens produites dans les personnes individuelles et qui sont d'un genre nouveau et surprenant, considérant à receler en soi des infinités intentionnelles, ces idées ne sont pas comme les choses réelles dans l'espace, lesquelles, lorsqu'elles pénètrent dans le champ de l'expérience humaine, ne signifient encore pas pour autant quelque chose pour les hommes en tant que personnes. Avec la première conception des idées, l'homme devient peu à peu un nouvel homme. Son être spirituel entre dans le mouvement d'une réélaboration perpétuelle. Ce mouvement se déroule depuis le début de façon communicative, il éveille un nouveau style de l'existence personnelle dans son champ vital, dans la quête d'un nouveau devenir qui lui corresponde. C'est en lui d'abord (et par la suite également au-delà de lui) que s'élargit une humanité particulière, qui, vivant dans la finitude, projette sa vie vers le pôle de l'infinité. Du même mouvement apparaît un nouveau mode de formation de la communauté et une nouvelle figure pour la permanence de la communauté, dont la vie spirituelle, qui doit son caractère de communauté à l'amour et à la production des idées et à la normation idéale de la vie, porte en soi l'horizon futur de l'infinité : celui d'une infinité de générations qui se renouvellent à partir de l'esprit des idées. Cela donc s'accomplit d'abord dans l'espace spirituel d'une seule nation, la nation grecque, comme développement de la philosophie et des communautés philosophiques. Du même coup apparaît d'abord en cette nation un esprit culturel universel, entraînant dans son sillage toute l'humanité, et il se produit ainsi une perpétuelle mutation dans la forme d'une historicité nouvelle.

Cette esquisse grossière sera mieux remplie et deviendra plus compréhensible si nous retraçons l'origine historique de l'humanité philosophique et scientifique et que, partant de là, nous éclairons le sens de l'Europe, et avec lui la nouvelle sorte d'historicité qui, avec cette nouvelle sorte de développement, se détache de l'histoire générale.

6

La philosophie apporte l'universel et l'éternel...

Éclaircissons d'abord la nature propre de la philosophie, cette chose étonnante, qui se déploie en des sciences spéciales toujours nouvelles. Opposons-la à d'autres formes de cultures déjà apparues dans l'humanité pré-scientifique, opposons-la aux travaux manuels, à la culture du sol, à la culture de l'habitat, etc. Tout ce que nous venons de nommer constitue autant de classes, de produits culturels, avec les méthodes afférentes qui permettent d'en assurer avec bonheur la production. Elles ont du reste une existence éphémère dans le monde-ambiant. De leur côté, au contraire, les acquis scientifiques, dès lors que la méthode qui permet d'assurer avec bonheur leur production a été conquise, possèdent une tout autre façon d'être, une tout autre temporalité. Ils ne se périment pas, ils ne sont point passagers; la répétition de la production ne produit point quelque chose d'équivalent, dans le meilleur des cas d'équivalemment utilisable, elle produit, quel que soit le nombre des productions d'une même personne et quel que soit le nombre des personnes, identiquement la même chose, identique quant au sens et à la validité. Les personnes qui sont liées les unes avec les autres dans un échange actuel de compréhension, lorsqu'elles rencontrent un objet que quelque autre a créé par un procédé identique, ne peuvent s'empêcher de le trouver semblable à celui qu'elles créent elles-mêmes. En un mot : ce que l'activité scientifique produit, ce n'est pas du réel, mais de l'idéel.

7

... mais aussi l'idée d'une tâche infinie pour l'humanité

LA PHILOSOPHIE

Mais il y a plus encore : ce qui est produit ainsi comme ayant validité, comme vérité, peut servir ensuite de matériau pour la production possible d'idéalités de degré supérieur, et ainsi de suite. Lorsque l'intérêt théorétique est développé, chaque résultat possède d'avance le sens d'un but final simplement relatif, il est passage et transition vers des buts toujours nouveaux, de degré toujours plus élevé, dans une infinité qui est caractérisée d'avance comme champ de travail universel, comme « domaine » de la science. La science trace, par conséquent, l'idée d'une infinité de tâches, dont à chaque moment une partie finie est déjà accomplie et mise en sécurité en tant que validité permanente. Cette partie forme en même temps un fonds de prémisses pour un horizon infini de tâches en tant qu'unité d'une tâche omni-englobante.

8

La notion de vérité au sens de la science

LA VÉRITÉ

Mais il faut encore ajouter ici une remarque importante. Dans la science, l'idéalité des produits singuliers du travail, celle des vérités, ne signifie pas la simple répétabilité sous l'identification du sens et de la mise en sécurité : l'idée de la vérité au sens de la science se détache (et de ce détachement nous aurons encore à parler) de la vérité de la vie pré-scientifique. Elle veut être vérité inconditionnelle. Cela enferme une infinité qui donne à toute mise en sécurité et à toute vérité factuelle le caractère d'une simple relativité, d'une simple approximation, reliée précisément à l'horizon infini dans lequel la vérité en soi vaut pour ainsi dire comme un point infiniment éloigné. Corrélativement, on trouve alors cette infinité également dans le sens scientifique de l'« effectivement étant », de même qu'on le retrouve dans la validité « universelle » pour « tout le monde » en tant que sujet de fondations à accomplir ; car il ne s'agit plus désormais de « tout le monde » au sens fini de la vie pré-scientifique.

9

La culture extra-scientifique

LA CULTURE

Après cette caractérisation de l'idéalité proprement scientifique, avec les infinités idéales qui sont impliquées de diverses manières dans son sens, notre survol historique nous fait voir maintenant une opposition que nous exprimerons en une phrase : aucune autre forme culturelle dans l'horizon historique avant la philosophie n'est au même sens une culture des idées, ni ne connaît des tâches infinies, de tels univers d'idéalité qui en tant que totalités et dans toutes leurs individualités, comme dans leurs méthodes de production, portent en soi l'infinité, et ce par leur sens même.

La culture extra-scientifique, non encore touchée par la science, est la tâche dont doit s'acquitter l'homme dans la finitude. L'horizon ouvert et sans fin dans lequel il vit n'a pas été révélé, ses buts et son action, son travail et son changement, sa motivation personnelle, ou de groupe, ou nationale, ou mythique, tout se meut dans une mondialité ambiante, que le regard peut dominer de façon finie. Il n'y a pas là de tâches infinies, d'acquis idéaux, dont l'infinité même constitue le champ du travail, et ce de telle façon qu'il possède consciemment pour les travailleurs le sens d'être d'un tel champ infini de tâches.

10

Une révolution dans l'ensemble de la culture : l'idée de l'infinité...

LA PHILOSOPHIE

Mais avec l'apparition de la philosophie grecque et sa première élaboration dans la forme d'une idéalisation cohérente du nouveau sens d'infinité, s'accomplit de ce point de vue une mutation qui ne s'arrêtera pas, et qui finalement entraîne dans son sillage toutes les idées de la finitude, et du même coup, l'ensemble de la culture spirituelle et de son humanité. C'est pourquoi, s'il y a pour nous Européens, en dehors de la sphère philosophico-scientifique, encore bien d'autres idées infinies (à supposer que l'expression soit permise ici), elles sont redevables, cependant, de ce caractère analogique d'infinité (tâches infinies, buts, mises en sécurité, vérités, « valeurs véritables », « biens authentiques », normes « absolument valables ») avant tout au bouleversement de la forme de l'humanité par la philosophie et ses idéalités. La culture scientifique dominée par les idées de l'infinité signifie donc une révolution de l'ensemble de la culture, une révolution dans le mode d'être de l'humanité dans son ensemble en tant que créatrice de culture. Elle signifie aussi une révolution de l'historicité, qui est désormais l'histoire de la perte de devenir pour l'humanité finie, dans le mouvement par lequel elle devient l'humanité des tâches infinies. Nous rencontrons ici une objection triviale selon laquelle la philosophie, la science des Grecs, n'aurait pourtant pas été pour eux quelque chose d'aussi remarquable et ne serait pas apparue dans le monde d'abord par eux. Ne sont-ce pas, en effet, les Grecs eux-mêmes qui nous racontent les sages de l'Égypte, de Babylone, etc., et n'est-ce pas un fait qu'ils ont beaucoup appris d'eux ? Nous possédons aujourd'hui une quantité de travaux sur les philosophies indoues, chinoises, etc., travaux dans lesquels ces philosophies sont mises au même rang que la philosophie grecque, et sont saisies simplement comme une diversité de formations historiques, à l'intérieur d'une seule et même idée de la culture. Naturellement, il ne manque point là de quelque chose de commun. Il ne faut pourtant point laisser une généralité simplement morphologique recouvrir les profondeurs intentionnelles, et il ne faut pas devenir aveugle aux différences principielles les plus essentielles de toutes.

11

... mais aussi un intérêt purement théorique

LA CONNAISSANCE

Avant tout, l'attitude des « philosophes », d'un côté et de l'autre, l'orientation universelle de leurs intérêts, est déjà fondamentalement différente. On peut bien constater, ici et là, un intérêt qui englobe le monde et qui, des deux côtés, et par conséquent dans les « philosophies » indoues, chinoises et autres, conduit à des connaissances universelles du monde, qui se développent partout sur le mode d'un intérêt vital, du type du métier et qui conduisent, par une motivation qui se comprend, à des communautés de métier, dans lesquelles les résultats généraux se propagent de génération en génération, et continuent à s'élaborer de même. Mais c'est seulement chez les Grecs que nous trouvons un intérêt vital universel (« cosmologique ») sous la forme essentiellement nouvelle d'une attitude purement « théorétique[1] », et chez eux aussi seulement en tant que forme de communauté dans laquelle cet intérêt déploie ses effets pour des raisons intrinsèques, la communauté essentiellement nouvelle des philosophes et des savants (des mathématiciens, astronomes, etc.). Ce sont des hommes qui, non pas isolément, mais les uns avec les autres et les uns pour les autres, donc dans un travail communautaire inter-personnel, désirent et produisent la théoria[2] et rien que la théoria, dont le développement et le constant perfectionnement, lorsque s'élargit le cercle des co-travailleurs, et que se succédèrent les générations de chercheurs, finit par être reçue dans la volonté avec le sens d'une tâche infinie et totalement commune.

[...]

12

La philosophie se propage au-delà des traditions nationales

LA PHILOSOPHIE

Chez certaines personnalités singulières, comme Thalès[3], etc., se développe ainsi une nouvelle humanité ; ce sont des hommes dont la vocation est de créer la vie philosophique, la philosophie comme formation culturelle d'un genre nouveau. On comprend qu'aussitôt se développe corrélativement une nouvelle sorte de communauté. Ces formations idéales de la Théoria sont, tout simplement, vécues à plusieurs et reprises en commun pour la répétition de leur compréhension et de leur production. Elles conduisent tout simplement à un travail en commun dans lequel on s'aide réciproquement par la critique. Même ceux qui lui restent extérieurs, les non-philosophes, remarquent cette activité étrange. En s'attachant à la comprendre, ils deviennent alors eux-mêmes philosophes ou bien, si les liens de leur métier les retiennent trop, ils en devien-

1. Qui a pour fin la connaissance pure.
2. Théorie en grec.
3. Mathématicien et astronome grec né dans la province d'Ionie au VIIe siècle av. J.-C. Il était considéré par Aristote comme le tout premier philosophe.

nent les élèves. Ainsi, la philosophie s'élargit-elle de deux manières, en tant qu'extension d'une communauté de philosophes par vocation et en tant que mouvement communautaire de culture coextensif à la première. Là aussi, cependant, se trouve l'origine de cette division, si lourde de destin par la suite, de l'unité du peuple en gens cultivés et en incultes. Mais il est manifeste que cette tendance à l'expansion ne possède pas sa limite dans la nation où elle a vu le jour. À la différence de toutes les œuvres culturelles, elle est un mouvement d'intérêt qui n'est pas lié au sol de la tradition nationale. Des étrangers appartenant à d'autres nations apprennent eux aussi à la comprendre à leur tour et prennent part d'une façon générale à cette mutation culturelle violente qui émane de la philosophie. Mais c'est là justement le point qu'il faut encore spécifier maintenant.

13

L'esprit critique d'examen et l'exigence de vérité

La vérité

La philosophie, se déployant dans les formes de la recherche et de la culture, produit un double effet spirituel. D'un côté, le plus essentiel dans l'attitude théorétique de l'homme philosophique est l'universalité propre du comportement critique, lequel est décidé à n'admettre sans questions aucune opinion donnée d'avance, aucune tradition, et à poser aussitôt, à l'égard de l'universum traditionnel donné d'avance, la question d'un vrai en-soi, lequel est une idéalité. Mais ce n'est pas là seulement un nouveau comportement dans la connaissance. L'exigence de soumettre l'ensemble de l'empirie[1] à des normes idéales, à savoir celles de la vérité inconditionnée, cette exigence engendre aussitôt une mutation, qui va bien plus loin, de l'ensemble de la praxis[2] de l'existence humaine, autrement dit de toute la vie culturelle; celle-ci ne doit plus se laisser normer par l'empirie quotidienne et la tradition dans leur naïveté, mais par la vérité objective. Ainsi, la vérité idéale devient-elle une valeur absolue qui emporte avec soi une mutation universelle de la praxis dans le mouvement de la culture, et dans les effets qu'elle produit constamment dans l'éducation des enfants. Si nous réfléchissons de plus près à la nature de cette mutation, nous comprenons bientôt ce qu'elle comporte inévitablement : si l'idée générale de vérité en-soi devient la norme universelle de toutes les vérités relatives qui apparaissent dans la vie humaine, des vérités de situation réelles et vraisemblables, cela touche alors, aussi, toutes les normes traditionnelles, celles du droit, de la beauté, de la convenance, des valeurs personnelles dominantes, des valeurs personnelles de caractère, etc.

14

L'essor de la philosophie suscite à la fois intérêt et opposition

Se déploient alors une humanité particulière et une vocation vitale particulière, en même temps qu'on s'acquitte d'une nouvelle culture. La connaissance philosophique du monde ne s'arrête pas à produire ces résultats d'une nature particulière. Elle produit aussi un comportement humain dont la prise s'étend aussitôt sur tout le

1. Le monde empirique, domaine de l'expérience.
2. Terme grec signifiant l'activité humaine.

reste de la vie pratique, avec toutes ses exigences et tous ses buts, les buts de la tradition historique dans laquelle on a été élevé et d'où leur vient leur validité. Il se forme une communauté nouvelle et intérieure, ce que nous pourrions appeler une communauté d'intérêts purement idéaux, entre les hommes qui vivent pour la philosophie, dont le lien est la consécration à des idées qui ne sont pas simplement utiles à tous, mais qui sont identiquement propres à tous. Nécessairement s'élabore alors un travail communautaire d'un genre particulier, un travail les uns avec les autres et les uns pour les autres, l'exercice secourable d'une critique réciproque, d'où résulte comme le bien commun la vérité pure et inconditionnée dans sa validité. À quoi s'ajoute la tendance nécessaire de ce type d'intérêt à se propager par la compréhension de ce qui y est voulu et accompli ; par conséquent, la tendance à entraîner toujours de nouvelles personnes, encore non philosophantes, dans la communauté de celles qui philosophent. Ce, tout d'abord, à l'intérieur de la nation d'origine. Cette extension ne peut pas se produire exclusivement comme celle de la recherche scientifique professionnelle mais, étendant sa prise bien au-delà du cercle professionnel, elle se produit plutôt comme mouvement de la culture. Or, si le mouvement de la culture s'élargit à des cercles populaires toujours plus vastes, et naturellement aux plus élevés, à ceux qui dominent, qui sont le moins touchés par les soucis de la vie, quelles en seront les conséquences ? Il est manifeste que cela ne conduit pas simplement à une mutation homogène de la vie normale, et en général satisfaisante, de l'État et de la nation, mais, selon toute vraisemblance, à de grands déchirements internes dans lesquels l'identité et la totalité de la culture nationale éprouvent une rupture. Les conservateurs, que satisfait la tradition, et le cercle des hommes philosophiques vont se combattre les uns les autres, et il est certain que le combat se déroulera dans la sphère de la puissance politique. Cette conséquence commence déjà avec le début de la philosophie. Les hommes qui consacrent leur vie à de telles idées sont mis au ban de la société. Et pourtant, les idées sont plus fortes que toutes les puissances empiriques.

15

La dimension universelle de la philosophie

Il faut, en outre, prendre ici en considération le fait que la philosophie, issue d'une attitude critique universelle à l'égard de toutes les données traditionnelles, quelles qu'elles soient, n'est freinée dans son extension par aucune barrière nationale. Seule est requise ici la capacité à prendre une attitude critique universelle, laquelle, il est vrai, a aussi sa présupposition dans un certain niveau d'élévation de la culture pré-scientifique. Ainsi, la rupture de la culture nationale peut-elle se propager, dans la mesure tout d'abord où la science universelle en marche devient le bien commun de nations qui étaient d'abord étrangères les unes aux autres, et où l'unité d'une communauté scientifique et d'une communauté de culture se fraye son chemin à travers la pluralité des nations.

16

Le traitement philosophique de la tradition

LA RELIGION

Il y a encore un point important à faire intervenir ici, touchant le rapport de la philosophie aux traditions. Il y a en effet, ici, deux possibilités à considérer. Ou bien les valeurs traditionnelles sont entièrement rejetées, ou bien leur contenu est l'objet d'une reprise philosophique et reçoit du même coup une nouvelle forme dans l'esprit de l'idéalité philosophique. Un cas remarquable est ici celui de la religion (je ne voudrais pas faire entrer en compte ici les religions « polythéistes »). Des dieux au pluriel, des puissances mythiques de toute nature, sont des objets du monde-ambiant dont la réalité est la même que celle de l'animal ou de l'homme. Dans le concept de Dieu, c'est le singulier qui est essentiel. Mais ce concept implique, du côté de l'homme, que sa validation de l'être et de la valeur soit éprouvée comme une obligation intérieure absolue. Ici se produit comme de soi-même le mélange de cette absoluité-là avec celle de l'idéalité philosophique. Dans le procès général d'idéalisation, qui procède de la philosophie, Dieu est pour ainsi dire logifié[1], il devient le porteur du Logos[2] absolu. Je verrais du reste volontiers déjà le logique dans le fait que la religion se réclame théologiquement de l'évidence de la Foi en tant qu'elle serait une espèce propre, et la plus profonde, de la fondation de l'être vrai. Mais les dieux nationaux existent sans questions, comme des faits réaux du monde-ambiant. Avant la philosophie, on ne pose aucune question dans l'ordre de la critique de la connaissance, aucune question sur l'évidence.

17

L'Europe et la tâche infinie de la philosophie

LA PHILOSOPHIE

Ainsi avons-nous dessiné pour l'essentiel, bien qu'un peu schématiquement, la motivation historique qui permet de comprendre comment, à partir d'un couple d'originaux grecs, a pu être mise en marche une mutation de l'existence humaine et de l'ensemble de sa vie culturelle, d'abord dans leur nation propre, puis dans celles de leurs plus proches voisins. Mais il est également visible, désormais, qu'il pouvait sortir de là une supra-nationalité d'un type entièrement nouveau. Je pense naturellement à la forme spirituelle de l'Europe. Celle-ci n'est plus désormais le simple voisinage de nations différentes qui n'influent les unes sur les autres que dans les rivalités du commerce et les combats de la puissance, c'est un nouvel esprit issu de la philosophie et de ses sciences subordonnées, un esprit de libre critique et de normation par des tâches infinies qui, désormais, dominent de part en part l'humanité, qui créent des idéaux nouveaux et infinis. Ceux-ci sont tels pour les hommes individuels au sein de leurs nations, ils sont tels pour les nations elles-mêmes. Mais finalement ils sont aussi des idéaux infinis pour la synthèse en expansion des nations, synthèse dans laquelle chacune de ces nations, justement parce qu'elle tend à sa tâche idéale propre, dans l'esprit de l'infinité, offre ce qu'elle a de meilleur aux nations avec lesquelles elle est unie.

1. Rendu rationnel.
2. Mot grec signifiant ici la raison.

Nul, mieux que le Romain Cicéron, n'a su définir l'originalité de l'attitude philosophique dès son surgissement en Grèce au VIe *siècle av. J.-C. Indifférente à l'action qui recherche le gain ou l'efficacité, la philosophie s'est voulue dès sa naissance spéculation désintéressée.*

CICÉRON,
Tusculanes, V, III,
traduction de M. Matter,
Paris, 1834.

LA PHILOSOPHIE

Tous ceux qui se sont appliqués aux études contemplatives ont été réputés et appelés sages, et ce nom leur est resté jusqu'au temps de Pythagore, qui, au rapport d'Héraclide du Pont, disciple de Platon et fort instruit, vint à Phlionte s'entretenir avec Léon, prince de cette ville, longuement et doctement, sur certaines questions. Léon, admirant le génie et l'éloquence de Pythagore, lui demanda quelle était la science qui lui inspirait le plus de confiance ? Et le sage lui répondit qu'il ne savait aucune science, mais qu'il était ami de la sagesse, *philosophe.* Surpris de la nouveauté du nom, Léon doit avoir demandé ce que c'étaient que les philosophes, et en quoi ils différaient des autres hommes. Et Pythagore a dû répondre : « Qu'il comparait la vie de l'homme à ce commerce qui se faisait en présence de la Grèce assemblée pendant la solennité des jeux publics. De même que les uns se vendent là pour briller dans les exercices du corps et y mériter l'honneur d'une couronne ; que d'autres n'y vont que pour y faire quelque profit, en vendant ou en achetant ; tandis qu'il est une troisième classe, et la plus noble, qui n'y recherche ni les applaudissements ni le profit, qui ne s'y rend que pour observer attentivement ce qui se fait et comment les choses se passent : de même nous sommes venus d'une autre vie, d'une autre existence comme on va d'une ville à une grande foire, les uns, pour chercher la gloire ; les autres, l'argent ; un petit nombre seulement dédaignant tout le reste et s'appliquant à bien étudier la nature des choses. Ce sont là des hommes qu'on appelle *amis de la sagesse,* c'est-à-dire *philosophes* ; et comme à l'égard des jeux le parti le plus noble est d'y assister sans esprit de lucre, de même, dans la vie, l'étude et la connaissance des choses sont de beaucoup préférables à tout le reste. »

Bergson

La Conscience et la Vie

1859-1941

En traitant d'une manière inédite le thème de la conscience, de la vie, et du rapport de l'une à l'autre, Henri Bergson se démarque de toutes les positions philosophiques qui avaient cours en France à la fin du XIXe siècle. À cette époque, un spiritualiste aurait dit que la conscience était le privilège exclusif de l'homme, seul être vivant doué d'une âme capable de se connaître elle-même. Un matérialiste aurait dit que la conscience n'était que le produit d'un certain agencement de la matière nerveuse, dans le cerveau d'un mammifère appelé *homo sapiens,* lequel était apparu à certain stade de l'évolution des êtres vivants. Un kantien aurait récusé ces deux réponses, objectant que toutes nos connaissances sont relatives à la structure des facultés cognitives de l'homme.

Or Bergson affirme contre Kant qu'une réalité au moins nous est immédiatement accessible : c'est le fait que nos sensations, nos émotions, nos sentiments évoluent selon des rythmes variés dans la durée. Le temps n'est pas, comme l'affirmait Kant, un cadre rigide que nous appliquerions sur les phénomènes pour les mettre en ordre. Le temps, ou plutôt la *durée,* nous en éprouvons l'écoulement, nous la vivons concrètement. Certes, il y a un temps artificiel, le temps auquel nous sommes astreints dans notre vie sociale, le temps des calendriers et des horloges, celui qui nous sert à découper en segments égaux nos journées de travail. Mais à côté de ce temps homogène, fait de minutes, d'heures égales entre elles, il y a un temps vrai qui n'est autre que la vie même de notre conscience, telle que nous la découvrons, toujours changeante, prenant à chaque instant des inflexions nouvelles.

Parti de cette découverte de *la durée*, étoffe de notre conscience, Bergson se tournera ensuite vers une autre dimension du changement : l'évolution des êtres vivants, cette découverte majeure du XIXe siècle. Et là encore, on retrouve ce caractère essentiel du temps : être une source de nouveauté et d'invention. De même qu'à chaque instant notre conscience prend des formes nouvelles, de même, dans la nature, on assiste à la création incessante d'espèces végétales et animales.

Cette parenté de forme entre la conscience et la vie conduit Bergson à former une hypothèse audacieuse. La conscience ne serait-elle pas un caractère propre à tout être vivant — conscience embryonnaire chez les plus frustes — conscience s'éveillant peu à peu, à mesure qu'on s'élève dans l'ordre de l'évolution des espèces, et atteignant avec l'homme son plein épanouissement ? Pour rendre compte de cet essor simultané de la conscience et de la vie, Bergson n'hésitera pas à construire toute une métaphysique, à une époque où cette façon de concevoir la philosophie semblait définitivement révolue.

Conférence de 1911,
dans *L'Énergie spirituelle*,
PUF, 1982.

La Conscience et la Vie

(texte intégral)

Quand la conférence qu'on doit faire est dédiée à la mémoire d'un savant, on peut se sentir gêné par l'obligation de traiter un sujet qui l'eût plus ou moins intéressé. Je n'éprouve aucun embarras de ce genre devant le nom de Huxley. La difficulté serait plutôt de trouver un problème qui eût laissé indifférent ce grand esprit, un des plus vastes que l'Angleterre ait produits au cours du siècle dernier. Il m'a paru toutefois que la triple question de la conscience, de la vie et de leur rapport, avait dû s'imposer avec une force particulière à la réflexion d'un naturaliste qui fut un philosophe ; et comme, pour ma part, je n'en connais pas de plus importante, c'est celle-là que j'ai choisie.

1

Faut-il faire une critique préalable de la connaissance ?

LA CONNAISSANCE

Mais, au moment d'attaquer le problème, je n'ose trop compter sur l'appui des systèmes philosophiques. Ce qui est troublant, angoissant, passionnant pour la plupart des hommes n'est pas toujours ce qui tient la première place dans les spéculations des métaphysiciens. D'où venons-nous ? que sommes-nous ? où allons-nous ? Voilà des questions vitales, devant lesquelles nous nous placerions tout de suite si nous philosophions sans passer par les systèmes. Mais, entre ces questions et nous, une philosophie trop systématique interpose d'autres problèmes. « Avant de chercher la solution, dit-elle, ne faut-il pas savoir comment on la cherchera ? Étudiez le mécanisme de votre pensée, discutez votre connaissance et critiquez votre critique : quand vous serez assurés de la valeur de l'instrument, vous verrez à vous en servir. » Hélas ! ce moment ne viendra jamais. Je ne vois qu'un moyen de savoir jusqu'où l'on peut aller : c'est de se mettre en route et de marcher. Si la connaissance que nous cherchons est réellement instructive, si elle doit dilater notre pensée, toute analyse préalable du mécanisme de la pensée ne pourrait que nous montrer l'impossibilité d'aller aussi loin, puisque nous aurions étudié notre pensée avant la dilatation qu'il s'agit d'obtenir d'elle.

Une réflexion prématurée de l'esprit sur lui-même le découragera d'avancer, alors qu'en avançant purement et simplement il se fût rapproché du but et se fût aperçu, par surcroît, que les obstacles signalés étaient pour la plupart des effets de mirage.

2

Faut-il construire un système abstrait ?

LA CONNAISSANCE

[Mais supposons même que le métaphysicien ne lâche pas ainsi la philosophie pour la critique, la fin pour les moyens, la proie pour l'ombre. Trop souvent, quand il arrive devant le problème de l'origine, de la nature et de la destinée de l'homme, il passe outre pour se transporter à des questions qu'il juge plus hautes et d'où la solution de celle-là dépendrait : il spécule sur l'existence en général, sur le possible et sur le réel, sur le temps et sur l'espace, sur la spiritualité et sur la matérialité; puis il descend, de degré en degré, à la conscience et à la vie, dont il voudrait pénétrer l'essence. Mais qui ne voit que ses spéculations sont alors purement abstraites et qu'elles portent, non pas sur les choses mêmes, mais sur l'idée trop simple qu'il se fait d'elles avant de les avoir étudiées empiriquement? On ne s'expliquerait pas l'attachement de tel ou tel philosophe à une méthode aussi étrange si elle n'avait le triple avantage de flatter son amour-propre, de faciliter son travail, et de lui donner l'illusion de la connaissance définitive. Comme elle le conduit à quelque théorie très générale, à une idée à peu près vide, il pourra toujours, plus tard, placer rétrospectivement dans l'idée tout ce que l'expérience aura enseigné de la chose : il prétendra alors avoir anticipé sur l'expérience par la seule force du raisonnement, avoir embrassé par avance dans une conception plus vaste les conceptions plus restreintes en effet, mais seules difficiles à former et seules utiles à conserver, auxquelles on arrive par l'approfondissement des faits. Comme, d'autre part, rien n'est plus aisé que de raisonner géométriquement, sur des idées abstraites, il construit sans peine une doctrine où tout se tient, et qui paraît s'imposer par sa rigueur. Mais cette rigueur vient de ce qu'on a opéré sur une idée schématique et raide, au lieu de suivre les contours sinueux et mobiles de la réalité.

3

Pour une approche graduelle des faits

LA CONNAISSANCE

[Combien serait préférable une philosophie plus modeste, qui irait tout droit à l'objet sans s'inquiéter des principes dont il paraît dépendre! Elle n'ambitionnerait plus une certitude immédiate, qui ne peut être qu'éphémère. Elle prendrait son temps. Ce serait une ascension graduelle à la lumière. Portés par une expérience de plus en plus vaste à des probabilités de plus en plus hautes, nous tendrions, comme à une limite, vers la certitude définitive.

J'estime, pour ma part, qu'il n'y a pas de principe d'où la solution des grands problèmes puisse se déduire mathématiquement. Il est vrai que je ne vois pas non plus de fait décisif qui tranche la question, comme il arrive en physique et en chimie. Seulement, dans des régions diverses de l'expérience, je crois apercevoir des groupes différents de faits, dont chacun, sans nous donner la connaissance désirée, nous montre une direction où la trouver. Or,

N.B. : Les crochets en début de ligne indiquent que le paragraphe a été créé par l'auteur du manuel et ne figure donc pas dans le texte d'origine.

c'est quelque chose que d'avoir une direction. Et c'est beaucoup que d'en avoir plusieurs, car ces directions doivent converger sur un même point, et ce point est justement celui que nous cherchons. Bref, nous possédons dès à présent un certain nombre de *lignes de faits,* qui ne vont pas aussi loin qu'il faudrait, mais que nous pouvons prolonger hypothétiquement. Je voudrais suivre avec vous quelques-unes d'entre elles. Chacune, prise à part, nous conduira à une conclusion simplement probable ; mais toutes ensemble, par leur convergence, nous mettront en présence d'une telle accumulation de probabilités que nous nous sentirons, je l'espère, sur le chemin de la certitude. Nous nous en rapprocherons d'ailleurs indéfiniment, par le commun effort des bonnes volontés associées. Car la philosophie ne sera plus alors une construction, œuvre systématique d'un penseur unique. Elle comportera, elle appellera sans cesse des additions, des corrections, des retouches. Elle progressera comme la science positive. Elle se fera, elle aussi, en collaboration.

4

La conscience est d'abord mémoire

LA CONSCIENCE

Voici la première direction où nous nous engagerons. Qui dit esprit dit, avant tout, conscience. Mais, qu'est-ce que la conscience ? Vous pensez bien que je ne vais pas définir une chose aussi concrète, aussi constamment présente à l'expérience de chacun de nous. Mais sans donner de la conscience une définition qui serait moins claire qu'elle, je puis la caractériser par son trait le plus apparent : conscience signifie d'abord mémoire. La mémoire peut manquer d'ampleur ; elle peut n'embrasser qu'une faible partie du passé ; elle peut ne retenir que ce qui vient d'arriver ; mais la mémoire est là, ou bien alors la conscience n'y est pas. Une conscience qui ne conserverait rien de son passé, qui s'oublierait sans cesse elle-même, périrait et renaîtrait à chaque instant : comment définir autrement l'inconscience ? Quand Leibniz disait de la matière que c'est « un esprit instantané », ne la déclarait-il pas, bon gré, mal gré, insensible ? Toute conscience est donc mémoire — conservation et accumulation du passé dans le présent.

5

La conscience est un trait d'union entre le passé et l'avenir

LE TEMPS

Mais toute conscience est anticipation de l'avenir. Considérez la direction de votre esprit à n'importe quel moment : vous trouverez qu'il s'occupe de ce qui est, mais en vue surtout de ce qui va être. L'attention est une attente, et il n'y a pas de conscience sans une certaine attention à la vie. L'avenir est là ; il nous appelle, ou plutôt il nous tire à lui : cette traction ininterrompue, qui nous fait avancer sur la route du temps, est cause aussi que nous agissons continuellement. Toute action est un empiétement sur l'avenir.

Retenir ce qui n'est déjà plus, anticiper sur ce qui n'est pas encore, voilà donc la première fonction de la conscience. Il n'y aurait pas pour elle de présent, si le présent se réduisait à l'instant mathématique. Cet instant n'est que la limite, purement théorique, qui sépare le passé de l'avenir ; il peut à la rigueur être conçu, il n'est jamais perçu ; quand nous croyons le surprendre, il est déjà loin de nous. Ce que nous percevons en fait, c'est une certaine épaisseur de durée qui se compose de deux parties : notre passé immédiat et notre avenir imminent. Sur ce passé nous sommes appuyés, sur cet avenir nous sommes penchés ; s'appuyer et se pencher ainsi est le propre d'un être conscient. Disons donc, si vous voulez, que la conscience est un trait d'union entre ce qui a été et ce qui sera, un pont jeté entre le passé et l'avenir. Mais à quoi sert ce pont, et qu'est-ce que la conscience est appelée à faire ?

6

Comment sait-on qu'un autre être est conscient ?

AUTRUI

Pour répondre à la question, demandons-nous quels sont les êtres conscients et jusqu'où le domaine de la conscience s'étend dans la nature. Mais n'exigeons pas ici l'évidence complète, rigoureuse, mathématique ; nous n'obtiendrions rien. Pour savoir de science certaine qu'un être est conscient, il faudrait pénétrer en lui, coïncider avec lui, être lui. Je vous défie de prouver, par expérience ou par raisonnement, que moi, qui vous parle en ce moment, je sois un être conscient. Je pourrais être un automate ingénieusement construit par la nature, allant, venant, discourant ; les paroles mêmes par lesquelles je me déclare conscient pourraient être prononcées inconsciemment. Toutefois, si la chose n'est pas impossible, vous m'avouerez qu'elle n'est guère probable. Entre vous et moi il y a une ressemblance extérieure évidente ; et de cette ressemblance extérieure vous concluez, par analogie, à une similitude interne. Le raisonnement par analogie ne donne jamais, je le veux bien, qu'une probabilité ; mais il y a une foule de cas où cette probabilité est assez haute pour équivaloir pratiquement à la certitude. Suivons donc le fil de l'analogie et cherchons jusqu'où la conscience s'étend, en quel point elle s'arrête.

7

Les conditions organiques de la conscience

LA CONSCIENCE

On dit quelquefois : « La conscience est liée chez nous à un cerveau ; donc il faut attribuer la conscience aux êtres vivants qui ont un cerveau, et la refuser aux autres. » mais vous apercevez tout de suite le vice de cette argumentation. En raisonnant de la même manière, on dirait aussi bien : « La digestion est liée chez nous à un estomac ; donc les êtres vivants qui ont un estomac digèrent, et les autres ne digèrent pas. » Or on se tromperait gravement, car il n'est pas nécessaire d'avoir un estomac, ni même d'avoir des organes, pour digérer : une amibe digère, quoiqu'elle ne soit qu'une masse protoplasmique à peine différenciée. Seulement, à mesure que le corps vivant se complique et se perfectionne, le travail se divise ; aux fonctions diverses sont affectés des organes différents ; et la faculté de digérer se localise dans l'estomac et plus généralement dans un appareil digestif qui s'en acquitte mieux, n'ayant que cela à faire. De même, la conscience est incontestablement liée au cerveau chez l'homme : mais il ne suit pas de là qu'un cerveau soit indispensable à la conscience. Plus on descend dans la série animale, plus les centres nerveux se simplifient et se séparent les uns des autres ; finalement, les éléments nerveux disparaissent, noyés dans la masse d'un organisme moins différencié : ne devons-nous pas supposer que si, au sommet de l'échelle des êtres vivants, la conscience se fixait sur des centres nerveux très compliqués, elle accompagne le système nerveux tout le long de la descente, et que lorsque la substance nerveuse vient enfin se fondre dans une matière vivante encore indifférenciée, la conscience s'y éparpille elle-même, diffuse et confuse, réduite à peu de chose, mais non pas tombée à rien ? Donc, à la rigueur, tout ce qui est vivant pourrait être conscient : en principe, la conscience est coextensive à la vie. Mais l'est-elle en fait ? Ne lui arrive-t-il pas de s'endormir ou de s'évanouir ? C'est probable, et voici une seconde ligne de faits qui nous acheminera à cette conclusion.

8

Le rôle du cerveau chez l'être vivant

CONNAISSANCE DU VIVANT

Chez l'être conscient que nous connaissons le mieux, c'est par l'intermédiaire d'un cerveau que la conscience travaille. Jetons donc un coup d'œil sur le cerveau humain, et voyons comment il fonctionne. Le cerveau fait partie d'un système nerveux qui comprend, outre le cerveau lui-même, une moelle, des nerfs, etc. Dans la moelle sont montés des mécanismes dont chacun contient, prête à se déclencher, telle ou telle action compliquée que le corps accomplira quand il le voudra ; c'est ainsi que les rouleaux de papier perforé, dont on munit un piano mécanique, dessinent par avance les airs que jouera l'instrument. Chacun de ces mécanismes peut être déclenché directement par une cause extérieure : le corps exécute alors tout de suite, comme réponse à l'excitation reçue, un ensemble de mouvements coordonnés entre eux. Mais il y a des cas où l'excitation, au lieu d'obtenir immédiatement une réaction plus ou moins compliquée du corps en s'adressant à la moelle, monte d'abord au cerveau, puis redescend, et ne fait jouer le mécanisme de la moelle qu'après avoir pris le cerveau pour intermédiaire. Pourquoi ce détour ? à quoi bon l'intervention du cerveau ? Nous le devinerons sans peine si nous considérons la structure générale du système nerveux. Le cerveau est en relation avec les mécanismes de la moelle en général, et non pas seulement avec tel ou tel d'entre eux ; il reçoit aussi des excitations de toute espèce, et non pas seulement tel ou tel genre d'excitation. C'est donc un carrefour, où l'ébranlement venu par n'importe quelle voie sensorielle peut s'engager sur n'importe quelle voie motrice. C'est un commutateur, qui permet de lancer le courant reçu d'un point de l'organisme dans la direction d'un appareil de mouvement désigné à volonté. Dès lors, ce que l'excitation va demander au cerveau quand elle fait son détour, c'est évidemment d'actionner un mécanisme moteur qui ait été choisi, et non plus subi. La moelle contenait un grand nombre de réponses toutes faites à la question que les circonstances pouvaient poser ; l'intervention du cerveau fait jouer la plus appropriée d'entre elles. Le cerveau est un organe de *choix.*

9

Les divers degrés de la conscience chez l'animal

CONNAISSANCE DU VIVANT

Or, à mesure que nous descendons le long de la série animale, nous trouvons une séparation de moins en moins nette entre les fonctions de la moelle et celles du cerveau. La faculté de choisir, localisée d'abord dans le cerveau, s'étend progressivement à la moelle, qui d'ailleurs construit alors un moins grand nombre de mécanismes, et les monte sans doute aussi avec moins de précision. Finalement, là où le système nerveux est rudimentaire, à plus forte raison là où il n'y a plus d'éléments nerveux distincts, automatisme et choix se fondent ensemble : la réaction se simplifie assez pour paraître presque mécanique ; elle hésite et tâtonne pourtant encore, comme si elle restait volontaire. Rappelez-vous l'amibe dont nous parlions tout à l'heure. En présence d'une substance dont elle peut faire sa nourriture, elle lance hors d'elle des filaments capables de saisir et d'englober les corps étrangers. Ces pseudopodes sont des organes véritables, et par conséquent des mécanismes ; mais ce sont des organes temporaires, créés pour la circonstance, et qui manifestent déjà, semble-t-il, un rudiment de choix. Bref, de haut en bas de la vie animale nous voyons s'exercer, quoique sous une forme de plus en plus vague à mesure que nous descendons davantage, la faculté de choisir, c'est-à-dire de répondre à une excitation déterminée par des mouvements plus ou moins imprévus. Voilà ce que nous trouvons sur notre seconde ligne de faits. Ainsi se complète la conclusion où nous arrivions d'abord ; car si, comme nous le disions, la conscience retient le passé et anticipe l'avenir, c'est précisément, sans doute, parce qu'elle est appelée à effectuer un choix : pour choisir, il faut penser à ce qu'on pourra faire et se remémorer les conséquences, avantageuses ou nuisibles, de ce qu'on a déjà fait ; il faut prévoir et il faut se souvenir. Mais d'autre part notre conclusion, en se complétant, nous fournit une réponse plausible à la question que nous venons de poser : tous les êtres vivants sont-ils des êtres conscients, ou la conscience ne couvre-t-elle qu'une partie du domaine de la vie ?

10

Peut-on concevoir une conscience végétale ?

CONNAISSANCE DU VIVANT

Si, en effet, conscience signifie choix, et si le rôle de la conscience est de se décider, il est douteux qu'on rencontre la conscience dans des organismes qui ne se meuvent pas spontanément et qui n'ont pas de décision à prendre. À vrai dire, il n'y a pas d'être vivant qui paraisse tout à fait incapable de mouvement spontané. Même dans le monde végétal, où l'organisme est généralement fixé au sol, la faculté de se mouvoir est plutôt endormie qu'absente : elle se réveille quand elle peut se rendre utile. Je crois que tous les êtres vivants, plantes et animaux, la possèdent en droit ; mais beaucoup d'entre eux y renoncent en fait, — bien des animaux d'abord, surtout parmi ceux qui vivent en parasites sur d'autres organismes et qui n'ont pas besoin de se déplacer pour trouver leur nourriture, puis la plupart des végétaux : ceux-ci ne sont-ils pas, comme on l'a dit, parasites de la terre ? Il me paraît donc vraisemblable que la conscience, originellement immanente à tout ce qui vit, s'endort là où il n'y a plus de mouvement spontané, et s'exalte quand la vie appuie vers l'activité libre. Chacun de nous a d'ailleurs pu vérifier cette loi sur lui-même.

11

La conscience est choix

LA CONSCIENCE

[Qu'arrive-t-il quand une de nos actions cesse d'être spontanée pour devenir automatique ? La conscience s'en retire. Dans l'apprentissage d'un exercice, par exemple, nous commençons par être conscients de chacun des mouvements que nous exécutons, parce qu'il vient de nous, parce qu'il résulte d'une décision et implique un choix ; puis, à mesure que ces mouvements s'enchaînent davantage entre eux et se déterminent plus mécaniquement les uns les autres, nous dispensant ainsi de nous décider et de choisir, la conscience que nous en avons diminue et disparaît. Quels sont, d'autre part, les moments où notre conscience atteint le plus de vivacité ? Ne sont-ce pas les moments de crise intérieure, où nous hésitons entre deux ou plusieurs partis à prendre, où nous sentons que notre avenir sera ce que nous l'aurons fait ? Les variations d'intensité de notre conscience semblent donc bien correspondre à la somme plus ou moins considérable de choix ou, si vous voulez, de création, que nous distribuons sur notre conduite. Tout porte à croire qu'il en est ainsi de la conscience en général. Si conscience signifie mémoire et anticipation, c'est que conscience est synonyme de choix.

12

Les deux voies ouvertes à la matière vivante

CONNAISSANCE DU VIVANT

Représentons-nous alors la matière vivante sous sa forme élémentaire, telle qu'elle a pu s'offrir d'abord. C'est une simple masse de gelée protoplasmique, comme celle de l'amibe ; elle est déformable à volonté, elle est donc vaguement consciente. Maintenant, pour qu'elle grandisse et qu'elle évolue, deux voies s'ouvrent à elle. Elle peut s'orienter dans le sens du mouvement et de l'action — mouvement de plus en plus efficace, action de plus en plus libre : cela, c'est le risque et l'aventure, mais c'est aussi la conscience, avec ses degrés croissants de profondeur et d'intensité. Elle peut, d'autre part, abandonner la faculté d'agir et de choisir dont elle porte en elle l'ébauche, s'arranger pour obtenir sur place tout ce qu'il lui faut au lieu de l'aller chercher : c'est alors l'existence assurée, tranquille, bourgeoise, mais c'est aussi la torpeur, premier effet de l'immobilité ; c'est bientôt l'assoupissement définitif, c'est l'inconscience. Telles sont les deux voies qui s'offraient à l'évolution de la vie. La matière vivante s'est engagée en partie sur l'une, en partie sur l'autre. La première marque en gros la direction du monde animal (je dis « en gros », parce que bien des espèces animales renoncent au mouvement, et par là sans doute à la conscience) ; la seconde représente en gros celle des végétaux (je dis encore une fois « en gros », car la mobilité, et probablement aussi la conscience, peuvent se réveiller à l'occasion chez la plante).

13

La vie introduit l'indétermination dans la matière

CONNAISSANCE DU VIVANT

Or, si nous considérons de ce biais la vie à son entrée dans le monde, nous la voyons apporter avec elle quelque chose qui tranche sur la matière brute. Le monde, laissé à lui-même, obéit à des lois fatales. Dans des conditions déterminées, la matière se comporte de façon déterminée, rien de ce qu'elle fait n'est imprévisible : si notre science était complète et notre puissance de calculer infinie, nous saurions par avance tout ce qui se passera dans l'univers matériel inorganisé, dans sa masse et dans ses éléments, comme nous prévoyons une éclipse de soleil ou de lune. Bref, la matière est inertie, géométrie, nécessité. Mais avec la vie apparaît le mouvement imprévisible et libre. L'être vivant choisit ou tend à choisir. Son rôle est de créer. Dans un monde où tout le reste est déterminé, une zone d'indétermination l'environne. Comme, pour créer l'avenir, il faut en préparer quelque chose dans le présent, comme la préparation de ce qui sera ne peut se faire que par l'utilisation de ce qui a été, la vie s'emploie dès le début à conserver le passé et à anticiper sur l'avenir dans une durée où passé, présent et avenir empiètent l'un sur l'autre et forment une continuité indivisée : cette mémoire et cette anticipation sont, comme nous l'avons vu, la conscience même. Et c'est pourquoi, en droit sinon en fait, la conscience est coextensive à la vie.

14

La vie réconcilie matière et conscience

LA CONSCIENCE

Conscience et matérialité se présentent donc comme des formes d'existence radicalement différentes, et même antagonistes, qui adoptent un *modus vivendi* et s'arrangent tant bien que mal entre elles. La matière est nécessité, la conscience est liberté; mais elles ont beau s'opposer l'une à l'autre, la vie trouve moyen de les réconcilier. C'est que la vie est précisément la liberté s'insérant dans la nécessité et la tournant à son profit. Elle serait impossible, si le déterminisme auquel la matière obéit ne pouvait se relâcher de sa rigueur. Mais supposez qu'à certains moments, en certains points, la matière offre une certaine élasticité, là s'installera la conscience. Elle s'y installera en se faisant toute petite; puis, une fois dans la place, elle se dilatera, arrondira sa part et finira par obtenir tout, parce qu'elle dispose du temps et parce que la quantité d'indétermination la plus légère, en s'additionnant indéfiniment avec elle-même, donnera autant de liberté qu'on voudra. — Mais nous allons retrouver cette même conclusion sur de nouvelles lignes de faits, qui nous la présenteront avec plus de rigueur.

15

La mise en mouvement du corps vivant

CONNAISSANCE DU VIVANT

Si nous cherchons, en effet, comment un corps vivant s'y prend pour exécuter des mouvements, nous trouvons que sa méthode est toujours la même. Elle consiste à utiliser certaines substances qu'on pourrait appeler explosives et qui, semblables à la poudre à canon, n'attendent qu'une étincelle pour détoner. Je veux parler des aliments, plus particulièrement des substances ternaires — hydrates de carbone et graisses. Une somme considérable d'énergie potentielle y est accumulée, prête à se convertir en mouvement. Cette énergie a été lentement, graduellement, empruntée au soleil par les plantes; et l'animal qui se nourrit d'une plante, ou d'un animal qui s'est nourri d'une plante, ou d'un animal qui s'est nourri d'un animal qui s'est nourri d'une plante, etc., fait simplement passer dans son corps un explosif que la vie a fabriqué en emmagasinant de l'énergie solaire. Quand il exécute un mouvement, c'est qu'il libère l'énergie ainsi emprisonnée; il n'a, pour cela, qu'à toucher un déclic, à frôler la détente d'un pistolet sans frottement, à appeler l'étincelle : l'explosif détone, et dans la direction choisie le mouvement s'accomplit. Si les premiers êtres vivants oscillèrent entre la vie végétale et la vie animale, c'est que la vie, à ses débuts, se chargeait à la fois de fabriquer l'explosif et de l'utiliser pour des mouvements. À mesure que végétaux et animaux se différenciaient, la vie se scindait en deux règnes, séparant ainsi l'une de l'autre les deux fonctions primitivement réunies. Ici elle se préoccupait davantage de fabriquer l'explosif, là de le faire détoner. Mais, qu'on l'envisage au début ou au terme de son évolution, toujours la vie dans son ensemble est un double travail d'accumulation graduelle et de dépense brusque : il s'agit pour elle d'obtenir que la matière, par une opération lente et difficile, emmagasine une énergie de puissance qui deviendra tout d'un coup énergie de mouvement. Or, comment procéderait autrement une cause libre, incapable de briser la nécessité à laquelle la matière est soumise, capable pourtant de la fléchir, et qui voudrait, avec la très petite influence dont elle dispose sur la matière, obtenir d'elle, dans une direction de mieux en mieux choisie, des mouvements de plus en plus puissants ? Elle s'y prendrait précisément de cette manière. Elle tâcherait de n'avoir qu'à faire jouer un déclic ou à fournir une étincelle, à utiliser instantanément une énergie que la matière aurait accumulée pendant tout le temps qu'il aurait fallu.

16

La perception condense la durée des choses

LA PERCEPTION

Mais nous arriverions à la même conclusion encore en suivant une troisième ligne de faits, en considérant, chez l'être vivant, la représentation qui précède l'acte, et non plus l'action même. À quel signe reconnaissons-nous d'ordinaire l'homme d'action, celui qui laisse sa marque sur les événements auxquels la fortune le mêle ? N'est-ce pas à ce qu'il embrasse une succession plus ou moins longue dans une vision instantanée ? Plus grande est la portion du passé qui tient dans son présent, plus lourde est la masse qu'il pousse dans l'avenir pour presser contre les éventualités qui se préparent : son action, semblable à une flèche, se décoche avec d'autant plus de force en avant que sa représentation était plus tendue vers l'arrière. Or, voyez comme notre conscience se comporte vis-à-vis de la matière qu'elle perçoit : justement, dans un seul de ses instants, elle embrasse des milliers de millions d'ébranlements qui sont successifs pour la matière inerte et dont le premier apparaîtrait au dernier, si la matière pouvait se souvenir, comme un passé infiniment lointain. Quand j'ouvre les yeux pour les refermer aussitôt, la sensation de lumière que j'éprouve, et qui tient dans un de mes moments, est la condensation d'une histoire extraordinairement longue qui se déroule dans le monde extérieur. Il y a là, se succédant les unes aux autres, des trillions d'oscillations, c'est-à-dire une série d'événements telle que si je voulais les compter, même avec la plus grande économie de temps possible, j'y mettrais des milliers d'années. Mais ces événements monotones et ternes, qui rempliraient trente siècles d'une matière devenue consciente d'elle-même, n'occupent qu'un instant de ma conscience à moi, capable de les contracter en une sensation pittoresque de lumière. On en dirait d'ailleurs autant de toutes les autres sensations. Placée au confluent de la conscience et de la matière, la sensation condense dans la durée qui nous est propre, et qui caractérise notre conscience, des périodes immenses de ce qu'on pourrait appeler, par extension, la durée des choses.

17

Percevoir pour dominer la matière

LA PERCEPTION

Ne devons-nous pas croire, alors, que si notre perception contracte ainsi les événements de la matière, c'est pour que notre action les domine ? Supposons par exemple que la nécessité inhérente à la matière ne puisse être forcée, à chacun de ses instants, que dans des limites extrêmement restreintes : comment procéderait une conscience qui voudrait néanmoins insérer dans le monde matériel une action libre, ne fût-ce que celle qu'il faut pour faire jouer un déclic ou pour orienter un mouvement ? Ne s'arrangerait-elle pas précisément de cette manière ? Ne devrions-nous pas nous attendre à trouver, entre sa durée et celle des choses, une telle différence de tension que d'innombrables instants du monde matériel pussent tenir dans un instant unique de la vie consciente, de sorte que l'action voulue, accomplie par la conscience en un de ses moments, pût se répartir sur un nombre énorme de moments de la matière et sommer ainsi en elle les indéterminations quasi infinitésimales que chacun d'eux comporte ? En d'autres termes, la tension de la durée d'un être conscient ne mesurerait-elle pas précisément sa puissance d'agir, la quantité d'activité libre et créatrice qu'il peut introduire dans le monde ? Je le crois, mais je n'insisterai pas là-dessus pour le moment.

18

La conscience et la matière

LA CONSCIENCE

[Tout ce que je veux dire est que cette nouvelle ligne de faits nous conduit au même point que la précédente. Que nous considérions l'acte décrété par la conscience, ou la perception qui le prépare, dans les deux cas la conscience nous apparaît comme une force qui s'insérerait dans la matière pour s'emparer d'elle et la tourner à son profit. Elle opère par deux méthodes complémentaires : d'un côté par une action explosive qui libère en un instant, dans la direction choisie, une énergie que la matière a accumulée pendant longtemps ; de l'autre, par un travail de contraction qui ramasse en cet instant unique le nombre incalculable de petits événements que la matière accomplit, et qui résume d'un mot l'immensité d'une histoire.

Plaçons-nous alors au point où ces diverses lignes de faits convergent. D'une part, nous voyons une matière soumise à la nécessité, dépourvue de mémoire ou n'en ayant que juste ce qu'il faut pour faire le pont entre deux de ses instants, chaque instant pouvant se déduire du précédent et n'ajoutant rien alors à ce qu'il y avait déjà dans le monde. D'autre part, la conscience, c'est-à-dire la mémoire avec la liberté, c'est-à-dire enfin une continuité de création dans une durée où il y a véritablement croissance — durée qui s'étire, durée où le passé se conserve indivisible et grandit comme une plante, comme une plante magique qui réinventerait à tout moment sa forme avec le dessin de ses feuilles et de ses fleurs. Que d'ailleurs ces deux existences — matière et conscience — dérivent d'une source commune, cela ne me paraît pas douteux. J'ai essayé jadis de montrer que, si la première est l'inverse de la seconde, si la conscience est de l'action qui sans cesse se crée et s'enrichit tandis que la matière est de l'action qui se défait ou qui s'use, ni la matière ni la conscience ne s'expliquent par elles-mêmes. Je ne reviendrai pas là-dessus ; je me borne donc à vous dire que je vois dans l'évolution entière de la vie sur notre planète une traversée de la matière par la conscience créatrice, un effort pour libérer, à force d'ingéniosité et d'invention, quelque chose qui reste emprisonné chez l'animal et qui ne se dégage définitivement que chez l'homme.

19

Pourquoi la vie a-t-elle évolué en se compliquant ?

CONNAISSANCE DU VIVANT

Il est inutile d'entrer dans le détail des observations qui, depuis Lamarck et Darwin, sont venues confirmer de plus en plus l'idée d'une évolution des espèces, je veux dire de la génération des unes par les autres depuis les formes organisées les plus simples. Nous ne pouvons refuser notre adhésion à une hypothèse qui a pour elle le triple témoignage de l'anatomie comparée, de l'embryologie et de la paléontologie. La science a d'ailleurs montré par quels effets se traduit, tout le long de l'évolution de la vie, la nécessité pour les êtres vivants de s'adapter aux conditions qui leur sont faites. Mais cette nécessité paraît expliquer les arrêts de la vie à telles ou telles formes déterminées, et non pas le mouvement qui porte l'organisation de plus en plus haut. Un organisme rudimentaire est aussi bien adapté que le nôtre à ses conditions d'existence, puisqu'il réussit à y vivre : pourquoi donc la vie est-elle allée se compliquant, et se compliquant de plus en plus dangereusement ? Telle forme vivante, que nous observons aujourd'hui, se rencontrait dès les temps les plus reculés de l'ère paléozoïque ; elle a persisté, immuable, à travers les âges ; il n'était donc pas impossible à la vie de s'arrêter à une forme définitive. Pourquoi ne s'est-elle pas bornée à le faire, partout où c'était possible ? pourquoi a-t-elle marché ? pourquoi — si elle n'est pas entraînée par un élan, à travers des risques de plus en plus forts, vers une efficacité de plus en plus haute ?

20

Les deux réussites de l'évolution

CONNAISSANCE DU VIVANT

Il est difficile de jeter un coup d'œil sur l'évolution de la vie sans avoir le sentiment que cette poussée intérieure est une réalité. Mais il ne faut pas croire qu'elle ait lancé la matière vivante dans une direction unique, ni que les diverses espèces représentent autant d'étapes le long d'une seule route, ni que le trajet se soit effectué sans encombre. Il est visible que l'effort a rencontré des résistances dans la matière qu'il utilisait ; il a dû se diviser en chemin, partager entre des lignes d'évolution différentes les tendances dont il était gros ; il a dévié, il a rétrogradé ; parfois il s'est arrêté net. Sur deux lignes seulement il a remporté un succès incontestable, succès partiel dans un cas, relativement complet dans l'autre ; je veux parler des arthropodes et des vertébrés. Au bout de la première ligne nous trouvons les instincts de l'insecte ; au bout de la seconde, l'intelligence humaine. Nous sommes donc autorisés à croire que la force qui évolue portait d'abord en elle, mais confondus ou plutôt impliqués l'un dans l'autre, instinct et intelligence.

21

L'évolution est créatrice de liberté

CONNAISSANCE DU VIVANT

Bref, les choses se passent comme si un immense courant de conscience, où s'entrepénétraient des virtualités de tout genre, avait traversé la matière pour l'entraîner à l'organisation et pour faire d'elle, quoiqu'elle soit la nécessité même, un instrument de liberté. Mais la conscience a failli être prise au piège. La matière s'enroule autour d'elle, la plie à son propre automatisme, l'endort dans sa propre inconscience. Sur certaines lignes d'évolution, celles du monde végétal en particulier, automatisme et inconscience sont la règle ; la liberté immanente à la force évolutive se manifeste encore, il est vrai, par la création de formes imprévues qui sont de véritables œuvres d'art ; mais ces imprévisibles formes, une fois créées, se répètent machinalement : l'individu ne choisit pas. Sur d'autres lignes, la conscience arrive à se libérer assez pour que l'individu retrouve un certain sentiment, et par conséquent une certaine latitude de choix ; mais les nécessités de l'existence sont là, qui font de la puissance de choisir un simple auxiliaire du besoin de vivre. Ainsi, de bas en haut de l'échelle de la vie, la liberté est rivée à une chaîne qu'elle réussit tout au plus à allonger. Avec l'homme seulement, un saut brusque s'accomplit ; la chaîne se brise. Le cerveau de l'homme a beau ressembler, en effet, à celui de l'animal : il a ceci de particulier qu'il fournit le moyen d'opposer à chaque habitude contractée une autre habitude et à tout automatisme un automatisme antagoniste. La liberté, se ressaisissant tandis que la nécessité est aux prises avec elle-même, ramène alors la matière à l'état d'instrument. C'est comme si elle avait divisé pour régner.

22

L'élan vital, moteur de l'évolution créatrice

CONNAISSANCE DU VIVANT

Que l'effort combiné de la physique et de la chimie aboutisse un jour à la fabrication d'une matière qui ressemble à la matière vivante, c'est probable : la vie procède par insinuation, et la force qui entraîna la matière hors du pur mécanisme n'aurait pas eu de prise sur cette matière si elle n'avait d'abord adopté ce mécanisme : telle, l'aiguille de la voie ferrée se colle le long du rail dont elle veut détacher le train. En d'autres termes, la vie s'installa, à ses débuts, dans un certain genre de matière qui commençait ou qui aurait pu commencer à se fabriquer sans elle. Mais là se fût arrêtée la matière si elle avait été laissée à elle-même ; et là s'arrêtera aussi, sans doute, le travail de fabrication de nos laboratoires. On imitera certains caractères de la matière vivante ; on ne lui imprimera pas l'élan en vertu duquel elle se reproduit et, au sens transformiste du mot, évolue. Or, cette reproduction et cette évolution sont la vie même. L'une et l'autre manifestent une poussée intérieure, le double besoin de croître en nombre et en richesse par multiplication dans l'espace et par complication dans le temps, enfin les deux instincts qui apparaissent avec la vie et qui seront plus tard les deux grands moteurs de l'activité humaine : l'amour et l'ambition. Visiblement une force travaille devant nous, qui cherche à se libérer de ses entraves et aussi à se dépasser elle-même, à donner d'abord tout ce qu'elle a et ensuite plus qu'elle n'a : comment définir autrement l'esprit ? et par où la force spirituelle, si elle existe, se distinguerait-elle des autres, sinon par la faculté de tirer d'elle-même plus qu'elle ne contient? Mais il faut tenir compte des obstacles de tout genre que cette force rencontre sur son chemin. L'évolution de la vie, depuis ses origines jusqu'à l'homme, évoque à nos yeux l'image d'un courant de conscience qui s'engagerait dans la matière comme pour s'y frayer un passage souterrain, ferait des tentatives à droite et à gauche, pousserait plus ou moins avant, viendrait la plupart du temps se briser contre le roc, et pourtant, dans une direction au moins, réussirait à percer et reparaîtrait à la lumière. Cette direction est la ligne d'évolution qui aboutit à l'homme.

23

Fécondité de la résistance que la matière offre à l'esprit

LA MÉTAPHYSIQUE

Mais pourquoi l'esprit s'est-il lancé dans l'entreprise? quel intérêt avait-il à forer le tunnel? Ce serait le cas de suivre plusieurs nouvelles lignes de faits, que nous verrions encore converger sur un seul point. Mais il faudrait entrer dans de tels détails sur la vie psychologique, sur la relation psychophysiologique, sur l'idéal moral et sur le progrès social, que nous ferons aussi bien d'aller tout droit à la conclusion. Mettons donc matière et conscience en présence l'une de l'autre : nous verrons que la matière est d'abord ce qui divise et ce qui précise. Une pensée, laissée à elle-même, offre une implication réciproque d'éléments dont on ne peut dire qu'ils soient un ou plusieurs : c'est une continuité, et dans toute continuité il y a de la confusion. Pour que la pensée devienne distincte, il faut bien qu'elle s'éparpille en mots : nous ne nous rendons bien compte de ce que nous avons dans l'esprit que lorsque nous avons pris une feuille de papier, et aligné les uns à côté des autres des termes qui s'entrepénétraient. Ainsi la matière distingue, sépare, résout en individualités et finalement en personnalités des tendances jadis confondues dans l'élan originel de la vie. D'autre part, la matière provoque et rend possible l'effort. La pensée qui n'est que pensée, l'œuvre d'art qui n'est que conçue, le poème qui n'est que rêvé, ne coûtent pas encore de la peine; c'est la réalisation matérielle du poème en mots, de la conception artistique en statue ou tableau, qui demande un effort. L'effort est pénible, mais il est aussi précieux, plus précieux encore que l'œuvre où il aboutit, parce que, grâce à lui, on a tiré de soi plus qu'il n'y avait, on s'est haussé au-dessus de soi-même. Or, cet effort n'eût pas été possible sans la matière : par la résistance qu'elle oppose et par la docilité où nous pouvons l'amener, elle est à la fois l'obstacle, l'instrument et le stimulant; elle éprouve notre force, en garde l'empreinte et en appelle l'intensification.

24

La joie de créer

LE BONHEUR

Les philosophes qui ont spéculé sur la signification de la vie et sur la destinée de l'homme n'ont pas assez remarqué que la nature a pris la peine de nous renseigner là-dessus elle-même. Elle nous avertit par un signe précis que notre destination est atteinte. Ce signe est la joie. Je dis la joie, je ne dis pas le plaisir. Le plaisir n'est qu'un artifice imaginé par la nature pour obtenir de l'être vivant la conservation de la vie; il n'indique pas la direction où la vie est lancée. Mais la joie annonce toujours que la vie a réussi, qu'elle a gagné du terrain, qu'elle a remporté une victoire : toute grande joie a un accent triomphal. Or, si nous tenons compte de cette indication et si nous suivons cette nouvelle ligne de faits, nous trouvons que partout où il y a joie, il y a création : plus riche est la création, plus profonde est la joie. La mère qui regarde son enfant est joyeuse, parce qu'elle a conscience de l'avoir créé, physiquement et moralement. Le commerçant qui développe ses affaires, le chef d'usine qui voit prospérer son industrie, est-il joyeux en raison de l'argent qu'il gagne et de la notoriété qu'il acquiert ? Richesse et considération entrent évidemment pour beaucoup dans la satisfaction qu'il ressent, mais elles lui apportent des plaisirs plutôt que de la joie, et ce qu'il goûte de joie vraie est le sentiment d'avoir monté une entreprise qui marche, d'avoir appelé quelque chose à la vie. Prenez des joies exceptionnelles, celle de l'artiste qui a réalisé sa pensée, celle du savant qui a découvert ou inventé. Vous entendrez dire que ces hommes travaillent pour la gloire et qu'ils tirent leurs joies les plus vives de l'admiration qu'ils inspirent. Erreur profonde ! On tient à l'éloge et aux honneurs dans l'exacte mesure où l'on n'est pas sûr d'avoir réussi. Il y a de la modestie au fond de la vanité. C'est pour se rassurer qu'on cherche l'approbation, et c'est pour soutenir la vitalité peut-être insuffisante de son œuvre qu'on voudrait l'entourer de la chaude admiration des hommes, comme on met dans du coton l'enfant né avant terme. Mais celui qui est sûr, absolument sûr, d'avoir produit une œuvre viable et durable, celui-là n'a plus que faire de l'éloge et se sent au-dessus de la gloire, parce qu'il est créateur, parce qu'il le sait, et parce que la joie qu'il en éprouve est une joie divine. Si donc, dans tous les domaines, le triomphe de la vie est la création, ne devons-nous pas supposer que la vie humaine a sa raison d'être dans une création qui peut, à la différence de celle de l'artiste et du savant, se poursuivre à tout moment chez tous les hommes : la création de soi par soi, l'agrandissement de la personnalité par un effort qui tire beaucoup de peu, quelque chose de rien, et ajoute sans cesse à ce qu'il y avait de richesse dans le monde ?

25

La beauté des formes, entre création et répétition

L'ART

Vue du dehors, la nature apparaît comme une immense efflorescence d'imprévisible nouveauté ; la force qui l'anime semble créer avec amour, pour rien, pour le plaisir, la variété sans fin des espèces végétales et animales ; à chacune elle confère la valeur absolue d'une grande œuvre d'art ; on dirait qu'elle s'attache à la première venue autant qu'aux autres, autant qu'à l'homme. Mais la forme d'un vivant, une fois dessinée, se répète indéfiniment ; mais les actes de ce vivant, une fois accomplis, tendent à s'imiter eux-mêmes et à se recommencer automatiquement : automatisme et répétition, qui dominent partout ailleurs que chez l'homme, devraient nous avertir que nous sommes ici à des haltes, et que le piétinement sur place, auquel nous avons affaire, n'est pas le mouvement même de la vie. Le point de vue de l'artiste est donc important, mais non pas définitif. La richesse et l'originalité des formes marquent bien un épanouissement de la vie ; mais dans cet épanouissement, dont la beauté signifie puissance, la vie manifeste aussi bien un arrêt de son élan et une impuissance momentanée à pousser plus loin, comme l'enfant qui arrondit en volte gracieuse la fin de sa glissade.

26

Le point de vue du moraliste est illimité

AUTRUI

Supérieur est le point de vue du moraliste. Chez l'homme seulement, chez les meilleurs d'entre nous surtout, le mouvement vital se poursuit sans obstacle, lançant à travers cette œuvre d'art qu'est le corps humain, et qu'il a créée au passage, le courant indéfiniment créateur de la vie morale. L'homme, appelé sans cesse à s'appuyer sur la totalité de son passé pour peser d'autant plus puissamment sur l'avenir, est la grande réussite de la vie. Mais créateur par excellence est celui dont l'action, intense elle-même, est capable d'intensifier aussi l'action des autres hommes, et d'allumer, généreuse, des foyers de générosité. Les grands hommes de bien, et plus particulièrement ceux dont l'héroïsme inventif et simple a frayé à la vertu des voies nouvelles, sont révélateurs de vérité métaphysique. Ils ont beau être au point culminant de l'évolution, ils sont le plus près des origines et rendent sensible à nos yeux l'impulsion qui vient du fond. Considérons-les attentivement, tâchons d'éprouver sympathiquement ce qu'ils éprouvent, si nous voulons pénétrer par un acte d'intuition jusqu'au principe même de la vie. Pour percer le mystère des profondeurs, il faut parfois viser les cimes. Le feu qui est au centre de la terre n'apparaît qu'au sommet des volcans.

27

La société et l'individu

LA SOCIÉTÉ

Sur les deux grandes routes que l'élan vital a trouvées ouvertes devant lui, le long de la série des arthropodes et de celle des vertébrés, se développèrent dans des directions divergentes, disions-nous, l'instinct et l'intelligence, enveloppés d'abord confusément l'un dans l'autre. Au point culminant de la première évolution sont les insectes hyménoptères, à l'extrémité de la seconde est l'homme : de part et d'autre, malgré la différence radicale des formes atteintes et l'écart croissant des chemins parcourus, c'est à la vie sociale que l'évolution aboutit, comme si le besoin s'en était fait sentir dès le début, ou plutôt comme si quelque aspiration originelle et essentielle de la vie ne pouvait trouver que dans la société sa pleine satisfaction. La société, qui est la mise en commun des énergies individuelles, bénéficie des efforts de tous et rend à tous leur effort plus facile. Elle ne peut subsister que si elle se subordonne l'individu, elle ne peut progresser que si elle le laisse faire : exigences opposées, qu'il faudrait réconcilier. Chez l'insecte, la première condition est seule remplie. Les sociétés de fourmis et d'abeilles sont admirablement disciplinées et unies, mais figées dans une immuable routine. Si l'individu s'y oublie lui-même, la société oublie aussi sa destination ; l'un et l'autre, en état de somnambulisme, font et refont indéfiniment le tour du même cercle, au lieu de marcher, droit en avant, à une efficacité sociale plus grande et à une liberté individuelle plus complète. Seules, les sociétés humaines tiennent fixés devant leurs yeux les deux buts à atteindre. En lutte avec elles-mêmes et en guerre les unes avec les autres, elles cherchent visiblement, par le frottement et par le choc, à arrondir des angles, à user des antagonismes, à éliminer des contradictions, à faire que les volontés individuelles s'insèrent sans se déformer dans la volonté sociale et que les diverses sociétés entrent à leur tour, sans perdre leur originalité ni leur indépendance, dans une société plus vaste : spectacle inquiétant et rassurant, qu'on ne peut contempler sans se dire qu'ici encore, à travers des obstacles sans nombre, la vie travaille à individuer et à intégrer pour obtenir la quantité la plus grande, la variété la plus riche, les qualités les plus hautes d'invention et d'effort.

28

La conscience, intensification de la vie

La métaphysique

Si maintenant nous abandonnons cette dernière ligne de faits pour revenir à la précédente, si nous tenons compte de ce que l'activité mentale de l'homme déborde son activité cérébrale, de ce que le cerveau emmagasine des habitudes motrices mais non pas des souvenirs, de ce que les autres fonctions de la pensée sont encore plus indépendantes du cerveau que la mémoire, de ce que la conservation et même l'intensification de la personnalité sont dès lors possibles et même probables après la désintégration du corps, ne soupçonnerons-nous pas que, dans son passage à travers la matière qu'elle trouve ici-bas, la conscience se trempe comme de l'acier et se prépare à une action plus efficace, pour une vie plus intense ? Cette vie, je me la représente encore comme une vie de lutte et comme une exigence d'invention, comme une évolution créatrice : chacun de nous y viendrait, par le seul jeu des forces naturelles, prendre place sur celui des plans moraux où le haussaient déjà virtuellement ici-bas la qualité et la quantité de son effort, comme le ballon lâché de terre adopte le niveau que lui assignait sa densité. Ce n'est là, je le reconnais, qu'une hypothèse. Nous étions tout à l'heure dans la région du probable ; nous voici dans celle du simple possible. Avouons notre ignorance, mais ne nous résignons pas à la croire définitive. S'il y a pour les consciences un au-delà, je ne vois pas pourquoi nous ne découvririons pas le moyen de l'explorer. Rien de ce qui concerne l'homme ne saurait se dérober de parti pris à l'homme. Parfois d'ailleurs le renseignement que nous nous figurons très loin, à l'infini, est à côté de nous, attendant qu'il nous plaise de le cueillir. Rappelez-vous ce qui s'est passé pour un autre au-delà, celui des espaces ultra-planétaires. Auguste Comte déclarait à jamais inconnaissable la composition chimique des corps célestes. Quelques années après, on inventait l'analyse spectrale, et nous savons aujourd'hui, mieux que si nous y étions allés, de quoi sont faites les étoiles.

CONTREPOINT

La philosophie s'est longtemps égarée dans la recherche d'une problématique substance capable d'expliquer la conscience. Diderot le premier soupçonna qu'il n'était pas besoin de faire appel à une substance spéciale pour rendre compte de l'activité mentale, mais que tout tenait à l'organisation des « brins » ou fibres nerveuses.

Denis Diderot,
Rêve de d'Alembert, 1769.

D'après vos principes, il me semble que, par une suite d'opérations purement mécaniques, je réduirais le premier génie de la terre à une masse de chair inorganisée, à laquelle on ne laisserait que la sensibilité du moment, et que l'on ramènerait cette masse informe de l'état de stupidité le plus profond qu'on puisse imaginer à la condition de l'homme de génie. L'un de ces deux phénomènes consisterait à mutiler l'écheveau primitif d'un certain nombre de ses brins, et à bien brouiller le reste ; et le phénomène inverse à restituer à l'écheveau les brins qu'on en aurait détachés, et à abandonner le tout à un heureux développement. Exemple : j'ôte à Newton les deux brins auditifs, et plus de sensations de sons ; les brins olfactifs, et plus de sensations d'odeurs ; les brins optiques, et plus de sensations de couleurs ; les brins palatins, et plus de sensations de saveurs ; je supprime ou brouille les autres, et adieu l'organisation du cerveau la mémoire, le jugement, les désirs, les aversions, les passions, la volonté, la conscience du soi, et voilà une masse informe qui n'a retenu que la vie et la sensibilité. [...] Je reprends cette masse et je lui restitue les brins olfactifs, et elle flaire ; les brins auditifs, et elle entend ; les brins optiques, et elle voit ; les brins palatins, et elle goûte. En démêlant le reste de l'écheveau, je permets aux autres brins de se développer, et je vois renaître la mémoire, les comparaisons, le jugement, la raison, les désirs, les aversions, les passions, l'aptitude naturelle, le talent, et je retrouve mon homme de génie, et cela sans l'entremise d'aucun agent hétérogène et inintelligible.

La conscience

Alain

Définitions

1868-1951

L'aspect le plus connu de la pensée d'Alain (Émile Chartier) est sa défense des droits de l'individu face à l'oppression politique. Le titre d'un de ses essais exprime bien sa position, *Le Citoyen contre les pouvoirs,* à condition de ne pas y voir un appel à la révolte contre l'État, mais une attitude d'obéissance sans adhésion. En effet, il faut bien se plier à la discipline sociale, sans quoi la vie commune serait impossible, mais rien n'oblige l'individu à accorder aux autorités son approbation. Le pouvoir veut qu'on l'aime, contentons-nous de le respecter. Et méditons cette définition : « La démocratie c'est la grève de l'enthousiasme. »

Définir les notions, et surtout celles dont nous nous servons quotidiennement et dont la signification ne nous paraît pas faire problème, voilà un exercice philosophique des plus profitables. Les premiers entretiens de Socrate, et l'embarras de ses interlocuteurs, témoignaient de cette nécessité de savoir de quoi l'on parle quand on emploie des mots apparemment simples comme courage, beauté, vertu, piété. Alain s'est livré à cet exercice, en rédigeant quelques centaines de fiches. On peut les lire et les étudier comme des modèles d'un véritable art de définir auquel chacun devra s'essayer à son tour.

Le mot définition demande lui-même à être défini. Il dérive du latin *fines,* « limites ». Définir c'est délimiter une idée, la cerner en marquant ses contours. C'est pourquoi Alain commence souvent par distinguer la notion à définir des notions voisines avec lesquelles on la confond parfois. Dire ce qu'est telle notion, c'est d'abord dire ce qu'elle n'est pas. L'adoration n'est pas l'admiration, l'agnosticisme n'est pas le scepticisme, le désir n'est pas l'inclination, la faute n'est pas le crime ni l'erreur, etc.

Pourtant la notion à définir appartient avec les notions voisines à un genre commun. La définition d'une notion doit indiquer ces relations de parenté et marquer ce qui la singularise parmi les notions proches. Pour en avoir une idée plus concrète, lisons par exemple la définition qu'Alain donne de la félicité : « C'est un bonheur qui vient du dehors, et qui s'oppose à la béatitude, laquelle a sa source en celui qui est heureux. »

Enfin, après avoir formé la définition proprement dite qui exprime les caractères essentiels de la chose, c'est-à-dire les caractères qui ne conviennent qu'à ce qui est défini, mais qui conviennent à tout ce qui est défini, Alain a coutume de donner des exemples. Leur but est de vérifier sur des cas particuliers la valeur universelle de la définition.

En rédigeant ses définitions, Alain semble s'être conformé au vœu de Samuel Butler : « Définir, c'est dresser un mur de mots sur le terrain vague de la pensée. »

Définitions

Dans *Les Dieux*, 1953, Gallimard, « Bibliothèque de la Pléiade ».

LA CONSCIENCE

CONSCIENCE. – C'est le savoir revenant sur lui-même et prenant pour centre la personne humaine elle-même, qui se met en demeure de décider et de se juger. Ce mouvement intérieur est dans toute pensée ; car celui qui ne se dit pas finalement : « Que dois-je penser ? » ne peut pas être dit penser. La conscience est toujours implicitement morale ; et l'immoralité consiste toujours à ne point vouloir penser qu'on pense, et à ajourner le jugement intérieur. On nomme bien inconscients ceux qui ne se posent aucune question d'eux-mêmes à eux-mêmes. Ce qui n'exclut pas les opinions sur les opinions et tous les savoir-faire, auxquels il manque la réflexion, c'est-à-dire le recul en soi-même qui permet de se connaître et de se juger ; et cela est proprement la conscience.

Rousseau disait bien que la conscience ne se trompe jamais, pourvu qu'on l'interroge. Exemple : ai-je été lâche en telle circonstance ? Je le saurai si je veux y regarder. Ai-je été juste en tel arrangement ? Je n'ai qu'à m'interroger ; mais j'aime bien mieux m'en rapporter à d'autres. En général l'état d'esclavage intime est très finement senti pourvu qu'on ne s'étourdisse point de maximes empruntées.

ÂME. – L'âme c'est ce qui refuse le corps. Par exemple ce qui refuse de fuir quand le corps tremble, ce qui refuse de frapper quand le corps s'irrite, ce qui refuse de boire quand le corps a soif, ce qui refuse de prendre quand le corps désire, ce qui refuse d'abandonner quand le corps a horreur. Ces refus sont des faits de l'homme. Le total refus est la sainteté ; l'examen avant de suivre est la sagesse ; et cette force de refus c'est l'âme. Le fou n'a aucune force de refus ; il n'a plus d'âme. On dit aussi qu'il n'a plus conscience et c'est vrai. Qui cède absolument à son corps soit pour frapper, soit pour fuir,

N.B. On trouvera ici quarante-cinq définitions regroupées en fonction des notions du programme de philosophie en classe de terminale.

soit seulement pour parler, ne sait plus ce qu'il fait ni ce qu'il dit. On ne prend conscience que par une opposition de soi à soi. Exemple : Alexandre à la traversée d'un désert reçoit un casque plein d'eau; il remercie, et le verse par terre devant toute l'armée. Magnanimité; âme, c'est-à-dire grande âme. Il n'y a point d'âme vile; mais seulement on manque d'âme. Ce beau mot ne désigne nullement un être, mais toujours une action.

Les passions

PASSION. – C'est le degré le plus commun de l'affection dans l'homme. Il n'y a point de passion sans émotion; seulement l'émotion toute seule consiste en des mouvements, et se résout par l'action. J'ai peur et je fuis. Je convoite et je prends. Je suis en colère et je déchire. On convient que les animaux n'ont que des émotions. L'homme se souvient des émotions, il les désire, et il les craint; il en prévoit le retour, il se plaît à les provoquer; il essaie de s'en délivrer, et par toutes ces pensées il les redouble. D'où il vient à une sorte de superstition qui lui fait croire qu'il n'y peut rien, ce qui étend l'attrait et l'aversion à toutes les choses ou à toutes les personnes qui réveillent l'émotion habituelle. Il y a du supplice dans la passion, et le mot l'indique. Exemples célèbres : l'amour, l'ambition, l'avarice, qui correspondent aux émotions d'allégresse, de colère et de peur.

SENTIMENT. – C'est le plus haut degré de l'affection. Le plus bas est l'émotion, qui nous envahit à l'improviste et malgré nous, d'après une excitation extérieure et la réaction d'instinct qu'elle provoque (trembler, pleurer, rougir). Le degré intermédiaire est la passion, qui est une réflexion sur l'émotion, une peur de l'émotion, un désir de l'émotion, une prédiction, une malédiction. Par exemple la peur est une émotion; la lâcheté est une passion. Le sentiment correspondant est le courage. Tout sentiment se forme par une reprise de volonté (ainsi l'amour jure d'aimer). Et le sentiment fondamental, est celui du libre arbitre (ou de la dignité, ou de la générosité, comme dit Descartes). Ce sentiment a quelque chose de sublime qui se retrouve dans les sentiments particuliers. Au niveau du sentiment, on prétend sentir comme on veut, et certes on n'y arrive jamais. Ce qui reste, dans le sentiment, d'émotion et de passion, surmontées mais frémissantes, est la matière du sentiment. Exemples : la peur dans le courage, le désir dans l'amour, l'horreur des plaies dans la charité. On aperçoit que le sentiment est la source des plus profondes certitudes.

AMOUR. – Ce mot désigne à la fois une passion et un sentiment. Le départ de l'amour, et à chaque fois qu'on l'éprouve, est toujours un genre d'allégresse lié à la présence ou au souvenir d'une personne. On peut craindre cette allégresse et on la craint toujours un peu, puisqu'elle dépend d'autrui. La moindre réflexion développe cette terreur, qui vient de ce qu'une personne peut à son gré nous inonder de bonheur et nous retirer tout bonheur. D'où de folles entreprises par lesquelles nous cherchons à prendre pouvoir à notre tour sur cette personne ; et les mouvements de passion qu'elle éprouve elle-même ne manquant pas de rendre encore plus incertaine la situation de l'autre. Les échanges de signes arrivent à une sorte de folie, où il entre de la haine, un regret de cette haine, un regret de l'amour, enfin mille extravagances de pensée et d'action. Le mariage et les enfants terminent cette effervescence. De toute façon le courage d'aimer (sentiment du libre arbitre) nous tire de cet état de passion, qui est misérable, par le serment plus ou moins explicite d'être fidèle, c'est-à-dire de juger favorablement dans le doute, de découvrir en l'objet aimé de nouvelles perfections, et de se rendre soi-même digne de cet objet. Cet amour, qui est la vérité de l'amour, s'élève comme on voit du corps à l'âme, et même fait naître l'âme, et la rend immortelle par sa propre magie.

LÂCHETÉ. – C'est la passion qui développe la peur d'après la peur de la peur, et toutes les prévisions auxquelles cette affection donne lieu. La crainte est déjà plus raisonnable que la peur, en ce qu'elle rassemble les peurs seulement possibles, leurs causes, et les remèdes qu'on y peut trouver. Mais la lâcheté développe la crainte en système, d'après un profond mépris de soi et un fatalisme total ; en sorte que la lâcheté est presque toute imaginaire, et se déshonore à plaisir. Une des couleurs de la lâcheté est la certitude qu'on a d'avance de la capitulation ; cette certitude est un comble de crainte de soi ; aussi elle se connaît par les mêmes signes que la lâcheté elle-même.

LE JUGEMENT, L'IDÉE

PENSER. – C'est peser ce qui vient à l'esprit, suspendre son jugement, se contrôler soi-même et ne pas se complaire. Penser c'est passer d'une idée à tout ce qui s'y oppose, de façon à accorder toutes les pensées à l'actuelle pensée. C'est donc un refus de la pensée naturelle, et, profondément, un refus de la nature, qui en effet n'est pas juge des pensées. Penser c'est donc juger que tout n'est pas bien en nous comme il se présente : c'est un long travail et une paix préalable.

ABSTRACTION. – C'est une simplification, en présence de l'objet concret infiniment complexe et perpétuellement changeant, simplification qui nous est imposée soit par les nécessités de l'action, soit par les exigences de l'entendement, et qui consiste à considérer un élément de l'objet comme isolé, alors que rien n'est isolable, et comme constant, alors que rien n'est en repos.

UNIVERSALITÉ. – Caractère de ce qui est admis par tous les hommes, dès qu'ils ont compris et qu'ils sont sans passion. La géométrie est un exemple d'universalité. Il est universellement reconnu aussi qu'un contrat est annulé par l'ignorance d'un des contractants comparé à l'autre. Universellement l'homme courageux est estimé ; courageux, c'est-à-dire tel que le danger ne le détourne point d'exécuter ce qu'il a résolu. L'universalité s'entend du sentiment non moins que de la raison. Le beau, dit Kant, est ce qui plaît universellement sans concept (c'est-à-dire par sentiment immédiat, non par raison).

PHILOSOPHIE. – C'est une disposition de l'âme qui d'abord se met en garde contre les déceptions et humiliations, par la considération de la vanité de presque tous les biens et de presque tous les désirs. Le philosophe vise à n'éprouver que ce qui est naturel et sans mensonge à soi. Son défaut est un penchant à blâmer, et une prédilection pour le doute.

PRÉJUGÉ. – Ce qui est jugé d'avance, c'est-à-dire avant qu'on se soit instruit. Le préjugé fait qu'on s'instruit mal. Le préjugé peut venir des passions ; la haine aime à préjuger mal ; il peut venir de l'orgueil, qui conseille de ne point changer d'avis ; ou bien de la coutume qui ramène toujours aux anciennes formules ; ou bien de la paresse, qui n'aime point chercher ni examiner. Mais le principal appui du préjugé est d'idée juste d'après laquelle il n'est point de vérité qui subsiste sans serment à soi ; d'où l'on vient à considérer toute opinion nouvelle comme une manœuvre contre l'esprit. Le préjugé ainsi appuyé sur de nobles passions, c'est le fanatisme.

MIRAGE. – Illusion de la vue, due à l'air chaud qui s'élève du sable. Par extension toute prévision qui s'accorde avec nos désirs, et que nous nous appliquons à embellir. C'est ainsi que celui qui dans le désert croit voir une nappe d'eau ne sait pas bien ce qu'il voit, mais choisit de voir une nappe d'eau. Le mirage est donc une erreur chérie, qui concerne principalement les événements extérieurs.

MENSONGE. – Le mensonge consiste à tromper, sur ce qu'on sait être vrai, une personne à qui l'on doit cette vérité-là. Le mensonge est donc un abus de confiance ; il suppose qu'au moins implicitement on a promis de dire la vérité. À quelqu'un qui me demande son chemin, il est implicite que je dois cette vérité-là ; mais non pas s'il me demande quels sont les défauts d'un de mes amis. Le juge lui-même admet qu'on ne prête point serment, si on est l'ami, l'employeur ou l'employé de l'inculpé. Et il peut être de notre devoir de refuser le serment (un prêtre au sujet d'une confession). Seulement refuser le serment c'est quelquefois avouer. Il faudrait alors jurer, et puis mentir ? Telles sont les difficultés en cette question, que les parents, les précepteurs et les juges ont intérêt à simplifier.

SINCÉRITÉ. – Un des mots les plus obscurs. On voudrait nommer sincérité le premier mouvement d'un homme qui ne sait pas dissimuler. Mais cela ne se peut, car le premier mouvement est souvent tout à fait trompeur, et la dissimulation est d'instinct, comme on voit chez le timide, qui se précipite à dire ce qu'il ne pense point du tout. La sincérité veut plus de réflexion, et d'abord plus de sécurité. On n'est sincère que si l'on ne soupçonne pas celui à qui on parle, et que si l'on se voit le temps de s'expliquer à loisir. Hors de ces circonstances, qui sont d'amitié, l'homme le plus sincère prendra comme règle de ne rien dire de faux, de ne rien dire qui risque d'être mal compris, et enfin de taire presque tout ce qu'il pense ; et assurément de taire ce qu'il n'est pas sûr de penser. C'est ainsi que la sincérité rend prudent quand il s'agit de juger quelqu'un ou de témoigner pour ou contre quelqu'un. Et, quant à l'étourdi, qui dit tout ce qui lui vient, il ne peut être dit sincère. En somme la sincérité est étudiée, ou bien elle n'est rien.

LA RELIGION

RELIGION. – La religion consiste à croire par volonté, sans preuves, et même contre les preuves, que l'esprit, valeur suprême et juge des valeurs, existe sous les apparences, et se révèle même dans les apparences, pour qui sait lire l'histoire. Il y a des degrés dans la religion. La religion de l'espérance veut croire que la nature est bonne au fond (panthéisme). La religion de la charité veut croire que la nature humaine est bonne au fond (culte des héros). La religion de la foi veut croire à l'esprit libre, et s'ordonne d'espérer en tout homme (égalité) et aussi de ne point croire que la nature ait des projets contre nous ni aucun projet. La religion n'est pas une philosophie, c'est une histoire. Tous les événements manifestent l'esprit ; mais il en est de plus évidemment miraculeux ; les uns comme les autres n'ont lieu qu'une fois. Le culte consiste à commémorer les principaux de ces événements, de façon à entretenir une société à la fois publique et intime entre l'homme et l'esprit absolu, c'est-à-dire entre l'homme et son esprit.

DIEU. – C'est la plus haute valeur. On dit d'un homme que l'honneur est son dieu ; d'un autre que l'or est son dieu, d'un autre que le ventre est son dieu. On veut dire que le dieu, quel qu'il soit, est adoré, et qu'on lui sacrifie tout le reste ; dont les sacrifices rituels sont le symbole. Le ventre-dieu, c'est la féconde nature, c'est la force de vie. L'honneur-dieu, c'est la force des armes, adorée sous les traits du héros et du conquérant. Le courage-dieu, c'est l'homme libre, le stoïcien. L'amour-dieu, c'est le saint. On remarquera une équivoque dans l'amour-dieu ; car on ne dit pas toujours si c'est la charité, ou bien si c'est la fécondité aveugle des bêtes, que l'on désigne sous ce nom. Toute morale suppose des faux dieux démasqués, et un vrai dieu.

PÉCHÉ. – C'est la faute qui offense le maître. Il y a cette nuance dans le péché que le maître en a honte ; et il se peut que le maître ce soit l'homme même qui a péché. On dit souvent que le plus grand péché est le péché contre l'esprit ; à bien regarder c'est le seul. Le péché diffère du crime en ce qu'on n'y considère que l'effet sur celui-là même qui pèche.

AGNOSTICISME. – C'est l'état d'un homme qui se résigne à ignorer. Par exemple ignorer s'il y a un Dieu, une vie future, une âme ; ou bien ignorer ce que sont les choses en soi, et ne les connaître que par leurs effets sur nos sens. C'est à peu près la position du sceptique, si ce n'est qu'elle est plus paisible que celle du sceptique, qui ne se lasse point de prouver qu'on ne peut rien prouver. L'agnostique a ordinairement pour morale de ne se pas troubler ; ni inquiéter les autres, pour des choses obscures et incertaines, ce qui revient à apaiser les haines, ambitions et avidités. Sa morale est de modération et de paix, par opposition au fanatisme des dogmatiques.

La société

SOCIÉTÉ. – État de solidarité, en partie naturelle, en partie voulue, avec un groupe de nos semblables. Le lien de société est en partie de fait et non choisi, en partie imposé, en partie choisi ou confirmé par la volonté. Tous les paradoxes de la vie en société résultent de ce mélange ; et l'on ne peut pas nommer société une association qui n'a pas une part de hasard et une part d'amitié. Le contrat social ne fait jamais que reprendre volontairement ce qui est subi comme ce qui est aimé. Les sociétés fondées sur un contrat ne sont pas de véritables sociétés. Une banque, dès qu'il y a menace de ruine, tout le monde en retire ses fonds et l'abandonne. La véritable société est fondée sur la famille, sur l'amitié (Aristote), et sur les extensions de la famille.

ALTRUISME. – C'est le contraire de l'égoïsme ; c'est une disposition à penser aux autres (autrui), à se demander ce qu'ils penseront, ce qu'ils éprouveront, ce qu'ils espèrent, ce qu'ils voudraient, ce qu'ils devraient vouloir, ce qu'ils ne devraient pas supporter, etc. C'est se mettre à la place des autres et sentir comme eux (sympathie), et par suite être vivement ému par l'admiration ou par le blâme qu'ils expriment, ou qu'on suppose qu'ils exprimeraient. Il n'y a point du tout de société au monde sans cette espèce d'amitié, bien différente d'une volonté organisatrice, qui pense aussi aux autres, mais sans avoir égard à leurs sentiments. Un roi peut être raisonnable sans être pour cela altruiste. Et quelquefois l'altruisme le détournera d'être raisonnable, quand il constate que l'opinion est contre une réforme pourtant utile.

VANITÉ. – Consiste à jouir d'un bien d'après ce qu'on suppose que les autres en pensent. Par exemple être heureux de ressembler à tel millionnaire, ou à tel acteur, ou à tel boxeur ; se faire passer pour brave ou pour instruit. La vanité parfaite jouit d'un bien qu'elle n'a pas. Toutefois on peut avoir vanité de sa fortune, de ses chevaux, de sa santé, de sa force, de son intelligence, de son savoir, autant que l'on est heureux du témoignage d'autrui. L'avare qui fait le pauvre n'a point de vanité. Comte a discerné, dans la vanité, le commencement d'une vertu de société ; car c'est compter l'opinion pour quelque chose ; et celui qui ne compte absolument pas l'opinion est une sorte de monstre.

LOI. – Liaison de cause à conséquence, à laquelle tous les êtres sont soumis. Nul ne peut échapper à la pesanteur ; nul ne peut frapper sans se faire mal ; nul ne peut se venger sans s'exposer à la vengeance. Ce dernier exemple fait voir comment on passe du sens général (lois de la nature) au sens spécial (lois de la société). La société, ou l'État qui l'administre, s'efforce d'assurer les effets qui suivent les actions nuisibles, de façon à limiter le mal. Par exemple c'est une loi qu'un assassin finira par être déchiré par la foule ; mais cela ne va point sans désordre, terreurs et erreurs ; c'est pourquoi on anticipe sur les effets en décidant que tout crime donnera lieu à recherche, à interrogatoire, à jugement public, en évitant le retard ou l'excès qui marquent souvent les réactions de la foule.

LE DROIT, LA JUSTICE

DROIT. – Le droit est un système de contrainte générale et réciproque, fondé sur la coutume et sur le jugement des arbitres, et qui a pour fin d'accorder l'idéal de la justice avec les nécessités de la situation humaine et les besoins de sécurité qu'impose l'imagination. Le droit n'est pas le fait. Par exemple posséder est un fait pur et simple ; être propriétaire est un droit reconnu par l'arbitre, sous la surveillance de l'opinion. Je puis être très légitimement et très réellement propriétaire d'une chose qui en fait est aux mains d'un voleur. Mais on convient qu'en fait de meubles possession vaut titre, et qu'en fait d'immeubles une possession non contestée pendant trente ans vaut titre, ce qui fait comprendre que le droit s'adapte aux nécessités.

JUSTICE. – La justice est la puissance établie de la partie raisonnable sur la partie rapace, avide, cupide, voleuse, ce qui conduit à résoudre ces problèmes du tien et du mien comme un arbitre ou par l'arbitre.

Comme la partie rapace est fort rusée, et d'abord égare le jugement, la justice ne se maintient que par des ruses ou précautions contraires. La principale est le contrat, qui est établi dans les temps où la cupidité n'a pas encore d'objets présents. Quelqu'un inventa ce contrat de partage entre deux héritiers : « Tu fais les parts et je choisis, ou bien je fais les parts et tu choisis. » Cela peut suggérer d'autres ruses. Hors de tout contrat la règle de justice est l'égalité, c'est-à-dire qu'en tout échange, partage ou paiement, je dois me mettre à la place de l'autre avec tout ce que je sais, et décider si l'arrangement doit lui plaire.

Ce grand souci de l'autre, qui est le fondement de la justice, revient à ceci que le semblable doit toujours (Kant) être pris comme fin, et jamais comme moyen. Par exemple, un salaire, il faut examiner s'il permet une vie humaine. Une servante qui est pieuse, se demander si le temps lui reste d'assister au service divin, de lire son Évangile, etc. Penser aux enfants de la femme de ménage, etc. On jugera d'après ces exemples qu'on a plus de moyens d'être juste à mesure qu'on se passe des intermédiaires (courtiers, intendants, grands magasins).

ÉGALITÉ. – L'égalité est un état de droit, qui exclut la comparaison des forces lorsqu'il s'agit de juger d'un vol, d'un abus de pouvoir, d'une injure, et choses semblables, qui sont toujours les effets d'une inégalité de forces. Par exemple entre le riche et le pauvre il y a une inégalité de moyens d'agir sur l'opinion ; entre le fort et le faible il y a une inégalité de moyens de prendre ou de défendre. Entre l'escroc et la victime il y a une inégalité des connaissances. L'état de droit se définit dans tous les cas par une sentence arbitrale qui ne tient nul compte de ces inégalités, par exemple qui ne peut être achetée, qui ne change point par la menace, et qui examine avant de décider.

MÉRITE. – Le mérite est ce qui doit être récompensé, c'est-à-dire recevoir un avantage extérieur. Le mérite suppose donc qu'on n'a pas réussi, même à conquérir la récompense intérieure. Ce sont les efforts courageux et inefficaces qui méritent. Aussi est-ce un éloge modéré de dire qu'une œuvre ou un homme a du mérite.

PARDON. – C'est littéralement le don gratuit, le don qui n'est pas dû. Pardonner n'est pas un compte juste ; pardonner est plus que juste. Il précède la réparation, et même le véritable repentir. Pardonner, c'est mettre le coupable autant qu'on peut à l'abri des vengeances et des suites. C'est le mettre en face de lui-même et le laisser juge. L'idée qui est dans le pardon, c'est que la peine extérieure n'avance à rien et ne résout rien ; voilà pour l'autre ; et aussi que l'esprit de vengeance est méprisable et sans mesure. Ces raisons de pardonner sont impérieuses, et concernent l'autre vie, c'est-à-dire la vie intérieure, qu'on nomme aussi vie de l'âme.

LE DEVOIR

DEVOIR. – C'est une conduite qui, dans un cas difficile, se présente à l'esprit comme ayant une valeur universelle. Par exemple, se porter au secours d'un faible attaqué. Donner asile à l'ami poursuivi. Rendre une fortune mal acquise. Soigner des pestiférés. Par le caractère de valeur universelle, le devoir est obligatoire, mais non point forcé ; et aucune récompense n'est jamais en vue, ni même aucune joie. Il n'y a jamais d'autre difficulté dans le devoir que de le faire. Dès qu'il y a doute, ce n'est plus le devoir ; on cherche alors le convenable, ou le moindre mal ; on écoute le sentiment ; on suit la vertu. Presque tous les devoirs sont professionnels, c'est-à-dire qu'on se sent obligé à une action que l'on sait faire. Exemples : le pompier, le sauveteur, le chirurgien, l'avocat, le soldat, le mineur.

MORALE. – Ensemble de principes, de maximes, et de règles, d'après lesquelles le témoin impartial conseille son prochain. Il n'y a point d'incertitude que l'on exige du voisin. Le difficile est de la pratiquer soi-même, et c'est en portant là son attention qu'on se forme le jugement moral. Car, dès qu'on y pense, on n'osera plus faire en s'applaudissant ce que l'on vient de blâmer chez un autre.

FAUTE. – Est moins que crime, non pas seulement par la gravité de l'atteinte aux personnes, mais aussi par sa nature même, qui la rapproche de l'erreur. On fait une faute au jeu si, la règle n'étant pas douteuse, on y manque pourtant. Telles sont aussi les fautes en politique ; ce sont des erreurs où on ne devait point tomber. L'esprit est alors sans excuse ; il se manque à lui-même. Au lieu que le crime est un effet de l'emportement, sur quoi l'esprit ne peut pas beaucoup.

REGRET. – C'est un regard à ce qui est passé, qu'on voudrait avoir été autre, ou qu'on voudrait n'être pas passé. Le regret peut se changer en remords ou en repentir. En lui-même, il n'est jamais qu'une tristesse accompagnant le passé, sans qu'il s'y mêle l'idée d'un auteur responsable. Toute la charge du regret est pour l'ordre des choses.

REMORDS. – C'est le regret d'une faute, mais sans espoir. Ce n'est pas seulement la crainte du châtiment. Il y entre une crainte de soi et une horreur de soi, qui ne sont pas sans orgueil. Non seulement on ne voudrait pas être autre, mais on se fortifie en soi-même par un fatalisme, qui fait que l'homme se considère lui-même comme une force de la nature. On aime à supposer que tous les hommes sont ainsi, mais sans la grandeur du crime. Il y a donc une couleur de doctrine dans le remords, et une idée aussi de corrompre pour s'assurer. En revanche, l'éclair de la vertu vraie foudroie le remords. (Voir l'évêque dans *Les Misérables.*)

REPENTIR. – Renouvellement intérieur qui efface le remords en tournant toutes les pensées vers l'avenir. L'âme du repentir c'est la foi dans le libre arbitre, qui est la même chose que la foi dans un Dieu libre, ou de grâce. On accepte alors la réparation et l'épreuve comme des essais du libre arbitre ; et la punition est considérée comme honorant le puni. Le repentir cherche donc la punition et la pénitence.

LA VOLONTÉ

VELLÉITÉ. – C'est un essai de vouloir qui renonce sur l'échec. Il y a de l'exécution dans la velléité, mais sans suite. Et comme tout, dans les hommes et dans la nature, s'oppose à la volonté, la velléité exprime très bien l'impossibilité de réussir si l'on n'essaie qu'une fois.

VERTU. – C'est la puissance de vouloir et d'agir contre ce qui plaît ou déplaît. C'est une puissance acquise contre tous les genres de convulsion, d'emportement, d'ivresse et d'horreur. Vertu, c'est athlétisme. Le coureur doit triompher de l'ivresse de courir, et le boxeur, de l'ivresse de frapper. La vertu n'est qu'efficacité ; l'intention n'y est rien. La vertu du chirurgien n'est pas de trembler, pleurer, s'élancer. Les anciens ont défini quatre vertus principales d'après quatre genres d'emportement. L'emportement de la peur définit par opposition la vertu de courage. L'ivresse, qui est l'extrême du désir, définit la tempérance. L'emportement de la convoitise définit la justice ; et l'emportement des disputeurs définit la sagesse.

VICE. – Emportement (ou ivresse) connu, redouté, attendu, et enfin provoqué d'après l'idée fataliste. Les quatre vices principaux correspondent aux quatre vertus. Ce sont la lâcheté, l'intempérance, l'injustice et la sottise. Par l'effet du jugement fataliste (le joueur), il y a presque toujours dans le vice une tranquillité incurable.

LA PERSONNE

VIOLENCE. – C'est un genre de force, mais passionnée, et qui vise à briser la résistance par la terreur. La violence définit le crime, lorsqu'elle s'exerce contre la personne humaine. Et la loi des punitions est au contraire qu'elles soient entièrement purifiées de violence.

AVILISSEMENT. – Est vil ce qui est à vendre, et, par extension naturelle, ce qui ne vaut pas cher. L'avilissement est le changement qui se fait dans un homme qui baisse de prix à mesure qu'il se vend. L'esclave se trouve avili ; mais s'avilir est pire. C'est ouvertement mettre un prix au dévouement et à tous les autres effets de l'amitié. Ainsi la sincérité du dévouement vendu avilit encore plus l'homme. Et toutes les fois que l'intérêt se mêle aux apparences de la générosité et de l'indépendance, on descend un degré de l'avilissement.

DÉSHONNEUR. – État d'un homme qui se sait méprisé et qui se méprise lui-même. On peut ne pas compter l'opinion. Mais il s'agit ici d'une opinion qu'on approuve soi-même. Et le propre du déshonneur est qu'on ne peut plus se réjouir des apparences de l'estime ; on se dit : « S'ils savaient ; s'ils me connaissaient. » Le déshonneur est donc au plus haut point dans les honneurs mêmes. Il ne serait point senti au désert, ni parmi des gens qu'on méprise.

LE BONHEUR

PLAISIR. – Le plaisir est une affection que l'on voudrait prolonger, que l'on recherche, et qui dépend de certaines choses et de certaines situations bien déterminées qui le procurent aussitôt. Exemples : j'ai du plaisir à goûter la galette, la pomme, la fraise, la glace en été ; à me chauffer en hiver, à rêver en tel lieu, à me retrouver au bord de la mer, à faire une ascension, à parier aux courses, etc. Ce qui est propre au plaisir c'est qu'on est assuré de le trouver par certains moyens. Au lieu que le bonheur dépend bien plus de notre disposition intime, et moins des objets et des êtres qui nous entourent.

FÉLICITÉ. – C'est un bonheur qui vient du dehors, et qui s'oppose à la béatitude, laquelle a sa source en celui même qui est heureux. Et toutefois dans félicité il y a la même plénitude et la même sécurité. Ce qu'exprime très bien le verbe féliciter, qui ne s'applique jamais à un bonheur intime, mais au contraire à des hasards qui égalent le bonheur. Et au reste celui qui est félicité sent bien en lui-même une sorte de chance, dont il est quelquefois plus fier que de son mérite propre. Ce sentiment a quelque chose d'esthétique, car il signifie une harmonie entre soi et la nature des choses. Donc, c'est contresens que de féliciter quelqu'un de ce qu'il sait la grammaire ; il faut le féliciter d'en recevoir des dignités et des places, ce qui en effet n'est pas toujours la suite du mérite, et arrive par des causes étrangères. Au rebours il est naturel de féliciter celui qui a gagné à la loterie.

LA LIBERTÉ

NÉCESSITÉ. – Est nécessaire ce dont le contraire est inconcevable ; par exemple la somme de plusieurs nombres est nécessaire dès que les nombres sont posés. Il n'en peut être autrement. La nécessité à l'état pur se trouve dans toutes les relations de partie à tout, de contenant à contenu, de mesures, de poids, de vitesse, de pressions, de choc, et choses semblables. On l'étend naturellement à des choses dont nous ne connaissons pas bien le mécanisme, par exemple que le sucre est soluble dans l'eau et l'or dans le mercure, que l'arsenic est un poison, etc. Dans tous ces cas, la nécessité n'est pas évidente, mais la constance est le signe de la nécessité. On remarquera que la nécessité est toujours hypothétique. Si on suppose un triangle, il est nécessaire que la somme de ses angles soit égale à deux droits (ou 180 degrés). La nécessité absolue (non hypothétique) n'est donc pas concevable ; et cette remarque est un des moyens contre le fatalisme.

FATALITÉ. – Ce qui est dit d'avance *(fatum)* ou écrit. C'est une idée populaire d'après laquelle, avant qu'une chose ait lieu (par exemple un accident d'auto), il était déjà vrai qu'elle aurait lieu. Le fatalisme est dialectique, c'est-à-dire qu'il suppose que les nécessités logiques (ou de langage) sont des nécessités des choses. Or une chose n'arrive pas par cela seulement qu'un raisonnement prouve qu'elle arrivera. La nature va par présences, absences, distances, rencontres, chocs, et non par raisonnement.

FATALISME. – Doctrine très commune, et en un sens universelle, d'après laquelle ce qui n'a pas été ne pouvait pas être (n'était pas dans les destins), ce qui enlève les regrets. Mais le fatalisme n'enlève les regrets que si l'on a fait tout le possible. C'est pourquoi les hommes d'action sont ceux qui se consolent le mieux par le fatalisme. Les paresseux raisonnent de même, mais avant l'événement, et pour se délivrer de souci, disant que quoi qu'on puisse faire, ce qui doit être sera. Cette seconde manière n'est pas raisonnable, puisqu'on ne sait pas d'avance ce qui sera. Au lieu que la première manière s'appuie sur le fait accompli ; et il est très vrai alors que tout autre événement était impossible ; ce qui est arrivé le dit. En sorte que le fatalisme est un moment de raison, mais qu'il ne faut pas étendre à l'avenir. Souvent le fatalisme se fonde sur ce que Dieu sait tout d'avance. Mais la notion la plus profonde de Dieu est celle de Dieu libre, c'est-à-dire qui ne sait pas tout d'avance. Et au reste la notion de savoir absolument d'avance efface l'avenir et le temps, notions corrélatives d'éternité.

SERVILITÉ. – C'est une flatterie en action. Tout fait signe qu'on exécutera et qu'on approuvera. La servilité n'attend pas les ordres, elle les espère, elle se précipite au-devant. La servilité n'est pas aimée ; le tyran a déjà trop de l'obéissance, qui rend tout irrévocable. La servilité compromet le tyran. Peut-être sait-elle qu'elle n'est pas aimée ; d'où ce pénible visage.

DÉSOBÉISSANCE. – Elle est un essai de liberté et un essai de courage. C'est pourquoi il faut la regarder avec amitié. Elle n'est blâmable qu'autant qu'elle est paresseuse et lâche ; et il faut avouer que c'est l'obéissance qui est le plus souvent paresseuse et lâche. Ne pas faire un devoir d'écolier, c'est mal si c'est paresse. Mais si c'est par orgueil (c'est toi qui le diras) il faut rendre la liberté à l'orgueilleux.

L'ART

BEAUTÉ. – Laideur vient toute de disgrâce, de timidité, de fureur, d'essais à contretemps, et à contresens de soi-même. Par exemple frapper, juste au moment où on ne veut pas, cela rompt le système musculaire et aussi le système nerveux. Pour une action fluide et sans répercussion, il faut une concordance de diverses commandes nerveuses (lesquelles sont probablement rythmiques). Il faut un renforcement, ce qui musculairement signifie une aide de chaque partie à toutes. Par exemple pour frapper de la hache on assure d'abord les pieds, les genoux, les reins, tout en préparant les bras. Cette préparation est d'abord exploration nerveuse, et harmonie pendant que les effets s'accumulent rythmiquement. Le départ se fait dans un vide de résistance comme si rien ne pesait rien. Or autant que la forme humaine exprime cette volonté partout répandue, la forme humaine est belle.

LAIDEUR. – L'art fait quelquefois entendre qu'il n'y a point de formes laides, et que ce qui est laid c'est une grimace de la forme. En ce sens de beaux traits peuvent être laids ; et au rebours une forme peu agréable, et même presque hideuse, peut être relevée par son propre équilibre. C'est ainsi que les statues peuvent être belles quel que soit le modèle et laides quel que soit le modèle. Supposons un rire niais sur de beaux traits, rien n'est plus laid. Les mères n'ont donc point tort de dire à l'enfant rageur : « Fi, qu'il est laid ! » Et la laideur c'est la sottise, la fureur, l'intempérance, l'injustice écrite sur un visage.

Le premier souci philosophique de Socrate était de définir les notions générales sur lesquelles il interrogeait ses concitoyens. Mais ceux-ci n'ont pas une idée très claire de ce qu'est une définition. C'est le cas de son interlocuteur Ménon qui croit savoir définir la vertu.

PLATON, *Ménon*, traduction de L. Guillermit, dans *Platon par lui-même*, Garnier-Flammarion, 1994.

MÉNON. – C'est bien facile, Socrate, de te dire ce qu'est la vertu. Facile de te dire, si tu veux bien commencer par la vertu de l'homme, en quoi consiste celle-ci : être capable de gérer les affaires de l'État, et ce faisant, bien traiter ses amis, maltraiter ses ennemis, en se gardant d'être soi-même maltraité. Passons si tu veux, à la vertu de la femme : il est aisé de discerner qu'il lui faut bien gérer sa maison, en entretenant son intérieur et en se montrant soumise à son mari. La vertu de l'enfant est encore différente, et même selon qu'il s'agit d'une fille ou d'un garçon, autre encore celle du vieillard, celle de l'homme libre, celle de l'esclave, si tu veux. Et comme il y a encore une foule d'autres vertus, on n'est pas en peine de dire ce qu'est la vertu ; selon chacune des activités, selon chaque âge, il y a vertu pour chacun d'entre nous en chacune de ses œuvres ; et je pense qu'il en va de même pour le vice, Socrate. SOCRATE. – Apparemment, j'ai la main heureuse, Ménon : je cherchais une seule vertu et j'en trouve tout un essaim chez toi. Mais pour garder cette image de l'essaim, suppose que je t'aie demandé de me définir la nature de l'abeille et que tu m'aies dit qu'il y en a beaucoup et de toutes sortes, que me répondrais-tu si je te disais : « Entends-tu par là que c'est du fait d'être abeilles qu'elles sont multiples, de toutes sortes et différentes entre elles, ou bien au contraire me dirais-tu qu'elles ne diffèrent en rien à cet égard, mais que ce qui les différencie c'est la beauté, ou la grandeur ou quelque autre chose de ce genre ? » Dis-moi que répondrais-tu à la question ainsi posée ? MÉNON. – Je répondrais qu'elles ne diffèrent en rien les unes des autres en tant qu'elles sont abeilles. SOCRATE. – Là-dessus, si j'enchaînais : « Voyons, Ménon, dis-moi précisément ceci : ce par quoi elles ne diffèrent en rien mais qui fait leur identité à toutes, qu'est-ce au juste, selon toi ? », tu aurais sans doute une réponse à me faire ? MÉNON. – Sans doute. SOCRATE. – Eh bien, il en va de même pour les vertus : si nombreuses et diverses soient-elles, toutes n'en ont pas moins un certain caractère identique qui en fait des vertus ; c'est en dirigeant le regard vers ce caractère unique qu'on se met à même de répondre à qui demande qu'on lui fasse voir ce qui se trouve être la vertu.

L'IDÉE

Bachelard

Le Rationalisme appliqué

1884-1962

Gaston Bachelard est plus connu du grand public pour ses essais sur l'imaginaire poétique que pour ses travaux de philosophie des sciences. Mais il existe un rapport étroit entre ces deux aspects de son œuvre. Poésie et science sont deux attitudes complémentaires mais opposées. Le poète s'émerveille ; le savant se méfie. Le premier s'ouvre à ses frères humains en toute confiance. Le second cultive, « une vigilance malveillante », face à un monde inerte et étranger. « Il faut donc opposer à l'esprit poétique expansif, l'esprit scientifique taciturne pour lequel l'antipathie préalable est une saine précaution. »

Si la science adopte une attitude polémique, c'est qu'elle doit affronter de nombreux obstacles. On connaît les obstacles politiques et idéologiques comme dans l'affaire Galilée. D'autres sont techniques, lorsqu'on ne parvient pas à réaliser tel appareil de mesure. Mais ceux qui intéressent Bachelard sont les « obstacles épistémologiques », c'est-à-dire ceux qui, de l'intérieur même de la pensée scientifique, entravent son développement. Car l'acte de connaître produit par lui-même, pour ainsi dire, des parasites qui viennent brouiller la connaissance.

Quels sont ces obstacles épistémologiques ? Il y a d'abord la séduction trompeuse du pittoresque et les pièges des expériences curieuses et amusantes. Il y a le préjugé substantialiste qui consiste à attribuer une valeur explicative à certaines qualités immédiatement visibles ; ainsi, c'est à partir de l'image d'une substance familière, comme la colle, qu'on croit expliquer le pouvoir qu'a l'électricité d'attirer des corps légers. Obstacle encore le pouvoir évocateur de certains mots qui ne font que répercuter la force de séduction d'une image comme celle de l'éponge, par exemple, abusivement évoquée pour expliquer le phénomène de la dissolution du sel dans l'eau.

Bachelard aime comparer l'évolution de la science à celle de la technique dont le progrès ne consiste pas toujours à perfectionner les savoir-faire anciens. C'est l'exemple de l'invention de la machine à coudre. Tant qu'on cherchait à copier mécaniquement le geste ancestral de la couturière, on n'aboutissait à rien. La solution consista à oublier le mouvement de la main qui tire l'aiguille à travers l'étoffe, et à imaginer, par l'effet d'un deuxième fil, un entrelacement inédit. De même, pour progresser, l'esprit scientifique doit sans cesse réviser ses premières tentatives, et construire le savoir *contre* des connaissances antérieures. C'est le sens de la thèse exposée dès les premières lignes du texte de Bachelard que nous proposons : la connaissance scientifique n'est pas l'amélioration progressive de la connaissance commune. Entre elles deux, il n'y a pas continuité graduelle mais rupture radicale.

Bachelard

Bachelard

Chapitre VI,
PUF, 1949.

Le Rationalisme appliqué

Connaissance commune et connaissance scientifique

(texte intégral)

I

1

La science contemporaine rompt avec l'expérience commune

La connaissance

Les sciences physiques et chimiques, dans leur développement contemporain, peuvent être caractérisées épistémologiquement[1], comme des domaines de pensées qui rompent nettement avec la connaissance vulgaire. Ce qui s'oppose à la constatation de cette profonde discontinuité épistémologique c'est que « l'éducation scientifique » qu'on croit suffisante pour la « culture générale » ne vise que la physique et la chimie « mortes », cela dans le sens où l'on dit que le latin est une langue « morte ». Il n'y a rien là de péjoratif si seulement on veut bien remarquer qu'il existe une science vivante. Émile Borel a lui-même montré que la mécanique classique, la mécanique « morte » restait une culture indispensable pour l'étude des mécaniques contemporaines (relativiste, quantique, ondulatoire). Mais les rudiments ne sont plus suffisants pour déterminer les caractères philosophiques fondamentaux de la science. Le philosophe doit prendre conscience des nouveaux caractères de la science nouvelle.

Nous croyons donc que du fait des révolutions scientifiques contemporaines on puisse parler, dans le style de la philosophie comtienne[2], d'une *quatrième période*, les trois premières correspondant à l'Antiquité, au Moyen Âge, aux Temps modernes. Cette quatrième période : l'époque contemporaine consomme précisément la rupture entre connaissance commune et connaissance scientifique, entre expérience commune et technique scientifique. Par exemple,

1. L'épistémologie est la réflexion philosophique sur la connaissance scientifique.
2. Voir Auguste Comte, p. 362.

du point de vue du matérialisme, l'ère de cette quatrième période pourrait être fixée au moment où la matière est désignée par ses caractères *électriques,* ou plus précisément encore, par ses caractères *électroniques.* Ce sont là des caractères que nous mettrons mieux en valeur dans notre livre sur la mécanique ondulatoire. Nous voulons, dans le présent ouvrage, essayer de présenter surtout l'aspect philosophique des nouvelles techniques expérimentales.

2

La science contemporaine n'est plus en contact direct avec le réel

LA CONNAISSANCE

Le seul fait du caractère *indirect* des déterminations du réel scientifique nous place dans un règne épistémologique nouveau. Par exemple, tant qu'il s'agissait, dans un esprit positiviste, de déterminer les poids atomiques, la technique — sans doute très précise — de la balance suffisait. Mais quand au XXe siècle on trie et pèse les isotopes[1], il faut une technique *indirecte.* Le *spectroscope de masse,* indispensable pour cette technique, est fondé sur l'action des champs électriques et magnétiques. C'est un instrument qu'on peut bien qualifier d'*indirect* si on le compare à la balance. La science de Lavoisier qui fonde le positivisme de la balance est en liaison continue avec les aspects immédiats de l'expérience usuelle. Il n'en va plus de même quand on adjoint un *électrisme* au *matérialisme.* Les phénomènes électriques des atomes sont *cachés.* Il faut les instrumenter dans un appareillage qui n'a pas de signification *directe* dans la vie commune. Dans la chimie lavoisienne on pèse le chlorure de sodium comme dans la vie commune on pèse le sel de cuisine. Les conditions de précision scientifique, dans la chimie positiviste, ne font qu'accentuer les conditions de précision commerciale. D'une précision à l'autre, on ne change pas la *pensée de la mesure.* Même si on lit la position de l'aiguille fixée au fléau de la balance avec un microscope, on ne quitte pas la pensée d'un *équilibre,* d'une *identité de masse,* application très simple du *principe d'identité,* si tranquillement fondamental pour la connaissance commune. En ce qui concerne le spectroscope de masse, nous sommes en pleine *épistémologie discursive.* Un long circuit dans la science théorique est nécessaire pour en comprendre les données. En fait, les *données* sont ici des *résultats.*

3

Les phénomènes scientifiques sont produits techniquement

LA CONNAISSANCE

On nous objectera que nous proposons une distinction bien délicate pour séparer la connaissance commune et la connaissance scientifique. Mais il est nécessaire de comprendre que les nuances sont ici philosophiquement décisives. Il ne s'agit rien de moins que de la primauté de la réflexion sur l'aperception, rien de moins que de la préparation nouménale[2] des phénomènes techniquement constitués. Les trajectoires qui permettent de séparer les isotopes dans le spectroscope de masse n'*existent* pas dans la nature ; il faut les produire techniquement. Elles sont des théorèmes réifiés. Nous aurons à montrer que ce que l'homme *fait* dans une technique scientifique de la quatrième période n'existe pas dans la nature et n'est même pas une suite *naturelle* des phénomènes *naturels.*

---

1. Éléments affectés du même nombre atomique.

2. Le noumène est ce qui est saisi par l'intelligence (*nous,* en grec).

4

La science contemporaine intègre en la dépassant la science positiviste

LA CONNAISSANCE

Sans doute, l'audience qui devrait juger d'une telle rupture épistémologique n'est pas bien définie. La culture scientifique est hélas ! livrée au jugement de ceux qui n'ont jamais fait le moindre effort pour l'acquérir. Comment accéder d'ailleurs au quatrième état si déjà on ne réalise pas bien l'importance du troisième, le sens même de l'état positiviste ? En fait, il n'y a pas de culture scientifique sans une réalisation des obligations, du positivisme. Il faut passer par le positivisme pour le dépasser. Pour nous qui voulons déterminer les conditions épistémologiques du progrès scientifique nous devons tenir comme *positif* le positivisme par opposition au caractère « rétrograde » des philosophies de la nature, signée de la métaphysique idéaliste, le mot « rétrograde » étant pris dans son sens comtien bien déterminé.

C'est donc à partir de la positivité de l'expérience scientifique propre au troisième état de l'épistémologie comtienne qu'il nous faudra définir le sens profondément *instrumental* et *rationaliste* de l'expérience scientifique. Nous verrons que le phénomène ainsi *défini* s'oppose aux vues cosmologiques des philosophies de la Nature. En cela encore nous verrons une opposition avec la connaissance commune qui aime les cosmologies rapides.

Avant d'étudier en détail des exemples précis, il nous faut redire qu'en étudiant l'essentiel progrès de la pensée scientifique, nous n'avons pas à décider des valeurs morales de la science. Nous ne nous plaçons qu'au point de vue de l'épistémologie, nous n'avons à juger que les progrès de la *connaissance.* Or, de ce point de vue, le progrès est évident, le progrès est décisif. Et l'on a pu dire que si la notion de progrès humain s'est imposée, c'est précisément que le progrès des sciences, dès le XVIIIe siècle, a été manifeste. Actuellement les sciences physiques nous conduisent dans des domaines nouveaux avec des méthodes nouvelles, autant dire que l'objet et le sujet sont *l'un par l'autre* en état de novation.

5

Le nouvel esprit scientifique

LA CONNAISSANCE ET LA RAISON

Quelles seront les conséquences humaines, les conséquences sociales d'une telle révolution épistémologique ? C'est là encore un problème que nous n'avons pas à envisager. Il est même difficile de mesurer la *portée psychologique* de ces profondes modifications de l'*intellectualisme.* L'intellectualisme spécial qui se développe sous la forme d'un nouvel esprit scientifique se localise dans une cité intellectuelle très étroite, très fermée. Mais il y a plus. La pensée scientifique actuelle se sépare, dans l'esprit même du savant, de la pensée commune. Le savant est finalement un homme pourvu de *deux comportements.* Et cette division trouble toutes les discussions philosophiques. Elle passe souvent inaperçue. Et puis, elle a contre elle les faciles déclarations philosophiques de l'unité de l'esprit, de l'identité de l'esprit. Les savants eux-mêmes, dès qu'ils expliquent leur science à des ignorants, dès qu'ils l'enseignent à des élèves, s'efforcent de mettre en continuité la connaissance scientifique et la connaissance commune. C'est après coup qu'il faut constater qu'une culture scientifique a déterminé une refonte de la connaissance, une réforme de l'être connaissant. L'histoire scientifique elle-même, quand on la présente en un court préambule comme une préparation du nouveau par l'ancien, majore les preuves de continuité. Dans une telle atmosphère de confusion psychologique, il sera donc toujours difficile de mettre en lumière les traits spécifiques du nouvel esprit scientifique. Les trois états désignés par Auguste Comte ont des traces permanentes dans tout esprit. La superposition d'un quatrième état — si fragmentaire, si spécial, si peu enraciné — n'est donc guère susceptible d'intervenir dans les valeurs de conviction. Mais c'est peut-être dans une opposition des valeurs de culture aux valeurs de conviction qu'on pourra le mieux déterminer le prix de la pensée scientifique.

Quoi qu'il en soit de ces thèmes généraux, nous allons essayer d'apporter des exemples extrêmement simples pour montrer la discontinuité de l'évolution routinière et de l'évolution de la technique moderne à base scientifique.

II

6

L'ampoule électrique, un exemple de discontinuité technique

Montrons d'abord comment la technique qui a construit la lampe électrique à fil incandescent rompt vraiment avec toutes les techniques de l'éclairage en usage dans toute l'humanité jusqu'au XIXe siècle. Dans toutes les anciennes techniques, pour éclairer il faut *brûler* une matière. Dans la lampe d'Edison, l'art technique est d'*empêcher* qu'une matière ne brûle. L'ancienne technique est une technique de combustion. La nouvelle technique est une technique de non-combustion.

Mais pour jouer de cette dialectique, quelle connaissance spécifiquement *rationnelle* il faut avoir de la combustion ! L'empirisme de la combustion ne suffit plus qui se contentait d'une classification des substances combustibles, d'une valorisation des bons combustibles, d'une division entre substances susceptibles d'entretenir la combustion et substances « impropres » à cet entretien. Il faut avoir compris qu'une combustion est une combinaison, et non pas le développement d'une puissance substantielle, pour empêcher cette combustion. La chimie de l'oxygène a réformé de fond en comble la connaissance des combustions.

Dans une technique de non-combustion, Edison crée l'ampoule électrique, le verre de lampe *fermé,* la lampe sans tirage. L'ampoule n'est pas faite pour empêcher la lampe d'être agitée par les courants d'air. Elle est faite pour garder le vide autour du filament. La lampe électrique n'a absolument aucun caractère constitutif commun avec la lampe ordinaire. Le seul caractère qui permet de désigner les deux lampes par le même terme, c'est que toutes deux elles éclairent la chambre quand vient la nuit. Pour les rapprocher, pour les confondre, pour les désigner, on en fait l'objet d'un comportement de la vie commune. Mais cette unité de *but* n'est une unité de *pensée* que pour celui qui ne pense pas autre chose que le but. C'est ce *but* qui majore les descriptions phénoménologiques traditionnelles de la connaissance. Souvent les philosophes croient se donner l'objet en se donnant le nom, sans bien se rendre compte qu'un nom apporte une signification qui n'a de sens que dans un corps d'habitudes. « Voilà bien les hommes. On leur a une fois montré un objet, ils sont satisfaits, cela a un nom, ils ne l'oublieront plus ce nom. » (Jean de Boschère, *L'Obscur à Paris,* p. 63.)

Mais on nous objectera qu'en prenant pour exemple la lampe électrique, nous nous sommes placés sur un terrain trop favorable à nos thèses. Il est bien sûr, dira-t-on, que l'étude des phénomènes aussi nouveaux que les phénomènes électriques pouvait donner à la technique de l'éclairage des moyens tout nouveaux. Mais notre débat n'est pas là. Ce que nous voulons démontrer c'est que, dans la science électrique elle-même, il y a institution d'une technique « non naturelle », d'une technique qui ne prend pas ses leçons dans un examen empirique de la nature. Il ne s'agit pas en effet, comme nous allons le souligner, de partir des phénomènes électriques tels qu'ils s'offrent à l'examen immédiat.

7

La connaissance commune croit tout expliquer : l'exemple de l'électricité

L'EXPÉRIENCE

Dans la science *naturelle* de l'électricité, au XVIIIe siècle, on pose précisément une équivalence substantielle entre les trois principes feu, électricité, lumière. Autrement dit, l'électricité est prise dans les caractères évidents de l'étincelle électrique, l'électricité est feu et lumière. « Le fluide électrique, dit l'abbé Bertholon (*L'Électricité des végétaux,* p. 25) est le feu modifié, ou, ce qui revient au même, un fluide analogue au feu et à la lumière ; car il a avec eux de grands rapports, ceux d'éclairer, de briller, d'enflammer et de brûler, ou de fondre certains corps : phénomènes qui prouvent que sa nature est celle du feu, puisque ses effets généraux sont les mêmes ; mais qu'il est le feu modifié, puisqu'il en diffère à quelques égards. » Ce n'est pas là une intuition isolée, on la retrouvera facilement dans de nombreux livres du XVIIIe siècle. Une technique d'éclairage associée à une telle conception substantialiste de l'électricité aurait cherché à transformer l'électricité en feu-lumière, transformation en apparence facile puisque sous les deux formes : électricité et lumière on supposait qu'il s'agissait du même *principe matériel.* L'exploitation *directe* des premières observations, exploitation guidée par les intuitions substantialistes, demanderait seulement qu'on apportât un *aliment* à cette électricité feu-lumière (un *pabulum* suivant le terme consacré). On mettrait ainsi en action toute une série de *concepts* utilisés dans la vie commune, en particulier le concept d'*aliment* qui a une grande profondeur dans l'inconscient. On creuserait la *compréhension* des concepts « naturels » et on trouverait sous les phénomènes pourtant si rares de l'électricité, les qualités profondes, les qualités élémentaires : le feu et la lumière.

Ainsi enracinée dans les valeurs élémentaires, la connaissance vulgaire ne peut évoluer. Elle ne peut pas quitter son *premier empirisme.* Elle a toujours plus de réponses que de questions. Elle a réponse à tout. On le voit bien sur l'exemple choisi : si le bâton de résine *lance* des étincelles au moindre frottement, c'est qu'il est plein de feu. Pourquoi être frappé de ce phénomène nouveau ? ne fait-on pas depuis des temps immémoriaux des torches avec la résine ? Et ces étincelles ne sont pas seulement froide lumière, elles sont chaudes, elles peuvent enflammer l'eau de vie, l'eau de feu. Toutes ces observations, dans le style empirique du XVIIIe siècle, prouvent la *continuité* de l'expérience commune et de l'expérience scientifique. Le phénomène qui nous surprenait d'abord n'est bientôt plus qu'un exemple de la circulation du feu dans toute la nature, dans la vie même. Comme le dit Pott, employant le mot savant *phlogistique,* mais pensant le mot populaire : *feu* : « L'étendue de cette substance (le phlogistique) va aussi loin que l'univers ; elle est répandue dans toute la nature, quoique dans des combinaisons très différentes. » Ainsi, il n'y a d'intuitions générales que les intuitions naïves. Les intuitions naïves expliquent tout.

Et bien entendu la *physique naturelle* a sa microphysique. Elle estime que le feu latent est *emprisonné* dans les petits alvéoles de la matière, comme la goutte d'huile est enfermée dans la petite graine de colza. Le frottement en brisant les parois de ces alvéoles libère le feu. Si cette libération se généralisait, un feu visible et constant s'allumerait sur le bâton de résine frotté par la peau de chat : il y a *continuité* entre le bâton de résine et la branche combustible du sapin : « Je considère, dit encore Pott, la matière du feu contenue dans les corps combustibles, l'aliment du feu, comme un nombre de prisonniers enchaînés, dont le premier qui est délivré va aussitôt dégager son voisin qui en dégage lui-même un troisième, et ainsi de suite... »

De telles images — qu'on pourrait multiplier — montrent assez clairement avec quelle facilité un empirisme d'observation établit son système et combien rapidement ce système est *fermé.* On le voit, les connaissances électriques telles que les forment les premiers observateurs sont rapidement associées à une cosmologie du feu. Et si l'on eût fait une lampe électrique au XVIIIe siècle, on se serait posé la question suivante : comment le feu électrique latent peut-il devenir un feu manifeste ? Comment la lumière de l'étincelle peut-elle devenir une lumière permanente ? Autant de questions qui visent une réponse *directe.* Aucune de ces vues d'Univers ne peut guider une technique.

8

La science s'appuie sur une technique rationnelle

Revenons donc à l'examen de la phénoménotechnique[1]. L'histoire effective est là pour prouver que la technique est une technique rationnelle, une technique inspirée par des lois rationnelles, par des *lois algébriques.* On sait bien que la loi rationnelle qui règle les phénomènes de la lampe électrique à incandescence est la loi de Joule qui obéit à la formule algébrique :

$$W = R I^2 t$$

(W : énergie, R : résistance, I : intensité, *t* : temps).

1. Néologisme désignant les phénomènes produits par la technique scientifique.

Voilà un *exact* rapport de concepts bien définis. W s'enregistre au compteur, R I^e *t* se dépense dans la lampe. L'organisation objective des valeurs est *parfaite.*

Bien entendu, la culture abstraite a barré les premières intuitions concrètes. On ne dit plus — on pense à peine — que du feu et de la lumière circulent dans le filament éblouissant. L'explication technique va à contresens de l'explication substantialiste. Ainsi quand on veut mieux déterminer les effets de la *résistance* on rappelle la *formule* :

$$R = \rho \frac{l}{s}$$

(ρ : résistivité du métal, l: longueur du fil, s: section du fil) et l'on *comprend la nécessité* technique de prendre un fil long et fin pour augmenter la résistance, on *admire* la délicatesse du fil tremblant sur ses poternes de verre. Le facteur ρ garde sans doute une certaine réserve d'empirisme. Mais c'est un empirisme bien encadré, rationnellement encadré. D'ailleurs, contre cet empirisme une science plus poussée pourra venir par la suite multiplier ses conquêtes. L'industrie moderne en s'attachant à une technique définie, en travaillant sur une substance bien purifiée, telle qu'ici le tungstène, aboutit à une sorte de rationalisation de la matière. Pour l'usine qui fabrique des lampes à filament de tungstène, le facteur ρ ne garde plus de surprise empirique. Il est en quelque sorte matériellement désindividualisé. Si l'on est un peu sensible aux nuances philosophiques on ne peut manquer de reconnaître le travail de rationalisation en acte dans une industrie qui livre les lampes électriques en série.

9

La double dimension de l'objet de la pensée scientifique

LA CONNAISSANCE

Nous pouvons donc bien affirmer que l'ampoule électrique est un objet de la pensée scientifique. À ce titre, c'est pour nous un bien simple mais bien net exemple d'un objet *abstrait-concret.* Pour en comprendre le fonctionnement, il faut faire un détour qui nous entraîne dans une étude des *relations* des phénomènes, c'est-à-dire dans une science rationnelle, exprimée *algébriquement.*

Certes, chacun pourra, suivant son tempérament philosophique, voir dans un tel objet abstrait-concret soit un exemple d'*empirisme composé,* soit un exemple de *rationalisme appliqué.* Mais de toute manière une discussion philosophique sur un tel exemple relève de la philosophie dialoguée. De notre point de vue philosophique, l'ampoule électrique est un *bi-objet.* Un sartrien trouverait deux manières bien différentes de le « néantiser ». On peut casser l'ampoule comme un verre ordinaire. Mais il y a une néantisation moins brutale, plus insidieuse ; il suffit de déranger un contact dans la douille et l'objet n'est plus lampe. Si l'ampoule éclaire mal, on demande à la femme de ménage de l'essuyer comme les autres objets. Si cela ne suffit pas, on demande au technicien de vérifier les contacts. « L'ustensilité » a ici deux avenues de jugements.

10

L'objet pensé n'est pas l'objet perçu

LA CONNAISSANCE

Naturellement, si nous eussions choisi un exemple plus compliqué, nous aurions pu mettre en évidence des caractères rationnels plus nombreux, ayant des relations mathématiques plus complexes. Mais, dans sa simplicité, nous croyons que notre exemple est suffisant pour engager la discussion philosophique fondamentale entre réaliste et rationaliste. De toute évidence, ici, l'objet perçu et l'objet pensé appartiennent à deux instances philosophiques différentes. On peut alors décrire l'objet deux fois : une fois comme on le perçoit, une fois comme on le pense. L'objet est ici phénomène et noumène[1]. Et en tant que noumène, il est ouvert à un avenir de perfectionnement que l'objet de la connaissance commune ne possède pas. Le noumène scientifique n'est pas une simple essence, il est un *progrès* de pensée. Il se désigne, dans ses premiers traits, comme un progrès de pensée, et il appelle d'autres progrès. Pour caractériser pleinement un objet qui réalise une conquête théorique de la science, il faudrait donc parler d'un noumène nougonal[2], d'une essence de pensée qui engendre des pensées.

Ce progrès de pensée qui est le signe manifeste d'un noumène scientifique est rendu manifeste par la comparaison avec la *perception* du phénomène. La perception d'un objet se présente comme un signe sans signification en profondeur. Elle renvoie seulement aux autres objets perçus et s'associe à la perception d'autres objets sur le plan homogène du perçu. Préciser le perçu, c'est simplement multiplier les associations de la perception. Au contraire, préciser l'objet scientifique, c'est commencer un récit de nouménalisation progressive. Tout objet scientifique porte la marque d'un progrès de la connaissance.

III

11

Le jugement de valeur, obstacle épistémologique

LA CONNAISSANCE

Pour montrer l'opposition de la connaissance commune et de la connaissance scientifique nous pouvons évoquer les difficultés qu'éprouve la connaissance scientifique à se déprendre des grandes valeurs, des valeurs d'univers qui gouvernent les connaissances communes. Comme toujours, allons aux exemples.

Il suffira de parcourir les trois tomes des *Expériences et Observations sur différentes espèces d'air* de Priestley (trad. Gibelin, Paris, 1777) pour se rendre compte à quel point les jugements de valeur troublent l'orientation scientifique. L'opposition de l'air bon à l'air vicié ne peut donner une classification chimique profonde et durable. Les faux problèmes, après une telle division, se présentent

1. Phénomène : ce qui se manifeste à nos sens, noumène ce qui est saisi par l'intelligence.
2. Nougonal : néologisme créé par l'auteur à partir des mots grecs *nous*, l'intelligence, et *gonos*, la semence. On peut donner comme équivalent de noumène nougonal : une idée qui est un germe d'idées.

à chaque pas. Même quand le chercheur tient un germe d'idées saines, il ne peut en déterminer la croissance. Ainsi Priestley a souvent rencontré l'idée que les végétaux « rétablissaient » le *bon air* qui avait été vicié par la respiration des animaux. Dans bien des expériences, il a laissé mourir des souris dans un air confiné pour que cet air porte sûrement la marque d'un air irrespirable. Dans cet air irrespirable, il a fait pousser des « jets de menthe ». Et alors commencent des déterminations de valeurs. Si la menthe améliore un air infecté par la souris, doit-on ce bienfait à des effluves aromatiques ? Non, car « cet air vicié fut aussi parfaitement rétabli au moyen de la plante appelée séneçon qu'on range communément parmi les méchantes herbes, et qui n'a qu'une odeur désagréable ». En d'autres termes, le *bon* et le *mauvais* encombrent la recherche des *valeurs de connaissance objective.* En fait, les expériences de Priestley constituent un ensemble particulièrement nombreux d'expériences relatives à la table baconienne *d'absence.*

12

La « table d'absence » : une procédure dépassée

L'EXPÉRIENCE

Pour le dire en passant, il est remarquable que l'expérience moderne de laboratoire travaille à peine sur la « table d'absence[1] ». L'expérience scientifique moderne est déjà engagée dans la voie objective et, comme telle, elle est quasi sûre de la *présence* du phénomène étudié. Même lorsque l'expérience scientifique procède par *oui* et par *non,* dans une dialectique qui paraît hésiter entre *présence* et *absence,* elle est du moins sûre de la définition du phénomène précis, à propos duquel se posent des questions précises. Sans doute à ces questions *précises* l'expérience peut répondre *négativement.* Mais cette réponse négative n'est pas vraiment absolue car elle renvoie aussitôt à une refonte *positive* de l'expérience. La négation expérimentale, dans la physique moderne, n'a rien à voir avec la négation dans une physique inchoative[2], dans une pensée expérimentale qui s'éparpille en faux départs.

13

L'obstacle finaliste

LA CONNAISSANCE

Le *bien* et le *mal* attachés à des substances comme des désignations premières, comme des désignations fondamentales, entraînent presque automatiquement des vues cosmologiques bien éloignées du niveau de l'expérience particulière envisagée. Ainsi la compensation du végétal à l'égard de l'animal dans le *rétablissement* du bon air, a, pour Priestley, une dignité cosmique. La vie végétale lutte contre toutes les malfaisances, elle lutte contre toutes les putréfactions : les effluves balsamiques sont faits pour compenser les effluves putrides. Les forêts corrigent les volcans (*cf.* t. II, p. 39). De toutes les manières, il faut que le mal soit arrêté dans la nature (t. I, p. 345) : « Tout air nuisible doit être purifié dans la nature. »

En somme, par une inversion préalable de ce qui sera l'ordre de sûreté des connaissances scientifiques objectives, c'est, au

1. Bacon (1561-1626), partisan du recours à l'expérience, préconise la méthode dite « de la table d'absence » pour vérifier qu'une circonstance donnée est bien un facteur déterminant d'un phénomène. Par exemple, le rôle de l'air dans la propagation des sons est confirmé par le fait qu'*en l'absence de l'air* le son ne se propage pas.
2. Qui en est à son commencement.

XVIIIe siècle, la météorologie qui précède la chimie. Pour Priestley, si la mer est agitée, c'est pour mieux dissoudre les airs viciés qui sont produits par les immenses putréfactions de l'univers. Il utilise, lui aussi, l'agitation de l'eau dans un récipient où il a reçu les « airs » à étudier et il fait, à cet égard, des observations utiles. Mais on sent bien à le lire que le finalisme, même lorsqu'il ne s'exprime pas, est actif. La connaissance préscientifique est utilitaire. La chimie préscientifique reste liée à la cosmologie. Elle maintient, même dans ses études particularisées, les principes d'utilité et de finalisme de la connaissance vulgaire.

14

Généralités vagues et détails infimes

LA CONNAISSANCE

Le fait aussi que les caractères biologiques qui sont mis à la base des recherches physiques soient des traits généraux comme « l'animalisation » et « la végétation » bloque ou trouble les essais d'objectivation chimique (*cf.* Priestley, *loc. cit.*, t. II, p. 181).

Comment une biologie fourvoyée guiderait-elle une chimie mal partie ?

Aux questions immenses sur l'animalisation et la végétation succèdent toutes les questions tatillonnes d'un empirisme qui veut entrer dans le détail des faits. Priestley, après avoir découpé « un coq d'Inde », se demande si la chair *blanche* de la poitrine donnera le « même air » que la chair *noire* de la cuisse. Priestley ne voit aucune différence. Traité par l'esprit de nitre, les deux chairs donnèrent un air qui « ressemblait exactement à l'air que j'avais tiré du tendon de veau » (t. II, p. 183). Priestley avait en effet fait l'expérience sur un tendon de veau « parce que sa texture plus solide que celle du muscle » lui avait donné à penser « que l'air qu'il fournirait approcherait davantage de celui du bois » (p. 182). N'oublions pas que l'air « fixe » devait son nom au fait qu'on le faisait sortir des corps solides où il était « fixé ». L'ordre de solidité pouvait donc suggérer des questions en prise directe sur les aspects immédiats des substances.

15

La science est une connaissance rectifiée

LA CONNAISSANCE

Ainsi la connaissance expérimentale en liaison avec la connaissance commune immédiate est aussi bien embarrassée par les traits trop généraux que par les distinctions trop particulières. Il faut attendre qu'une connaissance soit engagée, qu'une connaissance ait reçu plusieurs rectifications, pour qu'on puisse la désigner comme une connaissance *scientifique.* Nous retrouvons ainsi toujours le même paradoxe, le courant de pensée qu'il faut caractériser comme pensée scientifique se détermine en aval des premiers barrages. La pensée rationaliste ne « commence » pas. Elle *rectifie.* Elle *régularise.* Elle *normalise.* Elle est *positive* dans un au-delà des négations fourmillantes du type de celles que nous venons très simplement de rappeler. Bien entendu, ceux qui forment leurs convictions sur la connaissance commune, ceux qui voient dans les choses communes les principes d'un Univers, ne peuvent guère bénéficier des *valeurs d'engagement* spécifiques de la connaissance scientifique. Nous retrouvons donc la nécessité de l'information révolutionnaire du rationalisme.

16

Connaissance scientifique et connaissance sensible

LA CONNAISSANCE

Mais notre débat sur les rapports de la connaissance commune et de la connaissance scientifique sera peut-être plus clair si nous arrivons à séparer nettement la connaissance scientifique et la connaissance *sensible.* Pour être absolument net, nous croyons pouvoir rompre avec ce postulat plus ou moins explicite qui prétend que toute connaissance est toujours réductible, en dernière analyse, à la sensation. Il ne vient pas toujours à l'esprit que les conditions de la synthèse ne sont pas symétriques des conditions de l'analyse. Il nous faudra donc attirer l'attention sur les productions synthétiques de la connaissance et de la technique scientifique. La *domination* du sensible s'oppose par un trait caractéristique du rationalisme à la *réduction* au sensible.

Étant donné que la plupart des philosophes acceptent sans discussion le postulat que toute connaissance sur le réel est issue de la connaissance sensible, ils formulent souvent, comme une objection dirimante[1] contre la connaissance scientifique, le fait que cette connaissance scientifique ne peut rendre compte de la sensation elle-même. Des philosophies aussi différentes que celles du bergsonisme et du meyersonisme sont d'accord sur cette critique. Ainsi, pour Meyerson, l'irrationnel est à la racine même de la connaissance sensible. Toute la rationalité de la construction des connaissances scientifiques n'évince pas l'irrationalité de la base sensible. Il nous semble que bien des thèses d'un tel irrationalisme de la base s'assemblent autour d'un problème mal posé.

17

L'attrait des origines : un nouvel obstacle

LA CONNAISSANCE

Par exemple, bien souvent, on objecte la contingence du nombre des cinq sens. Pourquoi *cinq* et pas plus et pas moins ? Et les utopies commencent : que serait notre connaissance de l'univers si nous avions, comme sixième sens, le sens de l'orientation qu'ont les pigeons ? que serait notre connaissance de la matière si nous avions le sens électrique de la torpille ? Et si nous en avions moins ? Un philosophe s'est même demandé ce que serait notre connaissance si nous n'avions qu'un sens. Ainsi vont les *utopies* de la théorie philosophique de la connaissance dans un temps où la connaissance scientifique multiplie les exemples de *nouvelles connaissances effectives,* créant de toutes pièces des types de connaissances nouveaux. Cette extension des méthodes, cette multiplication des objets n'attirent pas l'attention des philosophes. Les philosophes croient pouvoir s'instruire en imaginant des situations élémentaires. Nouvelle preuve qu'en étudiant des origines, les philosophes croient pouvoir découvrir des créations.

Et dans la polémique contre le rationalisme, on va jusqu'à s'étonner qu'un sens ne soit pas substituable à un autre sens, ce qui

1. Qui fait obstacle.

serait bien désirable pour une philosophie rationaliste de l'identité. Ainsi pour les garants de l'irrationalisme, le fait que l'oreille ne puisse voir, que l'œil ne puisse entendre, voilà un argument. Meyerson va jusqu'à utiliser cette galéjade : on nommera des experts pour savoir si vraiment à la lumière des « trente-six chandelles » qu'un homme avait vues en recevant un coup de poing sur l'œil, il avait pu, dans la nuit la plus noire, reconnaître son agresseur.

18

Pas de rationalité absolue présidant aux différentes sciences : l'exemple de la couleur

Mais laissons de côté des arguments préalables, essayons de prouver le mouvement en marchant, essayons de suivre l'acte de connaissance en connaissant. Nous allons prendre un exemple aussi précis que possible, celui de l'ordination des couleurs. Nous allons ébaucher un parallèle entre les couleurs intelligibles et les couleurs sensibles en établissant une distinction qui, si on la travaillait, pourrait devenir aussi nette que la distinction faite par Malebranche entre l'étendue intelligible et l'étendue sensible. Sur ce simple exemple, il nous sera facile de montrer que la physique d'une part et la biologie et la psychologie d'autre part ne posent pas les mêmes problèmes. Et c'est vraiment trop simple de poser un irrationalisme parce que la rationalité d'un des domaines ne peut être mise en totale coïncidence avec la rationalité de l'autre domaine. Accepter cette critique ce serait suivre l'inspiration d'un rationalisme absolu, inconditionné, qui par son dogmatisme appelle le dogmatisme d'un irrationalisme contraire. Par la suite, nous demanderons donc à nos adversaires de ne pas *confondre les genres* et à ne pas demander les justifications de la science physique pour les sciences biologique et psychologique. Une fois distingué les « genres », on aura à se demander de quel côté l'*engagement* est le plus profond, le plus actif. Nous verrons que l'engagement vers les *couleurs intelligibles* est, de beaucoup, l'engagement marqué par le progrès humain, l'engagement fondé sur l'avenir de la pensée et non pas sur le passé de la sensation.

Pour mettre en formules nettes la différence de l'ordination des couleurs en physique d'une part et d'autre part en biologie et en psychologie, on pourrait dire :

> L'ordination des couleurs en physique est *linéaire.*
> L'ordination des couleurs en biologie est *circulaire.*

Physiquement, la dispersion des couleurs par le prisme dans l'expérience de Newton donne l'ordre linéaire suivant :

> violet, indigo, bleu, vert, jaune, orangé, rouge

Biologiquement, une étude des sensations nous donne par des fusions progressives le même ordre, mais cette étude des sensations nous enjoint de prendre un schéma qui traduit un voisinage du rouge et du violet. Il faut donc disposer circulairement les couleurs comme dans les schémas ci-dessous :

A.

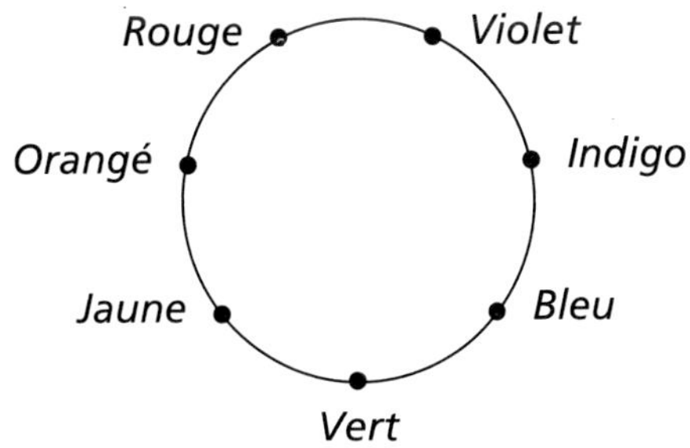

On pourra même sur ce cercle ne laisser subsister que les trois couleurs *fondamentales*: bleu, jaune et rouge puisque toutes les nuances du vert peuvent être obtenues dans une fusion progressive du bleu et du jaune, et de même pour l'orangé dans le mélange de jaune et de rouge, et de même pour le violet et l'indigo dans le mélange du rouge et du bleu.

B.

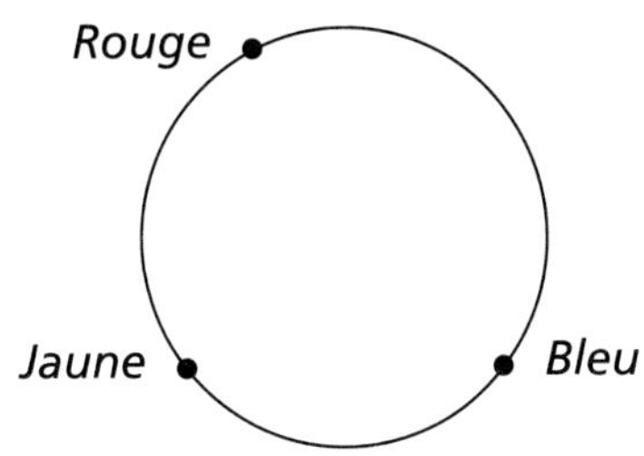

Ces simplifications ont joué un grand rôle dans les discussions de la période préscientifique. Alors que l'étude scientifique de l'ordination linéaire a donné la même puissance d'individualisation à toutes les couleurs, à toutes les nuances, l'ordination circulaire a prétendu isoler les trois couleurs fondamentales en leur attribuant un réalisme dominant. Soulignons dès maintenant, avant d'y revenir, que les trois couleurs bleu, jaune et rouge ne sont *fondamentales* que pour la vision, que pour l'œil humain. C'est sur le plan biologique rétinien que les couleurs fondamentales devront révéler leur privilège.

Faudra-t-il maintenant, avec les philosophes, objecter que la science physique, en ne rendant pas compte du voisinage sensible du violet et du rouge, se désigne comme une abstraction ? Ne serat-on pas fondé au contraire à dénoncer comme une *surcharge* ce voisinage violet-rouge totalement absent dans l'ordination intelligible des couleurs ?

Que donnerait une physique qui partirait vraiment de l'ordination circulaire des couleurs, en tenant cette ordination comme la plus *réelle,* comme la plus *concrète*? On sait, par l'histoire, ce que serait une telle science physique. Dans cette voie, on retrouverait en effet les pseudo-physiques de Goethe et de Schopenhauer, deux célèbres doctrines qui conduisent *à ne pas comprendre* les problèmes de la physique quand on accepte cependant de discuter ces problèmes.

Dans cet ordre circulaire, impossible de caser l'ultra-violet et l'infra-rouge, impossible de suivre cette énorme extension, à la fois intelligible et expérimentale, qui a étendu des rayons hertziens aux rayons X et aux rayons γ l'ordination essentiellement *linéaire* des fréquences lumineuses qui spécifient les couleurs. Une des plus grandes découvertes de tous les siècles — l'*uniformité de principe* des radiations les plus diverses dans leur phénomène — serait *inassimilable* si l'on se fondait sur la boucle de l'ordination sensible des couleurs. Il faut accéder à la science contemporaine générale des radiations pour bien situer la science particulière des radiations lumineuses. On comprend alors que le réalisme ne puisse plus être attaché au cas particulier.

La science générale, si on lui demande maintenant d'expliquer le voisinage rouge-violet, a le droit de localiser le problème en le désignant comme un problème nettement biologique. La science physique n'a pas à retenir ce caractère de la connaissance commune en lui donnant le statut d'un phénomène fondamental, d'un phénomène physiquement primitif. Là comme partout l'esprit scientifique moderne est une réaction contre la confusion des genres, il veut le problème précis dans une problématique déterminée. Dès lors, la connaissance commune n'est plus habilitée à poser directement les questions. Pourquoi le violet touche-t-il le rouge ? La connaissance sensible, la connaissance vulgaire, la connaissance de la teinture et des couleurs matérialisées sur la palette, toutes ces expériences semblent poser *directement* cette question. Et l'intuition intime peut jouir d'un violet qui vire doucement vers le bleu ou s'excite vers le rouge. Mais de telles situations ne peuvent être expliquées *scientifiquement* que dans des recherches de chimie rétinienne, dans des reconstructions d'organisations pigmentaires. La physiologie oculaire, la psychologie de la sensation visuelle sont en jeu. La Physique dans ses déterminations *objectives* ne saurait prendre *au départ* ce problème. Ce problème de chimie rétinienne, de physiologie oculaire ne doit pas détourner l'optique de ses recherches bien définies.

19

L'exemple de la photographie en couleurs plaide pour un rationalisme appliqué

Il ne viendrait donc pas à l'idée du physicien d'expliquer la sensation visuelle par la physique des vibrations. Il remet ce problème au biologiste et au psychologue. Il a d'ailleurs bien d'autres choses à faire. En particulier, il s'efforce de restituer les éléments physiques de la sensation. À cet égard, le passage de la photographie sans couleur à la photographie en couleurs est plein d'enseignement.

Faut-il dire que la photographie en couleurs n'est de toute évidence pas *en continuité* avec l'expérience commune ? Elle est incompréhensible du point de vue du coloriste ou du teinturier. Mais nous avons perdu la faculté d'admirer les bases scientifiques des prodigieuses techniques modernes. Qui se rappelle le temps où la photographie en couleurs passait pour une chimère ? Il n'y a pas un siècle Louis Figuier disait encore que le cliché en couleurs était la pierre philosophale de la photographie.

Au surplus, il est philosophiquement très remarquable que deux procédés de photographie très différents aient résolu le problème de la photographie en couleurs, l'un jouant en quelque manière sur l'ordination circulaire des couleurs, l'autre sur l'ordination linéaire.

L'ordination circulaire était à l'origine des pensées du poète Charles Cros formulant les principes de ce qui deviendra le procédé trichrome. Pour Charles Cros, « les couleurs sont des essences qui, de même que les figures, ont trois dimensions » (Charles Cros, *Poèmes et Proses,* éd. Gallimard, p. 225). « Les trois espèces élémentaires de la couleur sont : le rouge, le jaune, le bleu » (p. 226). Il faudra donc, pense Charles Cros, « prendre trois épreuves différentes » et ensuite les superposer. Et l'œil fera une synthèse — grossière, mais suffisante — des trois épreuves. « Là où il n'y aura aucune des trois couleurs, on aura du noir, là où une seule, ou deux ou trois en proportions spéciales auront agi, on aura toutes les teintes possibles, simples ou mixtes, y compris le blanc pur » (p. 231). Le procédé actuel a en quelque manière donné une triple réceptivité à la même plaque, avec trois sortes de granules sensibles aux couleurs fondamentales. On le voit, dans une telle technique, les *conditions* de la vision ont été mises tout de suite à la base des recherches.

Le second procédé est en quelque sorte plus tranquillement objectif, il donne une satisfaction plus grande à l'esprit scientifique, bien qu'il se soit révélé moins apte aux réalisations industrielles. C'est le procédé mis en œuvre par Gabriel Lippmann il y a un demi-siècle. Il consiste à enregistrer dans l'épaisseur même de la couche sensible de la plaque photographique les interférences correspondant objectivement à toutes les couleurs, à toutes les nuances du paysage photographié. Cette fois, il n'y a plus à considérer les couleurs fondamentales, chaque couleur du monde objectif porte sa trace particulière, suivant sa longueur d'onde propre, dans la matière chimique. La variable déterminante est la longueur d'onde, c'est la variable qui place la couleur dans l'ordre linéaire des couleurs du prisme. À l'issue d'une leçon sur les interférences, j'ai assisté à la projection de nombreux clichés pris par Lippmann au cours de ses vacances : les vues de la forêt de Fontainebleau sont encore dans ma mémoire. Et pour moi ce souvenir est un exemple d'un étrange mélange de la joie des yeux et de la joie de l'esprit. À suivre la réalisation d'une telle expérience, on éprouve dans son acte le rationalisme appliqué. Jamais peut-être une hypothèse scientifique n'a reçu une vérification aussi pertinente, aussi minutieuse. Ici, l'hypothèse scientifique, dans le détail même des pensées et des techniques, est vérifiée, est *réalisée.* L'hypothèse, ici, est un plan de rationalisation rationnelle. Combien nous sommes loin de cette épistémologie qui prend l'hypothèse comme un échafaudage provisoire, comme un groupe de suppositions commodes ! Mais naturellement tout ce complexe de pensées rationnelles et d'expériences techniques est lettre morte pour tout esprit qui aime mieux le but que le chemin, pour tout philosophe qui ne veut prendre de la science que les résultats sans suivre la vie du progrès des pensées.

CONTREPOINT
Contrepoint

Bachelard critique dans ce chapitre une « illusion rétrospective » : comme on connaît l'état actuel de la science, on croit que les états antérieurs y conduisaient nécessairement. Alexandre Koyré, décrit une autre forme de cette illusion, à propos cette fois des rapports entre science et technique. Familiarisés avec le lien étroit qui unit science et technique au XXe siècle, nous sommes tentés de croire qu'il en a toujours été ainsi.

Alexandre Koyré, *Études d'histoire de la pensée scientifique*, Gallimard, 1973.

LA TECHNIQUE

Cette interaction entre la théorie et la pratique, [...] me semblent être un phénomène essentiellement moderne. L'Antiquité et le Moyen Âge nous en offrent peu d'exemples, si même ils nous en offrent, en dehors de l'invention du cadran solaire et de la découverte, par Archimède, du principe qui porte son nom. Quant aux techniques antiques, force nous est d'admettre que, même en Grèce, elles sont tout autre chose que de la « science appliquée ». Aussi surprenant que cela puisse nous paraître, on peut édifier des temples et des palais, et même des cathédrales, creuser des canaux et bâtir des ponts, développer la métallurgie et la céramique, sans posséder de savoir scientifique, ou en n'en possédant que des rudiments. La science n'est pas nécessaire à la vie d'une société, au développement d'une culture, à l'édification d'un État et même d'un Empire. Aussi y eut-il des empires, et des grands, des civilisations et de fort belles (pensons à la Perse ou à la Chine) qui s'en sont entièrement, ou presque entièrement, passé ; comme il y en eut d'autres (pensons à Rome) qui, en ayant reçu l'héritage, n'y ont rien, ou presque rien ajouté. Aussi ne devons-nous pas exagérer le rôle de la science comme facteur historique : dans le passé, là même où elle a existé effectivement comme en Grèce, ou dans le monde occidental prémoderne, il fut minime. [...] Car, il faut bien le reconnaître, la théorie ne conduit pas, du moins pas immédiatement, à la pratique ; et la pratique n'engendre pas, du moins pas directement, la théorie. Le plus souvent, tout au contraire, elle en détourne. Ainsi, ce ne sont pas les harpédonaptes* égyptiens, qui avaient à mesurer les champs de la vallée du Nil, qui ont inventé la géométrie : ce sont les Grecs, qui n'avaient à mesurer rien qui vaille ; les harpédonaptes se sont contentés de recettes. De même ce ne sont pas les Babyloniens qui croyaient à l'astrologie et, de ce fait, avaient besoin de pouvoir calculer et prévoir les positions des planètes dans le Ciel, [...] qui ont élaboré un système de mouvements planétaires ; ce sont, encore une fois, les Grecs, qui n'y croyaient pas.

Sartre

L'existentialisme est un humanisme

1905-1980

La célébrité de Jean-Paul Sartre s'explique par son talent pour donner une forme littéraire à ses idées philosophiques, mais aussi par ses prises de position politiques retentissantes contre les guerres d'Algérie et du Viêt-nam et son engagement en faveur des divers mouvements issus de mai 68. Dès la Libération, sa pensée fut l'objet d'un intérêt considérable. Pour redresser les déformations qui sont la rançon du succès, il prononce en 1945 sa conférence : *L'existentialisme est un humanisme.* Dans l'extrait que nous en donnons ici, on trouvera, non pas bien sûr le résumé de *l'Être et le Néant,* sa première œuvre majeure publiée deux ans plus tôt, mais l'exposé d'une thèse essentielle de cette philosophie : l'homme est condamné à être libre. On trouvera à la suite les quelques pages d'explication que Sartre consacra dans ses *Cahiers pour une morale* à cette formule paradoxale.

Pour l'existentialisme, si l'homme se distingue de tous les autres êtres, ce n'est pas en raison de sa nature propre. C'est plutôt parce qu'il n'a pas de nature. La nature d'une chose ou son essence, c'est ce qu'elle doit être pour être elle-même. L'essence de l'animal carnivore c'est de se nourrir de viande, l'essence du triangle c'est d'avoir trois côtés. Et l'essence de l'homme ? C'est, nous dit Sartre... de ne pas avoir d'essence !

Cette conception de l'homme comme être indéterminé est le fruit d'une longue évolution des idées. Déjà depuis les Temps modernes, l'homme n'était plus, comme l'avaient pensé les Anciens, cet habitant d'un cosmos ordonné dans lequel seraient inscrite sa place et fixés ses devoirs. Peu à peu, avec le déclin de la croyance en Dieu, l'homme ne pouvait plus trouver autour de lui, ni même au-dessus de lui, des repères moraux pour guider son action. Au XXe siècle, l'existentialisme sartrien tire les conséquences de cet état de fait : Dieu est mort et l'homme est orphelin. Privé désormais de modèles et de normes toutes faites, chaque individu est condamné à inventer sa conduite, à décider par lui-même de la valeur de ses actes.

Au lendemain de la Seconde Guerre mondiale, face à la position sartrienne, les critiques vont bon train. Les marxistes lui reprochent de nier le cadre historique dans lequel peut se déployer l'action militante et d'encourager ainsi la passivité. Les chrétiens, d'abandonner les hommes à une vie absurde et gratuite dès lors qu'est supprimée toute référence aux commandements de Dieu. Et enfin, de tous les côtés à la fois, on lui fait le grief d'enfermer l'homme dans sa subjectivité et d'exalter un individualisme sordide. Pour faire comprendre à ses détracteurs que sa philosophie affirme à sa façon la dignité de l'homme, Sartre s'est obligé dans ce texte à un exercice de pédagogie qui peut aujourd'hui encore nous aider à comprendre sa pensée.

Gallimard, 1945.

L'existentialisme est un humanisme

1
Qu'est-ce que l'existentialisme ?

L'EXISTENCE

Qu'est-ce qu'on appelle existentialisme ? La plupart des gens qui utilisent ce mot seraient bien embarrassés pour le justifier, puisque aujourd'hui, que c'est devenu une mode, on déclare volontiers qu'un musicien ou qu'un peintre est existentialiste. Un échotier de *Clartés* signe *l'Existentialiste*; et au fond le mot a pris aujourd'hui une telle largeur et une telle extension qu'il ne signifie plus rien du tout. Il semble que, faute de doctrine d'avant-garde analogue au surréalisme, les gens avides de scandale et de mouvement s'adressent à cette philosophie, qui ne peut d'ailleurs rien leur apporter dans ce domaine ; en réalité c'est la doctrine la moins scandaleuse, la plus austère ; elle est strictement destinée aux techniciens et aux philosophes. Pourtant, elle peut se définir facilement. Ce qui rend les choses compliquées, c'est qu'il y a deux espèces d'existentialistes : les premiers, qui sont chrétiens, et parmi lesquels je rangerai Jaspers et Gabriel Marcel, de confession catholique ; et, d'autre part, les existentialistes athées parmi lesquels il faut ranger Heidegger, et aussi les existentialistes français et moi-même. Ce qu'ils ont en commun, c'est simplement le fait qu'ils estiment que l'existence précède l'essence, ou, si vous voulez, qu'il faut partir de la subjectivité. Que faut-il au juste entendre par là ?

2
L'homme n'est en rien comparable à un objet fabriqué

LA TECHNIQUE

[Lorsqu'on considère un objet fabriqué, comme par exemple un livre ou un coupe-papier, cet objet a été fabriqué par un artisan qui s'est inspiré d'un concept ; il s'est référé au concept de coupe-papier, et également à une technique de production préalable qui fait partie du concept, et qui est au fond une recette. Ainsi, le coupe-papier est à la fois un objet qui se produit d'une certaine manière et qui, d'autre part, a une utilité définie, et on ne peut pas

N.B. : Les crochets en début de ligne indiquent que le paragraphe a été créé par l'auteur du manuel et ne figure donc pas dans le texte original.

supposer un homme qui produirait un coupe-papier sans savoir à quoi l'objet va servir. Nous dirons donc que, pour le coupe-papier, l'essence — c'est-à-dire l'ensemble des recettes et des qualités qui permettent de le produire et de le définir — précède l'existence ; et ainsi la présence, en face de moi, de tel coupe-papier ou de tel livre est déterminée. Nous avons donc là une vision technique du monde, dans laquelle on peut dire que la production précède l'existence.

3

L'homme n'a pas été conçu par une intelligence divine

LA RELIGION

Lorsque nous concevons un Dieu créateur, ce Dieu est assimilé la plupart du temps à un artisan supérieur ; et quelle que soit la doctrine que nous considérions, qu'il s'agisse d'une doctrine comme celle de Descartes ou de la doctrine de Leibniz, nous admettons toujours que la volonté suit plus ou moins l'entendement, ou tout au moins l'accompagne, et que Dieu, lorsqu'il crée, sait précisément ce qu'il crée. Ainsi, le concept d'homme, dans l'esprit de Dieu, est assimilable au concept de coupe-papier dans l'esprit de l'industriel ; et Dieu produit l'homme suivant des techniques et une conception, exactement comme l'artisan fabrique un coupe-papier suivant une définition et une technique. Ainsi l'homme individuel réalise un certain concept qui est dans l'entendement divin.

4

Il n'y a pas de nature humaine

L'HOMME

[Au XVIIIe siècle, dans l'athéisme des philosophes, la notion de Dieu est supprimée, mais non pas pour autant l'idée que l'essence précède l'existence. Cette idée, nous la retrouvons un peu partout : nous la retrouvons chez Diderot, chez Voltaire, et même chez Kant. L'homme est possesseur d'une nature humaine ; cette nature humaine, qui est le concept humain, se retrouve chez tous les hommes, ce qui signifie que chaque homme est un exemple particulier d'un concept universel, l'homme ; chez Kant, il résulte de cette universalité que l'homme des bois, l'homme de la nature, comme le bourgeois sont astreints à la même définition et possèdent les mêmes qualités de base. Ainsi, là encore, l'essence d'homme précède cette existence historique que nous rencontrons dans la nature.

5

La conception existentialiste de l'homme

L'EXISTENCE

L'existentialisme athée, que je représente, est plus cohérent. Il déclare que si Dieu n'existe pas, il y a au moins un être chez qui l'existence précède l'essence, un être qui existe avant de pouvoir être défini par aucun concept et que cet être c'est l'homme ou, comme dit Heidegger, la réalité humaine. Qu'est-ce que signifie ici que l'existence précède l'essence ? Cela signifie que l'homme existe d'abord, se rencontre, surgit dans le monde, et qu'il se définit après. L'homme, tel que le conçoit l'existentialiste, s'il n'est pas définissable, c'est qu'il n'est d'abord rien. Il ne sera qu'ensuite, et il sera tel qu'il se sera fait. Ainsi, il n'y a pas de nature humaine, puisqu'il n'y a pas de Dieu pour la concevoir. L'homme est seulement, non seulement tel qu'il se conçoit, mais tel qu'il se veut, et comme il se conçoit après l'existence, comme il se veut après cet élan vers l'existence ; l'homme n'est rien d'autre que ce qu'il se fait. Tel est le premier principe de l'existentialisme. C'est aussi ce qu'on appelle la subjectivité, et que l'on nous reproche sous ce nom même. Mais que voulons-nous dire par là, sinon que l'homme a une plus grande dignité que la pierre ou que la table ?

6

L'homme est projet

L'HOMME

[Car nous voulons dire que l'homme existe d'abord, c'est-à-dire que l'homme est d'abord ce qui se jette vers un avenir, et ce qui est conscient de se projeter dans l'avenir. L'homme est d'abord un projet qui se vit subjectivement, au lieu d'être une mousse, une pourriture ou un chou-fleur ; rien n'existe préalablement à ce projet ; rien n'est au ciel intelligible, et l'homme sera d'abord ce qu'il aura projeté d'être. Non pas ce qu'il voudra être. Car ce que nous entendons ordinairement par vouloir, c'est une décision consciente, et qui est pour la plupart d'entre nous postérieure à ce qu'il s'est fait lui-même. Je peux vouloir adhérer à un parti, écrire un livre, me marier, tout cela n'est qu'une manifestation d'un choix plus originel, plus spontané que ce qu'on appelle volonté.

7

L'existentialisme implique la pleine responsabilité de l'homme

L'HOMME

[Mais si vraiment l'existence précède l'essence, l'homme est responsable de ce qu'il est. Ainsi, la première démarche de l'existentialisme est de mettre tout homme en possession de ce qu'il est et de faire reposer sur lui la responsabilité totale de son existence. Et, quand nous disons que l'homme est responsable de lui-même, nous ne voulons pas dire que l'homme est responsable de sa stricte individualité, mais qu'il est responsable de tous les hommes. Il y a deux sens du mot subjectivisme, et nos adversaires jouent sur ces deux sens. Subjectivisme veut dire d'une part choix du sujet individuel par lui-même, et, d'autre part, impossibilité pour l'homme de dépasser la subjectivité humaine. C'est le second sens qui est le sens profond de l'existentialisme.

8

En se choisissant, l'homme choisit tous les hommes

LA LIBERTÉ

[Quand nous disons que l'homme se choisit, nous entendons que chacun d'entre nous se choisit, mais par là nous voulons dire aussi qu'en se choisissant il choisit tous les hommes. En effet, il n'est pas un de nos actes qui, en créant l'homme que nous voulons être, ne crée en même temps une image de l'homme tel que nous estimons qu'il doit être. Choisir d'être ceci ou cela, c'est affirmer en même temps la valeur de ce que nous choisissons, car nous ne pouvons jamais choisir le mal ; ce que nous choisissons, c'est toujours le bien, et rien ne peut être bon pour nous sans l'être pour tous. Si l'existence, d'autre part, précède l'essence et que nous voulions exister en même temps que nous façonnons notre image, cette image est valable pour tous et pour notre époque tout entière. Ainsi, notre responsabilité est beaucoup plus grande que nous ne pourrions le supposer, car elle engage l'humanité entière. Si je suis ouvrier, et si je choisis d'adhérer à un syndicat chrétien plutôt que d'être communiste, si, par cette adhésion, je veux indiquer que la résignation est au fond la solution qui convient à l'homme, que le royaume de l'homme n'est pas sur la terre, je n'engage pas seulement mon cas : je veux être résigné pour tous, par conséquent ma démarche a engagé l'humanité tout entière. Et si je veux, fait plus individuel, me marier, avoir des enfants, même si ce mariage dépend uniquement de ma situation, ou de ma passion, ou de mon désir, par là j'engage non seulement moi-même, mais l'humanité tout entière sur la voie de la monogamie. Ainsi je suis responsable pour moi-même et pour tous, et je crée une certaine image de l'homme que je choisis ; en me choisissant, je choisis l'homme.

9

L'homme est angoisse

L'HOMME

Ceci nous permet de comprendre ce que recouvrent des mots un peu grandiloquents comme angoisse, délaissement, désespoir. Comme vous allez voir, c'est extrêmement simple. D'abord, qu'entend-on par angoisse ? L'existentialiste déclare volontiers que l'homme est angoisse. Cela signifie ceci : l'homme qui s'engage et qui se rend compte qu'il est non seulement celui qu'il choisit d'être, mais encore un législateur choisissant en même temps que soi l'humanité entière, ne saurait échapper au sentiment de sa totale et profonde responsabilité. Certes, beaucoup de gens ne sont pas anxieux ; mais nous prétendons qu'ils se masquent leur angoisse, qu'ils la fuient ; certainement, beaucoup de gens croient en agissant n'engager qu'eux-mêmes, et lorsqu'on leur dit : mais si tout le monde faisait comme ça ? ils haussent les épaules et répondent : tout le monde ne fait pas comme ça. Mais en vérité, on doit toujours se demander : qu'arriverait-il si tout le monde en faisait autant ? et on n'échappe à cette pensée inquiétante que par une sorte de mauvaise foi. Celui qui ment et qui s'excuse en déclarant : tout le monde ne fait pas comme ça, est quelqu'un qui est mal à l'aise avec sa conscience, car le fait de mentir implique une valeur universelle attribuée au mensonge. Même lorsqu'elle se masque l'angoisse apparaît.

10

Kierkegaard et l'angoisse d'Abraham

LA RELIGION

[C'est cette angoisse que Kierkegaard appelait l'angoisse d'Abraham. Vous connaissez l'histoire. Un ange a ordonné à Abraham de sacrifier son fils : tout va bien si c'est vraiment un ange qui est venu et qui a dit : tu es Abraham, tu sacrifieras ton fils. Mais chacun peut se demander, d'abord, est-ce que c'est bien un ange, et est-ce que je suis bien Abraham ? Qu'est-ce qui me le prouve ? Il y avait une folle qui avait des hallucinations : on lui parlait par téléphone et on lui donnait des ordres. Le médecin lui demanda : « Mais qui est-ce qui vous parle ? » Elle répondit : « Il dit que c'est Dieu. » Et qu'est-ce qui lui prouvait, en effet, que c'était Dieu ? Si un ange vient à moi, qu'est-ce qui prouve que c'est un ange ? Et si j'entends des voix, qu'est-ce qui prouve qu'elles viennent du ciel et non de l'enfer, ou d'un subconscient, ou d'un état pathologique ? Qui prouve qu'elles s'adressent à moi ? Qui prouve que je suis bien désigné pour imposer ma conception de l'homme et mon choix à l'humanité ? Je ne trouverai jamais aucune preuve, aucun signe pour m'en convaincre. Si une voix s'adresse à moi, c'est toujours moi qui déciderai que cette voix est la voix de l'ange ; si je considère que tel acte est bon, c'est moi qui choisirai de dire que cet acte est bon plutôt que mauvais. Rien ne me désigne pour être Abraham, et pourtant je suis obligé à chaque instant de faire des actes exemplaires. Tout se passe comme si, pour tout homme, toute l'humanité avait les yeux fixés sur ce qu'il fait et se réglait sur ce qu'il fait. Et chaque homme doit se dire : suis-je bien celui qui a le droit d'agir de telle sorte que l'humanité se règle sur mes actes ? Et s'il ne se dit pas cela, c'est qu'il se masque l'angoisse. Il ne s'agit pas là d'une angoisse qui conduirait au quiétisme, à l'inaction. Il s'agit d'une angoisse simple, que tous ceux qui ont eu des responsabilités connaissent.

11
Angoisse et responsabilité

LA LIBERTÉ

[Lorsque, par exemple, un chef militaire prend la responsabilité d'une attaque et envoie un certain nombre d'hommes à la mort, il choisit de le faire, et au fond il choisit seul. Sans doute il y a des ordres qui viennent d'en haut, mais ils sont trop larges et une interprétation s'impose, qui vient de lui, et de cette interprétation dépend la vie de dix ou quatorze ou vingt hommes. Il ne peut pas ne pas avoir, dans la décision qu'il prend, une certaine angoisse. Tous les chefs connaissent cette angoisse. Cela ne les empêche pas d'agir, au contraire, c'est la condition même de leur action ; car cela suppose qu'ils envisagent une pluralité de possibilités, et lorsqu'ils en choisissent une, ils se rendent compte qu'elle n'a de valeur que parce qu'elle est choisie. Et cette sorte d'angoisse, qui est celle que décrit l'existentialisme, nous verrons qu'elle s'explique en outre par une responsabilité directe vis-à-vis des autres hommes qu'elle engage. Elle n'est pas un rideau qui nous séparerait de l'action, mais elle fait partie de l'action même.

12
La morale laïque

LE DEVOIR

Et lorsqu'on parle de délaissement, expression chère à Heidegger, nous voulons dire seulement que Dieu n'existe pas, et qu'il faut en tirer jusqu'au bout les conséquences. L'existentialiste est très opposé à un certain type de morale laïque qui voudrait supprimer Dieu avec le moins de frais possible. Lorsque, vers 1880, des professeurs français essayèrent de constituer une morale laïque, ils dirent à peu près ceci : Dieu est une hypothèse inutile et coûteuse, nous la supprimons, mais il est nécessaire cependant, pour qu'il y ait une morale, une société, un monde policé, que certaines valeurs soient prises au sérieux et considérées comme existant *a priori* ; il faut qu'il soit obligatoire *a priori* d'être honnête, de ne pas mentir, de ne pas battre sa femme, de faire des enfants, etc., etc. Nous allons donc faire un petit travail qui permettra de montrer que ces valeurs existent tout de même, inscrites dans un ciel intelligible, bien que, par ailleurs, Dieu n'existe pas. Autrement dit, et c'est, je crois, la tendance de tout ce qu'on appelle en France le radicalisme, rien ne sera changé si Dieu n'existe pas ; nous retrouverons les mêmes normes d'honnêteté, de progrès, d'humanisme, et nous aurons fait de Dieu une hypothèse périmée qui mourra tranquillement et d'elle-même.

13
Le problème que pose la négation de l'existence de Dieu

LA RELIGION

[L'existentialiste, au contraire, pense qu'il est très gênant que Dieu n'existe pas, car avec lui disparaît toute possibilité de trouver des valeurs dans un ciel intelligible ; il ne peut plus y avoir de bien *a priori,* puisqu'il n'y a pas de conscience infinie et parfaite pour le penser ; il n'est écrit nulle part que le bien existe, qu'il faut être honnête, qu'il ne faut pas mentir, puisque précisément nous sommes sur un plan où il y a seulement des hommes. Dostoïevsky avait écrit : « Si Dieu n'existait pas, tout serait permis. » C'est là le point de départ de l'existentialisme. En effet, tout est permis si Dieu n'existe pas, et par conséquent l'homme est délaissé, parce qu'il ne trouve ni en lui, ni hors de lui une possibilité de s'accrocher. Il ne trouve d'abord pas d'excuses. Si, en effet, l'existence précède l'essence, on ne pourra jamais expliquer par référence à une nature humaine donnée et figée ; autrement dit, il n'y a pas de déterminisme, l'homme est libre, l'homme est liberté.

14

L'homme est condamné à être libre

LA LIBERTÉ

[Si, d'autre part, Dieu n'existe pas, nous ne trouvons pas en face de nous des valeurs ou des ordres qui légitimeront notre conduite. Ainsi, nous n'avons ni derrière nous, ni devant nous, dans le domaine lumineux des valeurs, des justifications ou des excuses. Nous sommes seuls, sans excuses. C'est ce que j'exprimerai en disant que l'homme est condamné à être libre. Condamné, parce qu'il ne s'est pas créé lui-même, et par ailleurs cependant libre, parce qu'une fois jeté dans le monde, il est responsable de tout ce qu'il fait. [...]

Cette conférence a trouvé un prolongement utile dans cet extrait des Cahiers pour une morale. *Sartre y explique le sens qu'on doit donner à sa formule : « L'homme est condamné à être libre. »*

15

L'homme est dans le monde

L'HOMME

Ce que signifie : « Nous sommes condamnés à être libres. » On ne l'a jamais bien compris. C'est pourtant la base de ma morale. Partons du fait que l'homme est-dans-le-monde. C'est-à-dire *en même temps* une facticité investie et un projet-dépassement. En tant que projet il assume pour la dépasser sa situation. Ici nous nous rapprochons de Hegel et de Marx : *aufheben,* c'est conserver en dépassant. Tout dépassement qui ne conserve pas est une fuite dans l'abstrait. Je ne puis me débarrasser de ma situation de bourgeois, de Juif, etc., qu'en l'assumant *pour la changer.* Et inversement je ne puis maintenir en moi certains « états » ou « qualités » qui m'enorgueillissent qu'en les dépassant pour les maintenir, c'est-à-dire non pas en les conservant tels quels (vertus mortes) mais en en faisant de perpétuelles hypothèses neuves vers un futur neuf. Je ne conserve ce que je suis que par le mouvement dans lequel j'invente ce que je vais être, je ne dépasse ce que je suis qu'en le conservant. Perpétuellement j'ai à *me donner* le donné, c'est-à-dire à prendre mes responsabilités vis-à-vis de lui.

16

L'homme est facticité : agir en subissant

L'HOMME

[Mais comme je suis une facticité investie, comme je ne puis agir qu'en étant et en me faisant de la nature de ce sur quoi j'agis — comme j'agis par ma surface de passivité — je suis non seulement perpétuellement *exposé* dans le monde mais perpétuellement modifié *par-derrière.* Ma situation étant, pour un de ses aspects, un investissement par la totalité du monde, elle change comme le monde change, elle est changée par le monde et, dans la mesure où je suis passivité, je suis affecté dans ma facticité même par l'ordre du monde. Par exemple en traversant une zone de contagion je suis *affecté,* c'est-à-dire contaminé. Me voilà tuberculeux par exemple. Ici apparaît la malédiction (et la grandeur). Cette maladie, qui m'infecte, m'affaiblit, me change, limite brusquement mes possibilités et mes horizons. J'étais acteur ou sportif; avec mes deux pneumos, je ne puis plus l'être. Ainsi *négativement* je suis déchargé de toute responsabilité touchant ces possibilités que le cours du monde vient de m'ôter. C'est ce que le langage populaire nomme *être diminué.* Et ce mot semble recouvrir une image correcte : j'étais un bouquet de possibilités, on ôte quelques fleurs, le bouquet reste dans le vase, diminué, réduit à quelques éléments.

17

Chaque homme doit assumer sa situation

L'HOMME

[Mais en réalité il n'en est rien : cette image est mécanique. La situation nouvelle quoique venue *du dehors* doit être vécue, c'est-à-dire assumée, dans un dépassement. Il est vrai de dire qu'on m'ôte ces possibilités mais il est aussi vrai de dire que j'y renonce ou que je m'y cramponne ou que je ne veux pas voir qu'elles me sont ôtées ou que je me soumets à un régime systématique pour les reconquérir. En un mot ces possibilités sont non pas supprimées mais remplacées par un choix d'attitudes possibles envers la disparition de ces possibilités. Et d'autre part surgissent avec mon état nouveau des possibilités nouvelles : possibilités à l'égard de ma maladie (être un bon ou un mauvais malade), possibilités vis-à-vis de ma condition (gagner tout de même ma vie, etc.), un malade ne possède ni plus ni moins de possibilités, qu'un bien-portant; il a son éventail de possibles comme l'autre et il a à décider sur sa situation, c'est-à-dire à assumer sa condition de malade pour la dépasser (vers la guérison ou vers une vie humaine de malade avec de nouveaux horizons).

18

Refus romantique ou acceptation stoïcienne ?

LA VOLONTÉ

[Autrement dit, la maladie est une *condition* à l'intérieur de laquelle l'homme est de nouveau libre et sans excuses. Il a à prendre la responsabilité de sa maladie. Sa maladie est une excuse pour ne pas réaliser ses possibilités de non-malade mais elle n'en est pas une pour ses possibilités de malade qui sont aussi nombreuses. (Il y a par exemple un *Mitsein* du malade avec son entourage qui réclame autant d'inventivité, de générosité et de tact de la part du malade que sa vie de bien-portant.) Reste qu'il n'a pas voulu cette maladie et qu'il doit à présent la *vouloir.* Ce qui n'est pas *de lui,* c'est la brusque suppression des possibilités. Ce qui est *de lui* c'est l'invention immédiate d'un projet nouveau à travers cette brusque suppression. Et comme il faut assumer nécessairement pour changer, le refus romantique de la maladie par le malade est totalement inefficace. Ainsi y a-t-il du vrai dans la morale qui met la grandeur de l'homme dans l'acceptation de l'inévitable et du destin. Mais elle est incomplète car il ne faut l'assumer que pour la changer. Il ne s'agit pas d'adopter sa maladie, de s'y installer mais de la vivre selon les normes pour demeurer homme.

19

Chaque homme est à la fois déterminé et libre

[Ainsi ma liberté est condamnation parce que je ne suis pas libre d'être ou de n'être pas malade et la maladie me vient du dehors : elle n'est pas de moi, elle ne me concerne pas, elle n'est pas ma faute. Mais comme je suis libre, je suis contraint par ma liberté de la faire mienne, de la faire *mon* horizon, *ma* perspective, ma moralité, etc. Je suis perpétuellement condamné à vouloir ce que je n'ai pas voulu, à ne plus vouloir ce que j'ai voulu, à me reconstruire dans l'unité d'une vie en présence des destructions que m'inflige l'extérieur. La maladie est bien une excuse mais pour les possibilités qu'elle m'a ôtées simplement. Elle m'est une excuse pour ne plus jouer la comédie (si j'étais acteur), mais justement c'est pour des mortes-possibilités, pour des possibilités qui ne sont plus miennes. Mais pour ma vie vivante de malade, elle n'est plus une excuse, elle est seulement condition. Ainsi suis-je sans repos : toujours transformé, miné, laminé, ruiné du dehors et toujours libre, toujours obligé de reprendre à mon compte, de prendre la responsabilité de ce dont je ne suis pas responsable. Totalement déterminé et totalement libre. Obligé d'assumer ce déterminisme pour poser au-delà les buts de ma liberté, de faire de ce déterminisme un engagement de plus.

CONTREPOINT

L'Italien Pic de La Mirandole (1463-1494) est un représentant de l'humanisme à l'époque de la Renaissance. Il critique les astrologues parce qu'ils pensent que les actions humaines sont prédéterminées. On peut trouver dans le texte qui suit des résonances étrangement sartriennes si bien qu'on pourrait lui donner pour titre : « L'humanisme est un existentialisme ».

Jean Pic de La Mirandole, *De la dignité de l'homme,* 1486, traduction de Pierre-Marie Cordier, Nouvelles éditions Debresse, Paris, 1956.

L'HOMME

Déjà Dieu, Père suprême et suprême Architecte, avait construit, avec des lois d'une mystérieuse sagesse, cette maison du monde que nous voyons, auguste temple de sa Divinité. [...] Mais, après cette œuvre, l'Artisan désirait qu'il y eût quelqu'un qui appréciât la raison d'une telle œuvre, en aimât la beauté, en admirât la grandeur. C'est pourquoi quand tout cela fut terminé, comme Moïse et Timée en témoignent, en dernier lieu, il pensa à créer l'homme. Mais il n'y avait pas dans les archétypes de quoi façonner une nouvelle race, ni dans les trésors de quoi doter ce nouveau fils d'un héritage, ni parmi les sièges d'honneur du monde entier un siège où ce contemplateur de l'univers pût s'asseoir. Tout était déjà rempli, tout avait été distribué aux ordres supérieurs, moyens et inférieurs. [...] Il prit donc l'homme, cette œuvre de type indéfini, et l'ayant placé au milieu du monde, il lui parla ainsi : « Ô Adam, nous ne t'avons donné ni une place déterminée, ni une physionomie propre, ni aucun don particulier, afin que la place, la physionomie, les dons que toi-même tu aurais souhaités, tu les aies et tu les possèdes selon tes vœux, selon ta volonté. Pour les autres, leur nature définie est régie par des lois que nous avons prescrites ; toi, tu n'es limité par aucune barrière, c'est de ta propre volonté, dans le pouvoir de laquelle je t'ai placé, que tu détermineras ta nature. Je t'ai installé au milieu du monde afin que de là tu examines plus commodément autour de toi tout ce qui existe dans le monde. Nous ne t'avons fait ni céleste ni terrestre, ni mortel ni immortel, afin que, maître de toi-même, et ayant pour ainsi dire l'honneur et la charge de façonner et de modeler ton être, tu te composes la forme que tu aurais préférée. Tu pourras dégénérer en formes inférieures qui sont animales, tu pourras, par décision de ton esprit, être régénéré en formes supérieures qui sont divines. »

Ô libéralité suprême du Dieu Père, suprême et merveilleuse félicité de l'homme ! À lui il est donné d'avoir ce qu'il désire, d'être ce qu'il veut.

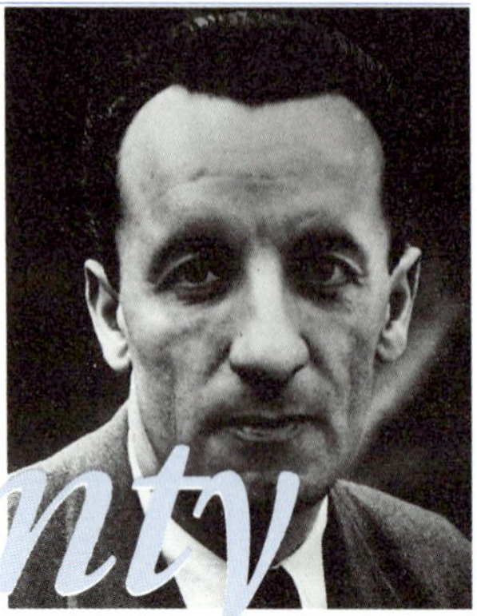

1908-1961

Merleau-Ponty

Sens et Non-Sens

Le Cinéma et la Nouvelle Psychologie est une conférence prononcée par Maurice Merleau-Ponty en 1945, date de parution de son premier ouvrage important, *La Phénoménologie de la perception.* Qu'est-ce que la phénoménologie ? En choisissant ce terme, dérivé du mot grec *phaïnoménon,* « phénomène », Husserl, le fondateur de cette nouvelle approche philosophique, voulait marquer son intention : considérer les choses telles qu'elles apparaissent. Mais pour se mettre à l'écoute des choses, avec naïveté, sans idée préconçue, il faut court-circuiter toutes les constructions philosophiques qui ont prétendu sans succès expliquer comment nous parvenons à les connaître. Dans le texte qui nous occupe, Merleau-Ponty désigne ce qu'il appelle la psychologie classique, comme l'exemple type de ces théories parasites qui ont fait leur temps.

Le principe de la psychologie classique est la méthode analytique chère à Descartes. Entendons par là une façon d'expliquer une chose en la décomposant en ses éléments simples. C'est ce procédé que Galilée employa avec bonheur pour ramener les mouvements les plus complexes, comme la trajectoire d'un boulet de canon, à une combinaison de mouvements simples ; ce qui le conduisait à comparer la connaissance de la nature à la lecture d'un livre qu'on n'aurait aucun mal à déchiffrer, dès lors qu'on aurait identifié les caractères dont il est composé.

Il était tentant de transporter ce modèle explicatif dans le domaine de la psychologie humaine. On expliquerait ainsi la perception : nos sens nous livrent une multitude de sensations élémentaires ; celles-ci constituent comme une suite de caractères qu'il s'agit de déchiffrer ; elles composent un texte dont notre intelligence aura à reconstituer le sens ; cette ligne m'apparaît oblique, c'est donc qu'elle est perpendiculaire ; ce personnage est plus petit, c'est donc qu'il est plus éloigné, etc.

Selon cette psychologie classique le monde quotidien n'est qu'un ensemble de signes que seule notre intelligence peut interpréter. Descartes allait jusqu'à affirmer qu'il faut un jugement de l'esprit pour reconnaître un autre homme plutôt qu'un mannequin dans les traits et la silhouette qui me font face.

Merleau-Ponty propose ici deux aperçus nouveaux : sur l'acte de percevoir d'une part, et sur le monde perçu d'autre part. Le premier trait porte sur la perception telle que la conçoit une nouvelle psychologie appelée *psychologie de la forme*. Il lui consacre la première partie de son texte. Le second trait porte sur le film cinématographique, ce monde très particulier que le XXe siècle a cru produire pour notre divertissement mais qui illustre de façon exemplaire ce qu'est pour chacun de nous sa relation avec autrui et avec le monde.

Merleau-Ponty

1945, Gallimard,
coll. « Bibliothèque de philosophie »,
1996.

Sens et Non-Sens

Le Cinéma et la Nouvelle Psychologie

(Texte intégral)

1

Notre perception visuelle est globale

La perception

La psychologie classique considère notre champ visuel comme une somme ou une mosaïque de sensations dont chacune dépendrait strictement de l'excitation rétinienne locale qui lui correspond. La nouvelle psychologie fait voir d'abord que, même à considérer nos sensations les plus simples et les plus immédiates, nous ne pouvons admettre ce parallélisme entre elles et le phénomène nerveux qui les conditionne. Notre rétine est bien loin d'être homogène, en certaines de ses parties elle est aveugle par exemple pour le bleu ou pour le rouge, et cependant, quand je regarde une surface bleue ou rouge, je n'y vois aucune zone décolorée. C'est que, dès le niveau de la simple vision des couleurs, ma perception ne se borne pas à enregistrer ce qui lui est prescrit par les excitations rétiniennes, mais les réorganise de manière à rétablir l'homogénéité du champ. D'une manière générale, nous devons la concevoir, non comme une mosaïque, mais comme un système de configurations. Ce qui est premier et vient d'abord dans notre perception, ce ne sont pas des éléments juxtaposés, mais des ensembles. Nous groupons les étoiles en constellations comme le faisaient déjà les anciens, et pourtant beaucoup d'autres tracés de la carte céleste sont, *a priori,* possibles. Si l'on nous présente la série :

a b   c d   e f   g h   i j
. .   . .

nous accouplons toujours les points selon la formule a-b, c-d, e-f, etc., alors que le groupement b-c, d-e, f-g, etc., est en principe également probable. Le malade qui contemple la tapisserie de sa chambre la voit soudain se transformer si le dessin et la figure deviennent fond, pendant que ce qui est vu d'ordinaire comme fond devient figure. L'aspect du monde pour nous serait bouleversé si nous réussissions à voir comme *choses* les intervalles entre les choses — par exemple l'espace entre les arbres sur le boulevard — et réciproquement comme fond les choses elles-mêmes — les arbres du boulevard. C'est ce qui arrive dans les devinettes : le lapin ou le chasseur n'étaient pas visibles, parce que les éléments de ces figures étaient disloqués et intégrés à d'autres formes : par exemple ce qui sera l'oreille du lapin n'était encore que l'intervalle vide entre deux arbres de la forêt. Le lapin et le chasseur apparaissent par une nouvelle ségrégation du champ, par une nouvelle organisation du tout. Le camouflage est l'art de masquer une forme en introduisant les lignes principales qui la définissent dans d'autres formes plus impérieuses.

2

Notre perception auditive saisit elle aussi des ensembles

LA PERCEPTION

Nous pouvons appliquer le même genre d'analyse aux perceptions de l'ouïe. Simplement, il ne s'agira plus maintenant de formes dans l'espace, mais de formes temporelles. Par exemple, une mélodie est une figure sonore, elle ne se mêle pas aux bruits de fond qui peuvent l'accompagner, comme le bruit d'un klaxon que l'on entend au loin pendant un concert. La mélodie n'est pas une somme de notes : chaque note ne compte que par la fonction qu'elle exerce dans l'ensemble, et c'est pourquoi la mélodie n'est pas sensiblement changée si on la transpose, c'est-à-dire si l'on change toutes les notes qui la composent, en respectant les rapports et la structure de l'ensemble. Par contre un seul changement dans ces rapports suffit à modifier la physionomie totale de la mélodie. Cette perception de l'ensemble est plus naturelle et plus primitive que celle des éléments isolés : dans les expériences sur le réflexe conditionné où l'on dresse des chiens à répondre par une sécrétion salivaire à une lumière ou à un son, en associant fréquemment cette lumière ou ce son à la présentation d'un morceau de viande, on constate que le dressage acquis à l'égard d'une certaine suite de notes est acquis du même coup à l'égard de toute mélodie de même structure. La perception analytique, qui nous donne la valeur absolue des éléments isolés, correspond donc à une attitude tardive et exceptionnelle, c'est celle du savant qui observe ou du philosophe qui réfléchit, la perception des formes, au sens très général de : structure, ensemble ou configuration, doit être considérée comme notre mode de perception spontané.

3

On ne perçoit pas une somme mais une structure

LA PERCEPTION

Sur un autre point encore, la psychologie moderne renverse les préjugés de la physiologie et de la psychologie classiques. C'est un lieu commun de dire que nous avons cinq sens et, à première vue, chacun d'eux est comme un monde sans communication avec les autres. La lumière ou les couleurs qui agissent sur l'œil n'agissent pas sur les oreilles ni sur le toucher. Et cependant on sait depuis longtemps que certains aveugles arrivent à se représenter les couleurs qu'ils ne voient pas par le moyen des sons qu'ils entendent. Par exemple un aveugle disait que le rouge devait être quelque chose comme un coup de trompette. Mais on a longtemps pensé qu'il s'agissait là de phénomènes exceptionnels. En réalité le phénomène est général. Dans l'intoxication par la mescaline, les sons sont régulièrement accompagnés par des taches de couleur dont la nuance, la forme et la hauteur varient avec le timbre, l'intensité et la hauteur des sons. Même les sujets normaux parlent de couleurs chaudes, froides, criardes ou dures, de son clairs, aigus, éclatants, rugueux ou moelleux, de bruits mous, de parfums pénétrants. Cézanne disait qu'on voit le velouté, la dureté, la mollesse, et même l'odeur des objets. Ma perception n'est donc pas une somme de données visuelles, tactiles, auditives, je perçois d'une manière indivise avec mon être total, je saisis une structure unique de la chose, une unique manière d'exister qui parle à la fois à tous mes sens.

4

Pour la psychologie classique la perception est une construction

LA PERCEPTION

Naturellement la psychologie classique savait bien qu'il y a des relations entre les différentes parties de mon champ visuel comme entre les données de mes différents sens. Mais pour elle cette unité était construite, elle la rapportait à l'intelligence et à la mémoire. Je dis que je vois des hommes passer dans la rue, écrit Descartes dans un célèbre passage des *Méditations,* mais en réalité que vois-je au juste ? Je ne vois que des chapeaux et des manteaux, qui pourraient aussi bien recouvrir des poupées qui ne se remuent que par ressorts, et si je dis que je vois des hommes, c'est que je saisis « par une inspection de l'esprit ce que je croyais voir de mes yeux ». Je suis persuadé que les objets continuent d'exister quand je ne les vois pas, et par exemple derrière mon dos. Mais de toute évidence, pour la pensée classique, ces objets invisibles ne subsistent pour moi que parce que mon jugement les maintient présents. Même les objets devant moi ne sont pas proprement vus, mais seulement pensés. Ainsi je ne saurais *voir* un cube, c'est-à-dire un solide formé de six faces et de douze arêtes égales, je ne vois jamais qu'une figure perspective dans laquelle les faces latérales sont déformées et la face dorsale complètement cachée. Si je parle de cubes, c'est que mon esprit redresse ces apparences, restitue la face cachée. Je ne peux voir le cube selon sa définition géométrique, je ne puis que le penser. La perception du mouvement montre encore mieux à quel point l'intelligence intervient dans la prétendue vision. Au moment où mon train, arrêté en gare, se met en marche, il arrive souvent que je croie voir démarrer celui qui est arrêté à côté du mien. Les données sensorielles par elles-mêmes sont donc neutres et capables de recevoir différentes interprétations selon l'hypothèse à laquelle mon esprit s'arrêtera. D'une manière générale, la psychologie classique fait donc de la perception un véritable déchiffrage par l'intelligence des données sensibles et comme un commencement de science. Des signes me sont donnés, et il faut que j'en dégage la signification, un texte m'est offert et il faut que je le lise ou l'interprète. Même quand elle tient compte de l'unité du champ perceptif, la psychologie classique reste encore fidèle à la notion de sensation, qui fournit le point de départ de l'analyse ; c'est parce qu'elle a d'abord conçu les données visuelles comme une mosaïque de sensation qu'elle a besoin de fonder l'unité du champ perceptif sur une opération de l'intelligence.

5

La perception selon la nouvelle psychologie

LA PERCEPTION

[Que nous apporte sur ce point la théorie de la Forme ? En rejetant résolument la notion de sensation, elle nous apprend à ne plus distinguer les signes et leur signification, ce qui est senti et ce qui est jugé. Comment pourrions-nous définir exactement la couleur d'un objet sans mentionner la substance dont il est fait, par exemple la couleur bleue de ce tapis sans dire que c'est un « bleu laineux » ? Cézanne avait posé la question : comment distinguer dans les choses leur couleur et leur dessin ? Il ne saurait être question de comprendre la perception comme l'imposition d'une certaine signification à certains signes sensibles, puisque ces signes ne sauraient être décrits dans leur texture sensible la plus immédiate sans référence à l'objet qu'ils signifient. Si nous reconnaissons sous un éclairage changeant un objet défini par des propriétés constantes, ce n'est pas que l'intelligence fasse entrer en compte la nature de la lumière incidente et en déduise la couleur réelle de l'objet, c'est que la lumière dominante du milieu, agissant comme *éclairage,* assigne immédiatement à l'objet sa vraie couleur. Si nous regardons deux assiettes inégalement éclairées, elles nous paraissent également blanches et inégalement éclairées tant que le faisceau de lumière qui vient de la fenêtre figure dans notre champ visuel. Si, au contraire, nous observons les mêmes assiettes à travers un écran percé d'un trou, aussitôt l'une d'elles nous paraît grise et l'autre blanche, et même si nous *savons* que ce n'est là qu'un effet d'éclairage, aucune analyse intellectuelle des apparences ne vous fera voir la vraie couleur des deux assiettes. La permanence des couleurs et des objets n'est donc pas construite par l'intelligence, mais saisie par le regard en tant qu'il épouse ou adopte l'organisation du champ visuel. Quand nous allumons à la tombée du jour, la lumière électrique nous paraît d'abord jaune, un moment plus tard elle tend à perdre toute couleur définie, et corrélativement les objets, qui d'abord étaient sensiblement modifiés dans leur couleur, reprennent un aspect comparable à celui qu'ils ont pendant la journée. Les objets et l'éclairage forment un système qui tend vers une certaine constance et vers un certain niveau stable, non par l'opération de l'intelligence, mais par la configuration même du champ.

6

Percevoir c'est habiter le monde

LA PERCEPTION

[Quand je perçois, je ne pense pas le monde, il s'organise devant moi. Quand je perçois un cube, ce n'est pas que ma raison redresse les apparences perspectives et pense à propos d'elles la définition géométrique du cube. Loin que je les corrige, je ne remarque pas même les déformations perspectives, à travers ce que je vois je suis au cube lui-même dans son évidence. Et de même les objets derrière mon dos ne me sont pas représentés par quelque opération de la mémoire ou du jugement, ils me sont présents, ils *comptent* pour moi, comme le fond que je ne vois pas n'en continue pas

---

N.B. : Les crochets en début de ligne indiquent que le paragraphe a été créé par l'auteur du manuel et ne figure donc pas dans le texte original.

moins d'être présent sous la figure qui le masque en partie. Même la perception du mouvement, qui d'abord paraît dépendre directement du point de repère que l'intelligence choisit, n'est à son tour qu'un élément dans l'organisation globale du champ. Car s'il est vrai que mon train et le train voisin peuvent tour à tour m'apparaître en mouvement au moment où l'un deux démarre, il faut remarquer que l'illusion n'est pas arbitraire et que je ne puis la provoquer à volonté par le choix tout intellectuel et désintéressé d'un point de repère. Si je joue aux cartes dans mon compartiment, c'est le train voisin qui démarre. Si, au contraire, je cherche des yeux quelqu'un dans le train voisin, c'est alors le mien qui démarre. À chaque fois nous apparaît fixe celui des deux où nous avons élu domicile et qui est notre milieu du moment. Le mouvement et le repos se distribuent pour nous dans notre entourage, non pas selon les hypothèses qu'il plaît à notre intelligence de construire, mais selon la manière dont nous nous fixons dans le monde et selon la situation que notre corps y assume. Tantôt je vois le clocher immobile dans le ciel et les nuages qui volent au-dessus de lui — tantôt au contraire les nuages semblent immobiles et le clocher tombe à travers l'espace, mais ici encore le choix du point fixe n'est pas le fait de l'intelligence : l'objet que je regarde et où je jette l'ancre m'apparaît toujours fixe et je ne puis lui ôter cette signification qu'en regardant ailleurs. Je ne la lui donne donc pas non plus par la pensée. La perception n'est pas une sorte de science commençante, et un premier exercice de l'intelligence, il nous faut retrouver un commerce avec le monde et une présence au monde plus vieux que l'intelligence.

7

Nos sentiments : des variations de nos rapports avec autrui et avec le monde

CONSTITUTION D'UNE SCIENCE DE L'HOMME : LA PSYCHOLOGIE

Enfin la nouvelle psychologie apporte aussi une conception neuve de la perception d'autrui. La psychologie classique acceptait sans discussion la distinction de l'observation intérieure ou introspection et de l'observation extérieure. Les « faits psychiques » — la colère, la peur par exemple — ne pouvaient être directement connus que du dedans et par celui qui les éprouvait. On tenait pour évident que je ne puis, du dehors, saisir que les *signes* corporels de la colère ou de la peur, et que, pour interpréter ces signes, je dois recourir à la connaissance que j'ai de la colère ou de la peur en moi-même et par introspection. Les psychologues d'aujourd'hui font remarquer que l'introspection, en réalité, ne me donne presque rien. Si j'essaye d'étudier l'amour ou la haine par la pure observation intérieure, je ne trouve que peu de choses à décrire : quelques angoisses, quelques palpitations de cœur, en somme des troubles banaux qui ne me révèlent pas l'essence de l'amour ni de la haine. Chaque fois que j'arrive à des remarques intéressantes, c'est que je ne me suis pas contenté de coïncider avec mon sentiment, c'est que j'ai réussi à l'étudier comme un comportement, comme une modification de mes rapports avec autrui et avec le monde, c'est que je suis parvenu à le penser comme je pense le comportement d'une autre personne dont je me trouve être témoin. En fait les jeunes enfants comprennent les gestes et les expressions de physionomie bien avant d'être capables de les reproduire pour leur compte, il faut donc que le sens de ces conduites leur soit pour ainsi dire adhérent. Il nous faut rejeter ici ce préjugé qui fait de l'amour, de la haine ou de la colère des « réalités intérieures » accessibles à un seul témoin, celui qui les éprouve. Colère, honte, haine, amour ne sont pas des faits psychiques cachés au plus profond de la conscience d'autrui, ce sont des types de comportement ou des styles de conduite visibles du dehors. Ils sont *sur* ce visage ou *dans* ces gestes et non pas cachés derrière eux. La psychologie n'a commencé de se développer que le jour où elle a renoncé à distinguer le corps et l'esprit, où elle a abandonné les deux méthodes corrélatives de l'observation intérieure et de la psychologie physiologique. On ne nous apprenait rien sur l'émotion tant qu'on se bornait à mesurer la vitesse de la respiration ou celle des battements du cœur dans la colère — et on ne nous apprenait rien non plus sur la colère quand on essayait de rendre la nuance qualitative et indicible de la colère vécue. Faire la psychologie de la colère, c'est chercher à fixer le *sens* de la colère, c'est se demander quelle en est la fonction dans une vie humaine et en quelque sorte à quoi elle sert. On trouve ainsi que l'émotion est, comme dit Janet, une réaction de désorganisation qui intervient lorsque nous sommes engagés dans une impasse — plus profondément, on trouve, comme l'a montré Sartre, que la colère est une conduite magique par laquelle, renonçant à l'action efficace dans le monde, nous nous donnons dans l'imaginaire une satisfaction toute symbolique, comme celui qui, dans une conversation, ne pouvant convaincre son interlocuteur, en vient aux injures qui ne prouvent rien, ou comme celui qui, n'osant pas frapper son ennemi, se contente de lui montrer le poing de loin. Puisque l'émotion n'est pas un fait psychique et interne, mais une variation de nos rapports avec autrui et avec le monde lisible dans notre attitude corporelle, il ne faut pas dire que seuls les signes de la colère ou de l'amour sont donnés au spectateur étranger et qu'autrui est saisi indirectement et par une interprétation de ces signes, il faut dire qu'autrui m'est donné avec évidence comme comportement. Notre science du comportement va beaucoup plus loin que nous le croyons. Si l'on présente à des sujets non prévenus la photographie de plusieurs visages, de plusieurs silhouettes, la reproduction de plusieurs écritures et l'enregistrement de plusieurs voix, et si on leur demande d'assembler un visage, une silhouette, une voix, une écriture, on constate que, d'une manière générale, l'assemblage est fait correctement ou qu'en tout cas le nombre des assortiments corrects l'emporte de beaucoup sur celui des assortiments erronés. L'écriture de Michel-Ange est attribuée à Raphaël dans 36 cas, mais elle est correctement identifiée dans 221 cas. C'est donc que nous reconnaissons une certaine structure commune à la voix, à la physionomie, aux gestes et à l'allure de chaque personne, chaque personne n'est rien d'autre pour nous que cette structure ou cette manière d'être au monde.

On entrevoit comment ces remarques pourraient être appliquées à la psychologie du langage : de même que le corps et l'« âme » d'un homme ne sont que deux aspects de sa manière d'être au monde, de même le mot et la pensée qu'il désigne ne doivent pas être considérés comme deux termes extérieurs et le mot porte sa signification comme le corps est l'incarnation d'un comportement.

D'une manière générale, la nouvelle psychologie nous fait voir dans l'homme, non pas un entendement qui construit le monde, mais un être qui y est jeté et qui y est attaché comme par un lien naturel. Par suite elle nous réapprend à voir ce monde avec lequel nous sommes en contact par toute la surface de notre être, tandis que la psychologie classique délaissait le monde vécu pour celui que l'intelligence scientifique réussit à construire.

Si maintenant nous considérons le film comme un objet à percevoir, nous pouvons appliquer à la perception du film tout ce qui vient d'être dit de la perception en général. Et l'on va voir que, de ce point de vue, la nature et la signification du film s'éclairent et que la nouvelle psychologie nous conduit précisément aux remarques des meilleurs des esthéticiens du cinéma.

8

L'œuvre d'art est une forme : le montage des plans au cinéma

L'ART

Disons d'abord qu'un film n'est pas une somme d'images mais une *forme* temporelle. C'est le moment de rappeler la fameuse expérience de Poudovkine qui met en évidence l'unité mélodique du film. Poudovkine prit un jour un gros plan de Mosjoukine impassible, et le projeta précédé d'abord d'une assiette de potage, ensuite d'une jeune femme morte dans son cercueil et enfin d'un enfant jouant avec un ourson de peluche. On s'aperçut d'abord que Mosjoukine avait l'air de regarder l'assiette, la jeune femme et l'enfant, et ensuite qu'il regardait l'assiette d'un air pensif, la femme avec douleur, l'enfant avec un lumineux sourire, et le public fut émerveillé par la variété de ses expressions, alors qu'en réalité la même vue avait servi trois fois et qu'elle était remarquablement inexpressive. Le sens d'une image dépend donc de celles qui la précèdent dans le film, et leur succession crée une réalité nouvelle qui n'est pas la simple somme des éléments employés. R. Leenhardt ajoutait, dans un excellent article (*Esprit,* année 1936), qu'il fallait encore faire intervenir la durée de chaque image : une courte durée convient au sourire amusé, une durée moyenne au visage indifférent, une longue durée à l'expression douloureuse. De là Leenhardt tirait cette définition du rythme cinématographique : « Un ordre des vues tel, et, pour chacune de ces vues ou "plans", une durée telle que l'ensemble produise l'impression cherchée avec le maximum d'effet. » Il y a donc une véritable métrique cinématographique dont l'exigence est très précise et très impérieuse. « Voyant un film, essayez-vous à deviner l'instant où une image ayant donné son plein, elle va, elle doit finir, être remplacée (que ce soit changement d'angle, de distance ou de champ). Vous apprendrez à connaître ce malaise à la poitrine que produit une vue trop longue qui "freine" le mouvement ou ce délicieux acquiescement intime lorsqu'un plan "passe" exactement... » (Leenhardt). Comme il y a dans le film, outre la sélection des vues (ou plans), de leur ordre et de leur durée, qui constitue le montage, une sélection des scènes ou séquences, de leur ordre et de leur durée, qui constitue le découpage, le film apparaît comme une forme extrêmement complexe à l'intérieur de laquelle des actions et des réactions extrêmement nombreuses s'exercent à chaque moment, dont les lois restent à découvrir et n'ont été jusqu'ici que devinées par le flair ou le tact du metteur en scène qui manie le langage cinématographique comme l'homme parlant manie la syntaxe, sans y penser expressément, et sans être toujours en mesure de formuler les règles qu'il observe spontanément.

9

Le montage de la bande-son

L'ART

Ce que nous venons de dire du film visuel s'applique aussi au film sonore, qui n'est pas une somme de mots ou de bruits, mais lui aussi une forme. Il y a un rythme du son comme de l'image. Il y a un montage des bruits et des sons, dont Leenhardt trouvait un exemple dans un vieux film sonore *Broadway Melody.* « Deux acteurs sont en scène. Du haut des galeries on les entend déclamer. Puis immédiatement, gros plan, timbre de chuchotement, on perçoit un mot qu'ils échangent à voix basse... » La force expressive de ce montage consiste en ce qu'il nous fait sentir la coexistence, la simultanéité des vies dans le même monde, les acteurs pour nous et pour eux-mêmes — comme tout à l'heure le montage visuel de Poudovkine liait l'homme et son regard aux spectacles qui l'entourent. Comme le film visuel n'est pas la simple photographie en mouvement d'un drame, et comme le choix et l'assemblage des images constituent pour le cinéma un moyen d'expression original, de même le son au cinéma n'est pas la simple reproduction phonographique des bruits et des paroles, mais comporte une certaine organisation interne que le créateur du film doit inventer. Le véritable ancêtre du son cinématographique n'est pas le phonographe, mais le montage radiophonique.

10

Le jeu des dialogues et des silences dans un film

L'ART

Ce n'est pas tout. Nous venons de considérer l'image et le son tour à tour. Mais en réalité leur assemblage fait encore une fois un tout nouveau et irréductible aux éléments qui entrent dans sa composition. Un film sonore n'est pas un film muet agrémenté de sons et de paroles qui ne seraient destinés qu'à compléter l'illusion cinématographique. Le lien du son et de l'image est beaucoup plus étroit et l'image est transformée par le voisinage du son. Nous nous en apercevons bien à la projection d'un film doublé où l'on fait parler des maigres avec des voix de gras, des jeunes avec des voix de vieux, des grands avec des voix de minuscules, ce qui est absurde, si, comme nous l'avons dit, la voix, la silhouette et le caractère forment un tout indécomposable. Mais l'union du son et de l'image ne se fait pas seulement dans chaque personnage, elle se fait dans le film entier. Ce n'est pas par hasard qu'à tel moment les personnages se taisent et qu'à tel autre moment ils parlent. L'alternance des paroles et du silence est ménagée pour le plus grand effet de l'image. Comme le disait Malraux (*Verve,* 1940), il y a trois sortes de dialogues. D'abord le dialogue d'exposition, destiné à faire connaître les circonstances de l'action dramatique. Le roman et le cinéma l'évitent d'un commun accord. Ensuite le dialogue de *ton* qui nous donne l'accent de chaque personnage, et qui domine, par exemple, chez Proust, dont les personnages se voient très mal et par contre se reconnaissent admirablement dès qu'ils commencent à parler. La prodigalité ou l'avarice des mots, la plénitude ou le creux des paroles, leur exactitude ou leur affectation font sentir l'essence d'un personnage plus sûrement que beaucoup de descriptions. Il n'y a guère de dialogue de ton au cinéma, la présence visible de l'acteur avec son comportement propre ne s'y prête qu'exceptionnellement. Enfin il y a un dialogue de scène, qui nous présente le débat et la confrontation des personnages, c'est le principal du dialogue au cinéma. Or, il est loin d'être constant. Au théâtre on parle sans cesse, mais non au cinéma. « Dans les derniers films, disait Malraux, le metteur en scène *passe au dialogue* après de grandes parties de muet exactement comme un romancier passe au dialogue après de grandes parties de récit. » La répartition des silences et du dialogue constitue donc, par-delà La métrique visuelle et la métrique sonore, une métrique plus complexe qui superpose ses exigences à celles des deux premières.

11

Le rôle de la musique dans le film

[Encore faudrait-il, pour être complet, analyser le rôle de la musique à l'intérieur de cet ensemble. Disons seulement qu'elle doit s'y incorporer et non pas s'y juxtaposer. Elle ne devra donc pas servir à boucher les trous sonores, ni à commenter d'une manière tout extérieure les sentiments et les images, comme il arrive dans tant de films où l'orage de la colère déclenche l'orage des cuivres et où la musique imite laborieusement un bruit de pas ou la chute d'une pièce de monnaie sur le sol. Elle interviendra pour marquer un changement de style du film, par exemple le passage d'une scène d'action à l'« intérieur » du personnage, à un rappel de scènes antérieures ou à la description d'un paysage ; d'une manière générale elle accompagne et elle contribue à réaliser, comme disait Jaubert (*Esprit,* année 1936), une « rupture d'équilibre sensoriel ». Enfin, il ne faut pas qu'elle soit un autre moyen d'expression juxtaposé à l'expression visuelle, mais que « par des moyens rigoureusement musicaux — rythme, forme, instrumentation — elle recrée, sous la matière plastique de l'image, une matière sonore, par une mystérieuse alchimie de correspondances qui devrait être le fondement même du métier de compositeur de film ; qu'elle nous rende enfin physiquement sensible le rythme interne de l'image sans pour cela s'efforcer d'en traduire le contenu sentimental, dramatique ou poétique » (Jaubert). La parole, au cinéma, n'est pas chargée d'ajouter des idées aux images, ni la musique des sentiments. L'ensemble nous dit quelque chose de très précis qui n'est ni une pensée, ni un rappel des sentiments de la vie.

12

Les rapports de l'œuvre d'art avec la réalité

L'ART

Que *signifie*, que veut donc dire le film ? Chaque film raconte une *histoire*, c'est-à-dire un certain nombre d'événements qui mettent aux prises des personnages et qui peuvent être aussi racontés en prose, comme ils le sont effectivement dans le scénario d'après lequel le film est fait. Le cinéma parlant, avec son dialogue souvent envahissant, complète notre illusion. On conçoit donc souvent le film comme la représentation visuelle et sonore, la reproduction aussi fidèle que possible d'un drame que la littérature ne pourrait évoquer qu'avec des mots et que le cinéma a la bonne fortune de pouvoir photographier. Ce qui entretient l'équivoque, c'est qu'il y a en effet un réalisme fondamental du cinéma : les acteurs doivent jouer naturel, la mise en scène doit être aussi vraisemblable que possible car « la puissance de réalité que dégage l'écran, dit Leenhardt, est telle que la moindre stylisation détonnerait ». Mais cela ne veut pas dire que le film soit destiné à nous faire voir et entendre ce que nous verrions et entendrions si nous assistions dans la vie à l'histoire qu'il nous raconte, ni d'ailleurs à nous suggérer comme une histoire édifiante quelque conception générale de la vie. Le problème que nous rencontrons ici, l'esthétique l'a déjà rencontré à propos de la poésie ou du roman. Il y a toujours, dans un roman, une idée qui peut se résumer en quelques mots, un scénario qui tient en quelques lignes. Il y a toujours dans un poème allusion à des choses ou à des idées. Et cependant le roman pur, la poésie pure n'ont pas simplement pour fonction de nous signifier ces faits, ces idées ou ces choses, car alors le poème pourrait se traduire exactement en prose et le roman ne perdrait rien à être résumé. Les idées et les faits ne sont que les matériaux de l'art et l'art du roman consiste dans le choix de ce que l'on dit et de ce que l'on tait, dans le choix des perspectives (tel chapitre sera écrit du point de vue de tel personnage, tel autre du point de vue d'un autre), dans le tempo variable du récit ; l'art de la poésie ne consiste pas à décrire didactiquement des choses ou à exposer des idées, mais à créer une machine de langage qui, d'une manière presque infaillible, place le lecteur dans un certain état poétique. De la même manière, il y a toujours dans un film une histoire, et souvent une idée (par exemple, dans l'*Étrange Sursis* : la mort n'est terrible que pour qui n'y a pas consenti), mais la fonction du film n'est pas de nous *faire connaître* les faits ou l'idée.

13

La signification d'une œuvre d'art et celle d'une chose ordinaire

L'ART

[Kant dit avec profondeur que dans la connaissance l'imagination travaille au profit de l'entendement, tandis que dans l'art l'entendement travaille au profit de l'imagination. C'est-à-dire : l'idée ou les faits prosaïques ne sont là que pour donner au créateur l'occasion de leur chercher des emblèmes sensibles et d'en tracer le monogramme visible et sonore. Le sens du film est incorporé à son rythme comme le sens d'un geste est immédiatement lisible dans le geste, et le film ne veut rien dire que lui-même. L'idée est ici rendue à l'état naissant, elle émerge de la structure temporelle du film, comme dans un tableau de la coexistence de ses parties. C'est le bonheur de l'art de montrer comment quelque chose se met à signifier, non par allusion à des idées déjà formées et acquises, mais par l'arrangement temporel ou spatial des éléments. Un film signifie comme nous avons vu plus haut qu'une chose signifie : l'un et l'autre ne parlent pas à un entendement séparé, mais s'adressent à notre pouvoir de déchiffrer tacitement le monde ou les hommes et de coexister avec eux. Il est vrai que, dans l'ordinaire de la vie, nous perdons de vue cette valeur esthétique de la moindre chose perçue. Il est vrai aussi que jamais dans le réel la forme perçue n'est parfaite, il y a toujours du *bougé,* des bavures et comme un excès de matière. Le drame cinématographique a, pour ainsi dire, un grain plus serré que les drames de la vie réelle, il se passe dans un monde plus exact que le monde réel. Mais enfin c'est par la perception que nous pouvons comprendre la signification du cinéma : le film ne se pense pas, il se perçoit.

14

Le film donne à voir des conduites

L'ART

Voilà pourquoi l'expression de l'homme peut être au cinéma si saisissante : le cinéma ne nous donne pas, comme le roman l'a fait longtemps, les *pensées* de l'homme, il nous donne sa conduite ou son comportement, il nous offre directement cette manière spéciale d'être au monde, de traiter les choses et les autres, qui est pour nous visible dans les gestes, le regard, la mimique, et qui définit avec évidence chaque personne que nous connaissons. Si le cinéma veut nous montrer un personnage qui a le vertige, il ne devra pas essayer de rendre le paysage intérieur du vertige, comme Daquin dans *Premier de cordée* et Malraux dans *Sierra de Terruel* ont voulu le faire. Nous sentirons beaucoup mieux le vertige en le voyant de l'extérieur, en contemplant ce corps déséquilibré qui se tord sur un rocher, ou cette marche vacillante qui tente de s'adapter à on ne sait quel bouleversement de l'espace. Pour le cinéma comme pour la psychologie moderne, le vertige, le plaisir, la douleur, l'amour, la haine sont des conduites.

15

Cinéma et phénoménologie

LA PHILOSOPHIE

Cette psychologie et les philosophies contemporaines ont pour commun caractère de nous présenter, non pas, comme les philosophies classiques, l'esprit *et* le monde, chaque conscience *et* les autres, mais la conscience jetée dans le monde, soumise au regard des autres et apprenant d'eux ce qu'elle est. Une bonne part de la philosophie phénoménologique ou existentielle consiste à s'étonner de cette inhérence du moi au monde et du moi à autrui, à nous décrire ce paradoxe et cette confusion, à faire *voir* le lien du sujet et du monde, du sujet et des autres, au lieu de l'*expliquer,* comme le faisaient les classiques, par quelques recours à l'esprit absolu. Or, le cinéma est particulièrement apte à faire paraître l'union de l'esprit et du corps, de l'esprit et du monde et l'expression de l'un dans l'autre. Voilà pourquoi il n'est pas surprenant que le critique puisse, à propos d'un film, évoquer la philosophie. Dans un compte rendu du *Défunt récalcitrant,* Astruc raconte le film en termes sartriens : ce mort qui survit à son corps et est obligé d'en habiter un autre, il demeure le même *pour soi,* mais il est autre *pour autrui* et ne saurait demeurer en repos jusqu'à ce que l'amour d'une jeune fille le reconnaisse à travers sa nouvelle enveloppe et que soit rétablie la concordance du pour soi et du pour autrui. Là-dessus le *Canard enchaîné* se fâche et veut renvoyer Astruc à ses recherches philosophiques. La vérité est qu'ils ont tous deux raison : l'un parce que l'art n'est pas fait pour exposer des idées — et l'autre parce que la philosophie contemporaine ne consiste pas à enchaîner des concepts, mais à décrire le mélange de la conscience avec le monde, son engagement dans un corps, sa coexistence avec les autres, et que ce sujet-là est cinématographique par excellence.

Si enfin nous nous demandons pourquoi cette philosophie s'est développée justement à l'âge du cinéma, nous ne devrons évidemment pas dire que le cinéma vient d'elle. Le cinéma est d'abord une invention technique où la philosophie n'est pour rien. Mais nous ne devrons pas dire davantage que cette philosophie vient du cinéma et le traduit sur le plan des idées. Car on peut mal user du cinéma, et l'instrument technique une fois inventé doit être repris par une volonté artistique et comme inventé une seconde fois, avant que l'on parvienne à faire de véritables films. Si donc la philosophie et le cinéma sont d'accord, si la réflexion et le travail technique vont dans le même sens, c'est parce que le philosophe et le cinéaste ont en commun une certaine manière d'être, une certaine vue du monde qui est celle d'une génération. Encore une occasion de vérifier que la pensée et les techniques se correspondent et que, selon le mot de Goethe, « ce qui est au-dedans est aussi au-dehors ».

CONTREPOINT

La régularité des formes est-elle une qualité ? Oui, répond Kant, s'il s'agit de se représenter exactement un objet ; notre imagination doit alors s'efforcer d'en reproduire les formes de façon cohérente. Mais en matière d'art, l'imagination n'a pas à respecter ces contraintes.

Kant,
Critique de la faculté de juger,
1790, traduction de Philonenko,
éd. Vrin, 1974.

L'ART

La régularité, qui conduit au concept d'un objet, est sans doute la condition indispensable *(conditio sine qua non)*, pour saisir l'objet dans une représentation unique et déterminer le divers dans la forme de celui-ci. Au point de vue de la connaissance cette détermination est une fin ; et en rapport à celle-ci elle est toujours liée à la satisfaction (qui accompagne la réalisation d'un projet, même simplement problématique). Il ne s'agit alors que de l'approbation donnée à une solution satisfaisante d'un problème, et non d'une libre occupation, sans fin déterminée, des facultés de l'esprit à ce que nous nommons beau et en laquelle l'entendement est au service de l'imagination et on l'imagination au service de celui-ci.

Dans une chose, qui n'est possible que par une projet (Absicht), un édifice, un animal même, la régularité qui consiste dans la symétrie, doit exprimer l'unité de l'intuition, qui accompagne le concept de la fin et elle appartient à la connaissance. Mais lorsqu'il ne s'agit que d'entretenir un libre jeu des facultés représentatives (sous la condition toutefois que l'entendement n'en souffre pas), ainsi dans les jardins d'agrément, la décoration d'intérieurs, les meubles de tout style… etc., la régularité, qui se révèle comme contrainte, doit être autant que possible évitée ; de là le goût des jardins anglais, le goût du baroque pour les meubles, qui entraînent la liberté de l'imagination presque jusqu'au grotesque, et c'est en ce détachement de toute contrainte fondée en des règles que se présente l'occasion en laquelle le goût peut montrer dans les conceptions de l'imagination sa plus haute perfection.

Index raisonné des notions

La conscience, l'inconscient

AUTRUI

L'ESPACE, LA PERCEPTION

Le temps, la mémoire

La mort, l'existence

L'histoire

Le langage

L'imagination

Le jugement

L'idée

THÉORIE ET EXPÉRIENCE

LOGIQUE ET MATHÉMATIQUES

LA CONNAISSANCE DU VIVANT

CONSTITUTION D'UNE SCIENCE DE L'HOMME

l'histoire

la psychanalyse

L'ART

LA RELIGION

La société

L'État

La justice

Le devoir

La volonté

La personne

Le bonheur

La liberté

Cet ouvrage a été imprimé sur du papier de 60 gr/m²
Imprimé en Italie par Rotolito
Dépôt légal 5847 - 06/99 - Collection 10 - Edition 03
13/5088/3